EADMERI

HISTORIA NOVORUM IN ANGLIA,

ET OPUSCULA DUO

DE VITA SANCTI ANSELMI ET QUIBUSDAM MIRACULIS EJUS.

EDITED FROM MANUSCRIPTS IN THE LIBRARY OF CORPUS CHRISTI COLLEGE, CAMBRIDGE, BY

MARTIN RULE, M.A.

PUBLISHED BY THE AUTHORITY OF THE LORDS COMMISSIONERS OF HER TREASURY, UNDER THE DIRECTION OF THE MASTER OF THE ROLLS.

LONDON:
LONGMAN & Co., Paternoster Row; TRÜBNER & Co., Ludgate Hill;
ALSO BY
PARKER & Co., Oxford; and MACMILLAN & Co., Cambridge;
A. & C. BLACK, and DOUGLAS & FOULIS, EDINBURGH;
and A. THOM, DUBLIN.

1884.

In the interest of creating a more extensive selection of rare historical book reprints, we have chosen to reproduce this title even though it may possibly have occasional imperfections such as missing and blurred pages, missing text, poor pictures, markings, dark backgrounds and other reproduction issues beyond our control. Because this work is culturally important, we have made it available as a part of our commitment to protecting, preserving and promoting the world's literature. Thank you for your understanding.

RERUM BRITANNICARUM MEDII ÆVI
SCRIPTORES,

OR

CHRONICLES AND MEMORIALS OF GREAT BRITAIN
AND IRELAND

DURING

THE MIDDLE AGES.

THE CHRONICLES AND MEMORIALS

OF

GREAT BRITAIN AND IRELAND

DURING THE MIDDLE AGES.

PUBLISHED BY THE AUTHORITY OF HER MAJESTY'S TREASURY, UNDER THE DIRECTION OF THE MASTER OF THE ROLLS.

ON the 26th of January 1857, the Master of the Rolls submitted to the Treasury a proposal for the publication of materials for the History of this Country from the Invasion of the Romans to the reign of Henry VIII.

The Master of the Rolls suggested that these materials should be selected for publication under competent editors without reference to periodical or chronological arrangement, without mutilation or abridgment, preference being given, in the first instance, to such materials as were most scarce and valuable.

He proposed that each chronicle or historical document to be edited should be treated in the same way as if the editor were engaged on an Editio Princeps; and for this purpose the most correct text should be formed from an accurate collation of the best MSS.

To render the work more generally useful, the Master of the Rolls suggested that the editor should give an account of the MSS. employed by him, of their age and their peculiarities; that he should add to the work a brief account of the life and times of the author, and any remarks necessary to explain the chronology; but no other note or comment was to be allowed, except what might be necessary to establish the correctness of the text.

The works to be published in octavo, separately, as they were finished; the whole responsibility of the task resting upon the editors, who were to be chosen by the Master of the Rolls with the sanction of the Treasury.

The Lords of Her Majesty's Treasury, after a careful consideration of the subject, expressed their opinion in a Treasury Minute, dated February 9, 1857, that the plan recommended by the Master of the Rolls "was well calculated for the accomplishment of this important national object, in an effectual and satisfactory manner, within a reasonable time, and provided proper attention be paid to economy, in making the detailed arrangements, without unnecessary expense."

They expressed their approbation of the proposal that each Chronicle and historical document should be edited in such a manner as to represent with all possible correctness the text of each writer, derived from a collation of the best MSS., and that no notes should be added, except such as were illustrative of the various readings. They suggested, however, that the preface to each work should contain, in addition to the particulars proposed by the Master of the Rolls, a biographical account of the author, so far as authentic materials existed for that purpose, and an estimate of his historical credibility and value.

Rolls House,
　　December 1857.

EADMERI

HISTORIA NOVORUM IN ANGLIA,

ET OPUSCULA DUO

DE VITA SANCTI ANSELMI ET QUIBUSDAM MIRACULIS EJUS.

CONTENTS.

	Pages
PREFACE	ix–cxv
APPENDIX TO PREFACE	cxvii–cxxvii
HISTORIA NOVORUM IN ANGLIA	1–302
LIBER PRIMUS	1– 67
LIBER SECUNDUS	68–117
LIBER TERTIUS	118–158
LIBER QUARTUS	159–216
LIBER QUINTUS	217–289
LIBER SEXTUS	290–302
VITA SANCTI ANSELMI ET QUÆDAM MIRACULA EJUS	303–440
DE VITA ET CONVERSATIONE ANSELMI	305–428
CAPITULA	305–312
LIBER PRIMUS	313–358
LIBER SECUNDUS	359–428
QUÆDAM PARVA DESCRIPTIO, ETC.	429–440

PREFACE.

PREFACE.

THE present volume contains the "Historia Novorum in Anglia" of Eadmer, his treatise "De Vita et Conversatione Anselmi Archiepiscopi Cantuariensis," and a short tract described by its author as "Quædam Parva Descriptio Miraculorum gloriosi Patris Anselmi Cantuariensis." The second and third are not so much two works as one, to which Eadmer himself seems to have given the general title of "Vita Sancti Anselmi et quædam Miracula ejus." *(Contents of the present volume.)*

I. THE "HISTORIA NOVORUM IN ANGLIA."

For the "Historia Novorum" I have worked on two copies. One of them forms part of Archbishop Parker's magnificent palæographical gift to his college at Cambridge, and is numbered 452 in Nasmith's Catalogue of the C.C.C. manuscripts; the other is in the Cottonian collection, where it is known as MS. Titus A. ix. The latter was used by Selden for the edition of the "Historia Novorum" which he gave to the world in 1623; the former has supplied the text contained in the present volume. *(Manuscripts C.C.C. 452 and Cotton, Titus A. ix.)*

MS. C.C.C. 452 is a vellum quarto of twenty-one gatherings, all of them proper quires with the exception of the seventh, eighth, ninth, sixteenth, and eighteenth, which contain ten leaves each, and of the twenty-first, which contains nine. It is written in single column. It is initialled in vermilion, and, with the exception of the *(Description of the C.C.C. archetype.)*

incipit to the fifth book, which is in blue, is rubricated in the same colour. The "Historia Novorum" begins on the first and ends on the last, or three hundred and fifty-eighth page.[1] Inserted before the first leaf is an eleventh century coloured drawing of the "Noli me tangere" beautiful in its lines, and on a background of burnished gold; but somewhat smaller than the leaves of the book now are, and very much smaller than they once were. It may possibly have served in the first instance to adorn a volume of St. Anselm's "Orationes sive Meditationes," one of which was entitled "Ad Sanctam Mariam Magdalenam."

The present size of the leaves, seven inches by four and a half, gives but a faint idea of the pristine beauty of the volume, for the binder's plough has played sad havoc with their upper margins, sometimes grazing the very text, whilst in the lower margins it has cut away several of the registers.

The pages of the first quire contain twenty-four lines each, and have an indented lineation enclosing a space of five inches and five-eighths by three and five-eighths, but the next seventeen gatherings (pp. 17–304)[2] have on each page twenty-seven indented lines of three inches and seven-eighths.

Until the middle of the three hundred and first page (Parker's 297) the penmanship is clear, bold, uniform, and in the best Christ Church style; but it changes at that point, and on the following page another hand takes up the pen and keeps possession of it to the end of the gathering.

---

[1] By an error of Archbishop Parker's, who in paginating the book omitted two leaves, the real page 358 is numbered 854. The omitted leaves are that which follows page 108, and that which follows the real page 152, or Parker's 150.

[2] In quoting or referring to the text of the "Historia Novorum" I shall always use Parker's pagination.

PREFACE. xi

With the three hundred and ninth page (Parker's 305) begin the nineteenth gathering of the volume, and the first of its last fifty pages. These differ very remarkably from the first three hundred in many respects, and agree in others not less remarkably with their eight immediate predecessors; but there cannot be a doubt that they form quite a distinct section of the volume from the first eighteen gatherings. They are ruled with coloured, not indented, lines; several hands have been at work on them; the penmanship is unstudied, and in many places unsightly; here and there we come across a very chaos of erasures; and the corrections of the text are numberless.

At the time when this remarkable and interesting volume came into Archbishop Parker's hands its leaves were slightly larger than when he bequeathed it to his college; for the prelate's own pagination has in many instances been partially cut away by the binder's plough and reinstated by himself.

Of the same size as the leaves of the volume before they were thus violated by the binder[1] are two fragments which I shall note more particularly in due course. One of them is a leaf of a "Historia Novorum" in the penmanship of Eadmer's own age, the other, identical with the first in lineation and handwriting, is a leaf of a "Vita Anselmi."[2] It was before Parker's time, however, that they were reduced from their proper dimensions into conformity with those of the C.C.C. archetype, for it was after they were thus reduced that a sixteenth century Bishop of London—no doubt John Stokesley, who took possession of the see in 1530—wrote his name on one of them, "*Joannis epi London'.*" The simplest account of

Two fragments in the C.C.C. library.

---

[1] A few dog-eared leaves inform us precisely of the extent of the mischief the volume then sustained in the reduction of the upper, lower, and outer margins.
[2] The one begins with the words "permissum est. Zephirinus," and ends with "suum est, consecret," (pp. 279-282). The other contains the *capitula* of the first book of the "Vita Anselmi."

xii PREFACE.

these two fragments is perhaps also the most probable, that they had shared the fortunes of the volume from the day on which it left the scribe's desk at Canterbury late in the first half of the twelfth century.

Who next had possession of the volume and the accompanying fragments has not been ascertained, but in the year 1567 they were the property of one whom Archbishop Parker describes as Doctor Joans De Arcubus.

This Dr. Joans is no doubt the Henry Johns, LL.D.,[1] who had been admitted a member of the Society of Doctors Commons in the year 1552, and it was whilst the treasure was still in his possession that three transcripts of it were made at Cambridge. One of these is now in the Library of Lambeth Palace (175), another in that of Trinity College, Dublin (E. 2. 21), and the third in that of Corpus Christi College, Cambridge (341).[2] On a fly leaf prefixed to the Lambeth transcript, and in Archbishop Parker's writing, is the information to which I have just alluded, conveyed in the following memorandum,—

Transcripts of the C.C.C. exemplar.

Eadmeri Historia
transcripta e Libro
D^{oris} Joans De Arcubus
An. 1567
Cantabrigiæ

None of these three transcripts seems to have any intrinsic value, but each of them is accidently of service

---

[1] See Ducarel's "Summary Account of the Society of Doctors Commons," MS. Lambeth 958, p. 67. The precise date of Henry Johns's admission was October 14th, 1552.

[2] Besides these there are two fragments in the British Museum, Harley 857 and Arundel 31. They both begin with "Incipit præfatio," and end with "hic itaque," (pp. 1-104 of the C.C.C. exemplar). The former is a fairly good, the latter a decidedly bad, copy of a portion of MS. C.C.C. 341.

It may be well to add that the Lambeth and Dublin transcripts, made, as I have said, at Cambridge and simultaneously, are identical as regards the quality and the watermark of the paper on which they are written.

PREFACE. xiii

in helping us to trace the history of their exemplar; and, since they have been written from dictation, all of them may be of use to such students as are interested in knowing how the Latin language was pronounced at Cambridge in the seventh decade of the sixteenth century.[1]

Remarks on a lesion in the C.C.C. exemplar.

Before they had been completed the last two leaves of the exemplar received an injury, to which the scribes have not failed to do justice. Slight portions of the text having disappeared in the lesion, the words "Dei" and "olim" have no place in the transcripts, "liceat" is changed into "licet," "pastore" into "patre," and instead of "suo destituta vigore" we have in two of the three copies "suo destituta vita," and in the third "s destituta vita." I am convinced that the injury must have been inflicted on the vellum by an insect—possibly a *lepisma saccharaorum*[2]—and thus, of course, during the summer months; and since there can be no question that it was inflicted[3]

---

[1] Thus we find "gloroise" for "gloriosi," "quo operantibus" for "cooperantibus," "servi" for "cervi," "præsidentibus" for "præcedentibus," "mansepatur" for "mancipatur," "Heroldus," for "Haroldus."

[2] I am indebted for the name of this particular insect to Mr. Edward Meyrick, of Trinity College, Cambridge, a gentleman who has well earned the title to speak on entomological subjects.

[3] The lesion was not inflicted on the volume before the wicked devastor had worked its way first through one of the stray leaves which I have mentioned; secondly, through a sheet of stiff paper such as was used for lining the covers of books; and, thirdly, through the other of the stray leaves. The sheet of paper forms at this moment the lining of one of the covers of the T.C.D. transcript.

On examining the stray leaves I find that they must have lain awry on the volume at the time of the disaster, and that for them thus to lie the volume must have lacked its second cover. Hence the rebinding of the volume after it came into Parker's hands, and in Parker's lifetime. But this is not all. The rivets used for securing the clasp staples of the second cover of the binding have communicated rust stains to one of the stray leaves, which is eaten through by them. These stains are once repeated, but in a mitigated degree, so that the volume must have been once opened between Parker's time and the day of the transference of the leaves to their present resting place in MS. 341. The rivets of the first cover of the binding were of copper, not iron. The binding and all that appertained to it was, unfortunately, removed some years ago.

B 8387. b

xiv PREFACE.

whilst the copyists were at work on it, we may safely infer that, transcribed at Cambridge in the summer of 1567, the present MS. C.C.C. 452 is not the copy of Eadmer, which is known to have been lying at Bangor as late as the October of that year.

<small>Description of the Cottonian manuscript.</small>

The only other known exemplar is that preserved in the Cottonian Collection, and catalogued Titus. A. ix. The volume contains a hundred and twenty-eight leaves, all of which, with the exception of a portion of the verso of the last, are occupied with the work. The leaves in their present state measure eight inches and a quarter by five and seven-eighths, and are ruled in single column, the space enclosed by the outer indentations measuring six inches and a quarter by about four and a half. The pages vary in lineal content, some having as few as thirty lines, but the majority thirty-two or thirty-three. The penmanship, which betrays several hands, is indifferently good, sparing of contractions and far from uniform; whilst the character, with the exception of the Preface, which has traits that recal the latter part of the twelfth century, is that proper to the succeeding age. The first rubric[1] is that which notes the beginning of the first book, for there is no general title, and the Preface has neither incipit nor explicit. The initial letters are in some instances of ambitious design and rude execution, but the majority of them are of the ordinary vermilion type. The rubrics are in vermilion.

The text of this volume, which is designated A. in the collation, seems in the first instance to have represented the penultimate recension of Eadmer's great work, but, although its unimportant variants have for

---

[1] On examining the first rubric under an exceptionally good light I find that the word "venerabilis" does not seem to have been, as I at first thought, smudged over by a daub of vermilion. The most likely account that can be given of the extraordinary oxidation of the vellum under that word may perhaps be that the word was written in vermilion of a different chemical quality from that used for the rest of the rubric.

the most part remained untouched, it abounds in erasures which show that in places where the difference between it and the final recension exhibited in the C.C.C. exemplar seemed to be of moment it has been corrected less neatly than assiduously into conformity with it.

Memorandum on its probable parentage.

A hint of the destination of the parent manuscript of A. is, possibly, to be found in the record of Anselm's journey to Rochester for the obsequies of his friend Gundulf, where we read "Anselmus . . . Rofam venit," not, as in the C.C.C. exemplar (page 192), "Anselmus . . . . Rofam ivit;" but the book itself carries no trace of its early history.

The copy seen by Leland.

The copy mentioned by Bishop Robinson of Bangor.

We learn from Leland's Commentaries that that indefatigable traveller had at Haigmon Abbey[1] near Shrewsbury seen and partially, at least, perused a copy of the "Historia Novorum;" and it may have been this discovery of Leland's that in the next generation prompted Archbishop Parker to beg his suffragan Nicolas Robinson, Bishop of Bangor,[2] to send him a transcript of a copy with which the latter prelate had made acquaintance. It seems far from improbable that the Haigmon copy, the Bangor copy, and the present Cottonian copy are one and the same book.

History of the work.

St. Anselm died on the twenty-first of April, 1109; and it is reasonable to presume that no long time was allowed to elapse after that event before Eadmer

---

[1] Probably on occasion of the visit recorded in the Itinerary (V. 80) "From Shrewsbiri to "Haghman Abbey of Blak Cha- "nons, ii. miles."

[2] From a letter written by Robinson "from my howse at Bangor ye 7 "of Octob. 1567," and preserved in the C.C.C. Library (MS. 114 B. p. 503) I cull the following :—

"The young man that I mente "should have written Eadmerus his- "torie not well acquainted with "this cuntrey hath not had his "health so that he might accomplish "my promise to your grace, yet "that something which he hath "done I am bolde to send, trusting "this winter to finish the rest and "send it to your grace."

The first instalment, which seems to have perished, was probably all that was sent to the Archbishop, who had meanwhile procured a transcript of Dr. Johns's copy.

began to put into execution the design which he had formed of committing to parchment those reminiscences of his illustrious master which constitute the most valuable portion of the "Historia Novorum" known to us, and would seem to have constituted almost the whole of the "Historia Novorum" of the first issue.[1] Of that first issue no copy is known to be extant; but if we bewail the misfortune of not being able to trace the numerous and important verbal alterations which there can be no question that Eadmer made in his work during the course of some thirty years from the completion of the first book,[2] it is some slight palliation of our loss to find that when we question the dumb leaves they do not absolutely refuse to answer us.

The answer they give is that Eadmer from time to time amplified his work by incorporating into it numerous passages of various but not inconsiderable length.

Probable augmentations of the original text of Book I.

The first of these incorporated passages is, perhaps, the memoir of Archbishop Lanfranc, which begins on page 12 and ends on page 28. The paragraph which immediately precedes it is devoted to an account of the innovations introduced by the Conqueror in the ecclesiastical order, and ends with these words, "Ut itaque cœptum peragamus iter,[3] de his satis dictum;" that which immediately follows is the real commencement of the "Historia;" and towards the end of the memoir Eadmer tells us that he is now going to begin the narrative which he had been on the point of beginning fifteen

(1.) The Lanfranc memoir.

---

[1] He seems to have put forth the work by instalments, a book at a time. The first book, at any rate (see page 77), formed a volume by itself. This was read privately by the author's friends, and publicly, it may be, in the Christ Church refectory, whilst he was engaged in preparing the second book. The work as it stood in the first instance seems to have been comprised in three, not four, books, and was not improbably finished by the autumn of 1111.

[2] I hope to prove in the sequel that Eadmer died in or about the year 1144.

[3] For this and similar phrases, cf. pp. 45, 125, 185, 264, 289 of the MS.

pages back. There can be no question that the whole passage is a digression. But not only is it a digression, it is a digression, as I hope to prove in the sequel, introduced into the text subsequently to the completion of the book.

On page 43 Eadmer tells us that after St. Anselm's election to the primacy, William Rufus sent messengers into Normandy with letters to Duke Robert, to the Archbishop of Rouen, and to the monks of Le Bec, but gives no hint of any letters from Anselm himself or his friends to the duke, to the archbishop, or to the monks; and when, on page 45, he describes the interview of the King and Anselm at Rochester he makes Anselm preserve an absolute silence on the three parties in Normandy whose combined consent to the election was a *conditio sine qua non* to his acceptance of the offered dignity. We may be sure that Anselm would not even have suggested the bare possibility of his ever accepting the primacy until he knew that his friends in Normandy had consented to forego him; and yet Eadmer represents him as speaking to the King as though his final acquiescence depended on himself and on himself alone. Now, he either apprised the King of the threefold release which he had just received from Normany, or he did not. If he did not, he must have had very strong prudential reasons for such reticence with the sovereign; if he did, there may have been very strong prudential reasons why Eadmer's informant, whether Anselm himself, Bishop Gundulf, or Dom Baldwin of Tournay, should make no allusion to the circumstance in that report of the interview upon which Eadmer's account was based. My own suspicion is that Anselm and his confidential advisers were extremely cautious in what they said even to men like Eadmer about the way in which the monks of Le Bec had resigned their abbot; that Eadmer's account of the interview at Rochester was in the first instance written

(2.) Archbishop William's letter of release, and its context.

on the basis of the information accorded to him soon after the event; and that he made his acquaintance with the letter sent to Anselm by the Archbishop of Rouen at a date posterior to the completion of his first book. In which case his account ran in the first instance as follows:—"Interea missi sunt a rege nuncii "in Normanniam ad comitem, ad pontificem Rotoma- "gensem, ad monachos Beccenses, quatinus iis quæ in "Anglia de abbate Beccensi gesta fuerant singuli, "quantum sua intererat, assensum præberent. Cum "igitur rex de Dofris a colloquio Roberti comitis "Flandriæ Rovecestram, ubi tunc ipse Anselmus erat, "venisset, in secretum locum Anselmus regem tulit, "eumque taliter allocutus est," &c.; and all the intervening text of our extant copies is a subsequent insertion. That text contains the noteworthy phrase "huic "opusculo inserere,"[1] and the noteworthy sentence, "Hæc de rege ad præsens succincte memorasse suffi- "ciat, jamque ad destinatum narrandi ordinem sermo "recurrat."[2]

It may be well to note that the Red King's famous speech to Gundulf is recorded in this passage.

(3.) Bishop Wulstan's letter to St. Anselm and its context.

It is more than probable that the other of the two letters to Anselm which Eadmer has introduced into the first book is with its context a subsequent augmentation. I refer to Bishop Wulstan's letter on the consecration by archbishops of Canterbury of churches built on archi-episcopal domains, no matter what the diocese in which they lay. The circumstances were as follows:—On or about the 29th of December 1093 the Archbishop left Gloucester Castle, and not long afterwards, but on what day we were not informed, consecrated the parish church

---

[1] For "huic opusculo inserere" and like phrases see pp. 125, 155, 162, 186, 301.

[2] Compare the resumptive "se- "cundum quod prælibavimus" of the next paragraph with the resumptive "ut prælibavimus" on page 327 and on page 342, where see footnote

of Harrow; but, as the Bishop of London seems to have been in his see at the time, it is fair to assume that the Christmas court had already broken up, in which case the ceremony can scarcely have taken place before the 10th of January 1094. In the early days, however, of the following February Anselm was at Hastings, so that we can scarcely allow more than a fortnight for the interval which elapsed between his return to Canterbury and his departure for the Sussex coast.

The passage about the consecration at Harrow occurs on page 52, "Veniens in villam suam . . . . . dispositione consistant." Then, near the foot of page 52, begins the passage about Anselm's investigation of his right, his letter to Wulstan, and Wulstan's reply, "Anselmus tamen . . . . . per se suosve dispensans." Next in order comes the story of what took place at Hastings.

Now that story begins with the words "Evolutis dehinc aliquantis diebus". &c., and the question to be answered is, to what do those words refer? If we make them refer to the passage which immediately precedes them, as the work now stands, we crowd into a fortnight, more or less, (1) an inquiry made in the depth of winter and in a peculiarly inclement season amongst all sorts of people, not only in the diocese of Canterbury but in other bishoprics, (2) the collation of the evidence of innumerable witnesses,[1] (3) the journey of a messenger from Canterbury to Worcester and back from Worcester to Canterbury, and (4) an interval of several days. Evidently then the "Evolutis dehinc" &c. must be referred to the Harrow incident recorded on page 52; and the intervening passage, "Anselmus tamen . . . . . per se suosve dispensans" may be not only a digression, but

---

[1] St. Anselm's letter to Bishop Wulstan (Ep. III. 19) should be read concurrently with Eadmer's account.

a digression subsequent in date of composition to the original work.

Probable amplification of the original text of Book II. (4.) The Waterford letter to St. Anselm and its content.

Passing on to the second book we find nothing in it that seems to claim notice in the present connexion until we reach page 85 and the passage " Eo tempore " Robertus comes Normanniæ . . . fratri suo . . . " Normanniam in dominium tradidit." The first and most obvious inference to be drawn from this is, what we know to have been the case, that William Rufus was in Normandy when the transaction was consummated, and the duchy handed over to him; and yet, near the foot of page 86 we find ourselves back in England, when the the King embarks, and, landing in Normandy, has the duchy handed over to him and makes himself master of it. Then come two irrelevant pages before the narrative of Anselm's troubles is resumed; but it is not resumed without a fresh assurance that the Red King had made himself master of the duchy. These facts invite us to examine the whole of the passage from " Quæ " pecunia per Angliam (page 85) . . . to " Gundulfo " Rofensi " (page 88). In the former part of it we find (1) allusions to those who "usque hodie" maligned the memory of Anselm, a phrase scarcely appropriate if written within a year of his death; and (2) an account of Anselm's *vivum vadium* of Peckham and his architectural work at Canterbury such as could scarcely have been made at the time of the composition of the pristine text; (3) we note the remarkable words, " His brevi per " excessum [1] . . . dictis, ad quod cœpimus revertamur," and (4) we perceive that Eadmer curtails his transcript of the Irish letter, a circumstance the value of which will appear in the sequel. If then this be, as I have no doubt it is, another instance of subsequent insertion, the text may in the first instance have been, " Eo tempore Robertus comes Normanniæ in expeditionem Iero-

---

[1] For " per excessum " see pp. 123, 289; for " hodie " see p 206.

solimitanam proficisci disponens fratri suo Willelmo regi Angliæ Normanniam spatio trium annorum pecuniæ gratis in dominium traditit. Qua sibi ad votum subacta atque disposita, Angliam rediit."

The next instance is not marked by any such phrases as " huic opusculo inserere," " per excessum dicere," or " ad cœptum redeamus iter." It begins on page 113 with the words, " Erat præterea illis diebus," and ends with "nulla posse ratione amplius concordare " on page 116. The paragraph which precedes it is to this effect. It was Anselm's great desire to say good bye for ever to England and the primacy, a desire intensified by the fact that he saw it to be utterly impossible that he and the King should ever again agree. To say nothing of what we knew of him when in England, certain tidings were day by day brought to us (the Archbishop and his party were then at Capua), which made it clear that William's heart was hardened against the Divine justice. I may as well briefly and summarily say at once what those tidings were lest I be thought to aver more than I mean; and I will do so with perfect frankness, and without adding any opinion of my own as to whether they were true or otherwise. The fact is that those who came to us said that about that time, and when the King was staying at Rouen, the Jews of that city came to him complaining that some of their number had recently rejected judaism and become Christian, and begging that for a pecuniary compensation he would compel them to throw aside their Christian profession and return to judaism. He agreed, took the wages of apostacy, and ordered the said Jews to be brought into his presence. In a word, by threats and terrors he broke some of them into denying Christ and embracing their old error.

Now this statement amply redeems Eadmer's pledge " pauca brevi perstringere " and " simpliciter ponere ; " but the first story which follows it in our present text is by no means briefly told, and the second has nothing

(5.) Digression on the later impieties of William Rufus.

to do with it. Nor is this all. The passage which I believe to be an interpolation opens with the word "præterea" and must therefore have been intended as something distinct from the brief and summary statement which it follows; it ends "Hæc . . . magno, ut diximus, Anselmum accendebant. pontificatui Angliæ abrenunciare, scientem videlicet mores suos moribus ipsius nulla posse ratione amplius concordare," a sentence which bears an awkward resemblance to the "Huic quoque . . . . . amplius concordare" of page 113; and reminds us of the repetitions of phrase which mark the digression on pp. 85–88; whilst its "ut diximus"[1] is a term which Eadmer not unfrequently uses in connexion with inserted amplifications of his text.

Occasion of the digression.
The truth is that when the "Historia Novorum" had been for some time before the world, William of Malmesbury put forth a recension of his "Gesta Regum"[2] in which he not only gave an entirely new complexion to the story he had in the first instance told of the discussion to which the London Jews once challenged the Christian theologians of England, but took care to say, and to say without any mention of William Rufus, that once upon a time the Rouen Jews had endeavoured to regain by bribery some of their number who had embraced Christianity. Now, whatever Eadmer may have thought of William of Malmesbury's wholesale castigation of the fourth book of the "Gesta Regum," he can scarcely have regarded with complacency the pretension of the Wiltshire monk to revise the "Historia Novorum." Eadmer had said in his first issue that when the King was at Rouen in the winter of 1097–98 the Jews gave and the King accepted as disgraceful a bribe as had ever soiled, or could ever soil, the hands of a Christian King; and William of Malmesbury, "willing to wound and yet

---

[1] See pp. 156, 166, 304, and the footnote on the last of these.

[2] See Sir Thomas Hardy's edition, p. 500.

PREFACE. xxiii

"afraid to strike," abstained from giving him the lie, but nevertheless made it his business to say that once upon a time, no matter when, but certainly at Rouen, the Jews tried to bribe, not the King, but the Christian converts. Hence, as I believe, the singularly specific story about the convert Stephen; hence, too, the added account of other iniquities of the Red King's.

This reminds me that Eadmer's record on page 45 of an impious speech made by the King to Bishop Gundulf, forms part of what is presumably a subsequent amplification of his text, a circumstance which invites us to ask whether its insertion may not have been provoked by William of Malmesbury's suppression of it in his later editions of the "Gesta Pontificum."[1]

Reference to an earlier digression.

Scarcely on page 122 has Eadmer finished his account of the Council of Bari when he suspends his narrative to give the history of the cope worn by the Archbishop of Benevento on that occasion. It begins with the words "Inter hæc ego patri," and ends thus, "Qua de re cer-"tior factus putavi aliquibus gratum hoc ipsum huic "opusculo indere, licet propositum narrationis trami-"tem me hoc agendo excedere non nescirem. Quo "peracto ad cœptum redeamus iter." The phrases "huic opusculo indere," "propositum tramitem excedere," and "ad cœptum iter redire" recall the "cœptum "peragamus iter" of the first of the four preceding instances, the "huic opusculo inserere" and "ad desti-"natum narrandi ordinem sermo recurrat" of the second, and the "his per excessum dictis" and "ad "quod cœpimus revertamur" of the fourth. Nor can I overlook the fact that William of Malmesbury, who knew the "Historia Novorum" of early days, and who has much to tell us about Archbishop Ethelnoth's purchase of an arm of the greater St. Augustine, and of Queen Emma's passion for the collection of relics, says nothing

(6.) The Archbishop of Benevento's cope.

---

[1] See Mr. Hamilton's edition (Rolls Series), page 83.

xxiv   PREFACE.

about a transaction in which each of those great personages played a prominent and characteristic part, and the subject of which was the arm not of a doctor of the church but of an apostle. It is quite conceivable that the satisfaction of having a story to tell of which William of Malmesbury had not learnt the details may have had something to do with Eadmer's resolve to tell it; but if it had appeared in the first issue of the "Historia Novorum" William of Malmesbury would scarcely have neglected an opportunity of at least alluding to the information conveyed by it.

Probable amplification of the original text of Books III. and IV.

(7.) The marriage of Henry I. and Matilda.

On page 138 we come upon one of the most interesting digressions in the work, Eadmer's account of the conduct of St. Anselm in regard to the matrimonial alliance of Henry with Edith of Scotland. "Negotium "itaque .... quam fecit." It is apologetic of Anselm, and every other such apologetic digression is, I think, a later insertion; it has the characteristics proper to an account written many years after the event; and the phrases, "licet propositi operis intentionem " haudquaquam respiciat" and " hoc nobis in volunta- " tem cecidit,"[1] concur to raise the contention that it had no place in the first issue from probability to moral certainty.

In this digression, as in others, Eadmer makes no mention of William of Malmesbury; nor is it a necessary inference that it was written in reply to him. But since it must have served o refute the calumny on Anselm implied in that account of which the Wiltshire monk was the spokesn if not the author, since that account is the only known one possessing likelihood which is unfavourable to Anselm, and since Eadmer seems in this digression to have said his last word on the subject, we can scarcely be doing an injustice to either

---

[1] For this and like phrases see pp. 133, 260, 301.

author in assuming that if Eadmer did not write the passage "Negotium itaque . . . . quam fecit" as a reply to William he might well have done so.

William of Malmesbury's account, then, is that Edith in order the more effectually to reject the suitors offered her by her father had dressed like a nun; that when Henry wished to marry her St. Anselm forbad the union until he received evidence under oath that she had never been professed and had worn the veil "causa pro- " corum;" and that "therefore" after she had borne the King two children she refused to bear him any more. Whether or not she had come to an understanding with Henry before resolving to reject the suitors offered her by her father, William does not say, but he not improbably wishes it to be inferred that she had. Be that as it may, Edith had, in order to thwart her father's wishes, made first one aspirant to her hand and then another believe that that hand was not to be won without sacrilege, and in so doing had profaned the habit of religion. Surely this was bad enough, but it was not bad enough for William of Malmesbury, who, writing to please a baseborn son of Henry's, took care to add that Henry's lawful progeny would have been more numerous than it was but for the false conscience of Matilda, who, having begun life as an unfilial child, chose to end it as an unwifely woman. The best refutation which Eadmer could give to all this was a simple statement of facts of which he had himself been personally cognizant, and his motive and his excuse for publishing such refutation in the pages of the "Historia Novorum" were that William of Malmesbury had, by suggestive hint, at least, accused Anselm of giving *ex post facto* his approval to a profanation of the religious habit, for which no excuse and no palliation were to be found. What St. Anselm himself would have thought of William of Malmesbury's account, had he lived to hear of it, may be gathered from

William of Malmesbury's account. (G. R., p. 649.)

xxvi   PREFACE.

his letter "Libentissime, si possem, tecum loquerer" (Ep. iii. 157).[1]

(8.) The Council of London [A.D. 1102].
On page 162 Eadmer tells us that in 1102 a council was held, that it was held in the church of St. Peter on the westside of London,[2] and that Archbishop Anselm presided. Almost immediately after this the work, as we now know it, presents us with a document drawn up by St. Anselm himself in which all these details are told over again. Nor is this all. Eadmer's account is followed by the remark that many things were done in the council which the Holy See subsequently confirmed, and Anselm's *textus* is followed by the remark that one of its enactments was allowed to fall into desuetude; remarks which, if they do not contradict each other, can scarcely have been made at the same time, but which, had they been made at the same time, would surely have been made with some sort of attempt at harmony and homogeneousness. And further the *textus* of the council is thus introduced, "Cujus concilii seriem, sicut ab " eodem patre Anselmo descripta est, *huic operi in-* " *serere* non incongruum existimavimus."

Remarkable characteristic of the digression just described.
And now I must note a very interesting characteristic of the eight passages to which I have drawn attention. Each of them is comprised in, as nearly as may be, an even multiple of rather less than twenty-five lines[3] of the C.C.C. exemplar. The Lanfranc memoir fills three hundred and ninty-three lines;[4] the passage con-

---

[1] That the "domina quædam" to whom the letter is written is Matilda herself there cannot, I believe, be the slightest doubt.

[2] "in occidentali parte Lun- " doniæ." Not "on the western " side of London," but "on the " westside of London." That is to say " west of London."

[3] Twenty-four and a half is perhaps nearer the mark.

[4] In point of fact there are 399 lines in the Lanfranc memoir; but the first 99, occurring as they do on the first quire, the lines of which are shorter by a sixteenth than those in the rest of the volume, count as 93 when reduced to the

PREFACE. xxvii

taining Archbishop William's letter fills forty-nine; the digression about Anselm's inquiry concerning the consecration of churches fills forty-nine ; the double digression about the manor of Peckham and the Bishop of Waterford fills a hundred and one;[1] the detailed account of the Red King's impieties, ninety-nine; the digression on the Benevento cope a hundred; the story of Henry's marriage a hundred and fifty-one; and the textus concilii Lundoniensis and its accompanying matter a hundred.

Hence an inference of subordinate value, but still of considerable interest. There cannot be a doubt that if Eadmer's own copy of the original work should ever come to light its leaves will be found to have the average textual content of rather less than fifty lines of MS C.C.C. 452; and it is a remarkable fact that the prologue and its rubrics, which may be presumed to have filled a leaf of Eadmer's own copy, occupy fifty lines[2] of the C.C.C. document.

(Inference as to the textual contents of the leaves of Eadmer's own copy.)

Before proceeding to a somewhat minute notice of the third book I must add that the concluding passage of the second, "Hic occurrit animo . . . subtraxit" (pp. 133, 134) is introduced by a phrase which gives it the character of a subsequent addition, and that, if it always read as it now reads, it was written after the digression on pp. 43-45. Nor is it easy to imagine that it can have formed part of the original work; for, had it done so, Eadmer could scarcely, when fresh from his account of the Red King's detention at Hastings from

(9.) Concluding passage of the second book.

---

standard of measurement of the second and succeeding quires. 893 = 16 × 24 ₨.

[1] Had the Waterford document been copied as Eadmer no doubt wrote it with "Ss" for "sub-"scripsi," it would scarcely have filled a hundred. I regret to find that the copy in MS. Cotton Claudius A. xi. has no subscriptions whatever.

[2] Strictly fifty and a small fraction; that is to say, forty-eight in terms of lines of the second and following quires. But if Eadmer according to his custom began with a large illuminated initial we must allow him, at least, forty-nine lines.

xxviii   PREFACE.

stress of weather in the spring of 1094, have been inconsistent enough to say that wind and sea had already learnt to obey him.

Nine letters incorporated into Book III.
The third book contains eight letters by Pope Paschal II.; (i.) the "Legationis tuæ" (page 146), (ii.) the "Regi regum" (page 152), (iii.) the "Non ignoras" (page 154), (iv.) the "Et patrum" (page 155), (v.) the "Adversus illam" (page 159), (vi.) the "Suavissimas "dilectionis tuæ" (page 172), (vii.) the "Fraternitatis "tuæ" (page 179), and (viii.) the "In litteris" (p. 180); to which may be added a ninth, "Quamvis per Willelmum" (page 183), from St. Anselm to the King.

The fifth letter.
Eadmer introduces the fifth of these documents to the notice of his readers with a blunder which would have been impossible if the second and third had already constituted a portion of his text.

The second, third, and fourth letters.
No one can, I think, have read our historian's account of the strange scene enacted at Westminster in the August of 1102 without being puzzled to know what letter of the Pope's to Anselm it was which was read on that occasion. Immediately after his account of the failure of the joint embassy to turn the Pope from his resolution he gives us the purport of the two letters which Paschal charged the envoys to deliver on their return to England, one for the King and the other for the Primate; then comes the text of those documents; and then Paschal's letter to the bishop and canons of Exeter, an irrelevant digression introduced with a "huic opusculo indere." At the conclusion of the Exeter letter, however (page 156), he resumes the narrative which had been dropped on page 152, and soon brings us into the thick of the famous dispute at Westminster and the quarrel about the Pope's letter to the Primate. That letter we naturally believe to be the "Non ignoras" we had read on page 154, until to our amazement he concludes on page 159 with "Textus autem litterarum hic est" and the "Adversus illam."

PREFACE.

Curiously enough, however, the truth is that the "Adversus illam," so far from being in Anselm's possession, and carried by him to the palace of Westminster and read there in the hearing of King, prelates, and barons in the summer of 1102, was not yet in existence at that date. It was written in the following December. By what ill luck Eadmer contrived to make this preposterous blunder we need not just now inquire; but we may be sure that he would not have set forth the "Adversus illam" in the connexion in which we now find it if, when writing his account of the scene at Westminster, he had just copied out the "Non ignoras." A stronger presumption that the "Non ignoras," and with it the "Regi regum," and the "Et patrum," had no place in the first text of the "Historia Novorum" it would be difficult to imagine.

The fifth letter anachronously placed.

I now turn to the first of the group, the "Legationis tuæ" (page 146). Like the second, third, and fourth, it must, I think, be regarded as a subsequent amplification of the work; for it is a "textus subter annexus," by which we are, I apprehend, to understand a supplementary addition introduced into the volume on a fly-leaf. Eadmer's reason for "annexing" instead of "inserting" the "Legationis tuæ" is not far to seek. The letter exceeds by several lines the content of two of his leaves, so that to introduce it by "insertio" he would have been compelled to compose nearly two pages of augmentary context. Had a line or two been all that was needed, he would doubtless have resorted to what seems to have been his favourite device.

(10.) The first letter in Book III.

Reverting to the second, third, and fourth letters, I find that they have not the textual content of an even multiple of Eadmer's normal page, and that, nevertheless, the last of them, and presumably the others as well as it, is a *textus inditus*. But the preceding narration is broken by a digression concerning the Bishop of Norwich which may fairly claim to rank among subsequent augmentations; and the total content of that digres-

(11.) The second, third, and fourth letters, and a contextual digression.

xxx   PREFACE.

sion and of the three letters with their context is precisely that of six of Eadmer's pages.

<small>A textual blemish, occasioned probably by the digression on the royal marriage.</small>

On page 144, and almost immediately after the digression on the espousals and marriage of Henry and Matilda, there is a curious little blemish in the text which I must not omit to notice:—"Exinde cum ad "tempus induciarum Pascha ventum esset," &c. "Tempus induciarum" and "Pascha" are no doubt alternative readings, one or other of which is out of place in the text; unless we are to say that "Pascha" was to have been introduced as the explanatory equivalent of "tempus induciarum" and found its way into the work unaccompanied by the conventional "scilicet," "nimirum" or "hoc est." But account for the blemish as we may, it could scarcely have been perpetrated if the narrative had not been broken by a batch of digressory text which obliged the author to explain what he meant by "Tempus induciarum."

<small>Inconsistencies of spelling.</small>

Again: "seu Norwicensem" added to "Teodfordensem" (page 151) in the digression about the Bishop of Norwich has no precedent in any of the manifestly early work of Eadmer, nor yet the "Edmundi" which does duty for his usual "Eadmundi."[1]

<small>"Finierat in istis" before a probably augmentative passage.</small>

Again. If it be true that the introductory context to the "Regi regum" begins (page 152) with "Super hæc," it is just possible that the preceding "Finierat in istis" is a marginal memorandum of the fact that the original narrative of the embassy had ended with the Pope's speech, "Decreta . . . . dissiparem." In the two other places where Eadmer employs the phrase ("H. N.," p. 66, and "Vita," p. 368) the subject of the verb is a person not a thing; but on the other hand the person is in each instance mentioned, so that

---

[1] The "Teodfordensem" for "Tydfordensem" and "Edmundi" for "Eadmundi" of this passage have their counterpart on page 295, where, in an acknowledged amplification, "Guarnerium" replaces "Warnerium." See, too, the "Guilielmus," on page 175. Cf. MS. C.C.C. 371, p. 390, where "Edmero" replaces "Eadmero."

the present case to be in analogy with them should rather give us " Finierat papa in istis" than " Finierat in istis."

But whether or not these peculiarities of presumable augmentations of the narrative be blemishes for which the scribe is answerable, there can be little doubt that the three papal letters " Regi regum," " Non ignoras," and " Et patrum," had, like the " Legationis tuæ," no place in Eadmer's first text.

We next come to the sixth of the eight papal letters, the " Suavissimas dilectionis tuæ " on page 172. It needs no close scrutiny of the context to find, one before the letter, the other after it, and separated each from each by an interval of a hundred lines, just two such blemishes as betray an awkwardly engrafted *insertio*. St. Anselm's second departure from England is thus described. " Itaque naves ingressi Witsandis appuli- " mus. Acta sunt hæc anno Incarnati Verbi mille- " simo centesimo tertio, v. kal. Maii." But the narrative, as we now read it, not satisfied with putting him on board ship and landing him at Wissant, carries him a second time across the strait; for it immediately adds, " Regia igitur pace [1] suisque omnibus investitus mare " transiit." This is the first blemish.[2] The second is cruder still,—" Itaque venientem illo Guilielmus qui- " dam . . . . prævenerat " (page 175). Why "itaque"? " Venientem" has neither noun nor pronoun to agree with; " Guilielmus" is a form foreign to the work, which in every other case spells the name " Willelmus"; and the " quidam" is absurd, for the person meant is no stranger, but the royal clerk who had examined the Archbishop's baggage at Dover, and who is described in the corresponding passage of the " Vita " as " Willelmus ille cujus supra meminimus."[3] I think

(12.) The sixth letter.

Textual blemishes marking another probable insertion.

---

[1] One would have expected a " potius" here.
[2] See the like case on pp. 85–88.
[3] And on page 126 of the H.N. as " cujus in exitu Angliæ mentionem " fecimus."

it probable that Eadmer had meant the sentence to run thus, — " Quem venientem ille Willelmus quem " jam nominavimus a rege directus," &c., and that we have to thank a blundering scribe for the text we now possess.

William of Malmesbury and the sixth and eighth letters (G.R., pp. 644–647).

William of Malmesbury in the " Gesta Regum " gives us the text of the " Suavissimas dilectionis tuæ," and the " In litteris," the sixth and eighth of our present group; but his record is marked by two noteworthy peculiarities. First, he introduces the two letters, and with them another, the " Quod Anglici regis," with a remark which would seem to imply that they were not in his copy of the " Historia Novorum," not, that is to say, in the copy which lay before him as he wrote the earlier of his two great works, " Harum causarum tenorem " multo verborum circuitu egit domnus Edmerus; nos " *pro pleniore notitia* Paschalis sæpe dicti apostolici " scripta ad hanc rem pertinentia subnectemus." And, secondly, he inverts the order of the " Suavissimas" and the " In litteris," making the latter, which was written in the winter of 1103, take precedence of the former which had been written twelve months before. Surely the two letters must have been wanting in his copy of Eadmer.

William of Malmesbury and the eighth letter (G.P., p. 113).

Omitting the seventh I pass on to the " In litteris " to which I have just referred as probably having had no place in that copy of the " Historia Novorum " which lay before William of Malmesbury as he wrote the " Gesta Regum." On the other hand there can be as little doubt that it formed part of the copy which he used for the " Gesta Pontificum "; since, writing in this latter of the message which the royal envoy delivered to the Primate on the road from Mont Cenis to Lyons, he says,—" Anselm wrote on the subject to the King. " But the letters from the Pope to the King, from An- " selm to the King, and from the King to Anselm, are " a long and interminable series which I have no mind

PREFACE. xxxiii

"to introduce (*intexere*) here. Those who wish to read
"them will find them in Edmer," who added them to
his narrative (*apposuit*) " ut nullus eum mendacii car-
"peret et ut ipse invictum robur dictorum assu-
"meret."

It would seem, then, that the truth of Eadmer's *Eadmer's motive for inserting the eighth letter.*
story of the message delivered to Anselm by the King's
envoy had been questioned by some readers of his first
text, and that it was in order to defend himself from
the charge of inaccuracy that he enriched a later edition
with the " In litteris," a document which certainly goes
to prove his story. Where the intercalated passage
ended may perhaps be surmised from the fact that the
present narrative brings the whole party, including
William, to the city of Lyons, and then "harks back"
to say what had happened on the road, and to observe
that William did not go near the city of Lyons. In *(13.) The seventh and eighth letters, and their context.*
which case the *insertio* filled four pages, or ninety-nine
lines, and thus included not only the " In litteris," but
the " Fraternitatis tuæ" with its introductory context,
and the story of the envoy's pretended scheme of a
visit to Bari. The pristine text had not improbably
been, " Post hæc" (as on page 178) " Romam deserentes,
" protecti gratia Dei sani et incolumes Lugdunum
" usque pervenimus" (as on page 182), &c.

But where is the King's letter to Anselm which *A missing letter.*
William of Malmesbury had read in his later copy of
Eadmer? The copies known to us have no such letter
to show, but only a statement which must have been
based, one would suppose, on epistolary evidence, and
immediately before it a very curious passage which can
scarcely have figured in the original work. The pas- *Opening of Book IV.*
sage to which I allude is the opening paragraph of the
fourth book. It is scarcely in keeping with what had
already been said about the King; its fawning allusions to
the King's " pia consideratio" and " considerata pietas"
have a new and strange sound; and it concludes with

the unmistakeable words, "Ego ducente Deo cœpto "narrandi calle progrediar."

Place of the missing letter.

Here, then, we have the place of the missing letter of the King to Anselm. That letter, which can scarcely have been to the King's greater credit with the reader, has disappeared, making way for a piece of transparent flattery. It and the "Quamvis per Willelmum" had been introduced into the work at the same time with the "In litteris," and had with their context filled a leaf of augmentary text.

(14.) The "Quamvis per Willelmum" and the missing letter.

The anachronous "Adversus illam" (fifth letter).

On the whole then there can, I think, be little question that of the nine letters which now enrich the third book, Eadmer's original text contained only one, the anachronous "Adversus illam."

(15.) A passage in Book IV. discussed.

That part of the fourth book which begins with "Cum igitur" on page 189, and ends with "populo "terræ" on page 192, betrays a certain inconsistency sufficient to suggest a doubt whether much of it may not have been inserted into the work subsequently to the first issue. It consists of four portions. The first of them is to the effect that Henry, partly out of respect for the Primate, partly out of dismay at the evils which had come to light in consequence of the Primate's exile, declared himself more than willing to have him back again, provided only he would let him enjoy the disputed *consuetudines*; and that he therefore sent envoys to Rome with instructions to spare no effort to induce the Pope to bid Anselm return to England and yield an unlimited obedience to the royal will. The next portion is irrelevant to the history, and may, like many similar paragraphs, have been inserted to eke out an even number of pages. The third is to this effect:—In the second year of our exile (A.D. 1105) the Pope, who had stiffly rejected the King's overtures, convened a council at the Lateran, excommunicated the Count of Meulan, the count's accomplices, and such prelates as had received investiture from the King, and with all speed sent news

First portion of the passage.

Second portion.

Third portion.

of what he had done to Anselm in a letter which we subjoin. Then follows the letter, which upon inspection is found to contain the further information that, for a reason assigned, the Pope had deferred excommunicating the King himself.

The fourth portion, however, contains the astounding statement that, the Pope's letter being received and examined, Anselm was at last convinced of the utter uselessness of wasting time in expectation of help from Rome which would never come, particularly as the Pope had thus far refused to stir a finger in his behalf; and, mixed up with it the very suggestive remark, thrown in as if by accident, that Anselm had during his stay in Lyons written three letters to the King demanding the restoration of his property, but had received highly unsatisfactory answers.

<small>Fourth portion of the passage under discussion.</small>

Now, this fourth portion of the narrative is quite in harmony with the first, but cannot be reconciled with the third. Curiously enough, too, at its point of junction with the third we find precisely that sort of textual crudity which betrays the manipulation of a clumsy scribe,—" Hanc igitur epistolam postquam Anselmus sus-" cepit inspexit, intellexit se amplius &c. . . . This " suscepit inspexit" recalls the " tempus induciarum " Pascha" of page 144, the two sea voyages on one and the same day from Dover to Wissant of page 172, and the blunder about the chaplain on page 182.

<small>Contradictions and blemishes discernible in the passage.</small>

Again. The Pope's letter was brought to Lyons by a special courier, who had probably ridden night and day from Rome that Anselm might be apprised in good time of the sentence launched against the Count of Meulan and his partizans, and of the pending excommunication of the King. What possible motive could Anselm have had to take Eadmer into his confidence? Was it not his wisdom to let Eadmer think no matter what rather than know what the Pope had been doing, or than suspect what he himself, as Primate, had at last resolved

<small>Further considerations.</small>

xxxvi PREFACE.

to do? The truth is that two excommunications had for some time been hanging over Henry, the Pope's and the Primate's; but now that the Pope's was for a time withheld, the Primate's, which was already overdue, must be allowed to fall, and hence the Primate's departure.

On the whole, then, there can be little doubt that the text was in the first instance much as follows: "Cum "igitur . . . . pateretur. Unde nobis adhuc . ". . . subdi et obœdire. In secundo autem anno " adventus nostri Anselmus intellexit se amplius frus- " tra Lugduni," &c., ... ; and that Eadmer turned the "De illata tibi" to account long after the " Historia Novorum " was a published work, possibly a the same time with the "Regi regum" and the "Non " ignoras." And just as those two letters cannot have been introduced into the narrative at the same time with the falsely placed "Adversus illam," so is it hard to believe that, had he just transcribed the " De illata," Eadmer could have persuaded himself to say that, because that document was what it was, therefore Anselm left Lyons disappointed and reduced to despair by the passivity of the Holy See.

Textual content of the passage.
The content of the engrafted text is forty-nine lines.

When were the several amplifications inserted?
The "Historia Novorum" was a published work in or before the year 1113, but many of the digressions which characterize our two extant exemplars must assuredly be referred to a much later date. Queen Matilda died in the May of 1118; Robert of Meulan passed away a few weeks later, and Herbert, bishop of Norwich, in the July of 1119. In 1120 Eadmer was brought into close, perhaps perilous, relation with the King on his appointment to the See of St. Andrew's, and when in 1121 he returned to Canterbury it was not without a consciousness that the royal eye was on him. If, then, it be true that the paragraph which now opens the fourth book takes the place of a letter from the King to Anselm, when was that letter removed to make way for a pas-

sage all fragrant with the "considerata pietas" and the "pia consideratio" of the monarch?

Can it have been during Count Robert's time, and thus before the summer of 1118, that Eadmer penned the luminous little sentence on page 201, in which, having just transcribed a letter from Anselm to that statesman, he says, "My reason for writing out this letter "is that all who read or hear it read may clearly under- "stand who it was that is to be credited with the evils "which afflicted England during Anselm's exile, and "with the prolongation of that exile?" The terms in which in the first paragraph Dom Baldwin is described read like an allusion to one who is no longer living, whilst the respectful description of the royal clerk, William of Veraval, is scarcely in keeping with the contemptuous accounts of him with which the reader of the work has by this time grown familiar, and is an awkward anticipation of what seems to have been the first favourable word about him on page 215. And further, the account which follows of the King's persecution of the clergy can scarcely have figured in the work at the time when Eadmer suppressed a royal letter to replace it with a panegyric of the royal "pietas" and "consideratio;" whilst the "eo tempore" of its concluding sentence would seem to stamp it as a late augmentation. I suspect, then, that where we now have a hundred and two lines of text, "Scripsit quoque . . . . posse "putamus" (pp. 200-204), there were in the first instance one or two which have been replaced by the sentence "Itaque . . . acturus" of page 201.

(16.) Another probable instance of augmentation by insertio.

It was not improbably at a still later date that Eadmer appended to his work the correspondence between the King and the Primate which is introduced on page 206 of the C.C.C. transcript. The letters are *subter annotatæ*, and the allusions to the evils "quæ sub "oculis Dei hodie fiunt maxima" must have been made long after the brighter days of Eadmer's first edition.

(17.) Some "annotated" letters.

(18.) Another instance of probable augmentation by insertio.

The next instance of probable augmentation by *insertio* begins with the words "Suspensus autem fuerat" on page 209 and ends with "De his ita" on page 214. It has the textual content of six pages of the original; the hagiographical digression is quite in character with others which are manifestly sarcinatory; the letter "Quod Anglici regis cor" had no place in William of Malmesbury's earlier copy; and the facts that even now its place in the work is utterly unworthy of its importance, and that the context makes no allusion to it, complete the evidence, which goes to prove that the "Licet "causae tuae" and the "Quod Anglici regis cor" were as little used by Eadmer in his earlier days of authorship as the other letters of Pope Paschal II. to which I have already drawn attention.

Remarks on the letters contained in Books I.-IV.

Between the first page and the two hundred and seventeenth, which records St. Anselm's final return to England, there are as the work now stands thirty letters, and, of those thirty, eight only, perhaps only seven, can have appeared in the first issue. The first of them, "Novimus," on page 105,[1] gave Anselm's own account of the causes and the occasion of his first departure from our island; the second, "Adversus illam" on page 159, although set forth out of time and out of place, does duty for a similar document, the insertion of which would have been strictly in conformity with Eadmer's original plan; the third and fourth, "Considerata" on page 186 and "Carissime pater" on page 196, are letters of remonstrance with the Primate on the prolongation of his second absence from England; the fifth, "Vene-

---

[1] I confess that I believe the whole passage "Scriptam dehinc . . . "viae reddidimus" [pp. 105-108 bis] to have had no place in the first issue, and it includes the "Novimus," but the considerations which would tend to show that my opinion is a probable one could not be duly set forth within the limits of space at my disposal. It seems right, however, to make this record of my suspicion, and live in hope of the discovery of a copy of the original issue.

"rabilis pater" on page 198, is a letter from the King adduced in evidence of the fact that that prolongation was no fault of Anselm's; the sixth, "Quod vestra" on page 198, shows how keenly the prelate smarted under the grief of a wantonly protracted separation from his spiritual charge; and the seventh and eighth, "Sustinuimus pacem" on page 204, and "Condoleo" on page 205, are a correspondence with his suffragans on the same subject. Now it had been Eadmer's design, in the first place, to record the history of St. Anselm's elevation to the throne of Canterbury;[1] in the second to trace the history of his difference with the Red King, and to expound the reasons first of his exile in 1097, and then of its protraction till 1100; and in the third place to trace the history of his difference with Henry I., and to explain how it was that he for a second time left England, and, having left it, remained so long away. This, I say, had been our author's original design, and the strict relevance to that design of the eight, or perhaps seven, letters which figured in his first edition is as remarkable as is the singular irrelevance of a large proportion of the augmentary matter which now mars the unity of the work. As years rolled on Eadmer, not always without reason, perhaps never without good reason, resolved here to say something in justification of his master, there something in elucidation of an event which prudence no longer advised him to leave in shadow, in a third place to correct William of Malmesbury, in a fourth to do battle for his mother the Church of Christ at Canterbury; and the exigencies of his favourite *insertio* not unfrequently tempted or compelled him to exaggerate the character of heterogenousness thus imparted to his treatise by the introduction of sarcinatory trifles scarcely worthy of his subject, even if they were not unworthy of himself. But we must not forget that

Eadmer's first design in writing the "Historia Novorum."

His motives for augmenting the text of the "Historia Novorum."

---

[1] See the Præfatio, page 1.

his first aim had been what in his preface he declares it to have been, and it is satisfactory to find that our inspection of the work in its present condition tends to prove beyond all doubt that in his original text he took care not to travel beyond it. Hence his silence on the protraction of Cardinal Walter's visit to England; on Abbot Jarenton's mission in the spring of 1097; and on Anselm's furtive and circuitous journey from Rome to Lyons through Swabia and Alsace. He was silent on these and many like subjects, because it would have been foreign to his purpose to touch upon them.

The first issue of the "Historia Novorum." The "Historia Novorum" in a volume of some ten quires, the leaves of which had each the textual value of forty-nine lines and a half of the present C.C.C. copy was a published work in or about the year 1112. We know on the authority of William of Malmesbury that the story ended with the death of St. Anselm, and we can scarcely be mistaken in suspecting that it said but little of what had taken place between the end of the second exile and that event, for Eadmer's proper task was done when he had recorded his master's return in 1106.[1]

The latter portion of the extant Book IV. So much of the latter portion of our present copies of the fourth book as relates to St. Anselm's trouble with the Archbishop elect of York was not improbably written on the recrudescence of the York controversy, with the exception, however, of the concluding passage, "Prius tamen," &c. (page 258), and the appended letter, "Quanquam prave," which were added subsequently.

(19.) The conclusion of the extant Book IV. This letter, addressed by Pope Paschal II. to Gerard, Archbishop of York, had been written as far back as

---

[1] Book I. had in the first instance been put forth in a volume by itself. See the concluding passage on page 77. Eadmer, I presume, wished his friends to enjoy the first instalment of his work whilst he was preparing the next. This probably ended where Book II. now ends. So much of the original as is now comprised in Books III. and IV. constituted, in all probability, a third instalment. That is to say, the original was in three books, not four.

the year 1102, on the same day with the only letter of that Pontiff's which had a place in the first issue of the "Historia Novorum," the misplaced "Adversus illam," and with the "Suavissimas" of later insertion; and Eadmer's account of the way in which he had come to know it suggests the inference that when Anselm left England in 1103, taking the "Suavissimas" with him, he left the "Adversus illam" and the "Quanquam prave" behind him.

We shall not, I think, greatly err if we assign the completion of the first four books in their original form to the year 1112, the addition of the record of Anselm's difficulty with Gerard to the summer of 1116, and that of the "Quanquam prave" with its context to a still later date. The other augmentations on which I have dwelt were made from time to time down to the very close of Eadmer's life; two of the earliest of them being that which included the "Fraternitatis tuæ" and the "In litteris" (pp. 178–182), and that which included the "Quamvis per Willelmum" and the royal letter subsequently superseded by what now figures as the exordium of the fourth book.

Here, however, I must advert to that portion of Eadmer's narrative which lies between the record of Anselm's final return to England and that of his death (pp. 217–248).

There can be little doubt that the double digression "In subsequenti .... Rofensis ecclesiæ" (pp. 223–226) had no place in Eadmer's original; and as little that the "Inter hæc .... præsentatus" (pp. 227–228) which immediately follows it in our extant copies, but which it divorces from its proper context, is an earlier augmentation. The "huic operi admiscere" which follows Anselm's letter to the Pope, the avowal that the letter had been introduced in justification of an account given on a previous page, and the fact that the entire passage has the precise content of

The penultimate portion of Book IV.

(20, 21.) Two probable insertions under A.D. 1107–1109.

one leaf of Eadmer's own book, combine to give us all the certitude we need desire that it had no place in the original.

Probable misplacement of the "Non debeo tacere" (page 227).

But on examining the letter "Non debeo tacere" contained in it we may fairly ask whether Eadmer has not committed another of his blunders in regarding that document as a record of the final pacification in 1107. It says nothing about homage, which, if Eadmer himself may be believed, formed an integral portion, no less than investiture, of the general subject with which that pacification was concerned.

Its place in the manuscripts of Anselm's correspondence. Internal evidence.

If its place in the manuscript copies of Anselm's correspondence which I have been able to consult may be taken as evidence, it is an earlier composition than Paschal's "De presbyterorum filiis" written in the May of 1107, and earlier even than the "Quod Anglici regis" written in the March of 1106; it alludes to, if indeed it does not announce, Robert of Meulan's submission to the disciplinary pressure put on him by the Holy See, a surrender referable to the summer of 1105; and it is precisely the sort of letter which might have been sent by Anselm to the Pope after the interview at Laigle.

Nor is this all. If in the hope of ascertaining whether or not Eadmer be mistaken in assigning it to the autumn of 1107 rather than to the summer of 1105, we subject it to a more careful inspection we find more than enough to justify our doubts. It informs us that the King had obeyed the Pope and relinquished investitures; that the Count of Meulan, influenced by a letter of menace from Paschal, had played an orthodox part,

Its allusion to Richard de Reviers.

and that Richard de Reviers had seconded his efforts. But, after all, was Richard de Reviers alive as late as the August of 1107, and, if alive, can he have been at Westminster in the first week of that month? He died in Normandy, unless, indeed, his body was carried thither after death, for he was buried at Montebourg. He died at an advanced age, and probably at an age which exempted him from the toil and fatigue of voyages across the strait. He died in the year 1107;[1] and, until we can ascertain the date of his death, we must be content to remember that the chances against his having died after the month of August are as two to one.

Again. The description of Henry as "rex qui dominatur Anglis et Normannis" invites our notice. In the summer of 1105 Henry, though not yet *de jure* Duke of Normandy, was *de facto* master of the Normans as well as master of the English; and such a phrase as " rex qui dominatur Anglis et Normannis" could at no time have been more appropriately invented or more significantly employed by such an adept in phraseological niceties as Anselm than in the critical summer of 1105. Anselm, on the other hand, was too courtly and punctilious a prelate to refuse Henry his proper title of duke when once that title had been secured, and substitute a circumlocutory description in place of it.

Its titular description of Henry I.

Furthermore. Eadmer says, "I incorporate this letter into the present work in evidence of the accuracy of my account of the settlement on investitures; and I also wish to show by the same evidence how the Count of Meulan had been led to correct his conduct in response to the Pope's letter, as I have written above." Here three questions occur which must be considered presently. Who had called the accuracy of Eadmer's account in question? What other report was there in circulation as to the Count of Meulan's conduct at the time of the pacification of 1107? What can have induced Eadmer to cancel his notice, or his copy, of the Pope's letter to Count Robert?

Eadmer's reason for introducing it.

But, after all, to what letter of the Pope's is Eadmer alluding? The only document of the kind which we

Allusion to a papal letter.

---

[1] Orderic. XI. xxxii. (Vol. IV. p. 276 of Le Prévost's edition, 1852).

xliv PREFACE.

Place of that letter in the manuscripts of Anselm's correspondence.   possess, the "Nos te in familiaritatem" (Migne, S. L. clxiii. 154 D), finds its place in all such collections of Anselm's correspondence as I know between those written in the spring of 1105, and those written in the following winter; and it represents the count as having been absolved from ecclesiastical censure by Anselm, and as having relapsed into his old disobedience.

The "Non debeo tacere" probably referable to the year 1105.   On the whole, then, there would seem to be good reason for believing that the "Non debeo tacere" was written soon after the memorable interview at Laigle in the summer of 1105, and that Eadmer is mistaken in referring it to the year 1107.

Importance of the subject.   An issue of some importance is involved in the conclusion at which scholars may arrive on this subject. For if the "Non debeo tacere" was written by Anselm in the year 1105, and if Eadmer was indebted to it for his account of the pacification upon investiture which was concerted in 1107, we may fairly question whether that account be deserving of our implicit credence.

Eadmer's account of the pacification of 1107.   And here I am reminded of the three questions I asked just now. Who had called in question the accuracy of Eadmer's account? What other report was there of the Count of Meulan's conduct at the pacification of 1107? Why has the copy, or the notice, of the Pope's letter disappeared? An answer to the first of them is supplied by the "Gesta Regum" (page 649), where William of Malmesbury qualifies his account of Henry's relinquishment of the claim to give investitures of churches by the delivery of ring and crosier, by a reservation not mentioned in the "Historia Novorum," and in scarcely obvious accordance with Eadmer's account in the "Vita "Anselmi." In this work [1] Eadmer says, "Rex enim, "antecessorum suorum usu relicto, nec personas quæ "in regimen ecclesiarum sumebantur per se elegit,

---

[1] See below, MS. C.C.C. 371, page 371.

"nec eas per dationem virgæ pastoralis ecclesiis qui-
"bus præficiebantur investivit." William, on the con-
tray, says, "Investituram annuli et baculi indulsit in
"perpetuum, retento tamen electionis et regalium pri-
"vilegio." The latter is the more probable account;
and, although it is not impossible so to interpret Eadmer's as to avoid an absolute contradiction between the
two, it is none the less worth our while to ask whether
Eadmer may not have been misled into framing his
sentence as he did by a chronological blunder of his
own, the blunder of assigning the "Non debeo tacere"
to the year 1107 instead of the year 1105. If ever
there was a moment when Henry was tempted to in-
dulge in a diplomatic economy of conduct it was the
critical moment when two excommunications threatened
him, either of which might have cost him the ducal
coronet he was already grasping and imperilled the
safety of the royal crown itself. That, too, was the
proper moment for deep contrition on the part of Robert of Meulan; and William of Malmesbury's account
may well inspire a suspicion that the count had no
reason for relapsing into pious grief at a time when
no dangers were visible in the political horizon.

Why Eadmer should have cancelled his notice, or his
record, of the Pope's letter to Count Robert is a question
which may with propriety be left without an answer
until we know the place the letter had occupied in his
work, or the character of his notice of it. But the most
probable account may be that he had given Paschal's
"Nos te in familiaritatem" a place which he in course
of time found to be inconsistent with his later chronology.

On the whole then I think it likely that Eadmer
would not have inserted his augmentative "Inter hæc
". . . . præsentatus" but for his proneness to contradict William of Malmesbury, that the "Non debeo
tacere" was written two years earlier than the date

he assigns to it, and that his record of the final settlement on investiture must be accepted with some caution.[1]

And if it be probable that what Eadmer says about the pacification on investiture is referable, not to any authentic information concerning what took place at Westminster in the August of 1107, but to his own interpretation of a letter of Anselm's written in 1105, it is not less probable that what he says about the pacification on homage is a mere gloss of his on a letter of Paschal's which he tells us was written in 1106; I mean the " Quod Anglici regis" (page 210).

The "Quod Anglici regis."

The concession made by Paschal in the " Quod Anglici regis" had not been granted in perpetuity; nor does the sentence " Nam papa . . . . colligi potest" (page 221) imply as of necessity that Eadmer thought it had. Still, the very fact that he leaves us in doubt as to the meaning we are to give his words raises a presumption that, after all, his notion of what really was settled on the subject of homage may have been none of the clearest. Unquestionably the Pope had in the spring of 1106 granted a temporary toleration of "hominia;" unquestionably Anselm in 1107 granted, and granted in the name of the Holy See, a toleration of "hominia" which was likely to prove permanent. But were the "hominia" of the first concession the same as the "hominia" of the second? If other authors are to be believed, the homages henceforth to be made to the Prince were to be made for the temporalities, and for the temporalities only, of their preferment; and Eadmer himself

---

[1] In Lambeth 59, in C.C.C. 135, in Cotton Claudius A. xi., and in Reg. 5, F. ix. (British Museum), the three letters which I have been discussing occur in the same order: —" Non debeo tacere," " Quod " Anglici regis," " De presbytero- " rum filiis." This is the order I had assigned them before it occurred to me to consult the manuscripts. Eadmer, I need scarcely repeat, puts the first last, the second first, and the third second.

records under date of the year 1116[1] an event which obliges us to conclude that the tolerated homage of 1107 was a very different thing from the tolerated homage of 1106. In the year 1116 Henry, on the point of leaving England for a long sojourn in Normandy, summoned the bishops, abbots, and *principes* of the realm to Salisbury where the latter class were made the men (*facti sunt homines*) of his son William, whilst the bishops and abbots, so far from becoming William's men, and so far from promising to become his men, undertook, in the event of his succession, to make their *hominia* to him. Surely then the well known distinction between the layman's homage and the homage of the man of religion was already acknowledged by the year 1116, and if so, when can it have been established but in or shortly before 1107? If, that is to say, the law of England at so early a date after the contest on homage as the year 1116 allowed the man of religion to say "I do you homage" instead of "I become your man," when can the distinction have been legal if not in the year 1107, when the contest was brought to a close? In which case we have good reason to complain of Eadmer; for not only were men of religion now spared a ceremony deemed indecorous, they were now spared a ceremony against which the church had been launching all her thunders; and the churchman's homage under the new state of things was in so far different from the old homage that it lacked precisely those characteristics which councils had condemned.[2] We shall scarcely, I think, do Eadmer an injustice if we believe him not to have understood the distinction, if, indeed, he had heard of it; and the fact that he gives as authority for his account of the settle-

---

[1] Page 284.

[2] Its proper name was fealty, although in judgment of law it was homage. The distinction seems to have been well known by William of Malmesbury when writing the "Historia Novella." See Coke on Littleton, §§ 85, 86.

ment, not any authentic report of what was done on the occasion, but a letter of Paschal's written in the spring of the preceding year, justifies us in believing that he cannot have made use of any such report when he committed that account to parchment.[1] As that account now stands it certainly is susceptible of an interpretation consonant with the declarations of other and independent writers, but such is not the interpretation which first and naturally suggests itself to the reader; so that, even if we suppose Eadmer to have written it after some knowledge received of what took place at the pacification, he still lies open to the charge of basing his notice of the law of England on clerical homage, not on the enactments of the law-givers of England, but on a document which, however venerable, was not of their creation.

William of Malmesbury's account (G. R., p. 649) of the pacification of 1107.

Here again, as in the case of investiture, and as in numerous other instances, we may with reason attribute the suppression of Eadmer's original account—if, indeed, that account was not absolutely silent upon homage—to his spirit of rivalry against William of Malmesbury, who says nothing about homage in his record of the pacification, and who further represents Robert of Meulan as having endeavoured to prevent that pacification.

Suppressed portions of the "Historia Novorum."

Great as must be the regret of scholars that no transcript of the original is known to exist, that regret is enhanced not only by the probability that Eadmer from time to time introduced verbal changes as well as textual augmentations into his work, but by the further probability that he suppressed passages which might have been of very considerable interest and value to us. William of Malmesbury tells us what it was to which

---

[1] A remarkable corroboration of this view is afforded by the fact that the account he gives us in the "Vita" (Lib. II. cap. lxiii.), an account unretrenched through all the ascertained editions of that work, is absolutely silent on the subject of homage.

we are indebted for the introduction of the "In litteris" (page 180) and the "Quamvis per Willelmum" (page 183), and Eadmer himself has accounted for the insertion of the "Non debeo tacere" (page 227). But what may not have been suppressed during the course of all these changes? Many more additions have been made than either William or Eadmer has enabled us to account for. May not many more suppressions have been made than either of them has hinted at? A royal letter has disappeared, as we know on William's evidence, and with it no doubt some very interesting context. And Eadmer himself, as we have just seen, alludes to a record not now to be found in his pages, his record of Paschal's letter of reprimand to the Count of Meulan. The letter indeed may be extant elsewhere, but the context may have contained something that we should be glad to know.

Reserving for a future page such few remarks as must yet be made on the first four books of the "Historia Novorum," I now pass on to what may not inaccurately and not inappropriately be regarded as a distinct work.

A certain specified portion of St. Anselm's career had constituted the subject of the original treatise; the controversy between York and Canterbury was to supply the staple of the supplementary addition. The fourth book of the "Historia Novorum" had when first issued little if anything about the York dispute, the fifth when first issued had little if anything about St. Anselm. Hence the rubric "Incipit quintus de sequentibus, et hoc ex abundanti" and hence the allusions on pages 260 and 284 to the original work as to a distinct literary effort. Nor is this all. Eadmer's own copy of the supplementary addition to his work was comprised in a separate volume, the leaves of which had an ampler textual content than those of the "Historia Novorum" properly so called.

[margin: The fifth and sixth books of the "Historia Novorum."]

l PREFACE.

The first draft of the fifth book was probably begun soon after the appointment of Archbishop Ralph in 1114; there is a passage on page 301 which must have been written in 1119, contemporaneously with the events of which it treats;[1] and the final publication took place certainly as late as the spring of 1121, and probably not before the summer of 1124. The concluding doxology invites the inference that it had not been Eadmer's purpose to add a sixth book, and the fact that he makes Henry I. the *persona loquens* of that pious apostrophe may possibly serve to determine the period of his life during which he made it his task to speak softly of that prince.

The C.C.C. fragment of Book V. In the library of Corpus Christi College, Cambridge, and lurking in MS. 341, there is, as I have already intimated, a stray leaf containing a portion of the fifth book. It is of identical penmanship with that of the volume which has supplied the text of the "Vita" for the present edition, and must have been removed at Eadmer's own instance from a transcript either of the first five books or of the six,[2] while such transcript was in course of execution, for it has not been initialled.[3] Its text differs very remarkably from that of the Cottonian and Corpus copies; and I infer that, whatever the date of the edition which the former of these copies represents, that edition has perpetuated not the pristine text but a recension, an inference corroborated by the remarkable fact that, just as the text of the Corpus copy is ampler than that of the Cottonian, so is the Cottonian in its turn characterised by marks which show it to be ampler than that of the original.

---

[1] "Quia ergo . . . scribere volo."

[2] Probably the first transcript of the first five books; probably, too, in 1124. See below, p. lv.

[3] That is to say, the initial letters of the paragraphs "Rex ad hæc," &c. and "Inter hæc," &c. have not been filled in (pp. 280, 281). The leaf is denoted "L" in the collation.

PREFACE.

At the very opening of the fifth book (page 260) we read as follows, "But before entering upon these sub-"jects it occurs to me [*mihi in mentem venit*] to "show certain people who even at this distance of "time [*adhuc*] are not ashamed to detract from the "aforesaid archbishop, very saint [*vere sancto*] that he "is, on the plea" &c. Then comes a long account of St. Anselm's pecuniary embarrassments followed up by the sentence, "Having thus, as briefly as the require-"ments of the case permitted, made this statement, let "us enter on our historical labours, taking up the narra-"tive at the point where we stopped." The "vere sancto" would seem to imply the ascertained claim of Anselm to the title of Saint, and the "adhuc" the lapse of many years from his death, ideas repeated in the two opening lines of the next paragraph; whilst the "mihi in men-"tem venit" is a phrase characteristic, and, as it would appear, exclusively characteristic, of subsequent amplifications of the text. The whole passage is not improbably one of the later, though not the latest, of Eadmer's "insertiones," and may even have been introduced, if an analogous passage in the "Miracula" may be taken in evidence, during the last year or two of his life. Curiously enough the corrected reading of the Cottonian copy "Exivit" for "Exivit secundo" (page 262) would seem to suggest that the passage was written soon after the "Nec quod . . . . cœnam meam" (pp. 256, 257) in which those words occur, and which in its turn reads like the plaintive forecast of one who knows that he will not live long enough to prove its truth.

<small>Augmentations probable and ascertained of the original text of Book V.</small>

<small>(22.) The digression on St. Anselm's pecuniary straits.</small>

The passage "Lugdunum vero . . . . narrandi or-"dine progrediamur" (pp. 287–289) contains two stories, that of an apparition of St. Anselm and that of a vision of the Blessed Virgin. The first does not figure in the "Miracula," but the second does. It is, however, less well told there than here. This, then, must be the later account. But why have given the vision in the

<small>(23.) The digression on two stories heard at Lyons.</small>

"Miracula," and not the apparition? Or why give either of them in a work like the present? The pages of the "Gesta Pontificum" supply the answers to these questions, for they give an account of the two incidents which must have been far from agreeable to Eadmer. The stories were Eadmer's own, and, even though he should condone William's violation of his copyright, it was on his conscience to rectify the blunders of William's version. According to the Wiltshire monk St. Anselm appeared after death to a nun at Lyons and said something which implied that he had not as yet obtained his beatitude; and a few hours later a vision of the Blessed Virgin was vouchsafed to the same nun, informing her that the Archbishop was now in the glory of God. The present digression, on the other hand, asserts Eadmer's claim to be the authoritative narrator of the two stories, and discredits the version put upon them by his rival, who, missing the gist of each of them, had formed a very inadequate estimate of Anselm's sanctity. Unquestionably St. Anselm had appeared to a nun at Lyons, but after his departure [*post discessum*] from that city, not necessarily after his death; and the vision of the Blessed Virgin had been vouchsafed after Anselm's death, no doubt, but not, as it would seem, to the recipient of the earlier favour, and not necessarily on the night following it, though certainly after Anselm's death [*post obitum*].

This insertion can scarcely have been made before the year 1126, and it is in each of our copies.

The "Licet vos" on the other hand, a letter from Pope Paschal to the prelates of England, has no place in the Cottonian transcript, nor yet the "In schola religionis" to Archbishop Ralph (pp. 294, 295). Like the "Quanquam prave" of page 259, they are ill-placed, for they were written in the summer of 1116, whilst their context relates to events that happened in 1118.

This, then, is the first amplification of the text which is not to be found in both of our copies. The second

PREFACE.

begins on page 301 with the words "Ipsum quoque "privilegium" and ends with "Wentoniæ consensi" on page 304. It is not in the Cottonian transcript, which consequently lacks the resumptive "ut diximus" that figures in the next following paragraph of the C.C.C. copy; and it contains two of the formulative phrases[1] which we have seen to be proper to Eadmer's *insertiones*.

Of the four amplifications of the text which I have just noticed two are common to both of our copies, whilst two are to be found in only one of them. We may hence presume that the parent document of the Cottonian copy is of earlier date than the text of the C.C.C. copy.

The third of them, unlike the other three, is not a proper *insertio*—it was not "inserted" but "subscribed;" but the textual value of the first and fourth is a hundred and eight lines,[2] and that of the second is fifty-four lines. I conclude, therefore, that whilst a leaf of Eadmer's own copy of the original work contained forty-nine such lines as I described in the opening pages of this preface, a leaf of his own copy of the supplementary fifth book contained fifty-four. *Textual content of the leaves of Eadmer's own copy of Books V. and VI.*

It may be well to remark in passing that the date appended (page 297) to the papal letter "Quia vos" cannot have been correctly copied. The letter was not written on the sixteenth of January in the year 1119,[3] and there was no other sixteenth of January in the pontificate of Gelasius II. *A papal letter wrongly dated.*

The textual amplifications hitherto discussed are referable to one or other of two classes. Some of them were introduced into Eadmer's own copy of the original four

---

[1] The phrases to which I refer are "inserere" and "mihi in animum venit."

[2] That is to say, a hundred and eight such lines as have been hitherto our standard of measurement. In point of fact this last amplification, falling in that portion of the volume any five lines of which are equivalent to six in the early section, fills precisely ninety lines.

[3] And even had it been wriitten then Gelasius was not at that time at Gaeta. Singularly enough, the error appears in the "Gesta Pantificum" (p. 665).

liv   PREFACE.

books, or into his own copy of the separate and supplementary fifth book, by *insertio*; by the engrafting, that is to say, into either volume of leaves homogeneous with the rest. The rest of them were introduced by *adnotatio* or *subscriptio*, that is to say by the intromission of amorphous fly leaves. But besides these two methods Eadmer seems to have had a third, which was the very simple device of intercalating new matter as either book happened to be undergoing transcription. Amplifications made thus are not likely to present such indicatory traces as "hic mihi in mentem venit," " ad cœptum redeamus iter" and the like; and it is in this respect that the C.C.C. volume is of peculiar value to us when compared with the Cottonian, and tested by it. We have seen that the last fifty pages of the C.C.C. volume differ in very many respects from those which precede them, and there can be no doubt that they are part of a rough draft of the fifth and sixth books bound up with a fair copy of the first four and the earlier portion of the fifth. In the last fifty pages it is that we find instances of additional matter incorporated into the work by the transcriber as he pursued his task. How many such amplifications may have been introduced into the first four books it is impossible to determine; or indeed how many into the fifth. But now that as regards the fifth book we have in A. the penultimate, and in MS. the last, edition of the fifth book; whilst A. gives us the first and MS. the second edition of the sixth; we are enabled to detect a few of them, one in the case of the fifth book (on page 309) and three in the case of the sixth.

(26.) The amplification on page 309.

Could we, however, see the first edition of Book V. we should find that it was shorter by twenty[1] of Eadmer's pages of twenty-seven lines than it now is; we

---

[1] By the cramped writing of the last three gatherings of our manuscript twenty pages are reduced to sixteen and a fraction.

PREFACE. lv

should find, that is to say, that it lacked altogether the consecutive documents which now figure so conspicuously in it. Hence the "ut prælibavimus"[1] on page 327, and the statement on page 342 that the documents had been *indita* into the work.[2] We are, I suspect, indebted for their presence to Eadmer's rivalry of William of Malmesbury, and must assign their introduction to a date posterior to the year 1125 at the very earliest.

(27.) The papal privilegia (pp. 310-327).

The deferential terms in which—if I may except a passage which I shall notice presently—Eadmer now made it his business to speak of Henry I., his allusive reference to the fear in which that monarch had been held by Alexander, King of Scots, and the hint that his own banishment from Scotland was to have determined at Alexander's death, would seem to show that when the fifth book was put forth Alexander had already passed away, and that Eadmer now hoped to be reinstated in the see of St. Andrew's. I suspect, therefore, that the fifth book was hastily completed and published in the summer of 1124; and, inasmuch as it ended with a doxology of which Henry was cleverly made the *persona loquens*, it may be reasonable to infer that, hoping to end his life in Scotland, Eadmer believed himself to have written his last word on the history of events of which England had been the theatre.

The probable date of the issue of the pristine Book V.

It is less difficult to trace the gradual augmentation of the fifth book than that of the first four.

It must have been in or after the year 1126 that Eadmer inserted the Lyons story.

Order of the several amplifications of Book V.

He subsequently introduced the first sentences of the ten papal letters as we now have them in the Cottonian copy; and let in a fly leaf containing the passage "Illud etiam . . . . interpellatus" (pp. 328, 329).

(28.) A digression on pp. 328, 329.

---

[1] See page 342, note 4. Observe also the "quæ subscribimus," with which they are introduced, and compare the "subscribere" in the amplification on page 294.
[2] "Quæ superiori libro indidimus."

The digression on St. Anselm's pecuniary troubles must have been inserted next in order of time.

Later on he put in a fly leaf containing the "Licet vos," the "In schola religionis," and their context (pp. 294, 295), and inserted the *privilegium* of 1072[1] and its context ("Ipsum itaque . . . consensi," pp. 301–304).

It was at a still later date, and whilst the rough copy was in preparation which was to serve as basis for the final edition of his work, a work by this time augmented by a sixth book, that the passage "Inter hæc . . . Glamorgatensis" (page 309) was introduced.

Book VI. Differences between the C.C.C. and Cottonian MSS. As to the sixth book, its extreme brevity and the appearance in it of letters which might well have been published in the fifth, but for the manifest impropriety of making them known so long as Eadmer had any hope of regaining his episcopal honours in Scotland, invite the inference that by the time he gave it to the world he had given up, and given up for ever, all hope of again grasping the crosier of St. Andrew's. But however late the date of its first issue, Eadmer lived long enough to make preparations for a second. Not only does the rough draft which forms a portion of the C.C.C. volume exhibit three passages which are not in the Cottonian; it presents a new version of Eadmer's letter to Alexander. He now represents himself (pp. 350–353) as having begun by wishing that prince not merely "salutem et servitium" but "æternam in Christo salutem

---

[1] During a short visit to Canterbury in the course of last summer, a visit made memorable to me by much kindness from the Bishop of Dover, I had an opportunity of comparing Eadmer's copy of the *privilegium* with the originals preserved in the cathedral library; the first document drawn up at Winchester, and the second drawn up at Windsor. The earlier one ends with the words "qui interfuerunt episcopi," and is followed by the signatures first of the King, then, side by side, by those of the Queen and the Legate; of the two archbishops; of the Bishops of Winchester and Dorchester; under the second of the last pair is that of Bishop Herfast, and under the first, but lower down, that of Bishop Wulstan. These documents are denoted "C.C." in the collation.

"et fidele servitium;" as having called him "dignissimus" "dominus" as having appealed, not to the letter of a law, but to the dictates of justice; as having invoked the "pius favor" of Alexander; as having told him that he was a "glorious lord" and a "most worthy son of the holy church of God;" as having styled him not merely "excellentia vestra" but "sanctitas vestra;"[1] and as having wound up the effusion not with a mere "Vale" but with a "Vale bone et sancte domine."

Thus very late in life did Eadmer prepare for the final edition of a work which had slowly grown through many years. The last of the six books with its augmentative "Haec inter .... exhibendi" and the resumptive "ut praelibavimus" of the next following paragraph (pp. 341, 342), with its modified text of the "Post haec .... Walensibus" (page 344), with its notices of Everard, Bishop of Norwich, and Gregory, Bishop of Dublin (pp. 344, 345, and pp. 348-350),[2] with its new and strange edition of the letter to the King of Scots (pp. 350-353), was all but ready for the scribe; the author had penned the last version of the apology of his life; the prolonged narrative now ended with the death of Archbishop Ralph as the briefer work had once ended with that of Archbishop Anselm; and all that remained for the author to do was to write a few lines of his best Latin and, with a suitable doxology, let the style fall from his trembling hand. Meanwhile the first four books had been fairly copied out, and a portion of the fifth; and the decrepit and fond old man was even now gathering up his spent energies for the last effort of his long literary career when the vital force which had been

(29, 30, 31.) Three augmentations of Book VI.

---

[1] This "sanctitas" is the more curious as I question whether another instance can be found of its application to a layman. Nothing is more usual than to find churchmen of all ranks, from a pope to an abbot, styled "sanctitas vestra"; but nowhere else have I seen a layman so styled.

[2] See Gervase of Canterbury, ii. 377.

lviii   PREFACE.

sustained to well nigh the full tale of fourscore years, lapsed and flickered out. After he had passed away the scribe pieced together so much as had been executed of the fair copy and what remained of the rough draft. His work was done. Eadmer had not composed the meditated doxology; it was not for him to add an explicit.

Such is, I think, the story which, could they find a voice, the leaves of this book would tell us.

I cannot find any record of the year of Eadmer's death. But he belonged to an order of men the abstemiousness and regularity of whose lives were conducive to longevity; at the time when he undertook the government of the Church in Scotland he was far advanced in his sixth decade; at the close of the "Miracula," a work hitherto unpublished in this country, but included in the present volume, he tells us of his hoary head and of fingers which length of days had robbed of their cunning; and there is no reason why we should not believe him to have seen the first days of the year 1144, by which time he would be about eighty years of age. This surmise is corroborated by the extant conclusion of the fourth book of his great work, where the augmentative or commutatory "Prius tamen," &c. (page 258) is followed up by an ascription of praise to the Almighty Power "who, remaining ever in Himself the same, changes "kingdoms from one ruler to another and sets whom He "will to reign over them." This cannot, surely, have been written before Henry's death in the November of 1135; most probably, it was inspired by the strange incidents of the spring of 1141.

Probable date of the doxology to Book IV.

(32.) Probable date of "Inter hæc," &c. on pp. 268, 269.

Early in the fifth book, again, (page 268) there is a passage, "Inter hæc . . . . mali sunt," which would seem to have had no place in the first issue, and must therefore be referred to a date later than 1124, for it begins with the "Inter hæc" which not unfrequently marks an augmentative digression, and is followed by a paragraph containing the resumptive "ut diximus." It

PREFACE. lix

certainly was written at a time when Eadmer was keenly alive to Henry's want of sympathy for ecclesiastics of English birth, and it most probably was written after Henry's death. It is not an *insertio*, so that its introduction may fairly be assigned to the period of the penultimate transcription; and it contains a passage written in the thick of strange and surprising events that taught mankind not to anticipate the judgment of Him who distributes crowns and punishments according to His own inscrutable will. "Quæ dum ita sint nullus sibi "de iis quæ Deus non approbat plaudat, quoniam "unde isti coronam, inde illi novit æquo judicio pœ- "nam prorogare. Sed de his hac interim vice satis.[1] "Dies enim mali sunt."

Nor is this all. The opening sentence of the sixth book which refers to the year 1120 as to a time distant enough not to be within the memory of many of its readers, can scarcely have been written before the close of the fourth decade of the century.[2] Other traces of late work (page 341).

I have already given my reasons for believing that Eadmer wrote the digression on Anselm's pecuniary troubles, "Prius tamen" &c. (pp. 260-264) late in life; and I think we shall be safe in saying that it cannot have been written before the end of the year 1135, for it is scarcely to be believed that so long as Henry lived our author would have dared to say that Anselm was tricked out of the country when he set forth on his journey to Rome in 1103; "Vexatus itaque gravi modo per bien- "nium est, ac demum extra terram exire *seductus*." Probable date of the *insertio* on pp. 260-264.

On a careful inspection of MS. C.C.C. 452 I find what look like traces of personal supervision. They are three in number. The first is on page 11, where we find the following passage, "Qui ex quo victoria usus est, quod Traces of personal supervision in MS. C.C.C. 452. First instance (page 11).

---

[1] Compare the "De his ita" which closes an insertion on pp. 209-214.

[2] Compare the "qui illius recor- "datur" on page 45, in an unquestionable amplification.

lx   PREFACE.

"fuit ii. id. Octobris, inunctus permanens, in Nativi-
"tate Domini unctus est in regem apud Westmonas-
"terium a beatæ memoriæ Ealdredo archiepiscopo
"Eboracensi et nonnullis episcopis Angliæ. Quam con-
"secrationem . . . . . benedictione." The writing
of this passage is small and crowded, the ink is of a
different hue from that of the context, and the vellum
bears traces of erasure. It would almost appear as if
Eadmer had corrected a correction of his own so as to
restore the original reading. The passage contains two
dates, about either of which he may have been uncertain,
even if he had quite made up his mind what to say about
the consecration of a king by an Archbishop of York in
the lifetime of an Archbishop of Canterbury.

<small>Second instance (page 20).</small>   On page 20 the words "tertio ante sui introitus
annum" in the passage about the great fire at Canterbury
are written in small and closely packed letters, and the
ink is not of the same hue as that of the context.
Possibly Eadmer, wishing to give his readers the precise
date of the disaster, or, at any rate, the year in which it
happened, had directed the scribe to allow a good half
line for the purpose, but failing to ascertain the one or
the other was constrained to revert to such general
terms as he had already employed in his Life of St.
Wilfrid, where we read "Cujus conflagrationem anno
"tertio . . . . Lanfrancus . . . . ipsam ecclesiam
"regendam suscepit."

The circumstance acquires fresh interest from the
fact that from end to end of his extant works Eadmer
nowhere gives us the precise date whether of the great
fire or of Lanfranc's consecration, and nowhere says anything from which it may be inferred that he was able to
do so. He declares that the events took place within
three years of each other, but he has not determined
either of them. Nor is this all. He does indeed tell us
that Lanfranc came to England in the fifth year of the
reign of William the Conqueror, but he does not inform

us when he supposes that reign to have begun, whether on the death of the Confessor or after the battle of Hastings. I cannot find a precedent for the former computation, and the latter is assumed in his account (page 28) of the Conqueror's death. Unless, then, we suppose that when writing the Lanfranc memoir he followed a different computation from that which had guided him at an earlier period of his life, he has misplaced by a year the succession of the great churchman to the chair of St. Augustine. Account for the error as we may, it is worthy of note that, although he is careful enough to give us the month and the day of the month of the battle of Hastings, and the month and the day of the month of Lanfranc's consecration, he has not condescended to say in what year of grace either the one event or the other happened.

The third instance occurs on page 88, where the words "quinto kal. Januarii," written in a smaller character than the context, must have been inserted in a space reserved for them. One would suppose that Eadmer had had some doubt about the precise date, and had desired the scribe to postpone the record till he should have satisfied himself as to its accuracy. *Third instance (page 88).*

I cannot find any other trace of personal supervision in MS. C.C.C. 452. If it be true that the author was dead or dying before three hundred pages had been transcribed, we may well believe his powers to have failed before the completion of the first hundred. And certainly his energy for revising and improving the text of the first four books would seem already to have failed before he had gone far in the second hundred; for it is a remarkable fact that whilst the last recension exhibits, as regards the first and second books, some very important improvements on the pristine text of the Cottonian copy, it has as regards the third and fourth none whatever to show. *No further traces of personal supervision.*

lxii   PREFACE.

Chronological blunders.

He has, however, within the limits of the first hundred pages committed two very singular errors, and it is to' the praise of human credulity—I employ the word credulity in its classical and uninvidious sense—that through eight long centuries they should have escaped detection. Our author informs us on page 62 that the Council of Rockingham assembled on the eleventh of March 1095, and on page 82 that St. Anselm assumed the pallium on the tenth of June in the same year. In each instance he is precisely a fortnight wide of the truth. The Gospel sung on the day when Anselm first wore the pallium was the Gospel of the Marriage Feast, and I know of no liturgy that assigns that passage of Holy Writ to the fourth Sunday after Pentecost, which in the year 1095 fell on the tenth of June. Again, if the Rockingham Council met on the eleventh of March, the day of its meeting was the fifth Sunday in Lent, in which case Eadmer contradicts himself, for he tells us in the " Vita " that it was the third.

The date of the Rockingham Council, and of Anselm's assumption of the pallium.

The truth is that in the year 1095 Easter fell on the twenty-fifth of March, not, as Eadmer seems to have thought when he wrote his earlier narrative, on the eighth of April; and to bring that narrative into harmony with astronomical fact, and indeed into harmony with the "Vita," we must make the council meet on the twenty-fifth day of February, and set down the twenty-seventh of May as the day on which Anselm assumed the pallium. William of Malmesbury, who makes the same mistake in either instance, must have had the " Historia Novorum " before him as he wrote his " Gesta Pontificum ;" and I believe that every writer on St. Anselm from William of Malmesbury to myself[1] has repeated the blunder. If I have been the last to fall into the pit, I am happy in being the first to scramble out of it.

---

[1] In my "Life and Times of St. Anselm" (II. 88).

PREFACE. lxiii

Perhaps the strangest blunder in his chronology is one *The date of the great fire at Canterbury.* which occurs on page 347, in his account of the visit of the papal legate Peter to Canterbury in the year 1121. By the time of that visit fifty-four years, or, more probably, fifty-four years and a half, had passed since the great fire; and yet, so singularly had lapse of time foreshortened the chronological interval, he tells us that the catastrophe occurred " nec lum transitis quinquaginta annis." One would suppose that if the sixth book had been written long before his death, or that if it had been sufficiently interesting to engage the attention of many readers, opportunity would have been afforded him for rectifying the inaccuracy. It certainly is worthy of remark that in what seems to have been his own copy of the letter to the Glastonbury monks [1] he has in a passage relating to the exhumation of the body of St. Dunstan prior to the building of the new cathedral—a work begun in the spring of 1073—taken pains to expand the original " effluxis quinquaginta annis " into " jam effluxis quinquaginta annis."

And this reminds me of the strange error by which in *Eadmer's account of the parentage of the second queen of Henry I.* the beginning of Book VI. he makes the King's second wife a daughter of Godfrey, Duke of Lorraine, an error none the less remarkable for the fact that in what seems to be an authentic copy of one of his minor works he appears to have erased the word " Lotharingia " and substituted " Saxonia." [2]

Here too I may revert to some other of his mistakes. *A few residuary remarks on the text of the " Historia Novorum."* The chronological errors about the Council of Rockingham and the assumption of the pallium were consistent with each other, and might well have passed, as they seem to have passed, unnoticed; but we cannot say this of the strange blunder he has made over the " Regi regum " (page 152) and the " Adversus illam " (page 159).

---

[1] MS. C.C.C. 371, page 11. | [2] *ib.* page 289.

e 2

lxiv PREFACE.

Probable date of the insertio on pp. 152-156,

There may be nothing in the text of the later document to arouse the suspicion of any but experts; and, although it is dated " ii. idus Decembris," the year of its composition is not given. But surely very strong misgivings must have been aroused before the " Regi regum " had long figured in the work. I should therefore be inclined to say that Eadmer introduced it into the " Historia Novorum " quite late in life. (See above, pp. xxix-xxxi.)

of that on pp. 138-143,

The same surmise may be made about the digression on Henry's first marriage. We cannot well assign its introduction to an earlier date than the year 1126;[1] but the unhealed crudity " tempus induciarum Pascha " raises a presumption in favour of a still later date and prompts the suspicion that it made its first appearance in the parent document of A. (See above, pp. xxiv, xxx.)

of that on pp. 190, 191.

Once more. The unhealed crudity " suscepit inspexit," on page 191, and the contradictions between the pristine text which follows and the papal letter which precedes it invite us to assign quite a late date to the *insertio* of which that letter forms a part. And when we read the document we instinctively ask ourselves, and the more we know of the literature of that age the more likely is the question to recur, whether Eadmer would have been inclined to made public the papal threat of excommunication against Henry so long as he hoped for Henry's help in his efforts to regain the see of St. Andrew's, or, indeed, so long as Henry was on the throne. I think, then, that Eadmer must have introduced the " De illata tibi " into his work after the King's death. (See above, pp. xxxiv-xxxvi, li, lviii, lix.)

Orthography of the C.C.C. archetype.

Except in its last fifty pages the orthography of MS. C.C.C. 452 is only not absolutely uniform, and exhibits the following forms:—

---

[1] Here, as in other instances (see page lv), I assume that the " Gesta " Pontificum" was not completed before the year 1125; but I am very far from asserting that it was made known to the world, or first read by Eadmer, at so early a date.

Abicere, adicere, æcclesia, amicicia, ante quam, artius, autenticus, cedes, conicere, conivere, conubere, convitium, cotidie, crisma, cronicon, daviticus, defrudare, deicere, desevire, dicio, eger, egritudo, egrotus, eicere, emulari, erumna, estas, estimare, execrari, exequi, exurgere, expoliare, heresis, hincinde, hostium, ilico, inceptum, inicere, iniusticia, iusticia, karissimus, ledere, levus, malicia, merere, meror, michi, milia, miliarium, misterium, nanque, neophitus, nichil, non nichil, non nisi, noticia, obicere, opido, oportunitas, ortari, pene, post habita, præciosus, præsbiter, preceptum, precium, presbiter, prestolari, preter, prœsbiter, prothomartir, prouincia, pudicicia, quantotius, repperire, reprehensio, reverentus, seculum, sepe, seuire, sinodus, subicere, sullatus, sulleuare, sulleuatio, sullimare, sullimis, tedium, tercius, tirannus, tristicia, untrunque, ue, uendicare.

To give a just idea of the punctuation would be, I fear, impossible. Although based on principles which differ as widely from the modern, as those of the new musical notation differ from those of the old, it is essentially reasonable, systematic, and consistent. The difference between the two methods is referable to the fact that whereas we nowadays give a vocal interpretation to punctuatory symbols which have been distributed along the text in obedience to a logical analysis of the passage and its component parts; the punctuatory symbols which adorned the books of Eadmer's age served immediately, and were perhaps meant to serve exclusively, as hints for the management of the voice. A book like the "Historia Novorum," designed for use in the refectory, would be heard by very many but seen by very few; and it is interesting to observe how careful Eadmer is to appeal not to his readers but to his readers and hearers. I am greatly mistaken if the volume on which I have been working may not be justly deemed a model of mediæval punctuation.

Punctuation of the C.C.C. archetype.

II. The "De Vita et Conversatione Anselmi Archiepiscopi Cantuariensis."

The origin of Eadmer's treatise "De Vita et Conversatione Anselmi Archiepiscopi Cantuariensis."

It would seem to have been during St. Anselm's second exile that Eadmer first gave effect to the idea of composing a florilegium of anecdotes about his master. The saint's home during the greater part of 1104 was at Lyons under the roof of Archbishop Hugh; but during two of the hottest months of the summer he was the guest of the saintly Abbot of Cluny. Abbot Hugh spared no pains to entertain his guest by telling him a few stories of slight intrinsic interest, but of considerable value to us by reason of the light they shed on the life and converse of all sorts of men in those days; and Anselm in his turn would now tell some wonderful tale, about the reality of which he seems to have been philosophically indifferent, and now record some interesting incident in his own life. His romantic stories have been recorded by Alexander, a Christ Church monk, one of the companions of his exile, and his biographical anecdotes, or, at least, some of them, by Eadmer; whilst a series of sermons which he preached during the visit has been reported with characteristic differences by both one and the other. Eadmer's copy of the "Beatitudo Perennis Vitæ," for that was the subject of the sermons, I have had the happiness of inspecting; and it tallies so admirably with what internal evidence tells us of the first copy of the treatise "De Vita et Conversatione Anselmi" as to enable us to form the most probable conjecture which can be reasonably desired of the little book which was destined to be the groundwork of the most famous of his biographical efforts.

Eadmer records the origin of the work in the following words:—" I had just taken the work in hand, and trans-
" ferred a considerable portion of it from the rough draft
" in wax, when he privately requested me to inform him
" what it was that I was writing on my tablets and copy-

"ing out on vellum. I was disposed rather to veil the
"thing in silence than unveil it to him, when he desired
"me either to desist from my undertaking and turn to
"something else, or to show him my manuscript. I
"readily obeyed, for I had already enjoyed his help and
"profited by his corrections in some few writings of mine,
"and I hoped that with his own real kindness he would
"correct what needed correction, and if any of the stories
"had not been arranged in due order would put them each
"in its proper place. Nor was I to be disappointed. He
"corrected some passages in my little book, and cancelled
"others; changed the place of some, and left others where
"they were. Great was my delight, and great my pride
". . . . ., but after some few days the archbishop
"called me to him and desired me to destroy the quires
"on which I had written my work" (Vita Anselmi
II. lxxii.). Eadmer then goes on to say that he did as he
had been told, but not before he had made a surreptitious
copy of the revised and corrected anecdotes.

What of the many anecdotes we now possess they were there can be little difficulty in surmising; and it is a remarkable fact that the very anecdotes which Anselm would have been likely to tell about himself, the only anecdotes, therefore, which he can have revised and corrected in Eadmer's transcript, are precisely those which seem to have preserved their textual identity throughout the successive editions of the "Vita." But, with one single exception, they are of no great length; and, to fill as many as even two quires, must have been written on pages of very small textual content. I had examined the subject with great care, had convinced myself that if Eadmer submitted as few as two quires to Anselm's inspection, each of the thirty-two pages can scarcely have comprised more than the equivalent of some sixteen lines of Migne's reprint, and was casting about for some case in proof of pages of so small a textual content, when I had the good fortune to refer to a copy of the "Beatitudo Perennis Vitæ" preserved in the library of Corpus Christi

The Anselmian anecdotes.

lxviii PREFACE.

The original text of Eadmer's treatise "De Beatitudine Perennis Vitæ." College, Cambridge.[1] Its earlier pages corresponded accurately with the hypothetical pages which I had assigned to Eadmer's transcript of the anecdotes he had heard his master tell; and there was that about it which left no doubt that it was Eadmer's autograph.[2]

Textual value of an Anselmian anecdote, and textual content of a leaf of the original "Beatitudo." Now, the most casual glance at Migne's reprint of the "Vita" shows that many of the anecdotes in it are of about equal length, and are precisely such as Eadmer would have been likely to hear from the lips of Anselm. Thus the stories of the child's vision of the heavenly palace, of the boy's project of entering religion, of the young man's eventful visit in company with Lanfranc to the Archbishop of Rouen, and the account of the good prior's interest in the moral welfare of young men, fill each of them some twenty-nine lines in the Abbé Migne's edition.

Doubtless each of the anecdotes had its proper heading in Eadmer's original florilegium, and each may have had a large initial letter, nor need any one of them have been extended to the very end of the last line reserved for it. Anyhow, the textual content of thirty lines of Migne is so near to thirty-two, the printed equivalent in Migne of a leaf of the "Beatitudo,"[3] that we may well believe this latter treatise and Eadmer's original florilegium to have been written on quires of the same size and of the same textual content.

The original tract containing the Anselmian anecdotes. Thirty-two pages, then, each of which had within its wide margins a ruled space of five inches and a half by three and seven-eighths contained all or nearly all the

---

[1] It is numbered 332 in Nasmith's catalogue.

[2] Some idea of the largeness of the character in which this copy of the "Beatitudo" is written may be obtained from the fact that the space enclosed by the lineation on each page measures $5\frac{1}{8}$ inches by $3\frac{7}{8}$ inches; and that where with writing far from small we should have as many as twenty-eight lines there are only twenty.

[3] See Migne, S.L. clix. 587A, 588A. The dedicatory letter fills precisely a page of the C.C.C. manuscript. Had it been meant for Anselm's inspection, it would have occupied a leaf.

PREFACE. lxix

anecdotes which Anselm first revised and then corrected, and which Eadmer with pious haste re-wrote before obeying his master's behest for their destruction; and each of the thirty-two pages had twenty lines.

If, indeed, Eadmer was in the habit of using the pen as well as the style, the very large writing of the "Beatitudo" must have been irksome to him, for it becomes imperceptibly but unquestionably smaller towards the end of the treatise; still, the change is so minutely slow that I doubt whether Eadmer can himself have been aware of it, or suspected it.

Prefixed to the original text of the "Beatitudo," and never scanned by Anselm's eye, there is an epistolary dedication which Eadmer must have intended should fill a page of the first transcript. It is equivalent to thirty-two lines of Migne. Curiously enough, however, the prologue to the "Vita Anselmi" fills thirty-one. But more than this. The story of the miracle on the blind man in Lyons Cathedral fills thirty-one lines and a half, and as it did not appear in the first issue it may reasonably be supposed to have been inserted on a fly leaf. And further; the letter to Lanzo and its context are an early "insertio," and being an early "insertio" may be assumed to contain the textual equivalent of an even number of pages of the first issue. They fill a hundred and twenty-two lines of Migne. Thirty-one lines of Migne, therefore, are the probable equivalent of a single page of the first edition of the "Scriptum de Vita et Conversatione Anselmi," published some time after Anselm's death; any such page being in its turn the equivalent of a single leaf of the florilegium of anecdotes which Eadmer had written years before and in his master's lifetime.[1]

Textual value of the dedication of the "Beatitudo," of the preface of the "Vita," and of the Lyons miracle.

Textual value of the letter to Lanzo.

---

[1] I suspect that in the case of the shorter anecdotes in his little florilegium the *recto* of the leaf contained in its twenty lines a title, a large rubricated initial, and the value of thirteen lines and a half of Migne; whilst the *verso*, free of titles and initials, contained in its twenty lines the value of fifteen lines and a half of Migne.

lxx PREFACE.

The Anselmian anecdotes.

The question now arises, How much of the first book as it is now known by us did Anselm himself see in the florilegium of anecdotes which Eadmer submitted to his inspection? Sixteen anecdotes, each of the length of the prologue, or the equivalent of sixteen such anecdotes, would fill two quires. Can it be possible to determine any or all of them? Or can we ascertain where it was that Anselm's revising pen corrected or cancelled his disciple's work?

The first portion of the Anselmian florilegium.

i. The notice of Anselm's parents, "Instituta vitæ " . . . . defunctus est" (pp. 299, 300) is slightly shorter than the briefer pieces in the earlier portion of the work; and we naturally wonder that after the promise of information concerning the "ortus" as well as the "mores" of Gundulf and Ermenburg we should only be told that "nobiliter nati nobiliter sunt conversati." If it be true that Anselm's mother was a grand-daughter of Conrad the Pacific, and a niece of Rudolf III., Kings of Transjuran Burgundy, it is by no means unlikely that Eadmer should have recorded the fact, and that Anselm himself should have cancelled the record. The account as it now stands occupies twenty-eight lines in Migne and twenty-seven of the present edition.

The second portion.

ii. The account of the child's vision, "At Anselmus . . . asserebat" (page 300), must surely have formed part of Eadmer's original collection. It occupies thirty of Migne's lines and twenty-nine of the present edition.

The short passage which follows, "Crevit ergo . . . " plurimum profecit," is not improbably all that remains of a passage which the archbishop's humility prompted him to suppress; for Eadmer must surely have known the story which I was fortunate enough to discover a few years ago in the Vatican Library,[1] and that Anselm should cancel it was as likely as that Eadmer should

---

[1] See Appendix to Preface.

PREFACE. lxxi

have recorded it. In some editions this passage coalesces
with the second chapter, and in others with the third.

iii. The account of the boy's unsuccessful application *The third portion.*
to the abbot is comprised in twenty-seven lines in either
reprint. Here, as in the first instance, the names of
persons have not improbably been suppressed.

iv. The notice of Anselm's youth, of his departure *The fourth portion.*
from Aosta, and of his arrival at Le Bec, " Exinde cum
" corporis . . . . fieri monachis" (pp. 301-2),
fills sixty lines in Migne, and fifty-six of the present
edition.

The following account, "Quid plura ? . . . .
" provenire sperabat" (pp. 302, 303), which in some
copies coalesces with the previous narration, forming
one chapter with it, and in others forms a chapter by
itself, is highly panegyrical in character and must surely
have been written after Anselm's death. But the fact
that it fills twenty-nine lines in Migne and twenty-
eight in the present volume, raises a strong presumption that it was one of the earliest of Eadmer's amplifications of his surreptitious transcript, introduced by the
"insertion" of a homogeneous leaf.

v. The account of Anselm's choice of a mode of life, *The fifth portion.*
".Raptabatur . . . antefertur" (pp. 303, 304), fills
thirty-five lines in Migne and thirty-seven in the present volume. I think it probable, however, that the
sentence, "Tanta autem vis . . . . imperata ser-
" varet," can scarcely have been in the original, and
certainly the "ut fatebatur" which occurs in it, seems
to mark it as a late addition. In which case the story
as it stood at first filled a leaf of Eadmer's little tract.

The panegyrical character of the seventh, eighth, and
ninth chapters obliges us to refer them to some other
source than Anselm.

vi. There is no reason why the story of poor Osbern, *The sixth portion.*
"Osbernus quidam," &c. (page 306), as far at least as
the words, "Osbernus non comparuit" (page 308), after
which Eadmer gives a gloss of his own, a quotation

from the " Similitudines,"-and a panegyrical exposition, should not have stood in the Cluny original as it stands now; if we exclude from it the short panegyrical passage, " Videres tunc . . . refovebat" (page 307), and the " ut flens referebat," a line or two before. These necessary abatements made; the story fills fifty-eight lines in Migne and the same number in the present volume.

The seventh portion. vii. The eleventh chapter, " Veruntamen . . . " viri," fills, abatement being made for quotation marks, twenty-nine lines in either reprint.

The eighth portion. viii. The twelfth chapter fills twenty-nine and twenty-eight lines in the two reprints respectively. There can be no question that it formed part of the original.

The ninth portion. ix. The next portion of the narrative which may with probability be referred to Anselm as its ultimate author, is the history of the Proslogion " Post hæc incidit . . " . . subscribatur" (pp. 314, 315). In some editions it forms a chapter by itself. Migne gives it in fifty-eight lines, the present volume in fifty-six.

The tenth and last portion of the Anselmian florilegium. x. After the letter to Lanzo and several pages of panegyrical matter, we come (page 323) to the account of Anselm's election to the abbey of Le Bec, " Defuncto " . . . . recusaret," which may fairly be regarded as a record of Anselm's own account, if we take care not to add to it, what is evidently an addition of Eadmer's, the following " Nam, sicut ipse testabatur," &c. In either edition it fills thirty-one lines, a fact which goes to prove that in his fasciculus of anecdotes, as in his " Beatitudo," Eadmer's writing grew slightly cramped as he advanced in his work.

Thus we have ten pieces, seven of which filled each a leaf, whilst three filled two leaves each, of the same textual value as those of the " Beatitudo " written by Eadmer during his master's visit to Cluny in the year 1104; in other words, thirteen leaves of unsuppressed narrative. How much Anselm had cancelled before Eadmer transcribed these thirteen leaves it is impossible to determine. In all probability, a story concerning his childhood was erased, and one at least, probably more than one, about his fifteen years of abbatial office.

When, then, Anselm's sentence of destruction was issued against the ten pieces which his perusal had spared to Eadmer, the latter transcribed them, as we have seen, to other quires of vellum similar in size and content to those which held the precious original, and put his theft carefully away out of sight. But after Anselm's death he brought it out to the day and augmented it by a very simple process. Before him lay his thirteen leaves of contraband hagiology. After the fifth of them he put in a single leaf containing the passage "Quid plura? . . . . sperabat"[1] (pp. 302, 303). After the sixth of them he laid in four new leaves on which were written all that now intervenes between the words "Anselmus hæc audiens" at the close of the sixth chapter and the first word of the tenth (pp. 304–306).[2] Next, of course, came the story of Osbern on two leaves, originally the seventh and eighth.

After the tenth of his contraband leaves he introduced no less than five, on which were all that now intervenes between the prior's visit to Archbishop Manville and the construction of the argument of the Proslogion "Dehinc Anselmus . . . . probat et astruit" (pp. 310–314), with the probable exception of the miracle of the globe of light;[3] after which came the eleventh and twelfth of his original leaves with the story of the Proslogion. Thus were twelve of the thirteen original leaves increased in number to eighteen.

The revised and corrected florilegium transcribed by Eadmer, and after a lapse of years augmented by him.

---

[1] This fills twenty-nine lines in Migne and in the present volume.

[2] This batch of matter fills 122 ($=4 \times 30\frac{1}{2}$) lines in Migne, and 117 ($=4 \times 29\frac{1}{4}$) in the present volume.

[3] Including the miracle of the luminous globe this batch of new matter has in Migne 166 ($=5 \times 33\frac{1}{5}$) lines, and in this edition 160 ($=5 \times 32$) lines. Without the miracle the numbers are 153 ($=5 \times 30\frac{3}{5}$) and 148 ($=5 \times 29\frac{3}{5}$) respectively.

lxxiv   PREFACE.

An entire quire[1] of new matter was next written, embracing the twenty-first and four following chapters of the present edition, "Inter hæc . . . graves " efficeret," and followed by the last remaining leaf of the original thirteen. All of course was new matter after that.

When the story of the luminous globe may have been introduced, and when that (page 332) of the cure of Boso it would be difficult, perhaps impossible, to determine. They appear, however, to have been added to the work after the completion of the first book.

Successive stages in the publication of the "Vita."

The publication of the "Vita et Conversatio Anselmi" may be traced through seven successive stages.

i. The Cluny transcript, augmented in the way I have just described, formed the basis of the first edition. That edition had not the account of the discontented abbot, the letter to Lanzo, or the Lyons miracle, and may just probably have lacked something else. It gave the first version, if any, of the story of the runaway horse (II. lviii.), and it ended at the words "vitæ et conversationis " ejus " (II. lxviii.).

ii. The augmentation of the text by the story of the discontented abbot and the letter to Lanzo, with, probably, a verbal alteration here and there, must have brought the work to its second stage of development. There are transcripts of it as it then stood, not indeed in England, where the author's vigilance called in the copies he had distributed, but in the National Library at Paris, whither it has found its way from Normandy, and in the Dijon Library.

iii. The introduction of the Lyons miracle (II. liii.) marks the third known stage in the growth of the work. There are copies of it in the Royal Library at

---

[1] Filling in Migne 249 (= 8 × 31¼) lines, in the present book 241 (= 8 × 30¼) lines. Here, as before, we see that as Eadmer gets on with his work his writing grows almost imperceptibly smaller.

PREFACE. lxxv

Copenhagen, the National Library at Paris, and in the Troyes Library.

iv. The fourth ascertainable stage is that at which Eadmer gave his second version of the story of the runaway horse (II. lviii.). Hence the interest of the copy marked C. in the collation.

v. The next ascertainable stage presented the two posthumous miracles and, not improbably, the third version of the story of the runaway horse.

vi. At a later date the final chapter was added.

vii. The list of capitula was next prefixed, and marked the seventh stage.

Meanwhile, however, Eadmer had begun his "Parva *The "Miracula."* "Descriptio Miraculorum gloriosi Patris Anselmi Cantuariensis," a work which after a certain point grew slowly and at long intervals until the style dropped from the hand of the author.

In the library of Corpus Christi College, Cambridge, *Digression on a treatise by the Christ Church monk Alexander.* there is a little Canterbury book of which the learned world would seem hitherto to have had but slight cognizance. It is the work of a Christ Church monk, Alexander by name, the Alexander whom Eadmer mentions as having gone to Rome in Anselm's behalf in the autumn of 1101. The volume consists of two sections, namely, nine quires devoted to a collection entitled "Dicta Anselmi," and five quires and a leaf or two filled with hagiological anecdotes. The second section would seem to be of earlier date than the first, and thus of earlier date than the prologue, which, being addressed to St. Anselm's nephew, whom it styles "Sanctæ Romanæ ecclesiæ legatus," may be referred to the year 1115.

Of the hagiological anecdotes, which are thirty-two in number, five relate especially to St. Anselm.

Alexander's little volume is of peculiar service to us *Value of Alexander's book.* in its confirmation of the notices given us by Eadmer of the respect paid to his master by Hugh, Archbishop of Lyons; and, indeed, his account is much more em-

lxxvi PREFACE.

phatic than Eadmer's. He says, speaking of Archbishop Hugh, " In tanta veneratione patrem Anselmum habuit, " ut eum nunquam nisi dominum suum vocaverit, cui " etiam omnibus diebus quibus cum eo morati sumus " magnifice valde servivit " (chapter 42); and in another place (chapter 45) he makes the Primate of the Gauls speak of the Primate of the Britains as " dominus meus." These words cannot have been employed by Archbishop Hugh after a merely conventional fashion—like our " My Lord "—or the fact would not have been noted.

<small>St. Anselm probably descended from the Kings of Transjuran Burgundy.</small> The reason of their use is, I think, not far to seek. Long before I made acquaintance with Alexander's work I had, after much study, come to the conclusion that St. Anselm's mother appertained to the royal family of Transjuran Burgundy, two members of which had in succession held the archbishopric and exarchate of Lyons from the accession of that territory to the realm of Conrad the Pacific on his marriage with Matilda, the daughter of Louis d'Outremer, until about the time of Anselm's birth, when, the second of them being ousted by the Emperor, a third member of the same race was made, although a mere child, to contest the succession to the double dignity of archbishop and count of Lyons. This child, if my genealogical speculations be correct, was a cousin of Anselm's, in which case nothing can be less unlikely than that on his death Anselm should have been regarded as the inheritor of his pretension. Hence, then, as I am convinced, the remarkable style of "dominus meus " given by Archbishop Hugh to his illustrious guest. It was a recognition of the ancient claim of the royal house of Burgundy to confer the see of Lyons on one of its members.

<small>Alexander and Eadmer on the miracle in Lyons Cathedral.</small> There would almost appear to have been an understanding between Alexander and Eadmer as to the anecdotes which each should regard as his own property, otherwise much that we have in Eadmer's work would surely be in Alexander's, and much that we have in

Alexander's would be in Eadmer's. After a time, however, Eadmer seems to have convinced himself that he had some sort of right to relate the miracle on the blind man at Lyons, because, although he was not a witness of it, he might, could, would, or should have been, his absence on the occasion being accidental. Or a more probable account of his incorporation of it into the "Vita" may be that he believed Alexander's written version of the incident to conflict with the earlier and more credible version which he had himself heard from Alexander's lips. (See below, p. cxxiii.) [1]

May I make another slight but I trust not unpardonable digression? *Digression on the English use of the word "æmulus."*

Archbishop Lanfranc in his statement of the case of Elphege, concerning whose canonization he had a grave theological doubt, said to Abbot Anselm (I. xxx. page 327) "Cum illum [Ælfegum], ut verbis utar Anglorum, æmuli "ejus et inimici Dei pagani cepissent" &c. The most obvious account that could be given of Lanfranc's meaning would perhaps be that he here represented his English friends as using the word "æmuli" in some such sense as our old-fashioned "envious"—"be not thou envious of," i.e., "do not bear a grudge against." But the truth would seem to be that the English latinists of Lanfranc's time[2] employed "æmulus" as a substantive, making it the synonyme of "hostis" and "inimicus." It certainly occurs in this sense in a charter of Athelstan's

---

[1] It is a remarkable fact that the only particular in which William of Malmesbury's catalogue of St. Anselm's miracles seems to contradict Eadmer's is that in which he says that the saint gave sight to a woman by the application of his spittle to her blind orbs. This must surely be a mistaken version of the Lyons miracle. The difference serves to prove that William of Malmesbury worked on an early copy of the "Vita." See G. P., p. 123.

[2] Eadmer himself seems to have been unable to escape from the dominion of the old fashion. See page 50, "Ea tempertati . . . "contra omnes æmulos adquisi- "turum." It also occurs in later mediæval work.

quoted by William of Malmesbury ("Gesta Regum" page 221) where we read "Deo et Sanctro Petro . . . . " qui æmulum meum [Elfredum] in conspectu omnium "cadere fecerunt." But more than this. A priceless liturgical treasure in the C.C.C. library (MS. 270) contains what there can be little doubt is the Proper of the Mass of St. Elphege [1] which that patriot's admirers wished Lanfranc to authorise, and there the word "æmulus" occurs in precisely that use of it which Lanfranc's scholarship condemned. " Hinc ergo tuam " supplices precamur clementiam ut nos ab æmulorum " cunctorum nequitia defendas et in tua misericordia " ad regni cœlestis amœna perducas."

MS. C.C.C. 371.

I now return to our proper subject.

The elaboration of Eadmer's treatise " De Vita et " Conversatione Anselmi Archiepiscopi Cantuarensis " may be traced, as we have seen, through six successive stages after he had augmented the surreptitious transcript of his Cluny florilegium of anecdotes into a biography in two books. Several of these successive stages are represented in the copy which I have transcribed for the present edition. That copy forms a portion of the volume numbered 371 in Nasmith's catalogue of the C.C.C. manuscripts.

Description of MS. C.C.C. 371.

MS. C.C.C. 371 is a vellum quarto of the time of Eadmer himself, and comprises four hundred and sixty-two pages of thirty-three lines, the ruled space on each page measuring six inches and a half by about four and a half, more or less.

The first page bears, in contemporary handwriting, the title OPUSCULA EDMERI CANTORIS.[2]

---

[1] Lanfranc seems to have substituted for this another, of which a fragment in the Vatican Library (Reg. 548) is in all probability a portion. I have published it in my " Life and Times of St. Anselm."

[2] Gervase of Canterbury (see Rolls Edition, II. 374) seems to have known the book.

PREFACE. lxxix

The second page had better be transcribed in full:—
Hæc continentur in hoc volumine.

Versus de Sancto Dunstano.	p. 3.
Ymnus de Sancto Eduuardo rege et martyre.	p. 5.
Epistola ad Edmerum de matre Sancti Eduuardi.[1]	p. 6.
Scriptum utrum Eboracensis ecclesia primatum super Scottos habeat.	p. 7.
Quale sit quod Glastonienses dicunt se corpus Sancti Dunstani habere.	p. 10.
Vita Sancti Wilfridi archiepiscopi.	p. 23.
Vita Sancti Odonis archiepiscopi.	p. 87.
Vita Sancti Dunstani et quædam miracula ejusdem.	pp. (102), 105.
Scriptum de ordinatione beati Gregorii papæ.[2]	p. 176.
Scriptum de excellentia Beatæ Mariæ.	p. 190.
Vita et miracula Sancti Osuualdi Eboracensis archiepiscopi.	pp. 214, 246.
Scriptum de beatitudine perennis vitæ.	p. 261.
Vita Sancti Bregnwini Cant. archiepiscopi.	p. 281.
Vita Sancti Anselmi archiepiscopi et quædam miracula ejus.	pp. (293), 299, 379.
De conceptione Sanctæ Mariæ.	p. 395.
Vita Petri primi abbatis cœnobii Sancti Augustini Cant.	p. 415.
Sententia de memoria sanctorum quos veneraris.	p. 423.
Scriptum ad commovendam super se misericordiam Sancti Petri apostoli.	p. 425.
De reliquiis Sancti Audoeni et quorundum aliorum sanctorum quæ sunt in ecclesia Cant.[3]	p. 440.
De Gabriele archangelo.	p. 451.

The first two gatherings (pp. 1-22) are ruled with coloured lines and are registered i. ii. respectively.

---

[1] See Appendix to Preface.

[2] This was probably a sermon preached by Eadmer himself at St. Andrew's on the 2nd of September 1120. Can King Alexander have been present? See H.N. p. 335 "Non igitur eum recto oculo," &c

[3] A hagiographical trifle meant to prove that the entire skeleton of St. Ouen was at Canterbury. Another hit, no doubt, at William of Malmesbury. See G.P., p. 419.

f 2

The next five gatherings (pp. 23–104) are ruled with indented lines, and instead of being registered from iii. to vii. are registered from i. to v. as though they were the beginning of a volume. Pp. 103, 104, are on a fly leaf.

The next twelve gatherings (pp. 105–298) are ruled with indented lines and are registered from vi. to xvii.

The next five gatherings (pp. 299–378) are ruled with indented lines, but lines at least half an inch longer than those of the previous fasciculi. They should of course be registered from xviii. to xxii., but the numbers employed are xvii., xviii., xix., xx., xxi., which the merest glance shows to have been altered by erasure from xxvii., xxviii., xxix., xxx., xxxi. What then can have become of the nine gatherings which it is to be presumed once had their place between the third and fourth sections of this volume? And what did they contain? I find on careful computation that the existing text of the first four books of the "Historia Novorum" if lessened by the elimination of the textual content of forty-four of Eadmer's original pages would fill nine such quires as Eadmer has used for the copy of the "Vita" contained in the volume we are examining. The case is, I think, sufficiently clear. The "Vita" as it stood in its third edition could be improved to a fourth and a fifth stage of completeness without excessive disfigurement of the parchment, and without the sacrifice of more than one leaf; but not so the "Historia Novorum" which by the time that the different sections of the existing volume were bound up together had become a thing of the past. Or rather, because the edition of the "Historia Novorum," hitherto a portion of the same book with the surviving "Vita," had become a thing of the past, it was detached from the "Vita," and not improbably destroyed, succeeding editions of the "Historia" henceforward forming a volume by themselves, and Eadmer's own copy of the "Vita" taking its place amongst his minor works.

The fifth section (pp. 379–394) consists of a solitary

quire ruled with indented lines of less length than those in the fourth.

The sixth section (pp. 395-462) has coloured lines, but does not invite further description.

Again. The last five pages of the first section (pp. 1-22) were left blank by the scribe.

The third section (pp. 103-298) contains twelve quires and two extra leaves. One of these extra leaves constain (pp. 103 and 104) the latter portion of Eadmer's Prologue to the Life of St. Dunstan, a treatise which begins with page 105 and on a proper quire. This is an interesting fact, the more so as the magnificently rubricated uncials of the first words of the Life lend additional probability to the suspicion that the Prologue is an afterthought of the author's. The other inserted leaf (pp. 221, 222) is not homogeneous with its neighbours, for the recto is blank and the verso closely packed with writing. It carries the passage in the Life of St. Oswald which begins with "Talibus donorum insigniis," and ends with "cuivis hominum innotesceret" (Migne, clix. 766-768). This, too, may have been an afterthought of Eadmer's.[1]

The life of St. Anselm occupies the fourth section of the volume (pp. 299-378), with the exception of the last page and a half, which are blank.

The eighty pages which contain the "Vita" are a multiple of sixteen; but it is a curious fact that the last gathering is not a proper quire, for its third and sixth leaves are not in one piece. A careful examination convinces me that the sixth (pp. 373, 374) replaces an earlier one, cut away in order to make way for it. I shall revert to this fact on a future page.

The "Miracula" fill rather more than eleven pages of the fifth section (pp. 379-394). The remainder of the quire is blank, and the treatise has no explicit.

The constituent sections of the volume.

---

[1] I should imagine that the anecdote contained in it had been communicated to him by his friend, Prior Nicolas of Worcester.

lxxxii   PREFACE.

But further inspection of the book brings to view other features which are well worth recording.

The first piece is a set of verses on St. Dunstan, which the Bishop of Chester has published in his "Memorials" of that prelate (page 424). Then come, preceded by the musical notation proper to each, three hymns in honour of St. Edward, king and martyr; the first and third of them in iambic octosyllables, the second in a metre of which this is a sample:—

"Mira Dei bonitas, mira potentia,
Quæ bona cuncta creans ordinat omnia
Æquo moderamine."

Traces of revision by the author in his Life of St. Dunstan. The music as well as the words is no doubt Eadmer's. On page 107 the words "Dunstanus adolescentiæ "decus," in the passage beginning, "Jam Dunstanus "adolescentiæ decus induerat," &c. are written in different ink from the context, and, apparently, in a space which had been left blank for their insertion. This reminds us of the chronological doubts of which the C.C.C. transcript of the "Historia Novorum" gives witness.

On page 137, in his account of St. Dunstan's unbending severity against utterers of false coin, the text as we now know it is, "Monetarii nempe, qui falsos ex in-"dustria denarios faciunt, fures sunt;" but the erasures and marginal insertions in our archetype show clearly that the restrictive relative clause had had no place in the pristine text.

On page 143 he describes the mother of St. Edward as "præpotentis Orientalium Anglorum ducis filia," where it is evident that "Orientalium" is a subsequent insertion into his text. For this correcter information he was, as it would seem, indebted, not to his old correspondent Ethelred, but to Nicolas, the writer of the *The letter by Prior Nicolas of Worcester on the mother of St. Edward, son of King Edgar.* letter on page 6 about the mother of St. Edward. That letter is a remarkable production; and, giving the lie to the famous story of the two septennial penances imposed on Edgar by St. Dunstan must have been highly valued by Eadmer, who had now the material whence

PREFACE. lxxxiii

to complete his apology for St. Anselm's conduct in not only allowing Edith of Scotland to marry, but in abstaining from the infliction of a penance on her royal suitor.

Other instances might be given, but these are sufficient to render it probable that, at any rate, the third section of MS. C.C.C. 371 is of archetypal value. It may, however, be well to notice a curious correction of the text of the life of St. Bregwin, where, on an erased space too large for its present content, we read of Adelaide of Louvain, the second queen of Henry I., that she was " regina quem rex Henricus, defuncta prima conjuge " sua, uxorem *de Saxonia* duxerat;" and but for fear of wearying the reader I might note the very many instances in which, subsequently to the transcription of the text, the author has introduced the names of persons whom he had mentioned in it. *Correction of the text in the life of St. Bregwin.*

The Explicit to the "Beatitudo perennis vitæ," another work in the same section, is as follows:— " Explicit " scriptum de Beatitudine Perennis Vitæ sumptum de " Verbis beati Patris Anselmi Cantuariensis Archie-" piscopi." It is rubricated in several colours and crowded into a space which had been reserved for something very much briefer, a circumstance which seems to prove that the third section of the volume was rubricated under the supervision of Eadmer himself.[1] *The explicit to the "Beatitudo."*

We now come to the Life of St. Anselm. This begins on the first quire of the fourth section of the volume; *The capitula a late addition to*

---

[1] This rubric was no doubt meant to serve as an emphatic assertion of Eadmer's claim to be the editor, as distinguished from Alexander, of the sole authentic record of the sermons on heaven which St. Anselm had preached in the chapter house at Cluny. The claim so far as regards the greater part of the work was, no doubt, a just one; but we may question whether the archbishop ever saw so much of it as follows the words "præcipitati " depereunt " (Migne, clix. 602B). These are the last words of the original treatise preserved in MS. C.C.C. 332.

the Life of St. Anselm.

whilst the list of its capitula is written on the concluding pages of the last quire of the preceding section, a section the registers of which show it to have been at one time separated from the Life by an interval of a hundred and forty-four pages. I conclude, therefore, that when this copy of the "Vita" was written out Eadmer had not as yet drawn up his list of capitula.

General notice of the text of the life of St. Anselm in MS. C.C.C. 371.

Which, then, of the seven ascertainable editions of the "Vita" does this copy represent? It has the miracle of the cure of the blind man in Lyons Cathedral, the letter to Lanzo, and the story of the discontented abbot, none of them showing trace of either "insertio" or "inditio." It cannot, therefore, represent either the first or second edition. On the other hand, the "Parva Descriptio Miraculorum" had not been contemplated when it was written, but follows on a separate quire; and though the capitula precede the "Vita," they do so as an afterthought. We may therefore presume it to be either the third, fourth, or fifth edition worked up to the later perfection of the sixth and seventh.

Peculiarity in the last quire of the "Vita" in MS. C.C.C. 371.

Now, we have seen that the antepenultimate leaf of its last quire replaces another which had been cut out to make way for it, and as that leaf contains the conclusion of the chapters which terminated the work prior to its enlargement at the fifth stage of publication, we infer that the pristine text of this interesting copy of the Life of St. Anselm was the text of either the third or fourth edition. And on turning to the story of the runaway horse we find not only traces of the second version of that story but proof that the first had been obliterated to make way for it. The pristine text, therefore, may safely be said to have been that of the third edition.

Date of the fifth stage of publication.

The most interesting of the Lambeth transcripts, that marked I. in the collation, has a memorandum (*see* page 376) from which it is to be inferred that the last chapter of the work was added during the pontificate of

Archbishop Ralph. On turning, however, to the antepenultimate chapter (II. lxx.) we find Ralph there mentioned as Bishop of Rochester. It therefore seems fair to conclude that the two posthumous miracles were added during the vacancy of the primatial see and before the spring of 1114.

The second version of the story of the runaway horse had not improbably been obtained from Ralph himself whilst still Bishop of Rochester, the third version being referable to a period of closer intimacy. Perhaps the close of the year 1113 may serve as an approximate date for the fourth stage of the work. *Date of the fourth stage of publication.*

The third, second, and first may be referred to the years 1113 and 1112. For the latter section of Alexander's book may not unreasonably be assigned to the early part of 1113; the structure of his volume confirming the inference suggested by a sentence in his prologue that that portion of it was of earlier date than the first nine quires. *Dates of the earlier stages of publication.*

But to what year must we refer the addition of the capitula? If it be probable that the work attained its sixth stage early in Archbishop Ralph's pontificate, it is not less probable that that pontificate had closed before the work attained its seventh stage; and they are absent from so many copies, from copies even which have the "Miracula," that it would be rash to assign their composition to an early date. *To what year may the capitula be referred?*

The loose leaf already described as containing the capitula of the first book may perhaps be of service in this inquiry. *The loose leaf of the "Vita" in MS. C.C.C. 341.*

Its own characteristics and the characteristics of the companion leaf containing a portion of the "Historia "Novorum," justify us in believing that Eadmer was dissatisfied with its contents and replaced them by the capitula of the first book now extant in our exemplar.

The fact that the capitula on the loose leaf are precisely those of the first book, neither more nor less, *When was it written?*

lends probability to the idea that they belong to the first list of the kind put forth by Eadmer; and the fact that there is no known copy of them lends probability to the idea that they were suppressed at early date after their composition. I think, therefore, that, pending the discovery of further information, we shall be safe in assigning Eadmer's first publication of his capitula to the date of the transcription of that copy of the "Historia Novorum," of which a fragment exists homogeneous with the loose leaf of capitula, and thus to a date not earlier than the summer of 1124. The subject is not without its proper hagiological interest, for it is impossible to peruse the capitula without noting the enhancement of the miraculous idea exhibited in them as contrasted with the contents of the work itself. The rubric does not, indeed, style Anselm "sanctus;" but a comparison of the titles to chapters 23 and 24 of the second book with those chapters themselves serves to indicate the lapse of some years between the composition of the work and the composition of the capitula. The palæogragher and the hagiologist will not improbably agree in referring them to the year 1125, a date about half way between the first publication of the "Vita" and the completion of the "Miracula."

Importance of the inquiry.

I have collated ten copies of the Vita:—

Manuscripts collated with the C.C.C. archetype. A. Paris, 2475.

A. Paris 2475 (ff. 62–106); a twelfth century folio (12¾ in. × 8¾ in.) in vellum. The pages are bi-columnar, the columns, which contain thirty-two lines each, being enclosed in a space of nine inches by six. The volume consists of a large and rich collection of biographies of English saints. The "Vita" is followed by a poem in twenty-two verses:—

"Quisquis districtam complecti nitere vitam
* * * *
Arma docet fidei signifer iste Dei."

This beautiful copy of the "Vita" lacks the miracle in Lyons-Cathedral.

Of the same family with A. is a copy preserved in [Dijon, 392]. the Public Library at Dijon. The information very kindly given me by M. Guignard, in reply to a long series of test questions, has satisfied me that it would be unnecessary to go to Dijon in order to collate it. It is thus described by its learned custodian, "La bib-
"liothèque de Dijon ne possède d'Eadmerus que la
" *Vita soi Anselmi.* Cette vie se trouve dans le MS.
" 392, qui me paraît de la fin du xive siecle. C'est
" un volume petit in 4º sur velin. La *Vita* occupe
" les 2-94 premiers folios et 4 lignes du f° 95, R^o.
" Les lignes ont environ 10 centimètres de longeur.
" On compte 21 lignes à la page. Ce MS., de 23
" centimètres environ de hauteur, sur environ 16 cen-
" timètres de largeur, appartènait à l'Abbaye de Cî-
" teaux, comme on le voit par cette inscription gau-
" frée en or sur le plas.—BIBLIOTHEQUE DE CISTEAUX,
" et par cette inscription en haut du f° 2 R^o : *Iste
" liber est monasterii Cistercii.*
" L'écriture est une minuscule gothique de dimensions assez fortes."

In the Queen of Sweden's collection at the Vatican [Vatican. Regin., 499.] there is an indifferently good fifteenth century transcript, which, having belonged to the Abbey of Le Bec, was not improbably derived from the copy mentioned by Orderic (H. E. IX., viii.). Although of the same family as A., it contains an abridged version of the Lyons miracle, which will be found in the Appendix to the present Preface.

B. Paris, 5348 (ff. 89-115); a twelfth century folio [B. Paris, 5348.] (14¼ in. × 10 in.) in vellum. The pages are bicolumnar, the columns, which contain thirty-six lines each, being enclosed in a space of nine inches and three-quarters by six and three-quarters. Six leaves are wanting at the beginning (see page 312), and one in the second book (see pp. 363, 365). The "Vita" is followed by a poem in twenty verses :—

"Nobilis et sapiens, bonus et sermone refulgens,
*   *   *   *
Creditur Anselmus cœlestibus associatus."
The copyist has done his work indifferently well.

[Copenhagen, 182.] The more important of the variants presented by the copy of the "Vita" preserved in the Royal Library at Copenhagen (182), reached me at an early date, and several letters since received from Dr. Bruun have satisfied me that it must be classed with B. Dr. Bruun describes it as a vellum folio of the twelfth century, written on bicolumnar pages and in a very clear and beautiful hand.

[Troyes, 6.] The information sent me by M. Socard leaves no doubt that MS. Troyes 6 is of the same class as that just noticed. It is a vellum folio of the twelfth century, and the "Vita" occupies twenty-six leaves; the pages are bicolumnar. The incipit shews it to have a feature in common with the copy used for the Antwerp edition of 1551. "Incipit prologus in Vita "Sancti Anselmi Cantuariensis archiepiscopi, edita ab "Edmero monacho et discipulo suo et comite itine-"rum ejus individuo."

C. Corpus Christi College, Cambridge, 318. C. Corpus Christi College, Cambridge, 318 (pp. 140–297); a thirteenth century quarto (9⅜ in. × 6¾ in.). The "Vita" is written on pages of single column, each page enclosing a ruled space of six inches and an eighth by four and a half, and containing from twenty-four to twenty-seven lines. The chief interest of this copy consists in the fact that it shows us what the original text of our archetype must have been in, at least, the most important passages which have undergone alteration. A strip of vellum adhering to the first leaf conveys the following information in writing of the fifteenth century, "Liber de claustro Roffensi per fra-"trem Willelmum de Cornubia monachum;" the second leaf has the rubricated memorandum, "Liber "sancti Andreæ de Rovecestria, qui eum alienaverit "anathema sit. Amen;" and the verso of the fourth leaf, in Archbishop Parker's writing, "hic liber datus "Mattheo Cantuar. a decano roffensi."

Like A. and B., this copy of the "Vita" ends,—"vitæ "et conversationis ejus. Sit itaque Deo," &c. (*see* II. lxviii.)

It presents a curious variant in I. i. where for the usual "Quæ civitas [Augusta] confinis Burgundiæ et Longobardiæ" it gives "Quæ civitas *concivis* Burgundiæ et Longobardiæ"; but it is to be feared that whatever value this may have for political geographers must be considerably modified by the character of carelessness that pervades the transcript.[1]

It is not improbably taken from a copy of our archetype in the earlier days of its existence.

D. Harley 315 (ff. 16-39); a handsome twelfth century folio (15 × 11) in vellum, probably executed under Eadmer's supervision. The pages are bicolumnar; the columns, which contain thirty-nine lines each, being enclosed in a space of twelve inches and an eighth by seven and seven eighths. Four leaves have disappeared at the beginning of the "Vita" (*see* page 318), and the final leaf is absent. It had possibly been the intention to engraft the "Miracula" upon the "Vita" by the insertion into the volume of a fresh quire, containing what remained of the earlier work and the whole of the later; in which case it may not be unreasonable to attribute the frustration of the design to the death of Eadmer.

E. St. John's College, Oxford, 165 (ff. 35-76); a thirteenth century quarto (8½in. × 5½in.) in vellum, each of its pages having from thirty-one to thirty-three lines in a space of some six inches and a half by four. The numerous but paltry alterations in the text—except that which makes the Archbishop of Canterbury primate not

---

[1] Thus it gives "secundum dedi-"tus vitæ" for "sæculari deditus "vitæ," "sensum" for "sensim," and numberless other errors equally bad.

of Britain but of England—betray an editor who was dissatisfied with Eadmer's latinity. It eschews diphthongs, and affects such forms as *inperare, inmensum, fidutia, audatia, noticia, exercicium, inquid,* and *haut.*

F. Lambeth, 410.
F. Lambeth 410 (ff. 63-96) is a handsome fifteenth century quarto (9¼in. × 6¼); each page including a column of thirty-seven lines in a space of six inches and five eighths by four and five eighths.

G. Harley, 3846.
G. Harley 3846 is a small paper quarto (7⅛in. × 6in.) of the fifteenth century, with twenty-five lines to the page on a space of nearly six inches by four.

The following copies contain the "Miracula."

H. Cotton, Tiberius, D. iii.
H. Cotton, Tiberius D. iii. has been sadly injured by fire. It is written in double columns of forty-three lines, the lineated space on each page measuring ten inches and a quarter by seven. The penmanship is good, but the transcription careless. The damage done by the fire has rendered the collation an unsatisfactory task, for portions of almost every page are irrecoverably lost, and a difficult one, for much of what remains can only be deciphered at the cost of a severe strain upon the sight. One of its leaves has been inadvertently misplaced (*see* pp. 353, 356, 359).

I. Lambeth, 159.
I. Lambeth 159 (ff. 117—155). This volume, which bears on the verso of a fly-leaf at the beginning the memorandum "Rycardus Hattonus in artibus bacc[s] Oxon[s]" has been so minutely described by the Bishop of Chester in his "Memorials of St. Dunstan," as to exempt me from the perilous task of adding another colour to the rainbow. The "Vita" is followed by the "Miracula," and this in its turn by John of Salisbury's Life of St. Anselm. Next comes the poem "Tange, Syon, citharam" (ff. 176—178), and after it a list of capitula to Eadmer's two treatises and one to that of the later biographer. But I have not burdened my volume with the capitula assigned to either of Eadmer's works, for they are in many instances ungrammatical and inappropriate in the highest degree, and

cannot with the slightest probability be referred to our author. The transcript, however, of Eadmer's own work is admirably done, and so closely resembles our exemplar that we may safely pronounce it to have been taken from a good copy of it at a time when it wanted only the last touch of the author's hand. At the end of the capitula and on fol. 183 v. is the following memorandum.—"Scriptum per me fratrem et commonachum ecclesiæ Christi cantuarie dompnum Ricardum Stone indignum. Soli Deo honor et gloria. Amen. Sancte Anselme ora pro nobis omnibus." The marginal date, 1507, which accompanies this memorandum lends interest to the final ejaculation. The informal canonization of Anselm by the *communis sensus* of his contemporaries had been ratified at Rome as recently as the year 1497.

K. Lambeth 163 (ff. 71–105); a folio copy on vellum executed early in the fifteenth century. Six leaves are wanting to this copy, which alone of the ten used for the collation contains the capitula. Its pages (12¼in. × 8¼in.) are bicolumnar, each of them enclosing a space of eight inches and a quarter by five and a half. There are thirty-three lines in each column.

K. Lambeth, 163.

The reader must already have remarked that of the fourteen copies known to be extant the six which represent earlier stages of the elaboration of the work are precisely such as are preserved beyond the limits of our island, and that the only copy which gives us the work as it was at its fourth or medial stage is one which not improbably had its home in the far west of England until it was transported to Rochester. The facts accord with what Eadmer tells as in the prologue to the "Miracula," when he says that he had found it impossible to call in all the copies of the "Vita" which were by that time in existence, so as to bring them into conformity with his last rescension. Hence the peculiar value of A., B. and C. which, being transcripts of copies carried by a geographical necessity beyond the control of the

Peculiar value of A., B., and C.

author, inform us what the work had been in its second, third, and fourth ascertained editions.

Notice of some corrections of the text of the "Vita."

And further, they enable us to explain the corrective erasures which abound in our exemplar. The emendations introduced on three of those erasures invite special notice, the first from its complex character, the second and third for historical reasons.

The story of the runaway horse.

I. In the C.C.C. archetype (pp. 369–370) so much of the story of the runaway horse (II. lviii.) as is embraced between the words "intulit abbas" and "frangendo ramo," are written on an erased portion of page 369, with the exception of "fugaturus . . . . frangendo ramo," which forms a supernumerary line at the foot of the page; whilst of what immediately precedes, namely " Quæ cum " ille . . . . persisteret," " cum ". is inserted in the margin, and the last four letters of " despiceret," and, again, of "persisteret" are on erasures. By italicizing the portions written on erasures, and bracketing the marginated portions I shall perhaps convey a sufficiently accurate idea of the present condition of the text :—" Quæ
" [cum] ille subsannando despic*eret et in iis quæ cœperat*
" *. . . . persist*eret *intulit abbas se de justicia . . . . .*
" *sive muscas* [fugaturus seu inde umbraculum sibi fac-
" turus. Verum dum frangendo ramo]" The story continues on the first line proper of the next page " *hære-*
" *ret subito equus . . . . . per terram longius traxit,*" the surface of the parchment under the last four words being roughly frayed. The remainder of the account is accommodated in the upper margin, one or two words finding a place in one or other of the lateral margins, whilst here and there a word or part of a word is written above the line. The last I enclose within round brackets.
" [Sociis] *autem* Beata(m) Maria(m) *ut* quasi spiritum
" (jam) exhalaturo succurreret elata *voce inclamitanti-*
" *bus tandem* a viri blasphemia linquam ulterius compe-
" scere *edoctus* [a periculo liberatus est]."

There can be no doubt that the account was at first

the same as that which A. and B. reveal to us, and which will be found in the collation; that it was altered to the form presented by C.; and that, altered a second time, it finally received the form it now bears.

II. Our archetype bears traces of another curious correction in II. lxii. where the words " Tali ergo victoria usus," and, again, the word " gratulabundus " are written on erasures.[1]

The letter (H. N. p. 218) in which Henry I. announced the victory at Tinchebrai to St. Anselm informed him that it had been won " sine multa cæde nostrorum," that nearly fifteen thousand men had fallen into his hands, but that " de illis quos gladius peremit non est numerus." St. Anselm must have been puzzled to ascertain whether by the last phrase the royal latinist meant to say that the number of the fallen was so numerous as to be innumerable, or that it was not numerous enough to be taken into account, or that no estimate had been obtained of the losses on either side. Eadmer seems to have given it the first interpretation of the three; for in the earlier copies of the " Vita " we read " in-" numerisque peremptis totam terram victor obtinuit," " innumeris " corresponding with Henry's " non numerus " and " peremptis " with his " peremit."

Now those who were on the spot,[2] while distinctly telling us that the king lost not more than two men, leave it to be inferred, if they do not say so categorically, that Duke Robert's ranks, though scattered by flight

The account of the battle of Tinchebrai.

---

[1] The character of the second erasure, the style of the penmanship and the colour of the ink render it probable that Eadmer made three successive changes on his original " innumerisque pe-" remptis . . . victor obtinuit." Thus (i.) " Tali ergo victoria usus " . . . victor obtinuit;" (ii.) " Tali ergo victoria usus . . . gra- " tulans obtinuit;" (iii.) " Tali " ergo victoria usus . . . gratula-" bundus obtinuit."

[2] I allude to the letter in the library of Jesus College, Oxford (51), transmitted in duplicate by M. Paul Meyer to M. Leopold Delisle, and published by the latter in his edition of Robert of Torigni (Rouen, 1872) I. 129.

were not thinned by slaughter, and that it was not so much victory that declared for the king as panic that declared against the duke. Hence, probably, the suppression not only of Eadmer's "innumeris peremptis" but of his "victor."

This double correction, now for the first time made public, may be of service to the learned, first, in guiding them to a just notion of the action at Tinchebrai, and, secondly, in helping them to appraise the erudition of Henry Beauclerc. That erudition would seem to have been considerable, not in itself, but in comparison with that of other princes and laymen of rank. For we may fairly doubt whether even so able a man as Robert of Meulan can have been familiar with the Latin language. He certainly seems not to have understood Anselm's famous letter, "Tibi, Thoma," (H. N., page 247) when it was read in his hearing, and to have required an interpreter before he grasped the meaning of the text of the decrees of the Council of the Vatican.[1]

Of the five copies of the "Vita" which contain the emended text of the story of Tinchebrai three have the "Miracula," and a fourth (D.) may have had them when in its first estate. It is reasonable, therefore, to infer that Eadmer's correcter information was received after an interval of more than a year or two from the first issue of his work, and thus during his residence in Normandy in and after the year 1116.

A third instance of corrected text in the "Vita."

St. Anselm's victory..

III. Perhaps the most instructive change in Eadmer's text is one which he made quite early in the day, but which has not as yet been brought under the cognizance of modern scholarship. I allude to the "quodam modo" with which on page 371 he qualifies his earlier record of Anselm's triumph in the cause of the church's freedom. "Eo igitur tempore, adunatis in palatio regis Lun-

---

[1] Cf. H. N., page 249, "recitata "est . . . epistola. . . . Quam "Robertus comes de Mellento sibi "*expositam* ubi intellexit," and St. Anselm, Ep. IV. 2.

"doniæ cunctis primoribus Angliæ, victoriam de liber-
"tate ecclesiæ pro qua diu laboraverat Anselmus
"*quodam modo* adeptus est. Rex enim, antecessorum
"suorum usu relicto, nec personas quæ in regimen
"ecclesiarum sumebantur per se elegit, nec eas per
"dationem virgæ pastoralis ecclesiis quibus præficie-
"bantur investivit."

Had Eadmer confined his statement to the indisputable fact that the king by the advice of his council relinquished the grant of the crosier there would have been nothing for him to modify; but just as in the "Historia Novorum" he had added to his report of the settlement on investiture a statement concerning homage scarcely accurate in its terminology and derived, in all probability, from a document which there is good reason for regarding as utterly irrelevant, so here he added to his report of the settlement on investiture a statement concerning the election of prelates which he soon found good reason to regard as not consonant with fact. In the summer of 1105, and at a moment of extreme alarm, Henry might well afford to take the advice of men of religion before giving this or that preferment, but there is no reason for believing that any such complaisance was formulated into law in the August of 1107; and it would seem to be only just to Henry to say that Eadmer's qualifying " quodam modo " is the qualification of a gloss of his own, not a qualification provoked by any breach of faith on the part of the Crown. In other words, Had Eadmer not inserted the unwarranted " nec per-
" sonas . . . . per se elegit " into his first ascertained account there would have been no occasion at a slightly later date to qualify that account by a " quodam modo." Here, as in the corresponding case in the " Historia Novorum," he must have written on the authority of a document of questionable relevancy; and it may fairly be doubted whether any writer can be found giving an account quite consonant with Eadmer's, who had not

first been misled by Eadmer. William of Malmesbury's is much more probable, "Rex .... investituram "annuli et baculi indulsit in perpetuum, retento tamen "electionis et regalium privilegio."

The truth is that neither Henry nor Anselm had been unwise enough to exaggerate the tremendous difficulties that surrounded the discussion on investiture by adding to them a subsidiary quarrel on electoral rights;[1] and what we must qualify with a "quodam modo" is, not Anselm's triumph, which was complete, but Eadmer's overrated account of the field it covered. And just as the account of the final settlement in 1107 which we read in the "Historia" would seem to have been based on a deduction of Eadmer's from the "Quod Anglici regis," so does the account which we find in the "Vita" seem to have been based on a deduction of Eadmer's from the "Non debeo tacere,"[2] not on any authentic record or trustworthy report of what was done on that eventful occasion. (See above, xlii–xlvi, xlvi–xlviii.)

Notice of some peculiarities of the "Vita."

It can scarcely be necessary to call the reader's attention to the hexametrical close of many of Eadmer's sentences in the "Vita." Can it have been his intention to versify his narrative at some future time?

We have seen that the line

"Mira Dei bonitas, mira potentia"

---

[1] The only great ecclesiastical preferment concerning which electors rights would seem to have been respected for now many years past was the archbishopric of Canterbury. It was deemed a remarkable thing in 1102 that a bishop of Salisbury should be appointed otherwise than by the mere nomination of the Crown; but there seems to have been no thought either in 1093 or in 1114 of leaving the appointment of primate to the sole choice of the king. The ancient principle was not yet inoperative that both king and primate were the elected of the nation.

[2] I need not remind the reader who may be interested in determining the date of this letter that the "Adversus illam" (page 159), the "Quanquam prave" (page 259) the "Licet vos" (page 294), and the "In schola religionis" (page 295), are all of them anachronously placed.

occurs in one of his hymns on King Edward the Martyr. A similar line

"Magna Dei pietas, magna potentia,"

occurs, and for the first time, in one of the supplementary chapters of the "Vita" (II. lxix).

And we find

"Mira Dei bonitas, mira potestas"

in the "Miracula" (page 382).

These facts may possibly be of service in determining the date of his second hymn on St. Edward.

The following orthographical forms are to be found in the C.C.C. archetype of the "Vita:"

Orthography of the C.C.C. archetype.

Abissus, abicere, æcclesia, amfractus, annichilare, archana, cælare, cartula, cecitas, cœcus (in capitula), cotidie, cunque, duricia, efrenis, egritudo, estimare, execrari, executio, exercicium, exilire, exortatio, extinctus, grandevus, habundantia, hipocrisis, hipocrita, hospicium, iniusticia, lammina, malicia, martir, misticus, mollicies, nanque, neglegere, neuus, noticia, offuit, ortari, otior, precipuus, presto, preter, preteritus, quenque, refocilare, scola, stulticia, subicere, sulleuare, summinstrare, tocius, ydrops.

III. THE "QUÆDAM PARVA DESCRIPTIO MIRACULORUM GLORIOSI PATRIS ANSELMI."

There can be little doubt that MS. C.C.C. 371 contains the pristine text of Eadmer's supplementary addition to the "Vita," his "Descriptio quorundam Miraculorum gloriosi Patris Anselmi Archiepiscopi." It is antecedently improbable that if the work as we now know it had been written from beginning to end before the rubrics were inserted, they would not have styled Anselm "sanctus;" the Prologue fills precisely a page of the quire; and an examination of the text shows us how at intervals it grew under the author's superintendence.

Eadmer's "Quædam Parva Descriptio Miraculorum gloriosi Patris Anselmi."

PREFACE.

Growth of the treatise.

The history of this little treatise may be traced through five distinct stages.

First instalment.

I. The first instalment began with the opening words of the Prologue on page 379, "Cum vitam venerandi " patris Anselmi," &c. . . . and ended on page 387 at the words "credere non dubitavimus." It comprises a copious record of ten miraculous or quasi-miraculous incidents and an eleventh paragraph on the virtues of the wonder-working girdle. Four out of the ten stories relate to the saints' estate immediately after death, it being the author's design to prove that his master's soul had no sooner shuffled off mortality than it passed to its bliss undetained by the purging fires which are the lot of the majority of the elect. It was on the very day of his death, so the first of them would have us infer, that Anselm was to receive the reward that had been prepared for him. The second tells us that no sooner had he breathed his last sigh than St. Dunstan bade the ministers of bliss convoy him to his eternal home. No sooner, says the third, was he dead than he was clothed with the robe of joy. And the fourth informs us that whilst even now he hied him to his joy a sick man till that moment thought to be dying was restored to health.

Having satisfied himself of Anselm's immediate passage from earth to heaven, Eadmer next records six hagiographical incidents, only two of which need detain us, that of the Lyons nun and that of the sick man who was cured by the girdle. The latter, and thus the whole portion of the work which we are now considering, was written after the death of Archbishop Ralph late in the year 1122; the former must have been recorded before Eadmer became acquainted with William of Malmesbury's "Gesta Pontificum." The year 1126 is perhaps as safe an approximation as can be made to the date of the first instalment of the treatise.

Second instalment.

II. On examining the next paragraph, or rather the first sentence of the next paragraph, "Illud tamen

PREFACE. xcix

". . . . . omnino convaluit," we see that the word "ejus," the "et" in the next line, and the "et" in the next line again are all of them interlineations, that the last syllable of "modicum" is written on an erasure, that "detumescente" is a correction, probably for "decrescente" and that "redditus" replaces some other word. These signs of haste or carelessness, or both, denote a second stage in the elaboration of the work; but there are no *data* from which to determine the year in which it was added.

III. Although the next story, "Nec alicui incredibile" &c., relates to quite a different subject, is written with other ink and by another hand, it does not constitute a fresh paragraph. Possibly Eadmer had by this time grown too infirm to watch the movements of a new scribe. Be that as it may, it and the two paragraphs which succeed it, "Inter hæc tanti viri . . . . . . " intellexit" and "Alia post hæc . . . . verissimam " esse," would seem to have been inserted at one and the same time. When was that? *Third instalment.*

The first of the three relates to Helias, the abbot of the monastery of the Holy Trinity near Rouen. There is no assignable reason why Abbot Helias should pay many visits to our country, for his house seems to have had no land and little property in money, if indeed any, in our country; but he is known to have been at St. Alban's on August 2nd, 1129, on the occasion of the translation of the saint.[1]

The text of the second story exhibits a curious peculiarity, inasmuch as the first mention of Anselm's resting place in Canterbury Cathedral calls it "sepulchrum" whilst the second and third call it a "tumulus" or "tumba," a circumstance which has induced the scribe of H. to replace "sepulchrum" by "tumulus." But henceforth throughout the work we never have "tumulus" or "tumba" but only "sepulchrum." I think it probable,

---

[1] See Riley's "Gesta Abbatum Sci. Albani," Vol. I., p. 85.

therefore, that the period of time which Eadmer had in memory when composing the paragraph " Inter hæc tanti " . . . . . . intellexit " was a period part of which preceded and part of which followed the transference of St. Anselm's remains from the nave of the cathedral to its eastern limb.

The next and last story in the group represents a priest as passing by the saint's *sepulchrum* on his way to an altar, and thus, it is to be presumed, to one of the chapels that fringed Prior Conrad's choir. Conrad's choir was consecrated in the year 1130.

We cannot, therefore, with safety assign an earlier date than the year 1130 to the insertion of this triple group of stories; but inasmuch as the second of the group gives Anselm on the authority of a celestial vision the "prænomen sanctitatis," inasmuch as Eadmer would be likely from the day on which he heard of the vision to call his late master " saint," and inasmuch as the only passage in the " Historia Novorum " in which he does so call him is one which must have been written after the death of Henry I.,[1] the year 1136 will perhaps be nearer the truth than the year 1130 as an approximation to the date of the third instalment.

Whatever the precise date, the rubrics to the tract must already have been inserted, for they style Anselm "gloriosus pater" not "sanctus." Not so the list of contents prefixed to the volume, where he has the higher title.

Fourth instalment. IV. The penmanship and ink of the next story show it to be a fourth instalment. The story is that of a poor man at St. Edmund's whose house was saved from destruction by fire through the intercession of St. Anselm. This poor man was at the time of his great danger living in the vicinity of St. Edmund's monastery, and under the protection of its abbot, the younger Anselm;

---

[1] See above, p. li., and p. lix.

and as he had recently built himself a house it is to be presumed that time had been required for procuring the means for doing so, that he had earned the right of hoping to end his days where he was, and that Abbot Anselm was in settled residence. Now as Abbot Anselm was not in settled residence between the years 1136 and 1138,[1] we may fairly believe his client to have begun building in 1139.

Scarcely, however, was the work finished when, so the story goes, a fire broke out not in the monastery, but in the town of St. Edmund's, and, curiously enough, such a disaster is recorded as having taken place in 1140.[2]

To the latter end then of 1140 or the following year we may assign the composition, and, no doubt, the incorporation into the archetype on which I have worked, of the fourth integral portion of Eadmer's "Miracula." And, curiously enough, the date 1140 or 1141 corresponds with remarkable closeness to that which, guided by other evidence, I have assigned to certain portions of the "Historia Novorum."

V. The time was now at hand for Eadmer to bring his labours to a close. A head already hoary and a trembling hand warned him that the day was not far distant when he must lay aside the style which he had plied so long and so loyally in his master's service, and address himself to the supreme task of preparing to meet that master in another life. "Adieu, my father," such are the last words of the treatise, words written in a character which anticipates some of the distinctive features of the gothic that came into vogue at the close of the twelfth century, and by a scribe who gave a new spelling[3] to the name of the author, " Adieu, my father

Conclusion of the "Miracula."

---

[1] See "Monasticon Anglicanum," Vol. III., p. 102.

[2] To Archdeacon Battely must be assigned the credit of discovering an obscure record of this event in one of the Lambeth manuscripts. (MS. 448, fol. 117.) See his "Opera Posthuma" (Oxford, 1745), p. 73. He does not, however, seem to have been acquainted with Eadmer's "Miracula."

[3] See above, p. xxx, *note*.

"and dearest patron, and be a defence to me Edmer "your ward, and for such time as you sat in the see of "Canterbury your attached and constant attendant. If, "after my death any one should add to the foregoing "narrative such wonders as God may yet work through "you let the addition be ascribed, not to me, but to the "writer, whoever he may be. Here and thus I end my "task."

He ended his task, but he added no rubric, for he was fain his work should be continued. Fresh wonders were indeed recounted, which the piety of the age took care to record; but Eadmer's little tract remained as he had left it. Seven centuries and a half have passed, but no hand has presumed to rubricate an explicit. Seven centuries and a half have rolled away, and the two remaining leaves [1] of Eadmer's quire are, as they were, lineated and ready for use, but blank and unused.

IV. EADMER.

Apart from the fact recorded by Symeon of Durham, that Eadmer resigned the bishopric of St. Andrew's and returned to England in the year 1121, the little we know of the details of our author's life is gathered from his own writings.

Eadmer's parentage.

That one, if not both, of his parents was English there can be no doubt; and the way in which he speaks ("Miracula," page 383) of the friendship of his nephew Haimo with a "vir nobilis, miles fortis, multis Angliæ partibus "notus Humfredus nomine," invites the inference that he was a man of family. The name Haimo, borne by his sister's son, would seem to point to one of the many matrimonial alliances which were concerted between the conquerors on the field of Senlac and the daughters of the conquered; and the fact that Humphrey lived near to Canterbury strengthens the conjecture that Haimo's parents were settled in that neighbourhood. Nothing,

---

[1] Strictly speaking about four pages and a half.

surely, could be more probable than that the child of a tenant of one of the archiepiscopal estates within a short distance of Canterbury should be devoted to religion, if anywhere, in the monastery of Christ Church. Nor is it unlikely that the recipient of Lanfranc's bounty, whom Eadmer mentions in his memoir of that prelate (H. N. page 17), should have been the mother of our author, for the incident which he records cannot have been topic of general conversation, particularly in a cloister, even after the obligation to silence might have been supposed to be removed by Lanfranc's death. In which case Eadmer's mother must have lived at no considerable distance from the primatial city, for she seems to have gone thither at least six times a year.

Eadmer's silence about the name, the character, and the career of his father can scarcely be used for argument, or even for conjecture, but it is more consistent with the theory that Eadmer had no recollection of him than with any other. Can it be that Eadmer's father was one of the theigns who held of the see of Canterbury, one condition of his tenure being service to the Crown in the event of invasion, and that he died on the Field of Blood? And if so what can be less unlikely than that his widow (i.) should be a pensioner on the kindness of Lanfranc, or that (ii.) she should devote her infant son to religion at Christ Church, or that (iii.) after an interval of anxiety and poverty she should view with satisfaction the alliance of her daughter with the Norman knight whom either Odo or Lanfranc had put into the estate in succession to her husband? Certainly, her son's description of the woes endured by the Canterbury tenants under the rack rents inflicted on them by Renouf the Firebrand upon Lanfranc's death is just such as would be written by one whose own kith and kin had been among the sufferers.

An approximation to the year of Eadmer's birth may be made with no great difficulty. He tells us (H. N. page 299) that he had been nurtured *ab infantia* at

Probable date of his birth.

civ   PREFACE.

Christ Church, and may be assumed to have been sent thither at the age of seven years; he seems, however, to have had no personal recollection either of the great fire in 1067 or of Lanfranc's arrival in 1070. But, on the other hand, he was present at the translation of the body of St. Dunstan, prior to the commencement of Lanfranc's cathedral in the April of 1073, by which time he was *puerulus*.[1] He must, therefore, have been born between the latter half of 1063 and the former half of 1065.

In or about the April of 1079 Abbot Anselm of Le Bec, on his famous visit to Canterbury, found Eadmer, by this time *adolescentulus*, in the monk's cloister, where he took notice of him, not improbably because he was the youngest of the party. By the spring, then, of 1079 Eadmer had completed his fourteenth year, and we may feel sure that we are not far from the truth in declaring him to have been born in the year 1064.

Probable date of his death. His anniversary was kept at Canterbury on the 13th of January, but the precise year of his death cannot be determined. The last event recorded by him in the "Miracula" took place in 1140, and the latest political events to which he seems to make allusive reference in the "Historia Novorum" are referable to the next year.[2] The parent copy of the Cottonian transcript may fairly be assigned to the year 1141 or 1142; and such additions as characterise the C.C.C. archetype to the year 1142 or 1143. It was, I suspect, in 1143 that this latter document was begun at the instance of Eadmer, who ineffectually revised its earlier pages, but who before the tardy or disheartened scribe could finish the task ceased from his labours in his own eightieth year and in the year of grace 1144.

Eadmer sometimes confounded with Prior Elmer. Eadmer, the precentor, who died in or about the year 1144, and on or near the thirteenth of January, is a dis-

---

[1] See his "Epistola ad Glastonienses."

[2] See above, pp. lviii., lix.

tinct person from Prior Elmer, who died in the May of 1137. This is unquestionable; but inasmuch as Wharton [1] seems to have been staggered, as well he might be, by the explicit of the "Vita" in I., it may be well to investigate the case.

The explicit to the "Vita" in I. is as follows: "Expli-
"cit Vita Anselmi edita ab Edmero ejus discipulo et
"hujus sanctæ Cantuariensis Ecclesiæ monacho, et
"postea Priore Ecclesiæ Christi Cantuariæ tempore
"Radulphi Archiepiscopi.

Turning to II. lxviii. of the "Vita," we find in I. an amplification of the text, which, in the account of St. Anselm's burial adds the words "et in ecclesia Salvato-
"ris Cantuariæ sepultum cum magno honore," whilst a note in the inner margin adds "*in navi ecclesiæ in
"medio prope Lanfrancum.*" The words can scarcely be those of the author of the augmentation, for they are a very clumsy addition to it; and the inaccuracy of the "prope Lanfrancum," for Anselm was buried not at the side, but at the head, of Lanfranc, invites us to assign them a comparatively modern date.

At II. lxxii. of the "Vita" I. exhibits the following note in the outer margin. "Edmerus qui hunc librum
"secundum composuit hic finem posuit *qui videt testi-*
"*monium perhibuit* ex præcepto Radulphi pontificis
"perfecit," where the words I italicise are assuredly the work of a later hand.

I. concludes the "Miracula" thus, "Ego Edmerus
"monachus ecclesiæ Christi Cantuariæ hic finem imposui
"istius operis ad laudem et honorem Dei *et Sancti*
"*Anselmi Cantuariensis Archiepiscopi* qui in Trini-
"tate vivit et regnat per omnia sæcula sæculorum.
"Amen," where the words I italicize are obviously the work of another hand.

In each of these three cases, then, we find later work

---

[1] Anglia Sacra, II. xii.

as well as earlier, and in two of them we find that later work awkwardly intruded into the earlier.

What is true of these these three cases would seem to be true of the explicit to the poem "Tange, Syon, " citharam" in I. (178 v.), "Explicit Vita Sancti An- " selmi Cantuariensis Archiepiscopi sub istis versibus " scriptum secundum Edmerum monachum, ejus disci- " pulum, *et postea hujus ecclesiæ priorem tempore* " *Radulphi Archiepiscopi.*"

That the italicised words are an intrusive gloss is probable enough from the analogy of the preceding instances, and morally certain from their correspondence with the close of the rubric which puzzled Wharton. That rubric is "Explicit Vita Anselmi edita ab Edmero " ejus discipulo et hujus sanctæ Cantuariensis ecclesiæ " monacho, *et postea Priore Ecclesiæ Christi tempore* " *Radulphi Archiepiscopi.*" Whoever may have composed the earlier portion of the sentence, the italicised portion of it must be referred to some other origin, as in the three cases just instanced; for the same author would have said not "Priore ecclesiæ Christi," but " Priore ejusdem ecclesiæ."

How the officious scribe of a later age came to confound Eadmer and Elmer is a question of comparative unimportance. By drawing attention to his glosses and showing them to have been awkwardly welded with earlier work, I have done all that is necessary. Still I cannot refrain from observing that the title given in I. to Eadmer's letter to the Glastonbury monks reads thus, "Epistola ad Glastonienses Elmeri aliter Edmeri quo " tempore Glastonienses asseruerunt se corpus patroni " nostri Sancti Dunstani habere "

Eadmer's characteristics as an historian.

We shall scarcely do Eadmer an injustice if in attempting to appraise his value and credibility as an historian, we take little account of the fifth and sixth books of the work which constitutes his chief claim upon our gratitude. The most interesting lesson to be deduced from them is one, the value of which their author may little have suspected; the lesson taught us by the difference between Eadmer at the end of the fifth book and the beginning of the sixth, in passages written when the royal smile was a thing to court and the royal frown a thing to avoid, and Eadmer at the beginning of the fifth, in a digression inserted after the death of Henry. *The fifth and sixth books of the "Historia Novorum."*

And in our study of the first four books it cannot be other than equitable to bear steadily in mind the purpose and scope of our author's original record. It had been Anselm's aim to put an end to two usages, that by which the king gave investiture of churches by the delivery of the crosier, and that by which prelates were upon their appointment made the men of the king. In the prosecution of this object he had twice been obliged to leave England, and, having left it, to remain beyond sea, and Eadmer's main purpose in writing the "Historia Novorum" was to prove to his contemporaries that for these two absences of Anselm from his sphere of proper duty Anselm was not to be held responsible. That he has succeeded none can doubt; but had he, in the first instance, confined himself less rigorously to events of which he had had personal cognizance, or had he, when it occurred to him to enrich his record by turning Anselm's correspondence to account, taken care to give that correspondence a more careful study, much as we have to thank him for, we should have had incomparably more. He might have told us how and why it was that in the Council at Rockingham the barons turned against the king. He might have informed us that the peaceless peace concluded between king and primate in the summer of 1095 was recommended to the former by political troubles in the north. He might have told us what it was that from the very conclusion of that peace inspired Anselm with fresh apprehensions and with a new desire to consult the Holy See. He might, so far from keeping silence on the mission of *The first four books of the "Historia Novorum." Primary object of the work. Subsequent amplifications of the work. The Rockingham Council. The reconciliation of 1095. Anselm's apprehensions after the reconciliation.*

The mission of Abbot Jarenton.
The cession of Normandy to the Red King.
The meeting at Winchester in October 1097.
Anselm's first departure from England.

Abbot Jarenton in the spring of 1096, have explained what share the King's hope of obtaining possession of Normandy had had in giving that mission some measure of success. He might, while commemorating the eventful meeting at Winchester in the autumn of 1097, have explained what were the causes that had given the Primate a body of adherents stong enough to oblige the King to allow him to quit the realm, or, at any rate, to abstain from forcing him to remain in it. To say that Eadmer could have done all this might, possibly, be to say too much; but surely he would have made an effort to do some of it had he been more of an historian and

The Red King's designs on the Canterbury estates.

less of an historiographer. Surely he must have known something of the scheme by which the Red King during four years tried by a thousand arts of cajolery and menace to get into his own lordship estates which appertained to the see of Canterbury; but the relinquishment of the suit, threatened in the spring of 1097, seems to have served him as an excuse for not leaving something on record that might have been of incalculable use to us in its illustration of the development of the law of tenure under the Norman dynasty. The omission is the more provoking as in his record (page 46) of the Rochester interview he gives due place and importance to the subject; nor can he have transcribed (page 105) his patron's statement of grievances in the Lyons letter without perceiving how considerable a place the subject had in Anselm's thoughts, and how largely it had contributed to Anselm's estimate of the King's conduct.

Eadmer's descriptive powers.

And yet how much have we not to thank him for. If he has not traced and analysed the motives which inspired the principal actors in the drama, the service he has done in setting them on the stage is unique, and his

The scene at Gloucester, on March 6th, 1093.

dramatic skill of the highest order. The picture which he draws of the royal bed chamber at Gloucester, of the King's compunction at the prospect of death, of the panic of pious alarm with which laymen and churchmen alike were seized at the thought of the eternity of woe towards which he was drifting, of the charter full of promises of good government executed at the suggestion of the confessor, Abbot Anselm, from Le Bec, and signed by the King's hand and sealed with the King's seal, is a piece of verbal presentment that bespeaks an author of no mean capacity not very far from his best. And he seems almost to surpass himself when he describes the royal nomination of Anselm to the primacy, Anselm's desperate but effectual refusal to take the offered crosier, the frenzy with which bishops and abbots carried it and him into the neighbouring church, and the self-control with which, on escaping from his persecutors and returning to the King, he told him in words suggested by a well-known ecclesiastical decree, that he had refused and still refused to admit the validity of what had been done.

Most instructive perhaps of all are his sketches of the assembly of Rockingham; a series inspired by intense sympathy for a master whose relation of vassal to the prince had been made the basis and the justification of a charge of treason. The church of Rockingham Castle was the council chamber of the realm of England, the room in which the King sat was the court of the sovereign lord of the land; and but for the happy assertion of a privilege which William was impotent to annul, he who had on the first day presided in the one, sacred and inviolable by immemorial primatial right, would on the second have been summoned to the other, life and limb at the mercy of his lord, to receive sentence of condemnation.

Kingship and lordship of William Rufus.

It seems to have been the Red King's theory that the relation in which Anselm had placed himself when by the ceremony of *intromissio manuum* he made himself his man was one which might not be relaxed, and was, indeed, one which, for the very reason that the Primate was what he was, could not be relaxed without great peril. He seems to have maintained that whatever the

His theory on the relations of lord and vassal.

duty of his other vassals, the duty of the foremost of them was specially and exceptionally stringent, "inaudi-"tum quippe in regno suo est, et usibus ejus omnino "contrarium, quemlibet de suis principibus, *et præcipue* "*te*, quid tale præsumere" (page 95), and that the obligation contracted by the Primate's homage was in such wise paramount and supreme as to tolerate no exception and no abatement even in things spiritual and the cure of souls, "nec enim regia dignitate integre se "positum suspicabatur quamdiu aliquis in tota terra "sua, *vel etiam secundum Deum*, nisi per eum "quicquam habere, nota dico, vel posse dicebatur" (page 68). The position, whatever its other characteristics, was intelligible and consistent, and indeed its very qualities of consistency and intelligibility would seem to have inspired Anselm with not a little of the moderation, the forbearance, and the gentleness which characterised his conduct towards the Red King, notwithstanding very much in the Red King to distress and horrify him. When in 1093 he made himself the King's man such act had not as yet been forbidden by the spiritual power; nor can he, regard being had to the King's promise at Rochester, have contemplated as probable the interpretation the King was about to put upon it. Nevertheless, although as a theologian he hailed with satisfaction the prohibitive decree of 1095, he seems as a statesman never to have forgotten that the King's failure to discern the compatibility of a primate's two duties had its intellectual as well as its moral factor; and, much as he deplored the King's abuse[1] of their mutual relation of lordship and homage, he seems never to have forgotten that the relation subsisted. Hence,

Consistency of the Red King's position.

---

[1] William seems to have lost no time in recording the fact that he regarded the primate not merely as his man but as his liegeman; "Hoc "donum factum est die crastina "qua Anselmus Archiepiscopus "meus ligeus homo factus est." From an Inspeximus by Henry VI., quoted in the Monasticon (VI. 1271).

not improbably, the affectionate tenderness of his farewell to his persecutor, and his unwillingness to return to England during his lifetime. Hence too his passionate deprecation of the excommunicatory sentence which the council of Bari adjudged the Red King to have incurred.

Anselm's treatment of the Red King.

Not thus did he deal with the Red King's successor. Ere Henry Beauclerc ascended the throne an acknowledged spiritual power had already forbidden prelates to become the men of secular princes, and Anselm treated the new sovereign, not as one whom an *ex post facto* legislation had set in a position of embarrassment, but as one who was bent on disobedience to an existing law. He had now no wish to leave the country, for he was on equal terms with his opponent, and he was only fain to go when urged to do so by dread of the evils that would be likely to arise from his refusal to hold communion with excommunicated suffragans.

His treatment of Henry I.

Meanwhile, however, so entirely had he by an unfailing equanimity, a transparent loyalty, and an unquestioned rectitude, recommended himself to the confidence of his royal opponent during a staunchly contested encounter of two years and a half, that though Henry could not send him to Rome as his advocate, he nevertheless entrusted to him with entire confidence the task of explaining to the Pope what were the difficulties which beset the relinquishment by a Norman king of the old English usage of the delivery of the pastoral staff. Nor can there be a doubt that the ecclesiastical power owed its final triumph mainly to the high moral qualities of Anselm, and to the veneration in which the "mitissimus "hominum qui habitabant in terra" was held by Henry.

His equanimity, loyalty, and rectitude of conduct.

Anselm's second departure from England.

His ultimate victory.

Eadmer's chief claim to our regard and gratitude is to be found in the "Historia Novorum," as it seems to have issued from his hand in pristine freshness, simplicity, and unity; for he somewhat marred those qualities when from indiscreet zeal in behalf of the cxii PREFACE.

Degree and extent of Eadmer's knowledge of passing events.

house of which he was a member, or from undignified rivalry with other writers, he inserted anecdotes, many of which are irrelevant, and letters, not a few of which are strangely misplaced. He may be trusted when he tells us what he saw with his own eyes and heard with his own ears; but he is less of an historian than a hagiographer, an intelligent study and exposition of his master's correspondence would seem to have been beyond his capacity, and we may venture to doubt whether he ever succeeded in divining the precise purpose of any of his master's movements. He saw what he saw and heard what he heard, but I cannot find that he was ever entrusted with a confidential errand or invited to share his master's counsels. When, however, he tells us that Anselm's *prognosticon* began with the words "vocavit " multos," we feel as certain as if we saw the gospel-book lying open for our inspection, that the first word on the unfolded page was "vocavit," and no other. When he represents old fashioned people as saying, not " rex Angliæ," but "rex Anglorum," we are sure that his memory has not deceived him. When he makes Anselm write " non cessatis verberare " in answer to an interlocutor's "non cessamus verberantes," we seem to hear Lanfranc's disciple speaking. Nor can we fail to note the admirable truth to nature with which when the Red King had said to the Rouen Jew, "I have done what you asked, " pay what you promised," he makes the latter retort in truly oriental fashion, "My son is even now more con-
" stant than heretofore in the confession of Christ and
" more hateful to me, and sayest thou 'I have done
" ' what thou didst seek, pay what thou didst promise?'
" Nay rather, first finish what thou didst begin and
" then treat of pledges, for thus was it covenanted
" between us."

His trustworthiness in minute details of personal experience.

Eadmer's autograph.

Eadmer's autograph is, no doubt, preserved in the "De Beatitudine Cœlestis Patriæ," described on a previous page, and, although St. Anselm's is probably extant in several places, it is in nowhere more probably *St. Anselm's autograph.* to be found than there. In the fourteenth chapter of the treatise we find the words "Hoc est, sicut putamus, " quod, quamadmodum in capite hujus opusculi *dixi*. " Deus præparavit diligentibus se." This "dixi" for "diximus" or "dictum est" is remarkable; but on referring to the archetype I find that the word is interlineated and in a different hand from that of Eadmer's. If anything be morally certain it is that this is the original tract which Anselm himself revised, and I make no doubt that the "dixi" is his. So too is the alternative "vos fuscaret" interlineated in the eighth chapter over "vobis surriperet."

His sign manual given in the earlier days of his abbacy *St. Anselm's sign manual.* in attestation of a Lessay charter, is preserved among the departmental archives at Saint-Lô; and in the Public *A portrait of St. Anselm.* Library at Rouen, emblazoned in the inital letter of a copy of the "Monologion," there is a treasure only next in value to a sign manual and an autograph, a contemporary portrait which has every claim to be regarded as a likeness.[1] The domelike skull, the lines of thought on the forehead, the snowy hair, the hectic flush on either cheek, the white and delicately moulded hands, are all given with singular vigour and carefulness of touch and execution. No such thing was ever drawn as a fancy sketch. The eyes which look at us from the page recall in a moment all that Eadmer and William of Malmesbury say of their fascination and fire; but, as we might safely have surmised beforehand, the sensitive mouth has baffled the limner; and there is no play in features, which, had they been less mobile, the rude skill of the age might have reproduced with some fair measure of success. A merciful providence had preordained that he should be

---

[1] With the sole, but unquestionable, exception of the pallium, the form of which shows it to be an addition of comparatively modern date. It is, however, useful as proving that in the fifteenth century the portrait was believed to be a likeness of St. Anselm.

cxiv PREFACE.

portrayed, not as Archbishop of Canterbury, but as Abbot of Le Bec; so that, as Abbots of the Bec were not then entitled to the mitre, he sits with bare head, and we are enabled to admire the calm and lofty brow in which was enshrined an intellect of rarest enterprise and elevation. Anselm is dear to scholars by the short dialectical tracts which show how carefully he had studied the ancient models of philosophical speculation, and how earnest was his desire to form the minds of the young men at Le Bec whose studies he directed; he is dear to philosophers by the ontological argument of the "Proslogion;" he is dear to theologians by the "Cur Deus Homo;" and he is dear to each and all of the three classes by his unapproached and inapproachable "Monologion." Nor will statesmen refuse him his due meed of praise for the tact and moderation with which he played his part in a very difficult contest. In winning the victory he ensured from his opponent a profounder respect than that opponent had even as yet entertained for him; but he sang no pæan. Enough for him, after playing his part courageously, prudently, and blamelessly, to retire from the political arena and end his days in the prosecution of those philosophical inquiries which had been the favourite employment of his early manhood.

Claims of St. Anselm on our respect.

I beg to thank the Archbishop of Canterbury for allowing me to take home and work at my leisure on manuscript 159 of his Grace's library at Lambeth. The kindness was recommended with characteristic goodwill by Mr. Kershaw.

I owe a like debt of gratitude to the Provost and Fellows of Trinity College, Dublin, and particularly to Dr. Ingram, the librarian of that society.

Dr. Bruun, of the Royal Library at Copenhagen, M. Guignard, of the Library of Dijon, and M. Socard, of the Library of Troyes, have favoured me with numerous letters and ample information on the copies of the "Vita" in their care, and will, I trust, accept this acknowledgment of the obligation under which they have laid me.

PREFACE. CXV

The duty which I have reserved to the last is by no means an easy one. It is that of saying how much I owe to the generosity of the Master and Fellows of Corpus Christi College, Cambridge, in permitting me, not only to transfer the whole of the text of the present volume from manuscripts of theirs, but also to consult and transcribe others, of which mention has been made in the foregoing pages. That generosity has anticipated all my importunities, and has found an adequate and indefatigable exponent in the Reverend S. S. Lewis, Fellow and Librarian of the College.

February 12th, 1884.

ADDENDA.

Page 90, line 1 (MS. p. 102). The correct reading " Quem " cum sibi," &c. is found in A. MS. omits " cum."

Page 99, note 3, MS. bears traces of an erased " ex " before " Judeos."

APPENDIX TO PREFACE.

APPENDIX TO PREFACE.

MS. VATICAN. REGIN. 499.

The following anecdote of St. Anselm's childhood occurs in MS. 499 of the Queen of Sweden's Collection in the Vatican Library. Immediately before the "Vita Sancti Anselmi" there is the following memorandum:—
Hic legendum est capitulum " Vir Dei venerabilis Anselmus." Reperies in fol. 129.
Then on the next line, and in vermilion:
Incipit prologus in Vitam Sancti Anselmi Cantuariensis Archiepiscopi.
On turning to fol. 129, we find the following in black ink underlined with red:—
Ista pagina debet esse ante prologum Sancti Anselmi, sed scriptor oblitus est eam.
Then follows the anecdote, which, apart from its intrinsic value, affords corroboration to the very probable conjecture that Anselm's parents were people of princely rank.

Vir Dei venerabilis Anselmus cum adhuc esset puerulus, ut ipse postmodum referre solitus erat, litteris imbui valde desiderabat, parentesque suos ut ad scholam mitteretur assidue exorabat. Unde divina providentia disponente, ad hoc pervenit quod tanto mentis amore rogabat. Denique traditus est cuidam consanguineo suo, ut eum attentius doceret, qui eum in domo sua reclusit, ubi studiosius doceretur, et ne evagando foras licentia a studio discendi præpediretur. Ubi dum diutius clausus haberetur pene in amentiam versus est. Post aliquantum vero temporis reducitur matrique redditur. Puer inexpertam sibi clientium videns frequentiam expavit et omnium consortia fugiebat, ac etiam aspectum declinabat atque interrogatis responsum non dabat. Videns hæc mater cum lacrimis exclamavit, "Heu me miseram; "filium meum amisi." Pertractans autem et recogitans apud semetipsam quid facto opus esset, salubre reperit consilium. Præcepit itaque omnibus domus suæ famulis et ancillis ut eum permitterent facere quicquid vellet, nullusque ei obsisteret; immo, si cui aliquid imperaret, facere non differret; sicque ad priorem, Deo volente, rediit sospitatem.

cxx   APPENDIX TO PREFACE.

Cum autem ad virilem pervenisset ætatem et religionis habitum suscepisset tanta discretione erga omnes studuit se habere, et quos regendos susceperat, maxime juvenes, tanta lenitate in morum honestate informare sicut in se olim didicerat huic ætati convenire. Cui Dei gratia ita semper affuit ut nullus nostra ætate fuerit qui tam in hujusmodi dispensatione profecerit. Nam vita ejus et conversatio disciplina, morum aliis extitit, sicut in libro vitæ ejus plenius invenitur.

<small>MS. Vatican. Regin. 499, fol. 118.</small> The following is the abridged account of the Lyons incident contained in the "Vita" of the same manuscript. Here, as in other instances, we perceive the enhancement of the miraculous element as years rolled by. Nor is anything said of Alexander's presence or Eadmer's absence on the occasion ; nor, of course, anything of the injunction to silence which had been laid on the former. The account was not improbably inscribed in the Le Bec copy during Eadmer's residence in Normandy in and after the year 1116.

Quadam die dum ibi moraretur celebrato solemni missæ officio, dum in oratorio per fletum Deo se mactaret, venit quidam homo, baculo regente, oculorum lumen se amisisse dicens, ac velle ut servus Dei manum sibi imponeret. Quem mox vir sanctus accersiri jussit tertioque super oculos ejus quod petebat signum crucis cum pollice pingens oravit sic, "Virtus "crucis Christi illuminet oculos istos." Et aspergens eos aqua sanctificata, omni excitate fugata, hominem præcepit abire.

MS. C.C.C. 457.

The following are extracts from the little work by the monk Alexander mentioned in the Preface. They all relate to the "mitissimus hominum sui temporis qui habitabant in terra."

<small>MS. C.C.C. 457, fol. 73.</small> xxi. Sanctæ recordationis Anselmus, summus Anglorum ecclesiæ pontifex, dum a patria exularet et in ecclesia Lugdunensi, compellente venerabili ejusdem ecclesiæ antistite Hugone, sibi cum suis aliquando stationem fecisset; celsi consilii ac religionis vir domnus videlicet Hugo Cluniacensis

abbas eum ad suam ecclesiam quadam vice importunis precibus venire coegit. Ubi cum duobus mensibus moraremur, frequenter in die antistes videlicet et abbas colloquebantur de coelestis vitæ patria, de virtutis morum institutione, de bonorum morum sancta et admirabili operatione. Quibus, &c.

* * * * * *

xxxviiii. Quæ [1] autem meritis venerabilis Anselmi cujus in præsentia superius relata accepimus Divina pietas circa Alexandrum monachum operata sit præterire non debeo, cum ea vera fuisse indubitanter scio. Is ab Anglia functus legatione illius ad dominum papam Paschalem Romam pergeret et citra Alpes in silvam non modicam uno ministro comitatus venisset (hiems quippe erat, quando maxime peregrini rarescunt,) quinque latrones in equis subito apparuerunt, qui illum rapientes in suum receptaculum nemoris in medio positum cursu rapidissimo deduxerunt. Ibique illo suoque ministro perscrutatis, quicquid argenti habuerant tulerunt, ac pallio humi subtracto [? substrato] infuderunt. Admiratique unum fol. 98. eis tanta pecunia, nam circiter solidi trecenti fuerant, applaudentes partiri nummos cœperunt. Tunc Alexander recordatus Anselmi patris sui erumpens in lacrymas clamare cœpit, "Domine pater Anselme, suffragentur mihi hodie orationes "tuæ. Ecce me miserum, elongatum a patria, exspoliatum "omni substantia, famis et algoris asperitas consumet, nec erit "qui tibi de me aliquid renuntiet. Deus omnipotens, recor- "dare domini mei Anselmi; et si unquam fecit quod tibi "placuit, libera me hodie amore illius. O Anselme, ubi sunt "orationes tuæ, ubi lacrymæ, ubi benedictio tua ? Fiducialiter "a te benedictus recessi, sed apparet fiducia tui. Anselme, "per Filium Dei oro te ne pigriteris vociferare pro me. "Jesu Christe, pie Domine, respice in me et miserere mei "amore servi tui Anselmi." Cumque sic vulgariter et voce

---

[1] This story is in admirable accordance with that told by Eadmer in the H.N., and may indeed have suggested its insertion. No two companion pictures of the early twelfth century could well be more instructive. They certainly are entertaining. I hope that Guy, or Guido, and the chief of the bandits were one and the same person. Can he possibly be the duke of Eadmer's page 102 ? Our author knew how to confound dukes of Lorraine and counts of Louvain; why not other counts and dukes? The two stories are simply invaluable from the proof they afford of the veneration in which Anselm was held by all sorts and conditions of men.

lacrymosa clamaret, percunctati sunt quis esset Anselmus ille quem interpellaret. At ille "Dominus meus," inquit, "est " sanctus Dei, et sicut veraciter Deo placet vita illius, sic " me liberet hodie de manibus vestris." In quibus verbis timor Domini irruit super eos, nimiumque perterriti quæque tulerant rejecerunt, monacho reddiderunt, et viæ illum conducentes ne eis malum vellet pro sua captione precati sunt.

fol. 98 v. Hæc autem res pro magno et digna memoria a multis est habita, quia quis unquam audivit a latrunculis inventum thesaurum in solitudine non diripi, præsertim cum illius gratia quæque etiam periculosissima videantur moliri?

xl. Alio quoque tempore cum idem pater exularet et præfatus monachus illi comitaretur, fluvium qui Eridanus dicitur transire debuerunt.[1] Ad eandem autem aquam cum ille monachus præcessisset et eam quodam in loco tantum dispergi videret ut non solum fundus in locis quæ præminebant sed etiam in humilioribus intueri nonnunquam potuisset, gratia temptandi locum equo transire fluvium ingressus est. Sed cum in mediis fluctibus esset, sive demonis fraude, seu loci mollitie, animal cui insederat quasi in palude impediri ac demergi cœpit, cadensque monachum sicco lapidum acervo qui præminebat sine læsione deposuit. Interim supervenit Anselmus, et videns eum periclitari cum magna voce ad Deum clamavit, signum sanctæ crucis porrexit, illumque redire præcepit. Quod cum se facere posse diffideret, nec tamen supersedere ejus jussionem auderet, eodem limite quo venerat regressus solidum fundum invenit. Super quo ad fol. 99. se reversus admirari cœpit et se Anselmi meritis a suffocatione aquarum liberatum fuisse non dubitavit.

xli. Anselmus iterum ab Anglia Romam iturus quatuor secum monachos duxit, Baldewinum, videlicet, de quo adhuc laico superius aliqua scripsimus, Eustachium de quo etiam præfati sumus, Eadmerum, Alexandrum. Sed mare transito cum Lugdunum venissemus Baldewinus, qui rerum ipsius dispensator fuerat, quippiam facturus Cluniacum ivit ad nos die postera rediturus. Cum autem reverteretur tantam subito infirmitatem passus est in talo pedis ut nulla ratione se a loco movere potuerit. In proximo itaque villa

---

[1] Possibly this was in the course of Anselm's flight into Swabia in the early summer of 1099. William of Malmesbury and Trithemius help us, between them, to a fact of which Eadmer has told us nothing.

lectulo decubuit, ubi in tantum fatigatur ut mallet, sicut ipse postea asseruit, pedem amittere quam diutius tali anxietate vexari. Versus itaque ad preces, " Te," inquit, " beatissime " Petre, apostole Jesu Christi, oro quatenus mei miserea- " ris, et si dominus archiepiscopus cujus gratia prosecutus " sum justam causam habet abeundi te et tuum vicarium " consulendi, precor ut mihi ad ejus obsequium properanti " medelam conferas." In his igitur verbis somno depressus, vidit Beatum Petrum ad se venisse ac super spondam sui strati coram se resedisse. Et accipiens pedem infirmatum sibi super genu posuit atque sciscitatus est, " Ubi " infirmaris?" Ait " In talo," Et apostolus, " Paterisne mul- " tum?" At ille " Vere," inquit, " domine, multum patior, fol. 99 v. " et in tantum ut mallem pede carere quam tantam " angustiam diu sustinere." Tunc beatus ille qui assidere videbatur ponens digitum in medio tibiæ sub genu jocundo vultu ægroto ait, " Vis ut tibi a signo isto pedem am- " putem?" Ad quod exterritus ille, " Domine," ait, " pro " Dei amicitia miserere, quia nollem pedem perdere si " salutem possem recuperare." Ex qua responsione subridens apostolus dixit ei, " Habeas modo sanitatem et pedem tuum." Quo dicto visio apostoli disparuit, et ægrotus evigilans sanum se reperit. De qua visione dubitare non potuit quin vera extiterit, quia ita se subito sanum invenit acsi prius omnino nihil mali senserit. Quantam quoque gratiam habeat is qui apparuit medendi vulneribus festinatæ curationis probavit effectus. Nam illico sanatus surrexit et, certior factus de justa cœpti itineris causa, lætus et incolumis ad nos pervenit, ac sibi quid in via acciderit multis coram positis enarravit.

xlii. Cum ergo regrederemur a Roma Lugduni stationem fecimus, cujus civitatis reverendus antistes, nomine Hugo, in tanta veneratione patrem Anselmum habuit, ut eum nunquam nisi dominum suum vocaverit; cui etiam omnibus diebus quibus cum eo morati sumus magnifice valde servivit. fol. 100.

* * *

xliv. Ibidem cum adhuc hospitaremur, post matutinas et missarum celebrationem, ministris exeuntibus, solebat pater Anselmus in capella demorari et in oratione ac lacrymis cum magnis singultibus diu immorari. Quem Alexander monachus cujus supra meminimus die noctuque operiens remotius ab eo penes ostium sedebat, observans quando exire vellet, ut eum per gradus quibus descendebatur in cubiculum ejus per manum ne forte offenderet sustentaret. Cui cum venerabilis pater privatim diceret ut nocte dormitum iret et se solum relinqueret, recusabat ille, dicens, "Pater, si solus " fueris, et aliquid tibi adversi contigerit, cum hoc, fama " divulgante, passim auditum fuerit, dicetur quia Anglos et " nequam ministros habuisti. Magis nobis qui vobiscum " profecti sumus conveniret emori quam deberes elidi, occi- " dere vel quid adversi nobis absentibus perpeti. Quare " quantum tibi placuerit lamentare, et Deum precare qua " lingua et voce volueris, quia certe solum te non dere- " linquam et quæ feceris bene celabo donec vixeris." Sic monachus suum remanere tuebatur, et venerabilis pater his facile acquiescebat. Erat enim mitissimus hominum sui temporis, ut puto, qui habitabant in terra. Scientiæ autem atque doctrinæ quam fuerit mirabilis animadvertere potest qui ejus volumina legerit. Quadam itaque die cum ibi ex more orationi intenderet rusticus regente baculo venit qui se pro foribus projiciens clamare cœpit: " Domine archi- " episcope, redde mihi lumen oculorum quod amisi." Eademque sæpius repetens inquietudinem generabat. Cujus clamore cum venerabilis pater tædio afficeretur, præcepit Alexandro ut videret quid causæ haberet qui sic clamaret. Itaque ad ostium monachus accessit; rusticum invenem [? invenit], quid quæreret quæsivit, audivit; rediit, dixit, " Rusticus est pauper qui amisso lumine oculorum supplicat " ut ei super oculos manum ponatis, quia confidit in Deo " ulterius sese melius habiturum." At ille, " Adduc," inquit, " eum et ostium claude." Fecit, et introductum secum coram eo statuit. Qui elevata manu stans paululum oravit et signo sanctæ crucis oculos cœcatos signavit. Ex quibus mox spissitudo ut squama ubertim diffluere cœpit. Deinde præcepit monacho aquam sibi benedictam afferre. Fecit, et illatam super oculos ejus projecit, sicque illum reduci præcepit. Paruit monachus illumque reducens dixit ut si in crastino melius non haberet ad se rediret, quia eum ad pontificis benedictionem iterum venire faceret. Qui ait, " Domine, " Deo gratias, jam video; benedictus dominus meus archi- " episcopus qui mihi suam benedictionem ex Dei parte " porrexit." Lætus igitur recessit, palam enuntians qualiter amissum lumen receperit. Cum vero Anselmus capellam egrederetur præcepit monacho ne cui loqueretur de hoc quod viderat. Paruit, sed postquam beatus ille ex hac vita migravit palam ut digestum est hoc prædicavit.

xlv. Alio tempore contigit ut quidam puer scholaris, Huberti cujusdam nobilis viri filius, dum, in schola esset subito corrueret atque spumaret. Quod præsentes ut viderunt magna tristitia perculsi sunt. Tunc magister scholarum duos clericos ad dominum suum venerabilem virum ejusdem civitatis archiepiscopum Hugonem, cujus paulo ante meminimus, transmisit quatenus ab eo de pueri casu consilium quærerent. Qui cum ei tunc forte balneis utenti hoc indicassent, ait, " Concite pergentes ad dominum meum Anselmum " Cantuariensem archiepiscopum, rogate ut sui gratia non " se moveat, sed signum sanctæ crucis de loco ubi est " puero porrigat." Venientes autem aliter quam eis præceptum fuerat, ut ipsi postea cognoverunt, locuti sunt. Nam postquam de pueri infortunio retulerunt subinferunt, " Ivimus " ad dominum nostrum, et præcepit nobis ut vos rogaremus " quatenus ad videndum puerum veniatis, et quid de eo " nobis faciendum sit consulatis." Quod Anselmus ut audivit expavit et dixit, " Ego nihil medicinæ scio, et ideo " quid ibi quæram nescio." Aiunt illi, " Dominus noster " sic præcepit nobis ut tui gratia puerum benedicas." Ad quod ille, " Ego," inquit, " non habeo meliorem benedic- " tionem quam ille ; ipsemet faciat, si placet ei, quod me, " ut dicitis, facere jubet." " Ipse," inquiunt, propter suas crebras infirmitates balneis nunc utitur, et precatur ut sui amore per vos visitetur puer. Eade mhora sedebat Alexander monachus ejus cum eo. Qui cum illorum precibus legatorum reniti videret, dixit, " Pater bene potestis ire, quia " locus ubi puer jacet prope est." " Scio," inquit ille, " fili, quia non longe locus est, sed nihil unde illi subvenire " valeam est in me. Attamen quia præcepit dominus meus " archiepiscopus ibo." Talis siquidem mos utriusque viri fuerat ut neuter alium nisi dominum vocaret. Igitur surrexit, ivit ; et cum ad scholas venissemus jacebat puer quasi exanimis, et capiti ejus pulvis erat suppositus. Ad quem Anselmus protinus accessit, et manu extenta super eum oravit. Necdum orationem compleverat, et ecce is qui mori videbatur oculos aperuit. Quem protinus benedixit, atque ut ei daretur ad manducandum præcepit, sicque reversi sumus. In crastinum autem dum ab ecclesia regrederemur obviam nobis factus est idem puer lætus et alacer. Et

R 8387.   i

veniens ad virum Dei quæsivit quid sibi servandum foret ne in valetudinem iterum incurreret quam pridie passus fuerat. De cujus reparata sospitate venerabilis vir lætificatus, "Benedictus," inquit, "Dominus Jesus Christus, qui " te sanavit, fili. Vide amodo ut castitatem custodias; " Deum tota devotione diligas, in cujus servitio quicquid " didiceris ponere deliberes, et ei quia te liberavit grates " agere non cesses." Dansque illi benedictionem, " Vade," ait, " Deus te custodiat, et si quæ dixi servaveris bene tibi " erit." Itaque puer alacris recessit, nec ulterius usque ad diem mortis illam ægritudinem sensit.

***

MS. C.C.C. 371 (page 6).

It is in the highest degree probable that the account given by Eadmer in his life of St. Dunstan of the reasons which led that prelate to impose a septennial penance on Edgar for his conduct towards Wulfrid was prompted by the conviction that William of Malmesbury's version of the affair left St. Anselm open to the charge of laxity in his treatment of Henry I. Nevertheless, that account of Eadmer's can scarcely have silenced those who maintained that the material sacrilege alleged against Edgar would not have been less than it was had he been an unmarried man when he set his affections on Wulfrid. Hence the value to Eadmer of the following letter, which served to show, and was probably meant to show, that there was nothing in St. Dunstan's dealings with Edgar which could have supplied St. Anselm with a precedent in his dealings with Henry.[1]

Domno Eadmero suus Nicolaus. Ea quæ quæsisti jam demum quod vetustatis auctoritate plurimorum testimonio verum accepi, de matre Sancti Eadwardi regis et martiris[2] tibi mitto. Gloriosissimus itaque rex Anglorum Edgarus xix. annis regnavit. Duobus siquidem annis super omnes boreales tantum Angliæ partes, quæ a fratris imperio discesserant, regnavit; ipso videlicet Eduuio fratre ejus adhuc in australibus imperium agente. Fluvius autem Tamisia utriusque regni confinia disterminabat. Post mortem vero fratris xvi. annis

---

[1] The bracketed words are interlineated in the original.
[2] "martir" in the original.

super omnem Angliam et Scottiam et universas insulas circumquaque positas et usque ad Dublinam Hiberniæ civitatem, cujus etiam regem subjugaverat, imperium potentissime protendit, in tantum ut dum monarchiam in Anglia solus possideret octo subregulos in exteris regionibus subditos et sibi servientes haberet. Hic in principis regni sui filiam Ordmari ducis Orientalium Anglorum conjugem legitimam accepit nomine Æthelfledam, cognomine candidam, ex qua filium sanctum videlicet Eaunardum procreavit. Quæ, post editum filium paucis tantum annis regni sicuti et thori consors supervivens, dum morte subtracta erat, rex aliam accepit conjugem, Ælfritham nomine, filiam Ordgari ducis Orientalium Saxonum ex qua filium Ætheldredum habuit. Hæc (Ælfryþ) denique novercali fraude ut ad suum filium (Ætheldredum) regnum transferret, ex priori conjuge natum regem Eduuardum interfecit. Sed ad hæc intimare tibi necessarium duxi, quia cum idem antefatus rex Eadgarus suprascriptum numerum annorum regnando compleret, non nisi ultimo regni sui tempore, id est duobus annis et duobus mensibus ante mortem, a sanctis archipresulibus, Dunstano videlicet et Oswaldo, unctus in regem est. Quam consecrationem rex ipse suscipere pro magna humilitate in tantum distulit, quia, cum esset undecunque providus et de suæ animæ salute pia religiositate sollicitus, dicere solebat se nullo modo sacrosanctam unctionem suscipere audere antequam juvenilis lasciviæ impetus perfectius posset refrenando superare. Hoc enim apud antiquos reges solenne erat. Hinc factum est ut prior conjunx (Ædelfleda) licet legaliter sibi desponsata et sibi copulata regni consors et domina Angliæ esset, non tamen uncta in reginam extitit. Secunda vero uxor (Ælfrið) cum rege ultimo, ut dixi, ejus regni tempore sacram unctionem cum corona suscepit. Hæc omnia antiquitatis auctoritate tam cronicarum quam carminum, quæ ea tempestate a doctis patria lingua composita de his noscuntur, cæterarumque scripturarum testimonio vera esse percepimus, tibique veraci assertione transmittimus. Vale.

EADMERI HISTORIA NOVORUM IN ANGLIA.

INCIPIT PRÆFATIO HISTORIÆ NOVORUM IN ANGLIA.

CUM præsentis ætatis viros diversis casibus subactos intueor acta præcedentium anxie investigare, cupientes videlicet in eis unde se consolentur et muniant invenire, nec tamen ad hoc pro voto posse pertingere, quoniam scriptorum inopia fugax ea delevit oblivio, videor mihi videre magnum quid posteris præstitisse, qui suis gesta temporibus, futurorum utilitati studentes, litterarum memoriæ tradidere. Quos nimirum, si bono quidem zelo in hujusmodi desudarunt, bonam exinde mercedem recepturos a Deo crediderim. Hoc igitur considerato penes me, statui ea quæ sub oculis vidi vel audivi, brevitati studendo, stili officio commemorare; cum[1] ut amicorum meorum me ad id obnixe incitantium voluntati morem geram, tum ut posterorum industriæ, si forte quid inter eos emerserit quod horum exemplo aliquo modo juvari queat, parum quid muneris impendam. Et ea quidem hujus operis intentio præcipua est, ut, designato qualiter Anselmus Beccensis cœnobii abbas fuerit Cantuariensis archiepiscopus factus, describatur quam ob rem, orto inter reges Anglorum et illum discidio, totiens et tam diu exulaverit a regno, et quem eventum ipsa discidii causa inter eos sortita sit. Ipsa denique causa nova res huic nostro sæculo esse videtur, et a tempore quo in Anglia Normanni regnare cœperunt, non dico prius, Anglis inaudita. Ex eo quippe quo Willelmus Normanniæ comes terram illam debellando sibi subegit,

---

[1] *cum*] tum, altered from *cum* in A.

2 HISTORIA NOVORUM IN ANGLIA.

<small>Anselm's strenuous endeavours to abolish the double practice, the occasion of his two exiles. Other concurrent causes. Additional notices.</small>

nemo in ea episcopus vel abbas ante Anselmum factus est, qui non primo fuerit homo regis, ac de manu illius episcopatus vel abbatiæ investituram per dationem virgæ pastoralis susceperit,[1] exceptis duobus episcopis, Ernosto scilicet[2] atque Gundulfo. Hi namque, unus post unum Rofensi ecclesiæ præsidentes, ex more a venerandæ memoriæ Lanfranco archiepiscopo Cantuariensi in capitulo fratrum Cantuariæ[3] ipso episcopatu investiti fuerunt. Hunc ergo morem quasi Deo sacrisque canonibus contrarium Anselmus[4] abolere, ac per hoc injustitias inde manantes resecare, desiderans, regibus ipsis invisus effectus est, et patriam exire coactus. Fuerunt et aliæ ipsius exitus causæ, sicut rerum gestarum series declarabit. Describentur etiam alia nonnulla quæ et ante et inter et post hæc in Anglia provenerunt, quorum scientia illos qui nos secuturi sunt penitus defraudandos pro nostro posse rati non sumus. Sed hæc in prologo paucis memorasse suffecerit. Cæterum narrandi ordinem aggredientes paulo altius ordiendum putamus, et ab ipsa, ut ita dixerim, radicis propagine de qua eorum quæ dicenda MS. p. 3. sunt germen excrevit brevi relatu progrediendum,

EXPLICIT PRÆFATIO.[5]

---

[1] *susceperit*] suscepit, A.
[2] *scilicet*] videlicet, A.
[3] *fratrum Cantuariæ*] On erasure in A; probably for insertion of *fratrum*.
[4] *contrarium Anselmus*] On erasure and crowded in A.
[5] A. has no " Explicit præfatio."

INCIPIT LIBER PRIMUS HISTORIÆ NOVORUM IN ANGLIA.[1]

REGNANTE IN ANGLIA gloriosissimo rege Eadgaro,[2] et totum regnum sanctis legibus strenue gubernante, Dunstanus Cantuariorum antistes, vir totus ex virtutibus factus, Christianæ legis moderamine totam Britanniam disponebat. Hujus igitur operatione atque consilio rex idem et Deo devotus extitit et undique irruentium barbarorum impetus invicta virtute debellavit, evicit, compressit. Pacem itaque diesque felices Anglia circumquaque obtinuit, dum regis istius et patris Dunstani corporali præsentia potiri promeruit. Qui rex, cum vitæ suæ diem ultimum propinquum fore sentiret, Edwardo filio suo regni habenas reliquit. Successor ergo gloriosi patris gloriosus Edwardus a sancto Dunstano institutus regnum quo tempore vixit strenuissime rexit. Verum, evolutis coronæ suæ pauculis annis, impia suæ novercæ fraude necatus, fratrem suum Ægelredum[3] nomine filium ipsius malæ mulieris regni quidem sed nullius probitatis hæredem sortitus est. Cui, quia per sanguinem fratris ad regnum aspiravit, gravi invectione præfatus antistes comminatus est, quod ipse videlicet in sanguine victurus, quod barbarorum incursus atroci oppressione passurus, quod ipsum quoque regnum innumeris atque cruentis vastationibus conterendum foret edixit. Quæ prophetia viri Dei quam vera extiterit, et in chronicis qui legere volunt, et in nostris tribulationibus qui advertere sciunt, videre facillime possunt, ne dicam in iis quæ istius operis series per loca, veritate dictante, demonstrabit.

---

[1] A. has "Incipit historia novorum in Anglia a venerabili Eadmero Cantuariensi monacho edita," the word "venerabili" being smudged over.
[2] *Eadgaro*] Edgaro, A.
[3] *Ægelredum*] Edelredum, A.

Translato igitur ad cœlestia beato Dunstano, evestigio, ut ipse prædixerat, barbarorum irruptioni Anglia patuit. Regis etenim desidia circumcirca innotuit et ideo exterorum cupiditas, opes Anglorum quam mortes affectans, hac et illac per mare terram invadere, et primo propinquas mari villas et urbes, deinde remotiores, ac demum totam provinciam miserabili depopulatione devastare. Quibus cum ille nimio pavore percussus non armis occurrere, sed data pecunia pacem ab eis petere non erubuisset, ipsi suscepto pretio in sua revertebantur, ut numero suorum adaucto ferociores redirent, ac præmia iteratæ irruptionis multiplicata reciperent. Unde modo decem millia, modo sedecim millia, modo viginti quatuor millia, modo triginta millia librarum argenti consecuti sunt, omnia eis largiente præfato rege Ægelredo,[1] et gravi exactione totum regnum opprimente.

Inter ista mala quartus a beato Dunstano Ælfegus Wentanus episcopus ecclesiam Cantuariensem regendam suscepit, vir strenuus et ab infantia sua sacræ religionis vita et habita decoratus. Hic igitur, consideratis innumeris malis quibus totum regnum in immensum devastabatur, inhorruit, et quibus poterat modis operam dare cœpit quemadmodum immanitati nefandorum hominum posset obviari. Quod ipsi percipientes, et ne consuetis quæstibus privarentur sibi ac suis providentes, in ipsum acerbo odio animati sunt. Unde vastata et conflagrata civitate Cantuaria, civibusque ejus lacrimabili per eos sorte damnatis, ecclesiam quoque Salvatoris in ea consistentem flamma consumpsit. Ipse pater interea furentum manibus vinctus abducitur, trucidatis primo coram eo pene omnibus monachis qui sub ejus regimine in ipsa ecclesia Domino Christo famulabantur. Inde Ælfegus naucellæ injectus ad Grenewic vehitur, et crudeli custodiæ per septem men-

---

[1] *Ægelredo*] Edelredo, A.

ses mancipatus, dum malignantium iniquitati manus dare nullis minis victus adquiesceret, sævissima nece ab eis lapidatus occubuit. Hæc paucis commemoraverim, non historiam texens, sed quam veridico vaticinio pater Dunstanus mala Angliæ ventura prædixerit scire volentium intellectui pandens. Nec hic malorum finis extitit. Acta sunt enim post hæc et alia per Angliam ingentia mala, ac pluribus annis semper fuerunt[1] sibi ipsis in deterius aucta. Inter quæ monasteria quoque servorum et ancillarum Dei quæ usque in quadraginta octo numero tempore regis Eadgari[2] per patrem Dunstanum, cooperantibus sanctis Oswaldo videlicet Eboracensi et Athelwoldo pontifice Wintoniensi, nova surrexerant, magna ex parte diruta, et religio monachici ordinis in nihili pene redacta est. Transierunt in istis anni plures.

Regnante autem[3] Edwardo, quem ex sorore Ricardi comitis Normannorum, Imma nomine, præfatus rex Anglorum Ægelredus[4] filium susceperat, monasteriorum quæ usque id temporis destructioni supererant plurima destructio facta est. Qua tempestate Godwinus Cantiæ comes magnus per Angliam terra marique habebatur. Hic, orto inter illum et regem gravi discidio, exul ab Anglia cum suis omnibus fore judicatus est. Ivit itaque ad comitem Balduinum in Flandriam, et Haroldus[5] filius ejus in Hiberniam. Hinc, matre regis Imma defuncta, Godwinus et Haroldus[5] in Angliam reversi sunt, numerosis uterque navibus et valida militum manu vallatus. Quod multi principum regis agnoscentes, et bellum hinc inde moveri horrescentes, ut pax utrinque fieret institerunt. At rex, Godwini versutias suspectui habens, restitit, nec paci adquiescere voluit, nisi primo quibus sibi securitas pararetur ob-

---

[1] *fuerunt*] sunt, A.
[2] *Eadgari*] Edgari, A.
[3] *autem*] Correction in A
[4] *Ægelredus*] Ædelredus, A.
[5] *Haroldus*] Haraldus, A.

sides haberet. Wulnothus[1] itaque filius Godwini et Hacun filius Suani filii sui obsides dantur, ac in Normanniam Willelmo comiti, filio scilicet Roberti filii Ricardi fratris matris suæ, custodiendi destinantur. Quibus gestis, Godwinus, utpote hostis ecclesiæ Cantuariensis, nam, seducto Edzino archiepiscopo, villam ipsius ecclesiæ nomine Folchestanum ei surripuit, mala morte post breve tempus interiit, et Haroldus[2] filius ejus comitatum Cantiæ patri succedens obtinuit. Is, elapso modico tempore, licentiam petivit a rege Normanniam ire et fratrem suum atque nepotem qui obsides tenebantur liberare, liberatos reducere. Cui rex, "Hoc," inquit, "non fiet per me. Veruntamen, ne "videar te velle impedire, permitto ut eas quo vis ac "experiare quid possis. Præsentio tamen te in nihil "aliud tendere, nisi in detrimentum totius Anglici "regni, et opprobrium tui. Nec enim ita novi comi- "tem[3] mentis expertem, ut eos aliquatenus velit con- "cedere tibi, si non præscierit in hoc magnum pro- "ficuum sui." Ascendit itaque Haroldus[2] navem, suo quam regis consilio credens, cum ditioribus et honestioribus hominibus suis auro et argento vesteque preciosa nobiliter instructis. Mare turbulentum navigantes exterritat, et navem undarum cumulus vehementer exagitat. Ejecta tandem cum omnibus quæ ferebat in Pontivum fluvium qui Maia vocatur, a domino terræ illius pro ritu loci captivitati addicitur, et homines in ea consistentes diligentiori custodiæ mancipantur. Constrictus igitur[4] Haroldus[2] quemlibet ex vulgo promissa mercede illectum clam ad comitem Normanniæ dirigit, exponere illi quid sibi contigerit. At ille festinato per nuncios mandat domino Pontivi Haroldum[5] cum suis

---

[1] *Wulnothus*] Vulnothus, A.
[2] *Haroldus*] Haraldus, A.
[3] *ita novi comitem*] On erasure in A.
[4] *igitur*] Corrected from *itaque* in A.
[5] *Haroldum*] Haraldum, A.

ab omni calumnia liberum sibi quantocius[1] mitti, si pristina amicitia[2] sua amodo vellet ex more potiri. Sed cum ille hominem dimittere nollet iterum in mandato accepit, se necessario Haroldum[3] missurum, alioquin certissime sciret Willelmum Normanniæ ducem armatum pro eo Pontivum iturum. Mittit igitur virum cum sociis, primo tamen eis quæ meliora detulerant simul ablatis. Hinc ad Willelmum Haroldus[4] veniens honorifice suscipitur. Et audito cur patriam exierit, bene quidem rem processuram, si in ipso non remaneret, Willelmus respondit. Tenuit ergo virum aliquot diebus circa se, et in mora illa more prudentis aperuit ei quod habebat in mente. Dicebat itaque regem Edwardum, quando secum juvene olim juvenis in Normannia demoraretur, sibi interposita fide sua pollicitum fuisse, quia si rex Angliæ foret jus regni in illum jure hæreditario post se transferret. Et subdens ait, "Tu quoque si mihi te in hoc ipso adminiculaturum "spoponderis, et insuper castellum Dofris cum puteo "aquæ ad opus meum te facturum, sororemque tuam "quam uni de principibus meis dem in uxorem te ad "me tempore quo nobis conveniet destinaturum, necne "filiam meam te in conjugem accepturum fore pro- "miseris; tunc et modo nepotem tuum, et cum in "Angliam regnaturus venero fratrem tuum incolumem "recipies. In quo regno si aliquando fuero tuo favore "confirmatus, spondeo quia omne quod a me tibi "rationabiliter concedi petieris obtinebis." Sensit Haroldus[4] in his periculum undique; nec intellexit qua evaderet, nisi in omnibus istis voluntati Willelmi adquiesceret. Adquievit itaque. At ille, ut omnia rata manerent, prolatis sanctorum reliquiis, ad hoc Haroldum[3] perduxit, quatinus super illas jurando tes-

---

[1] *quantocius*] quantotius, MS.
[2] *amicitia*] amicicia, MS. See Preface.
[3] *Haroldum*] Haraldum, A.
[4] *Haroldus*] Haraldus, A.

taretur, se cuncta quæ convenerant inter eos opere completurum, nisi communi mortalibus sorte præsenti vitæ præriperetur. His ita gestis, Haroldus,[1] adepto nepote, in patriam suam reversus est. Ubi vero quid acciderit, quid egerit, regi percunctanti narravit, "Nonne "dixi tibi," ait, "me Willelmum nosse, et in illo iti- "nere tuo plurima mala huic regno contingere posse?" In brevi post hæc obit Edwardus, et juxta [2] quod ipse [3] ante mortem statuerat in regnum ei successit Haroldus.[1] Dein venit nuncius in Angliam a præfato Willelmo directus, expetens sororem Haroldi, juxta quod convenerat Willelmo et illi. Alia etiam quæ violato sacramento servata non erant calumniatus est. Ad quæ Haroldus hoc modo fertur respondisse, "Soror "mea, quam juxta condictum expetis, mortua est. "Quod si corpus ejus quale nunc est vult comes ha- "bere, mittam, ne judicer sacramentum violasse quod "feci. Castellum Dofris et in eo puteum aquæ, licet "nesciam cui, ut nobis convenit, explevi. Regnum "quod necdum fuerat meum, quo jure potui dare vel "promittere? Si de filia sua quam debui in uxorem, "ut asserit, ducere agit, super regnum Angliæ mulie- "rem extraneam inconsultis principibus me nec debere "nec sine grandi injuria posse adducere noverit." Reversus nuncius responsa retulit domino suo. Quibus ille auditis iterum ei amica familiaritate mandavit, quatinus, aliis omissis, servata fidei sponsione, saltem filiam suam uxorem duceret, alioquin se promissam regni successionem armis sibi vindicaturum procul dubio sciret. At ipse nec illud quidem se facere velle, nec hoc formidare respondit. Unde Willelmus indignatus magna spe vincendi belli ex hac Haroldi injustitia est animatus. Parata igitur classe, Angliam petit; consertoque gravi prœlio, Haroldus in acie cecidit, et Willel-

MS. p. 10.

---

[1] Here A. and MS. have *Haroldus*.
[2] *et juxta*] On erasure in A.
[3] *ipse*] ille, A.

mus victor regnum obtinuit. De quo prœlio testantur adhuc Franci qui interfuerunt, quoniam, licet varius casus hinc inde extiterit, tamen tanta strages ac fuga Normannorum fuit, ut victoria qua potiti sunt vere et absque dubio soli miraculo Dei ascribenda sit, qui puniendo per hanc iniquum perjurii scelus Haroldi, ostendit se non Deum esse volentem iniquitatem.

Rex itaque factus Willelmus, quid in principes Anglorum qui tantæ cladi superesse poterant fecerit, dicere, cum nihil prosit, omitto. Qui ex quo victoria usus est, quod fuit ii. Id.[1] Octobris, inunctus permanens, in Nativitate Domini unctus est in regem apud Westmonasterium a beatæ memoriæ Ealdredo archiepiscopo Eboracensi, et nonnullis episcopis Angliæ. Quam consecrationem, licet ipse rex et omnes alii optime nossent debere specialiter fieri et proprie a pontifice Cantuariensi, tamen quia multa mala et horrenda crimina prædicabantur de Stigando, qui eo tempore ibi pontifex erat, noluit eam ab ipso suscipere, ne maledictionem videretur induere pro benedictione.[2] Usus ergo atque leges quas patres sui et ipse in Normannia habere solebant in Anglia servare volens, de hujusmodi personis episcopos, abbates, et alios principes per totam terram instituit, de quibus indignum judicaretur si per omnia suis legibus, postposita omni alia consideratione, non obœdirent, et si ullus eorum pro quavis terreni honoris potentia caput contra eum levare auderet, scientibus cunctis unde, qui, ad quid assumpti fuerint. Cuncta ergo divina simul et humana ejus nutum expectabant. Quæ cuncta ut paucis animadvertantur, quædam de iis quæ nova per Angliam servari constituit ponam, æstimans illa scitu esse necessaria ad cognitionem eorum quorum causa maxime istud scri-

---

[1] *ii. id.*] pridie idus, A.
[2] *benedictione*] Both A. and B. leave a short vacant space of the value of some three or four letters after this word.

bendi onus suscepimus. Non ergo pati volebat quemquam in omni dominatione sua constitutum Romanæ urbis pontificem pro apostolico nisi se jubente recipere, aut ejus litteras si primitus sibi ostensæ non fuissent ullo pacto suscipere. Primatem quoque regni sui, archiepiscopum dico Cantuariensem seu Dorobernensem, si coacto generali episcoporum concilio præsideret, non sinebat quicquam statuere aut prohibere, nisi quæ suæ voluntati accommoda et a se primo essent ordinata. Nulli nihilominus episcoporum suorum concessum iri permittebat, ut aliquem de baronibus suis seu ministris, sive incestu, sive adulterio, sive aliquo capitali crimine denotatum publice nisi ejus præcepto implacitaret aut excommunicaret, aut ulla ecclesiastici rigoris pœna constringeret. Quæ autem in sæcularibus promulgaverit ea re litterarum memoriæ tradere supersedemus, quoniam et nihil ea nostri officii scribere refert, et ex divinis quæ, juxta quod delibavimus,[1] ordinavit, qualitas illorum, ut reor, adverti poterit. Ut itaque cœptum peragamus iter, de his satis dictum.

In hujus regni anno quinto, Lanfrancus Cadomensis cœnobii abbas, vir strenus, et in divinis atque humanis rebus excellenti scientia præditus, Angliam ex præcepto domini papæ Alexandri et prædicti regis advenit, et pauco post tempore archiepiscopatum Cantuariensem regendum suscepit. Sacratus est autem in ipsa metropoli sede quarto Kal. Septembris a cunctis ferme episcopis Angliæ. Hic Romam pro debito sibi pallio iens, Thomam archiepiscopum Eboracensem, quem ipse, facta sibi de subjectione sua canonica professione, Cantuariæ consecraverat, et Remigium Lincoliensem episcopum comites itineris habuit. Qui Romam simul pervenientes urbane suscepti sunt honore singulis congruo. Post quæ, statuto die pater Lanfrancus apostolicæ sedis pontifici Alexandro præsentatur. Cui, quod Romanam

---

[1] *delibavimus*] deliberavimus, A.

scientibus consuetudinem forte mirum videatur, ipse papa ad se intranti assurgens eum ut gressum figeret dulciter hortatus est. Ac deinde subdens, " Honorem," inquit, "exhibuimus, non quem archiepiscopatui tuo, " sed quem magistro cujus studio sumus in illis quæ " scimus imbuti, debuimus. Hinc quod ad te pertinet " ob reverentiam Beati Petri te exequi par est." Residente igitur illo, Lanfrancus progressus humiliat se ad pedes ejus, sed mox ab eo erigitur ad osculum ejus. Consident, et læte inter eos agitur dies ille. Sequenti luce, cum jam diversa negotia in medium ducerentur, calumniatus est coram papa memoratus Thomas cum præfato Remigio, quod neuter illorum jure fuerit promotus ad pontificatum. Primus ea scilicet re, quod sacri canones filios presbyterorum quos religionis ordo non ornat a sacrorum ordinum promotione removeant. Sequens vero pro eo quod, facta conventione, illum a Willelmo, post rege facto, emerit, officio videlicet quo ei in excidium Angliæ properanti multifaria intentione ac multiplicibus impensis deservierat. Ad hæc illi, nullam qua excusari possent probabilem causam habentes, redditis baculis et anulis cum cura pontificali, ad petendam misericordiam conversi sunt. Quorum precibus sese Lanfrancus medium injiciens, sicut erat vir pietate ac sapientia pollens, eos multarum rerum scientia fultos, novo regi in novis regni dispositionibus pernecessarios, multis præstare oratoria facultate ostendit. Quibus auditis, pontifex summus conversus ad eum, "Tu videris," inquit. "Pater es patriæ illius, ac " per hoc industria tua consideret quid expediat. " Virgæ pastorales quas reddiderunt ecce hic sunt, accipe " illas atque dispensa prout utilius Christianitati regio- " nis illius agnoscere poteris." At ille, susceptis eis, illico in præsentia papæ revestivit præfatos viros, quemque sua. Dein Lanfrancus, stola summi pontificatus a papa suscepta, in iter reversus Angliam cum sociis alacer advectus est. Et a Cantuaritis debita reverentia receptus primas totius Britanniæ confirmatus est. Post hæc, evoluto brevi temporis spatio, fama nominis ejus et magnitudo prudentiæ quaque [1] insonuit, eumque apud hominum mentes clarum fecit atque spectabilem.

Archbishop Lanfranc's influence for good.

Is inter alios, immo præ aliis, erat memorato regi Willelmo acceptus, et Dei rebus in cunctis non mediocri cura intentus. Quapropter magno semper operam dabat, et regem Deo devotum efficere, et religionem morum bonorum in cunctis ordinibus hominum per totum regnum renovare.[2] Nec privatus est desiderio suo. Multum enim illius instantia atque doctrina per totam terram illam religio aucta est, et ubique nova monasteriorum ædificia, sicut hodie apparet, constructa. Quorum ædificiorum constructoribus ipse primus exemplum præbens ecclesiam Christi Cantuariensem cum omnibus officinis quæ infra murum ipsius curiæ sunt, cum ipso muro ædificavit. Qua vero prudentia, et quo paternitatis officio monachos in eadem ecclesia consistentes a sæculari vita, in qua illos invenit plus æquo versari, erexerit, omnique sanctæ conversationis tramite imbuerit, ac, multiplicato illorum numero, qua eos dum vixit benignitate confoverit, cui unquam ad plenum declarare possibile erit? Quos, ut interim alia taceam, quia sine penuria et sollicitudine Dei servitio semper intendere desiderabat, apud regem sua sagacitate et industria egit, quatinus fere omnes terras quas Normanni de jure ipsius ecclesiæ cum primo terram cepissent invaserant, et etiam quasdam alias quæ ante illorum introitum propter diversos casus perditæ fuerant, ipsi ecclesiæ redderet. Verum de his ac innumeris aliis bonis quibus insudando vitam consummavit, licet mihi quidem scribere opus non sit,

---

[1] *quaque*] quaqua, A.
[2] *totum regnum renovare*] On erasure in A.

propterea quod et opera ejus ita parent ut ipsa se evidentius scripto demonstrent, et ipsemet de rebus ecclesiasticis quæ suo tempore gesta sunt veracissimo et compendioso calamo scripserit, tamen præ dulcedine memoriæ ejus quæ prælibavimus paucis explicare gratum duximus.

Hic ergo Lanfrancus, cum Cantuariam primo venisset, et ecclesiam Salvatoris quam regere susceperat incendio atque ruinis pene nihili factam invenisset, mente consternatus est. Sed cum magnitudo mali illum cogeret desperare, rediit in se, animique fortitudine fretus, sua commoditate posthabita, domos ad opus[1] monachorum necessarias citato opere consummavit. Quibus ubi per plures annos usi sunt, adaucto eorum conventu, parvæ admodum visæ sunt. Destructis itaque illis, alias decore ac magnitudine prioribus multum præstantes ædificavit. Ædificavit et curiam sibi. Ecclesiam præterea quam spatio septem annorum a fundamentis ferme totam perfectam[2] reddidit, in cappis, casulis, dalmaticis, tunicis auro magnifice insignitis, palliis et aliis ornamentis multis ac preciosis nobiliter decoravit. Erga fratres autem ipsius ecclesiæ quam bonus, quam pius, quam beneficus extiterit, inde aliquantulum colligi[3] potest, quod nec ex parentibus aut fratribus eorum sustinere poterat penuria ulla quemquam affligi. Et, quod magis forte mireris, in usum acceperat non expectare ut subvenire rogaretur, sed, misericordiæ visceribus plenus, modo huic modo illi ultro offerebat quod egenti cognato per plurimum[4] temporis auxilio esse valeret. In quo tamen semper ducebatur precipua discretione, considerato videlicet penes se merito ac necessitate cujusque. Ad hæc. Quidam ipsius cœnobii frater singulis annis triginta solidos denariorum ad

---

[1] *opus*] On erasure in A.
[2] *perfectam*] On erasure in A.
[3] *colligi*] A correction in A.
[4] *per plurimum*] perplurimum, MS.

opus matris suæ ab ipso patre solebat accipere. Huic quadam vice solidi quinque de illis, nam divise per temporum vices conferebantur, ex præcepto ejus dati sunt. Quos ipse in panno ligatos matri loquens in manum, sicut putabat, clanculo dedit. At ipsa, alias mente intenta, quid filius faceret non advertit, et ita nummis decidentibus divisi ab invicem sunt mater et filius. Post hæc mandavit mulier filio suo, scire volens quid de nummis actum fuerit quos sibi se daturum spoponderat. Admiratus ille, fecit eam venire ad se. Et audiens rei eventum tristis effectus est, non tantum pro damno quod matri contigerat, sed ne hoc archiepiscopus sciens ob incuriam suam irritatus eum aliquatenus gratia sua privaret. Inter hæc pius pater pro more claustrum introiens sedit, ac fratrem a materno colloquio redeuntem mœstum intuens, remotis aliis, causam mœstitiæ ejus secrete perquirit. Audit, et, benignissimo vultu sicut jugiter erat circa afflictos, ita respondit, "Et inde," fili[1] caris- "sime, contristaris? Denarios illos Deus alii prædesti- "navit et contulit, qui eis plus matre tua fortassis "indiguit. Tace, et ne cuiquam inde loquaris diligen- MS. p. 18. "ter attende. Ac, ne quod actum est animum tuum "vel modicum gravet, solidos septem pro illis quinque "ad utilitatem matris tuæ tibi hodie dari præcipiam. "Sed ut dixi vide id nemo sciat." Ipsum quippe usum in dando habebat, ut danda hilariter daret, et nulli vel datum vel dantis personam cuivis revelare concederet. Et hæc quidem de ipsius matris ecclesiæ monachis dicta sint. Cæterum quis unquam pauper clamavit ad eum et despectus est? Quis peregrinorum de quocunque ordine hominum petiit opem ejus, et eam assecutus non est? Quæ congregatio monachorum seu clericorum ad ipsum aliquando misit subsidium petens, et copiam largitatis ejus ultra quam sperabatur

---

[1] *fili*] fili mi, A.

experta non est? Testis horum quæ dicimus, Italia, Gallia, Britannia est, quæ usque hodie mortem Lanfranci miserando suspirio plangit. Quid referam de abbatia Sancti Albani, quam intus et extra ad nihilum fere devolutam ipse ut suam, instituto ei bonæ memoriæ Paulo abbate, a fundamentis reædificavit, et intus magna religione, foris multarum rerum donatione, auxit, honestavit, ditavit? In episcopatu Rofensi non multo plures quam quatuor canonicos, et ipsos ærumnosam vitam agentes, sub Siwordo episcopo reperit. Qui episcopus ubi cum Ernosto, quem ei successorem Lanfrancus statuerat, præsenti vitæ sublatus est, monachus piæ recordationis, Gundulfus nomine, ab eodem ibi subrogatus episcopus est. Per hunc vetustam ecclesiam episcopatus cum fabrica adjacente subvertit, et nova quæque extruxit. Clericos qui illic, sicut diximus, vitam agebant, aut in eodem loco ad religionis culmen erexit; aut, datis aliis rebus de quibus abundantius solito victum et vestitum haberent, in alia loca mutavit. Sedem etenim episcopalem monachici ordinis cultu instituit, ac, delegatis terris et aliis quæ sustentationi illic servientium Deo competebant, divitem de paupere, sublimem de humili, sicut in præsenti habetur, effecit. Sed quod de pauperibus foras muros civitatis Cantuariæ fecit, prætermittendum mihi in hoc opere fore non arbitror. Extra aquilonalem denique portam urbis illius lapideam domum decentem et amplam construxit, et ei pro diversis necessitudinibus hominum et commoditatibus habitacula plura cum spatiosa curte adjecit. Hoc palatium in duo divisit, viros videlicet variis infirmitatum qualitatibus pressos uni, parti vero alteri feminas se male habentes[1] instituens. Ordinavit etiam eis de suo vestitum et victum quotidianum, ministros quoque atque custodes qui modis omnibus observarent ne aliquid eis deesset, neque viris ad feminas vel fe-

---

[1] *male habentes*] "malehabentes," MS.

minis ad viros accedendi facultas ulla adesset. Ex altera vero parte viæ ecclesiam in honorem Beati Gregorii papæ composuit, in qua canonicos posuit, qui regulariter viverent et præfatis infirmis quæ saluti animarum suarum congruerent cum sepultura ministrarent. Quibus etiam in terris, in decimis, et in aliis redditibus tanta largitus est, ut ad sustentationem eorum sufficientia esse viderentur. Remotius vero quam a boreali ab occidentali porta civitatis ligneas domos in devexo montis latere fabricans, eas ad opus leprosorum delegavit, viris in istis, quemadmodum in aliis, a feminarum societate sejunctis. His nihilominus pro qualitate sui morbi omnia quibus egerent de suis ministrari constituit, institutis ad hoc peragendum talibus viris de quorum sollertia, benignitate ac patientia, ut sibi quidem videbatur, nemini foret ambigendum. Super hæc, in villis ad pontificatum pertinentibus domos multas atque honestas, partim de lapide partim de ligno, sibi et successoribus suis ædificavit. Pro dignitate autem ecclesiæ Cantuariensis, quam quidam de episcopis, sed maxime Thomas archiepiscopus Eboracensis, ut novus Angliæ civis, nimium conatus est ad exaltationem suæ ecclesiæ humiliare, quantos labores perpessus sit, et quemadmodum ipsum Thomam ad mensuram antecessorum suorum humiliaverit, supervacaneum est atque dependens hic aliquid scribere. Ipse etenim inde [1] veritate plena et totius regni assensu confirmata sub testimonio regii sigilli scripta reliquit. Qui eo quidem magis in istis laboravit quod antiqua ipsius ecclesiæ privilegia in ea conflagratione quæ eandem ecclesiam tertio ante sui introitus annum consumpsit pene omnino [2] perierant.

Alias quoque consuetudines, quas priscis temporibus ecclesiæ Cantuariensi, ut liberrima in cunctis existeret,

---

[1] *Ipse etenim inde*] On erasure and cramped in A.

[2] *omnino*] omnia, A., which has *consumpsit pene omnia* on erasure.

reges Angliæ sua munificentia contulerunt et stabiles in perpetuum manere sacratissima sanctione constituerunt, quorundam imprudentia perditas sua prudentia recuperavit. Odo siquidem episcopus Baiocensis,[1] ut de aliis taceam, frater prædicti regis Willelmi et Cantiæ comes, priusquam Lanfrancus Angliam intrasset magnus et præpotens[2] per totum regnum habebatur. Hic, dominatione qua in immensum sustollebatur, non modo terras, sed et libertatem nominatæ ecclesiæ, nullo ei resistente, multipliciter invaserat, oppresserat, tenebat. Quæ ubi Lanfrancus ut erant didicit, apud regem de illis egit sicut oportere sciebat. Unde præcepit rex quatinus, adunatis primoribus et probis viris non solum de comitatu Cantiæ, sed et de aliis comitatibus Angliæ, querelæ Lanfranci in medium ducerentur, examinarentur, determinarentur. Disposito itaque apud Pinnedene principum conventu, Goffridus episcopus Constantiensis, vir ea tempestate prædives in Anglia, vice regis Lanfranco justitiam de suis querelis facere jussus, strenuissime fecit. Lanfrancus enim valida ratione subnixus ex communi omnium astipulatione et judicio ibi cuncta recuperavit quæ ostensa sunt antiquitus ad jura ecclesiæ Christi Cantuariensis pertinuisse, tam in terris quam in diversis consuetudinibus.

Item alio tempore idem Odo, permittente rege, placitum instituit contra sæpefatam ecclesiam et tutorem ejus patrem Lanfrancum, et illuc omnes quos peritiores legum et usuum Anglici regni noverat gnarus adduxit. Cum igitur ad eventilationem causarum ventum esset, omnes qui tuendis ecclesiæ causis quaque convenerant in primo congressu ita convicti sunt, ut in quo eas tuerentur simul amitterent. Ipse namque Lanfrancus non intererat. Talibus enim, nisi necessitas summa

---

[1] *siquidem episcopus Baiocensis*] On erasure in A.; which had, apparently, *siquidem Baiocensis*.
[2] *præpotens*] prepotens, MS.
R 8387.

urgeret, ei interesse moris non erat. Ipsi ergo in camera lectioni divinæ occupato quid gestum fuerit nunciatur. At ille nil corde perterritus dicta adversariorum non recte processisse asseruit, et ideo cuncta in crastinum discutienda [1] induciari præcepit. Sequenti nocte adest in visu antistiti Beatus Dunstanus, monens ne illum multitudo conturbet, sed de præsentia sui securus placitum mane ipsemet hilaris intret. Quod et fecit. Suas itaque causas quodam exordio, quasi a rebus quæ tractatæ fuerant vel tractandæ penitus alieno, cunctis stupentibus, orsus, ita processit ut quæ super eum pridie dicta fuerunt sic devinceret et inania esse monstraret, ut donec vitæ præsenti superfuit nullus exurgeret qui inde contra eum os aperiret. De his ita.

Lanfranc thwarts the designs of bishop Vauquelin on the Winchester monks.

Super hæc, suis quoque et eisdem ferme diebus omnes circiter qui ex clericali ordine per regem Willelmum in Anglia constituti pontifices erant monachos qui in nonnullis episcopatibus Angliæ ab antiquo vitam agebant inde eliminare moliti sunt, et regem ipsum in hoc sibi consentaneum effecerunt. In quo tantum se effectu potituros certi extiterant, ut Walchelinus episcopus adunatos pene quadraginta clericos canonicorum more tonsura ac veste redimitos haberet, quos, ejectis monachis, Wentanæ ecclesiæ cui præsidebat mox intromitteret. Sola mora hæc peragendi nondum requisita ab archiepiscopo Lanfranco licentia fuit. Ut autem eam dicto quoque citius impetraret nulla menti ejus dubitatio inerat. Sed aliter ac sibi mens sua spoponderat exitus rei provenit. Nam ubi quid episcopus moliretur insonuit auribus ejus, illico facinus exhorruit, nec se dum viveret ut effectum quoquomodo talis voluntatis obtineret consensurum asseruit. Ita ergo et clerici qui succedere monachis fuerant per Walchelinum collecti in sua [2] dimissi sunt, et monachi qui cedere

---

[1] *discutienda*] Not in A. | [2] *in sua*] et in sua, A.

clericis præjudicio quodam damnati erant, gratia Dei et instantia boni Lanfranci, pristinæ conversationis[1] in sua ecclesia compotes effecti sunt. Nec ista pro sedandis quorundam animositatibus, quas ad dejectionem monachorum conceperant, sufficere poterant. Namque pari voto, simili conamine, uno consensu, concordi animo, pontifices quos religionis ordo non sibi astrinxerat eniti cœperunt, quatinus saltem de primatu Cantuariensi monachos eradicarent, intendentes se hoc facto facillime alios aliunde exclusuros. De illis etenim potioribus, sicut eis videbatur, rationibus ad id agendum fulciebantur, partim ob sublimitatem[2] primatis sedis, quæ dispositioni et correctioni ecclesiarum per suas personas quaque per Angliam invigilare habet; partim ob alias multiplices causas, quarum executio, juxta quod ipsi confingebant, magis clericorum quam monachorum officium spectat. Deductus est in sententiam istam rex et alii principes regni, Lanfranco ut sui moris erat totis viribus obnitente, et omnium molimini ac invidiæ viriliter resistente. Ne tamen post obitum suum fieret quod se superstite sciebat per auxilium Dei nequaquam perficiendum, nesciens mortis suæ diem vel horam, egit sagacitate et industria qua pollebat, ut auctoritate[3] Romanæ et apostolicæ sedis monachorum habitatio in eadem ecclesia confirmaretur, et inconvulsa dum sæculum duraret in perpetuum stabiliretur. Quod privilegio tali summus apostolicæ sedis antistes Alexander ita scripto roboravit.

Alexander episcopus, servus servorum Dei, carissimo fratri in Christo Lanfranco, venerabili Cantuariorum archiepiscopo, salutem et apostolicam benedictionem.

Accepimus a quibusdam venientibus de vestris partibus ad limina sanctorum apostolorum Petri et Pauli, quod quidam

---

[1] *conversationis*] On erasure, where there had been more, in A.
[2] *sublimitatem*] sullimitatem, MS. See Preface.
[3] *industria . . . auctoritate*] On erasure in A.
[4] *scripto*] scripto suo, A.

clerici, associato sibi terrenæ potestatis, laicorum videlicet, auxilio, diabolico spiritu repleti, moliuntur de ecclesia Sancti Salvatoris in Dorobernia, quæ est metropolis totius Britanniæ,[1] monachos expellere et clericos inibi statuere. Cui nefario operi molitionis suæ hoc adjicere conantur, ut in omni sede episcopali ordo monachorum extirpetur, quasi in eis non vigeat auctoritas religionis. Qua de re, zelo Dei compulsi, scrutinium de privilegiis ecclesiarum fieri præcepimus, et venit ad manus statutum prædecessoris nostri beatæ memoriæ Gregorii majoris de ecclesiis Angliæ, quomodo scilicet præcepit Augustino gentis vestræ apostolo ut ejusdem ordinis viros, cujus et ipse noscitur esse, poneret in præfata sede metropolitana. Cujus præceptionis, inter alia, hæc subnexa sunt. "Quia tua," inquit, "fraternitas monasterii regulis
" erudita in ecclesia Anglorum, quæ nuper, auctore Deo, ad
" fidem perducta est, hanc debet conversationem instituere,
" quæ in initio nascentis ecclesiæ fuit patribus nostris, in quibus
" nullus eorum ex iis quæ possidebant aliquid suum esse dice-
" bat, sed erant illis omnia communia. Quam communionis
" regulam ordini monachorum permaxime congruere nemo
" qui dubitat." Hinc habetur epistola Bonifacii qui quartus a Beato Gregorio ecclesiæ Romanæ cui, auctore Deo, præsidemus præfuit, quam Æthelberto regi Anglorum et Laurentio archiepiscopo prædecessori vestro misit, in qua, quibusdam præmissis, hujusmodi censura anathematis usus est.
" Gloriose," inquit, "fili, quod ab apostolica sede per coepi-
" scopum nostrum Mellitum postulastis, libenti animo con-
" cedimus ; id est ut vestra benignitas in monasterio in
" Dorobernensi civitate constituto, quod sanctus doctor vester
" Augustinus beatæ memoriæ Gregorii discipulus Sancti
" Salvatoris nomini consecravit, cui ad præsens præesse di-
" noscitur dilectissimus frater noster Laurentius, licenter per
" omnia monachorum regulariter viventium habitationem
" statuat, apostolica auctoritate decernentes, ut ipsi vestræ
" salutis prædicatores monachi monachorum gregem sibi as-
" socient, et eorum vitam sanctitatum moribus exornent.
" Quæ nostra decreta siquis successorum vestrorum, regum
" sive episcoporum, clericorum sive laicorum, irrita facere
" temptaverit, a principe apostolorum Petro et a cunctis
" successoribus suis anathematis viuculo subjaceat, quoadus-

---

[1] *Britanniæ*] Brittaniæ, A.

"que quod temerario ausu peregit Deo placita satisfactione
"pœniteat, et hujus inquietudinis vestræ emendationem
"promittat." Unde quia, ratione dictante, quieti ecclesiarum utile esse perspeximus, præsens decretum supra nominatorum patrum confirmamus, et vice apostolorum sub eodem anathemate eos constringimus quicunque huic obviare contenderint.

Quam vero secura libertate et libera securitate quæque ad jura ecclesiæ Cantuariensis pertinentia potiri sæpefatus pater Lanfrancus intenderit, et ex iis quæ paucis designavimus, et ex epistola quam ecce subscribemus cuivis scire volenti patere satis erit. Quam epistolam de causis ecclesiasticis scriptam ea re maxime placuit, aliis omissis, præsenti operi commiscere, quatinus ii qui scientia talium negotiorum non omnino expertes sunt ex consuetudinibus aliarum ecclesiarum animadvertant qua dignitate ipsam ecclesiam inter alias constet eminere. Epistola igitur ista est.

Lanfrancus gratia Dei archiepiscopus dilectissimo fratri Stigando Cicestrensi episcopo, salutem.

Clerici villarum nostrarum qui in vestra diocesi existunt questi nobis sunt, quod vestri archidiaconi repertis occasionibus pecunias ab eis exquirunt, et a quibusdam jam acceperunt. Meminisse debet fraternitas vestra, quia contra morem antecessorum nostrorum atque vestrorum vobis[1] concessimus, eisque imperavimus, quatinus ad vestras synodos irent, et ea quæ ad Christianæ religionis notitiam prodesse possunt sine interpellatione vel discussione aliqua a vobis audirent. Siquæ in ipsis culpæ invenirentur, suspensa interim vindicta, ad nostrum examen servarentur, et nobis vel in miserendo vel in ulciscendo sicut semper consuetudo fuit obnoxii tenerentur. Mandamus itaque vobis ut male accepta sine dilatione reddi jubeatis, et ministris vestris ne ulterius id præsumant servandæ caritatis[2] studio prohibeatis. Nos vero presbyteris nostris qui extra Cantiam constituti sunt omnino præcepimus ne ad vestram vel ad alicujus[3] episcopi synodum amplius

---

[1] *nostrorum . . . vobis*] On erasure, and cramped, in A. for admission of *vobis*.

[2] *præsumant . . . caritatis*] On erasure in A.

[3] *ad alicujus*] alicujus, A.

cant, nec vobis nec aliquibus ministris vestris pro qualibet culpa respondeant. Nos enim, cum ad villas nostras veniemus,[1] quales ipsi vel in moribus vel in sui ordinis scientia sint pastorali auctoritate vestigare debemus. Chrisma tantum a vobis accipiant, et ea quæ antiquitus instituta sunt in chrismatis acceptione persolvant. Sicut namque ea quæ antiquitus usque ad nostra tempora antecessores nostri habuerunt sollerti vigilantia cupimus illibata servare,[2] ita aliis debita aliqua, quod absit, usurpatione nolumus denegare.

S. p. 27.

Conclusion of the panegyric. Ad hæc qua sagacitate ; hoc enim paulo ante memoratum paucis replicare ab re non esse putavimus ; qua, inquam, sagacitate memorabilis pater Lanfrancus apud regem Willelmum egerit, ut per inspirationem gratiæ Dei ad hoc, eo imminente, perduceretur, ut quamplures terras nominatæ ecclesiæ Cantuariensi diversis causis ac violentiis hominum ablatas pro redemptione animæ suæ restitueret, et referre longum, et æstimavi non necessarium. Earundem enim terrarum et numerus et nomina eidem ecclesiæ notissima sunt, et redditus illarum ex quibus ii qui sub Deo ipsi loco deserviunt sustentantur, pro æterna ejus salute oculis justi Judicis die noctuque consideranda ab eisdem ipsis præsentantur. Quid itaque de aliis ipsius ecclesiæ terris quæ in eadem qua olim ablatæ sunt direptionis injuria permanent, successoribus tanti servorum Dei provisoris faciendum sit, fructus quem iste ex iis[3] quæ restituit consecutus est docebit eos juxta quod sui curam habebunt. Re etenim vera et illas restituisset, si ultra quam vixit aliquanto tempore supervixisset. In hoc quippe illum gnara patris Lanfranci prudentia duxerat, et præfixo termino id se facturum spoponderat. Verum dum sponsionis suæ effectu potiri non meruit, quanto studio quis dum potest bonis insistere debeat, exemplo sui præmonuit. Hæc et hujusmodi quæ gloriosus pater Lanfrancus magnifice operatus est si quisquam uti

---

[1] *veniemus*] venerimus, A.
[2] *servare*] custodire, A.
[3] *iis*] his, A.

sunt describere volet, copiosa materia est et ad opus grande sufficiens. Ego autem, quia probabili ac firma ratione sicut cœpi in alia ducor, tantum adhuc de eo breviter dico, ipsum re vera magnum et insuperabilem ecclesiæ Christi defensorem et pium totius Angliæ patrem, ac in quantum sibi licuit bonum pastorem cunctis in ea consistentibus dum vixit fuisse.

Per idem tempus erat quidam abbas Becci, nomine Anselmus, vir equidem bonus et scientia litterarum magnifice pollens; contemplativæ vitæ totus intendebat. Hic toti Normanniæ atque Franciæ pro suæ excellentis sanctitatis merito notus, carus et acceptus, magnæ famæ in Anglia quoque habebatur, ac regi præfato necne Lanfranco archiepiscopo sacratissima familiaritate copulabatur. Huic, cum nonnunquam pro diversis ecclesiæ suæ et aliorum negotiis ad curiam regis veniret, rex ipse, deposita feritate qua multis videbatur sævus et formidabilis, ita fiebat inclinus et affabilis, ut, ipso præsente, omnino quam esse solebat stupentibus cunctis fieret alius. Hunc itaque et Lanfrancum videlicet viros divina simul et humana prudentia fultos præ se magni semper habebat, et eos in omnibus quæ sibi, quantum officii eorum referebat, agenda erant dulciori præ cæteris studio audiebat. Unde consilio[1] illorum ab animi sui severitate in quosdam plurimum et sæpe descendebat, et quatinus in sua dominatione ad observantiam religionis monasteria surgerent studiose operam dabat. Quæ religio ne nata deficeret, procurabat ecclesiarum pacem quaque tueri, et eis quæ in usus servientium Deo proficerent, in terris, in decimis, in aliis redditibus, ex suo largiri. Hac tamen benivolentia super ecclesias Normanniæ propensius respiciebat.

Hic ergo Willelmus cum vicesimo primo regni sui anno infirmitate qua et mortuus est detentus apud

---

[1] *Unde consilio*] Unde et consilio, A.

Rotomagum fuisset, et se meritis ac intercessionibus Anselmi omnimodis commendare disposuisset, eum ad se de [1] Becco venire et non longe a se [1] fecit hospitari. Verum cum ei de salute animæ suæ loqui differret, eo quod infirmitatem suam paulum levigari sentiret, contigit ipsius patris corpus tanta invalitudine deprimi, ut curiæ inquietudines nullo sustinere pacto valeret. Transito igitur Sequana, decubuit lecto in Ermentrudis villa, quæ est contra Rotomagum in altera fluminis parte. Quicquid tamen deliciarum regi infirmo deferebatur, ab eo illarum medietas Anselmo infirmanti mittebatur. Veruntamen nec eum amplius in hac vita videre, nec ei ut proposuerat quicquam de anima sua loqui promeruit. Tanta enim infirmitas occupavit utrumque, ut nec Anselmus ad regem Willelmum, nec Willelmus pervenire posset[2] ad abbatem Anselmum. Et quidem Willelmus ita mortuus est, non tamen, ut dicitur, inconfessus; atque Anselmus e vestigio est ab infirmitate relevatus, pristinæque saluti post modicum redonatus. Qui autem regio funere interfuerint, quave pompa corpus ejus Cadomum delatum sit, quamque libere, immo quam servili calumnia, in ecclesia Beati Stephani sepultum sit, et dictu lugendum et auditu fatemur esse miserendum.[3] Quem enim conditio sortis humanæ non moveat ad pietatem, cum auditum fuerit regem istum qui tantæ potentiæ in vita sua extitit, ut in tota Anglia, in tota Normannia, in tota Cinomanensi patria, nemo contra imperium ejus manum movere auderet, mox ut in terram spiritum exhalaturus positus est, ab omni homine, sicut accepimus, uno solo duntaxat serviente excepto, derelictum, cadaver ejus sine omni pompa per Sequanam in naucella delatum, et

---

[1] *ad se de* and *longe a se*] On erasure in A.; the latter to introduce *a se*.

[2] *pervenire posset*] posset pervenire, A.

[3] *esse miserendum*] On erasure in A.

cum sepeliri deberet ipsam terram sepulturæ illius[1] a quodam rustico calumniatam, qui eam hæreditario jure reclamans conquestus est illam sibi jam olim ab eodem injuria fuisse ablatam? Quantus autem mœror ex morte ipsius Lanfrancum perculerit quis dicere possit, quando nos qui circa illum, nuntiata morte illius, eramus, statim eum præ cordis angustia mori timeremus.

Defuncto itaque rege Willelmo, successit ei in regnum Willelmus filius ejus. Qui cum regni fastigia fratri suo Roberto præripere gestiret, et Lanfrancum, sine cujus assensu in regnum ascisci nullatenus poterat, sibi in hoc ad expletionem desiderii sui non omnino consentaneum inveniret, verens ne dilatio suæ consecrationis inferret ei dispendium cupiti honoris, cœpit tam per se quam et per omnes quos poterat fide sacramentoque Lanfranco promittere, justitiam misericordiam et æquitatem[2] se per totum regnum si rex foret in omni negotio servaturum; pacem, libertatem et securitatem ecclesiarum contra omnes defensurum, necne præceptis atque consiliis ejus per omnia et in omnibus obtemperaturum. Sed cum post hæc in regno fuisset confirmatus, postposita pollicitatione sua, in contraria dilapsus est. Super quo cum a Lanfranco modeste redargueretur, et ei sponsio fidei non servatæ opponeretur, furore succensus, "Quis," ait, "est qui cuncta quæ promittit "implere possit?" Ex hoc igitur rectis oculis super pontificem intendere non valebat,[3] licet a nonnullis ad quæ illum voluntas sua trahebat, ipsius respectu, eo superstite temperaverit. Erat etenim idem Lanfrancus vir divinæ simul et humanæ legis peritissimus, atque ad nutum illius totius regni spectabat intuitus. Qui

---

[1] *sepulturæ illius*] On erasure in A., for insertion for *illius*.

[2] *misericordiam et æquitatem*] æquitatem et misericordiam, A.

[3] *rectis oculis . . . non valebat*] non rectis oculis . . . intendere valebat, A.

[4] *idem Lanfrancus*] Lanfrancus idem, A.

His misconduct on Lanfranc's death.

cum de hac vita translatus fuisset, quam gravis calamitas ex obitu illius ecclesias Angliæ devastaverit, multa prætermittendo, paucis ostendere placuit. Confestim enim rex foras expressit quod in suo pectore, illo vivente, confotum habuit. Nam mox, ut alia quæ perperam gessit omittam, ipsam totius Angliæ, Scottiæ [1] et Hiberniæ, necne adjacentium insularum matrem, ecclesiam scilicet Cantuariensem invasit, cuncta quæ juris illius erant intus et extra per clientes suos describi præcepit, taxatoque victu monachorum inibi Deo famulantium,[2] reliqua sub censum atque in suum dominium redigi jussit. Fecit ergo ecclesiam Christi venalem, jus in ea dominandi præ cæteris illi tribuens, qui ad detrimentum ejus in dando pretium alium superabat. Unde misera successione singulis annis pretium renovabatur. Nullam siquidem conventionem rex stabilem esse sinebat, sed qui plura promittebat excludebat minus dantem, nisi forte ad id quod posterior offerebat, prima conventione vacuata, prior assurgeret. Videres insuper quotidie, spreta servorum Dei religione, quosque nefandissimos hominum regias pecunias exigentes per claustra monasterii torvo ac[3] minaci vultu procedere, hinc inde[4] præcipere, minas intentare, dominationem potentiamque suam in immensum ostentare. Qua de re quæ vel quot scandala, dissentiones, inordinationes ortæ sint, reminisci piget. Super hæc quidam ipsius ecclesiæ monachi, malis ingruentibus, MS. p. 32. dispersi ac missi sunt ad alia monasteria, et qui relicti multas passi tribulationes et improperia. Quid de hominibus ecclesiæ dicam, qui tam vasta miseria miseraque vastatione sunt attriti, ut dubitarem, si sequentia mala non essent, an salva vita illorum possent miserius atteri? Nec ista quæ dicimus in sola ecclesia Cantuariensi facta sunt. Desævit immanitas

---

[1] *Scottiæ*] Scotiæ, A.
[2] *famulantium*] servientium, A.
[3] *ac*] et, A.
[4] *hinc inde*] hincinde, A.

ista etiam in cunctis per Angliam constitutis filiabus ejus, quæ, viris suis, episcopis scilicet seu abbatibus, decidentibus, in viduitatem ea tempestate cadebant. Et quidem ipse primus hanc luctuosam oppressionem ecclesiis Dei induxit[1] nullatenus eam ex paterna traditione accipiens. Destructas[2] ergo ecclesias solus in dominio suo tenebat. Nam alium neminem præter se substituere volebat quamdiu per suos ministros aliquid quod cujusvis pretii duceret ab eis extrahere poterat. Itaque planum erat ubique miseriam videre. Duravit autem fere per quinque annos, ut de aliis taceam, super ecclesiam Cantuariensem hæc ipsa miseria, semper in pejus proficiens sibique ipsi miserior deteriorque succrescens.

Quarto inter hæc anno Hugo comes Cestrensis, volens in sua quadam ecclesia monachorum abbatiam instituere, missis Beccum nunciis, rogavit abbatem Anselmum Angliam venire, locum inspicere, eumque per monachos suos regulari conversatione informare. Renuit ipse, nec venire voluit. Jam enim quodam quasi præsagio mentes quorundam tangebantur, et, licet clanculo, nonnulli adinvicem loquebantur, eum, si Angliam iret, archiepiscopum Cantuariensem fore. Quod quamvis omnino remotum esset a voluntate ejus, et firmitas propositi sui se nunquam hoc onus subiturum certitudinem promitteret animo ejus, tamen, quia hoc non omnes intelligebant, providendo bona non tantum coram Deo sed etiam coram omnibus hominibus, Angliam intrare noluit, ne se hujus rei gratia intrasse quisquam suspicaretur. Contigit interea comitem ipsum acri languore gravari. Quod mox Anselmo mandans,[3] magnopere precatus est quatinus, antiqua familiaritate considerata, ad consulendum animæ suæ sine

---

[1] *induxit*] indixit, A.
[2] *Destructas*] Destitutas, A.
[3] *mox Anselmo mandans*] On erasure in A.

28   HISTORIA NOVORUM IN ANGLIA.

A.D. 1092. mora veniret. "Et si timor," inquit,[1] "suscipiendi
"archiepiscopatus ne veniat eum detinet, fateor[2] in
"fide mea quoniam id quod rumor inde jactat nihil
"est, ac per hoc indecens ejus sanctitati esse sciat,
"si nihilo tentus magnæ meæ necessitati subvenire
"detrectat." Perstat ille in non veniendo, et comes
sends a third time. æque permanet in requirendo. Tertio itaque mandat
illi hæc, "Si non veneris, revera noveris quia nun-
"quam in vita æterna in tanta requie eris, quin per-
Anselm's perplexity and final resolve. "petuo doleas te ad me non venisse." Quod ille
audiens, "Angustiæ," ait, "mihi sunt undique. Si
"Angliam ivero, vereor ne cui per hoc prava suspicio
"surrepat, et me causa consequendi archiepiscopatus
"illuc ire existimet. Si non ivero, fraternæ caritatis
"violator ero, quam quidem non solum amico verum
"exhibere jubemur et inimico. Quæ denique si erga
"inimicum violata peccatum est, erga amicum violata
"quid est? Et certe amicus meus familiaris ab an-
"tiquo comes Cestrensis Hugo fuit, qui mei nunc, ut
"dicit, indiget. In necessitate probatur amicus. Si
"ergo propter obliquam quam in me forsan homines
"habere possunt opinionem amico meo in sua neces- MS. p. 34.
"sitate non succurro, meum certum pro dubio alio-
"rum peccatum incurro. Commendans igitur me at-
"que meam conscientiam ab omni terreni honoris
"ambitione vacuam Deo, pergam respectu sancti amo-
"ris ejus morem gerere amico meo. Cætera ipse Deus
"agat, et me, salva gratia sua, ab omni sæcularis ne-
"gotii impedimento pro sua misericordia immunem
"custodiat." Exigebant etiam tunc temporis ecclesiæ
suæ quædam valde necessariæ causæ ut Angliam pergeret, sed, præfato illum cohibente pavore, nullo pro
eis pacto volebat iter arripere. Contigit interea ut

---

[1] In A. there is a mark at *inquit*, condemning it, no doubt, as out of place.
[2] *fateor*] A. has "fateor inquit."

comitissæ Idæ locuturus Bononiam iret. Ubi cum per dies aliquot necessario detentus moraretur, mandatum est illi a Beccensibus, ne, si peccato inobœdientiæ notari nollet, ultra monasterium repeteret, donec transito mari, suis in Anglia rebus subveniret. Profectus igitur mare transiit, et Dofris appulsus est. Inde citato gressu ad comitem venit, ipsumque ab infirmitate jam convaluisse invenit. Detentus est tamen in Anglia fere mensibus quinque, detinente eum non solum abbatia quam disponere venerat, sed et multiplicium ratione causarum quæ illius adventus causa non inferior, sicut diximus, erat. Sicque hujus temporis spatium transiit, ut de pontificatu Cantuariensi nihil ad eum vel de eo dictum actumve sit, ipseque sui periculi et antiqui timoris securus effectus fuerit. Post hæc in Normanniam regredi volens, negata a rege licentia, copiam id agendi habere non potuit.

Inter hæc cum gratia Dominicæ Nativitatis omnes regni primores ad curiam regis pro more venissent, contigit ut eorum optimi quique uno sensu[1] inter se de communi matre regni quererentur, quod viduata suo pastore tam diu et tam inaudita vexatione opprimeretur. Hujusmodi ergo de hoc ab eis consilium sumptum est, ut supplici prece dominum suum regem convenirent, quatinus orationes, quod posteris mirum dictu fortasse videbitur, per ecclesias Angliæ fieri ad Deum[2] permitteret, ut ipse sua pietate regi inspiraret, quatinus instituto illi digno pastore a tanta eam clade et alias per eam relevaret. Quod cum illi una suggessissent, ipse, licet nonnihil[3] exinde indignatus, tamen fieri quod petebatur permisit, dicens quia, quicquid ecclesia peteret, ipse sine dubio pro nullo dimitteret quin faceret omne quod vellet. Hoc ita responso accepto, episcopi ad quos ista maxime pertinebant An-

---

[1] *sensu*] consensu, A.
[2] *Deum*] Dominum, A.
[3] *nonnihil*] non nichil, MS.

A.D. 1092. selmum super re ipsa consuluerunt, et quo [1] ipse orationis agendæ modum et summam ordinaret vix obtinere suis precibus ab eo potuerunt. Episcopis enim præferri in tali statuto [2] ipse abbas fugiebat. Coactus itaque, juxta quod magis ecclesiæ Dei expedire sciebatur, modum orandi cunctis audientibus edidit, et, laudato sensu ac perspicacia animi ejus, tota quæ convenerat nobilitas regni, soluta curia, in sua discessit. Institutæ igitur preces fiunt per Anglorum ecclesias omnes.

A.D. 1093. Hæc inter evenit, ut die quadam unus de principibus terræ cum rege familiariter agens, promeantibus verbis in hoc, ut fit, sic ei inter alia diceret, "Hominem tantæ sanctitatis nullum novimus, quantæ est, ut [3] vere probamus, Beccensis abbas [4] Anselmus. Nil etenim amat præter Deum; nil, ut in omni studio ejus claret, cupit transitorium." Ad quod rex subsannans, "Non," inquit, "nec archiepiscopatum Cantuariensem." Cui cum alter referret, "Nec illum quidem quam maxime, sicut mea multorumque fert opinio," obtestatus est rex quod manibus ac pedibus plaudens in amplexum ejus accurreret, si ullam fiduciam haberet se ad eum posse ullatenus aspirare. Et adjecit, "Sed, per Sanctum Vultum de Luca," sic enim jurare consueverat, "nec ipse hoc tempore, nec alius quis archiepiscopus erit, me excepto." Hæc illum dicentem e vestigio valida infirmitas corripuit et lecto deposuit, atque in dies crescendo ferme usque ad exhalationem [5] spiritus egit. Quid plura? Omnes totius regni principes coeunt, episcopi, abbates, et quique nobiles, nihil præter mortem ejus præstolantes. Suggeritur ægro de salute animæ suæ cogitare, carceres aperire, captivos dimittere, vinculatos solvere,

MS. p. 36.

Sudden and alarming illness of the king.

---

[1] *Anselmum . . . quo*] On erasure in A., for admission of *super re ipsa*.

[2] *in tali statuto*] On erasure in A.

[3] *quantæ est ut*] Crowded in on erasure in A.

[4] *Beccensis abbas*] abbas Beccensis, A.

[5] *exhalationem*] exalationem, A.

repetendarum pecuniarum debita perdonare, ecclesias suo eatenus dominio servituti subactas, locatis pastoribus, libertati restituere; præcipueque ecclesiam Cantuariensem, "cujus oppressionem," inquiunt, "totius in "Anglia Christianitatis constat esse detestandam de-"jectionem." Hac tempestate Anselmus, inscius horum, morabatur in quadam villa non longe a Glocestra ubi rex infirmabatur. Mandatum ergo illi est, quatinus sub omni festinatione ad regem veniat, ejusque[1] obitum sui præsentia tueatur et muniat. Accelerat ipse venire, audito tali nuncio, et venit. Ingreditur ad regem; rogatur quid consilii salubrius morientis animæ judicet. Exponi sibi primo postulat, quid, se absente, ab assistentibus ægro consultum sit.[2] Audit, probat, et addit, "Scriptum est, 'Incipite Domino in confes-"'sione.' Unde videtur mihi ut primo de omnibus "quæ se contra Deum fecisse cognoscit puram confes-"sionem faciat, et se omnia si convaluerit emendatu-"rum sine fictione promittat, ac deinde quæ consulu-"istis absque dilatione fieri jubeat." Laudatur hæc consilii summa, sibique hujus confessionis suscipiendæ injungitur cura. Refertur ad notitiam regis quid saluti animæ illius magis expedire Anselmus dixerit. Nec mora. Adquiescit ipse, et, corde compunctus, cuncta quæ viri sententia tulit se facturum, necne totam vitam suam in mansuetudine et justitia amplius servaturum pollicetur. Spondet in hoc fidem suam, et vades inter se et Deum facit episcopos suos, mittens qui hoc votum suum Deo super altare sua vice promittant. Scribitur edictum regioque sigillo firmatur, quatinus captivi quicunque sunt in omni dominatione sua relaxentur, omnia debita irrevocabiliter remittantur, omnes offensiones antehac perpetratæ indulta remissione perpetuæ oblivioni tradantur. Promittuntur

---

[1] *ejusque*] et ejus, A.
[2] *ægro consultum sit*] On erasure, and in margin, in A.

insuper omni populo bonæ et sanctæ leges, inviolabilis observatio juris, injuriarum gravis et quæ deterreat[1] cæteros examinatio. Gaudetur a cunctis, benedicitur Deus in istis, obnixe oratur pro salute talis ac tanti regis.

Interea regi a bonis quibusque suadetur, quatinus communem totius regni matrem instituendo illi pastorem solvat a pristina viduitate. Consentit libens, ac in hoc animum suum versari fatetur. Quæritur itaque, quis hoc honore fungi dignius posset. Sed, cunctis ad nutum regis pendentibus, prænunciavit ipse, et concordi voce subsequitur acclamatio omnium, abbatem Anselmum tali honore dignissimum. Expavit Anselmus ad vocem,[2] et expalluit. Cumque raperetur ad regem, ut per virgam pastoralem investituram archiepiscopatus de manu ejus susciperet, toto conamine restitit, idque multis obsistentibus causis nullatenus fieri posse asseruit. Accipiunt igitur eum episcopi et ducunt seorsum de multitudine, hæc ei verba dicentes, " Quid agis ? Quid intendis ? Quid contraire Deo " niteris ? Vides omnem Christianitatem in Anglia " fere perisse, omnia in confusionem venisse, omnes " abominationes quaquaversum emersisse, nos ipsos et " quos regere deberemus ecclesias Dei in periculum " mortis æternæ per tyrannidem istius hominis decidisse, et tu cum possis subvenire contemnis ? Quid " O mirabilis homo cogitas ? Quo fugit sensus tuus ? " Ecclesia Cantuariensis, in cujus oppressione omnes " oppressi sumus et destructi, te vocat, te sublevato- " rem sui et nostri anxia quæritat ; et tu, postposita " libertate ejus, postposita nihilominus relevatione nos- " tra, fraterni laboris participium abjicis, tui solius " otiosam quietem appetis ?" Ad hæc ille, " Sustinete," inquit, "quæso sustinete, et intendite. Fateor

---

[1] *deterreat*] A. has *exterreat*, corrected in margin to *deterreat*.

[2] *ad vocem*] ad hanc vocem, A.

"verum est; tribulationes multæ sunt, et ope indi-
"gent. Sed considerate, obsecro. Ego jam grandævus
"sum, et omnis terreni laboris impatiens. Qui ergo
"pro meipso laborare nequeo, qualiter laborem totius
"ecclesiæ per Angliam constitutæ suscipere queo?
"Ad hæc, sicut mea mihi conscientia testis est, ex
"quo monachus fui sæcularia negotia fugi, nec un-
"quam eis ex voto intendere potui, quia nihil in
"eis esse constat quod me in amorem aut delecta-
"tionem sui flectere queat. Quare sinite me pacem
"habere, et negotio quod nunquam amavi, ne non
"expediat, implicare nolite." "Tu tantum," inquiunt,
"primatum ecclesiæ nihil hæsitans suscipe, et i præ
"in via Dei, dicendo et præcipiendo quod faciamus,
"et ecce tibi manus dabimus quia sequendo et ob-
"temperando quæ jusseris non deficiemus. Tu Deo
"pro nobis intende, et nos sæcularia tua disponemus
"pro te." "Impossibile est," ait, "quod dicitis. Ab-
"bas sum monasterii alterius regni,[1] archiepiscopum
"habens cui obœdientiam, terrenum principem cui
"subjectionem, monachos quibus debeo consilii atque
"auxilii sumministrationem. His omnibus ita sum
"astrictus, ut nec monachos deserere possim sine il-
"lorum concessione, nec me a dominatu principis mei
"valeam exuere sine ejus permissione, nec obœdien-
"tiam pontificis me subterfugere queam cum salute
"animæ meæ absque ipsius absolutione." "De his
"omnibus," aiunt, "leve consilium, et facilis erit as-
"sensus omnium." Ait ille, "Nihil est; omnino non
"erit quod intenditis." Rapiunt igitur hominem ad
regem ægrotum, et pervicaciam ejus exponunt. Con-
tristatus est rex pene ad suffusionem oculorum, et
dixit ad eum, "O Anselme, quid agis? Cur me pœnis
"æternis cruciandum tradis? Recordare, quæso, fide-
"lis amicitiæ quam pater meus et mater mea erga

---

[1] *alterius regni*] regni alterius, A.

34   HISTORIA NOVORUM IN ANGLIA.

March 6th, 1093.
"te, et tu semper habuisti erga eos;[1] et per ipsam
"obsecro ne patiaris me filium eorum[2] in corpore et
"anima simul perire. Certus enim sum[3] quia peribo,
"si archiepiscopatum in meo dominio tenens vitam
"finiero. Succurre igitur mihi, succurre, domine pa-
"ter; et suscipe pontificatum, pro cujus retentione
"nimis confundor, et vereor ne in æternum plus con- MS. p. 40.
"fundar." Compuncti sunt ex his verbis quique as-
sistentium, et Anselmum se excusantem, et tantum
onus nec tunc quidem subire volentem invadunt, talia
cum quadam indignatione et conturbatione ipsi inge-

The bishops resort to chides and menaces.
rentes, "Quæ dementia occupavit mentem tuam? Re-
"gem turbas, turbatum penitus necas, quandoquidem
"illum jam morientem obstinatia tua exacerbare non
"formidas. Nunc igitur scias quia omnes perturba-
"tiones, omnes oppressiones, omnia crimina quæ de-
"inceps Angliam prement tibi imputabuntur, si tu
"hodie per susceptionem curæ pastoralis eis non ob-

Anselm craves help of his friends, but in vain.
"viaveris." Inter has angustias positus, Anselmus
vertit se ad duos monachos qui secum erant, Balduinum[4] videlicet et Eustachium, dixitque illis, "Ah,
"fratres mei, cur mihi non subvenitis?" Dixit hoc,
ecce, coram Deo, quia non mentior, in tanta, sicut
affirmare solebat, anxietate constitutus, ut, si ei tunc
optio daretur, multo lætius, salva reverentia voluntatis Dei, mori eligeret, quam archiepiscopatus dignitate sublimari. Respondit itaque Balduinus,[5] "Si volun-
"tas Dei est ut ita fiat, nos qui sumus qui voluntati
"Dei contradicamus?" Quæ verba lacrimæ, et lacrimas sanguis ubertim mox e naribus illius profluens
secutus est, palam cunctis ostendens ex qua cordis
contritione cum lacrimis verba prodierint. Audito

---

[1] *habuisti erga eos*] erga eos habuisti, A.
[2] *me filium eorum*] filium eorum me, A.
[3] *enim sum*] sum enim, A.
[4] *Balduinum*] Balduuinum, A.
[5] *Balduinus*] Baldwinus, A.

hujuscemodi responso Anselmus, "Væ, quam cito," inquit, "baculus tuus confractus est." Sentiens ergo rex quod incassum labor omnium expendebatur, præcepit ut omnes ei ad pedes caderent, si forte vel ita ad consentiendum illici posset. Sed quid? Cadentibus illis, cecidit et ipse[1] coram eis nec a prima sententia sua cadere voluit. At illi animati in eum, seque ipsos pro mora quam objectionibus ipsius intendendo passi sunt[2] ignaviæ redarguentes, "Virgam huc "pastoralem, virgam," clamitant, "pastoralem." Et, arrepto brachio ejus dextro, alii renitentem trahere, alii impellere, lectoque jacentis cœperunt applicare. Rege autem ei baculum porrigente, manum contra clausit, et eum suscipere nequaquam consensit. Episcopi vero digitos ejus strictim volæ infixos erigere conati sunt, quo vel sic manui ejus baculus ingereretur. Verum cum in hoc conatum suum aliquandiu frustra[3] expenderent, et ipse pro sua quam patiebatur læsione verba dolentis ederet, tandem, indice levato sed protinus ab eo reflexo, clausæ manui ejus baculus appositus est, et episcoporum manibus cum eadem manu compressus atque retentus. Acclamante autem multitudine, "Vivat episcopus, vivat," episcopi cum clero sublimi voce hymnum, "Te Deum laudamus," decantare cœpere, electumque pontificem portaverunt potius quam duxerunt in vicinam ecclesiam, ipso modis quibus poterat resistente atque dicente, "Nihil est "quod facitis; nihil est quod facitis." Gestis vero quæ in tali causa geri in ecclesia mos est, revertitur Anselmus ad regem, dicens illi, "Dico tibi, domine "rex, quia ex hac tua infirmitate non morieris, ac "per hoc volo noveris quoniam bene corrigere poteris "quod de me nunc actum est, quia nec concessi nec

---

[1] *et ipse*] ipse, A.
[2] *ipsius . . . sunt*] On erasure in A.
[3] *frustra*] A subsequent insertion in margin in A.

"concedo ut ratum sit." His dictis, reflexo gressu discessit ab eo. Deducentibus autem eum episcopis cum tota regni nobilitate, cubiculo excessit. Conversusque ad eos in hæc verba sciscitatus est, "Intelligi- "tis quid molimini? Indomitum taurum et vetulam "ac debilem ovem in aratro conjungere sub uno jugo "disponitis. Et quid inde proveniet? Indomabilis "utique feritas tauri sic ovem lanæ, lactis[1] et agno-"rum fertilem per spinas ac[2] tribulos hac et illac "raptam, si jugo se non excusserit, dilacerabit, ut "nec ipsa sibi nec alicui, dum nihil horum ministrare "valebit, utilis existat. Quid ita? Inconsiderate "ovem tauro copulastis. Aratrum ecclesiam perpen-"dite juxta apostolum dicentem, 'Dei agricultura[3] estis, "'Dei ædificatio estis.' Hoc aratrum in Anglia duo "boves cæteris præcellentes regendo trahunt et tra-"hendo regunt, rex videlicet et archiepiscopus Can-"tuariensis. Iste sæculari justitia et imperio, ille "divina doctrina et magisterio. Horum boum unus, "scilicet Lanfrancus archiepiscopus, mortuus est, et "alius ferocitatem indomabilis tauri obtinens jam "juvenis aratro prælatus; et vos loco mortui bovis "me vetulam ac debilem ovem cum indomito tauro "conjungere vultis? Quæ dico satis intelligitis; et "ea re quid cui velitis associare vellem considera-"retis,[4] considerantes ab inccepto[5] desisteretis. Quod "si non desistitis; en prædico vobis quia me, de quo "lanam et lac verbi Dei et agnos in servitium ejus "nonnulli possent habere, extra quam modo putetis "regia feritas, diversis a se fatigatum injuriis, oppri-"met, et gaudium, quod nunc de me quasi pro re-"levationis vestræ spe vos tenet, multos, cum nil

---

[1] *lanæ, lactis*] lanæ et lactis, A.
[2] *ac*] et, A.
[3] *Dei a. e. D. æ. estis*] This had been *Dei agricultura estis* in A. By erasure and by employment of the margin the longer quotation is given.
[4] *consideraretis*] On erasure in A.
[5] *incœpto*] incepto, MS.

"consueti consilii aut sperati auxilii per me habere
"potuerint, versum in mœstitiam dolentes efficiet.
"Eoque proficietis ut ecclesiam, quam relevare a vi-
"duitate tantopere satagitis, relabi in viduitatem,
"etiam vivente pastore suo, quod pejus est, quando-
"que cernatis. Et hæc mala quibus imputabuntur
"nisi vobis, qui tam inconsiderate regis feritatem et
"meam imbecillitatem conjunxistis? Cum igitur, me
"oppresso, nullus ex vobis fuerit qui ei in aliquo
"audeat obviare, vos quoque procul dubio pro libitu
"suo non dubitabit undique conculcare." Hæc dicens,
ac erumpentibus lacrimis dolorem cordis dissimulare[1]
non valens, ad hospitium suum, dimissa curia, vadit.
Acta sunt hæc anno Dominicæ Incarnationis millesimo
nonagesimo tertio, pridie Nonas Martii, prima Dominica quadragesimæ. Præcepit itaque rex ut sine dilatione ac diminutione investiretur de omnibus ad archiepiscopatum pertinentibus intus et extra, atque ut
civitas Cantuaria, quam Lanfrancus suo tempore in
beneficio a rege tenebat, et abbatia Sancti Albani,
quam non solum Lanfrancus sed et antecessores ejus
habuisse noscuntur, in alodium ecclesiæ Christi Cantuariensis pro redemptione animæ suæ perpetuo jure
transirent.

Anselmus autem post hæc in villis ad archiepiscopatum pertinentibus ex præcepto regis morabatur,
conversante secum ac victui suo exinde necessaria
quæque procurante venerabili Gundulfo, Rofensi episcopo.

Interea missi sunt a rege nuncii cum litteris in Normanniam ad comitem, ad pontificem Rotomagensem,
ad monachos Beccenses, quatinus iis quæ in Anglia de
abbate Beccensi gesta fuerant singuli, quantum sua
intererat, assensum præberent. Sed quid? Plurima in
hunc modum acta nihili apud eos profecerunt. Tan-

---

[1] *dissimulare*] simulare, A.

dem tamen importuna ratione ac rationabili importunitate, Deo disponente, devicti, quæ de Anselmo cœpta erant perfici concesserunt, et ne onus impositum subterfugeret ei per obœdientiam injunxerunt. Unde et litteræ a singulis singulæ scriptæ sunt, quæ in uno eodemque concordantes per nuncios Anselmo et regi sunt transmissæ. De quibus omnibus unas huic opusculo inseram, quatinus in ipsis et aliarum sensus eluceat. Sint igitur hæ.

"Frater Guilielmus archiepiscopus suo domino et amico Anselmo, Dei benedictione et nostram.

De iis quæ de vobis a me rex quæsivit, et de quibus ipse mihi scripsistis, sicuti de tanta re decuit hucusque diu multumque pertractavi, et amicorum meorum ac vestrorum super hoc consilium quæsivi. Qui utrimque voluissent, si possibile fuisset, et vestram semper ut olim habere præsentiam, et non facere unde offenderent voluntatem divinam.[1] Sed quia ad hoc res venit, ut utrumque impleri nequeat; sicut dignum est, divinam voluntatem nostræ præponimus, et nostram voluntatem divinæ subjicimus, atque ex parte Dei et Sancti Petri omniumque amicorum meorum ac vestrorum qui secundum Deum vos diligunt, jubeo ut pastoralem curam Cantuariensis ecclesiæ, et ecclesiastico more benedictionem episcopalem suscipiatis, oviumque vestrarum vobis, ut credimus, divinitus commissarum saluti deinceps invigiletis. Valete viscera mea."

Istæ litteræ cum aliis Anselmo directis prius ipsi quam regi suæ sunt allatæ.

Inter hæc, juxta quod Anselmus prædixerat, rex ab infirmitate convaluit. Mox igitur cuncta quæ infirmus statuerat bona dissolvit, et irrita esse præcepit. Captivi nempe qui nondum fuerant dimissi jussit[2] ut arctius[3] solito custodirentur, dimissi si capi possent recluderentur, antiqua jamque donata debita in integrum exigerentur, placita et offensiones in pristinum statum revocarentur, illorumque judicio qui justitiam subvertere magis quam tueri defendereve curabant tractaren-

---

[1] *voluntatem divinam*] divinam voluntatem, A.
[2] *dimissi jussit*] On erasure in A.
[3] *arctius*] artius, MS

tur et examinarentur, ad miserorum utique oppressio- *A.D. 1093.*
nem et pecuniæ direptionem [1] potius quam ad alicujus
peccati correctionem. Orta est ergo tam vasta miseria
miseraque vastatio per totum regnum, ut qui illius
recordatur parem se ei ante hanc vidisse in Anglia,
sicut æstimo, non recordetur. Siquidem omne malum
quod rex fecerat priusquam fuerit infirmatus bonum
visum est comparatione malorum quæ fecit ubi est sanitati redonatus. Quæ siqui scire velint de quo fonte
manaverint, ex eo perpendere possunt, quod ipse præ- *An impious speech of*
dicto Rofensi episcopo, cum illum, recuperata sanitate, *the king's to bishop*
familiari affatu moneret ut se amplius circumspecte *Gundulf.*
secundum Deum in omnibus haberet, respondit, "Scias,
" O episcope, quia, per Sanctum Vultum de Luca, nun-
" quam me Deus bonum habebit pro malo quod mihi [2]
" intulerit." Hæc de rege ad præsens succinte memorasse sufficiat, jamque ad destinatum narrandi ordinem
sermo recurrat.

Cum igitur Anselmus, secundum quod prælibavimus, *Anselm has an interview*
litteras a Normannia destinatas suscepisset, et rex de *with the king at*
Dofris a colloquio Roberti comitis Flandriæ Rovcces- *Rochester, and makes*
tram, ubi tunc ipse Anselmus erat, venisset, in secre- *an im-*
tum locum Anselmus regem tulit eumque taliter allocu- *portant statement*
tus est, "In utroque dubius pendet adhuc, domine mi *to him.*
MS. p. 46. " rex, animus meus, utrum videlicet adquiescam pon- *[? July 1093.]*
" tificatum suscipere, annon. Verum si me ad suscep-
" tionem illius ratio perduxerit, volo brevi prænoscas
" quid velim mihi facias. Volo equidem ut omnes
" terras quas ecclesia Cantuariensis, ad quam regendam
" electus sum, tempore beatæ memoriæ Lanfranci
" archiepiscopi tenebat, sine omni placito et controversia
" ipsi ecclesiæ restituas, et de aliis terris quas eadem
" ecclesia ante suum tempus habebat, sed perditas
" nondum recuperavit, mihi rectitudinem judiciumque

---

[1] *direptionem*] dereptionem, A.
[2] *pro malo quod mihi*] The MS. has *pro malo mihi*. The proper reading is supplied from A.

"consentias. Ad hæc, volo ut in iis quæ ad Deum et
"Christianitatem pertinent te meo præ cæteris consilio
"credas, ac, sicut ego te volo terrenum habere dominum et defensorem, ita et tu me spiritualem habeas
"patrem et animæ tuæ provisorem. De Romano quoque pontifice Urbano, quem pro apostolico hucusque
"non recepisti, et ego jam recepi atque recipio eique
"debitam obœdientiam et subjectionem exhibere volo,
"cautum te facio, nequid[1] scandalum inde oriatur in
"futuro. De his, quæso, tuæ voluntatis sententiam
"edicito, ut, ea cognita, certior fiam quo me vertam."
Rex itaque, vocato ad se Willelmo Dunelmensi episcopo, et Roberto comite de Mellento, jussit ut eis
præsentibus quæ dixerat iteraret. Fecit ille imperata,
et rex sibi per consilium ita respondit, "Terras de
"quibus ecclesia saisita quidem fuerat sub Lanfranco,
"omnes eo quo tunc erant tibi modo restituam; sed
"de illis quas sub ipso non habebat in præsenti nullum tecum conventionem instituo; veruntamen de
"his et aliis credam tibi sicut debebo." Finierat rex
in istis, et ab invicem discesserunt.

Deinde, paucis diebus interpositis, rex ipse consensum quem a Normannis super Anselmo, juxta quod
præfati sumus, expetierat, per epistolas accepit. Et
veniens in villam suam quæ Windlesora vocatur,
Anselmum per se suosque convenit, quatinus et secundum totius regni de eo factam electionem pontifex
fieri ultra non negaret, et terras ecclesiæ quas ipse
rex, defuncto Lanfranco, suis dederat, pro statuto servitio illis ipsis hæreditario jure tenendas, causa sui
amoris condonaret. Sed Anselmus, nolens ecclesiam
quam necdum re aliqua investierat expoliare, terras
ut petebatur nullo voluit pacto concedere; et, ob hoc
orto inter eum et regem discidio, quod primum quoque de pontificatu ejus agebatur indefinitum remansit.

---

[1] *nequid*] ne quod, A.

Unde Anselmus oppido lætatus est, sperans se hac occasione a prælationis onere per Dei gratiam exonerandum. Jam enim cum virga pastorali curam quam super Beccum abbas susceperat, pro descripta superius absolutione, ipsi Becco restituerat; et nunc, eo quod terras ecclesiæ injuria dare nolebat, episcopalis officii onus sese lætus evasisse videbat. Verum cum, decurso non exiguo tempore, clamorem omnium de ecclesiarum destructione conquerentium rex amplius ferre nequiret, virum ad se Wintoniæ, adunato ibi conventu nobilium, venire fecit, ac multis bonis et ecclesiæ Dei profuturis promissionibus illectum primatum ecclesiæ Anglorum suscipere suasit atque persuasit. Ille igitur, more et exemplo prædecessoris sui inductus, pro usu terræ homo regis factus est, et, sicut Lanfrancus suo tempore fuerat, de toto archiepiscopatu saisisi jussus.[1]

Venit post hæc Cantuariam, vii. Kal. Octobris, atque immensa monachorum, clericorum, totiusque plebis alacritate susceptus, ad regendam ecclesiam Dei locum pontificis magno deductus honore conscendit. Eodem die venit Cantuariam a rege missus quidam, nomine Rannulfus, regiæ voluntatis maximus executor; qui, spreta consideratione pietatis ac modestiæ, placitum contra eum ipsa die instituit, et ferus ac tumens tantum ecclesiæ gaudium conturbare non timuit. Quæ res cunctorum animos graviter vulneravit, conquerentium ac nimis indigne ferentium tanto viro tantam injuriam fieri, ut nec primum quidem suæ dignitatis diem permitteretur in pace transigere. Quorum indignationi hoc quoque non parum doloris adjiciebat, quod negotium unde agebatur ad jura ecclesiæ pertinebat, nec in aliquo regalis judicii definitionem respiciebat. Igitur eo tempore nimis atroci plaga percussi sunt homines ipsius ecclesiæ. Unde Anselmus vehementissime dolens, sed regi contraire non valens, ex præsen-

---

[1] *jussus*] jussus est, A.

42 HISTORIA NOVORUM IN ANGLIA.

A.D. 1093.

He is consecrated at Canterbury, Dec. 4th, 1093.

Primate, not metropolitan, of all Britain.

tibus futura conjecit, et quia multas in pontificatu angustias foret passurus intellexit atque prædixit. Accedens itaque ad novum sibique insolitum genus serviendi Deo, juxta Salomonem stabat in timore, et præparabat animam suam ad temptationem, sciens omnes pie volentes in Christo vivere tribulationem necessario pati oportere.

Instante vero tempore suæ consecrationis, venit ex more Thomas archiepiscopus Eboracensis et omnes episcopi Angliæ Cantuariam, eumque debita cum [1] veneratione ibi pontificem consecravere, pridie Nonas Decembris. Duo tamen episcopi, Wigornensis videlicet et Exoniensis, infirmitate detenti, huic consecrationi interesse non valuerunt; sed, nunciis apicibusque directis, absentiam suam coepiscoporum suorum præsentiæ hac in causa præsentem, et consentaneam fore denunciaverunt. Verum cum ante ordinandi pontificis examinationem Walchelinus [2] Wentanus episcopus rogatu Mauricii episcopi Lundoniensis, cujus hoc officium est, ecclesiastico more electionem scriptam legeret, mox in primo versu Thomas Eboracensis, graviter offensus, eam non jure factam conquestus est. Nam cum diceretur, "Fratres et coepiscopi mei, vestræ fraternitati " est cognitum quantum temporis est ex quo, acci- " dentibus variis eventibus, hæc Dorobernensis ec- " clesia, totius Britanniæ metropolitana, suo sit vi- " duata pastore," subintulit dicens, "Totius Britanniæ " metropolitana? Si totius Britanniæ metropolitana, " ecclesia Eboracensis, quæ metropolitana esse scitur, " metropolitana non est. Et quidem ecclesiam Cantua- " riensem primatem totius Britanniæ esse scimus, non " metropolitanam." Quod auditum, ratione subnixum esse quod dicebat intellectum est. Tunc statim scriptura ipsa mutata est, et pro "totius Britanniæ metro- " politana" "totius Britanniæ primas" scriptum est,

MS. p. 49

---

[1] *cum*] Not in A.   [2] *Walchelinus*] Walkelinus, A.

et omnis controversia conquievit.[1] Itaque sacravit illum[2] ut Britanniæ totius[3] primatem. Cum igitur inter sacrandum, pro ritu ecclesiæ, textus evangelii super eum ab episcopis apertus, tentus, et, peracta consecratione, fuisset inspectus; hæc in summitate paginæ sententia reperta est, "vocavit multos. Et " misit servum suum hora cœnæ dicere invitatis ut " venirent, quia jam parata sunt omnia. Et cœpe- " runt simul omnes excusare." Deinde, jam consummato ordinationis suæ die octavo, Cantuariam egrediens ad curiam regis pro imminenti Nativitate Domini vadit. Quo perveniens hilariter a rege totaque regni nobilitate suscipitur.

Ea tempestate rex, Normanniam fratri suo Roberto toto conamine auferre laborans, multam et immensam undecunque collectam pecuniam in hoc expendebat, adeo ut nonnullas etiam difficultates pateretur, quas regiam pati excellentiam indecens videbatur. Suasus igitur ab amicis suis, novus pontifex quingentas argenti libras regi obtulit, sperans et pollicentibus credens sese, pro hoc ejus deinceps gratiam firmiter adepturum, et iis quæ Dei sunt intendere volentem fautorem in cunctis habiturum, necne rebus ecclesiasticis intus et extra pacem tuitionemque illius contra omnes æmulos adquisiturum. Rex ergo, tali oblatione audita, "Bene," rem quidem laudando, respondit. Sed quidam malignæ mentis homines regem, ut fieri solet, ad hoc perduxerunt, quatinus oblatam pecuniam spernendo recipere non adquiesceret. "Tu," inquiunt, "eum præ cæteris Angliæ " principibus honorasti, ditasti, exaltasti; et nunc cum " ille, tua necessitate considerata, duo millia vel certe, ut " levissime dicatur, mille libras pro agendis munificen- " tiæ tuæ gratiis tibi dare deberet, quingentas, proh " pudor, offert? Sed paululum sustine, faciemque tuam

---

[1] *conquievit*] conquevit, MS.
[2] *illum*] eum, A.
[3] *Britanniæ totius*] totius Britanniæ, A.

44 HISTORIA NOVORUM IN ANGLIA.

A.D. 1093. " super eo commuta; et videbis quod, consueto aliorum
" ductus terrore, ovans, ad tuam benignitatem recuper-
" andam, quingentis quas offert totidem libras adjiciet."
Siquidem hunc ipse rex morem erga cunctos quibus
dominabatur habebat, ut quando quivis[1] eorum aliquid
ei pecuniarum, etiam solius gratiæ obtentu, offerebat, MS. p. 51.
oblatum, nisi quantitas rei voto illius concurreret, sper-
neret, nec offerentem in suam ulterius amicitiam admittebat, si ad determinationem suam oblatum munus
non augeret. Opinati sunt ergo illi maligni Anselmum
quoque hoc more terrendum, atque ad explendam regis
voluntatem aucta pecunia illico promovendum. Verum
mentita est iniquitas sibi. Itaque mandatur illi regem
The primate remonstrates. oblatam refutare pecuniam,[2] et miratus est. Aditoque
rege, sciscitatus est utrum ab eo tale mandatum pro-
cesserit, annon. Audit vere processisse, et statim pos-
tulans ait, " Ne, mi domine, precor, hoc facias, ut quod
" in præsentiarum offero suscipere abnuas. Licet enim
" primum sit, non tamen extremum archiepiscopi tui
" donum erit. Et fateor utilius tibi est et honestius a
" me pauca cum amica libertate et sæpe suscipere,
" quam violenta exactione mihi multa simul sub servili
" conditione auferre. Amica nempe libertate, me et
" omnia mea ad utilitatem tuam habere poteris; servili
The king gives him a rebuff. " autem conditione, nec me nec mea habebis." Ad
quæ iratus rex, " Sint," inquit cum jurgio, " tua tibi;
" sufficient mea mihi. Vade." Surrexit ergo et exiit, reputans apud se forte non sine sui præmonitione primo
ad sedem suam introitus die evangelium lectum fuisse,
" Nemo potest duobus dominis servire." Et alacrior in
seipsum reversus, " Benedictus sit," ait, " omnipotens
" Deus, qui me sua misericordia immunem servavit ab
" omni infamia. Si enim hæc quæ obtuli rex gratiose
" suscepisset, profecto a malignis hominibus qui exun- MS. p. 52.

---

[1] *quivis*] quis, A.
[2] *refutare pecuniam*] pecuniam refutare, A.

"dant jam ante pro episcopatu promissa, et nunc sub "callida oblatione reddita, putatum fuisset. Sed modo "quid agam? Præsignatum utique munus pro redemp- "tione animæ suæ[1] pauperibus Christi dabo, non illi; "et quo ei suam gratiam infundat, meque ab omni "malo defendat, devotus orabo." Quæsita dehinc per internuncios, sed quia pecuniam duplicare noluit minime adquisita gratia ejus, a curia festivitate finita recessit, sollicitius agens[2] oblato munere, ut proposuerat, Christi pauperes recreare.

Veniens autem in villam suam quæ Herga vocatur, dedicavit illic ecclesiam quam Lanfrancus quidem fabricaverat, sed morte præventus sacrare nequiverat. Inter quam dedicationem venerunt illuc duo canonici de Sancto Paulo, ab episcopo Lundoniæ missi, litteras ex parte episcopi deferentes, in quibus ut ipsam dedicationem donec simul inde loquerentur differret deprecatus est. Dicebat enim ipsam ecclesiam in sua parochia esse, et ob hoc, licet in terra archiepiscopi fuerit, dedicationem illius ad se pertinere. Audiens hæc Anselmus, et antecessorum suorum antiquam consuetudinem sciens, ratus est ab ipso ministerio pro hujusmodi precibus non cessandum, nec fecit. Siquidem mos et consuetudo archiepiscoporum Cantuariensium ab antiquo fuit et est, ut in terris suis, ubicunque per Angliam sint, nullus episcoporum præter se jus aliquod habeat, sed humana simul et divina omnia, velut in propria diocesi, in sua dispositione consistant. Anselmus tamen, nulli quicquam injuriarum quasi libera utens potestate facere volens, diligenti postmodum inquisitione consuetudinis hujus certitudinem studuit investigare, quatinus, si eam ratam non fuisse constaret, amodo ab ea temperaret. Supererat adhuc beatæ memoriæ Wulstanus,[3] quem

---

[1] *suæ*] On erasure in A.; perhaps to replace *meæ*.

[2] *sollicitius agens*] On erasure in A.

[3] *Wulstanus*] Wlstanus, A.

prænominavimus, Wigornensis episcopus, unus et solus de antiquis Anglorum patribus, vir in omni religione conspicuus et antiquarum Angliæ consuetudinum scientia apprime imbutus.[1] Hunc Anselmus de negotio consuluit, et quo simplicem sibi veritatem innotesceret postulavit. Quo ille suscepto scripsit illi hæc.

Reverentissimo ac beatissimo vitæ sanctitate et summæ sedis dignitate prælato, Anselmo archiepiscopo, Wulstanus[2] servorum Dei minimus Wigornensis ecclesiæ episcopus, merito indignus, orationum obsequia fideliaque ex caritate servitia.

Novit prudentia vestra quotidianos labores et oppressiones sanctæ ecclesiæ, malignis eam opprimentibus, et ipsis quos oportuerat eam tueri auctoribus existentibus. Ad hos repellendos, et contra tales sanctam ecclesiam defendere, sanctitas vestra locata est in summa arce. Ne igitur dubitet, non eam sæcularis potentiæ timor humiliet, non favor inclinet, sed fortiter incipiat, incœpta cum Dei adjutorio perficiat, insurgentibus obsistat, oppriment es reprimat, sanctamque matrem nostram contra tales defendat. De iis[3] autem unde nobis dignitas vestra scribere, et nostræ parvitatis est dignata consilium[4] quærere, quantum recordari possumus dicere non omittimus. Hanc denique unde consuluit causam ventilari nunquam audivimus, quia nullus aliquando extitit qui hanc Cantuariensi archiepiscopo potestatem adimere vellet, et ne dedicationem propriarum duntaxat ecclesiarum publice faceret defenderet. Extant quippe et in nostra diocesi altaria, et quædam etiam ecclesia, in his scilicet villis quas Stigandus vestræ excellentiæ prædecessor, haud tamen jure ecclesiasticæ hæreditatis, sed ex dono possederat sæcularis potestatis, ab ipso dedicata, nostris et antecessoris nostri temporibus, nobis inconsultis, nec antea nec postea quicquam inde calumniantibus, utpote hanc specialem potestatem ejusdem metropolitani episcopi esse scientibus. Judicium tamen hinc agitatum aut hoc ex jure sibi judicatum aliquando minime audivimus, sed quod in nostra diocesi eum libere fecisse[5] agnovimus in aliorum etiam facere posse credimus.

---

[1] *imbutus*] eruditus, A.
[2] *Wulstanus*] Wlfstanus, A.
[3] *iis*] his, A.
[4] *est dignata consilium*] consilium est dignata, A.
[4] *libere fecisse*] fecisse libere, A.

Ecce quantum inde reminisci aut scire potuimus prudentiæ vestræ intimavimus; jam quid faciendum sit ipsa consideret. Valeat paternitas vestra, et pro nobis oret.[1]

Roboratus igitur Anselmus ex istis atque ex multis aliorum, quos longum est enumerare, testimoniis, securo deinceps suorum morem antecessorum æmulabatur, non solum ecclesias inconsultis episcopis sacrans, sed et quæque Divina officia in cunctis terris suis per se suosve dispensans.

Evolutis dehinc aliquantis diebus, ex præcepto regis omnes fere episcopi una cum principibus Angliæ ad Hastinges convenerunt, ipsum regem in Normanniam transfretare volentem[2] sua benedictione et concursu prosecuturi. Venit et pater Anselmus, suis quam maxime orationibus per marina pericula regem protegendo ducturus. Morati vero sunt ibi rex et principes plus uno mense, vento transitum regi prohibente. In qua mora Anselmus sacravit in ecclesia Sanctæ Dei Genitricis Mariæ quæ est in ipso castello Robertum ad regimen ecclesiæ Lincoliensis, ministrantibus sibi in hoc officio septem de suffraganeis episcopis suis. De qua tamen consecratione quidam de episcopis atque principibus conati sunt contra Anselmum scandalum movere, intendentes ad hoc ut eundem episcopum absolute absque debita professione consecraret. Quod nullo jure fulti ea solummodo re sunt aggressi, quia putabant se animo regis aliquid ex conturbatione Anselmi unde lætaretur inferre, scientes eum pro supradicta[3] causa adversus ipsum non parum esse turbatum. Sed Anselmus ex iis[4] nil rancoris mente concipiens placido vultu nulla ratione assensum eis præbere, nec episcopum nisi primo suscepta professione ab eo de subjectione et obœdientia sua sacrare, voluit. Rex quoque, ubi quid episcopi moliebantur audivit, asseruit se nullo

---

[1] *pro nobis oret*] oret pro nobis, A.
[2] *transfretare volentem*] transfretaturum, A.
[3] *supradicta*] suprascripta, A.
[4] *iis*] his, A.

48 HISTORIA NOVORUM IN ANGLIA.

A.D. 1094. pacto consensurum ut pro inimicitia quam contra archiepiscopum habebat, matri suæ ecclesiæ Cantuariensi de sua dignitate quid quivis detraheret.

Ash-Wednesday, 1094 (Feb. 22nd). Eo tempore curialis juventus ferme tota crines suos juvencularum more nutriebat, et quotidie pexa ac irreligiosis nutibus circumspectans, delicatis vestigiis, tenero incessu obambulare solita erat. De quibus, cum in capite jejunii sermonem in populo ad missam suam et ad cineres confluente idem pater[1] habuisset, copiosam turbam ex illis in pœnitentiam egit, et attonsis crinibus in virilem formam redegit. Illos autem quos ab hac ignominia revocare nequivit a cinerum susceptione et a suæ absolutionis benedictione suspendit. MS. p. 56. Erat autem in his et hujusmodi prudenter ac libere agens, necne solius justitiæ respectum præ oculis in omnibus habens, qualiter ad Dei servitium justitiamque colendam regem provocaret studiosius intendit.

Anselm pays a visit to the king. Die igitur quadam ad eum ex more ivit, et juxta illum sedens eum his verbis alloqui cœpit, "Mare te, " domine mi rex, transiturum, et Normanniam tuæ " ditioni subjugaturum disposuisti. Verum quo hæc " et alia quæ desideras tibi prospere cedant, obsecro " primum, fer opem et consilium qualiter in hoc regno " tuo Christianitas, quæ jam fere tota in multis periit, " in statum suum redigi possit." Respondit, "Quam *He begs that councils be convened for the reformation of manners, but in vain;* " opem, quod consilium?" "Jube," ait, "si placet, " concilia ex antiquo usu renovari, quæ perperam " acta sunt in medium revocari, revocata examinari, " examinata redargui, redarguta sedari. Generale " nempe concilium episcoporum ex quo rex factus " fuisti non fuit in Anglia celebratum, nec retroactis " pluribus annis. Quapropter multa crimina erupe- " runt, et, nullo qui ea recideret existente, in nimium " robur per pravam consuetudinem excreverunt." At ille, "Cum," inquit, "mihi visum fuerit de his agam,

---

[1] *pater*] Supplied in margin in A.

"non ad tuam sed ad meam voluntatem. Sed in hoc
"aliud tempus expendetur." Et adjecit subsannans,
"Tu vero in concilio unde loquereris?" Tunc ille,
"Nefandissimum Sodomæ scelus, ut illicita consan-
"guineorum connubia et alia multa rerum detestan-
"darum facinorosa negotia taceam, scelus, inquam,
"Sodomæ noviter in hac terra divulgatum, jam plu-
"rimum pullulavit, multosque sua immanitate fœda-
"vit. Cui, fateor, nisi districti a te prodiens senten-
"tia judicii, et ecclesiasticæ vigor disciplinæ celerius
"obviet, tota terra non multo post Sodoma fiet. Sed
"conemur una, quæso, tu regia potestate et ego pon-
"tificali auctoritate, quatinus tale quid inde statuatur,
"quod cum per totum fuerit regnum divulgatum solo
"etiam auditu quicunque illius fautor est paveat et
"deprimatur." Non sederunt hæc animo principis, et
paucis ita respondit, "Et in hac re quid fieret pro
"te?" "Si non," inquit Anselmus, "pro me, spero
"fieret pro Deo et te." "Sufficit," dixit, "nolo inde
"ultra loquaris." Tacuit ille, sed mox verba sua vertit ad alia, dicens, "Est et aliud cui tuam industriam
"vellem intendere,[1] et intendendo consilii sui manum
"extendere. Abbatiæ quamplures sunt in hac terra,
"suis pastoribus destitutæ. Quam ob rem monachi,
"relicto ordine suo, per luxus sæculi vadunt, et sine
"confessione de hac vita[2] transeunt.[3] Unde consulo,
"precor, moneo, quatinus, tanta re diligenter inspecta,
"secundum voluntatem Dei abbates illis instituas, ne
"in destructione monasteriorum et perditione mona-
"chorum tibi, quod absit, damnationem adquiras."
Non potuit amplius spiritum suum rex cohibere, sed
oppido turbatus cum iracundia dixit, "Quid ad te?
"Numquid abbatiæ non sunt meæ? Hem, tu quod

---

[1] *vellem intendere*] intendere vellem, A.

[2] *confessione ... vita*] On erasure in A., the words slightly crowded.

[3] *transeunt*] exeunt, A.

"vis agis de villis tuis, et ego non agam quod volo de abbatiis meis?" Ait, "Tuæ quidem sunt, ut illas quasi advocatus defendas atque custodias; non tuæ autem, ut invadas aut devastes. Dei scimus eas esse, ut sui ministri inde vivant, non quo expeditiones et bella tua inde fiant. Denique villas et quamplures redditus habes, unde pleniter administrare tua potes. Ecclesiis si placet sua dimitte." MS. p. 58.

"Pro certo," inquit, "noveris mihi valde contraria esse quæ dicis. Nec enim antecessor tuus auderet ullatenus patri meo talia dicere; et nihil faciam pro te." Intellexit ergo Anselmus se verba in ventum proferre, et surgens abiit.

Reputans autem in hujusmodi responsis nonnihil pristinam iram operari, et considerans, offenso principis animo, nequaquam posse pacem rebus dari, quo et rebus consuleret, et liberius, favente sibi regali providentia, Deo fructificaret, humili per episcopos prece regem deprecatus est, ut in amicitiam sui sese gratis admitteret. "Quod si," ait, "facere nonvult, cur nolit edicat; et, si offendi, satisfacere paratus sum." Relata sunt ista regi,[1] et respondit, "De nulla re ipsum inculpo, nec tamen ei gratiam meam, quia non audio quare, indulgere volo." Quod cum episcopi viro retulissent, percunctatus est quidnam illud esset quod "quia non audiebat" preces suas exaudire nolebat. "Mysterium hoc," inquiunt illi, "planum est. Nam si pacem ejus vis habere necessario te oportet ei de pecunia tua copiosa præbere. Jam nuper obtulisti ei quingentas libras; sed, quoniam parum sibi visum fuit,[2] noluit illas recipere. Nunc, si vis nostro consilio credere, et quod in simili negotio facimus tu quoque facere, suademus ipsas ei quingentas libras ad præsens da, et tantundem pecuniæ quam ab hominibus tuis accipies illi promitte, et confidimus quod

---

[1] *regi*] ad regem, A.   [2] *fuit*] est, A.

"et tibi amicitiam suam restituet, et tua ut voles "pacem habere permittet. Aliam qua exeas viam "non videmus, nec nos pari angustia clausi aliam "exeundi habemus." At ille continuo intelligens quid consilii hujus effectus in se[1] prætenderet, ait, "Absit hic exitus a me. Nam cum ipse mihi, juxta "quod dicitis, nullam alicujus offensæ calumniam "imponat, et tamen in tantum[2] iratus est[3] ut "nonnisi mille libris argenti pacari queat, forte si "nunc novus episcopus hac eum datione pacarem, ex "ipso usu alia vice similiter irasceretur ut pari voto "pacaretur. Amplius. Homines mei post obitum "venerabilis memoriæ Lanfranci antecessoris mei de-"predati sunt et spoliati, et ego cum hucusque nil "eis unde revestiri possint contulerim, jam eos nudos "spoliarem, immo spoliatos decoriarem?[4] Absit. Ni-"hilo quoque minus hoc absit a me amorem domini "mei facto ostendere venalem esse. Fidem ei debeo "et honorem, et ego illi hoc dedecus facerem, scili-"cet gratiam suam quasi equum vel asinum vilibus "nummulis emerem? Emptum denique amorem ejus "utique postea tanti penderem, quanti[5] pretium pro "eo datum æstimarem. Sed longe sit a me sublimi-"tatem tantæ rei humili pretio comparare. Magis "autem satagite quo gratis et honeste me sicut ar-"chiepiscopum Cantuariensem et patrem suum spiritu-"alem diligat, et ego ex mea parte dabo operam, ut "me et mea ad servitium et voluntatem ejus juxta "quod debebo exhibeam." Dixerunt, "Scimus quia "saltem oblatas ei quingentas libras non negabis." Respondit, "Nec ipsas utique illi amplius dabo, quia "cum eas sibi offerrem suscipere noluit, et jam pluri-"mam partem earum, ut promisi, pauperibus dedi."

---

[1] *in se*] Not in A.
[2] *in tantum*] tantum, A.
[3] *iratus est*] iratus est mihi, A.
[4] *decoriarem*] excoriarem, A.
[5] *postea tanti penderem quanti*] tanti penderem postea quantum, A.

A.D. 1094.
The King, hearing what has passed, vows hatred against Anselm.

The King crosses over to Normandy.

The King returns to England.

A.D. 1095.
Anselm seeks the King at Gillingham, and begs leave to visit the Pope.

Nunciata sunt ista regi, et jussit hæc ei contra referri, "Heri magno, et hodie illum majori odio habeo; et "sciat revera quod cras et deinceps acriori et acerbiori "odio semper habebo. Pro patre vero vel archiepiscopo "nequaquam illum ultra tenebo, sed benedictiones et "orationes ejus execrans penitus respuo. Eat quo "vult, nec me transfretaturum pro danda benedic- "tione diutius expectet." Festinantius igitur a curia discessimus, et ipsum suæ voluntati[1] reliquimus. Et ipse quidem in Normanniam transiit, expensaque immensa pecunia eam sibi nullatenus sibi subigere potuit. Infecto itaque negotio, in Angliam reversus est.

MS. p.

Quem consistentem in quadam villa, quæ tribus milliariis a Sceftesberia distans Ilingeham vocatur, Anselmus adiit, eique suam voluntatem in hoc esse innotuit, ut Romanum pontificem pro pallii sui petitione adiret. Ad quod rex, "A quo," inquit, "papa "illud requirere cupis?" Erant quippe illo tempore duo, ut in Anglia ferebatur, qui dicebantur Romani pontifices a se invicem discordantes, et ecclesiam Dei inter se divisam post se trahentes; Urbanus videlicet, qui primo vocatus Odo fuerat episcopus Ostiensis, et Clemens qui Wibertus appellatus fuerat archiepiscopus Ravennas. Quæ res, ut de aliis mundi partibus sileam, per plures annos ecclesiam Angliæ in tantum occupavit, ut ex quo venerandæ memoriæ Gregorius qui antea vocabatur Hildebrandus defunctus fuit, nulli loco papæ usque ad hoc tempus subdi vel obœdire voluerit. Sed Urbano jam dudum pro vicario Beati Petri ab Italia Galliaque recepto, Anselmus etiam, utpote abbas de Normannia, eum pro papa receperat, et sicut vir nominatissimus necnon auctoritate plenus ejus litteras susceperat, eique velut summo sanctæ ecclesiæ pastori MS. p. 61. suas direxerat. Requisitus ergo a rege a quo papa usum pallii petere voluisset, respondit, "Ab Urbano."

---

[1] *suæ voluntati*] voluntati suæ, A.

Quo rex audito dixit illum pro apostolico se nondum recepisse, nec suæ vel paternæ consuetudinis eatenus extitisse, ut præter suam licentiam aut electionem aliquis in regno Angliæ papam nominaret, et quicunque sibi hujus dignitatis potestatem vellet præripere, unum foret ac si coronam suam sibi conaretur auferre. Ad quæ Anselmus admirans in medium protulit quod supra retulimus, se videlicet antequam[1] episcopus fieri consentiret ei apud Rovecestram dixisse, quod ipse abbas Beccensis existens Urbanum pro papa susceperit, nec ab illius obœdientia et subjectione quoquomodo discedere voluerit. Quibus ille auditis iræ stimulis exagitatus protestatus est, illum nequaquam fidem quam sibi debebat simul et obœdientiam sedis apostolicæ[2] contra suam voluntatem posse servare. Anselmus igitur, salva ratione sua quam de subjectione et obœdientia Romanæ ecclesiæ in medium tulerat, petivit inducias ad istius rei examinationem, quatinus, episcopis, abbatibus, cunctisque regni principibus una coeuntibus, communi assensu definiretur, utrum salva reverentia et obœdientia sedis apostolicæ posset fidem terreno regi servare annon. "Quod si probatum," inquit, "fuerit utrumque fieri minime posse, fateor malo "terram tuam donec apostolicum suscipias exeundo "devitare, quam Beati Petri ejusque vicarii obœdien- "tiam vel ad horam abnegare." Dantur ergo induciæ, atque ex regia sanctione ferme totius regni nobilitas quinto Idus Martii[3] pro ventilatione istius causæ in unum apud Rochingeham coit.

Fit itaque conventus omnium Dominico die in ecclesia quæ est in ipso castro sita ab hora prima, rege et suis secretius in Anselmum consilia sua studiose texentibus. Anselmus autem, episcopis, abbatibus, et princi-

---

[1] *antequam*] ante quam, MS.
[2] *obedientiam sedis apostolicæ*] apostolicæ sedis obedientiam, A.
[3] This is an error of the author's. The real date was February 25th. See Preface.

pibus ad se a regio secreto vocatis, eos et assistentem monachorum, clericorum, laicorum numerosam multitudinem hac voce alloquitur. "Fratres mei, filii ec-
"clesiæ Dei, omnes dico qui hic congregati estis in
"nomine Domini, precor intendite, et causam propter
"quam ventilandam adunati estis pro viribus opem
"vestri consilii ferte. Quæ autem ipsa causa sit, brevi
"qui nondum pleniter audistis, si placet, audite. Verba
"quædam orta sunt inter dominum nostrum regem et
"me, quæ quandam videntur dissensionem generare.
"Nam cum nuper licentiam adeundi Urbanum sedis
"apostolicæ præsulem juxta morem antecessorum me-
"orum pro pallii mei adeptione ab eo postulassem,
"dixit se Urbanum ipsum pro papa necdum suscepisse,
"et ideo nolle me ad eum illius rei gratia properare.
"'Quinetiam,' ait, 'si eundem Urbanum, aut quemlibet
"'alium, sine mea electione et auctoritate in regno
"'meo pro papa suscipis, aut susceptum tenes, contra
"'fidem quam mihi debes facis, nec in hoc me[1] mi-
"'nus offendis, quam si coronam meam mihi tollere
"'conareris. Unde scias in regno meo nullum te
"'participium habiturum, si non apertis assertionibus
"'probavero te omnis obœdientiæ subjectionem Urbano
"'de quo agitur pro voto meo negaturum.' Quod ego
"audiens admiratus sum. Siquidem abbas eram, ut
"nostis, in alio regno, per misericordiam Dei conver-
"satus ad omnes sine querela. Nulla vero spe vel
"desiderio pontificatus, sed quibusdam rationabilibus
"causis, quas nullatenus omittere poteram, in hanc
"terram sum venire coactus. Ipso autem rege infir-
"mato, omnes qui tunc aderatis ei ut matri suæ et
"vestræ, scilicet ecclesiæ Cantuariensi, per institutio-
"nem pontificis ante mortem suam consuleret pro voto
"consuluistis. Quid dicam? Suscepto consilio, placuit
"illi et vobis in hoc opus eligere me. Objeci plurima,

---

[1] *me*] In margin in A.

" subducere me præsulatui gestiens, nec adquievistis.
" Professus sum, inter alia, me hunc de quo nunc
" querela ista conseritur Urbanum pro apostolico susce-
" pisse, meque ab ejus subjectione quoad viveret vel
" ad horam discedere nolle; et qui ad hoc tunc temporis
" mihi contradiceret nemo fuit. Sed quid? Rapuistis
" me, et coegistis onus omnium suscipere, qui corporis
" imbecillitate defessus meipsum vix poteram ferre.
" In quo facto putabatis forsan mihi ad votum servire.
" Sed, quantum illud desideraverim, quam gratum ha-
" buerim, quantum in illo delectatus sim, dicere in
" præsenti[1] quidem, cum nihil prosit, supervacuum
" æstimo. Verum nequis in hac re nesciens conscien-
" tiam meam[2] scandalizetur in me, fateor, verum dico,
" quia, salva reverentia voluntatis Dei, maluissem illa
" die, si optio mihi daretur, in ardentem rogum com-
" burendus præcipitari, quam archiepiscopatus dignitate
" sublimari. Attamen videns importunam voluntatem
" vestram, credidi me vobis et suscepi onus quod im-
" posuistis, confisus spe auxilii vestri quod polliciti
" estis. Nunc ergo ecce tempus adest quo sese causa
" obtulit, ut onus meum consilii vestri manu levetis.
" Pro cujus consilii acceptione[3] petivi inducias ab eo
" die quo mihi præfata verba dicta sunt in hunc diem,
" quatinus in unum conveniretis, communique[4] consilio
" investigaretis, utrumnam possim, salva fidelitate
" regis, servare obœdientiam apostolicæ sedis. Petivi,
" inquam, inducias, et accepi; et ecce gratia Dei adestis.
" Omnes itaque, sed vos præcipue, fratres et coepiscopi
" mei, precor ac[5] moneo, quatinus, istis diligenter in-
" spectis, studiosius, sicut vos decet, quo inniti queam
" mihi consilium detis, ita ut et contra obœdientiam
" papæ nihil agam, et fidem quam domino regi debeo

---

[1] *præsenti*] presenti, MS.
[2] *nesciens conscientiam meam*] conscientiam meam nesciens, A.
[3] *acceptione*] adeptione, A.
[4] *communique*] communi, A.
[5] *ac*] *et*, A.

"non offendam. Grave siquidem mihi est vicarium beati
"Petri contemnendo abnegare, grave fidem quam regi
"me secundum Deum servaturum promisi violare, grave
"nihilominus quod dicitur, impossibile mihi fore unum
"horum altero non violato[1] custodire." Ad hæc episcopi responderunt, "Consilium quod a nobis petis penes
"te est, quem prudentem in Deo ac bonitatis amato-
"rem esse cognoscimus; et ob hoc in tam profunda re
"consilio nostro non eges. Verum si, remota omni alia
"conditione, simpliciter ad voluntatem domini nostri
"regis consilii tui summam transferre velles, prompta
"tibi voluntate, ut nobis ipsis, consuleremus. Attamen,
"si jubes, verba tua ipsi domino nostro referemus, et
"cum audierimus quid inde sentiat, dicemus tibi."
Annuit ipse, et fecerunt ut dixerant. Præcepit itaque
rex ut omnia in crastinum,[2] quia dies Dominica erat,
differrentur, et Anselmus ad hospitium suum, curiam
mane repetiturus, reverteretur. Factum est ita, et mane
juxta condictum reversi sumus. Itaque Anselmus in
medio procerum et conglobatæ multitudinis sedens ita
orsus est, "Si juxta quod a vobis, domini fratres, hes-
"terno die consilium de præsenti causa petivi vel nunc
"dare velletis, acciperem." At illi, "Quod heri respon-
"dimus modo respondemus; scilicet, si pure ad volun-
"tatem domini regis consilii tui summam transferre
"volueris, promptum et quod in nobis ipsis utile
"didicimus a nobis consilium certum habebis. Si
"autem secundum Deum quod ullatenus voluntati regis
"obviare possit consilium a nobis expectas, frustra
"niteris, quia in hujusmodi nunquam tibi nos admi-
"niculari videbis." Quibus dictis, conticuerunt, et
capita sua, quasi ad ea quæ ipse illaturus erat demiserunt. Tunc pater Anselmus erectis in altum luminibus, vivido vultu, reverenda voce, ista locutus est,

---

[1] *altero non violato*] non violato alterò, A.
[2] *in crastinum*] incrastinum, MS.

"Cum vos, qui Christianæ plebis pastores, et vos, qui populorum principes vocamini, consilium mihi patri vestro nonnisi[1] ad unius hominis voluntatem dare vultis; ego ad summum pastorem et principem omnium, ego ad magni consilii angelum curram, et in meo, immo in suo et ecclesiæ suæ, negotio consilium quod sequar ab eo accipiam. Dicit beatissimo apostolorum principi Petro, 'Tu es Petrus, et super hanc 'petram ædificabo ecclesiam meam, et portæ inferi 'non prævalebunt adversus eam. Et tibi dabo claves 'regni cælorum. Et quodcunque ligaveris super ter'ram erit ligatum et in cælis, et quodcunque solveris 'super terram erit solutum et in cælis.' Communiter etiam apostolis omnibus, 'Qui vos audit me audit, et 'qui vos spernit me spernit.' Et, 'Qui tangit vos 'sicut qui tangit pupillam oculi mei.' Hæc, sicut principaliter Beato Petro et in ipso cæteris apostolis dicta accipimus, ita principaliter vicario Beati Petri et per ipsum cæteris episcopis qui vices agunt apostolorum eadem dicta tenemus; non cuilibet imperatori, non alicui regi, non duci, non comiti. In quo tamen terrenis principibus subdi ac ministrare debeamus, docet et instruit idem ipse magni consilii angelus dicens, 'Reddite quæ sunt Cæsaris Cæsari; ' et quæ sunt Dei Deo.' Hæc verba, hæc consilia Dei sunt. Hæc approbo, hæc suscipio, hæc nulla ratione exibo. Quare cuncti noveritis in commune, quia in iis[2] quæ Dei sunt vicario Beati Petri obœdientiam, et in iis[2] quæ terrenæ domini mei regis dignitati jure competunt ei fidele consilium et auxilium pro sensus mei capacitate impendam." Finierat pater in istis. Omnes igitur assidentes oppido turbati cum festinatione et magno tumultu surrexerunt, turbationem suam confusis vocibus exprimentes, ut eos illum esse reum mortis una clamare putares.

---

[1] *nonnisi*] non nisi, MS. See Preface. | [2] *iis*] his, A.

A.D. 1095.
The bishops refuse to report to the King what he has said.
He goes to the King, and repeats what he has said.
The King takes counsel with the bishops and barons.

Conversique ad illum, cum jurgio, "Scias," inquiunt, "nos hæc verba tua minime domino nostro tua vice "portaturos." Quibus dictis, ad regem reversi sunt. Quia ergo nemo cui verba sua regi deferenda tuto committeret cum Anselmo remansit, ipsemet ad regem ingrediens quæ dixerat viva voce innotuit, illicoque reversus est. Ad quæ rex vehementer iratus cum episcopis atque principibus intentissime quærere cœpit quid dictis ejus objicere posset, nec invenit. Scandalizati ergo inter se ab invicem sunt in partes divisi, et hic duo, ibi tres, illic quatuor in unum consiliabantur, studiosissime disquirentes siquo modo possent aliquod responsum contra hæc componere, quod et regiam animositatem deliniret, et prælibatas sententias Dei adversa fronte non impugnaret. Solus inter hæc Ansel- MS. p. 67. mus sedebat, tantum in [1] innocentia cordis sui et [2] misericordia Domini Dei fiduciam habens. Adversariis vero ejus conciliabula sua in longum protelantibus, ipse ad parietem se reclinans leni somno quiescebat.

The bishops bring back a message from the King.

Facta itaque longa mora, redeunt episcopi cum nonnullis principibus a rege, hæc viro dicentes, "Vult "dominus noster rex, omissis aliis verbis, a te sub "celeritate sententiam audire, de iis [3] videlicet quæ "inter illum et te dicta fuerunt apud Ilingeham,[4] "unde petisti inducias in hunc diem respondendi. "Res nota est, et expositione non indiget. Verun- "tamen noveris totum regnum conqueri adversum te, "quod nostro communi domino conaris decus imperii "sui coronam auferre. Quicunque enim regiæ digni- "tatis ei consuetudines tollit, coronam simul et reg- "num tollit. Unum quippe sine alio decenter haberi "non posse probamus. Sed recogita, rogamus te, et "Urbani illius qui, offenso domino rege, nil tibi pro- "desse, nec, ipso pacato tibi, quicquam valet obesse

---

[1] *tantum in*] tantum, A.
[2] *et*] et in, A.
[3] *iis*] his, A.
[4] *Ilingeham*] Ilingheham, A.

"obœdientiam abjice, subjectionis jugum excute, et
"liber, ut archiepiscopum Cantuariensem decet, in
"cunctis actibus tuis voluntatem domini regis et jus-
"sionem expecta; necne quod secus egisti culpam
"agnosce, ac, ut tibi ignoscat, voto illius in omni
"quod a te inde petierit sapientis more concurre,
"quatinus inimici tui, qui casibus tuis nunc insul-
"tant, visa dignitatis tuæ sublevatione[1] erubescant.
"Hæc, inquam, rogamus,[2] hæc consulimus, hæc tibi
"tuisque necessaria esse dicimus et confirmamus."
Respondit, "Quæ dicitis audio; sed, ut ad alia taceam,
"abnegare obœdientiam papæ[3] nullatenus volo. Jam
"dies declinat in vesperam; differatur, si placet, in
"crastinum causa ista, quo tractans mecum respon-
"deam quod Deus inspirare dignabitur." Suspicati
ergo illum aut quid diceret ultra nescire, aut metu ad-
dictum jam statim cœpto desistere, reversi ad regem,
persuaserunt inducias nulla ratione dandas, sed, causa
recenti examinatione discussa, supremam, si suis adquiescere consiliis nollet, in eum mox judicii sententiam invehi juberet. Erat autem quasi prævius et
prælocutor regis in hoc negotio Willelmus supra nominatus Dunelmensis episcopus, homo linguæ volubilitate
facetus quam pura sapientia præditus. Hujus quoque
discidii quod inter regem et Anselmum versabatur
erat auctor et gravis incentor,[4] regique spoponderat
se facturum ut Anselmus aut Romani pontificis obœdientiam funditus[5] abnegaret, aut archiepiscopatui,
reddito baculo et anulo, abrenunciaret. Qua sponsione fretus rex applaudebat sibi, sperans illum vel,
abjurato apostolico, infamem remanere in regno suo,

---

[1] *sublevatione*] sullevatione, MS.
[2] *Hæc inquam rogamus*] Hæc inquam hæc rogamus, A.
[3] *papæ*] domini papæ, A.
[4] *et gravis incentor*] gravis et incentor, A.

[5] *pontifici obedientiam funditus*] pontifici funditus obedientiam, A.; *pontifici funditus* being written on erasure and in margin, probably for the introduction of *funditus*.

A.D. 1095. vel, eodem retento, rationabiliter extorrem fieri a regno suo. Et ista quidem volebat, propterea quod omnem auctoritatem exercendæ Christianitatis illi adimere cupiebat. Nec enim regia dignitate integre se potitum suspicabatur, quamdiu aliquis in tota terra sua,[1] vel etiam secundum Deum, nisi per eum quicquam habere, nota dico, vel posse dicebatur. Quam cordis illius voluntatem Dunelmensis intelligens omni ingenio satagebat siquo modo Anselmum calumniosis objectionibus fatigatum regno eliminaret, ratus, ut dicebatur, ipso discedente, se archiepiscopatus solio sublimandum. Cum igitur regi persuasisset quæsitas inducias Anselmo non esse dandas, comitatus quampluribus, qui verba sua suo fulcirent testimonio, ad virum ingrediens ait, "Audi querimoniam regis contra te. Dicit quia, MS. p. 60.

The Bishop of Durham returns and makes a menacing speech to the Primate.

"quantum tua interest, eum dignitate sua[2] spoliasti,
"dum Odonem episcopum Ostiensem sine sui auctori-
"tate præcepti papam in sua Anglia facis, et, sic
"spoliatum, petis tibi inducias dare, quo possis ean-
"dem spoliationem tuis adinventionibus justam esse
"demonstrare. Revesti eum primo, si placet, debita
"imperii sui dignitate, et tunc demum de induciis
"age. Alioquin, noveris illum sibi ipsi odium Dei
"omnipotentis imprecari, nosque fideles ejus impre-
"cationi ipsius conniventes acclamare, si vel ad horam
"inducias dederit quas tibi in crastinum dari preca-
"ris. Quare jam nunc e vestigio ad domini nostri
"dicta responde, aut sententiam tuæ vindicem præ-
"sumptionis dubio procul in præsenti experiere. Nec
"jocum existimes esse quod agitur, immo in istis
"magni doloris stimulis urgemur. Nec mirum. Quod
"enim dominus tuus et noster in omni dominatione
"sua præcipuum habebat, et quo illum[3] cunctis regibus
"præstare certum erat, hoc ei, quantum in te est,

---

[1] *sua*] Not in A.
[2] *dignitate sua*] sua dignitate, A.
[3] *illum*] eum, A.

"inique tollis, tollens fidem cum sacramento quod ei
"feceras polluis, et omnes amicos ejus magna in hoc
"confusione involvis." Audiens hæc Anselmus patienter sustinuit, moxque ad tantæ calumniæ nefas ita brevi respondit, "Qui, propterea quod venerabilis
"sanctæ Romanæ ecclesiæ summi pontificis obœdien-
"tiam abnegare nolo, vult probare me fidem et sacra-
"mentum violare quod terreno regi debeo, assit; et in
"nomine Domini me paratum inveniet ei sicut debeo,
"et ubi debeo, respondere." Quibus auditis, aspicientes sese adinvicem, nec invenientes quid ad ista referrent, ad dominum suum reversi sunt. Protinus enim intellexerunt, quod prius non animadverterunt nec ipsum advertere posse putaverunt, videlicet archiepiscopum Cantuariensem a nullo hominum, nisi a solo papa, judicari posse vel damnari, nec ab aliquo cogi pro quavis calumnia cuiquam, eo excepto, contra suum velle respondere. Ortum interea est murmur[1] totius multitudinis pro injuria tanti viri, summissa inter se voce querentis. Nemo quippe palam pro eo loqui audebat ob metum tyranni. Veruntamen miles unus de multitudine prodiens viro astitit, flexis coram eo genibus, dicens, "Domine pater, rogant te per me sup-
"plices filii tui, ne turbetur cor tuum ex iis quæ
"audisti, sed memor esto beati Job vincentis diabolum
"in sterquilinio, et vindicantes Adam quem ipse vice-
"rat in paradiso." Quæ verba dum pater comi vultu accepisset, intellexit animum populi in sua secum sententia esse. Gavisi ergo exinde sumus et animæquiores effecti, confidentes, juxta scripturam, "vocem
"populi vocem esse Dei." Quid agam? Si minas, si opprobria, si contumelias, si mendacia viro objecta singulatim describere voluero, timeo nimius judicari. Quæ tamen omnia pro fidelitate apostolicæ sedis æquanimiter sustinebat, et, juvante Deo, invicta quæque ratione

---

[1] *est murmur*] murmur est, A.

destruebat, ostendens potius in veritate sese consistere, atque in cunctis quæ negotii summa respicebat Deum auctorem habere. Cum hæc omnia rex agnovisset, usque ad divisionem spiritus sui exacerbatus, episcopis dixit, "Quid est hoc? Nonne mihi polliciti estis "quod eum omnino ad velle meum tractaretis, judi- "caretis, damnaretis?" Cui Dunelmensis, "Ita in "primis tepide et silenter per singula loquebatur, ut "omnis humanæ prudentiæ inscius et expers putare- "tur." Et adjecit, "Nox est. Jubeatur ad hospitium "ire, et nos, jam plene agnita ratione sua, cogitabimus "pro te usque mane." Hinc ad regis præceptum repetivimus hospitium nostrum. Mane autem reversi sedimus in loco solito,[1] expectantes mandatum regis. At illi cum suis omni modo perquirebat quid in damnationem Anselmi componere posset, nec inveniebat. Requisitus Willelmus Dunelmensis quid ipse ex condicto noctu egerit apud se, respondit nil rationis posse afferri ad enervationem rationis Anselmi; "præsertim "cum omnis," inquit, "ratio ejus innitatur verbis "Dei et auctoritate Beati Petri. Verum mihi violen- "tia videtur opprimendus, et si regiæ voluntati non "vult adquiescere, ablato baculo et anulo, de regno "pellendus." Non placuerunt hæc verba principibus. Et ait rex, "Quid placet, si hæc non placent? Dum vivo, parem mihi in regno meo utique sustinere nolo. "Et sic sciebatis eum tanto in causa sua robore ful- "tum, quare permisistis me incipere placitum istud "contra eum? Ite, consiliamini, quia, per Vultum Dei, "si vos illum ad voluntatem meam non damnaveritis, "ego damnabo vos. Ad quæ Robertus quidam ipsi regi valde familiaris, ita respondit, "De consiliis nos- "tris quid dicam, fateor[2] nescio. Nam cum omni "studio per totum diem inter nos illa conferimus, et "quatinus aliquo modo sibi cohereant conferendo con-

---

[1] *in loco solito*] solito loco, A. | [2] *fateor*] In margin in A.

"serimus, ipse, nihil mali econtra cogitans, dormit, et
" prolata coram eo statim uno labiorum suorum pulsu
" quasi telas araneæ rumpit." "Et vos, episcopi mei,
" quod dicitis?" Dixerunt,[1] "Dolemus quod animo
" tuo, domine, satisfacere non valemus. Primas est
" non modo istius regni, sed et Scottiæ[2] et Hiberniæ
" necne adjacentium insularum, nosque suffraganei ejus.
" Unde patet nos rationabiliter eum judicare vel dam-
" nare nullatenus posse, etiam si aliqua culpa in eo,
" quæ modo non valet, posset ostendi." Ait, "Quid
" igitur restat? Si cum judicare non potestis, nonne
" saltem omnis obœdientiæ fidem ac fraternæ societatis
" amicitiam ei abnegare potestis?" "Hoc quidem," inquiunt, "quoniam jubes, facere possumus." "Properate
" igitur, et quod dicitis citius facite, ut cum viderit se
" a cunctis despectum et desolatum verecundetur et
" ingemiscat se Urbanum, me domino suo contempto,
" secutum. Et quo ista securius faciatis, en ego pri-
" mum in imperio meo penitus ei omnem securitatem
" et fiduciam mei tollo, ac deinceps in illo vel de illo
" nulla in causa confidere vel eum pro archiepiscopo
" aut patre spirituali tenere volo." Actis exhinc pluribus ac diversis contra virum machinationibus, quæ ab
incepta sui propositi norma eum avellerent, nec in aliquo proficientibus, tandem, sociatis sibi abbatibus, episcopi retulerunt patri quod dixerat rex, suam pro voto
illius abnegationem quam prælibavimus ingerentes.
Quibus ille respondens ait, "Quæ dicitis audio. Sed
" cum, propterea quod me ad Beati Petri principis
" apostolorum subjectionem et fidelitatem teneo, mihi
" omnem subjectionem, fidem et amicitiam quam pri-
" mati et patri vestro[3] spirituali debetis abnegatis,
" non recte proceditis. Absit tamen a me similem

---

[1] *Dixerunt*] In margin in A.
[2] *Scottiæ*] Scotiæ, A.
[3] *et patri vestro*] vestro et patri, A.

A.D. 1095.

"vobis vicem rependere. Verum fraternam paternamque vobis caritatem exhibens nitar, si pati non refugitis, vos ut fratres ac filios sanctæ matris ecclesiæ Cantuariensis ab hoc in quo lapsi estis trepido errore convertere, et per potestatem mihi a Domino datam ad viam rectitudinis revocare. Regi autem qui mihi omnem in regno suo securitatem adimit, meque pro archiepiscopo vel patre spirituali habere se amodo nolle dicit, omnem cum fideli servitio securitatem, quantum mea interest, spondeo, et paterno more diligentem animæ illius curam, si ferre dignabitur, habebo; retenta semper apud me in Dei servitio potestate, nomine et officio pontificatus Cantuariensis qualicunque oppressione vexari contingat res exteriores." Ad hæc ille respondit, "Omnino adversatur animo meo quod dicit, nec meus erit quisquis ipsius esse delegerit. Quapropter vos qui regni mei principes estis, omnem fidem et amicitiam sicut episcopi fecerunt ei citius[1] denegate,[2] quatinus appareat quid lucretur in ea fide quam, offensa voluntate mea, servat apostolicæ sedi." Dixerunt, "Nos nunquam fuimus homines ejus nec fidelitatem quam ei non fecimus abjurare valemus. Archiepiscopus noster est, Christianitatem in hac terra gubernare habet, et ea re nos qui Christiani sumus ejus magisterium dum hic vivimus declinare non possumus, præsertim cum nullius offensæ macula illum respiciat, quæ nos secus de illo agere compellat." Quod ille[3] repressa sustinuit ira, rationi eorum palam ne nimis offenderentur contraire præcavens. Igitur episcopi hæc videntes confusione vultus sui operti sunt, intelligentes omnium oculos in se converti, et apostasiam suam non injuste a cunctis detestari. Audires enim, si adesses, nunc ab isto,

MS. p. 74.

The barons invited to follow the example of the bishops, refuse to do so.

The King smothers his resentment against them, and the bishops are covered with confusion.

---

[1] *citius*] Not in A.
[2] *denegate*] MS. has *degate*, A. has *denegate*.
[3] *ille*] ipse, A.

nunc ab illo, istum vel illum episcopum aliquo cognomine cum interjectione indignantis denotari, videlicet Judæ proditoris, Pilati vel Herodis, horumque similium. Qui paulo post singulatim requisiti a rege, utrum omnem subjectionem et obœdientiam nulla conditione interposita, an illam solam subjectionem et obedientiam quam prætenderet ex auctoritate Romani pontificis Anselmo denegassent; cum quidam uno, quidam alio modo se hoc fecisse responderet; hos quidem qui nulla conditione interposita funditus ei quicquid prælato suo debebant se abjurasse professi sunt, juxta se sicut fideles et amicos suos honorifice sedere præcepit, illos vero, qui in hoc solo quod præciperet ex parte apostolici sese subjectionem et obœdientiam illi abnegasse dicere ausi sunt, ut perfidos ac suæ voluntatis inimicos procul in angulo domus sententiam suæ damnationis ira permotus jussit præstolari. Territi ergo et confusione super confusionem induti in angulum domus secesserunt. Sed reperto statim salubri et quo niti solebant domestico consilio; hoc est, data copiosa pecunia; in amicitiam regis recepti sunt. Anselmus autem, sciens omnem sibi in Anglia securitatem a rege sublatam,[1] mandavit ei dare sibi conductum quo cum suis portum maris tuto petens regno decederet, donec Deus tantæ perturbationi modum dignanter imponeret. Quo ipse audito gravi cordis molestia elanguit. Nam licet discessum ejus summopere desideraret, nolebat tamen eum pontificatus dignitate saisitum discedere, ne novissimum scandalum quod inde poterat oriri pejus fieret priore. Ut vero illum pontificatu[2] dissaisiret impossibile sibi videbat. Turbatus itaque, et episcoporum consilio per quod in has angustias se devolutum querebatur omisso, cum principibus consilium iniit, quid facto opus esset inquisivit. Rogant illi quatinus vir cum summa pace

---

[1] *sublatam*] sullatam, A.
[2] *illum pontificatu*] pontificatu illum, A.

R 8387.

moneatur ad hospitium suum redire, responsum regis super petitione sua mane recepturus. Fit juxta verbum illorum, et perturbatis etiam curialibus plurimis, hospitium repedavimus. Rati quippe sunt[1] hominem a terra discedere, et ingemuere.[2] At ille lætus et alacer sperabat se perturbationes et onera sæculi, quod semper optabat, transito mari evadere. Cum igitur inter spem a regno discedendi et metum in regno remanendi animus ipsius fluctuaret, ecce principes a latere regis mane directi, "Rogat," aiunt, " dominus noster rex te venire ad se." Ascendimus, ivimus, et, supremam de negotio nostro sententiam avidi audire, in quo soliti eramus loco consedimus. Nec mora; veniunt ad patrem nostrum proceres regni, nonnullis episcopis comitati, hæc ei dicentes, " Antiqua tui amicitia moti dolemus discordiam istam " inter dominum regem et te esse exortam. Quare " cupientes in pristinam concordiam vos revocare, præ- " vidimus in præsenti utile fore inducias utrinque " de negotio dari, quatinus, hinc usque ad definitum " aliquod tempus inter vos pace statuta, nec a te illi " vel suis, nec ab eo tibi vel tuis quicquam fiat quod " concordiæ metas erumpant. Hoc, inquam, utile fore " prævidimus, et volumus dicas an velis in hoc ad- " quiescere nobis." Respondit, "Pacem atque concor- " diam non abjicio. Veruntamen videor mihi videre " quid ista quam offertis pax habeat in se. Ne tamen " ab aliquo judicer magis velle meo sensui quam alio- " rum in istis credere, concedo suscipere quod domino " regi et vobis placet pro pacis custodia secundum " Deum statuere, salva semper apud me debita reve- " rentia et obœdientia domini Urbani sedis apostolicæ " præsulis." Probant dictum, et referunt ad regis auditum. Dantur ergo induciæ usque ad octavas Pentecostes; ac regia fide sancitur, quatinus ex utra-

---

[1] *quippe sunt*] sunt quippe, A. | [2] *ingemuere*] ingemuerunt, A.

que parte interim omnia ut dictum erat essent in
pace. Et rex, "Si integritas," inquit, "perfectæ pacis
" istam quæ inter nos est controversiam ante hunc
" terminum non sedaverit, omnino qualis hac die est
" talis in præfinito termino induciarum definienda
" in medium reducetur."[1] His ita gestis; accepta a
rege licentia, ad suam Anselmus revertitur sedem,
præsciens apud se pacem et inducias illas inane et
momentaneum velamen esse odii et oppressionis mox
futuræ. Quod in brevi postmodum patuit. Siquidem,
evolutis paucis diebus, Balduinum monachum, in quo
pars major consiliorum Anselmi pendebat, et duos
clericos ejus rex ipse præscripti discidii causa ab
Anglia pepulit, et Anselmum in hoc facto atroci
mœroris vérbere perculit. Quid referam camerarium
ejus in sua camera ante suos oculos captum, alios
homines ejus injusto[2] judicio condemnatos, deprædatos,
innumeris malis afflictos? Et hæc omnia infra dies
induciarum et præfixæ pacis regalis constantia fidei
contra virum exercebat. Passa est igitur ea tempestate ecclesia Cantuariensis in omnibus hominibus suis
tam sævam tempestatem, ut fere universi conclamarent
melius sibi absque pastore jam olim fuisse quam nunc
sub hujusmodi pastore esse. A cujus tempestatis descriptione temperantes, modum præsenti volumini imponemus, caventes ne prolixa fatuitas et fatua prolixitas orationis legentes vel audientes, si forte aliqui
fuerunt, nimio tædio afficiat.

Explicit Liber Primus.

---

[1] *reducetur*] revocetur, A | [2] *injusto*] in justo, MS.

INCIPIT SECUNDUS.

Cum datarum dies induciarum præstolaretur, et hinc inde fides utrorumque, Willelmi videlicet regis et Anselmi archiepiscopi, certis indiciis panderetur; regis scilicet, omnia quæ spoponderat in contrarium pervertendo, et pontificis, sua sponsione servata, patienter irrogatas injurias perpetiendo; Albanensis episcopus, Walterus nomine, ab Urbano sedis apostolicæ præsule Roma missus Angliam venit, adducentibus eum duobus clericis, Girardo scilicet ac[1] Willelmo, qui de capella regis erant. Siquidem ipse rex, ubi sensit Anselmum suæ voluntati nolle in præscripto negotio[2] obtemperare, clam et Anselmo ignorante eosdem clericos Romam miserat, Romanæ statum ecclesiæ per eos volens certo dinoscere. Erant namque Romæ in illis diebus, sicut prædiximus, duo pontifices qui a diversis apostolici nuncupabantur; sed quis eorum canonice quis secus fuerit institutus, ab Anglis usque id temporis ignorabatur. Scire itaque veritatem hujus rei, Romam missi sunt hi duo clerici; eaque cognita, jussi sunt sacris promissionibus illectum ad hoc, si possent, papam perducere, ut ipsi regi ad opus archiepiscopi Cantuariensis pallium, tacita persona Anselmi, destinaret, quod ipse rex, Anselmo a pontificatu simul et regno dejecto, cui vellet cum pontificatu vice apostolici postmodum daret. Hoc quippe disposuerat apud se, hoc suspicatus est non injuria sibi concedi posse, hoc indubitato fieri promittebat opinioni suæ.

Præfatus ergo episcopus Angliam veniens secum archiepiscopatus stolam, papa mittente, clanculo detulit. Et silenter Cantuaria civitate pertransita, Anselmoque devitato, ad regem properabat, nulli de pallio quod ferebat quicquam dicens, nullum in absentia ductorum

---

[1] ac] et, A.
[2] nolle in præscripto negotio] in præscripto negotio nolle, A.

suorum familiariter alloquens. Rex denique præceperat ita fieri, nolens mysterium consilii sui publicari. Ille, igitur, cum nonnullis diebus ante Pentecosten ad regem venisset, et ei ad singula quæ suæ voluntati accepta fore didicerat bonæ spei fiducia respondisset, nil penitus ipsi pro Anselmo locutus est quod pacem inter eos conciliaret, quod tribulationes in quibus pro fidelitate sedis apostolicæ desudabat mitigaret, quod eum ad sublevandum in Anglia Christianæ religionis cultum roboraret. Super quo multi qui prius ex adventu ipsius magni spe boni tenebantur oppido admirati, "Pape," inquiunt, "quid dicemus? Si aurum et argentum "Roma præponit justitiæ, quid subventionis, quid "consilii, quid solaminis ibi deinceps in sua oppres-"sione reperient qui pro adipiscenda suæ causæ recti-"tudine non habent quod dent?"

Sentiens itaque rex episcopum ex parte Urbani cuncta suæ voluntati conniventia nunciare, et ea si ipsum Urbanum pro papa in suo regno susciperet velle apostolica auctoritate sibi dum viveret in privilegium promulgare, adquievit placito, præcipiens Urbanum in omnia imperio suo pro apostolico haberi, eique vice Beati Petri in Christiana religione obœdiri. Egit post hæc quibus modis poterat ipse rex cum episcopo, quatinus Romani pontificis auctoritate Anselmum ab episcopatu, regali potentia fultus, deponeret; spondens immensum pecuniæ pondus ei et ecclesiæ Romanæ singulis annis daturum, si in hoc suo desiderio satisfaceret. Verum cum id nulla ratione fieri posse, docente episcopo, didicisset, deficiebat animo, reputans apud se nihil in requisitione vel susceptione Romani antistitis se profecisse. Attamen, immutabile considerans quod factum fuerat, consilio cum suis inito, quærebat qualiter, servata singulari celsitudinis suæ dignitate, viro saltem[1] specie tenus amorem suum redderet, cui cru-

---

[1] *viro saltem*] On erasure in A.

deliter iratus nihil poterat cupitæ damnationis pro voto inferre.

Instante igitur die in quem induciæ datæ sunt inter ipsos, mandatum est Anselmo tunc in villa sua quæ Murtelac dicitur consistenti, et ibi solennitatem Pentecostes celebranti, quatinus ad aliam villam suam quæ Heisa vocatur accederet, ubi nuncii regis curiam suam in ipsa festivitate apud Windlesoram tenentis ad eum venire, et verba regis illi, et illius possent regi deferre. Ivimus ergo illuc. Et sequenti die veniunt ad illum pene omnes episcopi Angliæ. Qui, præmissa[1] pace sui, pedetemptim explorare aggressi sunt, utrum aliquo modo illum ad hoc illicere possent, ut ipse, jam tot ac tantis adversitatibus actus, vel tunc data pecunia regis amicitiam sibi conciliaret. Ad quod cum illum more solito inflexibilem reperissent, tandem hujuscemodi quæstibus eum interpellare destiterunt, subjungentes hæc, "Si ergo pro adipiscenda amicitia ipsius "nil de tuis dare vis, dic, rogamus te, compendioso ac "simplici verbo quid velis." Ait, "Dixi vobis jam "quia nunquam domino meo faciam hanc contume- "liam,[2] ut facto probem amicitiam ejus esse venalem. "Sed si me, sicut debet, patrem suum vult gratis "diligere, et ut more archiepiscopi Cantuariensis sub "obœdientia domini papæ Urbani in Anglia vivam "permittere, gratiose suscipiam, eique, pace ac securi- "tate potitus, sicut domino et regi meo fideliter et "opportune deserviam. Si hoc nonvult, scitis quid in "hunc diem convenit inter nos; det scilicet mihi con- "ductum donec ad mare perveniam, et postmodum "quod intelligam me facere delere faciam." "Nihilne "nobis," inquiunt, "aliud dices?" Refert, "Hinc "nihil." "Dominus papa Urbanus," aiunt, rogatu "domini nostri regis stolam illi archiepiscopatus per

---

[1] *præmissa*] premissa, MS.
[2] *faciam hanc contumeliam*] hanc contumeliam faciam, A.

"episcopum qui de Roma venit direxit. Tuum igitur "erit considerare, quid tanto beneficio dignum regi "rependas. Quod enim sine multis periculis magnoque "labore atque constamine obtinere non posses, ecce, "nullo interveniente gravamine, si in te non reman- "serit, habes." Sensit in his Anselmus nimis implicitum negotium actitatum contra se, et anxiatus spiritu dixit, "O beneficium. Cujus æstimatio quænam sit "penes[1] me novit Deus inspector conscientiæ meæ." Dixerunt, "Quomodocunque facti hujus executio sedeat "animo tuo, laudamus et consulimus ut saltem quod "in via expenderes si pro hoc Romam ires regi des, "ne, si nihil feceris, injurius judiceris." "Nec hoc "quidem;" ait, "nec omnino hujus rei gratia quicquam "illi dabo vel faciam. Ad nihilum tenditis. Sinite." Præterea, quæ quantave super istis facta sint enarrare piget. Post quæ omnia, rex, ut diximus, principum suorum consilio usus, posthabita[2] omnis præteriti discidii causa, Anselmo gratiam suam gratis reddidit, et quemadmodum patrem regni spiritualem et episcopum Cantuariensem, quod sui officii foret, illum quaque per Angliam exercere concessit. Quod cum pater gratiosus accepisset, et, donatis hinc inde retroactis querelis, curiæ illius apud Windlesoram se præsentasset, ac familiari alloquio in conspectu procerum et coadunatæ multitudinis ipsum detinuisset, ecce Walterus ille Romanus advenit. Ingressusque, "En," inquit alludens, "quam bonum et quam jocundum habitare "fratres in unum." Et sedens de pace quædam ex Dominicis verbis protulit, laudans eam inter illos revixisse, quam verecundabatur sua industria satam in eis non fuisse.

Cum autem de pallii susceptione ageretur, et quidam pro captanda regis gratia virum ad hoc ducere molirentur, ut pro regiæ majestatis honorificentia illud per

---

[1] *penes*] apud, A. | [2] *posthabita*] post habita, MS.

A.D. 1095. manum regis susciperet, non adquievit, rationabiliter ostendens hoc donum non ad regiam dignitatem, sed ad singularem Beati Petri pertinere auctoritatem. Unde cum omnes silentio pressi conticuissent, statutum est ut a quo pallium in Angliam delatum est, ab eodem Cantuariam super altare Salvatoris deferretur, et inde ab Anselmo, quasi de manu Beati Petri, pro summi quo fungebatur pontificatus honore sumeretur. Adquievit istis multitudo omnis, et in quo ita fieret præfixus est dies.

The Bishops of Hereford and Salisbury absolved.

Post hæc Anselmum a curia discedentem secuti sunt episcopi duo, Robertus scilicet [1] Herefordensis, et Osmundus Serberiensis, pœnitentiam apud illum agentes pro culpa suæ abnegationis quam cum aliis coepiscopis suis fecerant apud Rochingeham.[2] Qui, misertus eorum, absolvit eos in quadam ecclesiola, quæ se nobis obtulit ambulantibus proposita via. Ibi etiam Wilfrido episcopo Sancti David de Gualis, qui vulgo Dewi vocatur, ipsa hora reddidit episcopale officium, a quo, exigente culpa ejus, jam antea ipsemet illum suspenderat.

The Bishop of St. David's reinstated.

The Archbishop goes to Canterbury where he receives Cardinal Walter.

Deinde Doroberniam properavimus, illic adventum Romani episcopi præstolaturi. Qui episcopus juxta condictum die Dominica, quæ erat quarto Idus Junii,[3] venit, pallium in argentea capsula decentissime deferens, itumque est obviam a monachis in ipsa metropoli sede Domino Christo famulantibus, associato sibi MS. p. 83. fratrum conventu vicinæ beatorum apostolorum Petri et Pauli abbatiæ, cum numerosa clericorum, necne immensa laicorum diversi sexus et ætatis, multitudine. Pater etiam ipse, episcopis qui ob hoc Cantuariam venerant dextra lævaque stipatus ac sustentatus, sacro beati apostolorum principis muneri nudis pedibus, sed indutus sacris vestibus, devotus occurrit. Tali devo-

---

[1] *scilicet*] Not in A.
[2] *Rochingeham*] Rochingheham, A.

[3] Here Eadmer has committed an error. The real date was May 27th. See Preface.

tionis cultu pallium super altare delatum ab Anselmo assumptum est, atque ab omnibus pro reverentia Sancti Petri suppliciter deosculatum. Indutus eo dehinc pontifex summus ad celebranda missarum solennia magno cum honore adductus altario præsentatur. Ad quam missam recitata est pro officio ipsius diei illa evangelii lectio quam in consecratione ejusdem pontificis diximus super verticem ejus inventam, hoc est, "Homo " quidam fecit cœnam magnam et vocavit multos. " Et misit servum suum hora cœnæ dicere invita-" tis ut venirent, quia jam parata sunt omnia. Et " cœperunt simul omnes excusare," et cætera. Quod sic evenisse nonnullis admirationi fuit, præsertim cum hoc nullo præmeditante, nullo præordinante, constiterit[1] actum. Attamen quid quidam inde dixerint, quid præconati fuerint, dicere supersedemus. Verum ex iis[2] quæ pro rerum gestarum veritate suo loco, adjuvante Deo, dicemus, palam erit videre ipsa verba Domini nec primo in consecratione illius[3] super eo casu occurrisse, nec secundo in confirmatione ipsius consecrationis coram populo incassum lecta fuisse.

Revocato post hæc prædicto Balduino in Angliam, et rebus aliquanta pace sopitis, venit ad Anselmum quidam monachus cœnobii Sancti Albani, natione Hibernensis, nomine Samuel, Hic, defuncto bonæ memoriæ Donato Dublinæ civitatis episcopo, a rege Hiberniæ, Murierdach nomine, necne a clero et populo in episcopatum[4] ipsius civitatis electus est, atque ad Anselmum juxta morem antiquum sacrandus cum communi decreto directus. Quorum electioni ac petitioni Anselmus annuens, hominem aliquandiu secum honorifice detentum, necne qualiter in domo Dei conversari deberet diligenter instructum, sumpta ab eo de canonica

---

[1] *hoc . . . constiterit*] On erasure in A., writing crowded; probably for admission of *nullo præordinante*.

[2] *iis*] his, A.
[3] *illius*] ejus, A.
[4] *episcopatum*] episcopatu, A.

74   HISTORIA NOVORUM IN ANGLIA.

A.D. 1096. subjectione sua ex antiquo more professione, promovit in episcopatus officium Wentoniæ octava die subsequentis Paschæ, ministrantibus sibi in hoc officio quatuor episcopis suffraganeis suis. Qui novus pontifex tanti patris benedictione, ac litterarum præfato regi, clero quoque ac plebi Hiberniæ, pro testimonio suæ consecrationis scriptarum astipulatione roboratus, in patriam suam cum gaudio revertitur, atque in sedem suam cum honore pro usu terræ suscipitur.

Samson, Bishop elect of Worcester, and Gerard of Hereford, consecrated by Anselm at St. Paul's (June 8th 1096).

Eodem, hoc est tertio, anno pontificatus Anselmi, electus est Samson ad episcopatum ecclesiæ Wigornensis, et Girardus, cujus supra meminimus, ad regimen ecclesiæ Herefordensis. Qui, cum in summum promovendi sacerdotium ad Anselmum pro more venissent, necdumque omnes inferiores ordines habuissent, ordinavit eos pro instanti necessitate ad diaconatum et presbyteratum unum, et alium ad presbyteratum in Sabbato jejunii quarti mensis, in villa Sancti Andreæ de Rovecestra quæ prope Lundoniam sita Lambetha[1] vocatur. MS. p. 85. In crastino autem sacravit eos Lundoniæ in sede episcopali ad pontificatus honorem, ministrantibus sibi in hoc quatuor de suffraganeis suis, Thoma videlicet archiepiscopo Eboracensi, Mauricio episcopo Lundoniensi, Herberto Tydfordensi seu Norwicensi, Gundulfo Rofensi.

Duke Robert, proposing to go to the Holy Land, pawns his duchy.

Eo tempore Robertus comes Normanniæ in expeditionem Ierosolimitanam proficisci disponens fratri suo Willelmo regi Angliæ Normanniam spatio trium annorum pecuniæ gratis in dominium tradidit. Quæ pecunia per Angliam partim data, partim exacta, totum regnum in immensum devastavit.[2] Nihil ecclesiarum ornamentis in hac parte indulsit dominandi cupiditas, nihil sacris altarium vasis, nihil reliquiarum capsis, nihil evangeliorum libris auro vel argento pa-

---

[1] *Lambetha*] Lambeta, A.
[2] *devastavit*] vastavit, altered to *devastavit*, in A.

ratis. Conventus est et Anselmus per id temporis, et ut ipse quoque manum auxilii sui in tam rationabili causa regi extenderet a quibusdam suis est amicis admonitus. Intellexit ille et rationis esse et honestatis hoc facere, sed propriarum rerum tenuitate constrictus unde expleret quod faciendum fore videbat non habebat. Usus igitur consilio magnorum virorum, Walchelini videlicet Wentani pontificis et Gundulfi Rofensis, necne aliorum quorum hujusce negotiis consilio par credi judicabatur, de thesauro ecclesiæ Cantuariensis, partim in auro, partim in argento, valens ducentas argenti marcas, connivente majori parte conventus, accepit, quod præfato regi cum illis quæ de suis habere poterat, pro instanti necessitate, ut rebus consuleret, pariter contulit. Verum in hoc facto nullum successoribus suis quod imitarentur exemplum relinquere volens, mox dominicam villam suam quæ Petteham[1] vocatur spatio septem annorum ejusdem ecclesiæ juri concessit, quatinus ex redditibus ipsius villæ qui circiter triginta libræ denariorum illis diebus erant, illatum ecclesiæ damnum restitueretur. Et quidem eodem spatio ipsa ecclesia eadem villa potita est, et silva villæ[2] et toti redditus ejus in novo opere quod a majore turri in orientem tenditur, quodque ipse pater Anselmus inchoasse dinoscitur, consumpta sunt. Hæc ex gestæ rei veritate proponimus, ut ora obloquentium qui usque hodie Anselmo deprædatæ ecclesiæ crimen intentant, si fieri potest, obturemus, optantes quatinus tanto viro detrahere desinant, ne quo se, quod sibi non prosit, peccati vulnere lædant. Ipso quoque tempore eandem ecclesiam res suas in majori quam solebat libertate sua sanctione deinceps possidere constituit, et alia quædam quæ antecessores ejus in dominio suo tenebant ipsi ecclesiæ perpetuo jure possidenda concessit. His brevi per excessum, sed, ut

---

[1] *Petteham*] Pettheham, A. | [2] *villæ*] et villæ, A.

reor, non superflue dictis, ad quod cœpimus revertamur. Igitur pacto inter fratres regem videlicet Willelmum et comitem Robertum de præfato negotio facto, Willelmus mare transiit, et traditam sibi a Roberto Normanniam suæ ditioni subegit.

Quo cum demoraretur, rex Hiberniæ, Murchertachus nomine, et Dofnaldus episcopus cum cæteris episcopis, et quique nobiles cum clero et populo ipsius insulæ, miserunt nuncios ac litteras ad Anselmum, innotescentes ei civitatem quandam, Wataferdiam nomine, in una suarum provinciarum esse, cui ob numerosam civium multitudinem expediret episcopum institui, simulque petentes quatinus ipse, primatus quem super eos gerebat potestate et qua fungebatur vicis apostolicæ fretus auctoritate, sanctæ Christianitati ac necessariæ plebium utilitati instituendo eis pontificem subveniret. Jam enim sæcula multa transierant, in quibus eadem civitas absque providentia et cura pontificali consistens per diversa temptationum pericula jactabatur. Elegerant autem idem ipsi in hoc officium quendam suæ gentis virum vocabulo Malchum, eumque sacrandum cum communi decreto ad Anselmum transmiserunt. Decretum autem hoc est.

Anselmo Dei gratia Anglorum archiepiscopo clerus et populus oppidi Wataferdiæ, cum rege Murchertacho et episcopo Dofnaldo, salutem in Domino.

Pater sancte, cæcitas ignorantiæ nos diu detrimenta salutis nostræ sustinere coegit, quia magis elegimus serviliter Dominico jugo colla subtrahere quam liberaliter pastorali obedientiæ subesse. Nunc autem quantum proficiat pastorum cura cognoscimus,[1] cum aliarum rerum similitudines ad mentem revocamus, quia sine regimine nec exercitus bellum, nec navis marinum audet attemptare periculum. Navicula ergo nostra mundanis dedita fluctibus sine pastore contra callidum hostem qua ratione pugnabit? Propterea nos et rex noster

---

[1] *cognoscimus*] cognovimus, A.; this and the preceding word being cramped, and on erasure.

Murchertachus et episcopus Dofnaldus, et Dermeth[1] dux noster, frater regis, eligimus hunc presbyterum Malchum Walchelini[2] Wentoniensis episcopi monachum, nobis sufficientissime cognitum, natalibus et moribus nobilem, apostolica et ecclesiastica disciplina imbutum, fide catholicum, prudentem, moribus temperatum, vita castum, sobrium, humilem, affabilem, misericordem, litteratum, hospitalem, suæ domui bene præpositum, non neophytum, habentem testimonium bonum in gradibus singulis. Hunc nobis petimus a vestra paternitate ordinari pontificem, quatinus regulariter nobis præesse valeat et prodesse, et nos sub ejus regimine salubriter Domino militare possimus. Ut autem omnium nostrum vota in hanc electionem convenire noscatis, huic decreto canonico promptissima voluntate singuli manibus propriis roborantes subscripsimus. Ego Murchertachus rex Hiberniæ subscripsi. Ego Dermeth dux, frater regis subscripsi. Ego Dofnaldus episcopus subscripsi. Ego Idunan episcopus Midiæ subscripsi. Ego Samuel Dublinensis episcopus subscripsi. Ego Ferdomnachus Laginiensium episcopus subscripsi.

Subscripserunt his multo plures, quos nos brevitati studentes notare non necessarium duximus. Igitur Anselmus, considerans et intelligens eos justa et utilia petere, petitioni eorum libens annuit. Electum ergo pontificem diligenter in iis[3] quæ sacra jubet auctoritas examinatum, ac multorum cum vitæ suæ testimonio dignum episcopatu comprobatum, sumpta ab eo ex more de subjectionis suæ obœdientia professione, sacravit eum Cantuariæ quinto Kal. Januarii, assistentibus et cooperantibus sibi in hoc ministerio duobus episcopus suis, Radulpho scilicet Cicestrensi et Gundulfo Rofensi.

Post hos dies rex, Normannia sibi ad votum subacta atque disposita, Angliam redit, ac, interposito parvi temporis spatio, super Walenses, qui contra eum surrexerant, exercitum ducit, eosque post modicum in deditionem suscipit, et pace undique potitus est. Sed

---

[1] *Dermeth*] Dermeht, A.
[2] *Walchelini*] Walkelini, A.
[3] *iis*] his, A.

78 HISTORIA NOVORUM IN ANGLIA.

A.D. 1097.

On returning he sends a letter of complaint and menace to the Primate.

quid? Cum jam multi sperarent quod hæc pax Dei servitio[1] deberet militare, et attenti expectarent aliquid magni pro emendatione Christianitatis ex regis assensu archiepiscopum promulgare, ecce spei hujus et expectationis turbatorias litteras rex a Gualis reversus archiepiscopo destinat, mandans in illis se pro militibus quos in expeditionem suam miserat nullas ei nisi malas gratias habere, eo quod nec convenienter, sicut aiebat, instructi, nec ad bella fuerant pro negotii qualitate idonei. Præcepitque ut paratus esset de his juxta judicium curiæ suæ sibimet rectitudinem facere, quandocunque sibi placeret inde eum appellare.[2] Ad quæ Anselmus, "Expectavimus," inquit, "pacem et non "est bonum; tempus curationis, et ecce turbatio." Licet enim jam olim sciverit se, eodem rege superstite, in Anglia Christo non adeo fructificaturum, tamen quia, rogatus de subventione Christianitatis nonnunquam solebat respondere, se propter hostes quos infestos circumquaque habebat eo intendere non valere; jam tunc illum pace positum cogitaverat super hac re convenire, et saltem ad consensum alicujus boni fructus exequendi quibus modis posset attrahendo delinire. Sed, ne cordis ejus affectus perveniret ad effectum, orta est instinctu maligni quam dixi causa discidii, utique non ex rei veritate producta, sed ad omnem pro Deo loquendi aditum Anselmo intercludendum malitiose composita. Quod ille dinoscens, et insuper cuncta regalis curiæ judicia pendere ad nutum regis, nilque in ipsis nisi solum velle illius considerari, certissime sciens, indecens æstimavit pro verbi calumnia placitantium more contendere et veritatis suæ causam curiali judicio, quod nulla lex, nulla æquitas, nulla ratio muniebat, examinandam introducere. Tacuit ergo, nec quicquam nuncio respondit, reputans hoc genus mandati ad ea perturbationum genera pertinere, quæ

MS. p. 90.

Anselm returns no answer to the letter.

---

[1] *Dei servitio*] servitio Dei, A. | [2] *appellare*] apellare, A.

sibi jam saepe illata recordabatur,[1] et ideo hoc solum, ut Deus talia sedaret, supplici corde precabatur. Praeterea videns ecclesias et monasteria solito intus et extra suis rebus spoliari, omnem in eis religionem exterminari, quosque saecularium tam majores quam minores corruptae vitae semitas tenere, multa mala ubique fieri, et ista de die in diem, cessante disciplina, multiplicari roborarique; verebatur ne haec Dei judicio sibi damno fierent, si quibus modis posset eis obviare non intenderet. Sed obviare impossibile sibi[2] videbat, quia totius regni principem aut ea facere aut eis favere perspicuum erat. Visum itaque sibi est, auctoritatem et sententiam apostolicae sedis super his oportere requiri.[3]

Cum igitur in Pentecoste festivitatis gratia regiae curiae se praesentasset, et, modo inter prandendum, modo alias, quemadmodum opportunitas se offerebat statum animi regalis quis erga colendam aequitatem esset studiose perquisisset, eumque qui olim fuerat[4] omnimodo repperisset, nihil spei de futura ipsius emendatione in eo ultra remansit. Peractis igitur festivioribus diebus, diversorum negotiorum causae[5] in medium duci ex more coeperunt. Quaerebatur etiam quo ingenio praelibata causa contra Anselmum sic ageretur, ut, culpae addictus, aut ingentem regi pecuniam penderet, aut ad implorandum misericordiam ejus caput amplius non levaturus se totum impenderet. Interea Anselmus, accersitis ad se quos volebat de principibus regis, mandavit per eos regi se summa necessitate constrictum velle per licentiam ipsius Romam ire. Ad quod ille stupefactus, "Nequaquam," ait. "Nec enim illum ali-

---

[1] *quae sibi jam saepe illata recordabatur*] quae jam olim saepe sibi recordabatur illata, A.

[2] *impossibile sibi*] sibi impossibile, A.

[3] *requiri*] inquiri, A.

[4] *fuerat*] A subsequent insertion over the line in A.

[5] *diversorum . . . causae*] On erasure in A., for admission, apparently, of *negotiorum*.

"cui tali peccato obnoxium credimus, ut necesse
"habeat inde singularem apostolici absolutionem pe-
"tere; nec ita cujuslibet consilii expertem, ut non
"magis illum sciamus apostolico quam apostolicum
"sibi in dando consilio posse succurrere." Relata sunt
Anselmo hæc, et respondit, "Potestas in manu sua est;
"dicit quod sibi placet. At si modo non vult conce-
"dere, concedet forsitan alia vice. Ego preces multi-
"plicabo." His pro licentia dictis, statim omnis com-
mentatio implacitandi Anselmum compressa omissa est,
et nos immunes ab illa querela curia decessimus.[1]

In sequenti autem mense Augusto, cum de statu
regni acturus rex episcopos, abbates, et quosque regni
proceres in unum præcepti sui sanctione egisset, et,
dispositis iis [2] quæ adunationis illorum causæ fuerant,
dum quisque in sua repedare sategisset, Anselmus,
cœptæ petitionis suæ non immemor, rogavit regem
quatinus quæsitam jam olim licentiam vel tunc repe-
titis precibus non negaret. Sed secundo negat sicut
primo negarat. Postea, conventu soluto, in mense
Octobri Wintoniæ ad regem ex condicto venimus.
Instantius itaque, tam per se quam per alios, regem
pontifex orat, quatinus bono animo sibi concedat
quod se jam tertio postulare necessitas sua cogebat.
Hinc ille tædio affectus iraque permotus ait, "Con-
"turbat me, et intelligentem non concedendum fore
"quod postulat sua graviter importunitate fatigat.
"Quapropter jubeo ut amplius ab hujusmodi preci-
"bus cesset, et, quoniam me jam sæpe vexavit, prout
"judicabitur mihi emendet." Ad hæc ille, "Paratum
"me potius sciat ratione ostendere quod justa peto,
"et quod ipse mihi in his non debeat juste contra-
"dicere." Respondit, "Rationes suas non admitto.
"Sed si iverit, pro certo noverit quia totum archi-
"episcopatum in dominium meum redigam, nec illum

---

[1] *decessimus*] discessimus, A. | [2] *iis*] his, A.

"pro archiepiscopo ultra recipiam." Orta est igitur ex his quædam magna tempestas, diversis diversæ parti acclamantibus. Quam ob rem quidam permoti suaserunt in crastinum rem differri, sperantes eam alio modo sedari. Assensum est utrinque in istis, et divisi hospitium ivimus. Mane autem regressi, cum in loco apto sedissemus, ecce quidam episcopi cum nonnullis principibus ad Anselmum venientes sciscitati sunt quid secum ab heri de causa tractaverit. Dixit, "Non ea re concessi causam de qua agitis hesterno "induciari, quasi ignoraverim quid hodie responsurus "inde fuerim; sed ne viderer tantum meo sensui "credere, ut nec una nocte ad sui discussionem dig- "narer aliorum consilio cedere. Nunc ergo sciatis "quia in sententia qua fui sum, et ideo precor domi- "num meum quatinus bona mente et alacri vultu, "ut eum decet, mihi licentiam quam postulo det, in- "dubitanter sciens quod causa meæ salutis, causa "sanctæ Christianitatis, et vere causa sui honoris ac "profectus, si credere velit, ire dispono." Dixerunt, "Si alia quæ dicas habes, profer. De licentia nempe "supervacue loqueris. Non dabit." "Si dare," ait, "non vult, ego utique illam super me accipiam; quia "scriptum est, 'Obœdire oportet Deo magis quam "'hominibus.'" Ad hæc Walchelinus Wentanus episcopus aspiciens in eum dixit, "Et quidem dominus "meus rex et proceres sui credunt te esse hujusmodi "moris, ut non facile ab iis[1] quæ certo incœperis "movearis. Verum in hoc, scilicet ut, spreto tanti "pontificatus honore simul et utilitate, Romam petas, "non leve est credere quod stabilis maneas." At ille sciens animum viri, vivido vultu, intentis in eum oculis, respondit, "Vere stabilis." Quo dicto, ad regem reversi quæ audierant retulerunt. Rege igitur consilia sua protelante, et summo pontifice cum suis

---

[1] *iis*] his, A.

solentiæ, occurrit animo episcopos æquius esse debere in eo, quod erat Dei, quam in consilio regis terreni. Mittens ergo præcepit eos venire ad se. Erant autem hi, Walchelinus episcopus Wintoniensis, Robertus Lincoliensis, Osmundus Serberiensis, Johannes Bathoniensis. Qui cum dextra lævaque illius jussi consedissent, ait illis, "Fratres, ideo feci vos venire ad me, "quia vestri officii est ea quæ Dei sunt præ cæteris "tractare, disponere, servare. Episcopi enim estis, "prælati in ecclesia Dei estis, filii Dei estis.[1] Si ergo "ita fideliter et districte vultis in mea parte con-"siderare atque tueri rectitudinem et justitiam Dei, "sicut in parte alterius perpenditis atque tuemini "jura et usus mortalis hominis, hocque mihi promit-"titis, exponam vobis sicut fidelibus et filiis Dei quo "tendat hæc mei præsentis consilii summa, et audiam "sequarque consilium quod mihi inde vestra fida Deo "industria dabit." Dixere, "Loquemur, si placet, ad "invicem, et communem consensum referemus ad te." Surgentes itaque in partem sese tulere,[2] et, habitis inter se nonnullis verbis, miserunt Wentanum pontificem et episcopum Lincolinum ad regem, percunctari de negotio voluntatem ac jussum illius. Edocti ergo propter quæ missi erant, ad socios reversi docuerunt eos quæ didicerant. Quid plura? Placuit eis in commune sequi voluntatem hominis terreni, illicoque ad Anselmum una reversi,[3] dixerunt ei, "Domine pater, "scimus te virum religiosum esse et sanctum, et in "cælis conversationem tuam. Nos autem, impediti "consanguineis nostris quos sustentamus, et multipli-"cibus sæculi rebus quas amamus, fatemur, ad sub-"limitatem vitæ tuæ surgere nequimus, nec huic "mundo tecum illudere. Sed si volueris ad nos "usque descendere, et qua incedimus via nobiscum

---

[1] *filii Dei estis*] Not in A.
[2] *tulere*] tulerunt, A.
[3] *ad Anselmum una reversi*] reversi una ad Anselmum, A.

"pergere, nos tibi sicut nobis ipsis consulemus, et
"negotiis tuis, quæcunque fuerint, ubi opus erit,[1]
"sicut nostris opem feremus. Si vero te ad Deum
"solummodo quemadmodum cœpisti tenere delegeris,
"solus, quantum nostra interest, in hoc ut hactenus
"fuisti et amodo eris. Nos fidelitatem quam regi
"debemus, non excedemus." At ille ait, "Bene dix-
"istis. Ite ergo ad dominum vestrum, ego me tenebo
"ad Deum." Fecerunt ut dixerat, et remansit Anselmus quasi solus. Facta deinde aliquantula mora, et
unoquoque nostrum, qui admodum pauci cum eo remansimus, ad imperium illius singulatim sedente, et
Deum pro digestione ipsius negotii interpellante,
veniunt prædicti episcopi cum aliquibus baronibus
regni, inferentes viro hæc, "Mandat tibi rex quia
"sæpe diversis eum querelis exagitasti, exacerbasti,
"cruciasti. Verum cum tandem, post placitum quod
"totius regni adunatione contra te apud Rochingeham
"habitum est, eum tibi sicut dominum tuum recon-
"ciliari sapienter peteres, et, adjutus meritis et precibus
"plurimorum pro te studiose intervenientium, petitioni
"tuæ effectum obtineres, pollicitus es ipsi te usus ac
"leges suas usquequaque deinceps servaturum, et eas
"sibi contra omnes homines fideliter defensurum. Qui-
"bus ipse credulus factus sperabat se de cætero quie-
"tum fore. Sed hanc pollicitationem, hanc fidem, en tu
"patenter egrederis, dum Romam, non expectata licen-
"tia ejus, te iturum minaris. Inauditum quippe in
"regno suo est, et usibus ejus omnino contrarium,
"quemlibet de suis principibus, et præcipue te, quid
"tale præsumere. Ne igitur in hujuscemodi re
"ultra vel a te, vel a quovis alio, te forsan cum
"in aliquo læsus fuerit imitari volente, fatigetur,
"vult et jubet quatinus aut jurejurando promittas

---

[1] *erit*] fuerit, A.

"quod nunquam amplius sedem Sancti Petri vel
"ejus vicarium pro quavis quæ tibi queat ingeri
"causa appelles, aut sub omni celeritate de terra
"sua recedas. Et si mavis, interposito hoc sacra-
"mento, remanere quam recedere, tunc te ad judi-
"cium curiæ suæ præcipit sibi emendare, quod de re
"in qua non eras certus te perseveraturum ausus fuisti
"eum totiens inquietare." Dixerunt, et ad regem protinus reversi sunt. Tunc Anselmus cum suis pauca locutus surrexit, atque ad regem, nobis eum prosquentibus, ingressus, dextram illius ex more assedit. Deinde mandatis quæ a nunciis acceperat in audientia ejus singulatim recapitulatis, percunctatus est utrumnam[1] a facie ipsius eo quo sibi dicta fuerunt[2] modo vere processerint. Et audito revera processisse, illico quid inde sentiret tali subintulit voce dicens, "Quod dicis me
"tibi promisisse usus et consuetudines tuas servaturum,
"et eas contra omnes homines tecum fideliter defen-
"surum; fateor verum esse cognoscerem, si eo illas
"pacto distinguendo proferres, quo tunc temporis quan-
"do promissio ipsa de qua agis facta est eas fuisse
"distinctas indubitanter recordor. Scio quippe me
"spopondisse, consuetudines tuas, 'ipsas videlicet quas
"'per rectitudinem et secundum Deum in regno tuo
"'possides, me secundum Deum servaturum, et eas
"'per justitiam contra omnes homines pro meo posse
"'defensurum.'" In his verbis cum rex et principes sui cæca mente objicerent, ac jurisjurandi interjectione firmarent, nec "Dei" nec "rectitudinis" in ipsa sponsione ullam mentionem factam fuisse; rupit voces eorum Anselmus et ait, "Pape, si nec Dei nec rectitudinis
"mentio, ut dicitis, facta fuit, cujus tunc? Absit ab
"omni Christiano, absit leges vel consuetudines tenere

---

[1] *mandatis . . . utrumnam*] Erasure in A.; writing cramped and carried out into margin.

[2] *fuerunt*] Altered in A. from *uerant*.

" aut tueri quæ Deo et rectitudini contrariæ esse
" noscuntur." Cum ad hæc illi summurmurantes contra
virum capita moverent, nec tamen quid certi viva voce
proferrent, ad ea quæ cœperat subinferens pater ait,
" Sed quod asseris consuetudinis tuæ non esse, ut ego
" causa salutis animæ meæ, causa regiminis ecclesiæ
" Dei quod suscepi, Beatum Petrum requiram et ejus
" vicarium; pronuncio hanc consuetudinem Dei recti-
" tudini[1] contraire, et iccirco eam non modo non
" tuendam vel servandam, sed penitus[2] ab omni servo
" Dei spernendam profiteor ac refutandam. Quod si
" per ista quæ dico quisquam probaturum se dixerit
" me fidem quam tibi debeo non servare, paratum me
" sicut et ubi debeo ad demonstrandum inveniet magis
" in hoc me tibi esse fidelem quam si secus agerem.
" At nunc ad hoc ostendendum non intendo. Scitur
" tamen, quia omnis fides quæ cuivis homini legaliter
" promittitur, ex fide Dei roboratur. Sic enim spondet
" homo homini, 'Per fidem quam debeo Deo, fidelis tibi
" 'ero.' Cum ergo fides quæ fit homini per fidem Dei
" roboretur, liquet quod eadem fides siquando contraria
" fidei Dei admittit[3] enervetur. Sed disputatio rei
" hujus non est temporis hujus. Itaque fides quam
" debeo Deo, et servitium ejus, cogunt me ad caput
" Christianitatis papam accedere, et ab eo pernecessari-
" um ecclesiæ Dei et mihi consilium petere, nec videtur
" quod aliquis Deum offendere timens hoc debeat pro-
" hibere. Nec enim tu, rex, æquanimiter ferres si quili-
" bet de hominibus tuis potens ac dives ullum suorum
" fidelitati servitioque tuo intendentem præpediret, ac
" præpeditum minis et terroribus ab exsequenda[4] uti-
" litate tua prohiberet; verum debita in eum ultione

---

[1] *Dei rectitudini*] Deo et rectitudini, A.
[2] The words *eam non modo non tuendam vel servandam, sed penitus* are not in A.

[3] *Dei admittit*] On erasure in A.; writing crowded, probably for admission of *Dei*.
[4] *exsequenda*] exequenda, MS.

"violatæ quam tibi debebat fidei reatum punires." Tunc rex et comes de Mellento, Robertus nomine, interrumpentes verba ejus, "O, o," dixerunt, "prædicatio est quod dicit, prædicatio est; non rei qua de[1] agitur ulla quæ recipienda sit a prudentibus ratio." Quibus cum quique procerum acclamarent, et os patris suis vocibus oppilare laborarent, ipse inter ora perstrepentium demisso vultu mitis sedebat, et clamores eorum quasi surda aure despiciebat. Fatigatis autem eis a proprio strepitu, sedatoque tumultu, Anselmus ad verba sua remeat, dicens, "Ad ea quæ jubes, ut, quo securus de me possis amodo esse, jurem tibi quod nunquam amplius pro qualibet causa Beatum Petrum vel vicarium ejus[2] in Anglia appellem; dico hujusmodi jussionem tuam, qui Christianus es, omnimodis esse non debere. Hoc enim jurare, Beatum Petrum abjurare est.[3] Qui autem Beatum Petrum abjurat, Christum qui eum super ecclesiam suam principem fecit indubitanter abjurat. Cum igitur propter te, O rex, Christum negavero, fateor, peccatum quod in requirenda licentia admisi judicio curiæ tuæ non segnis emendabo." His verbis præfatus comes indignando subjungens, ait, "Eia, eia, Petro et papæ te præsentabis, et nos equidem non transibit quod scimus." Cui pater respondit, "Deus quidem novit quid vobis manebit, et mihi ad apostolorum suorum limina properanti, si sibi placet, auxiliari valebit." Post hæc surrexit; atque ad locum unde exieramus reversos e vestigio nuncii regis subsecuti, intulerunt viro hæc, "Ecce ibis. Veruntamen scias dominum nostrum pati nolle, te euntem[4] quicquam de suis tecum ferre." At ille, "Equitaturas habeo, vestes quoque et supellectilem, quæ fortassis dicet aliquis esse de

---

[1] *qua de*] de qua, A.
[2] *vicarium ejus*] ejus vicarium, A.
[3] *abjurare est*] est abjurare, A.
[4] *euntem*] exeuntem, A.

"suo. Haec si non permittit ut mecum habeam, no-
"verit quia potius pedes ac nudus abibo quam coepto
"desistam." In istis princeps pudore suffusus dictum
suum non ita se intellexisse[1] respondit, "Nec enim
"dixi," ait, "ut nudus aut pedes abiret. At tamen
"die qui erit undecimus ab isto jubeo ut mare trans-
"iturus ad portum sit; et ibi nuncius meus ipsi
"obvius erit, qui dictabit ei quid. ex permissu meo
"ille vel sui discedentes secum ferant." His tali
modo digestis, statim volebamus ad hospitium secedere. Sed Anselmus, doctus in patientia possidere
animam suam, jocundo et hilari vultu ad regem revertitur dicens ei, "Domine, ego vado. Quod si bono
"animo vestro fieri vobis placeret, utique et vos
"magis deceret, et omni bono homini acceptius esset.
"At nunc rem in contrarium lapsam, licet moleste
"quantum ad vos, quod tamen mea refert, aequanimiter
"pro posse feram; nec ob hoc me ab amore salutis
"animae vestrae, miserante Domino, auferam. Nunc
"igitur ignorans quando vos iterum visurus sim, Deo
"vos commendo; et, sicut spiritualis pater dilecto filio,
"sicut archiepiscopus Cantuariensis regi Angliae, vobis
"Dei et meam benedictionem antequam abeam, si eam
"non abjicitis, tribuere volo." Tunc rex, "Benedic-
"tionem," ait, "tuam non abjicio." Mox ille surgens
levata dextra signum sanctae crucis super regem ad
hoc caput humiliantem edidit, et abscessit, viri alacri-
tatem rege cum suis admirante. Anno ab Incarnatione
Filii Dei millesimo nonagesimo septimo acta sunt haec,
feria quinta quae fuit Idus Octobris.

Venit dehinc Cantuariam Anselmus, ubi sedes pontificalis, ubi totius regni caput est atque primatus.
Postera die allocutis, et pro instanti negotio magnopere consolatis, filiis suis, astante monachorum, clericorum, ac numerosa populorum multitudine, peram et

---

[1] *se intellexisse*] intellexisse se, A.

88 HISTORIA NOVORUM IN ANGLIA.

A.D. 1097.

He goes to Dover, where he is detained for a fortnight.

baculum peregrinantium more coram altari suscepit, commendatisque omnibus Christo, ingenti fletu et ejulatu prosecutus egressus est. Ipso die ad portum Dofris ivimus, ibique clericum quendam, Willelmum nomine, a rege ex condicto, ut diximus, ad Anselmum directum reperimus. Detenti autem ibi sumus quindecim diebus, vento nobis transitum prohibente. In qua mora idem Willelmus cum patre intrans et exiens, et in mensa illius quotidie comedens, nihil de causa pro qua missus fuerat agere volebat. Die vero quinto decimo, cum nos nautæ urgerent naves petere et nos transire avidi ad hoc fatigaremur, ecce videres rem miserandam. Patrem patriæ, primatem totius Britanniæ Willelmus ille, quasi fugitivum vel alicujus immanis sceleris reum, in littore detinet, ac ne mare transeat ex parte sui domini[1] jubet, donec omnia quæ secum ferebat singulatim sibi[2] revelet. Allatæ igitur ante illum bulgiæ et manticæ reseratæ sunt, et tota supellex illius spe pecuniæ reperiendæ subversa et exquisita est, ingenti plebis multitudine circumstante, ac nefarium opus pro sui novitate admirando spectante, et spectando execrante. Rebus ergo eversis, sed nihil eorum quorum causa eversæ[3] sunt in eis reperto, delusa sollicitudo perscrutantis est, et Anselmus cum suis abire permissus. Itaque navem ingredimur, ventis vela panduntur; et post modicum, orta aliquanta difficultate sed ea respectu clementiæ Dei in brevi sedata, prosperrime marinos fluctus evecti Witsandis pro voto appulimus.

A clerk of the King's household overhauls his baggage.

He sets sail.

He lands at Wissant.

The King's conduct.

Rex autem Willelmus ubi audivit Anselmum transfretasse, confestim præcepit cuncta quæ illius juris fuerant[4] in suum transcribi dominium, et irrita fieri omnia quæ per ipsum mutata vel statuta fuisse pro-

MS. p. 101.

---

[1] *sui domini*] domini sui, A.
[2] *singulatim sibi*] sibi singulatim, A.
[3] *quorum causa eversæ*] On erasure in A.
[4] *fuerant*] On erasure in A.

bari poterant ex quo primo venerat in archiepiscopatum. Desævit igitur quaque per episcopatum tam sæva tempestas, ut tribulationes quæ factæ sunt in illo post mortem venerandæ memoriæ Lanfranci ante introitum patris Anselmi parvipensæ sint comparatione tribulationum quæ factæ sunt his diebus.

Nos igitur mane a Witsandis discedentes, et post dies ad Sanctum Bertinum venientes, magna plebis alacritate ac monachorum veneratione suscepti, quinque inibi dies morati sumus. Interea rogatur Anselmus a canonicis Sancti Audomari ecclesiam suam visitare, ibique altare quod in honorem Sancti Laurentii martyris fecerant, dedicare. Adquievit ille precibus eorum, ministerioque decenter expleto, pransus abbatiam repetiit, objiciens clericis secum illum remorari petentibus Domini dictum, quo discipulos suos jubet de domo in domum non transire.

Post hæc nobis cœptum iter accelerantibus fama viri multo celerius præcurrebat, et multiplici populos voce replebat. Unde turbarum concursus, clericorum cœtus, monachorum exercitus ei quocunque veniebat occurrunt, isti gaudio et exultatione concrepantes, illi vexillis et sonoris concentibus Deo pro illius adventu conjubilantes. Verum, sicut quidam ad venerationem et ministerium ejus omni studio parabantur, ita quidam e diverso alio spiritu acti eum capere, eum suis rebus spoliare moliebantur. Sed ubi adest Divina protectio, quid valet humana molitio? Transita Francia, Burgundiam intravimus. Percussæ autem fuerant aures ducis illius terræ diviti fama archiepiscopi Cantuariensis per terram suam transire volentis. Unde succensus amore pecuniæ, quam copiosam illum ferre rumor dispersserat, proponit animo eam ipsi auferre. Quadam igitur die, cum in itinere essemus, et refrigerandi gratia a via paulisper declinassemus, ecce dux idem armata militum manu stipatus in equis ocior advolat, et clamore valido quis vel ubi esset archiepiscopus interrogat. Quem cum sibi designatum mox equo sedentem torvo fuisset aspectu intuitus, subito pudore percussus demisso vultu erubuit, et quid diceret non invenit. Cui pater, "Domine," ait, "dux, si placet " osculabor te." Et ille, "Osculari et servire tibi, do-" mine pater, paratus sum; ac de adventu tuo in Deo " gratiosus exulto." Dato igitur osculo pacis, dicit ad illum pater, "Causa religionis Christianæ, vir vene-" rande, Angliam exivi; et, miserante Deo, Romam " ire disposui. Nunc autem videns te lætor et gau " deo, cum[1] quia cognitionem et amicitiam tuam, tum " quia securitatem et pacem in terra tua me ac meos " deinceps per te habere desidero." Respondit, "Et " quidem quod dicis multum amo et volo, meque tuis " orationibus benedictionique committo." Quibus dictis, præcepit cuidam qui de suis ibi potentior aderat, quatinus virum per terram suam conduceret, eique ubi opus haberet non secus[2] quam sibi ipsi ministraret. Discedens itaque odium Dei omnibus imprecatus est, qui se ad insequendum hominem Dei concitaverant. " Nec enim hominis, sed vultus," ait, "angeli Dei " fulget in eo. Unde sciant omnes qui ei scienter " infesti sunt, quia maledicti a Deo sunt." Nos hinc Deo pro sua misericordia debitas ex corde gratias agentes, itinere cœpto perreximus.

Venimus vero Cluniacum tertio die ante Nativitatem Domini, ibique a toto illius monasterii monachorum agmine summa cum veneratione pater suscipitur, et cuncta loci ipsius gaudio lætitiaque replentur. Quid deinde? Donec ibi fuit, ut paucis dicam, singulari præ omnibus id loci venientibus reverentia habitus est.

Mittit interea nuncium, qui suum venerabili Hugoni archiepiscopo Lugdunensi notificet adventum. Erat quippe idem vir Anselmo jam ex multis præce-

---

[1] *cum*] tum, A. | [2] *secus*] On erasure in A.

dentibus annis notus, et, sanctæ dilectionis illius igne succensus, magno videndi eum desiderio fatigabatur. Quem etiam Anselmus in tantum diligebat, ejusque prudentiam atque consilii auctoritatem tanti pendebat, ut statuerit apud se summam negotii sui considerationi ac[1] dispositioni ejus, necne reverendi Hugonis Cluniacensis abbatis, ex integro commendare. Hic itaque pontifex, audito Anselmum suis finibus accessisse, oppido lætatus est. Et dirigens ad eum quos familiariores ac digniores circa se habebat, quatinus suam ecclesiam[2] seque ipsum sine mora dignaretur invisere obnixe deprecatus est. Mandavit insuper episcopo Matisconensi ut viro decenti honore occurreret, et officiosissime deserviret. Quod ipse diligenter executus est. Ubi vero Lugdunum venimus, qua veneratione ab ipso summo pontifice et suis omnibus suscepti simus, et enarrare difficile et dictu fortassis est incredibile. Quo cum demoraremur,[3] didicit Anselmus ex iis quæ fama ferebat non multum suæ causæ profuturum, si ipse in ulteriora procederet. Imbecillitas quoque sui corporis residuæ viæ laborem perhorrebat, et insidiæ quæ ab indigenis illarum regionum ea tempestate commeantibus, et maxime religiosi ordinis viris, struebantur eum non nihil retardabant. Itaque Lugduni resedit, cunctis valde acceptus et honorabilis.

Scriptam dehinc epistolam unam sedis apostolicæ præsuli destinavit; in qua quid illi de iis[4] quæ acciderant suggesserit quoque animi sui desiderium intenderit, tenor ipsius epistolæ quam subscribimus designabit.

Domino et patri cum amore reverendo et cum reverentia amando, summo pontifici Urbano, frater Anselmus, servus ecclesiæ Cantuariæ, debitam subjectionem et orationum devotionem.

---

[1] *ac*] et, A.
[2] *suam ecclesiam*] ecclesiam suam, A.
[3] *cum demoraremur*] On erasure in A.
[4] *iis*] his, A.

Novimus, domine reverende et pater diligende, quia Dominus noster Jesus Christus sublimavit sanctitatem vestram in ecclesia sua ad consulendum et subveniendum iis[1] qui, ad supernæ patriæ requiem anhelantes, in hujus sæculi exilio diversis fatigantur tribulationibus. Hac igitur spe et consideratione, ego humilis servus vester in angustiis cordis mei ad sinum paternæ et apostolicæ pietatis vestræ per exhibitionem præsentiæ meæ confugere disposui; sed hoc utique facere non possum sicut desidero. Cur autem non possim, per præsentium latorem cognoscetis. Quoniam ergo per memetipsum præsentiam vestram secundum desiderium meum adire nequeo, per litteras, ut possum, clementiæ vestræ angustias meas insinuo, quatinus ejus consolatione eædem angustiæ mitigentur, et anima mea desideratam tranquillitatem per affectum vestræ compassionis se adipisci gratuletur. Tanta enim est cordis mei tribulatio, ut nec verbis nec litteris sufficiam illam exprimere, sed oro Deum qui novit occulta ut eam vos intelligere faciat, et per viscera misericordiæ suæ viscera vestra ad ejus miserationem secundum desiderium[2] et necessitatem meam commoveat. De hac tamen mea necessitate et meo desiderio aliqua aperio, per quæ vestram prudentiam posse intelligere quid mihi expediat non dubito. Notum est multis, mi pater pie, qua violentia, et quam invitus, et quam contradicens captus sim et detentus ad episcopatum in Anglia, et quomodo obtenderim repugnantiam ad hujusmodi officium naturæ, ætatis, imbecillitatis et ignorantiæ meæ, quæ omnino omnes sæculi actiones fugiunt et inconsolabiliter execrantur, ut nullatenus illas tolerare possim cum salute animæ meæ. In quo archiepiscopatu jam per quatuor annos manens nullum fructum feci, sed in immensis et execrabilibus tribulationibus animæ meæ inutiliter vixi, ut quotidie magis desiderarem mori extra Angliam, quam ibi vivere. Nam si ita vitam præsentem sicuti eram ibi finirem, plus videbam animæ meæ damnationem quam salutem. Videbam enim multa mala in terra illa, quæ nec tolerare debebam nec episcopali libertate corrigere poteram. Ipse quoque rex faciebat quædam quæ facienda non videbantur de ecclesiis quas post obitum prælatorum aliter quam oporteret tractabat. Me etiam et ecclesiam Cantuariensem multis modis gravabat. Terras namque ipsius ecclesiæ quas post mortem

---

[1] *iis*] his, MS.
[2] *miserationem secundum desi-derium*] On erasure and in margin in A.

archiepiscopi Lanfranci, cum in manu sua archiepiscopatum teneret, militibus suis dederat, mihi sicut eas idem archiepiscopus tenuerat non reddebat, sed insuper alias secundum libitum suum, me nolente, dabat. Servitia gravia et antecessoribus meis inusitata, ultra quam ferre possem aut pati deberem, a me exigebat. Legem autem Dei et canonicas et apostolicas auctoritates voluntariis consuetudinibus obrui videbam. De his omnibus cum loquebar, nihil efficiebam; et non tam simplex rectitudo quam voluntariæ consuetudines obtendebantur. Sciens igitur quia si hæc ita usque in finem tolerarem in damnationem animæ meæ successoribus meis tam pravam consuetudinem confirmarem, nec de his placitare poteram; nullus enim aut consilium aut auxilium mihi ad hæc audebat dare; petii a rege licentiam adeundi vestram paternitatem, quatinus illi et cordis mei angustias ostenderem, et deinde ejus consilio et auxilio quod salubrius esset animæ meæ agerem. Qua de re iratus petiit ut de hujus[1] licentiæ petitione quasi de gravi offensa illi satisfacerem, et securum illum facerem me deinceps nullo modo requisiturum pro aliqua necessitate apostolicum, nec saltem inde locuturum, aut si unquam hoc facturus eram in præsenti hoc facerem. Sic itaque mare transii intentione ad vos veniendi. Quod, sicut dixi, facere non possum. Quoniam autem impossibile est me hujusmodi vitæ concordare, aut animam meam in tali episcopatu salvari, cum[2] propter rerum quas dixi qualitates, tum propter meas multimodas et sensus et morum et naturæ et ætatis imbecillitates, hæc est summa supplicationis meæ propter quam ad vos ire volebam, ut, sicut Deum animæ meæ et animam meam Deo desideratis, per paternam et apostolicam pietatem quæ cor vestrum inhabitat animam meam de vinculo tantæ servitutis absolvatis, eique libertatem serviendi Deo in tranquillitate reddatis, ne abundantiore tristitia, sicut jam nimis passa est, absorbeatur, et de dolore temporali ad æternum pertrahatur; deinde ut ecclesiæ Anglorum secundum prudentiam et auctoritatem apostolatus vestri consulatis. Omnipotens Dominus vestram sanctitatem nobis in suæ gratiæ prosperitate diu servet incolumem, et conterat Sathanan et portas inferi sub pedibus vestris. AMEN.

Inter hæc Romam usque divulgatum est, archiepiscopum Cantuariæ, primatem Britanniæ, multo auri

---

[1] *hujus*] On erasure in A. | [2] *cum*] tum, A.

A.D. 1098. et argenti pondere onustum, mare transisse, Romam pergere. Accensi ergo nonnulli cupiditate non bona viam observant, exploratores ponunt, laqueos parant[1] ut eum capiant. His tamen quammaxime homines Alamannici regis intendebant, ob dissentionem quæ fuerat illis diebus inter papam et ipsum. Supererat quoque ea tempestate Wibertus archiepiscopus Ravennas, qui, de apostolatu quem contra jus invaserat pulsus, omni religiosæ personæ Romam petenti per se suosque modis quibus poterat struebat insidias. Unde quidam episcopi, monachi, et religiosi clerici, ea sæviente persecutione, capti, spoliati, multisque contumeliis affecti, necati sunt. Spe igitur maxima manus iniqua sibi confisa est simili pœnarum genere sese Anselmum damnaturam. Sed ille, ut diximus, Lugduni remansit, reditum nunciorum suorum ibi opperiens. Cum vero malignantes illi moram ex adventu ejus extra spem paterentur, didicerunt a peregrinis eum, valida corporis infirmitate tentum, a Lugduno amplius non promovendum. Quod dictum peregrinorum non fuit ex toto veritati contrarium. Infirmatus nempe fuerat, ut de sanitatis illius recuperatione desperatio nos non parva teneret. Quo illi audito, consternati sunt animo, et quam de Anselmi disturbatione spem habebant, perdiderunt. Verum languore magna ex parte sopito, et rumore qui populos de processu ipsius repleverat circumquaque extincto, ecce quos Romam miserat nuncii veniunt, et quod omni excusatione sublata eum ad se papa properare præceperit referunt. Quid moror? Nescius moræ apostolicis jussis abaudit,[2] viæ se periculis mortem pro Deo non veritus tradit.

The Pope summons him to Rome.

He leaves Lyons (Mar. 16th, 1098).

Discedentes igitur a Lugduno tertia feria quæ ante Dominicum diem palmarum erat, venimus in subse-

---

[1] *parant*] On erasure in A.; perhaps for *præparant*.

[2] *abaudit*] The corresponding passage in the *Vita* has *obaudit*. So has A.

quenti Sabbato ad villam quandam quæ Aspera dicitur. In qua cum hospitati atque refecti fuissemus, visum patri est decentius inter monachos qui in eadem villa cohabitabant quam inter villanos nocte illa nos conversari, cum[1] propter religionem monachici ordinis, tum propter officium imminentis noctis atque diei. De re itaque mandatum monachis est, et alacres assenserunt. Eramus quippe tres monachi qui hoc quærebamus, dominus videlicet et pater Anselmus, præfatus Balduinus, et ego qui hæc scribo, frater Eadmerus. Qui ita ibamus quasi pares essemus, nullo patrem nostrum coram aliis dominandi jure sequente. Cum ergo[2] monachi illi nobiscum sicut peregrinis vespertina hora loquerentur, et unde venissemus percunctarentur, respondimus de Franciæ partibus nos adventasse et Romam usque, si Deus concederet, ire velle. At illi, "In nihili tenditis," inquiunt. "Nam v iam
" istam quam aggredimini nullus in habitu religioso
" peragere potest quin capiatur multisque injuriis
" afficiatur. Quod archiepiscopus Cantuariensis intel-
" ligens sapienti consilio usus est. Proposuit namque
" idem vir se pro sua, ut fertur, causa nuper Romam
" iturum, et venit usque Placentiam. Verum cum
" illic sequentis viæ pericula didicisset, reversus est,
" et nunc Lugduni moratur." Ad hæc Balduinus ait, "Et ille bene quidem fecit; et nos, quia servitio
" Dei et obœdientia spiritualis patris ire compellimur,
" quantum nobis licuerit, ducente Domino, progre-
" diemur. Quando ultra non potuerimus, salva obe-
" dientia nostra revertemur." "Ducat vos," aiunt,
" benignus Deus." Celebrato igitur inter eos noctis officio atque diei, nos viæ reddidimus.

Exhinc cum Romam prospero itinere pervenissemus, et Anselmus decentissime a papa[3] susceptus de

---

[1] *cum*] tum, A.
[2] *ergo*] igitur, A.
[3] *decentissime a papa*] a papa decentissime, A.

A.D. 1098.
who writes to the King, as does Anselm.

sui adventus causa requisitus fuisset, eo illam ordine retulit quo in epistola¹ quam a Lugduno, ut diximus, ei direxit, ipsam digessit. Audit ille quæ feruntur, et subventionem pollicetur. Scribit litteras Willelmo regi Angliæ, in quibus ut res Anselmi liberas in regno suo faceret, ac de suis omnibus illum revestiret, monet, hortatur, imperat. Scribit quoque Anselmus sub eadem materia litteras, et eas una cum litteris papæ ipsi regi destinat. Mansimus ergo Romæ decem diebus, in palatio Lateranensi cum papa degentes.

Abbot John of San Salvatore at Telese sends him an invitation.

Præerat eo tempore abbas quidam Johannes nomine cœnobio Sancti² Salvatoris, quod prope Telesinam urbem situm est. Qui Johannes, Romanus genere, discendarum studio litterarum jam olim Franciam venerat, ibique fama permotus Anselmi, qui tunc Becci abbas erat, eum religionis proposito fervens adiit, eoque audito Becci monachus factus est. Quod ubi post aliquot annos ad aures summi pontificis Urbani pervenit, Johannem ipsum ad se accersitum præfati cœnobii abbatem fecit. Hic itaque, agnito patrem suum Anselmum Romam venisse, missis nunciis omni studio deprecatus est, quatinus ad se venire, atque in sua quadam mansione cui salubris aura favebat, ad evitandas Romanæ urbis ægritudines instanti dignaretur æstate conversari. Quibus ille auditis, supernæ pietati ac fraternæ sollicitudini gratias egit, summoque pontifici relatas preces innotuit. At ille, "O," inquit, "Divinæ miserationis prædestinatio. Vere et-
" enim præmisit Deus Joseph in Ægyptum³ ante
" Jacob patrem suum. Quapropter licet omnia quæ
" habeo tuis, utpote viri propter justitiam necne
" Beati Petri fidelitatem exulantis, proposuerim ne-
" cessitatibus servitura; tamen, quia urbis istius aer

MS. p. 109.

---

¹ *epistola*] epistola sua, A.
² *Sancti*] Not in A.

³ *Ægyptum*] Egiptum, MS.

"multis, et maxime peregrinae regionis hominibus, nimis est insalubris, laudo ut eas quo vocaris, ne quod superna dignatio tibi providet negligere videaris." Adquiescit Anselmus dicto pontificis; et, expectaturus quid rex Angliae respondeat papae ac suis litteris,[1] partes ad quas invitabatur petit.[2] Occurritur ei cum laetitia et honore in omni loco ad quem ingreditur, et certatim ad ministrandum illi quique parantur. Ubi vero loco ad quem ibat appropinquavit, adjuncta secum fratrum caterva, Johannes obviam vadit, et patrem suum more boni filii magna cum reverentia et exultatione susceptum monasterio introducit. Exinde, quoniam calor etiam[3] ibi cuncta torrebat, ducit eum in villam suam, Sclaviam nomine, quae in montis altitudine sita sano jugiter aere conversantibus illic habilis extat.

His ferme diebus Rogerus dux Apuliae, adunato grandi exercitu, Capuanam civitatem a sua ditione resilientem obsidebat. Et, audita fama Anselmi, directis nunciis rogavit eum venire ad se, cupiens illum videre et alloqui, atque per eum iis[4] quae saluti suae adminiculari poterant informari. Ivit ergo pater ad eum. Adhuc longe eramus, et ecce dux ipse, copiosa militum multitudine septus, patri occurrit, ac in oscula ruens ei pro suo adventu gratias egit. Plures exin[5] dies in obsidione fecimus, remoti in tentoriis a frequentia et tumultu perstrepentis exercitus.[6] Cum autem inter haec sedis apostolicae pontifex Urbanus illo adventaret, et ei ab Anselmo ac principibus totius exercitus obviam itum esset; ingenti saecularis gloriae pompa prosecutus ductus est in tentorium quod ei prope nos erat caeteris excellentius constitutum. Sicque donec civitas in de-

---

[1] *papæ ac suis litteris*] litteris papæ ac suis, A.
[2] *petit*] petiit, A.
[3] *etiam*] Not in A.
[4] *iis*] hiis, A.
[5] *exin*] exhinc, A.
[6] *et tumultu perstrepentis exercitus*] On erasure in A.; crowded and carried on into margin.

ditionem transiit obsidio illius dominum papam et Anselmum vicinos habuit, ita ut familia illorum magis videretur una quam duæ, nec facile quivis declinaret ad papam, qui non diverteret ad Anselmum.

Sed quid faciam? Si dilectioni, si reverentiæ, si honori qui Anselmo ab universis inter quos eo tempore veniebat[1] exhibebatur scribendo singulatim immorari voluero, non immerito indiscretionis argui potero. Tantum dico quia licet rex Angliæ, qui illum, ut prædictum est, de regno suo pepulit, tam litteris quam largis muneribus omnes quos ratus erat ei posse detrimento existere conatus fuerit adversus eum commovere, tamen nihil profecit, quin potius ex his perspicaciter intellectum a cunctis[2] est, virum simplicis justitiæ viam tenere, et omnino contra æquum fatigari. Nam cum litteræ quæ directæ fuerant nullam ipsi qua jure argui posset culpam referendo inveherent, nec latores earum a litteris ipsis pejora dicendo dissentirent, factum est ut et viri justitiæ firmius crederetur, et injustitia hominis eum non æquo judicio fatigantis magis ac magis publicata detestaretur. Quique igitur ex hoc illius cœperunt causæ favere, illius commodo, illius honori, se suaque pro voto certatim impendere. Dux ipse ad quem ipsa mandata præ cæteris lata fuerunt, non consideratis eis, patrem multis precibus ad hoc flectere nisus est quatinus secum dignaretur remanere, et optimas terrarum suarum tam in villis quam in castellis seu civitatibus juxta electionem suam dono accipere, easque in usus suos suorumque dum viveret proprio jure vindicare. Aliter igitur molimina regis in Anselmum processerunt ac ipse ratus fuerat. Obsidione dehinc soluta, Anselmus cum papa ad Aversanam civitatem vadit. Papa civitatem, Anselmus multa prece invitatus abbatiam Sancti Laurentii hospitandi gratia

---

[1] *quos eo tempore veniebat*] quos habitabat eo tempore et veniebat, A.

[2] *a cunctis*] Not in A.

petit. Igitur Anselmo ab ipsius cœnobii fratribus perfectæ caritatis obsequium exhibetur, et loquenti solito more quæ Dei sunt auditus studiose præbetur.

Considerans itaque Anselmus apud se, quantam mentis inquietudinem et perturbationem fuerit passus in Anglia, et quomodo nullus, exceptis aliquibus monachis, eum gratia fructificandi Deo audire voluerit, quantaque mentis tranquillitate potitus et quam fructuoso studio sit a cunctis auditus postquam exivit de Anglia, omni desiderio fervebat curam Angliæ cum pontificatu deserere, et eis perpetim abrenunciare. Huic quoque desiderio non parum roboris impendebat, quod, omni dubietate sublata, videbat impossibile fore suos et Willelmi regis mores in unum amplius concordare. Ad ea nempe quæ illum in Anglia positi facere solere cognoveramus, nova quædam quotidie ab iis[1] qui inde veniebant publice referebantur, in quibus ita contra Dei justitiam offirmatus intelligebatur, ut multi regionum illarum viri simul ac mulieres aliam de eo æstimationem haberent, quam de Christiano Christianos lex Christiana docet habere. De quibus pauca brevi perstringere placuit, ne solummodo nudis verbis quæ dicuntur dici putentur. Quæ tamen sicut illa accepimus simpliciter ponam, non astruens vera an secus extiterint, an non. Ferebant igitur ii[2] qui veniebant, quod eodem fere tempore, cum idem rex Rotomagi moraretur, Judei qui in civitate ipsa degebant ad eum convenere, conquerentes nonnullos ex suis, spreto Judaismo, Christianos tunc noviter factos fuisse, atque rogantes ut sumpto pretio illos, rejecto Christianismo, ad Judaismum redire compelleret. Adquiescit ille, et, suscepto pretio apostasiæ, jubet Judeos ipsos[3] adduci ad se. Quid plura? Plures ex illis minis et terroribus fractos, abnegato Christo, pristinum errorem suscipere fecit.

---

[1] *iis*] his, A.
[2] *ii*] hi, A.
[3] *Judeos ipsos*] ex Judeis ipsis, A.

A.D. 1098. Erat præterea illis diebus adolescens quidam Judeus, cui uno dierum per viam forte eunti apparuit alter juvenis, vultu ac veste decorus. Qui, interrogatus unde vel quis esset, dixit se jam olim ex Judeo Christianum effectum, Stephanum protomartyrem[1] esse. "Sed "ea," inquit, "causa nunc de cælo ad terras descendi, "ut tu, abjecta superstitione Judaica, Christianus "efficiaris, et meo nomine baptizatus in Christo ap-"pelleris." Dixit, et ab oculis ejus elapsus non comparuit. Adolescens autem timore correptus illico presbyterum adiit, quid viderit, quidve audierit, clara voce innotuit, seque in Christum credere confessus baptismi gratiam statim adeptus est. Quod factum cum pater ejus agnovisset acri cordis dolore afficitur. Et æstuans quonam modo suis sacris filium posset restituere, didicit quemadmodum Willelmus rex Anglorum nonnullos hujusmodi, pecuniæ gratis, nuper Judaismo reddiderit. Ivit ergo ad illum, et qualiter perdidit filium suum querula voce depromsit. Orat sibi misereri, et unici MS. p. 114. more a se dilectum paternis rogat legibus imperiali sanctione restitui. Tacet ille ad rogata, nondum audiens quam ob rem tali negotio sese deberet medium facere. Advertit Judeus mysterium cur suis precibus non responderet, et e vestigio sexaginta marcas argenti se illi daturum si Judaismo restitueret filium suum pollicetur. Jubente igitur rege, juvenis ipse in conspectum suum adducitur, et rex illum hac voce alloquitur, "Queritur pater tuus de te, quod præter "licentiam suam Christianus effectus es. Hoc si ita "est, præcipio tibi quatinus voluntati ejus satisfa-"ciens, omni ambage seclusa, Judaismo te sine mora "restituas." Cui juvenis respondens, "Domine rex," ait, "ut puto jocaris." At ille indignatus, "Tecum," dixit,[2] "jocarer, stercoris fili? Recede potius et præ-

---

[1] *protomartyrem*] prothomartirem, MS.

[2] *dixit*] inquit, A.

"ceptum meum velocius imple, alioquin, per Vultum
"de Luca, faciam tibi oculos erui." Tunc adolescens
animæquior factus voce constanti ita respondit, "Uti-
"que non faciam. Verum noveris quia si bonus
"Christianus esses, nunquam de ore tuo talia protu-
"lisses. Christiani etenim est, eos qui a Christo per
"incredulitatem separati sunt ei conjungere, non au-
"tem eos qui illi per fidem juncti sunt ab eo sepa-
"rare." Confusus princeps in istis, contumeliis affectum juvenem cum dedecore jussit suis conspectibus
eliminari. Qui expulsus patrem suum eventum rei
pro foribus præstolantem invenit. In quem animatus,
"Fili," ait, "mortis et pabulum æternæ perditionis,
"non sufficit tibi damnatio tua, nisi et me tecum
"præcipites in eam? Ego vero, cui jam Christus
"pater factus est, absit ut te unquam pro patre ag-
"noscam, quia pater tuus diabolus est." Dum ista
ita dicuntur, ad jussum regis introducitur ante eum
Judeus, et ait illi rex, "Ecce feci quod rogasti, redde
"quod promisisti." At ille, "Filius meus jam nunc
"et in Christi confessione constantior, et mihi est
"solito factus infestior, et dicis, 'Feci quod petisti,
"'redde quod promisisti'? Immo quod cœpisti primo
"perfice, et tunc demum de pollicitis age. Sic enim
"convenit inter nos." "Feci," dixit, "quantum potui.
"Verum, quamvis non profecerim, minime tamen fe-
"ram me sine fructu laborasse." Angustiatus Judeus
ex his vix obtinuit, ut, data medietate promissæ pecuniæ, alia sibi medietas laxaretur.

Præter hæc quoque per id temporis ferebatur eum
in tantam mentis elationem corruisse, ut nequaquam
patienter audire valeret, si quivis ullum negotium
quod vel a se vel ex suo præcepto foret agendum
poneret sub conditione voluntatis Dei fieri; sed quæque, acta simul et agenda, suæ soli industriæ ac for-
titudini volebat ascribi. Quæ mentis elatio ita excrevit in eo, ut, quemadmodum dicebatur, crederet et

A.D. 1096. publica voce assereret nullum sanctorum cuiquam apud Deum posse prodesse, et ideo nec se velle, nec aliquem sapienter[1] debere, Beatum Petrum, seu quemlibet alium, quo se juvaret interpellare. Hac fide in ipso proficiente, ad hoc quoque lapsus est ut Dei judicio incredulus fieret, injustitiæque illud arguens, Deum aut facta hominum ignorare, aut æquitatis ea lance nolle pensare, astrueret. Exempli causa. Quinquaginta cir- MS. p. 116. citer viri, quibus adhuc illis diebus ex antiqua Anglorum ingenuitate divitiarum quædam vestigia arridere videbantur, capti sunt et calumniati quod cervos regis ceperint, mactaverint, manducaverint. Negant illi. Unde statim ad judicium rapti judicantur injectam calumniam examine igniti ferri a se propulsare debere. Statuto itaque die, præfixi pœnæ judicii pariter subacti sunt, remota pietate et misericordia. Erat ergo miseriam videre. Verum omnipotens Deus, cui misericordiam et judicium canit Davidicus[2] psalmus, innocentiam eorum, servatis misericorditer ab exustione manibus omnium, cunctis ostendit, et malitia hominum eos impie destruere cupientium quam injusta fuerit justo judicio declaravit. Igitur cum principi esset relatum, condemnatos illos tertio judicii die simul omnes inustis manibus apparuisse, stomachatus taliter fertur respondisse, "Quid est hoc? Deus est justus judex? " Pereat qui deinceps hoc crediderit. Quare, per hoc " et hoc, meo judicio amodo respondebitur, non Dei, " quod pro voto cujusque hinc inde plicatur." Hæc et hujusmodi plura his atrociora, quæ a diversis non ignobilis famæ hominibus de Willelmo illo tunc temporis nunciabantur, magno, ut diximus, Anselmum accendebant pontificatui Angliæ abrenunciare, scientem videlicet mores suos moribus ipsius nulla posse ratione amplius concordare.

---

[1] *sapienter*] sapientem, A. | [2] *Davidicus*] Daviticus, MS.

Postulaturus igitur a summo pontifice ipsius vinculi quo se nimis astringi gemebat relaxationem, eum adiit, ei sui cordis anxietatem innotuit, misereri sibi poposcit, id est ut ab onere[1] curæ pastoralis, quod importabile sibi quia infructuosum videbat, se relevaret obnixe rogavit. Audit papa quod ille postulat, et illico miratus exclamat, "O episcopum, O pastorem. Nondum
" cædes, nondum vulnera perpessus es, et jam Domi-
" nici curam ovilis subterfugere quæris? Christus in
" cura ovium suarum probat Petri amorem erga se;
" et Anselmus, Anselmus, inquam, ille sanctus, ille ta-
" lis ac tantus vir, solummodo quiescere volens, oves
" Christi, et ante pugnam luporum morsibus dilani-
" andas non veretur exponere? Ah, quid dicam?
" Quo amore sperat Domino copulari, qui hoc fugit
" quo ipse Dominus, se teste, probatur amari? Ab-
" sint hæc a te, absint a tua religione, dilectissime
" frater Anselme. Potius, ne me in istis ulterius
" inquietes, scias quod non solum non concedo tibi
" facere quod petis; immo ex parte Dei omnipotentis,
" vice beatissimi Petri apostolorum principis, tibi per
" sanctam obœdientiam præcipio, quatinus curam An-
" glici regni tibi commendatam quamdiu retinere ut
" hactenus poteris, non abjicias. Quod si propter ty-
" rannidem principis qui nunc ibi dominatur in terram
" illam redire non permitteris; jure tamen Christiani-
" tatis semper illius archiepiscopus esto, potestatem
" ligandi atque solvendi super eam dum vixeris obti-
" nens, et insignibus pontificalibus more summi pon-
" tificis ubicunque fueris utens." Ad hæc ille, "Obœ-
" dientiam, pater, non abjicio; sed, si non displicet,
" quid animo geram paucis suggeram. Credat, si
" placet excellentia vestra, quoniam si cædes, si vul-
" nera, si mors ipsa mihi pro tutela et defensione
" ovium Christi intenderetur, spero non aufugerem,

---

[1] *ut ab onere*] On erasure and in margin in A.

"si me conscientia mea non fallit. At nunc, ut de
"rege ipso qui me, sicut notum est, de regno suo
"expulit, taceam; ipsi quos oves, et episcopi quos
"adjutores, habere debebam, et qui mihi obœdientiam
"professi erant,[1] omnes in commune ad hoc me du-
"cere conabantur, quatinus sub obtentu justitiæ con-
"tra justitiam facerem, id est obœdientiæ Beati Petri
"abrenunciarem, ne fidem quam debebam regi terreno
"violarem. Quibus dum niterer persuadere me utrum-
"que horum, altero inviolato, posse servare; quando-
"quidem Dominus jubeat quæ Cæsaris Cæsari, et
"quæ Dei sunt Deo reddi; objiciebant hoc apud se
"in usu non haberi, nec velle de domino suo hanc
"injuriam sustinere, ut aliquis in regno ejus cuilibet
"intenderet nisi ei vel per eum. Et ego, pater, inter
"tales quid facerem?" Respondit, "Ratione duceris.
"Ego quoque, ne de his atque aliis tibi non jure
"illatis videar non curare, eaque gladio Sancti Petri
"nolle vindicare, moneo quatinus concilio, quod apud
"Barum ante corpus Beati Nicolai Kalendis Octobris
"celebrare constitui, præsentiam tuam exhibeas, ut
"quod de ipso rege Anglico suisque ac sui similibus,
"qui contra libertatem ecclesiæ Dei se erexerunt,
"mediante æquitatis censura, me facturum disposui
"auditu visuque percipias." Dehinc ad habitaculum
suum Sclaviam Anselmus revertitur, quietem et paupertatem oblatis divitiis anteponens.

Instante autem termino concilii, ad apostolicum reversus est, et cum eo Barum usque profectus. In ipso
vero concilio, dum plurima de fide catholica summus
pontifex facunda ratione rationabilique facundia dis-
seruisset, mota est quædam quæstio ex parte Græcorum,[2]
evangelica auctoritate probare volentium Spiritum
Sanctum processionem non habere nisi tantum a Patre.

---

[1] *erant*] A. has *sunt*, and, over it, *vel erant*.

[2] *Græcorum*] Grecorum, MS.

Huic errori cum multis argumentis tum plurimis rationibus papa contraire nisus, inter alia, quiddam de epistola sibi olim ab Anselmo "De Incarnatione Verbi" edita et directa exempli gratia intulit, quod suæ disputationi non parum claritatis ac firmitudinis attulit. Verum cum nonnulla objicerentur, et redditæ rationes, quemadmodum in talibus mos est, disquisitæ enucleatius exponi peterentur, imperatum silentium primus ipse pontifex rupit, alta voce dicens, "Pater et magister "Anselme, Anglorum archiepiscope, ubi es?" Sedebat enim idem pater[1] in ordine cæterorum inter primos concilii patres, et ego ad pedes ejus. Ubi ergo se requiri audivit, surrexit continuo et respondit, "Domine "pater, quid præcipitis? Ecce. me." At ille, "Quid, "quæso, facis? Cur in aliorum silentio degis? Veni, "veni, obsecro, ascende usque ad nos, et pugnans pro "matre tua et nostra adjuva nos, cui suam integri- "tatem vides Græcos[2] istos conari adimere, et nos in "idipsum nefas, si facultas eis tribuitur, præcipitare, "Succurre igitur, quasi vere pro hoc a Deo missus "huc." Videres itaque circa solium papæ quosque perstrepere, sedes mutare, locum sedendi viro parare, et sic demum honorifice levatum ad se prope papam collocare, concilio stupente ad hæc et percunctante de homine quis esset aut unde. Tum, compresso tumultu, omnibus in commune viri sanctitatem atque industriam papa exposuit, et quia propter justitiam multas persecutiones passus, atque injuria de sua sit terra expulsus, reverenda voce innotuit. Cum igitur ad imperium ejus Anselmus præsto esset motæ quæstioni mox respondere, visum nonnullis est melius fore in crastinum rem differri, quo liberioribus animis dicenda expeditius proponerentur. In crastino itaque, maturius conventu disposito, Anselmus ex condicto debitum solvere postulatus est. Surrexit ergo et coram

---

[1] *enim idem pater*] On erasure in A.

[2] *Græcos*] Grecos, MS.

universis in edito stans sic de negotio, regente cor et linguam ejus Spiritu Sancto, tractavit, disseruit, absolvit, ut in ipso conventu nemo existeret qui non inde sibi satisfactum consentiret. Sed quibus hoc argumentis, quibus rationibus, quibusve Divinæ Scripturæ auctoritatibus et exemplis egerit, scribere supersedemus, eo quod ipsemet Anselmus postmodum inde diligentius atque subtilius tractans egregium opus scripsit, idque per multa terrarum loca ubi ejusdem erroris fama pervenit ab amicis suis rogatus direxit. Ergo ubi finem dicendi fecit, intendens in eum summus pontifex ait, "Benedictum sit cor et sensus tuus, et os et " sermo oris tui sit benedictus." Hinc in laude viri demoratum est, et fides ejus atque prudentia divulgata ac magnificata, necnon eorum perfidia, siqui forent, qui ea quæ de proposita quæstione docuit suscipere et credere nollent, exprobrata ac perpetuo anathemate percussa atque prostrata.

Procedente deinceps ratione, de rege Anglorum sermo conscritur, et sinistra quædam de ipso publice prædicantur,[1] Anselmo inter illa demisso vultu sedente et loquentes nullo favore prosequente. Tandem de venditione et oppressione ecclesiarum, de quibus inter alia vituperabatur, necne de injuriis Anselmo illatis apostolicus acriter questus est, "Quem propterea," inquit, "etiam regni sui fecit extorrem, quoniam a Beati Petri " fidelitate et obœdientia nequivit separare." Et adjecit, " Ecce vita illius tyranni,[2] qualis ad apostolicam sedem " sæpe delata est. Cui pro correctione sui plura mul" totiens cohortatoria simul et castigatoria suasione " verba mandavimus, sed afflictio atque depulsio tanti " viri quem coram videtis satis innuit quantum profeci" mus. Ad hæc, fratres, quid sentitis, quid decernitis?" Dixerunt, "Sententia plana est, et judicium evidens. Si " enim semel, si secundo, si tertio vocasti et renuit

---

[1] *prædicantur*] predicantur, MS. | [2] *tyranni*] MS.

"audire, renuit disciplinam accipere; restat ut gladio "Sancti Petri sub anathematis ictu percussus, quod "meruit sentiat, donec a sua pravitate discedat. Respondit, "Ita est." Audiens hæc Anselmus illico surrexit, et flexis genibus coram papa, præfatum regem jam tunc excommunicare parato, vix obtinuit ne in regem faceret quod communis omnium sententia promulgavit. Qui ergo bonitatem viri solo prius fuerant auditu edocti, nunc eam facto se experiri gavisi sunt dum illum et pro malo bonum reddere, et pro persequente se non ficta vident prece intercedere. Admirabilis itaque universis factus est.

Inter hæc ego patri per omnia præsens aderam, paratus' videlicet ad servitium ejus. Et quia mihi ab infantia hic mos semper erat,[1] nova quæ forte sed maxime in ecclesiasticis occurrebant diligenti intentione considerare ac memoriæ commendare, dispositum concilium, loca et ordines personarum, modos et examinationes causarum, curiosa fortasse magis quam sagaci mente et oculo hinc inde, utpote qui nunquam prius talia videram, modesto intuitu consideravi. Ecce autem cum illis intenderem, occurrit quem antea bene noveram archiepiscopus Beneventanus, cappa præ omnibus qui conventui ipsi intererant pretiosiori decoratus. Papa enim non cappa sed casula, et pallio desuper redimitus, concilio præsidebat. Ego igitur intuens cappam antistitis Beneventani, et eam, ut dixi, cæteris præstare perspiciens, recordatus sum verborum quæ puer a senioribus ecclesiæ notræ, Edwio scilicet magnifico viro, Blachemanno atque Farmanno, aliisque nonnullis olim audieram. Solebant etenim iidem[2] memorabiles viri sæpe narrare, quod, ipsis adolescentiæ primordia agentibus, Ymma regina, cujus in capite hujus operis habita mentio est, inter multa bona quæ

---

[1] *semper erat*] A. has *erat semper*.   [2] *iidem*] idem, MS.

A.D. 1096. ecclesiæ Christi Cantuariensi contulit, brachio beati apostoli Bartholomei ipsam ecclesiam, disponente domino suo Cnud rege Anglorum, sublimaverit. Quæ res qualiter acta fuerit, hoc modo quod per excessum MS. p. 123. cœptæ narrationis dici patienter quæso accipiatur, uno sensu, pari ordine referebant. "Tempore," aiunt, "quo
" ipsa domina sicut regina in regno Anglorum magna
" et præpotens habebatur, pontifex ecclesiæ Beneven-
" tanæ venit in Angliam; quem, sicut ipse ferebat, im-
" manis fames certis præsagiis totam Apuliam afflictura
" illo deduxerat, cupiens aliquo modo, si non posset
" toti provinciæ, saltem suis civibus tantum malum
" propulsare. Is iter ingressus brachium Beati Bartho-
" lomei apostoli secum tulerat, spe sibi certa promit-
" tens se per illud multa lucraturum. Idem quippe
" brachium, ob hujusmodi necessitudinum contrahenda
" subsidia, in ipsa ecclesia Beneventi a reliquo corpore
" servabatur remotum. Episcopus itaque, transita
" Italia, venit in Galliam, quæ sibi dabantur gra-
" tanter ubique bona suscipiens. Audita vero diviti
" fama regni Anglorum, ratus est sibi eo progredien-
" dum, ex aliorum eventibus sperans se illic amplius
" cæteris regionibus adquisiturum. Præfata quoque
" regina magni nominis et divulgatæ famæ habebatur,
" quam bonitas sua et qua super ecclesias respiciebat
" largitas ei pepererat. Pontifex igitur Angliam ve-
" niens ipsam reginam adiit, et, illius allocutione poti-
" tus, quid detulerit, quam ob causam tam remotas
" orbis adierit partes, insinuavit. At illa hominis
" caritativo labore ad misericordiam flexa de suis ei
" copiose largita est, et illum patriam remeare, necnon
" eis quibus imminens famis periculum formidabat
" subvenire hortata est. Sed ipse, intelligens non MS. p. 124.
" sufficere sibi ad suum negotium quæ[1] habebat, eos
" quos magis familiares in curia ipsi dominæ esse ac-

---

[1] *quæ*] Altered from *quod* in A.

"ceperat percunctatus est, utrum os quod attulerat, dato pretio, reginæ in jus proprium transferre curæ esset." Quid multa? Investigatur de re animus dominæ et invenitur promptissimus esse; certam se tantummodo episcopus faceret, ipsum os nominati apostoli revera fuisse, et taliter ut ipsamet testaretur sibi, sublata omni ambiguitate, satisfactum. Ad quod ille, "Quo," inquit, "modo?" "Super Corpus," ait, "Do-" minicum, et super sanctorum reliquias quas ei pro-" ponam jurejurando asseveret,[1] reliquias de quibus " agitur veraciter esse de corpore beati apostoli " Bartholomei; et id, remota omni æquivocatione ac[2] " sophismate, faciat." "Hoc," inquit episcopus, "secure " me facturum polliceor." Veniens itaque Cantuariam cum brachio ipso, prout illi rex et regina dictaverant, decenter susceptus est. Astante igitur ipsa, monachorum quoque ac clericorum immenso agmine eam vallante, inter quos etiam supra memorati viri a quibus hæc accepimus se præsentes fuisse testati sunt, numerosaque utriusque sexus et ætatis multitudine ob hoc convolante et audiente; jurando super altare et Corpus Christi, necne sanctorum reliquias quas Beatum Gregorium Sancto Augustino, aliosque Romanos pontifices aliis archiepiscopis, destinasse scitur, asseveravit, ipsum os quo de[3] sermo habebatur Beati Bartholomei apostoli proprium fuisse, nec ipsi assertioni suæ aliquid omnino sophismatis aut æquivocationis inesse. Quo facto, memorabilis domina quamplures argenti libras antistiti contulit, et osse potita illud ecclesiæ Christi Cantuariensi solemni donatione ex parte regis Cnudi suaque concessit. Illis quippe diebus hic mos Anglis erat, patrocinia sanctorum omnibus sæculi rebus anteferre. Pontifex quoque sedis ipsius, Ægelnothus nomine, inter reliqua quæ homini dedit, cappam illi valde

---

[1] *asseveret*] Not in A.
[2] *ac*] atque, A.
[3] *quo de*] de quo, A.

A.D. 1098. pretiosam, aurifrigio ex omni parte ornatam dedit, quæ et illius ecclesiæ decori, et ecclesiæ Cantuariensi futuris temporibus tantæ rei existeret testimonio et probationi. Ego igitur cum, ut dixi, concilio præsens antistitem Beneventanum cappa reliquis præstante ornatum viderem, et eam ex iis[1] quæ olim audieram optime nossem, non modice lætatus, et cappam et verba mihi puero exinde dicta patri Anselmo ostendi. Mox celebrato concilio, ubi Beneventanum ipsum adii, et inter alia mutuæ dilectionis colloquia cœpi de eadem cappa loqui, et unde illam haberet quasi nescius interrogavi, summam rei exposuit, et eam ordine quo descripsi suam ecclesiam ab ecclesia Cantuariensi adeptam esse declaravit. Qua de re certior effectus, putavi aliquibus gratum hoc ipsum huic opusculo indere, licet propositum narrationis tramitem me hoc agendo excedere non nescirem. Quo peracto, ad cœptum redeamus iter. Finito concilio a Baro discessimus, comitatum papæ Romam usque non deserentes.

Return of the messenger sent to the Red King.

Interea revertitur nuncius quem a Roma ad regem Angliæ destinatum supradiximus, referens ipsum regem, susceptis quidem quoquo modo litteris papæ, litteras Anselmi nullo voluisse pacto suscipere; immo, cognito illum esse hominem ejus, jurasse per Vultum Dei quia si festine terram suam non exiret sine retractatione oculos ei erui faceret.

Arrival of a royal envoy in Rome;

Verum post dies aliquot ex quo Romam reversi fuimus venit missus a rege Willelmus cujus in exitu Angliæ mentionem fecimus, domino papæ ad litteras quas pro Anselmo miserat responsurus. Dicebat ergo

who delivers a message from the King, and gives an account of his conduct.

pontifici, "Mandat tibi dominus meus rex sibi non "parvæ admirationi esse, quod vel in mentem tibi "cadere potuit, ut eam pro restitutione rerum An- "selmi interpellares." Et subdidit, "Si causam quæris, "hæc est. Quando de terra sua discedere voluit,

MS. p. 126.

---

[1] *iis*] his, A.

"aperte minatus est se, illo discedente, totum archi-
"episcopatum in dominium suum accepturum. Quo-
"niam igitur nec his minis constrictus quin exiret
"omittere voluit, juste se putat fecisse quod fecit, et
"injuria reprehendi." Ad hæc papa, "Accusat eum,"
inquit, "aliunde?" Respondit, "Non." "Pape," ait,
"quis unquam audivit talia? Pro hoc solo prima-
"tem regni suis omnibus spoliavit, quia ne sanctam
"matrem omnium Romanam ecclesiam[1] visitaret
"omittere noluit? Vere et sine omni ambiguitate
"possumus dicere, a sæculo tale quid auditum non
"esse. Et pro tali responso, mirabilis homo, huc te
"fatigasti? Redi quantocius redi, et præcipe illi ex
"parte Beati Petri, quatinus, muta omni contradic-
"tione, illum suis omnibus integre revestiat, si ex-
"communicari recusat. Itaque fac ut quid hinc velit
"scire me faciat ante concilium, quod tertia hebdo-
"mada[4] Paschæ in hac urbe sum celebraturus. Alio-
"quin certissime noverit, se in eodem concilio dam-
"nationis sententia puniri quam promeruit." At ille,
"Priusquam abeam, tecum secretius agam." Mansit
ergo ibi per dies plurimos idem Willelmus, prudenter
operam dando hos et illos suæ causæ fautores efficere,
ac, ut domini sui voluntati satisfaceret, munera quibus
ea cordi esse animadvertebat dispertiendo et pollicendo
parvihabere. Deductus ergo a sententia Romanus
pontifex est, ac pro voto Willelmi[5] inducias usque ad
festum Sancti Michaelis dedit regi. Acta sunt hæc
in ipsis solenniis Nativitatis Christi.

Quod videntes, vane nos ibi consilium vel auxilium
opperiri intelleximus, petitaque licentia Lugdunum
remeare decrevimus. Quam licentiam cum nullatenus

---

[1] *Romanam ecclesiam*] ecclesiam Romanam, A.
[2] *possumus dicere*] dicere possumus, A.
[3] *auditum non esse*] non esse auditum, A.
[4] *hebdomada*] ebdomada, MS.
[5] *Willelmi*] Wilelmi, A.

112   HISTORIA NOVORUM IN ANGLIA.

A.D. 1099.

impetrare potuissemus, remansimus Romæ usque ad præfinitum tempus concilii, continue circa papam degentes, et quasi in commune viventes. Nec enim duæ, sed una videbatur amborum curia esse. Unde et ipse papa frequenter ad Anselmum veniebat, læte cum eo sese agendo, et curiam ei faciendo.[1] Dedit quoque illi hospitium in quo conversabamur, eo jure ut si aliquando Romam rediret, contra omnes homines illud sibi vindicaret. Ipse in conventu nobilium, in processionibus, in stationibus, semper et ubique a papa secundus erat, præ cunctis honoratus, cunctis acceptus, et ipse cunctis simplici humilitate summissus.

MS. p. 128.

The council of the Vatican (April 1099).

Cum vero ad concilium ventum esset, et, episcopis qui de Italia et Gallia venerant suas sedes ex consuetudine vindicantibus, nemo existeret qui se vel audisse vel vidisse archiepiscopum Cantuariensem Romano concilio antehac interfuisse diceret, vel scire quo tunc in loco sedere deberet; ex præcepto papæ in corona sedes illi posita est, qui locus non obscuri honoris in tali conventu solet haberi. Igitur dum in ipso concilio multa tractarentur, multa disponerentur, multa observari decernerentur; nec tamen ab omnibus, partim propter conventus immensitatem, partim propter intrantium et exeuntium a corpore Beati Petri strepitum et concrepationem, clare intelligerentur; præcepit ipse pontificum summus Lucensi episcopo, Reingero nomine, quatinus in medio cæteris eminentior staret, ac sonora qua pollebat voce quæ statuta erant cunctorum auribus expresse deponeret. Paret ipse

The Bishop of Lucca's protest.

præsidentis imperio. Verum, nonnullis ab eo capitulis in audientia omnium diserte expositis, subito, admirantibus cunctis, vultu, voce ac gestu corporis in alium habitum demutatus est. Unde suorum luminum acie in circumsedentes directa, vulneratæ mentis dolorem ultra dissimulare non potuit. Rupta igitur de-

---

[1] *ei faciendo*] faciendo ei, A.

cretorum serie quæ exponenda susceperat, intulit dicens, "Sed, væ, quid faciemus?[1] Præceptis subditos "oneramus, et iniquis tyrannorum sævitiis non ob-"viamus. Oppressiones namque quas ipsi sua tyran-"nide ecclesiis inferunt, et exspoliationes personarum "quæ tuendis illis institutæ sunt quotidie ad hanc "sedem referuntur; consilia et auxilia sicut a capite "omnium requiruntur; sed quo terminentur effectu, "heu, totus mundus novit et inde conqueritur. De "cujus mundi remotissimis partibus unus ecce inter "nos modesta taciturnitate quiescens mitis residet, "cujus silentium clamor magnus est, cujus humilitas "et patientia quo declivior atque mansuetior, eo "sublimior est ante Deum et in nos ferventior; iste "unus, inquam, iste quam crudelissime afflictus, quam "injustissime suis omnibus exspoliatus, venit huc, judi-"cium et æquitatem apostolicæ sedis de negotio suo "efflagitans. Jam annus secundus est quo huc venit; "sed, væ, quid hucusque subventionis invenit? Si de "quo dico non omnes agnoscitis, ipse est Anselmus "archiepiscopus Anglicæ regionis." His dictis, virgam pastoralem quam manu tenebat tertio pavimento illisit, indignationem spiritus sui compressis, exploso murmure, labiis et dentibus palam cunctis aperiens.[2] Ad hæc ei papa innuens ait, "Frater Reingere, sufficit, sufficit; de "hac re bonum consilium erit." At ille, producto in eum spiritu, inquit, "Et equidem expedit, nam aliter "eum qui justa judicat non transibit." Deinde ad perdicenda concilii decreta monitus verba resumpsit, ac in fine dicendi ne parvipenderetur injuria Anselmo illata repetiit, monuit, et sessum ivit. Hæc omnia cum pater Anselmus audisset, et tandem circa finem verborum de se dicta intellexisset, oppido miratus est, sciens se nec homini de re locutum fuisse, nec a se vel ullo

---

[1] *faciemus*] faciamus, A.
[2] *aperiens*] ostendens, A.
R 8387.

[3] *ei papa*] papa ei, A.

A.D. 1099.

Decrees of the council on investitures and homage.

suorum ut talia diceret processisse. Sedebat ergo uti solebat, silenter auscultans.

Inter ultima vero synodi; jam recisis quæ recidenda, et statutis quæ visa fuerant constituenda; in adversarios sanctæ ecclesiæ excommunicationis sententiam cum toto concilio papa intorsit. Qua sententia omnes quoque laicos investituras ecclesiarum dantes, et omnes easdem investituras de manibus illorum accipientes, necne omnes in officium sic dati honoris hujusmodi consecrantes, pari modo involvit. Eos nihilominus sub ipsius anathematis vinculo colligavit, qui pro ecclesiasticis[1] honoribus laicorum hominum homines fiunt, dicens nimis execrabile videri, manus quæ in tantam eminentiam excreverunt, ut, quod nulli angelorum concessum est, Deum cuncta creantem suo ministerio creent et eundem ipsum pro redemptione et salute totius mundi summi Dei Patris obtutibus offerant, in hanc ignominiam detrudi ut ancillæ fiant earum manuum quæ die ac nocte obscenis contagiis inquinantur, rapinis ac injustæ sanguinum effusioni addictæ commaculantur. His præsentes fuimus, hæc conspeximus, his ab universis, "Fiat, fiat," acclamari audivimus, et in his consummatum concilium scimus.

Anselm's departure from Rome and return to Lyons.

Postera die, accepta licentia, Roma digredimur, nil judicii vel subventionis præterquam quod diximus per Romanum pontificem[2] nacti. Via vero redeundi tunc temporis multis erat periculis obnoxia; sed, protegente nos Domino, pericula cuncta evasimus, ac Lugdunum illæsi pervenimus. Ubi summa cum[3] veneratione gaudioque suscepti, et a pontifice civitatis detenti, mansionem nostram illic firmavimus, amissa omni fiducia ulterius tempore Willelmi regis Angliam remeandi. Habitus est ergo ibi Anselmus non sicut hospes aut peregrinus, sed sicut indigena et vere loci

MS. p. 131.

---

[1] *ecclesiasticis*] MS.
[2] *pontificem*] presulem, A.
[3] *summa cum*] cum summa, A.

dominus. Unde nusquam ipse ipsius urbis antistes, eo praesente, suo volebat loco praesidere; sed, praesidente ubique Anselmo, inferioris et suffraganei loco simul et officio mira ductus humilitate fungebatur. Anselmus festivitates, sacros ordines, ecclesiarum dedicationes celebrabat, et pontificalia quaeque officia administrabat. Sed cum multi, agnita benevolentiae ejus amplitudine, ad eum currerent, et sacramentum impositionis manus episcopi ab illo sibi ac suis conferri deposcerent, ipse, qui in episcopalium officiorum administrationibus semper nutum pontificis expectabat, leni affabilitate respondebat suum non esse tale quid in parochia alterius episcopi, eo inconsulto, praesumere. In quo eum ratione agi intelligentes, mox ad suum episcopum nuncios dirigunt, et, qua benignitate vir ad suas preces responderit innotescentes, orant illum rogari pro se. De re ergo a pontifice appellatus, immo per totam parochiam suam hoc et aliis pontificalibus officiis in illius voluntatis deliberatione positis, omnes admittere, neminem ab ipsius gratia sacramenti patiebatur immunem discedere. Fiebat itaque[1] frequens populorum concursus, et nonnunquam in hoc solo expendebatur dies totus, ita ut nos qui ei ministrabamus gravi taedio saepe fatigaremur, ipso semper jocundo et hilari vultu[2] existente. Crevit autem in eum mira quaedam ex his et inaudita dilectio omnium, et bonitas ejus divulgabatur per circuitum.

Inter haec per populos fama dispersit, Urbanum sedis apostolicae praesulem praesenti vitae modum fecisse. Siquidem prius obiit quam quae a rege Anglorum pro causis Anselmi expectabat responsa susceperit.[3] Qui decessus vitae ubi ejusdem regis auribus insonuit, respondit, "Et Dei odium habeat, qui inde curat." Ad-

---

[1] *itaque*] On erasure in A.
[2] *jocundo et hilari vultu*] jocundo vultu et hilari, A.
[3] *susceperit*] susciperet, A.

A.D. 1099. jecitque, "Ille vero qui modo papa est, cujusmodi "est?" Cui cum in aliquibus Anselmo archiepiscopo similis diceretur, ait, "Per Vultum Dei, si talis est non "valet. Veruntamen sit modo ipse per se; quia, per "hoc et hoc, papatus suus non ascendet hac vice "super me. Ego interim libertate potitus agam quod "libet." Nec enim putabat apostolicum orbis posse in regno suo esse cujuslibet juris, nisi permissus a se.[1] Qualiter ergo deinceps sese habuerit, ad alia festinanti scribere opportunum non est. Attamen libertate qua se potitum gloriatus est non diu frui permissus est. Prius enim quam annus transiit insperata et subita morte percussus eam perdidit. October namque audivit eum gloriantem, secunda dies sequentis Augusti vidit eum expirantem. Siquidem illa die mane pransus in silvam venatum ivit, ibique sagitta in corde percussus, impœnitens et inconfessus e vestigio mortuus est, et ab omni homine mox derelictus. Quæ sagitta utrum, sicut quidam aiunt, jacta ipsum percusserit, an, quod plures affirmant, illum pedibus offendentem superque ruentem occiderit, disquirere otiosum putamus; cum scire sufficiat eum justo judicio Dei prostratum atque necatum. Hic occurrit animo quid rex iste quondam, ut supra retulimus, Rofensi episcopo dixerit, videlicet quod Deus nunquam eum bonum habiturus esset pro malo quod sibi inferret; et perpendo quid postmodum Deus erga illum egerit donec vitæ præsenti superfuit. Scitur enim quia ex quo illa verba, depulso languore quo notum est illum fuisse gravatum, protulit, tantum in deprimendo et subjugando inimicos, in adquirendo terras, in exercendo voluptates suas prosperatus est, ut omnia sibi arridere putares. Ventus insuper et ipsum mare videbantur ei obtemperare. Verum dico non mentior, quia cum de

His death (August 2nd, 1100).

Reflections on the career of the Red King.

MS. p. 133

---

[1] *in regno . . . a se*] On erasure, and slightly crowded, in A.; perhaps for admission of *in regno suo*.

Anglia in Normanniam transire, vel inde cursim prout ipsum voluntas sua ferebat redire, volebat, mox illo mari appropinquante [1] omnis tempestas quæ nonnunquam immane sæviebat sedabatur, et transeunti mira tranquillitate famulabatur. Quid amplius? Ita, fateor, in cunctis erat fortunatus, ac si verbis ejus hoc modo responderit Deus, "Si te pro malo, ut dicis, " nunquam bonum habebo, probabo an saltem pro " bono possim te bonum habere, et ideo in omni quod " tu bonum æstimas velle tuum adimplebo." Sed quid? In tantum ex successibus suis profecit, ut, sicut ii qui factis illius [2] die noctuque præsentes extiterunt attestantur, nunquam vel de lecto surgeret vel in lecto se collocaret, quin se ipso aut collocante aut surgente semper deterior esset. Quapropter dum nec malo corrigi voluit nec bono ad bene agendum attrahi potuit, ne in perniciem bonorum diutino furore sæviret, compendiosa illum æquus Arbiter et momentanea [3] cæde huic vitæ subtraxit.

EXPLICIT LIBER SECUNDUS.

---

[1] *illo mari appropinquante*] illo adveniente et mari appropinquante, A.

[2] *illius*] ejus, A.

[3] *æquus arbiter et momentanea cæde*] et momentanea cæde æquus arbiter, A.

INCIPIT TERTIUS.

Secundo itaque anno ex quo a Roma Lugdunum venimus, qui erat nostri exilii annus tertius, venerunt ad Anselmum, jam tertium diem in coenobio quod Casa Dei dicitur agentem, duo monachi, unus Cantuariensis et alter Beccensis, nunciantes ei jam sæpe memorati Willelmi regis vitæ excessum. Quo ille vehementi stupore percussus, mox est in acerbissimum fletum concussus. Quod videntes admirati admodum sumus. At ille, singultu verba ejus interrumpente, asseruit, in ipsa veritate quam servum Dei transgredi non decet, quia, si hoc efficere posset, multo magis eligeret se ipsum corpore quam illum sicut erat mortuum esse.

Nobis post hæc Lugdunum reversis, ecce alius e fratribus ecclesiæ Cantueriensis advenit, litteras deferens, preces offerens, quibus obnixe ab Anglorum matre ecclesia interpellatur, quatinus, extincto tyranno, filios suos rupta mora revisere consolarique dignetur. Audito igitur de re consilio memorati reverendi Hugonis ipsius urbis episcopi, iter Angliam remeandi ingressus est, ipso pontifice et toto populo terræ super hoc dolente, et, nisi rationi contrairet, modis omnibus ne fieret prohibere volente. Magno denique solatio se in discessu illius destitui videbant. Prosecuti autem illum sunt de villa in villam per plures dies tam viri quam mulieres, singuli certatim currentes et pro sua desolatione gemebundas voces edentes. Necdum pervenimus Cluniacum, et nihilominus alter nuncius ex parte novi regis Anglorum et procerum regni patri occurrens moras ejus in veniendo redarguit, totam terram in adventum illius[1] attonitam, et omnia negotia regni ad audientiam et dispositionem ipsius refe-

---

[1] *adventum illius*] adventu ejus, A.

rens pendere dilata. Cujus verbis litteræ regis quas attulerat attestantes, et dicta plenius explanantes, preces et vota ipsius regis virum festinato venire magnopere postulantis,[1] et seipsum regnumque suum ejus consilio ac moderamini se subjecturum pollicentis, continebant. Hæc et hujusmodi plura quam dicere velim nos ad patriam properare coegerunt.

Prosperrimo itaque cursu marina transvecti pericula;[2] nono Kal. Octobris Dofris appulimus, et ingenti gaudio totam terram in adventu Anselmi exultantem repperimus. Quædam etenim quasi novæ resurrectionis spes singulorum mentibus oriebatur, qua et ab oppressione calentis adhuc calamitatis se quisque liberandum, et in statum optatæ prosperitatis aditum sibi pollicebatur. Quæ spes inde maxime procedebat, quod Henricus qui tunc noviter fratri defuncto in regnum successerat, in ipso suæ consecrationis die bonas et sanctas omni populo leges se servaturum, et omnes oppressiones et iniquitates quæ sub fratre suo emerserant in omni sua dominatione tam in ecclesiasticis quam in sæcularibus negotiis prohibiturum et subversurum spoponderat, et hæc omnia jurisjurandi interjectione firmata, sub monimento litterarum sigilli sui testimonio roboratarum, per totum regnum divulgatum iri præceperat. Præsentia nihilominus communis omnium patris jam ipsi spei non parum roboris apud hominum mentes adjiciebat, constantem illius probitatem agnoscentium, et sancta quædam ad reformandum Christianæ religionis statum, qui post obitum venerandæ memoriæ Lanfranci archiepiscopi in multis deciderat, proxime ab eo prodire et statui arrectis sensibus expectantium.

Sed cum post paucos sui reditus dies Serberiam ad regem venisset, et ab eo gaudenter susceptus rationi illius, qua se excusavit cur in suscipienda regiæ digni-

---

[1] *postulantis*] On erasure in A.
[2] *transvecti pericula*] pericula transvecti, A.

120 HISTORIA NOVORUM IN ANGLIA.

A.D. 1100.

who makes a demand of him, with which he neither will nor can comply.

tatis benedictione illum cujus juris, eam esse sciebat non expectaverit, adquievisset, postulatus est pro consuetudine antecessorum suorum regi hominium facere, et archiepiscopatum de manu ejus recipere. Quibus cum ille nequaquam se aut velle aut posse assensum præbere responderet, interrogantibus quare, statim quid super his et quibusdam aliis in Romano concilio acceperit manifesta relatione innotuit, itaque subinferens

He sends the King a message.

ait, "Si dominus rex ista suscipere et suscepta servare "voluerit, bene inter nos et firma pax erit. Sin au- "tem, non video remanere meum in Anglia utile fore "vel honestum; præsertim cum si episcopatus aut ab- "batias dederit, privari me penitus tam a sui quam "et eorum qui ea[1] susceperint communione necesse "sit. Nec enim ea de causa Angliam redii, ut si ipse "Romano pontifici obœdire nolit, in ea resideam. Unde "quid velit precor edicat, ut sciam quo me vertam."

MS. p. 137.

The King's embarrassment.

His rex auditis graviter conturbatus est. Grave quippe sibi visum est investituras ecclesiarum et hominia prælatorum perdere, grave nihilominus Anselmum a regno ipse nondum in regno plene confirmatus pati discedere. In uno siquidem[2] videbatur sibi quasi dimidium regni perderet, in alio verebatur ne fratrem suum Robertum, qui tunc de Ierusalem Normanniam redierat, Anselmus adiret, et eum in apostolicæ sedis subjectionem deductum, quod facillimum factu sciebat, regem Angliæ faceret.

A truce is concluded till Easter 1101.

De verbis igitur altrinsecus motis induciæ usque Pascha petitæ sunt, quatinus utrinque Romam mitterentur qui decreta apostolica in pristinum regni usum mutarent, et interim ecclesiis Angliæ in quo erant statu manentibus, Anselmus, redditis terris quas rex mortuus ecclesiæ Cantuariensi abstulerat, suis omnibus revestiretur; sicque fieret ut si a sententia flecti papa

---

[1] *ea*] Not in A.
[2] *siquidem*] Changed in A. from *quidem*.

nequiret, totius negotii summa in eum quo tunc erat[1] statum rediret. Hæc Anselmus, quamvis frivola esse et in nihil utile tendere sciret atque prædiceret, tamen, ne novo regi seu principibus ullam contra se suspicionem de regni translatione aut aliunde incuteret, precibus illorum passus est vinci, et quod volebant annuit, dismissaque curia in pace ad sua secessit.

Hinc paucis diebus interpositis, Mathildis filia Malchomi[1] nobilissimi regis Scottorum et Margaritæ, quæ scitur exorta de semine regum Anglorum, nupsit præfato Henrico regi Anglorum. Ipsa quippe Margarita filia fuit Edwardi filii regis Edmundi, qui fuit filius regis Æthelredi filii gloriosissimi regis Eadgari, cujus mox in capite hujus operis mentio facta est. Negotium itaque ipsius copulæ licet propositi operis intentionem, ut quibusdam forte videtur, haud quaquam respiciat, tamen quia per Anselmum administratum fuit,[3] nam et eos in conjugium benedixit et illam pariter in reginam consecravit, brevi autumo describendum qualiter actum sit. Hoc autem ea re nobis maxime in voluntatem cecidit, quoniam Anselmum in hoc a rectitudine deviasse nonnulla pars hominum, ut ipsi audivimus, blasphemavit. Siquidem eadem Mathildis,[4] inter sanctimoniales in monasterio ab infantia nutrita et adulta, credebatur a multis in servitium Dei a parentibus oblata, eo quod publice visa fuerat earum inter quas vivebat more velata. Quæ res, dum illa, jam olim dimisso velo, a rege amaretur, plurimorum ora laxaret, et eos a cupitis amplexibus retardaret, ipsa Anselmum, cujus in hoc nutum omnes expectabant, adiit, consilium de negotio ex auxilium summissa prece quæsivit. Cui ille famam quæ ferebatur injiciens affirmabat nulla se unquam ratione in hoc declinandum, ut suam Deo sponsam tollat et eam terreno homini in matri-

---

[1] *erat*] erant, A.
[2] *Malchomi*] Malcholmi, A.
[3] *fuit*] est, A.
[4] *Mathildis*] Matildis, A.

monium jungat. Refert illa et penitus se negat oblatam, negat etiam se vel semel aliquando sua voluntate fuisse velatam; et hæc si credere aliter nolit offert se judicio totius Anglorum ecclesiæ probaturam. "At"tamen," inquit, "me velum portasse non abnego.
" Nam cum adolescentula essem, et sub amitæ meæ
" Cristinæ quam tu bene novisti[1] virga paverem, illa,
" servandi corporis mei causa contra furentem et cujus-
" que pudori ea tempestate insidiantem Normannorum
" libidinem, nigrum panniculum capiti meo superpon-
" ere, et me illum abjicientem acris verberibus et ni-
" mium obscenis verborum conviciis sæpe cruciare simul
" et dehonestare solebat. Quem pannum in ipsius
" quidem præsentia gemens ac tremebunda ferebam,
" sed mox ut me conspectui ejus subtrahere poteram
" arreptum in humum jacere, pedibus proterere, et ita
" quo in eum[2] odio fervebam quamvis insipienter con-
" sueveram desævire. Isto non alio modo, teste con-
" scientia mea, velata fui. Acsi me oblatam quisque
" dicet, et hoc quale sit ex eo subintelligi licet,[3] quod,
" sicut plurimi qui adhuc supersunt noverunt, pater
" meus, cum me quemadmodum dixi velatam forte
" vidisset, furore succensus injecta manu velum arri-
" puit, et dissipans illud odium Dei imprecatus est ei
" qui mihi illud imposuit, contestans se comiti Alano
" me potius in uxorem, quam in contubernium sancti-
" monialium prædestinasse. Hæc est unde calumnior
" ratio mea, quam quæso perpendat prudentia tua, et
" agat pro me sicut novit agendum paternitas tua."
Quid plura? Differt Anselmus sententiam ferre, et causam judicio religiosarum personarum regni determinandam pronuntiat. Statuto itaque die coeunt ad nutum illius episcopi, abbates, nobiles quique ac religiosi ordinis viri in villa Sancti Andreæ de Roveces-

---

[1] *novisti*] nosti, A.
[2] *eum*] Not in A.

[3] *subintelligi licet*] colligi potest, A.

tria quæ Lambetha[1] vocatur, quo et ipsum præsentis negotii tunc tenor adduxerat. Causa igitur juxta præscriptam seriem in medium deducta est. Prodeunt hinc inde idonei testes, verba puellæ puræ veritati subnixa protestantes. Accedunt istis archidiaconi duo, Willelmus videlicet Cantuariensis et Humbaldus Serberiensis, quos pater Anselmus Wiltuniam, ubi illa fuerat educata, pro hujus rei certitudine rimanda direxerat, qui publica voce attestati[2] sunt se et rem a sororibus diligentissime perquisisse, et nil quod relatæ rationi obsisteret ab eis capere potuisse. Monet ergo Anselmus, et per Christianam obœdientiam omnibus imperat, ut nullum a veritate favor aut timor deflectat, sed sicut revera causæ Dei quo juste determinetur unusquisque pro viribus opem ferat, " ne, quod absit," aiens, " talis judicii sententia prodeat, cujus exemplo
" in superventuris temporibus vel sua quilibet liber-
" tate non jure privetur, vel Deus iis[3] quæ sui juris
" esse debent injuria defraudetur." Acclamant omnes ita faciendum, et se non aliter facturos spondent. Remoto itaque a conventu solo patre, ecclesia Angliæ quæ convenerat in unum de proferenda sententia tractat. Deinde, illo in medium reverenter adducto, expositum est quid de negotio communis omnium sensus invenerit. Ratum aiunt, perspecta re, sibi videri, et ad hoc comprobandum paratos se asserunt, nulla sententia posse puellam pro causa sua jure constringi, quin libertate corporis sui quocunque modo legaliter velit valeat uti. "Quod licet," inquiunt,
" levi argumento probare possemus, eo tamen cum opus
" non sit, supersedemus, nostris argumentis firmiorem
" tenentes parem judicii hujus sententiam, a venerandæ
" memoriæ prædecessore vestro, patre et[4] magistro
" nostro Lanfranco simili de causa promulgatam. Nam

---

[1] *Lambtha*] Lambeta, A.
[2] *attestati*] testati, A.
[3] *iis*] his, A.
[4] *patre et*] et patre, A.

A.D. 1100 "quando ille magnus Willelmus hanc terram primo
"devicit, multi suorum sibi pro tanta victoria applau-
"dentes, omniaque suis voluntatibus atque luxuriis
"obœdire ac subdi debere autumantes, non solum in
"possessiones victorum, sed et in ipsas matronas ac
"virgines, ubi facultas eis [1] aspirabat, nefanda libidine
"cœperunt insanire. Quod nonnullæ prævidentes, et
"suo pudori metuentes, monasteria virginum petivere,
"acceptoque velo sese inter ipsas a tanta infamia
"protexere. Quæ clades cum postmodum sedata, et
"pro temporis qualitate pax rebus data fuisset, quæ-
"situm ab eodem patre Lanfranco est, quid de iis [2]
"quæ tali refugio suam pudicitiam servaverunt ipse
"sentiret, essentne videlicet constringendæ in monas-
"terio velum tenere quod acceperant, necne. At ipse
"quæstionem ipsam consilio generalis concilii taliter
"solvit, ut eis pro castitate quam se tam manifestæ
"rei ostensione amare testatæ fuerant, debitam magis
"reverentiam judicaret exhibendam, quam ullam ser-
"vandæ religionis continentiam, nisi propria illam
"voluntate appeterent, violenter ingerendam." Et ad- MS. p. 142.
junxerunt, "His interfuimus, hæc approbari a sapienti-
"bus viris audivimus, et hæc in præsenti negotio
"valere volumus, ac roborari postulamus. Licet enim
"sciamus causæ illarum istius esse leviorem, dum illæ
"sponte, ista coacta, pari de causa velum portaverit;
"tamen, nequis nos favore cujusvis duci existimet,
"non ultra progredi in judicio volumus, hoc solo con-
"tenti, ut quod valuit in majori valeat in minori."
Tunc Anselmus ad hæc, "Scitis quid monuerim, quid
"præceperim, quidve [3] polliciti sitis. Cum igitur, se-
"cundum quod vobis visum est justius, in commune
"judicaveritis sicut asseritis; ego judicium vestrum
"non abjicio, sed eo securius illud suscipio, quo tanti

---

[1] *facultas eis*] eis facultas, A.
[2] *iis*] his, A.
[3] *quidve*] quidque, A.

"patris auctoritate suffultum audio." Illa dehinc in medium ducitur, gesta comi vultu audit et amplectitur, auditum sibi præstari paucis precatur. Loquens ergo obtulit se vel sacramento vel alia quam magis eligerent ecclesiastica lege probaturam solidæ veritati subnixam esse jam definitam rationem suam. Quod non propterea facturam fatetur, quasi sibi non creditum esse putet, sed ut malevolis hominibus omnem deinceps blasphemandi occasionem amputet. Respondetur nihil horum opus esse, quoniam si malus homo de malo thesauro cordis sui protulerit mala, dicto citius opprimetur, ipsa veritate jam tantarum personarum astipulatione probata et roborata. Allocutione post hæc et benedictione Anselmi potita, abiit, et pauculis diebus evolutis fit, ut dixi, regina et conjux. Verum cum ipsa conjunctio juxta ritum ecclesiæ fieri firmarique deberet, pater ipse totam regni nobilitatem populumque minorem pro hoc ipso circumfluentem, necne pro foribus ecclesiæ regem et illam circumvallantem, sublimius cæteris stans in commune edocuit, quo ordine causa virginis quam fama vulgarat per episcopos et religiosas regni personas ventilata fuerit et determinata. Quo facto, monendo auctoritate Dei præcepit quatinus siquis aliter de negotio illo sentiret ac sententia tulerat, unde scilicet ipsam copulam secundum legem Christianam fieri non debere posset ostendi, nihil hæsitans, salva pace omnium, coram proferret. Ad quæ cunctis una conclamantibus[2] rem juste definitam, nec in ea quid residere unde quis nisi forte malitia ductus jure aliquam posset movere calumniam, legitime conjuncti sunt honore quo decuit regem et reginam. En ordinem gestæ rei, teste conscientiæ meæ veritate, sicut eam præsens audivi et vidi, in nullam partem declinando descripsi, verba puellæ ita duntaxat in medio ponens, ut non asseram vera extiterint necne.

---

[1] *regni*] Not in A. | [2] *conclamantibus*] clamantibus, A.

A.D. 1101. Si ergo quis in istis Anselmum contra æquum aliquid egisse dicere ultra voluerit, ipse viderit. Nos vero qui cor ejus in hoc et in multis agnovimus testimonium ei perhibemus, quia, sicut ipse fateri solebat, nec scire nec posse illo tempore habuit, quomodo in hac re melius aut æquius faceret quam fecit.

Bootless embassy of Guy, Archbishop of Vienne.

Eodem anno venit in Angliam Guido archiepiscopus Viennensis, functus, ut dicebat, legatione totius Britanniæ ex præcepto et auctoritate apostolicæ sedis. Quod per Angliam auditum in admirationem omnibus venit, inauditum scilicet in Britannia cuncti scientes, quemlibet hominum super se vices apostolicas gerere, nisi solum archiepiscopum Cantuariæ. Quapropter sicut venit ita reversus est, a nemine pro legato susceptus, nec in aliquo legati officio functus.

MS. p. 144.

Prolongation of the truce.

Exinde cum ad tempus induciarum, Pascha, ventum esset, et qui Romam missi fuerant nuncii necdum redissent, usque ad adventum illorum induciæ dilatæ sunt.

Rumours of an invasion by Duke Robert.

In subsequenti autem solennitate Pentecostes adventus comitis Roberti, fratris regis, in Angliam prævia fama totam regalem curiam commovit, quorundam animos, ut postmodum patuit, in diversa permovit.

Mutual mistrust of the King and the barons.

Rex igitur principes, et principes regem suspectum habentes; ille scilicet istos ne a se instabili, ut fit, fide dissilirent, et isti illum formidando ne undique pace potitus in se legibus efferatis desæviret; actum ex consulto est, ut certitudo talis hinc inde fieret, quæ utrinque quod verebatur excluderet. Sed ubi ad sponsionem fidei regis ventum est, tota regni nobilitas cum populi numerositate Anselmum inter se et regem medium fecerunt, quatinus ei vice sui, manu in manum porrecta, promitteret justis et sanctis legibus se totum regnum quoad viveret in cunctis administraturum. Hoc facto, sibi quisque quasi de securitate applaudebat. Postquam autem certitudo de adventu fratris sui regi innotuit, mox ille, coacto exercitu totius terræ, ipsi bello occurrendum impiger

The Primate acts as mediator.

statuit. Exercitus vero grandis erat atque robustus, et circa regem fideliter cum suis in expeditione excubabat pater Anselmus. At ubi Robertum ipsum cum sociis transfretasse insonuit, statim majores regni, quasi suæ sponsionis immemores, ad illum relicto rege semet transferre parabant. Quod sic esse Anselmus certo relatu agnoscens, doluit, eoque magis nequid adversi regi accideret intendere cœpit. Sed talis vir quid de talibus ageret ignorabat. Nullum enim de tali crimine publice poterat calumniari dum nulli testes adessent; crimen ipsum non audebat reticendo nutrire, ne perjuri effecti regem seducerent. Rex ipse non modo de regni amissione, sed et de vita sua suspectus, nulli credere, in nullo, excepto Anselmo, fidere valebat. Unde sæpe ad illum venire, principes quos magis a se labi timebat illi adducere, quatinus, audito verbo illius, et ipse a formidine relevaretur, et illis metus si a fide quam sibi spoponderant aliquatenus caderent incuteretur. Ipse igitur Anselmo jura totius Christianitatis in Anglia exercendæ se relicturum, atque decretis et jussionibus apostolicæ sedis se perpetuo obœditurum, summo opere[1] promittebat. Quibus ita se habentibus, Anselmus, adunatis principibus cunctis, omnem circumfusi exercitus multitudinem simul et eos, silita omni calumnia, quam execrabiles Deo et omni bono homini forent qui fidem quam principi suo debebant quoquo modo violarent ita indissolubili verborum ratione edocuit, ut cuncti, perspecto ipsum via virtutis incedere, illico spreta vita non segnius eligerent morti procumbere, quam violata fide sua regem seducere. Quapropter indubia licet assertione fateri, quoniam si, post gratiam Dei, fidelitas et industria non intercessisset Anselmi, Henricus rex ea tempestate perdidisset jus Anglici regni. Robertus igitur, amissa fiducia quam in principum tradi-

---

[1] *summo opere*] summopere, A.

128 HISTORIA NOVORUM IN ANGLIA.

A.D. 1101.

tione habebat, et non levem deputans excommunicationem Anselmi, quam sibi ut invasori nisi cœpto desisteret invehi certo sciebat, paci adquievit, et in fraternum amorem reversus est, exercitusque in sua dimissus.

The Primate is summoned to court "to give answer."

Itaque post hæc, dum omnes intenti expectarent aliquid tanto beneficio dignum in Anselmum a rege processurum, ecce ad curiam regis venire mandatur, responsurus de negotio quo de induciæ dilatæ fuerunt. Nuncii quippe jam Roma reversi litteras a Paschale papa, qui Urbano successerat, regi destinatas attulerunt. Quæ quid in se continuerint, textus earum subter annexus declarabit.

Letter of Paschal II. to Henry I.

Paschalis episcopus, servus servorum Dei, dilecto filio Henrico regi Anglorum, salutem et apostolicam benedictionem.

Legationis tuæ verba, fili carissime, gratanter excepimus, si [1] vellemus obœdientiam promittentis. In quibus nimirum sanctæ Romanæ ecclesiæ illa in tuo regno pollicebaris, quæ tempore tui patris habuerat, eos requirens honores quos antecessorum nostrorum tempore pater tuus habuerat. Quæ profecto omnia grata in superficie viderentur, interius requisita, et legati tui vocibus exposita, gravia et vehementissima paruerunt. Quærebas enim, ut tibi episcoporum abbatumque per MS. p. 147. investituram constituendorum jus et facultas a Romana indulgeretur ecclesia, et, quod per se solum fieri omnipotens Dominus perhibet, hoc regiæ potestatis fieret. Ait enim Dominus, "Ego "sum ostium. Per me siquis introierit salvabitur." Cum autem ecclesiæ ostium reges esse arrogant, fit profecto ut qui per eos ecclesiam ingrediuntur non pastores sed fures et latrones habeantur, eodem Domino dicente, "Qui non intrat "per ostium in ovile ovium sed ascendit aliunde, fur est et "latro." Et quidem si a nobis magnum aliquid tua dilectio postularet quod cum Deo, cum justitia, cum nostri ordinis salute concedi posset, gratanter utique concederemus. Hoc vero tam grave, tam indignum est, ut nulla ratione catholica id admittat ecclesia. Facilius ad extrema quælibet Beatus Ambrosius cogi potuit, quam imperatori ecclesiæ permitteret [2] potestatem. Respondit enim, "Noli gravare te, imperator, ut putes

---

[1] *si*] sed, A. | [2] *permitteret*] permittere, A.

"in ea quæ Divina sunt imperiale aliquod jus habere. Noli
" te extollere ; sed, si vis diutius imperare, esto Deo subditus.
" Scriptum est, ' Quæ Dei Deo, quæ Cæsaris Cæsari.' Ad im-
" peratorem palatia pertinent, ad sacerdotem ecclesiæ. Publi-
" corum tibi moenium jus commissum est, non sacrorum.
" Quid tibi cum adultera? Adultera est enim quæ non est
." legitimo Christi conjugio copulata." Audis, O rex, adulte-
ram ecclesiam nuncupari, quæ non legitime nupserit. Ecclesiæ siquidem sponsus unusquisque æstimatur episcopus, juxta
scripturam illam qua ex fratris uxore frater non sui nominis filios suscitare præcipitur, et sponsæ contemptor a futuro
sponso discalciari mandatur. Vides igitur, O rex, quam
ignominiosum, quam periculosum sit, per filios suos matrem
adulterio pollui. Si ergo ecclesiæ filius es, quod utique omnis
Catholicus Christianus est, permitte matri tuæ legitimum sortiri conjugium, ut non per hominem, sed per Deum et Hominem Christum, legitimo sponso copuletur ecclesia. Per Deum
enim episcopos eligi cum canonice eliguntur, testatur apostolus Paulus, dicens, " Nec quisquam sumit sibi honorem, sed
" qui vocatur a Deo, tanquam Aaron." Et Beatus Ambrosius,
" Merito," inquit, " creditur quod Divino esset electus judicio,
" quem omnes postulavissent." Et, post pauca, " Ubi univer-
" sorum postulatio congruit, dubitare nos nequaquam [1] oportet
" ibi Dominum Jesum et voluntatis auctorem et petitionis
" arbitrum fore, et ordinationis præsulem et largitorem gratiæ.
" Præterea propheta David ad ecclesiam loquens ait, ' Pro
" ' patribus tuis nati sunt tibi filii ; constitues eos principes
" ' super omnem terram.' Ecclesia filios generat, ecclesia
" principes statuit." Possemus alia de scripturis sanctis tes-
timonia et exempla proponere, quibus constaret ecclesiæ sponsos
ac pastores episcopos, non sæcularium potestatum nutu, sed
Christi dispositione et ecclesiæ judicio præponendos. Unde
etiam imperator Justinianus sanxit in legibus sic, " Debet
" enim prius disceptari de vita episcopi, utrum bona sit an
" reprehensibilis, et utrum bonis testimoniis muniatur an-
" non." Et infra, " Fiat " inquit, " facultas unicuique si
" velit contradicere. Et si quidem ante sacrationem [2] fuerit
" contradictio facta, non prius consecretur episcopus,[3] nisi
" disceptatio de contradictione sit facta et undique appareat

---

[1] *nequaquam*] non, A.
[2] *sacrationem*] consecrationem, A.
[3] *non . . . episcopus*] On erasure and cramped in A.

A.D. 1101. " innoxius is qui ad episcopatum vocatur." Ecce, quod populi totius esse pronunciat imperator hoc sui solius esse regia potestas incessit. Ipsius etiam imperatoris lege cautum est, ut nec profectio nec ingressus ad imperatorem sine metropolitani litteris pateret episcopo. Quem ergo in curia tua sine metropolitani litteris admittere non debes, eum vis, O rex, in ecclesia principem constituere? Monstruosum profecto est, ut patrem filius generare, homo deum creare debeat. Sacerdotes namque in scripturis sanctis deos vocari tanquam Dei vicarios manifestum est. Unde sanctæ memoriæ Constantinus imperator de episcoporum causis disceptare ausus non fuisse describitur. Propter hoc sancta Romana et apostolica ecclesia per prædecessores [1] nostros regiæ usurpationi et investituræ abominabili vivaciter obviare curavit, et, gravissimis persecutionibus per tyrannos [2] affecta, usque ad tempora nostra non destitit. Confidimus autem in Domino quoniam nec in nobis confidentiæ suæ virtutem ecclesiæ princeps Petrus et episcoporum primus amittet. Porro sæcularium potestatum et regum in ecclesia quod sit officium, exponit apostolus Paulus dicens, "Dei enim minister " est tibi in bonum. Non enim sine causa gladium portat. Dei " enim minister est, vindex in ira ei qui male agit." Et Petrus apostolus, in eadem verba consentiens, " Sive regi," ait, " quasi " præcellenti, sive ducibus tanquam ab eo missis ad vindictam " malefactorum, laudem vero bonorum." Inter ista, rex, nullius tibi persuasio profana surripiat, quasi aut potestati tuæ aliquid diminuere, aut nos in episcoporum promotione aliquid nobis velimus amplius vindicare. Immo si ab hoc propter Deum desistas quod contra Deum esse manifestum est, quod cum Deo, nec tu exercere, nec nos concedere aut cum nostra seu tua salute possumus, quicquid deinceps postulaveris, quod cum Deo possimus, libentius indulgebimus, et honori tuo et sublimationi propensius insistemus. Nec existimes quod potestatis tuæ columen infirmetur, si ab hac profana usurpatione desistas. Immo tunc validius, tunc robustius, tunc honorabilius regnabis, cum in regno tuo Divina regnabit auctoritas. Tunc amicitiam et familiaritatem nostram firmius obtinebis, et regni tutores beatos apostolos habere gaudebis. Nec tibi tunc [3] in petitionibus tuis abesse poterimus, cui petitionum nostrarum fautorem Deum adesse senserimus, Ipse omnipo-

MS. p. 150.

---

[1] *prædecessores*] predecessores, MS.

[2] *tyrannos*, MS.

[3] *tunc*] nunc, A.

tens Deus in cujus manu corda sunt regum assit hortatui nostro, assit auditui tuo, ut, dum juxta præcepta ejus tuas disposueris actiones, ipse regnum tuum pacis et honoris sui stabilitate ac sublimatione disponat. Amen.

Cum igitur ad curiam venissemus, rex, usus consilio fratris sui et amicorum illius qui acerbo contra Anselmum pro regni amissione odio erant inflammati, exegit ab eo ut aut homo suus fieret, et eos quibus episcopatus vel abbatias se daturum dicebat pro more antecessorum suorum consecraret, aut terram suam sine retractatione et festinanter exiret. Cui ille respondit, "Dixi quemadmodum Romano concilio inter"fuerim, quidque[1] ibi a sede Beati Petri acceperim. " Si ergo excommunicationi cujus in hoc regno relator " extiti memet alicujus rei causa subjicio; cui, quæso, " deinceps adhærere potero, meo judicio excommuni"catus? Nuncii hæc ipsa mutare directi infecto ne"gotio reversi sunt. Horum igitur quæ cum salute " et honestate mea nequeo transgredi me transgresso"rem fieri, non videtur esse[2] sani consilii." Refert, " Quid ad me? Usus antecessorum meorum nolo " perdere, nec in regno meo qui meus non sit quen" quam sustinere." Dixit, "Audio quo tendant ista " quæ dicuntur, exercitatus in ejusmodi sum. At" tamen interim non extra terram, ut ipse jubet, sed " ad ecclesiam meam ibo; et, faciendo quæ me debere " facere intelligam, quisnam mihi vel meis aliquam " velit violentiam inferre considerabo." Acta sunt in hunc modum de his multa, sed eorum omnium hæc extitit summa; episcopis regnique proceribus ut sub alio rege solebant verba hinc inde ferentibus, et in singulis regiæ voluntati parere certantibus, immo, ne Romani pontificis obœdientiæ subderetur summopere insistentibus. Reversus est itaque Anselmus ad sua,

---

[1] *Romano ... quidque*] By a later hand, and crowded, in A.

[2] A. omits *esse*.

132 HISTORIA NOVORUM IN ANGLIA.

A.D. 1101.

Anselm receives a letter of invitation from the King.

Deo in cunctis placere studens et oppressionibus ecclesiarum Angliæ gravi contritione cordis ingemiscens.

Non multum temporis fluxerat, et ecce, cum pater, suarum securus injuriarum, ecclesiæ damnis nonnihil metueret, litteræ sibi amicabiles a rege transmissæ deferuntur, in quibus, primo salutationis alloquio cum perfectæ pacis oblatione soluto, rogatur venire ad regem gesti negotii sententiam alio consilio moderari volentem. Auditurus itaque ne forte Deus sua gratia cor ejus tetigerit, quo mandatur, Wintoniam vadit. Ubi episcopis terræque principibus sub uno coactis communi assensu apud Anselmum actum est, quatinus sub aliis induciis alii nuncii prioribus excellentiores ex utraque parte Romam mitterentur, Romano pontifici viva voce exposituri, illum aut a sententia necessario discessurum, aut, Anselmo cum suis extra Angliam pulso, totius regni subjectionem, et commodum quod inde singulis annis habere solebat, perditurum. Ab archiepiscopo igitur missi sunt monachi duo, præfatus scilicet Balduinus Beccensis et Alexander Cantuariensis; non quidem ut eorum instinctu Romanus pontifex rigorem justitiæ causa Anselmi ullo modo exiret, sed partim ut curialibus minis testimonium cui papa incunctanter crederet ferrent, partim ut de

A joint embassy is sent to Rome.

negotio certam apostolicæ sedis sententiam Anselmo referrent. Ad ipsum vero negotium conficiendum directi a rege sunt tres episcopi; Girardus videlicet de Herefordensi nuper factus archiepiscopus Eboracensis, Herbertus Teodfordensis, Robertus Cestrensis. Sed horum episcoporum duos sua quoque causa Romam agebat, Girardum scilicet adeptio pallii, et Herbertum intentio recuperandi ablatam ecclesiæ suæ curam Christianitatis super abbatiam Sancti Eadmundi. Ante paucos siquidem annos Balduinus ipsius cœnobii abbas Romam adierat, et apud Alexandrum papam privilegium ipsi abbatiæ adquisierat, per quod eum a subjectione omnium episcoporum, salva primatis obœdientia,

MS. p. 150 bis.

MS. p. 151.

liberam effecerat. Quod factum Lanfrancus archiepiscopus moleste accipiens ipsum privilegium abbati abstulit, nec illud ei nisi circa finem vitæ suæ multorum precibus motus reddere voluit. Præfatus ergo episcopus episcopatum Teodfordensem, seu Norwicensem, in cujus parochia eadem abbatia esse scitur, suo jure non jure privatum esse ægre ferens,[1] ut diximus, Romam ire, et si forte posset in antiquam dignitatem ecclesiam cui præsidebat restituere, adminiculante æquitate, cogitabat. Hic itaque Herbertus cum, relictis sociis, Burgundiam cum suis venisset, et partes Lugdunensis provinciæ impiger attigisset, compræhensus a quodam Guidone, viro præpotente ac fero est, et quod de Anglia episcopus esset, quodque pro damno domini sui Anselmi Cantuariorum archiepiscopi Romam iret, ab eodem calumniatus. Negat ille, nec ei creditur. Instat negando et dejerando, sed nequiquam. Tandem prolatis sanctorum reliquiis super eas jurare cogitur et asseverare, se nulla omnino ratione Romæ scienter quid acturum, quod aut honori aut voluntati patris Anselmi videri posset obnoxium. Post quæ, ut pace ac securitate viri comitatus viæ reddi mereretur, ferme quadraginta, sicut fertur, marcas argenti non grata ei largitate reliquit, quas suo negotio super ecclesiam Sancti Edmundi Romæ adminiculaturas Angliam egrediens mage putavit.

Emensa dehinc longitudine viæ, nuncii Romam una veniunt, sui adventus causam pro eo quem præferebat tenore apostolicis auribus suggerunt, tanti mali dirimendi consilium proni deposcunt. Audit ille quæ feruntur, et non invenit verba quibus exprimat quantum inde miretur. Cum tamen magno ab episcopis opere[2] precaretur suis rebus præcavere ac definitæ prædecessoris sui sententiæ rigorem ut undique pax

---

[1] *ægre ferens*] On erasure in A.
[2] *magno ab episcopis opere*] ab episcopis magnopere, A.

A.D. 1102.

The Pope indignantly refuses to yield; and sends letters to King and Primate.

esset temperare, asseruit se nec pro capitis sui redemptione hoc facturum, "Decreta," dicens indignando, " et institutiones sanctorum patrum minis actus unius " hominis dissiparem."[1] Finierat in istis. Super hæc scriptas epistolas regi et Anselmo, cuique suam, destinavit ; regi, inter alia, ecclesiarum investituras judicio Sancti Spiritus interdicens, et Anselmum ut quæ agebat ageret; et quæ loquebatur perloqueretur affectuose deprecans, firmata et apostolicæ sedis auctoritate roborata in omnibus sui primatus dignitate. Quæ ut melius pateant, epistolas ipsas legentium oculis ecce præfigimus.

Paschal II. to Henry I.

Paschalis episcopus, servus servorum Dei, carissimo filio Henrico, regi Anglorum, salutem et apostolicam benedictionem.

Regi regum Domino gratias agimus, qui te in regnum beneplacito suæ voluntatis evexit, et tanquam Christianum regem in beneplacito suæ voluntatis ineffabili misericordia custodivit. Rogamus ergo ut bona regni tui exordia in melius augeat, et usque in finem sua in te dona custodiat. Deseruisti enim fratris tui regis impietatem, quam Divino conspicis judicio terribiliter vindicatam. Ecclesias libertati restituisti, clerum honorare cœpisti, et cleri principes, episcopos, immo in his Christum Dominum venerari. Confidimus itaque quoniam usque in finem eadem sapies, et in eadem probitate persistes ; nisi sunt aliqui perversæ mentis homines qui cor regium per episcoporum et abbatum investituras Divinæ indignationi aptare conantur. Quorum in hac parte consilia tanquam virus tibi sunt evitanda, ne illum offendas per quem reges regnant, et potentes justa decernunt. Quem profecto si propitium habueris, feliciter regnabis, potestatemque integram et divitias obtinebis. Quem si, quod absit, offenderis, non procerum consilia, non militum subsidia, non arma, non divitiæ, ubi subvertere cœperit, poterunt subvenire. Porro in honore Domini, in ecclesiæ libertate, nos familiares, nos adjutores habebis. Nec opineris quia quisquam nos a tua divellet amicitia, si ab investituris abstinere, si honorem debitum et libertatem a Domino institutam ecclesiæ conservaveris. Ecclesiarum siquidem investituras nos Sancti Spiritus judicio

MS. p. 153.

---

[1] *dissiparem*] A. has *dissiparem?*

regibus et principibus, immo laicis omnibus, interdicimus. A.D. 1102. Nec enim decet ut a filio mater in servitutem addicatur, ut sponsum quem non optavit accipiat. Habet Sponsum suum Regem ac Dominum nostrum, qui te misericordia sua in potentia et probitate custodiat, et a terreno regno ad cæleste perducat. Amen.

Paschalis episcopus, servus servorum Dei, venerabili fratri et coepiscopo Anselmo, salutem et apostolicam benedictionem. Non ignoras Divinæ voluntatis esse consilium, quod religio tua in Anglici regni regione præsideat. Cum enim, perversi regis odia declinans, secessum elegisses, et procul ab Anglicis tumultibus tecum habitans Deo viveres, de perverso rege sua omnipotens Dominus judicia terribiliter perpetravit. Te autem totius populi postulatione vehementi, et novi regis devotione mirabili, ad cathedram quam pro Deo dimiseras revocavit. Deo autem gratias quia in te semper episcopalis auctoritas perseverat, et inter barbaros positus non tyrannorum violentia, non potentum gratia, non incensione ignis, non effusione manus, a veritatis annunciatione desistis. Rogamus itaque ut quod agis agas, quod loqueris perloquaris. Non enim deficiet sermonum nostrorum operumque Principium, qui in principio erat Verbum. Neque nos in ipso deficiemus, qui est Dei Virtus et Dei Sapientia. Eundem enim cum patribus nostris spiritum habentes credimus, propter quod et loquimur. Et verbum quidem Dei non est alligatum, nos autem humiliamur nimis. Cæterum in hac humiliatione cum Deo mente excedimus. In ejus veritate hominum mendacia intuemur. Qua de re in synodo nuper apud Lateranense consistorium celebrata patrum nostrorum decreta renovavimus, sancientes et interdicentes ne quisquam omnino clericus de manu laici ecclesias vel ecclesiastica dona suscipiat. Hæc est enim Simoniacæ pravitatis radix, dum ad percipiendos honores ecclesiæ sæcularibus personis insipientes homines placere desiderant.[1] Iccirco sanctorum conciliorum veneranda majestas sæcularium principum potestatem ab ecclesiasticis electionibus decrevit arcendam, ut, sicut per solum Christum prima in baptismo ecclesiæ janua, ultima in morte vitæ aperitur æternæ, ita per solum Christum ovilis Christi ostiarius statuatur, per quem Christi ovibus non pro mercedibus ovium sed pro Christo ingressus et egressus ad vitam per-

---

[1] *sæcularibus . . . desiderant*] On erasure and crowded in A.

A.D. 1102. ducatur æternam. Hæc, frater carissime, prolixiori possent et oratione et ratione tractari, sed sapientiæ tuæ pauca suggessisse satis est, quæ et orationibus Divinis abundat et ecclesiasticis est rationibus assueta. Hæc ita doceas, sicut tuo scis[1] primatui expedire. Quem profecto ita fraternitati tuæ pleniter et integrum confirmamus, sicut a tuis constat prædecessoribus fuisse possessum, hoc personaliter adjicientes, ut quamdiu regno illi religionem tuam Divina misericordia conservaverit, nullius unquam legati sed nostro tantum debeas subesse[2] judicio.

Scripsit quoque per idem tempus epistolam unam episcopo et clericis ecclesiæ Execestrensis, quam huic opusculo indere non omnino alienum putavimus,[3] quandoquidem illam futuris temporibus alicujus negotio forte profuturam speremus. Est autem hæc.

Paschal II. to Osbern, Bishop of Exeter.

Paschalis episcopus, servus servorum Dei, venerabili fratri Osberno episcopo, et clericis Execestrensis ecclesiæ, salutem et apostolicam benedictionem.

Et patrum sanxit auctoritas, et ecclesiasticæ consuetudinis stabilitas exigit, ut sicut in claustris suis viventes religiosi monachi conversantur, ita et defunctorum corpora infra monasteriorum suorum ambitum requiescant, ut illud ex Divino munere cum cordis valeant exultatione cantare, "Hæc requies "mea in sæculum sæculi; hic habitabo, quoniam elegi eam." Vos autem, ut audivimus, monachos Sancti Martini de Bello in vestra civitate conversantes sepeliri infra monasterii sui ambitum prohibetis; et grave est ut in eo loco quisquam cum devotionis gratia conversetur, unde cadaver suum prævidet omnimodis propellendum. Qua de re dilectioni vestræ præsentia scripta mandamus, præcipientes et prohibentes ne ulterius supradictis monachis cimiterium ad sepeliendos suos interdicatis; sed, sicut vobis per antecessoris nostri beatæ[4] memoriæ domini Urbani litteras præceptum est, concedatis. Tua, carissime frater Osberne episcope,[5] interest eisdem fratribus cimiterium benedicere, et eorum religionem ad omnipotentis Dei servitium confovere. Siquis autem huic institu-

MS. p. 156.

---

[1] *tuo scis*] scis tuo, A.
[2] *debeas subesse*] subesse debeas, A.
[3] *putavimus*] putamus, A.
[4] *beatæ*] bonæ, A.
[5] *carissime frater Osberne episcope*] autem frater episcope Osberne, A.

tioni contraire temptaverit, venerabili fratri et coepiscopo
Anselmo injunximus, ut in eum, tanquam sedis apostolicæ
contemptorem, apostolici rigoris ultionem exerceat.

Reversis episcopis et aliis qui Romam, ut diximus, directi fuerant, rex, adunatis Lundoniæ principibus regni, Anselmum per internuncios ex more convenit, quatinus sibi aut paternas consuetudines[1] ultra non negaret, aut regni sui cultor esse desineret. Respondit, "Inspiciantur, si placet, litteræ quæ allatæ sunt; "et, salva honestate mea, salva sedis apostolicæ obœ- "dientia, quantum potero voluntati ejus morem gerere "pertemptabo." "Si vult," ait, "suæ videantur, meæ "sciat hac vice non videbuntur." Refert, "Cum igi- "tur," inquiens, "alia vice sibi eas ostendere placue- "rit, tunc et me ad ea quæ modo haberet promptum "habebit." Respondit, "Nequaquam de litteris ago "vel agam; sed an meæ voluntati, omni ambage "dimissa, in cunctis concurrere velit edicat ut au- "diam." Quod auditum multis magnæ admirationi fuit, dicentibus inter se, quia si litteræ voto ipsius concordarent, eas, etiam nolente Anselmo, ultroneus publicaret. Non ergo nobis eo tempore innotuerunt. Attamen quo tunc sollicitius sunt celatæ, eo latius post aliquot dies sunt divulgatæ. Verum lectis atque relectis coram omnibus auditum præbere volentibus litteris Anselmo directis, subjunxerunt episcopi qui Roma venerant, se alia Romæ ab apostolico verbis accepisse quam litteræ ipsæ, vel etiam illæ quas regi detulerant, continerent in se. Requisiti quæ, contestati sunt in episcopali veritate papam ipsum regi verbis puris mandasse per se, quoniam quamdiu in aliis vitam boni principis ageret, de ecclesiarum investituris æquanimiter illum toleraret, nec eum ullo excommunicationis vinculo necteret, si religiosas personas per da-

---

[1] *aut paternas consuetudines*] aut consuetudines paternas, A.; the first two words being cramped and on erasure, probably for admission of aut.

A.D. 1102. tionem virgæ pastoralis eis investiret. Cur autem hanc tanti doni dignitatem ei per cartæ inscriptionem noluerit delegare, eam ferebant causam esse, videlicet ne, in aliorum notitiam principum perlata, ipsi eam sibi usurparent, Romani pontificis auctoritate contempta. Ad hæc cum ii[1] qui ex parte Anselmi missi fuerant viva voce testarentur, papam nil cuilibet verbis mandasse quod litteris aliquatenus adversaretur, objecerunt episcopi se clam illis alia egisse, palam alia. Quod Balduinus audiens, et infamem apostolicæ sedis inconstantiam quæ notabatur sustinere non valens, eos, sicut erat spiritu fervens et boni amans, nonnihil etiam in istiusmodi dictis contra fidem et sacramenta quæ se coram Romæ fecerant apostolico agere calumniatus est. Orta igitur dissentio non modica inter partes est. Hi[2] etenim astruere nitebantur, semoto verborum incerto, scriptis sigillo papæ signatis verbisque monachicis omnino credendum; illi econtra trium potius episcoporum assertionibus quam vervecum pellibus atramento denigratis plumbique massula oneratis fore cedendum, abjecto monachellorum testimonio, qui ubi sæculo se abrenunciare professi sunt, "omne," inquiunt, "sæcularis negotii tes"timonium perdiderunt." "Ast hoc," ait Balduinus, "negotium sæculare non est." Aiunt, "Et quidem "te virum prudentem et strenuum scimus; sed ipse "ordo expostulat ut archiepiscopum unum pontifices"que duos majoris testimonii quam te esse judice"mus." "Et de litterarum," inquit, "testimonio quid?" Responderunt, "Testimonium monachorum contra epi"scopos non recipimus, et ovinæ pellis reciperemus?" "Væ, væ," aiunt ad ista quilibet religiosi, "Nonne "et evangelia pellibus ovinis inscribuntur? O hinc "simultatis detecta confusio." Quid in his Anselmus ageret, quo se verteret, aliquandiu dubitavit. Grave

---

[1] ii] hii, A. | [2] Hi] Hii, A.

quippe judicavit quomodocunque ostendere fidem se litteris apostolicis non habere; et fomitem gravis scandali vidit esse, verba tantarum personarum in episcopali veritate illa vera esse contestantium adversa fronte refellere. Textus autem litterarum hic est.

Paschalis episcopus, servus servorum Dei, venerabili fratri Anselmo, Cantuariensi episcopo, salutem et apostolicam[1] benedictionem.

Adversus illam venenosam simoniacæ pravitatis radicem, ecclesiarum videlicet investituram, quam valide, quam robuste, quam severe patres nostri præteritis temporibus obviaverint, sapientiæ tuæ satis est manifestum. Reverendæ in Christo memoriæ prædecessoris nostri domini Urbani tempore, apud Barim collecto venerabilium episcoporum et abbatum ex diversis partibus concilio, in quo tua religio et nos ipsi interfuimus, sicut fratres qui nobiscum aderant reminiscuntur, in eandem pestem excommunicationis est prolata sententia. Et nos, eundem cum patribus nostris spiritum habentes, idem sapimus, et eadem testamur. De sacerdotum et levitarum filiis dudum nos tibi scripsisse reminisceris. Porro si promoti fuerint inventi, et, spe promotionis adempta, in eo quo reperti sunt ordine[2] manere voluerint, quia illa eis macula non ex proprii culpa reatus inhæsit, non videtur, si alias digni fuerint, in eos depositionis sententiam dari, ut se iterum negotiis implicent sæcularibus, cum in eis ordinationis tempore propriæ voluntatis arbitrium non remanserit. Gualensis episcopi causam sacris omnino canonibus obviare non nescis. Cæterum, quia inter barbaros barbarice et stolide promotus est, in tuæ fraternitatis arbitrio ponimus. Sic tamen ut de cætero in ea regione hujusmodi non præsumatur[3] adversio. Quod super ejusdem episcopi negotio et aliis rebus per fideles nuncios dirigimus, tanquam ex nostro ore audias. Munera quæ Beato Petro misisti, recepimus cum gratiarum actione; unde ab illo qui omnium bonorum est retributor mercedem recipias. Datæ Beneventi, ii. Idus Decembris.[4]

---

[1] *venerabili . . . apostolicam*] Apparently a subsequent insertion in A., which has *archiepiscopo*, not *episcopo*.

[2] *adempta . . . ordine*] Writing cramped in A.

[3] *præsumatur*] presumatur, MS.

[4] See Preface.

140

A.D. 1102.
The King insists on Anselm's acquiescence.

Rex itaque ex iis[1] quæ episcopi dicebant in sua sententia animosior factus, constanter insistere cœpit, faventibus simul et incitantibus eum episcopis regnique proceribus, quatinus sine retractatione sibi Anselmus hominium faceret, et eos quibus se protinus daturum[2] episcopatus dicebat consecraturum sponderet, servata in omnibus antecessorum suorum consuetudine. Tunc ille, "Si suorum," dixit, "verbis episcoporum litteræ "concordorant, intellecta ratione, forsan quod exigit "facerem. Nunc autem, ne in ullo decipiar, electius "videtur Romanum super his pontificem consulere, "quam in re tam ambigua sententiam præcipitare."

The three bishops second his endeavours.

Ad quæ qui Roma venerant episcopi respondere, "Quæ diximus dicimus, quæ testati sumus confirmamus; "inque his omnibus apostolicæ sedis testimonium, si "nobis non credis, appellamus. Super hæc quoque "tibi ex parte domini papæ qui hoc jussit denunciamus, quatinus consilio nostro te nil hæsitans credas, "quia dum voles nos paratos habebis re ipsa probare,

The Primate makes a proposal, which is accepted.

"iis[3] quæ dicimus nihil duplicitatis inesse." At ille,[4] "Adversus ea quæ asseritis lites conserere nolo. Verum quia sentio ex illis quæ auditu secretius didici "voluntatem procerum in hoc unam factam esse, scilicet ut si rex investituras ecclesiarum, sicut se "facturum minatur, dederit, licet id me nec approbante "nec concedente faciet, ego causa vestri nec danti nec "accipienti meam quasi excommunicatis communionem "subtraham, donec, nunciis quos pro negotii hujus "discussione Romam destinabo reversis, pro certo "sciam quid agam, solus ab eis discrepare nolo; hoc "interim observato penes me, ut nulla penitus ratione "quemquam in officium sic suscepti honoris consecrem, "aut cuivis alii consecrare præcipiam vel concedam."

---

[1] *iis*] his, A.
[2] *protinus daturum*] daturum protinus, A.
[3] *iis*] his, A.
[4] *At ille*] On erasure in A.

Soluta in istis controversia est, et res utrinque[1] sopita. Tunc rex, tanquam cupitæ potestati donatus, exultans et hilaris per dationem virgæ pastoralis illico duos de clericis suis duobus episcopatibus investivit, Rogerium videlicet cancellarium episcopatu Serberiensi, et alium Rogerium larderarium suum pontificatu Herefordensi.

Per idem tempus celebratum est generale concilium episcoporum et abbatum totius regni in ecclesia Beati Petri apostolorum principis quæ in occidentali parte Lundoniæ sita est. Cui concilio præsedit Anselmus archiepiscopus Dorobernensis, considentibus secum archiepiscopo Eboracensi Gerardo, Mauricio episcopo Lundoniensi, Willelmo electo episcopo Wintoniensi, Roberto episcopo Lincoliensi, Sansone Wigornensi, Roberto Cestrensi, Johanne Bathoniensi, Herberto Norvvicensi, Radulfo Cicestrensi, Gundulfo Rhofensi,[2] Herveo Pangorensi, et duobus noviter investitis Rogerio scilicet Serberiensi et Rogerio Herefordensi. Osbernus autem Exoniensis infirmitate detentus interesse non potuit. In hoc concilio multa ecclesiasticæ disciplinæ necessaria servari Anselmus instituit, quæ postmodum sedis apostolicæ pontifex sua auctoritate confirmavit. Cujus concilii seriem, sicut ab eodem patre Anselmo descripta est, huic operi inserere non incongruum existimavimus. Scribit itaque sic.

Anno Dominicæ Incarnationis millesimo centesimo secundo, quarto autem præsulatus Paschalis summi pontificis, tertio regni Henrici gloriosi regis Anglorum, ipso annuente, communi consensu episcoporum et abbatum et principum totius regni,[3] celebratum est concilium in ecclesia Beati Petri in occidentali parte juxta Lundoniam sita. In quo præsedit Anselmus archiepiscopus Dorobernensis et primas totius Britanniæ, considentibus venerabilibus viris Gerardo Eboracensi archiepiscopo, Mauricio Lundoniensi episcopo, Guilielmo Wentoniæ[4] electo episcopo, aliisque tam episcopis quam abbati-

---

[1] *res utrinque*] utrinque res, A., which inserts *res* over line.
[2] *Rhofensi*] Rofensi, A.
[3] *communi . . . regni*] *celebratum . . . sita*] Transposed in A.
[4] *Wentoniæ*] Wintoniæ, A.

bus. Huic conventui affuerunt, Anselmo archiepiscopo petente a rege, primates regni, quatinus quicquid ejusdem concilii auctoritate decerneretur, utriusque ordinis concordi cura et sollicitudine ratum, servaretur. Sic enim necesse erat, quoniam multis retro annis synodali cultura cessante, vitiorum vepribus succrescentibus, Christianæ religionis fervor in Anglia nimis refrixerat.

Primum itaque ex auctoritate sanctorum patrum symoniacæ hæresis surreptio in eodem concilio damnata est. In qua culpa inventi depositi sunt Guido abbas de Perscore, et Wimundus de Tavestoc,[1] et Ealdwinus de Rammesei;[2] et alii nondum sacrati remoti ab abbatiis, scilicet Godricus de Burgo, Haimo de Cernel, Ægelricus de Middletune.[3] Absque simonia vero remoti sunt ab abbatiis, pro sua quisque causa, Ricardus de Heli, et Robertus de Sancto Edmundo, et qui erat apud Micelenei.

Statutum quoque est ne episcopi sæcularium placitorum officium suscipiant, et ut non sicut laici, sed ut religiosas personas decet ordinatas vestes habeant, et ut semper et ubique honestas personas testes habeant suæ conversationis.

Ut etiam archidiaconatus non dentur ad firmam.

Ut archidiaconi sint diaconi.

Ut nullus archidiaconus, presbyter, diaconus, canonicus, uxorem ducat, aut[4] ductam retineat. Subdiaconus vero quilibet qui canonicus non est, si post professionem castitatis uxorem duxit,[5] eadem regula constringatur.

Ut presbyter quamdiu illicitam conversationem mulieris habuerit, non sit legalis, nec missam celebret, nec, si celebraverit, ejus missa audiatur.

Ut nullus ad subdiaconatum aut supra ordinetur sine professione castitatis.

Ut filii presbyterorum non sint hæredes ecclesiarum patrum suorum.

Ne quilibet clerici sint sæcularium præpositi vel procuratores, aut judices sanguinis.

Ut presbyteri non eant ad potationes, nec ad pinnas bibant.

Ut vestes clericorum sint unius coloris, et calciamenta ordinata.

---

[1] *Tavestoc*] Tavestoch, A.
[2] *Rammesei*] Rameseie, A.
[3] *Middletune*] Mideltune, A.
[4] *aut*] vel, A.
[5] *duxit*] duxerit, A.

Ut monachi vel clerici qui ordinem suum abjecerunt, aut redeant aut excommunicentur.

Ut clerici patentes coronas habeant.

Ut decimæ non nisi ecclesiis dentur.

Ne ecclesiæ aut præbendæ emantur.

Ne novæ capellæ fiant sine consensu episcopi.

Ne ecclesia sacretur donec provideantur necessaria et presbytero et ecclesiæ.

Ne abbates faciant milites; et ut in eadem domo cum monachis suis manducent et dormiant, nisi necessitate aliqua prohibente.

Ne monachi pœnitentiam cuivis injungant sine permissu abbatis sui; et quod abbates eis licentiam de hoc dare non possunt, nisi de eis quorum animarum curam gerunt.

Ne monachi compatres, vel monachæ commatres fiant.

Ne monachi teneant villas ad firmam.

Ne monachi ecclesias nisi per episcopos accipiant, neque sibi datas ita exspolient suis redditibus, ut presbyteri ibi servientes in iis quæ sibi et ecclesiis necessaria sunt penuriam patiantur.

Ut fides inter virum et mulierem occulte et sine testibus de conjugio data, si ab alterutro negata fuerit, irrita habeatur.

Ut criniti sic tondeantur ut pars aurium appareat, et oculi non tegantur.

Ne cognati usque ad septimam generationem ad conjugium copulentur,[1] vel copulati simul permaneant; et siquis hujus incestus conscius fuerit et non ostenderit, ejusdem criminis se participem esse cognoscat.

Ne corpora defunctorum extra parochiam suam sepelienda portentur ut presbyter parochiæ perdat quod inde illi juste debetur.

Nequis temeraria novitate corporibus mortuorum, aut fontibus, aut aliis rebus, quod contigisse cognovimus, sine episcopali auctoritate reverentiam sanctitatis exhibeat.

Nequis illud nefarium negotium quo hactenus homines in Anglia solebant velut bruta animalia venundari deinceps ullatenus facere præsumat.

Sodomiticum flagitium facientes et eos in hoc voluntarie juvantes in eodem concilio gravi anathemate damnati sunt, donec pœnitentia et confessione absolutionem mereantur.

---

[1] *copulentur*] non copulentur, A.

A.D. 1108. Qui vero in hoc crimine publicatus fuerit, statutum est, siquidem fuerit persona religiosi ordinis, ut ad nullum amplius gradum promoveatur, et siquem habet ab illo deponatur. Si autem laicus, ut in toto regno Angliæ legali suæ conditionis dignitate privetur. Et, ne hujus criminis absolutionem iis qui se sub regula vivere non voverunt aliquis nisi episcopus deinceps[1] facere præsumat. Statutum quoque est ut per totam Angliam in omnibus ecclesiis et in omnibus Dominicis diebus excommunicatio præfata renovetur.

Et hic quidem Lundoniensis concilii textus est, qui post non multos institutionis suæ dies multos sui transgressores in omni hominum genere fecit. Sane quod ultimum, de renovanda excommunicatione Dominicis diebus, statutum fuit ipsemet Anselmus, rationabili dispensatione usus, postponi concessit. Finito concilio, Anselmus Lundonia decessit.[2]

MS. p. 166.

Fatal illness of Roger the larderer.

Præfatus ergo Rogerius, qui, ut diximus, in episcopatum Herefordensem assumptus erat, evestigio in ipsa civitate Lundoniæ gravi infirmitate percussus, ad extrema deductus est. Qui cum se proximum morti sentiret, misso nuncio cum epistola, rogavit Anselmum quatinus præciperet duobus episcopis suis, Lundoniensi videlicet atque Rofensi, ut eum antequam moreretur sub celeritate episcopum consecrarent. Quod ipse audiens, insipientiam hominis admiratus, paulum subrisit, nihilque respondens ad postulata[3] nuncium a se sicut venit vacuum emisit. Et ille quidem mox Lundoniæ mortuus est, et cancellarius reginæ, Reinelmus nomine, loco illius pari investitura subrogatus.

The King appoints and invests Reinelm in his place.

The King sends Anselm a request which is not obeyed.

Mittens ergo rex rogavit Anselmum quatinus pro suo jure hos noviter electos cum Willelmo jam dudum Wentanæ civitati[4] electo episcopo consecraret. Respondit, "Equidem Willelmum libens consecrabo, sed "quod de nuper investitis inter me et illum convenit

---

[1] *deinceps*] Not in A.
[2] *decessit*] discessit, A.
[3] *postulata*] On erasure in A.
[4] *civitati*] civitatis, A., on erasure.

HISTORIA NOVORUM IN ANGLIA. 145

"non mutabo." At ille, nonnihil ab animi sui[1] tranquillitate mutatus, unum sine aliis illum se vivente non sacraturum, interposito sacramento, asseruit. Erat quippe idem Willelmus in episcopatum Wentanæ, ut prælibavimus, civitatis, Anselmo necdum ab exilio revocato, electus; sed ipse nec electioni consentire, nec baculum sibi a rege porrectum suscipere, nec rebus vel causis episcopalibus ullo volebat pacto intendere. Revocato autem Anselmo, clerus et populus ei insistere, ac ut electum suum sibi præficeret magno cœperunt opere postulare. Differt ipse, nec subitum præbet assensum. Tandem tamen et eorum assiduitate et ecclesiasticæ necessitatis consideratione permotus, connivente rege, Willelmum in ecclesiam, exultàntibus cunctis, et monachis ipsius ecclesiæ festive procedentibus, adduxit, ac Wentani pontificatus curam ei sub præsentia totius multitudinis, dato baculo pastorali, delegavit. Hunc igitur ita electum visum est pontificali benedictioni non esse jure defraudandum. Sed cum rex illum sine aliis sacrari nequaquam permitteret, nec Anselmus eos cum illo sacrare ullatenus adquiescere vellet, præcepit rex ut Gerardus Eboracensis simul omnes sacraret. Quod ubi præfatus Reinelmus advertit retulit regi baculum et anulum quos se injuria suscepisse dolebat; sciens quia maledictionem pro benedictione susciperet, si tali ordine benedicendus se manibus Gerardi summitteret. Unde rex nimis iratus eum gratia sua curiaque privavit. Gerardus itaque, sociatis sibi cunctis episcopis Angliæ, residuos duos, id est, Willelmum atque Rogerium, spreta omni æquitate, statuto die Lundoniæ voluit consecrare, Anselmo in villa sua quæ non longe est, Murtelac nomine, consistente, et eventum rei præstolante. Verum episcopis ad examinationem sacrandorum pro more paratis atque dispositis, Willelmus amore

---

[1] *sui*] Not in A.

compunctus justitiæ mox inhorruit, et suis omnibus spoliari quam tam infando ministerio sub tanti mysterii administratione collum inclinare delegit. Quapropter episcopi sua confusione percussi, infecto negotio, ab invicem sunt illico divisi. Ad hæc totius multitudinis quæ rei exitum spectare convenerat clamor insonuit, una voce Willelmum recti amatorem, et episcopos non episcopos sed justitiæ præcipitatores esse concrepantis. At illi, mentis suæ rancorem ex vultus immutatione pandentes, regem adeunt, illatæ sibi contumeliæ querimoniam coram illo depromunt. Willelmus in medium deducitur, patrati delicti reus accusatur, minis non levibus hinc inde concutitur. Ille stat, nec avelli potest a recto, et ideo suis omnibus exspoliatus eliminatur a regno. Quærit Anselmus super istis a rege judicium et justitiam, sed nequiquam. Iterum atque iterum preces et querelas pro qualitate negotii suggerit, sed ille nec prece nec querimonia motus cœpto desistere voluit.

Subsequenti dehinc media fere quadragesima rex Cantuariam venit, quædam, ut ferebatur, regni negotia Dofris cum comite Flandriæ tractaturus. Moratus autem triduo Cantuariæ est, et quod de comitis agebatur adventu nihil fuisse agnitum est. Agnitum vero est quare venerit, et ipsius moræ occasio patuit. In illis quippe diebus per suos convenit Anselmum, quatinus, sua jam diutina patientia delibutus, paternarum consuetudinum amplius sibi nil derogaret, ne irritatus cogeretur actu monstrare qualiter ea quæ se contra faciebat sibi sederent in mente. Nam, sicut per eos qui secretorum illius conscii erant nonnullis innotuit, disposuerat apud se illum aut aliquo gravi corporis damno læsurum, aut certe inhoneste trans mare pulsurum, ac demum omnia juri ecclesiæ competentia direpturum, si eum ad executionem suæ voluntatis de nota querela non reperiret omnino paratum. Quibus agnitis, ita pater Anselmus respondit, "Nuncii quos

"pro verbis quæ detulerunt episcopi Romam direxi
"jam reversi sunt, et veritati attestantes, ut aiunt,
"litteras attulerunt. Ipsæ, quæso, litteræ inspician-
"tur, si forte in illis aliquid quod me voluntati suæ
"condescendere sinat inveniatur." "Nequaquam." ait,
"Ambages hujusmodi ultra non feram, finalem causæ
"volo habere sententiam. Quid mihi de meis cum
"papa? Quæ antecessores mei hoc in regno possede-
"runt mea sunt. Hæc siquis auferre mihi voluerit,
"quod inimicus meus sit omnis qui me diligit certis-
"sime noverit." Tunc præsul ad ista, "Nihil eorum
"quæ ipsius esse scio ipsi tollo aut tollere volo. Ve-
"runtamen noverit quia nec pro redemptione capitis
"mei consentiam ei de iis quæ præsens audivi in
"Romano concilio prohiberi, nisi ab eadem sede inter-
"dictorum absolutionis sententia prodeat, a qua con-
"stitutionis ipsorum[1] vinculum prodiit." Multiplicata
sunt ergo verba istius discidii, tantumque gravata ut
filii ecclesiæ magno timerent ne patrem suum protinus perderent. Ipsos principes quorum consiliis rex
totus[2] innitebatur, consideratione futurorum malorum
ingemiscentes, lacrimis maduisse conspeximus. Fiunt
preces et orationes ab ecclesia ad Christum, et pio
gemitu interpellatur quatinus suæ pietatis intuitu sedet instantia mala. Hæc inter voce summissa rex
antistiti mandat, et multis precibus obsecrat, quatinus
ipse per se Romam ire, et quod alii nequiverant sua
sibi industria conetur adquirere, ne ipse perdendo suorum jura antecessorum eis vilior fiat. Sensit pater
quo hæc vergerent, et respondit, "Differantur hæc, si
"placet, usque in Pascha, ut audito episcoporum reg-
"nique primatum consilio qui modo non assunt re-
"spondeam hinc." Terminata in istis ea vice causa
est, et ab invicem sunt in pace divisi.

---

[1] *constitutionis ipsorum*] On era- | [2] *totus*] Not in A.
sure in A.

A.D. 1103.

He confers with the barons, is advised to go, and undertakes to do so.

Igitur in Pascha curiam Anselmus[1] venit, regni ingenuitatem de negotio præsens consuluit, communis consilii vocem unam accepit, æquum scilicet fore illum tantæ rei gratia viæ laborem debere non subterfugere. Refert, "Dum in commune vultis ut eam, ego, corpore "licet imbecillis senioque confinis, iter aggrediar, iturus "quo consulitis prout vires concesserit Deus, omnium "finis. Attamen si ad apostolicum pervenire potuero, "noveritis quia ipse nil quod vel ecclesiarum libertati, "vel meæ possit obviare honestati, meo faciet vel "rogatu vel consilio." Dixerunt, "Legatum suum "rex dominus noster[2] suas preces regnique negotia "apostolicis auribus expositurum tecum diriget, et tu "solummodo iis quæ vera dixerit attestare." Ait "Quod dixi dixi,[3] nec vera dicenti miserante Deo[4] "contradictor existam."

MS. p. 171.

Anselm's reason for wishing to quit England.

Finitis itaque paschalibus festis, a curia discessit Anselmus, iter Angliam exeundi quantotius acceleraturus. Vulnerabat enim quodam modo mentem ejus, quod rex nec per se nec per suos, ut dixi, audire volebat quid litteræ Roma nuper allatæ continerent in se. Quod ideo illum facere quidam opinati sunt quoniam materiam earundem litterarum ei jam revelatam per unum illorum quos Anselmus Romam direxerat sensim intellexerunt.

His reason for not yet opening the Pope's letter.

Formidabat ergo Anselmus ne, si verbis episcoporum in litteris ipsis papa non concordaret, pro investituris ecclesiarum quæ factæ fuerant, et etiam consecrationibus quorundam abbatum quos ea tempestate investitos Robertus Lincolinus episcopus et Johannes Bathoniensis sacraverant, sæpe dicta excommunicationis sententia tales nonnullos involverit, a quorum communione se nequaquam sine gravi scan-

---

[1] *Anselmus*] Not in A.
[2] *rex dominus noster*] dominus noster rex, A.
[3] *dixi dixi*] dixi dico in A., which gives *dico* on erasure.
[4] *miserante Deo*] Deo miserante, A.

dalo cohibere valeret. Litteras etenim ipsas necdum[1] inspexerat praecavens ne si forte, mutato consilio, rex eas inspiciendas requireret, sigilloque exclusas reperiret, aliquid haberet quod earum auctoritati objicere non injuria posset. Festinato igitur ratus est Anglia exeundum, ne illic excommunicatis communicando aliqua excommunicationis culpa involveretur. Venimus ergo Cantuariam. Ubi non ultra quatuor dies demorati, accepta sacrae benedictionis licentia a monachis dilectissimis filiis suis, necne a civium circumfluentiumque populorum numerositate, ingenti pietatis affectu prosecuti ad portum maris properavimus. Itaque naves ingressi Witsandis appulimus. Acta sunt haec anno Incarnati Verbi millesimo centesimo tertio, v. Kal. Maii.[2] Regia igitur pace suisque omnibus investitus mare transiit, et libera via per Bononiam iter Normanniam veniendi assumpsit, quorumque nobilium terrae non vili obsequio fretus.

Cum autem Becci fuisset, ubi qua devotionis, qua dilectionis, qua gaudii et omnis boni jocunditate susceptus sit taceo, dum id nulli possibile dictu existimem, litteras ibi praenominatas sigillo absolvit. Quid itaque in eis invenerit textus earum quem subscribimus declarabit.

Paschalis episcopus, servus servorum Dei, Anselmo Cantuariensi venerabili fratri et coepiscopo, salutem et apostolicam benedictionem.

Suavissimas dilectionis tuae suscepimus litteras caritatis calamo scriptas. Neque enim aliud cartae calamus indidit quam quod de fonte caritatis intinxit. In his reverentiam devotionis tuae complectimur, et, perpendentes fidei tuae robur et piae sollicitudinis instantiam, exultamus, quia, gratia Dei tibi praestante auxilium, te nec minae concutiunt nec promissa sustollunt. Dolemus autem quia cum fratres nostros episcopos legatos regis Anglorum benigne suscepissemus, quae nec diximus eis nec cogitavimus redeuntes ad propria retu-

---

[1] *necdum*] nondum, A. | [2] *Maii*] MAI, MS.

lerunt. Audivimus enim eos dixisse, quia, si rex in aliis bene ageret, nos investituras ecclesiarum nec prohibere nec factas excommunicare, et quod id eo nolebamus cartæ committere, ne sub hac occasione et cæteri principes in nos inclamarent. Unde Jesum, qui renes et corda scrutatur, in animam nostram testem inducimus, si ex quo hujus sanctæ sedis curam cœpimus gerere hoc immane scelus vel descendit in mentem. Et hoc a nobis Deus avertat[1] ut est, et non subrependo nos inficiat,[2] ut aliud habeamus ore promptum, aliud cordi[3] reconditum, cum contra mendaces propheta imprecetur dicens, "Disperdat Dominus universa labia dolosa." Si vero nostro silentio pateremur ecclesiam felle amaritudinis et impietatis radice pollui, qua ratione possemus apud internum judicem excusari, cum Dominus sub specie sacerdotum dicat prophetæ,[4] "Speculatorem te dedi domus Israel?" Non bene custodit urbem, qui in specula positus, dum non obsistit, eam hostibus diripiendam exponit. Si ergo virgam pastoralitatis signum, si anulum signaculum fidei tradit laica manus, quid in ecclesia pontifices agunt? Ecclesiæ honor atteritur, solvitur disciplinæ vigor, et omnis religio Christiana conculcatur, si quod novimus sacerdotibus solis deberi laica patiamur temeritate præsumi. Non est laicorum ecclesiam tradere, nec filiorum matrem adulterio maculare. Jure igitur privandus est patrimonio qui matrem polluit adulterio, nec meretur ecclesiasticæ benedictionis consortium qui eam impia infestatione insequitur. Laicorum enim[5] est ecclesiam tueri, non tradere. Ozias quidem cum illicitum sibi sacerdotium vindicaret lepra percussus est. Filii quoque Aaron quia alienum ignem imposuerunt, igne Divino consumpti sunt. Alienum est enim ab ecclesia, et a sacris canonibus est inhibitum ne principes et sæculares viri investituras non solum dare,[6] sed nec electioni episcoporum se audeant violenter inserere. In septima quippe synodo, ut nostis, scriptam est, " Sancta et universalis synodus definivit neminem " laicorum principum vel potentum[7] semet inserere electioni[8]

MS. p. 174.

---

[1] *a nobis Deus avertat*] Deus avertat a nobis, A.
[2] *nos inficiat*] inficiat nos, A.
[3] *cordi*] corde, A.
[4] *specie . . . prophetæ*] On erasure, and crowded, in A.
[5] *enim*] Not in A.
[6] *non solum dare*] solum non dare, A.
[7] *vel potentum*] potentumve, A.
[8] *electioni*] electioni episcoporum, A.

" vel promotioni episcoporum."[1] Si ergo filii Aaron quia ignem alienum intulerunt corporaliter puniti sunt, isti qui a laicis, a quibus alienum est, ecclesiam susceperunt spirituali gladio feriuntur. Episcopos autem qui veritatem in mendacio invocarunt, ipsa veritate quæ Deus est in medium introducta, a Beati Petri gratia et a nostra societate excludimus, donec Romanæ ecclesiæ satisfaciant, et reatus sui pondus agnoscant. Quicunque vero intra prædictas inducias investituram seu consecrationem acceperunt, a consortio fratrum et ordinationes et ordinatos alienos habemus; nec eis ad excusationem deceptio sufficit, quia et propheta ab alio propheta deceptus nec ideo mortem evasit. Rogamus interea caritatem tuam nos tuis sanctis precibus commendari, ut quanto propius ad Deum passibus virtutum acceleras nobis orationum tuarum manus extendas. Omnipotens Deus qui te hujus stadii invitavit ad cursum,[2] felici consummatione perducat ad præmium. Datæ ii. Idus Decembris apud Beneventum.

Cum autem de Becco Carnotum in festivitate Pentecostes, utpote propositum iter inde acturus, Anselmus venisset, accepit ab Ivone[3] civitatis episcopo et a multis non spernendi consilii viris, satius fore cœptum iter in aliud tempus differendum quam Italicis ardoribus ea se tempestate cum suis tradere cruciandum. Nimius etenim fervor æstatis ita ubique, sed maxime, ut ferebatur, in Italia, tunc temporis quæque torrebat, ut incolis vix tolerabilis, peregrinis vero gravis esset[4] et importabilis. Quod pater intelligens, consilio credulus Beccum revertitur. Resedit ergo illic usque ad medium mensis Augusti, monachorum ædificationi indefessus invigilans. Deinde post hæc in iter Carnotum reversus est. Quid agam? Si potentum occursus, si honores, si obsequia ei delata, et ultra quam recipere vellet oblata, singulatim describere manum imponerem, nimirum aliis occupatos tædio nimiæ prolixitatis afficerem. Quapropter paucis dictum accipiatur,[5] eum,

---

[1] *episcoporum*] eorum, A.
[2] *hujus stadii invitavit ad cursum*] ad hujus stadii cursum invitavit, A.
[3] *Ivone*] Yvone, A.
[4] *esset*] Not in A.
[5] *dictum accipiatur*] accipiatur dictum, A.

A.D. 1103. Divino ubique vallante[1] præsidio, summa pace ac prosperitate iter peregisse, atque incolumem cum suis omnibus Romam pervenisse.

The zeal of William, the King's agent. Itaque venientem illo Guilielmus quidam a rege directus Anglorum aliquantis diebus prævenerat, Romanos in causam quam agitandam sciebat sua sollicitudine pro voto regis traducturus. Qui Willelmus simili modo contra eundem virum ab alio rege missus Romam venerat, et, quemadmodum gestæ rei[2] series supra designat, iis quæ tunc ecclesiastica gerebantur pro viribus opem impenderat. Ubi ergo adventus Anselmi summæ sedis est antistiti nunciatus, illico mandans illum deprecatus est quatinus diem illum atque sequentem a fatigatione sui apud Sanctum Petrum quietos duceret, ac demum se ipsius præsentiæ Lateranis exhiberet. Ille paternæ pietatis mandatum gratiose suscipiens, paret, quodque sibi a papa Urbano, ceu supra meminimus, in palatio Lateranensi datum fuerat die tertia hospitium subit. Dein papæ præsentatus honorifice suscipitur, ac pro ejus adventu ipse et quæ confluxerat Romana curia vehementer se lætari fatetur. Die post *The case comes before the Pope.* hæc constituto, causa propter quam illo potissimum venerat in medium duci jubetur. Adest et Willelmus, legationi qua fungebatur toto studio curam impendens, *The King's agent addresses the Pope and his court.* hoc est ut regi Henrico omnes patris et fratris sui consuetudines et usus apostolicæ sedis auctoritate firmaret. Exponit etiam statum regni, regiamque in Romanos munificentiam, unde ampliori quadam et digniori præ cæteris sublimitate ex apostolica largitione reges Anglorum probat antiquitus usos, eaque re[3] non solum molestum et indecens fore huic suorum antecessorum jura perdere, verum etiam, sicut se certo cognovisse ferebat, magno Romanis hoc ipsum si con-

---

[1] *Divino ubique vallante*] vallante ubique Divino, A.

[2] *gestæ rei*] rei gestæ, A.

[3] *eaque re*] eaque in margin, re on erasure, in A.

tingeret damno futurum,[1] et dum forte locum recuperandi inventuri non essent ab eis sero lugendum. Quid plura? Ducti sunt his[2] atque aliis, necne perducti, in causam regis Romanorum nonnulli, admittendæ rationis esse conclamantes quæ ferebantur, neque vota tanti viri ulla consideratione postponenda. Inter ista silet Anselmus, opperiens in omnibus examen summi pontificis. Nec enim sua verba[3] dare volebat ut mortalis homo ecclesiæ Dei ostium fieret, ne, postposito Domino[4] Christo qui se ostium ovium esse pronunciat et per quem siquis intrat salvatur et ingreditur atque egreditur et pascua invenit, ovile intrare volentes aliunde ascenderent, ac sic non ovium pastores, sed fures fierent atque latrones. Ipse nihilominus pontificum pastor cum ad cuncta sileret, et quid quisque diceret prudenti consideratione examinaret, æstimans Willelmus jamjam illum pro favore Romanorum in se nihil eorum quæ quærebat sibi negaturum erupit et ait, "Quicquid hinc indeve dicatur, volo norint quicunque "assistunt dominum meum regem Anglorum nec pro "amissione regni sui passurum se perdere investituras "ecclesiarum." Tunc vir apostolicus paucis hæc verba locutus est, "Si, quemadmodum dicis, rex tuus nec "pro regni amissione patietur ecclesiarum donationes "amittere, scias, ecce coram Deo dico, quia nec pro "redemptione sui capitis eas illi aliquando Paschalis papa impune permittet habere." Quod auditum oppido conturbavit Willelmum. Romanis autem dicto pontificis acclamantibus optatum in commune est quatinus ista existimatio procul ab omnibus filiis ecclesiæ fieret, apostolicam videlicet sedem unquam facturam ostium ovilis Dei laicum quemlibet. "Quapropter aliud," aiunt, "regi respondeatur, quod et illum ad bene agen-

---

[1] *si contigeret damno futurum*] dampno futurum si contigeret, A.
[2] *his*] iis, A.
[3] *sua verba*] verba sua, A.
[4] *Domino*] Not in A.

154 HISTORIA NOVORUM IN ANGLIA.

<small>A.D. 1103.
Termination of the Primate's mission.</small>

"dum paulatim demulceat, et aliorum offensam prin-
"cipum exinde Roma non incurrat." Itaque Romanorum consilio papa nonnullos paternos usus, interdictis omnino ecclesiarum investituris, regi concedit,[1] eumque ab excommunicatione quam antecessorem suum fecisse superius diximus immunem ad tempus constituit, eis duntaxat qui a manu illius ipsas investituras susceperant, vel deinceps susciperent, usque ad dignam tanti reatus satisfactionem pro servanda ecclesiastici disciplina rigoris sub excommunicationis catena retentis. Regia igitur causa quæ agebatur tali modo Romæ acta determinata est. Satisfactionem sane investitorum censuræ ac dispositioni Anselmi papa delegavit.

<small>Anselm leaves Rome, taking with him a papal privilege.</small>

Post hæc Anselmus, actis cum pontifice suis et aliorum de Christianæ religionis observantia multiplicibus causis, quæ post principale negotium sui itineris non vili pendendæ causæ fuerunt, reditum suum apostolica petiit benedictione tueri. Cui papa, "Benedictio quam
" desideras ita te comitetur ubique sicut ipsemet
" optas. Et ne a liminibus pastorum ecclesiæ videaris
" immunis abscedere, en, vice illorum tibi scripta suæ
" auctoritatis sigillo roborata manu nostra porrigimus,
" et ea quæ continent sub illorum testimonio tibi et <small>MS. p. 179.</small>
" successoribus tuis in perpetuum confirmamus." Datis ergo litteris, osculatus patrem et nos qui cum eo eramus, Deo nos commendavit, ac sic in pace dimisit. Litterarum autem series hæc est.

Paschalis episcopus, servus servorum Dei, venerabili fratri Anselmo, Cantuariensi episcopo, salutem et apostolicam benedictionem.

<small>Paschal II. to Archbishop Anselm.</small>

Fraternitatis tuæ postulationibus nos annuere tuæ sapientiæ et religionis persuadet auctoritas. Quondam enim in litteris ab apostolica tibi sede directis Cantuariensis ecclesiæ primatum ita tibi plenum concessimus, sicut a tuis constat prædecessoribus fuisse possessum. Nunc autem, petitionibus

---

[1] *concedit*] concessit, A.

tuis annuentes, tam tibi quam tuis legitimis successoribus[1] eundem primatum, et quicquid dignitatis seu potestatis eidem sanctæ Cantuariensi seu Dorobernensi ecclesiæ pertinere cognoscitur, litteris præsentibus confirmamus, sicut a temporibus Beati Augustini prædecessores tuos habuisse apostolicæ sedis auctoritate constiterit. Datæ Lateranis, xvi. Kal. Decembris, indictione xii.

Nobis itaque Roma discedentibus Willelmus remansit, asserens sese voto constrinxisse Beatum Nicolaum[2] adire, re autem vera Romæ moraturus, et, si posset, Anselmo absente, quod eo presente nequierat, antistitem a data sententia traducturus. Quod quia nequaquam facere potuit, persuasorias litteras regi deferendas, ne nil videretur egisse, a papa obtinuit, sicque Romanos fines remeandi via mutavit. Quem nos ductu gloriosæ Machtildis comitissæ per Alpes euntes cum apud Placentiam repperissemus, tam velocem hominis cursum a Beato Nicolao[3] admirati admodum sumus. Epistolæ quam regi detulit textus hic est.

Paschalis episcopus, servus servorum Dei, illustri et glorioso regi Anglorum, Henrico, salutem et apostolicam benedictionem.

In litteris quas nuper ad nos per familiarem tuum nostræ dilectionis filium Willelmum clericum transmisisti et personæ tuæ sospitatem cognovimus, et successus prosperos quos tibi, superatis[4] regni adversariis, benignitas Divina[5] concessit. Audivimus præterea optatam virilem sobolem ex ingenua et religiosa te conjuge suscepisse. Quod profecto cum nos lætificaverit, opportunum rati sumus nunc tibi præcepta et voluntatem Dei validius inculcare, cum amplioribus beneficiis Deo te plurimum perspicis debitorem. Nos quoque Divinis beneficiis benignitatem nostram penes te sociare optamus, sed grave nobis est quia id a nobis videris expetere quod præstare omnino non possumus. Si enim aut consentiamus aut patiamur investituras a tua excellentia fieri, et nostrum, procul dubio, et tuum erit immane periculum. Qua in re con-

---

[1] *tuis legitimis successoribus*] legitimis successoribus tuis, A.

[2] *Nicolaum*] Nicholaum, A.

[3] *Nicolao*] Nicholao, A.

[4] *superatis*] On erasure, in A.

[5] *Divina*] Dominica, A.

156   HISTORIA NOVORUM IN ANGLIA.

A.D. 1103. templari te volumus, quid aut non faciendo perdas, aut faciendo conquiras. Nos enim in prohibitione hac nihil amplius obœdientiæ, nihil liberalitatis per ecclesias nanciscimur, nec tibi debitæ[1] potestatis aut juris subtrahere quicquam nitimur, nisi ut erga te Dei indignatio minuatur et sic tibi prospera cuncta contingant. Ait enim Dominus, "Honorifi- MS. p. 181. "cantes me honorificabo. Qui autem me contemnunt erunt "ignobiles." Dices itaque, "Mei hoc juris est." Non utique; non est imperatorium, non est regium, sed Divinum. Solius illius est qui dixit, "Ego sum ostium." Unde pro ipso te rogo[2] cujus hoc munus est, ut ipsi hoc reddas. Ipsi dimittas, cujus amori etiam quæ tua sunt debes. Nos autem cur tuæ obniteremur voluntati, cur obsisteremus gratiæ,[3] nisi Dei in hujus negotii consensu sciremus voluntati obviare, gratiam amittere? Cur tibi quicquam negaremus quod cuiquam esset mortalium concedendum, cum beneficia de te ampliora sumpserimus? Perspice, fili carissime, utrum decus an dedecus tibi sit, quod sapientissimus ac religiosissimus Gallicanorum episcoporum, Anselmus Cantuariensis episcopus, propter hoc tuo lateri adhærere, tuo veretur in regno consistere. Qui tanta de te hactenus bona audierant, quid de te sentient, quid loquentur, cum hoc fuerit in regionibus divulgatum? Ipsi qui coram te tuos excessus extollunt cum præsentia tua raruerint hoc profecto validius infamabunt. Redi ergo, carissime fili,[4] ad cor tuum propter misericordiam Dei; et propter amorem Unigeniti deprecamur revoca pastorem tuum, revoca patrem tuum. Et siquid, quod non opinamur, adversus te gravius gesserit, si quidem investituras aversatus fueris, nos juxta voluntatem tuam[5] quantum cum Deo possumus moderabimur. Tu tantum talis[6] repulsæ infamiam a persona tua et regno amoveas. Hæc si feceris, et si gravia quælibet a nobis petieris quæ cum Deo præberi facultas sit, MS. p. 182. profecto consequeris, et pro te Dominum, ipso adjuvante, exorare curabimus, et de peccatis tam tibi quam conjugi tuæ, sanctorum apostolorum meritis, absolutionem et indulgentiam faciemus. Filium etiam tuum quem ex spectabili et gloriosa conjuge suscepisti, quem, ut audivimus, egregii patris

---

[1] *enim . . . debitæ*] On erasure, and crowded, in A.
[2] *te rogo*] rogo te, A.
[3] *gratiæ*] On erasure in A.
[4] *carissime fili*] fili carissime, A.
[5] *tuam*] Not in A.
[6] *Tu tantum talis*] On erasure and crowded in A.

Willelmi vocabulo nominasti, tanta tecum imminentia confovebimus, ut qui te[1] vel illum læserit, Romanam læsisse videatur ecclesiam. Quid super his ad honorem Dei et ecclesiæ gloriam exhibiturus sis, maturius nobis volumus responderi, interventu videlicet talium legatorum de quorum relationibus nec noster debeat nec vester auditus ambigere. Datæ Lateranis, ix. Kal. Decembris.

A.D. 1103.

Ac nos una cum Willelmo Placentinos fines deserentes, protecti gratia Dei, sani et incolumes Lugdunum usque pervenimus, acturi illic festum quod instabat Dominicæ Nativitatis. Sed cum Willelmus festinaret, nec nobiscum Lugdunum divertere vellet, separando se a patris comitatu dixit ei, "Putabam " Romæ causam nostram alio eventu processuram, et " iccirco distuli ea quæ rex dominus meus tibi dicenda " mandavit hucusque propalare. Nunc autem, quia " citato gressu ad eum redire dispono, quæ mandat " ulterius abscondere nolo. Dicit quia si sic ad eum " redieris, ut talem te illi per omnia facias quales antecessoribus suis antecessores tui se fecisse noscuntur, tunc libenti animo tuum in Angliam reditum volet et amplectetur." Cui pater, "Ne amplius dices?" " Prudenti loquor." Ait, "Hac de re nil amplius " dicto." At ille, "Scio quod dicas, et[2] intelligo." Divisi ergo sunt in istis ab invicem, et Anselmus summo cum honore et gaudio a venerabili Hugone Lugdunensi archiepiscopo et toto clero susceptus in majorem ecclesiam ductus est, ibique ut pater et dominus loci ab omnibus habitus. Directis interea nunciis ac litteris ad regem Angliæ gesti negotii summam innotuit, et quid a Willelmo ex parte illius acceperit inter alia non celavit. Quæ litteræ sunt hæ.

Anselm and the King's agent approach Lyons, when the latter delivers Anselm a message from Henry.

MS. p. 183.

Anselm remains at Lyons, and writes to the King.

Suo reverendo domino Henrico, regi Anglorum, Anselmus Cantuariensis archiepiscopus, fidele servitium cum orationibus.

Anselm to Henry I.

Quamvis per Willelmum de Werelwast[3] cognoscatis quid Romæ fecerimus, tamen quod ad me pertinet breviter osten-

---

[1] *te*] vel te, A.
[2] *et*] atque, A.
[3] *Werelwast*] Warelwast, A.

dam. Romam veni, causam pro qua veneram domino papæ exposui, respondit se nequaquam velle dissentire a statutis antecessorum suorum, et insuper præcepit mihi ut nullam haberem communionem cum illis qui de manu vestra [1] investituras acceperunt ecclesiarum post hujus prohibitionis notitiam, nisi pœnitentiam agerent et sine spe recuperationis quod acceperant desererent, neque cum episcopis qui tales consecrarunt, nisi ad apostolicæ sedis judicium se præsentarent. Horum omnium testis potest esse [1] prædictus Willelmus si vult. Qui Willelmus quando ab invicem discessimus, ex vestra parte, commemorans amorem et benignitatem quam semper erga me habuistis, summonuit me sicut archiepiscopum vestrum, ut talem me facerem quatinus sic intrarem in Angliam, ut sic esse possem vobiscum sicut fuit antecessor meus cum patre vestro, et vos me eodem honore et libertate tractaretis qua pater vester antecessorem meum tractavit. In quibus verbis intellexi quia nisi me talem facerem reditum meum in Angliam non velletis. De amore quidem et benignitate gratias ago. Ut autem ita sim vobiscum sicut antecessor meus fuit cum patre vestro, facere non possum, quia nec vobis homagium facere, nec accipientibus de manu vestra investituras ecclesiarum, propter prædictam prohibitionem me audiente factam, audeo communicare. Unde precor ut mihi vestram, si placet, mandetis voluntatem, utrum sic quemadmodum dixi possim in pace vestra et officii mei potestate redire in Angliam. Paratus enim sum et vobis et populo Divina mihi dispositione commisso officii mei servitium pro viribus et scientia mea, servata regulari obœdientia, fideliter exhibere. Quod si vobis non placuerit, puto quia si quod animarum detrimentum inde contigerit, mea culpa non erit. Omnipotens Deus sic regnet in corde vestro ut vos per omnia regnetis in gratia ejus.

His ita gestis, ipse, paucis de suis secum retentis, Lugduni resedit in summa pace et quiete, propriam prædicti pontificis domum inhabitando, nuncios suos expectans, et ne ad horam quidem ab iis quæ Dei sunt verbo se vel actu elongans.

EXPLICIT LIBER TERTIUS.

---

[1] *vestra*] tua, A.   [2] *potest esse*, esse potest, A.

Incipit Quartus.

A.D. 1104.

IGITUR ubi Willelmus Angliam pervenit, et gesti negotii seriem Henrico regi exposuit, rex illico omnes redditus archiepiscopatus Cantuariensis in suos usus redigi præcepit. Cura tamen ipsorum reddituum colligendorum duobus hominibus archiepiscopi ab ipso rege delegata est; ea videlicet, ut ab re credere non est, consideratione, ea pietate, ut tanto diligentius aliis hominibus et rebus ipsius domini sui studium impenderent, ne vexarentur, ne opprimerentur, ne diriperentur, quanto majori fide ac sacramento eos illi astrictos fuisse cognoscebatur. Verum sive obtemperatum tam consideratæ pietati et piæ considerationi sit ab illis, sive non sit, dum non multum mea intersit, vane scribendi operam insumerem. Veniet namque Dominus tenebrarum abscondita illuminaturus, et singulorum meritis æqua lance sua præmia retributurus. Ego ducente Deo, cœpto narrandi calle progrediar.

Evoluto igitur post hæc aliquanto temporis spatio,[1] venit ad nos unus ex monachis Cantuariensibus, nomine Everardus, deferens Anselmo litteras regis, in quibus idem rex plane testabatur se eorum quæ Willelmus, ut præfati sumus, discedens ab Anselmo dixerat[2] auctorem esse, hoc est, ut Anselmus Angliam non repedaret, nisi omnes patris ac fratris sui consuetudines se illi servaturum primo promitteret. Quod dum Anselmus facere noluit, suis spoliatus Lugduni remansit, degens circa sæpe nominatum venerabilem Hugonem ipsius civitatis antistitem anno integro et mensibus quatuor. Quæ autem mala ex hoc diutino exilio ejus per Angliam quaque emerserint, vel cujusmodi

---

[1] *temporis spatio*] tempore, A.
[2] *ut præfati sumus, discedens ab* Anselmo *dixerat*] dixerat discedens ab Anselmo, ut præfati sumus, A.

A.D. 1103. studio illius ipsum exilium multi, reditum ejus[1] desiderantes eaque re minus rei ipsius veritatem considerantes, adscripserint, melius puto liquebit, si aliqua ex iis quæ illi a religiosis viris ac Deum amantibus scripto mandata sunt huic operi paucis infigo. Scripsit[2] itaque ei quidam servus Dei sic.

A letter of remonstrance and reproach.

Domino venerabili et sancto patri Anselmo, Cantuariensi archiepiscopo, illius devotissimus et omnis familiæ Domini famulus, in Domino salutem.

Considerata loci nostri et sensus inopia, merito decrevisse potuerim, pater sancte, ne verbis simplicioris ingenii semel vel iterum impedirem studium sanctæ mentis tuæ, in quo religionis insigne refulget, et quidam splendet virtutis comes, nitor sapientiæ. Attamen extollit me etiam supra me tranquilla et beata gratia opinionis tuæ, quatinus tibi, qualiscunque est, dirigatur sermo noster, non ut te doceam qui vix humana indiges doctrina, sed ut tecum nostrum et tuum reminiscar dolorem. In cujus nostri sermonis exordio eo pacto convenire postulo cum reverentia tua, ut liceat mihi interim vindicare dulciores partes pie objurgantis, non amaras fraudes adulantis. Sanctitatem quippe tuam nosse velimus[3] quod animos nostros, quorum in te affectus idem est, immoderatior tristitia absorbeat de absentia tua, qui, ni fallor, utilius nostro adesses periculo, ut saltem te consortem filiorum discriminis exhiberes, quam, nostræ quodam modo et ecclesiæ oblitus injuriæ, absens permittas nos turbari ab hostibus impuris et crudelibus, qui nec pudicitiæ parcant nec saluti. Ego plane te, pater sancte, eo ipso infelicem arbitror. Nam qui eras sanctæ spei fiducia in tuos, si nunc urgeri Angliam tam inopinato hoste pigeret, quantum ingemisceres, quantum affectares succurrere vel subire nobiscum nova acerbitatum genera. Sponte tua, nullo penitus cogente, ereptus es periculis nostris, fortasse ne sentires quæ nos perpeti, et, quod gravius est, spectare cogimur; sublimari ad sacros ordines quosdam de curialibus, quibus nec canonica electio, nec justitia consensit. Quoniam dubium non est, si eosdem verus ecclesiæ ostiarius, qui Christus est, in sacra jura admitteret, neque posse perpetrari quæ quotidie cernimus in

MS. p. 187.

---

[1] *ejus*] illius, A.
[2] *Scripsit*] Scribit, A.
[3] *velimus*] velim, A.

provincia nostra, principum[1] injustam et immitem tyrannidem, rapinas pauperum, damna ecclesiarum, adeo ut locus Corporis et Sanguinis Domini libertatem amittat. Gemere viduas, flere senes incommoda sua, eo quod eripiatur eis satis angusta quam vix merentur victus sui portio. Rapi virgines et illicito incestari concubitu; quodque omnium primum malum est ad dedecus honestatis nostræ, sacerdotes uxores ducere. Et, exceptis his, alia perplura flagitia, quæ nefas est vel impossibile meminisse aut retulisse. Quod si dispensationis ecclesiasticæ regulam et antiquæ consuetudinis ordinem sollicita studuisses consideratione pensare; nec tibi aliqua exulandi causa surriperet, nec alii occasione tuæ absentiæ tam grave discrimen incurrerent. Itane putas inimicorum Dei contumaciam fugiendo[2] inflectere, qui nec Deo crederent, nec veritati, nisi inviti, locum præberent? Qua vero ratione ad hoc paternitas tua aspiret, ignoro. Qui enim regendam navem suscipit, tanto amplius necesse est vigilet quanto amplius procellas timet. Sed tunc fortassis pro sola voluntate invidentium fugisse pudebit cum videris ante tribunal Christi ducentes choros animarum illos fortissimos Divini gregis arietes, quibus nec lupus nocuit, nec alicujus terror in fugam vertit. Quam beata erit tunc memoria, inter cæteros, illius sanctissimi patris nostri Ambrosii, qui, sicut narrat ecclesiastica historia, non erubuit Theodosio imperatori in faciem restitisse, et pro reatu suo limina ecclesiæ illi denegasse. Quid non impetraret talis affectus et tanta constantia? Etiam, pater sancte, si te[3] quispiam incarceratum et afflictum evisceraret, hoc modo recessisse non debueras. Quanto magis cum nihil horum expertus fueris, nec sedes tua tibi negata sit, sed pro uno verbo cujusdam Willelmi fugere decrevisti, et, relicto hoste, dilacerandas impiis oves tuas dimisisti. Pudet ergo quod evenit recolere, quoniam omnes illi, vel pene omnes, quos ecclesiarum præsens ærumna expectabat ad suæ necessitatis solatium, occasione timoris accepta, magis elegerunt tecum succumbere quam frustra sine te resistere. Quid enim facerent quibus pater deerat, et quibus caput non suppetebat? Proinde admonenda est sanctitas tua, non erudienda, ut matures adventum, sanctæ matris ecclesiæ depellas opprobrium, et adversus

---

[1] *principum*] Principum, MS.
[2] *fugiendo*] Not in A.
[3] *te*] Not in A.

hostes nostros jam penetralibus insistentes festinum prætendas auxilium. Licet adhuc morbum ejicere, dum in superficie vulnus apertum videtur.[1] Scio namque, si ad sedem tuam redire velis, in promptu multos, ut aiunt, reperies, qui tecum partes Dei viriliter defendant, nisi enervaverit eos tuæ paternitatis defectus. Si Angliam, uti audivimus, suspendere vel excommunicare volueris, quid ego et fratres [2] nostri faciemus,[3] qui semper tibi obœdire præsto fuimus, remandare quæso digneris. Vale.

Cum igitur hæc et nonnulla istis deteriora, exulante Anselmo, per Angliam fierent, et quidam malorum magnitudine afflicti regi insisterent ut ipsum scilicet patriæ patrem, qui ea corrigeret, revocaret; ipse, tam religiositate viri inductus, quam et immanium malorum exuberatione animo consternatus, fieri quidem de reditu viri quod petebatur se libenter velle fatebatur, sic tamen ut paternarum consuetudinum nihil sibi ab eo ulterius derogari ulla ratione pateretur. Unde, nobis adhuc Lugduni degentibus, nuncii Romam ab ipso rege directi sunt, qui modis omnibus elaborarent apostolicum ad hoc deducere, ut Anselmum Angliam redire et regiæ voluntati juberet in cunctis subdi et obœdire. Ad quod dum minime illum flectere possent, sicut venerunt, infecto negotio, reversi sunt.

In diebus illis Gualo episcopus Parisiacensis de Roma veniens ad nos reliquias corporis beatæ martiris Priscæ sibi Romæ datas attulit, et inde mihi in præsentia patris Anselmi partem aliquantulam dedit. Quæ pars dum admodum parva mihi visa fuisset, rogantem me ut donum antistes augeret Anselmus compescuit, dicens sufficere quod habebam, "Cum enim," inquiens, "os " ipsum de corpore illius sit, donec eo caruerit inte- " gritatem sui non habebit. Quapropter si illud digne " servaveris, et dominæ cujus est qua potes devotione " in illo servieris, tam granter officii tui munus

---

[1] *apertum videtur*] videtur apertum, A.

[2] *et fratres*] fratresque, A.
[3] *quid..faciemus*] On erasure in A.

"accipiet quam si toti corpori ejus deservires." Adquievi dicto, et quod acceperam diligenti custodia servo.

In secundo autem anno adventus nostri a Roma Lugdunum, ipse papa, coacto Lateranis generali concilio, comitem de Mellente, cujus sæpe superius habita mentio est,[1] et complices ejus qui regem ad investituræ flagitium sicut dicebatur impellebant, necne illos qui ab eo investiti fuerant, a liminibus sanctæ ecclesiæ judicio Spiritus Sancti reppulit, et hoc ipsum per epistolam quam ecce supponimus Anselmo sub celeritate innotuit.

Paschalis episcopus, servus servorum Dei, venerabili fratri Cantuariensium[2] archiepiscopo, Anselmo, salutem et apostolicam benedictionem.

De illata tibi injuria membra ecclesiæ non modicum patiuntur, quia, sicut dicit apostolus, si compatitur unum membrum, compatiuntur et cætera membra. Licet enim corporali separemur præsentia, unum tamen in capite sumus. Tuas namque injurias ac repulsas æque ac nostras portamus. Illud etiam nos vehementer affligit, quod tua religio regno sublata est Anglico. Quæ enim sunt sine pastore oves lupus rapit et dispergit. Iccirco de tua ad eos reversione modis quibus possumus laboramus. Unde in concilio nuper habito ex communi fratrum et coepiscoporum sententia deliberatum est regis consiliarios qui ad investituræ flagitium illum[3] impellunt, et eos qui ab eo investiti sunt, ab ecclesiæ liminibus repellendos, quia de libera facere conantur ancillam. Quam nimirum sententiam nos Sancti Spiritus judicio in comitem de Mellento et ejus complices promulgavimus, et eandem ipsam in eos qui sunt investiti a rege ejusdem Spiritus Sancti[4] judicio confirmamus. Regis vero sententia ea ex causa dilata est, quia suos ad nos nuncios in præteriti Paschæ tempore debuit destinare. Datæ Lateranis vii. Kal. Aprilis.

Hanc igitur epistolam postquam Anselmus suscepit inspexit, intellexit se amplius frustra Lugduni Roma-

---

[1] *mentio est*] est mentio, A.
[2] *Cantuariensium*] Cantuariensi, A.
[3] *flagitium illum*] On erasure in A.
[4] *Spiritus Sancti*] Sancti Spiritus, A.

nam opem præstolari, præsertim cum jam sæpenumero ipsi Romanæ sedis antistiti legatos et litteras de sui negotii consummatione transmiserit, et eo usque nil nisi quandam quasi consolatoriæ expectationis promissionem de termino in terminum ab eo meruerit. Tertio quoque litteras suas regi Angliæ pro suarum rerum resaisitione direxerat, nec aliquid ab illo[1] nisi quod blandientem sibi dilationem ingereret responsi acceperat. Consulto itaque venerabili præfato Lugdunensis civitatis episcopo, Lugduno Franciam petiturus decessit, mœrente super hoc pontifice ipso et omni populo terræ.

Cum ergo a Cluniaco[2] ad Caritatem, quæ cella Cluniacensis cœnobii est, venissemus, didicit Anselmus comitissam Bleisensem, majoris Willelmi regis filiam, nomine Adalam, apud castrum suum Bleisum infirmari. Vertit itaque iter quo se Remis ire, sicut a Manasse ipsius urbis antistite multis erat et obnixis precibus per internuncios interpellatus, disposuerat, et Bleisum abiit ad comitissam, omnem cujuslibet vituperii notam pro suo more ubique devitans. Ipsa siquidem comitissa in pluribus ei tam in hoc quam et in alio exilio ejus magnifica liberalitate ministraverat, eumque sicut virum sanctum ac religiosum vitæ suæ post Deum institutorem elegerat atque tutorem. Si itaque illam extrema, ut dicebatur, agentem paterna præsentia non visitaret, notam justæ repræhensionis non evaderet. Igitur ubi ad illam venimus, eamque, languore sopito, ferme convaluisse invenimus, detenti ab ea in ipso castro per aliquot dies decentissimi sumus. In quibus diebus cum sæpe verba consererent inter se[3] antistes et illa, antistes illam pro suo officio studiose ad bene agendum instigando, illa antistitem pro vitæ suæ qualitatibus ut patrem quæ inquirenda esse sciebat inter-

---

[1] *illo*] eo, A.   *vel co*
[2] *Cluniaco*] A. has *Cluniacum*.
[3] *sæpe verba consererent inter se*] verba sæpe inter se consererent, A.

rogando, Anselmus comitissæ causam reditus sui in Franciam ab ea inquisitus innotuit, et quia fratrem ipsius, Henricum videlicet regem Anglorum, pro injuria quam Deo sibique jam per biennium et ultra fecerat excommunicare veniebat, non celavit. Quod illa audiens, fraternæ damnationi vehementer indoluit, ac ut potius illum[1] pontifici concordaret operam dare disposuit. Egit ergo apud virum ut Carnotum secum pergeret. Eo tempore ipse rex in Normannia erat, ipsamque pene totam suæ ditioni subegerat. Potestas nempe Roberti Normannorum comitis, fratris scilicet ejusdem regis, ita cunctis ea tempestate viluerat, ut vix ullus pro eo quicquam facere vellet quod pro terræ principe quaque gentium fieri solet. Pium etenim cor et terrenarum rerum minima cupido, quæ in eo juxta vigebant, hoc ei pepererant. Omnes igitur ferme Normannorum majores illico ad regis adventum, spreto comite domino suo, et fidem quam ei debebant postponentes, in aurum et argentum regis cucurrerunt, eique civitates castra et urbes tradiderunt.

Cum itaque rex per legatos comitissæ Anselmi adventum, et quam ob rem, relicta Burgundia, Franciam venerit, accepisset, qualiter animum viri a proposita intentione deflectere posset perquisivit. Inito igitur cum suis consilio, per nuncios comitissam deprecatus est,[2] quatinus ad loquendum sibi virum Normanniam duceret, pollicens se in multis de pristina querela[3] voluntati illius,[4] pacis gratia, condescensurum. Quid plura? Statuto termino archiepiscopus et comitissa in castrum quod Aquila vocatur pro colloquio regis, uti petiverat, una venerunt, et regem ipsum[5] vehementi gaudio pro adventu Anselmi[6] exultare, ac non parum

---

[1] *potius illum*] illum potius, A.
[2] *comitissam deprecatus est*] deprecatus est comitissam, A.
[3] *pristina querela*] querela pristina, A.
[4] *illius*] ejus, A.
[5] *ipsum*] Not in A.
[6] *Anselmi*] On erasure in A.

A.D. 1105.

The king restores the Primate's temporalities; and the two are reconciled (July 22, 1105).

a pristina feritate descendisse reppererunt. Deinde habito inter eos colloquio Anselmum rex de redditibus sui pontificatus revestivit, et in pristinam amicitiam utrinque recepti sunt. Quibusdam igitur ad hoc sollicite operam dantibus ut antistes statim Angliam remearet, rex annuit, sic tamen ut nulli eorum qui a se investituras ecclesiarum susceperant, vel eos consecraverant, suam in aliquo communionem subtraheret. Cui conditioni Anselmus minime adquiescens, obœdientiam videlicet papæ[1] in nullo prætergredi volens,

Anselm defers his return to England.

extra Angliam manere delegit, donec illi qui ad ipsum negotium, et quædam alia de quibus inter eos illa vice convenire non poterat determinanda, ex condicto Romam mittendi erant reversi fuissent. Hæc autem inter ipsos acta sunt anno tertio exitus nostri de Anglia, xi. Kal. Augusti.

Henry, delivered from a great dynastic danger, promises to send an embassy to Rome.

Pro magna itaque exultatione quam ex hac reconciliatione Anselmi rex concepit apud se, videres illum quamdiu in præfato castro morabamur, non facile pati ad se venire Anselmum, sed, quotiens aliquid erat[2] inter illos agendum, semper ipsum ire ad Anselmum. Jam enim multis in locis, per Angliam, Franciam, atque Normanniam, fama vulgaverat regem ipsum ab Anselmo proxime[3] excommunicandum, et iccirco ei utpote potesti non adeo amatæ multa mala struebantur, quæ illi a tanto viro excommunicato efficacius inferenda putabantur. Quod ille sciens versam a se viri sententiam magnifice lætebatur. Denique omne malum quod eum expectabat, averso Anselmo, ab eo versum est, reverso in amicitiam ejus Anselmo. Itaque ut homo citius in episcopatum suum ad suorum exultationem, ac totius patriæ relevationem rediret, pollicitus est rex ita se nuncios suos Romam destinaturum, ut in proxima Nativitate Christi curiæ suæ

MS. p. 196.

---

[1] *papæ*] Supplied in margin in A.

[2] *aliquid erat*] erat aliquid, A.

[3] *proxime*] On erasure in A.

Anselmus in Anglia posset[1] adesse. Misit super hæc in Angliam litteras, præcipiens ut omnes res et homines Anselmi, ubicunque essent, in pace essent et quiete, nec ullus eos gravaret aut implacitaret, sed, ab omni debito liberi, quæ tenebant cum honore tenerent, ac in cunctis ad nutum Anselmi jussionemque penderent. Hæc ergo dum hominibus ad archiepiscopatum pertinentibus innotuissent, mox quoddam quasi insperatum jubar solis illis emicuit, quod illos a pristinæ oppressionis immanitate et tenebris non modicum ejecit.

Cum post hæc Anselmus Beccense cœnobium, et rex Angliam remeasset, ortis quibusdam occasiunculis legati qui Romam mitti debuerunt diu ultra statutum terminum morati sunt. Unde vehemens admiratio multorum corda concussit, arbitrantium tantam de reditu viri dilationem diaboli esse seductionem, et aperte videntium immanem totius Christianitatis in Anglia esse destructionem. Quod melius, ut puto, liquebit, si quædam scripta de his quæ ad nos in hac mora a quodam non contemnendæ auctoritatis viro transmissa sunt brevi subinfero.[2] Scribit itaque inter alia sic.

Carissime pater et domine, quamvis optime sciatis quid facere debeatis et quid facere velitis, videtur tamen omni fere homini sano sensu sapienti omnino nihil aliud esse id quod inter vos et regem sub tam morosa expectatione agitur, nisi diabolicæ fraudis illusio et illudens dilatio, et, ut manifestius dicam, totius Anglorum ecclesiæ ac religionis et[3] legis Christianæ quotidiana diminutio, et summa destructio. Ecclesiarum namque, quia tamdiu manent pastoribus viduatæ, possessiones diripiuntur, ordo sanctæ religionis in eis neglectus annihilatur. Legis Christianæ rectores non jam rectores sed præcipitatores, ac, juxta regiæ voluntatis arbitrium et suum libitum, pene omnes[4] justitiæ sunt effecti subversores. De clericis quid dicam, qui circiter omnes revoluti sunt ad iniquitatem pristinam? Quid de laicis? Ipsi quippe, sed principes maxime, vix nisi ex propria parentela conjuges sibi

---

[1] *posset*] On erasure in A.
[2] *subinfero*] subinferam, A.
[3] *et*] ac, A.
[4] *omnes*] omnis, A.

A.D. 1105. accipiunt, clam desponsant, desponsatas contra legem eccle- MS. p. 197.
siasticam scienter tenent, et sibi defendunt. De sodomitis[1]
quos ipse in magno concilio usque ad pœnitentiam et confessionem excommunicastis, ac de crinitis quos in paschali postmodum solennitate, pontificali stola redimitus, coram universo populo a liminibus sanctæ ecclesiæ removistis, quid dicendum; cum ut deberetis non subvenitis, nec vel unus in toto regno existat, qui hæc et alia multa Deo et omni servo Dei contraria vice vestra repræhendere audeat, aut emendare contendat? Et, si veritatem vultis audire, fateor omnia hæc multo deterius fieri quam possint scripto edici, in tantum ut ipse etiam rex jam[2] testetur, nunquam tantæ fortitudinis nequitiam in patria ista fuisse sicut modo est. Hæc autem omnia procul dubio vos solum respiciunt, et vestræ sanctitati imputantur. Videte igitur et intendite oneri quod suscepistis, et cui curam ejus vestri loco disponendam commisistis, quando vos qui talibus obviare constituti estis pro nihilo tam diu regno[3] in quo exercentur abestis. Considerate quoque, si vobis placet, si cor vestrum ita soli Deo vacat, et si in tanta securitate vestri jam conversamini, ut talibus animarum miseriis alia vigilantia condescendere non debeatis. Scio equidem, et bene scio, vos optime scire quid est quod facitis, sed ipsum scire vestrum perparum prodest nobis. Fructum etenim communis utilitatis ex tam diuturno negotio vestro nullum adhuc procedere videmus, mala autem vestri solius[4] occasione in ecclesia Dei, in populo Dei,[5] undique succrescere omni die conspicimus.

The reason of Anselm's delayed return.

Et hæc quidem ille vir, tot mala exosus, scripsit, MS. p. 198.
autumans Anselmum nonnisi propria voluntate ab ingressu Angliæ remorari. Sed revera rex Henricus nullo eum pacto ingredi patiebatur, nisi, postposita, ut supra meminimus, obœdientia papæ, episcopis et abbatibus excommunicatis communicaret. Attamen, Anselmo Remis consistente, illuc enim obnixis precibus antistitis et canonicorum ipsius loci devictus iverat, et, majori quam litteris queat exponi honore festivo-

---

[1] *sodomitis*] sodomitis vero, A.
[2] *jam*] Not in A.
[3] *regno*] This had probably been *a regno* in MS.
[4] *vestri solius*] solius vestri, A.
[5] *in ecclesia Dei, in populo Dei*] in ecclesia et populo Dei, A.

que occursu omnium id loci degentium susceptus, circa pontificem Manassen magna et officiosa caritate detentus perplures[1] dies ibi morabatur, misit ei epistolam unam idem rex, quam ecce supponimus.

Reverendissimo[2] et amantissimo patri Anselmo, Cantuariensi archiepiscopo, Henricus, Dei gratia rex Anglorum, salutem et totius bonæ voluntatis affectum.

Venerabilis pater, non tibi displiceat, quod eorum iter quos Romam ad negotium meum peragendum dirigere decrevi tam diu detinui. Quod mox ut Willelmus de Werelwast[3] ad te pervenerit, quem ad hoc negotium peragendum sicut decrevimus Romam dirigo, tibi expediet. Te supplex igitur deprecor et devotus exoro, uti cum eodem Willelmo Balduinum[4] de Tornaio Romam dirigas ad nostram rem tractandam, et Deo volente finiendam. Vale.

Ad hanc scripsit Anselmus epistolam hanc.

Suo carissimo domino Henrico, glorioso regi Anglorum, Anselmus archiepiscopus Cantuariæ, fidele servitium cum orationibus.

Quod vestra magnitudo me in suis litteris tam honorifice, tanto bonæ voluntatis affectu, salutat, gratias magnas ago sicut[5] debeo. Quod autem tam suppliciter me rogatis ut non mihi displiceat quod legatus vester Romam mittendus tantum moratur, utique vestram precem, quantum in me est, contemnere non debeo, sed causa magis est Dei[6] quam mea; unde corde fideli et benigno animo vobis dico quod tacere non debeo. Mihi quidem aliquid displicere, nisi cum propter Deum mihi[7] displicet, non est magnum; sed displicere Deo aliquid, nullatenus est contemnendum. Utique non parum displicet Deo episcopum spoliari rebus suis, quod jam, gratia Dei vobis inspirante, correxistis; sed episcopum segregari a suo officio, et ecclesiam a suo episcopo, sine causa quam Deus approbet, nimis grave judicat. Expedit itaque animæ vestræ quatinus satagatis ut ego, qualiscunque sim episcopus, ecclesiæ quam Deus regiæ vestræ potestati custo-

---

[1] *perplures*] per plures, A.
[2] *Reverendissimo*] Reverentissimo, A.
[3] *Werelwast*] Warelwast, A.
[4] *Balduinum*] Baldwinum, A.
[5] *magnas ago sicut*] On erasure in A.
[6] *est Dei*] Dei est, A.
[7] *mihi*] Not in A.

A.D. 1105. diendam commendavit, et regno vestro, in pace vestra celerius restituar, et mihi opportunitas utendi secundum possibilitatem meam officio pro quo ibi positus sum diutius non[1] impediatur. Valde quoque mihi timendum est ne Deo displiceat, et me dominus papa justo reprehendat, quia, postquam vos et ego simul convenimus apud castrum quod vocatur Aquila, in tam longo tempore non illi misi legatum nostrum per quem quid de tanta re inter nos factum, et quid peragendum sit cognosceret, et ego ejus consilium et jussionem acciperem. Quapropter periculosum est mihi diu expectare vestrum legatum quem ante proximam Nativitatem Domini, sicut in verbis vestris intellexi, Roma rediturum speravi; MS. p. 200. præsertim cum nescio quo consilio, quave ratione, nullum terminum modo mihi constitutis. Quoniam igitur plus mihi debet esse de hoc quod ego ecclesiæ mihi commissæ præsens esse nequeo, quam de ulla terrena possessione, precor ut mihi aliquem proximum terminum nominetis per litteras vestras, quando possim legatum vestrum Romam iturum expectare, quia ego non audeo differre, ut multum dicam, ultra proximam Nativitatem Domini quin meum legatum mittam.

Scripsit quoque sæpe memorato Roberto, comiti de Mellento, tunc temporis in hunc modum, utpote illi cujus consilio cuncta negotia sua rex ipse disponebat.

Anselmus archiepiscopus, domino et amico Roberto, comiti de Mellento, salutem.

He writes a menacing letter to the Count of Meulan.

Vos scitis quia quando rex et ego convenimus apud castrum Aquilæ dictum fuit quod rex mitteret legatum suum Romam pro iis in quibus concordare non poteramus nisi per dominum papam. Quod intellexi ut ita fieret, quatinus ante proximam Nativitatem Domini legatus rediret. Videtis autem quia dominus meus rex hoc quod tunc dixit facere moratur; sed hoc solum mandat mihi, qui legatum meum cum ejus legato mittere volebam, ne mihi displiceat quia suus tantum moratur, nullum mihi constituens terminum quando venturus est. Unde quidam opinantur et dicunt, quia rex non multum curat festinare ut ego redeam in Angliam, et ecclesia Dei, quam Deus illi custodiendam commendavit, quæ jam fere per tres annos desolata est, suo vivo

---

[1] *non*] On erasure in A.

pastore, ejus reditu et præsentia consoletur,[1] et, pro consilio animæ suæ quo diu privata est, in illis qui hoc amant et desiderant lætificetur. Quapropter dico vobis quia valde timeo ne ipse super se provocet iram Dei, et super eos quorum consilio differt tam necessariæ rei, tam rationabili, succurrere; cum ad illum hoc pertineat et facere possit, ut nihil perdat de iis quæ secundum Deum ad regiam pertinent potestatem. Sicut amicus et sicut archiepiscopus, qualiscunque sim, consulo illi et iis qui circa illum sunt, ut non plus studeant satisfacere voluntati suæ quam voluntati Dei, quia Deus aliquando satisfaciet voluntati suæ contra voluntatem illorum qui hoc faciunt. Consulite ergo illi et vobis priusquam Deus ostendat iram suam, quam adhuc suspendit, expectans ut humiliemini ad voluntatem suam. Deus dirigit eum et consiliarios ejus ad verum honorem et ad veram utilitatem ejus.

Hæc iccirco ita describimus ut quicunque ista legit vel audit, plane intelligat cui mala quæ in Anglia exulante Anselmo facta sunt, moramve exilii ejus potissimum ascribere debeat.

Itaque post hæc missi sunt Romam, ex parte quidem Anselmi Balduinus[2] monachus, vir utique sanctæ libertatis ecclesiæ et omnis boni non fictus amator; et ex parte regis Willelmus sæpe superius memoratus, pro libertate ecclesiæ sicut solebat acturus. Quas vero quantasve oppressiones inter hæc tota Anglia perpessa sit, difficile dictu scio esse.[3] Rex enim ipse a Normannia digressus, quia eam totam eo quo supra diximus modo sibi subjugare nequierat, reversus in Angliam est, ut, copiosiori pecunia fretus, rediens quod residuum erat, exhæredato fratre suo, subjiceret. In cujus pecuniæ collectione nullus in collectoribus pietatis aut misericordiæ respectus fuit, sed crudelis et immanis[4] exactio super omnes, ut nobis qui inde

---

[1] *sed hoc solum . . . consoletur*] On erasure, cramped writing, many contractions, and later penmanship in A.

[2] *Balduinus*] Baldwinus, A.

[3] *scio esse*] esse scio, A.

[4] *et immanis*] Not in A.

veniebant testabantur, desævit. Denique videres, sicut aiebant, eos qui quidem[1] non habebant quid darent aut a suis domunculis pelli, aut, avulsis asportatisque ostiis domorum, penitus diripiendos exponi, aut, ablata vili supellectile, in summam penuriam redigi, aut certe aliis atque aliis miserabilibus modis affligi et cruciari. In eos autem qui videbantur aliquid habere nova et excogitata quædam forisfacta objiciebantur, et sic, cum adversus regem terræ defendendi se placitum ingredi non audebant, ablatis rebus suis, in gravem ærumnam dejiciebantur. Sed hæc ab aliquibus levia dictu fortassis æstimabuntur, eo quod ista non solum sub rege Henrico, sed et horum similia multa facta fuerunt sub fratre ejus, ut de patre taceam rege Willelmo. Attamen ista illis graviora et intolerabiliora visa sunt, quoniam multo minus solito quod jam spoliatis et exhaustis auferretur inveniebatur. Ad hæc. In concilio Lundoniensi societas mulierum, ut in superioribus diximus, omnibus presbyteris et canonicis Angliæ interdicta erat, ipsumque interdictum, Anselmo exulante, retentis vel certe resumptis mulieribus, a pluribus eorum violatum fuerat. Hoc ergo peccatum rex impunitum esse non sustinens, suos ministros eos implacitare, et pecunias eorum pro hujus peccati expiatione præcepit accipere. Sed ubi plures[2] eorum ab illa transgressione sunt immunes reperti, pecunia quæ ad opus principis quærebatur minorem quam exactores sperare poterant copiam ministrabat.[3] Quapropter mutata, immo super innocentes cum nocentibus sententia versa, omnes ecclesiæ quæ parochias habebant sub debito positæ sunt, et unaquæque, indicta pecuniæ quantitate, per personam quæ in ea Deo serviebat redimi jussa est. Erat ergo miseriam videre. Cum enim exactionis istius tempestas ferveret, et nonnulli,

---

[1] *qui quidem*] quidem qui, A.
[2] *plures*] perplures, A.
[3] *ministrabat*] administrabat, A.

vel quid[1] darent non habentes, vel rem inauditam exsecrati nil pro tali causa dare volentes, contumeliose raperentur, incarcerarentur, cruciarentur; contigit regem ipsum Lundoniam venire, Adunati ergo, ut dicitur, ferme ducenti presbyteri,[2] induti· albis et sacerdotalibus stolis regi ad palatium suum eunti nudis pedibus occurrerunt, una voce misereri sibi[3] implorantes. At ille forte,[4] ut fit, ad multa divisus nulla ad preces eorum miseratione permotus, vel saltem quavis eos sicut homines omnis religionis expertes responsi honestate dignatus, suis obtutibus abigi festine[5] præcepit. Qui, confusione super confusionem induti, reginam adeunt et interventricem flagitant. Illa, ut fertur, pietate mota in lacrimas solvitur, sed timore constricta ab interventione arcetur. Ferebantur eo tempore plura his in hujusmodi per Angliam acta, sed nos brevitati studentes pauca quæ dicta sunt pro intentione præsentis opusculi sufficere posse putamus.

Attamen dicendum quod eousque mala super Angliam ipsis diebus inundaverunt, ut episcopi ipsi[6] qui semper libertatem ecclesiæ, et Anselmum eandem libertatem sublevare tuerique nitentem, ut ex superioribus intelligi potest, cum principe deprimere nisi sunt, tantorum malorum immensitate compulsi, mandata Anselmo cum epistola dirigerent, et opem subventionis ejus proni deposcerent, seque illum amodo secuturos in Dei rebus ut patrem promitterent. Sed hæc, ut opinor, melius liquebunt, si epistola ipsa subscribatur quam ei miserunt. Est igitur hæc.

Patri dilectissimo, Anselmo Cantuariensi archiepiscopo, Gerardus Eboracensis[7] archiepiscopus, et Robertus Cestren-

---

[1] *vel quid*] quid vel, A.

[2] *presbyterorum*] presbiterorum, MS.

[3] *sibi*] Not in A.

[4] *forte*] Supplied over line and in red letters, in A.

[5] *abigi festine*] festine abigi, A.

[6] *episcopi ipsi*] ipsi episcopi, A.

[7] *Eboracensis*] Eburacensis, MS.

174   HISTORIA NOVORUM IN ANGLIA.

A.D. 1105. sis, et Herbertus Norwicensis,[1] et Radulfus Cicestrensis, et Sanson Wigornensis, episcopi, et Willelmus Wintoniensis electus, salutem.

Sustinuimus pacem, et ipsa longius recessit; quæsivimus bona, et invaluit turbatio. Viæ Syon lugent, quia eas conculcant incircumcisi. Templum mœret, quia intra sancta sanctorum et ad ipsam aram irruperunt laici. Exsurge, ut olim senex ille Mathathias; habes in filiis tuis virtutem Judæ, strenuitatem Jonathæ, prudentiam Simonis. Hi tecum præliabuntur prælium Domini; et, si ante nos appositus fueris ad patres tuos, de manu tuâ suscipiemus hæreditatem laboris tui. Sed jam non est tibi pigritandum. Utquid enim peregrinaris, et oves tuæ sine pastore pereunt? Jam MS. p. 205. apud Deum nulla tibi remanet excusatio; te enim non solum subsequi, sed et præire, si jusseris,[2] parati sumus. Veni ergo ad nos, veni cito; vel nos aut ex nobis aliquos ad te venire jube, ne, dum sejuncti a te sumus, in sinistram te partem inclinent eorum consilia qui sua quærunt. Nos enim jam in hac causa non quæ nostræ, sed quæ Dei sunt quærimus.

Rescriptum Anselmi.[3]

Anselmus archiepiscopus Cantuariensis, amicis suis et coepiscopis quorum litteras suscepit, salutem.

Anselm's reply.

Condoleo et mente compatior tribulationibus quas vos et ecclesiæ[4] Angliæ sustinetis; sed ad præsens secundum meam et vestram voluntatem subvenire nequeo, quia nondum quid et quantum confidere possim sum certus, donec per legatos nostros quos in proximo Roma redituros expecto, quid apud dominum papam effecerint cognoscam. Bonum tamen est et gratum mihi, quia tandem cognoscitis ad quid vos perduxit, ut mitius dicam, vestra patientia, et quia promittitis mihi auxilium vestrum non in mea, sed in Dei causa, et invitatis me ne pigriter venire ad vos. Quamvis enim hoc modo facere non possim, quia rex non vult me esse in Anglia adhuc, nisi discordem a jussione papæ et ejus concordem voluntati, et ego nondum certus sim quid possim, sicut dixi, tamen gaudeo pro vestra bona et episcopali voluntate et constantia[5] quam promittitis, et exhortatione[6] quam mihi faci-

---

[1] *Norwicensis*] Noruuicensis, MS.
[2] *jusseris*] On erasure in A.
[3] *Anselmi*] Anselmi ad eos, A.
[4] *ecclesiæ*] ecclesia, A.
[5] *bona et episcopali voluntate et constantia*] bona voluntate et episcopali constantia, A.
[6] *exhortatione*] exortatione, MS.

tis. Ut autem aliquos ex vobis ad me venire faciam, sicut poscitis, ne, dum¹ sejuncti sumus ab invicem, pervertant consilium meum qui sua quærunt, ad præsens non opinor oportere. Spero enim in Deo quia nullus cor meum a veritate, in quantum cognoscam, poterit avertere, et quia in proximo Deus mihi quid facere queam ostendet et ego quam citius potero vobis notificabo. Quid autem vobis interim faciendum sit, prudentia vestra satis intelligit; sed tantum dico quia ego, in quantum sperando in Deo conscientiam meam sentio, pro redimenda vita mea non præberem assensum, neque ministrum aut executorem ejus mali me facerem, quod audio noviter super ecclesias Angliæ promulgari. Valete.

Inter hæc crebris de Anglia nunciis² Normanniam venientibus, id quod de presbyteris³ Angliæ rex faciebat nimis divulgabatur, et non solum hos qui infamia ejus, verum⁴ eos qui laude illius pascebantur, in odium et vituperium ejus adducebat. At Anselmus tam malam famam de rege non ferens, eumque a tanta injuria revocare desiderans, scripsit ei de⁵ negotio semel et iterum, totiensque responsi ejus scripta recepit. Quæ scripta eo quo missa sunt ordine subter annotanda putavi, ratus ea futuris temporibus exempli gratia profutura, si altiori consilio Deus non sedaverit in regno Anglorum quæ sub oculis ejus hodie fiunt maxima mala. In quo tamen ab iis qui ista legunt vel audiunt petitum iri optamus, ne nobis succenseant quod scribendis epistolis tantum occupamur. Negotii enim quod manu versamus quædam et magna pars est, nec totum alicujus rei ignotis partibus ejus sciri potest. Ipsarum igitur epistolarum textus hic est.

Henrico suo carissimo domino, gratia Dei regi Anglorum, Anselmus archiepiscopus Cantuariæ, fideles orationes cum fideli servitio.

Ad me pertinet si audio quod faciatis aliquid quod animæ vestræ non expediat, ut hoc vobis non taceam, ne, quod Deus

---

¹ *ne, dum*] nedum, MS.
² *nunciis*] nuntiis, MS.
³ *presbyteris*] presbiteris, MS.
⁴ *verum*] verum et, A.
⁵ *scripsit ei de*] On erasure in A.

A.D. 1106. avertat, Deus irascatur, et vobis, si facitis quod illi non placeat, et mihi pro taciturnitate mea. Audio quia vestra excellentia vindictam exercet super presbyteros Angliæ, et forisfacturam exigit ab eis quia non servaverunt præceptum concilii quod ego cum vestro favore tenui apud Lundoniam cum aliis episcopis et religiosis personis. Quod hactenus inauditum et inusitatum est in ecclesia Dei de ullo rege, et de aliquo principe. Non enim pertinet secundum legem Dei hujusmodi culpam vindicare, nisi ad singulos episcopos per suas parochias, aut, si et ipsi episcopi in hoc negligentes fuerint, ad archiepiscopum et primatem. Precor igitur vos, sicut carissimum dominum cujus animam diligo plus quam præsentem vitam corporis mei, et consulo, sicut vere fidelis corpori et animæ vestræ, ne vos contra ecclesiasticam consuetudinem in tam grave peccatum mittatis, et, si jam incœpistis, ut omnino desistatis. Dico enim vobis quod valde timere debetis, quia pecunia taliter accepta, ut taceam quantum noceat animæ, non tantum cum expendetur adjuvabit terrena negotia, quantum postea perturbabit. Denique vos scitis quia me in Normannia in pacem vestram suscepistis, et de archiepiscopatu meo me resaisistis, et quia cura et vindicta talis offensæ maxime pertinet ad archiepiscopatum, quoniam plus sum episcopus pro spirituali cura, quam pro terrena possessione. Omnipotens Deus sic et in hoc et in aliis actibus vestris dirigat cor vestrum secundum voluntatem suam, ut post hanc vitam perducat vos ad gloriam suam. Amen.

MS. p. 208.

The King to the Primate. Henricus, Dei gratia rex Anglorum, Anselmo archiepiscopo Cantuariæ, salutem. In die sancti Georgii[1] apud Tonebrigge mihi fuerunt delatæ litteræ repostæ in tuo sigillo. Et per eas mihi mandasti talia unde multum miror, quia quod feci credo me per te fecisse. Et in die Ascensionis Domini habebo omnes barones meos mecum congregatos, et per consilium eorum ita convenienter tibi respondebo, quod, cum tecum loquar, non credo te me inde blasphematurum. Et quicquid flat alias, scito quia tui quicquid ipsi fecerunt per omnes terras tuas in pace permanserint.

The Primate to the King. Suo carissimo domino Henrico, gratia Dei regi Anglorum, Anselmus archiepiscopus Cantuariæ,[2] fidele servitium et fideles orationes.

---

[1] *Georgii*] Corrected from *Gregorii* in A.

[2] *Cantuariæ*] Cantuariensis, A.

Gratias ago Deo et dignationi vestræ, quæ in litteris suis promisit se convenienter responsuram mihi de hoc unde precatus eam fueram in litteris meis de sacerdotibus Angliæ, et oro Dominum, cujus consilium manet in æternum, ut ipse vobis consulat respondere et facere quod illi placeat, et unde fideles dilectores animæ vestræ gaudeant. De hoc autem quod legi in litteris vestris quia creditis vos facere per me quod facitis, pro certo scitote, mi domine, quia non est per me, quoniam contra Deum facerem si per me esset. Quapropter adhuc precor magno et fideli affectu, quatinus in tali incepto nullius consilio persistatis. Valete.

Henricus rex Anglorum, Anselmo Cantuariensi archiepiscopo,[1] salutem et amicitiam.

De hoc quod mihi mandastis de sacerdotibus, scias quod ita decenter feci, ut opinor secundum quod facere debui. Nec tibi sit incognitum brevi intervallo temporis me transfretaturum. Et ex quo tecum locutus fuero, siqua commisi in his, omnipotentis Dei et tuo consilio corrigam; teste Waldrico cancellario apud Merlebergam.

Dum hæc ita fiunt, ecce qui Romam missi fuerant redeunt.

Suspensus autem fuerat ab officio episcopali jam olim Willelmus archiepiscopus Rotomagensis, et per hos nuncios intercesserat pro eo apud dominum papam Anselmus archiepiscopus Cantuariensis. Mandavit itaque ei dominus papa ut de causa ipsa quod faciendum intelligeret sua vice faceret, sciens eum a justitiæ semitis nullius rei interventu scienter flecti posse. Ivit ergo Rotomagum, et in synodo clericorum, quæ tunc erat adunata, adventus sui causam exposuit. Profert litteras Willelmus legatus regis, quas ex parte apostolici de re Roma detulerat, et coram omnibus recitantur, sic.

Paschalis episcopus, servus servorum Dei, venerabili fratri Willelmo Rotomagensi episcopo, salutem et apostolicam benedictionem.

Licet causæ tuæ qualitas patientiam nostram plurimum gravet, pro reverentia tamen fratris nostri Cantuariensis epi-

---

[1] *Cantuariensi archiepiscopo*] archiepiscopo Cantuariæ, A.

R 8387. M

scopi et dilectione latoris præsentium filii nostri Willelmi, qui pro te apud nos vehementius intercesserunt, paterna penes te benignitate movemur. Causam itaque tuam eidem fratri Cantuariensi episcopo commisimus, ut quod ipse indulserit indulgeamus; eo nimirum intuitu, ea conditione, ut malos consiliarios quorum instinctu multas pravitates incurristi a tua familiaritate repellas.[1] Datæ Beneventi v. Kal. Aprilis.

Misit quoque dominus papa epistolam hanc Anselmo.

Paschalis episcopus, servus servorum Dei, venerabili fratri Anselmo Cantuariensi episcopo, salutem et apostolicam benedictionem.

Quod Anglici regis cor ad apostolicæ sedis obœdientiam omnipotentis Dei dignatio inclinavit, eidem miserationum Domino gratias agimus, in cujus manu regum corda versantur.[2] Hoc nimirum tuæ caritatis gratia tuarumque orationum instantia factum credimus, ut in hac parte populum illum cui tua sollicitudo præsidet miseratio superna respiceret. Quod autem et regi et iis qui obnoxii videntur adeo condescendimus, eo affectu et compassione factum noveris, ut eos qui jacebant erigere valeamus. Qui enim stans jacenti ad sublevandum manum porrigit nunquam jacentem eriget, nisi et ipse curvetur. Cæterum, quamvis casui propinquare inclinatio videatur, statum tamen rectitudinis non amittit. Te autem, frater in Christo venerabilis et carissime, ab illa prohibitione, sive, ut tu credis, excommunicatione, absolvimus, quam ab antecessore nostro sanctæ memoriæ Urbano papa adversus investituras aut hominia factam intelligis. Tu vero eos qui investituras acceperunt, aut investitos benedixerunt, aut hominia fecerunt, cum ea satisfactione quam tibi per communes[3] legatos, Willelmum et Balduinum,[4] viros fideles et veridicos, significamus, Domino cooperante, suscipito, et eos vice nostræ auctoritatis absolvito, quos vel ipse benedicas, vel a quibus volueris benedici præcipias, nisi aliud in eis forte reppereris propter quod a sacris sint honoribus repellendi. Cæterum Eliensi abbati tuæ communionis consortium subtrahes quamdiu abbatiam retinere præsumpserit, quam contempto nostri oris quod præsens audierat interdicto per repetitam investituram præ-

---

[1] *repellas*] On erasure in A.
[2] *corda versantur*] On erasure in A.
[3] *quam tibi per communes*] On erasure in A.
[4] *Balduinum*] Balduinum, A.

sumpsit invadere. Siqui vero deinceps præter investituras ecclesiarum prælationes assumpserint, etiam si regi hominia fecerint, nequaquam ob hoc benedictionis[1] munere arceantur, donec per omnipotentis Dei gratiam ad hoc omittendum cor regium tuæ prædicationis imbribus molliatur. Præterea super episcopis qui falsum, ut nosti, a nobis rumorem retulerunt, cor nostrum vehementius aggravatur, quia non solum nos læserunt, sed multorum simplicium animas deceperunt, et regem adversus caritatem sedis apostolicæ impulerunt. Unde et inultum eorum flagitium, Domino cooperante, non patimur. Veruntamen quia filii nostri regis instantia pro eis nos pulsat attentius, etiam ipsis communionis tuæ participium non negabis, donec veniendi ad nos præceptum accipiant. Sane regem et ejus conjugem ac proceres illos qui pro hoc negotio circa regem ex præcepto nostro laboraverunt et laborare nitentur, quorum nomina ex supradicti Willelmi suggestione cognosces, juxta sponsionem nostram a pœnitentiis suis et peccatis absolves. Igitur, quandoquidem omnipotens Dominus tantum nos in Angliæ regno ad suum et ecclesiæ suæ honorem in hac præstitit correctione proficere, ea deinceps mansuetudine, dispensatione, sapientia, provisione circa regem ac principes tua fraternitas satagat, ut quæ minus adhuc correcta sunt, auxiliante Domino Deo nostro, per tuæ sollicitudinis studium corrigantur. Qua in re ita dilectioni tuæ nostrum sentias adesse præsidium, ut quæ solveris absolvamus, quæ ligaveris alligemus. Rotomagensis episcopi causam et interdictum in eum, justitia dictante, prolatum tuæ deliberationi commisimus. Quod ei indulseris, indulgemus. Fraternitatem tuam superna dignatio per tempora longa conservet incolumem. Data x. Kal. Aprilis.

His diebus venit Rotomagum Boemundus, unus de nominatissimis Ierosolimitanæ viæ principibus, habens in comitatu suo quendam Romanæ ecclesiæ cardinalem, nomine Brunonem. Huic erat magister militum Ilgyrus nomine, vir strenuus et non ignobilis famæ inter suos. Hic ab adolescentia sua notus Anselmo multa fuerat ejus beneficia consecutus. Familiariter itaque cum eo agens, inter plurima quæ ipsi de superatis

---

[1] *benedictionis*] a benedictionis, A.

bellis, de urbibus captis, de situ locorum, aliisque nonnullis quæ in expeditione Ierosolimitana acceperat, delectabili allocutione disseruit; quod multas sanctorum reliquias haberet, quoque modo eas adeptus fuerit, aperuit. In quibus, immo super omnibus quas habebat, præcipue gloriatus est de capillis Beatæ Matris Dei Mariæ, quorum aliquos sibi datos ferebat à patriarcha Antiocheno, ubi ipse magistratum militum sub Boemundo agebat. Et ad hæc intulit, "Hos capillos, "fateor, suscipere ausus non fuissem, si me amor "patriæ istius in qua natus fui et educatus ad hoc "non animasset. Sperabam enim me huc quandoque "perventurum, et ipsis hanc meam patriam sublima- "turum. Quoniam igitur illa spe, protegente Deo, "fraudatus non sum, duos ex ipsis huic ecclesiæ, quæ "totius Normanniæ principatum obtinet Christianitatis "dare disposui, duos abbatiæ Beati Petri et Sancti "Audoeni, duos monasterio ejusdem Virginis virginum, "in quo sub tuo patrocinio ad ætatem hominis pro- "vectus sum, et duos tibi. Duodecim enim numero "de illis mihi præfatus episcopus dedit, contestans "illos ab ipsa Domina sibimet avulsos, cum, juxta "crucem Filii sui stans, gladius animam ejus per- "transivit, secundum quod in antiquarum monimentis "litterarum, quæ magnæ auctoritatis apud illos habe- "bantur, et in archivis ecclesiæ cui præsidebat serva- "bantur, sicut astruebat, scriptum repperit." Et hæc ille. Super quibus Anselmus admodum exhilaratus, actis cum pontifice Rotomagensi et Boemundo ac Ierosolimitanis quæ videbantur agenda, Beccum revertitur. At crines de quibus prædictus miles locutus fuerat, quoniam Carnoti, ubi familia et pene tota supellex Boemundi reditum ejus præstolabatur, remanserant, missi ab archiepiscopo Rotomagensi et abbate Beccensi religiosi ordinis viri sunt qui illos deferrent. Et factum est. Appropinquantibus eis qui quos Rotomagus habere debebat apportabant ipsi civitati, adjunctis sibi canonicis et omni clero civitatis cum monachis Sancti Audoeni ac totius populi innumera multitudine, pontifex longa processione devotus occurrit, et, quanto potuit honore susceptos in ecclesiam detulit et sacratiori loco reposuit. Quatuor autem ex illis Beccum delati sunt. Quorum duos ipsi loco, residuos Anselmus reverenter sibi excepit, mihique, utpote qui capellæ illius custos eram atque dispositor, custodiendos commendavit. Quod usque hodie facio. Quid itaque de istis aliorum sensus habeat, nescio. Ego tamen certissime scio, dominum et reverendum patrem Anselmum eos in magna veneratione semper[1] habuisse, et meipsum sacro et grandi experimento sensisse magnum quid et mundo amplectendum insigne sanctitatis illis inesse. De his ita.

Itaque Willelmus, ubi ad regem in Angliam venit, et ei quæ de negotio ejus apud Romanum pontificem acta fuerant enarravit, lætus ille ad audita illico Anselmum ad ecclesiam suam redire per eundem Willelmum postulavit. Qui Willelmus ad nos post paucos dies reversus Anselmum infirmum invenit, et valde conturbatus est. Erat enim jam tunc ad libertatem ecclesiæ Dei cor habens, et in quantum poterat sollicite operam dans ut Anselmus suæ sedi in pace et honore restitueretur. Timens ergo ne virum loci ac fratrum amor non minus quam ea qua gravabatur corporis invalitudo ab itinere Angliæ præpediret, modis quibus poterat, tam per se quam et per nos qui secum eramus, agere cœpit, qualiter eum[2] loco evelleret et in iter quod desiderabat promoveret. Præmissis igitur precibus, quibus eum ex parte domini sui regis Anglorum interpellavit quatinus Angliam ejus absentia desolatam citato reditu visitaret,[3] affirmabat et affirmando promittebat regem ipsum penitus ad voluntatem ipsius

---

[1] *veneratione semper*] semper veneratione in A.
[2] *eum*] virum, A.
[3] *visitaret*] On erasure in A.

A.D. 1106. In omne quod deinceps præciperet promptissimam mentem habere, nec ulterius a Romana ecclesia velle dissentire. Et subjungens ait, "Propterea obsecro ut "omnem moram rumpatis in veniendo, ne forte ex "adverso aliqua sæcularis aura prorumpat, quæ eum "ab istis subvertat." Hæc ille audiens Deo super admirabili dono ejus gratias egit, acceptaque licentia a fratribus, inter quos jam diu magno cum amore et honore habiti fueramus, in Angliam iturus Gemmeticum venit. Ubi renovata infirmitate qua, ut memoravimus, Becci gravatus fuerat, a loco digredi nequaquam potuit. Quapropter missis in Angliam nunciis intimavit regi quid sibi ne rediret obstabat. Turbatur ille ad audita, et vehementer indoluit, jurans per verbum Dei se omnia damna æquanimius toleraturum quam Anselmi decessum. Remissis ergo celerrime nunciis, orat virum sibi ipse parcere, ac omnimodis indulgere quieti. Præcepit quoque ut de iis quæ sui juris in Normannia erant pro voto acciperet, et sibi ac suis exinde ministrari sufficienter juberet, seque in proximo transfretaturum expectaret. Quo ipse gratiose accepto, circiter mense uno ibi remansit. Mitigato deinde languore, Beccum rediit, ratus sibi opportunius et honestius fore illic quam alias regium præstolari adventum. Ubi, omnibus mira alacritate de reditu ejus exultantibus, ecce lacrimabile malum concussit atque subvertit gaudium ipsum. Nam tam gravis infirmitas iterum invasit Anselmum ut de eo præter mortem nihil expectaremus. Confluunt episcopi et abbates terræ illius, ac de funere ejus quique pertractant. Sed omnipotens Deus sua pietate ipsum contra omnium opinionem sanitati restituit, et multos magno exinde gaudio lætificavit.

Igitur in Assumptione Beatæ Mariæ rex Beccum venit, celebratoque ab Anselmo solenni missæ officio, una rex scilicet et ipse convenerunt, et tandem omnia quæ illos in diversa traxerant pacem et concordiam invenerunt. Siquidem ecclesias Angliæ, quas Willelmus rex frater regis Henrici sub censum, ut longe superius retuli, primus redegerat, liberas ab eadem exactione rex in manus Anselmi reddidit, et se de ipsis dum viveret nil accepturum quamdiu essent sine pastore promisit. Pro pecunia autem quam a presbyteris, ut præfati sumus, acceperat, eam emendationem spopondit ut ii qui nondum inde quid dederant nihil darent, et qui dederant tribus annis sua omnia in pace et quiete libera possiderent. Cuncta vero quæ de archiepiscopatu, exulante Anselmo, suo jussu accepta fuerant, se redditurum cum in Angliam esset reversus dato vadimonio pollicitus est.

His et aliis quæ res expetebat inter viros compositis, Anselmus iter Angliam remeandi ingressus est, et, Divino tutamine fretus, sanus et alacer cum suis omnibus Dofris appulsus est. Qua vero exultatione, qua jocunditate, qua spe boni in Angliam veniens susceptus sit, reor ex consideratione malorum quæ paucis tetigimus illic ante reditum ejus provenisse aliquantum[1] subintelligi posse. Unde, ut diversæ ætatis et ordinis hominum gaudia sileam, de ipsa regina hoc breviter dixerim, quia nec terrena negotia nec pompa sæcularis gloriæ ulla poterant eam detinere, quin virum loca diversa adeuntem præcederet, et monachis seu canonicis ei pro more obviam procedentibus, ipsa procederet, hospitiaque ejus sua providentia dignis apparatibus adornaret.

Itaque post hæc ii qui ecclesiis ac monasteriis pro exigenda regia pecunia fuerant intromissi ejecti sunt, et personis cujusque ecclesiæ res intus et extra ad communem utilitatem commendatæ. Presbyterorum[2] etiam causæ sicut regem Anselmo promisisse diximus

---

[1] *aliquantum*] aliquantulum, A.
[2] *Presbyterorum*] Præsbiterorum, MS.

dispositæ sunt, atque idipsum per totum regnum divulgatum.

Rex ipse inter hæc Normanniam sibi bello subegit, et id confestim[1] Anselmo per epistolam quam ecce subscribimus significavit.

Henricus rex Anglorum, Anselmo Cantuariensi archiepiscopo, salutem et amicitiam.

Paternitati et sanctitati vestræ significamus[2] Robertum comitem Normanniæ cum omnibus copiis militum et peditum quos prece et pretio adunare potuit die nominata et determinata mecum ante Tenerchebraium acriter pugnasse; et tandem sub misericordia Dei vicimus, et sine multa cæde nostrorum. Quid plura? Divina misericordia ducem Normanniæ et comitem Moritonii, et Willelmum Crispinum, et Willelmum de Ferreris et Robertum de Stutevilla[3] senem, et alios usque[4] quadringentos milites, et decem millia peditum in manus nostras et Normanniam dedit. De illis autem quos gladius peremit non est numerus. Hoc autem non elationi vel arrogantiæ nec viribus meis,[5] sed dono Divinæ dispositionis attribuo. Quocirca, pater venerande, supplex et devotus genibus tuæ sanctitatis advolutus te deprecor, ut supernum Judicem, cujus arbitrio et voluntate triumphus iste tam gloriosus et utilis mihi contigit, depreceris, ut non sit mihi ad damnum et detrimentum, sed ad initium bonorum operum et servitii Dei, et ad sanctæ Dei ecclesiæ statum tranquilla pace tenendum et corroborandum, ut amodo libera vivat et nulla concutiatur tempestate bellorum.

Igitur ob pacem quam rex fecerat cum Anselmo hac victoria eum potitum multi testati sunt.

Normannia ergo sub regia pace disposita, et duce Roberto cum comite Moritonii in Angliam sub captione præmissis, rex ipse in regnum suum reversus est. Adunatis autem ad curiam ejus in Pascha terræ principibus, dilata est ecclesiarum ordinatio quam rex se facturum disposuerat, eo quod summus sedis apostolicæ pontifex Paschalis Franciam venerat, et sibi ad

---

[1] *confestim*] Not in A.
[2] *significamus*] On erasure in A.
[3] *Stutevilla*] Stutevile, A.
[4] *usque*] usque ad, A.
[5] *meis*] meis tribuo, A.

concilium quod Trecis erat celebraturus a rege Henrico et ab Anselmo archiepiscopo saepe supra memoratos viros Willelmum et Balduinum[1] mitti mandaverat. Ratus itaque rex aliquid novi se in reditu illorum accepturum, in subsequens festum Pentecostes omnia distulit, quatinus eis reversis securius quaeque agnita pontificis voluntate disponeret.

Soluta igitur curia, Anselmus ad abbatiam Sancti Eadmundi vadit, crucem magnam ibi consecraturus et alia quaedam episcopalia officia administraturus. Quibus expletis, cum jam rediturum se putaret, gravi corporis infirmitate corripitur, et ingravescente languore ad extrema fere perducitur. Detentus est autem[2] ·ibi propter ipsam infirmitatem usque ad octavas Pentecostes, et concilium quod, sicut diximus, dilatum erat, causa infirmitatis ejus inducias in Kal. Augusti accepit.

Inter haec ex parte apostolici allata est Anselmo epistola haec.[3]

Paschalis episcopus, servus servorum Dei, venerabili fratri Anselmo Cantuariensi episcopo, salutem et apostolicam benedictionem.

De presbyterorum filiis quid in Romana ecclesia constitutum sit fraternitatem tuam nescire non credimus. Caeterum quia in Anglorum regno tanta hujusmodi plenitudo est, ut major pene et melior clericorum pars in hac specie censeatur, nos dispensationem hanc sollicitudini tuae committimus. Eos enim quos scientia et vita commendat apud vos, ad sacra officia promoveri pro necessitate temporis et utilitate ecclesiae concedimus, ut tamen in posterum constitutionis ecclesiasticae praejudicium caveatur. De persona quoque Ricardi Heliensis abbatis, petentibus filiis nostris Henrico rege et Willelmo de Warelwast, permittimus ut eum in communionem tuam, praemissa satisfactione, suscipias; et si ad monasterii regimen utilis ejus persona conspicitur, tuae dispensationi committimus. Caetera etiam quae in regno illo

---

[1] *Balduinum*] Baldwinum, A.
[2] *est autem*] autem est, A.
[3] *haec*] ista, A.

A.D. 1107. pro necessitate temporis dispensanda sunt, juxta gentis barbariem, juxta ecclesiæ opportunitates, sapientiæ ac religionis tuæ sollicitudo dispenset. Data iii. Kal. Junii.

The assembly of August 1107.

In Kalendis ergo Augusti conventus episcoporum, abbatum et[1] procerum regni Lundoniæ in palatio[2] regis factus est, et per tres continuos dies, absente Anselmo, inter regem et episcopos satis actum de ec- MS. p. 221. clesiarum investituris, quibusdam ad hoc nitentibus ut rex eas faceret more patris et[3] fratris sui, non juxta præceptum et obœdientiam apostolici. Nam papa in sententia quæ exinde promulgata fuerat firmus stans, concesserat hominia quæ Urbanus papa æque ut investituras interdixerat, ac per hoc regem sibi de investituris consentaneum fecerat, ut ex epistola quam supra descripsimus colligi potest. Dehinc, præsente Anselmo,

The terms of the final settlement.

astante multitudine, annuit rex et statuit ut ab eo tempore in reliquum nunquam per dationem baculi pastoralis vel anuli quisquam episcopatu aut[4] abbatia per regem vel quamlibet laicam manum in Anglia investiretur,[5] concedente quoque Anselmo ut nullus in prælationem electus pro hominio quod regi faceret consecratione suscepti honoris privaretur. Quibus ita dispositis, pene omnibus ecclesiis Angliæ quæ suis erant pastoribus diu[6] viduatæ per consilium Anselmi ac procerum regni sine omni virgæ pastoralis aut anuli investitura patres a rege sunt instituti. Instituti quoque sunt ibidem et eodem tempore ab ipso rege quidam ad regimen quarundam ecclesiarum Normanniæ, quæ similiter suis erant patribus destitutæ.

Ecclesiastical appointments in England and Normandy.

Anselm demands profession of obedience from the Archbishop of York.

Inter ista cœpit Anselmus coram rege regnique episcopis atque principibus exigere a Gerardo archiepiscopo Eboracensi professionem de sua subjectione,[7]

---

[1] *et*] Not in A.
[2] *palatio*] palatium, A.
[3] *et*] ac, A.
[4] *aut*] vel, A.
[5] *in Anglia investiretur*] investiretur in Anglia, A.
[6] *pastoribus diu*] On erasure in A.
[7] *sua subjectione*] sua obedientia et subjectione, A.

quam non fecerat ex quo de episcopatu Herefordensi in archiepiscopatum Eboracensem, ut supra meminimus, translatus fuerat. Ad quæ cum rex ipse diceret sibi quidem non videri necesse esse ut professioni quam ordinationis suæ tempore Gerardus fecerat aliam superadderet, præsertim cum, licet ecclesiam mutaverit, idem tamen qui fuerat in persona permanserit nec a prima professione absolutus extiterit, Anselmus in præsenti quidem regiis verbis adquievit, ea conditione ut Gerardus in manum sibi daret se eandem subjectionem in archiepiscopatu ei servaturum quam in episcopatu professus fuerat. Annuit Gerardus, et, sua manu imposita manui Anselmi, interposita fide sua pollicitus est, se eandem subjectionem et obœdientiam ipsi et successoribus ejus[1] in archiepiscopatu exhibiturum, quam Herefordensi ecclesiæ ab eo sacrandus antistes illi[2] promiserat.

Exin statutum est ut qui ad episcopatum electi erant Cantuariam irent, et ibi dignitatis ipsius benedictionem ex more susciperent. Willelmus itaque Wintoniensis, et Rogerius Serberiensis, ac Reinelmus tunc nuper ecclesiæ Herefordensi restitutus episcopus, quorum supra meminimus, necnon Willelmus, qui legatione regis fungi solebat, tunc autem Execestrensi ecclesiæ electus episcopus, Urbanus quoque Glamorgatensi ecclesiæ quæ in Gualis est similiter electus episcopus, simul Cantuariam venerunt, et in die Dominica[3] quæ fuit iii. Idus Augusti pariter ab Anselmo consecrati sunt, ministrantibus et cooperantibus sibi in hoc officio suffraganeis ipsius sedis, Gerardo videlicet archiepiscopo Eboracensi, Roberto Lincoliensi episcopo, Johanne Bathoniensi, Herberto Norwicensi, Roberto Cestrensi, Radulfo Cicestrensi, Rannulfo Dunelmensi. Ipso die priusquam eorundem episcoporum

---

[1] *ejus*] suis, A.
[2] *illi*] Not in A.
[3] *die dominica*] dominica die, A.

consecrationem Anselmus faceret, præsentibus eis et episcopis qui convenerant, juxta mandatum domini papæ, nam hoc ei per litteras olim mandaverat, reddidit Ealdwino virgam pastoralem abbatiæ de Rammesei, quam, ut supra meminimus, perdiderat in concilio Lundoniensi.

In subsequenti etiam quinta feria sacravit in ipsa sede Robertum monachum cœnobii Sancti Petri Westmonasterii, ad regimen abbatiæ Sancti Eadmundi.

Ordinatio autem abbatis Sancti Augustini per id temporis ea causa, ut ita dixerim, dilata est, quod ipse qui in abbatem, scilicet Hugo monachus Beccensis, electus erat nondum sacros ordines habebat. Ordinatus vero est ad diaconatum ab archiepiscopo in capella sua Cantuariæ cum multis aliis in jejunio septimi mensis, et item ad presbyteratum a Willelmo Exoniensi episcopo in eadem capella jejunio decimi mensis. Anselmus enim infirmabatur, et partim ea re, partim propter imminens festum Nativitatis Christi, Cantuariam ad Anselmum idem episcopus jussus venerat. Post hæc cum Anselmus ordinationem ipsius abbatis accelerare vellet, eo quod res ecclesiæ pessum ibant, et quotidie in sui diminutionem intus et extra decidebant, voluit ut prædictus episcopus eum in abbatem ad altare Christi Cantuariæ solenniter, se astante, consecraret. Sed ubi monachis Sancti Augustini res innotuit, ad contradicendum animati sunt. Nam ecclesiam suam privilegia habere commentati sunt, per quæ abbatem suum nonnisi in sede sua ordinari debere manifesta allegatione se probaturos asseruerunt. Duravit autem hæc fabula illorum diebus nonnullis, Anselmo nullatenus assertioni eorum cedere volente. Tandem in initio quadragesimæ, cum Anselmus juxta Lundoniam pro colloquio regis venisset, quidam ex ipsis monachis quos ad rem exercendam ii qui domi remanserant pari voto selectos eo direxerant, omissis privilegiis suis, quæ nulla vel non

rata a rege et principibus comprobata sunt et damnata, per suos advocatos regi persuaserunt ut Anselmo mandaret abbatem in ecclesia Sancti Augustini ex antiqua consuetudine consecrare. Hujus mandati Willelmus episcopus Wintoniensis et Rogerius Serberiensis et Willelmus Exoniensis, cum Gisleberto abbate Westmonasterii, a rege ad Anselmum nuncii fuerunt.[1] Respondit ergo Anselmus, "Si rex me ro-
" garet, quatinus pro suo amore ipsum abbatem in
" ecclesia sua ordinarem, fortassis facerem, ea consi-
" deratione, eo intuitu, quod antecessorum meorum
" juris fuit et mei est, indifferenter ubicunque per
" Angliam [2] voluntas tulit episcopale officium admini-
" strare. Nunc autem quia mandat ut id faciam ex
" consuetudine, dico consuetudinis illud non esse." At
illi, "Si contra fidem non esse dinoscitur, omnino vult
" ut in sua sede consecretur." Refert, "Non omnia
" facienda sunt quæ fidei contraria non sunt. Alio-
" quin plura inconvenientia fierent. Hoc quoque unde
" agitur, quamvis si fieret fidei contrarium non esset,
" fieri tamen ex consuetudine minime [3] debet, eo quod
" nimis inconveniens esset. Ei quippe, qui ecclesiæ
" nostræ et mihi canonice [4] per omnia subjici debet,
" subditus in hoc contra ordinem fierem. Ad hæc.
" Archiepiscopus Cantuariensis primas est totius An-
" gliæ, Scottiæ,[5] Hiberniæ, et adjacentium insularum,
" nec pro alicujus personæ consecratione, nisi solum-
" modo regis ac reginæ, sedem suam ex consuetudine
" egreditur. Si ergo rex vult ut ego eundem hono-
" rem exhibeam abbati Sancti Augustini quem sibi,
" parem eum vult in regno suo facere sibi. Quod ne

---

[1] *Willelmus . . . ad Anselmum nuncii fuerunt*] nuncii fuerunt Willelmus . . . ad Anselmum, A.

[2] *ubicunque per Angliam*] per Angliam ubi cunque, A.

[3] *minime*] non, A.

[4] *ecclesiæ nostræ et mihi canonice*] canonice mihi et ecclesiæ nostræ, A.

[5] *Scottiæ*] Scotiæ, A.

"fiat consulo, sicut ei cui fidem debeo, quatinus se ab
"hac voluntate cohibeat. Re etenim vera dico, quia
"si unquam tanta inordinatio in Anglia facta fuerit,
"non modo regi, sed archiepiscopis, episcopis, princi-
"pibus, et toti regno grande opprobrium erit." Dixerunt, "Eia, si eum in sede sua ordinare istis rationi-
"bus actus non vis, mandat ut in sua capella, se
"præsente, illum ordinari permittas ab aliquo episco-
"porum cui ipse præceperit." Respondit, "Cur illum
"ab alio episcopo ordinari permitterem, quem ego,
"gratia Dei, pro meo jure ubi debeo ordinare potis
"sum?" "Et hoc quidem," aiunt, "mallet, ut illic
"eum tu ipse consecrares." Dixit, "Si hoc fecero,
"nonnullam injuriam faciam ipsi domino meo. Meum
"quippe non est in capella ejus missam celebrare,
"nisi quando ipse debet a me coronari. Itaque si
"hoc facio pro abbatis consecratione, regius honor
"vilescet, et deinceps mei ex exemplo[1] exigetur pro
"consuetudine quod hactenus fiebat statuto tempore
"pro solo regis honore. Verum quia ipse vult ut
"proxime consecretur, eo quod, nondum confirmato
"abbate, fluctuant res abbatiæ, si voluerit, hic in
"capella hospitii mei eum ordinabo, quoniam quidem
"mihi facile non est pro tam levi re hac vice Can-
"tuariam ire." Relata sunt ista regi, et, approbata
ratione Anselmi, laudavit ut, omissis cunctis objectio-
num ambagibus, abbas sacraretur ubi dixit Anselmus.
Ordinavit igitur illum iiii. Kal. Martii, quinta feria
primæ septimanæ quadragesimæ apud Lambetham in
capella Rofensis ecclesiæ ubi tunc Anselmus erat hospitatus, accepta ab eo professione ex more, qua se
ecclesiæ Dorobernensi et archiepiscopis ejus canonice
per omnia obœditurum promisit. Ii ergo qui affuerunt
multo honestius ipsum Cantuariæ potuisse sacrari dixerunt, et quod major honor esset abbati requirere

---

[1] *ex exemplo*] exemplo, A.

patrem patriæ pro benedictione sua in metropoli sede, quam in capella Rofensis ecclesiæ.

Inter hæc Anselmus misit domino papæ epistolam hanc.

Paschali domino et patri[1] reverendo, summo pontifici, Anselmus servus ecclesiæ Cantuariensis, debitam subjectionem[2] cum orationum assiduitate.

Non debeo tacere excellentiæ vestræ quod per eam Dei gratia operatur in Anglia et in Normannia. Rex qui dominatur Anglis et Normannis, obœdienter[3] suscipiens vestram jussionem, investituram ecclesiarum, renitentibus multis, omnino deseruit. Quod ut faceret Robertus comes de Mellento et Ricardus de Redueris, ut fideles vestri et filii ecclesiæ, vestris attracti monitis, vehementer institerunt. Rex ipse in personis eligendis nullatenus propria utitur voluntate, sed religiosorum se penitus committit consilio. De me autem quantas debeo gratias paternæ benignitati vestræ scribendo non sufficio reddere, sed eas in carta cordis mei scriptas lego assidue. Cum enim sicut servi vestri dilecti fratres nostri Willelmus et Balduinus[4] retulerunt, vitæ meæ corruptibilis curam ne cito deficiat tam benigna sollicitudine mihi gerere præcipitis, non modicum pietatis affectum magnitudinem vestram erga parvitatem meam habere monstratis. Omnipotens Deus vitam vestram nobis in omni prosperitate diu custodiat.

Hanc epistolam iccirco placuit huic operi admiscere, ut ea teste monstraremus, quæ de investituris ecclesiarum diximus rata esse. Ad quam etiam correctionem Mellentinus comes pro litteris quas ei, ut supra scripsimus, papa direxerat perductus fuerit, hujus testimonio designare pari voto cordi fuit. Re etenim vera ab iis in quibus olim versatus fuerat quadam ex parte mutatus erat. Siquidem justi amator, istis consilium, illis auxilium, aliquibus utrunque, juxta quod ratio exigebat, sæpe exhibebat. Rex ipse Henricus illius consilio in regni negotiis præstantius et efficacius cæteris credens, defuncti fratris sui regis vestigia

---

[1] *et patri*] patrique, A.
[2] *subjectionem*] obedientiam, A.
[3] *obœdienter*] obædienter, MS.
[4] *Balduinus*] Baldwinus, A.

A.D. 1108. sequi, sicut fatebatur, perhorrebat. Attamen præfatus comes nec Anglos diligere, nec aliquem illorum ad ecclesiasticam dignitatem provehi patiebatur.

The burial of Gundulf, Bishop of Rochester.

Supra memorato Gundulfo Rofensi episcopo de hac vita sublato, Anselmus ad eum sepeliendum Rofam venit. Qui, obsequio sub magna lugentium monachorum, clericorum ac laicorum multitudine decenter expleto, res ipsius episcopii sicut expedire melius intelligebat ad opus ecclesiæ intus et extra, suas videlicet, ordinavit. Baculus autem episcopalis Cantuariam ab Ernulfo monacho Rofensi, qui ejusdem episcopi capellanus extiterat, pro more delatus est, et in præsentia fratrum super altare Domini Salvatoris præsentatus.

Gundulf's crosier is carried to Canterbury

The King corrects evil practices.

Inter ista rex Henricus considerans totum pene regnum in gravem ærumnam multis ex causis decidisse, per consilium Anselmi et procerum regni operam dare instituit, qualiter aliquo modo mala quæ pauperes maxime deprimebant mitigarentur. Cujus boni exordium gnarus a sua curia cœpit. Tempore siquidem fratris sui regis hunc morem multitudo eorum qui curiam ejus sequebantur habebat, ut quæque pessumdarent, diriperent, et, nulla eos cohibente disciplina, totam terram per quam rex ibat devastarent. Accedebat his aliud malum. Plurimi namque eorum sua malitia debriati, dum reperta in hospitiis quæ invadebant penitus absumere non valebant; ea aut ad forum per eosdem ipsos quorum erant pro suo lucro ferre ac vendere, aut, supposito igne cremare, aut, si potus esset, lotis exinde equorum suorum pedibus, residuum illius per terram effundere, aut certe aliquo alio modo disperdere solebant. Quæ vero in patresfamilias crudelia, quæ in uxores ac filias eorum indecentia fecerint, reminisci pudet. Has ob causas quiqui, præcognito regis adventu, sua habitacula fugiebant, sibi

MS. p. 229.

---

[1] *venit*] ivit, C.

suisque quantum valebant in silvis vel aliis locis in quibus se tutari posse sperabant consulentes. Huic malo rex Henricus mederi desiderans, indicto edicto omnibus qui aliquid eorum quæ dixi fecisse probari poterant aut oculos erui, aut manus, vel pedes, vel alia membra constanti justitia strenuus faciebat amputari. Quæ justitia in pluribus visa cæteros, integritatem sui amantes, ab aliorum læsione deterrebat.

Item moneta corrupta et falsa multis modis multos affligebat. Quam rex sub tanta animadversione corrigi statuit, ut nullus qui posset depræhendi falsos denarios facere aliqua redémptione quin oculos et inferiores corporis partes perderet juvari valeret. Et quoniam sæpissime dum denarii eligebantur, flectebantur, rumpebantur, respuebantur, statuit ut nullus denarius vel obolus integer esset. Ex quo facto magnum bonum ad tempus toti regno creatum est. Hæc in sæcularibus ad relevandas terræ ærumnas interim rex agebat.[1]

Divina nihilominus officia quoniam indigne per quorundam sacerdotum manus eousque tractabantur, sollicitus institit ut et ipsa suo ritu caste celebrarentur. Multi nempe presbyterorum statuta concilii Lundoniensis, necne vindictam quam in eos rex exercuerat, quorum superius mentionem fecimus, postponentes, suas feminas retinebant, aut certe duxerant quas prius non habebant. Quod incontinentiæ crimen rex subvertere cupiens, adunatis ad curiam suam in solennitate Pentecostes apud Lundoniam cunctis majoribus regni, de negotio cum Anselmo archiepiscopo et cæteris episcopis Angliæ tractavit, eosque ad malum illud extirpandum regali auctoritate atque potentia fultos roboravit. Unde Anselmus archiepiscopus Cantuariensis, et Thomas electus archiepiscopus Eboracensis, nam Gerardus tunc nuper ad eandem curiam ten-

---

[1] *agebat*] faciebat, A.

A.D. 1108. dens obierat, et omnes alii Angliæ episcopi statuerunt in præsentia ejusdem gloriosi regis Henrici, assensu omnium baronum suorum, ut presbyteri, diaconi, sub- MS. p. 231. diaconi caste viverent, et feminas in domibus suis non haberent, præter proxima consanguinitate sibi junctas, secundum quod sancta Nicena synodus definivit. Illi vero presbyteri, diaconi sive subdiaconi qui post interdictum Lundoniensis concilii feminas suas tenuerunt vel alias duxerunt, si amplius missam celebrare vellent, eas a se omnino[1] facerent sic alienas, ut nec illæ in domos eorum, nec ipsi in domos earum intrarent, sed neque in aliqua domo scienter convenirent, neque hujusmodi feminæ in territorio ecclesiæ habitatarent. Si autem propter aliquam honestam causam eos colloqui oporteret, cum duobus ad minus legitimis testibus extra domum colloquerentur. Si vero in duobus aut in tribus legitimis testibus, vel publica parochianorum fama, aliquis eorum accusatus esset quod hoc statutum violasset, purgaret se adjunctis secum ordinis sui idoneis testibus, sex si presbyter, quinque si diaconus, quatuor si subdiaconus esset. Cui autem hæc purgatio deficeret, ut transgressor sacri statuti judicaretur. Illi autem presbyteri qui Divini altaris et sacrorum ordinum contemptores præeligerent cum mulieribus habitare, a Divino officio remoti, et omni ecclesiastico beneficio privati, extra chorum ponerentur infames pronunciati. Qui vero rebellis et contemptor feminam suam non relinqueret, et missam celebrare præsumeret, vocatus ad satisfactionem si negligeret octavo die excommunicaretur. Eadem sententia archi- MS. p. 232. diacones et canonicos omnes complectebatur, tam de mulieribus relinquendis, quam de vitanda earum conversatione, et de districtione censuræ si statuta transgressi fuissent. Jurarent insuper archidiaconi omnes quod pecuniam non acciperent pro toleranda transgressione

---

[1] *a se omnino*] omnino a se, A.

hujus statuti, nec tolerarent presbyteros quos scirent feminas habere cantare vel vicarios habere, et si eos audirent calumniari veritatem inde inquirerent. Similiter et decani hæc eadem per omnia jurarent. Qui vero archidiaconus vel decanus hæc jurare nollet, archidiaconatum vel decaniam irrecuperabiliter perderet. Presbyteri vero qui, relictis mulieribus, Deo et sacris altaribus servire eligerent, quadraginta dies pro transgressione præfati concilii ab officio cessantes pro se interim vicarios haberent, injuncta eis pœnitentia secundum quod episcopis eorum visum esset. Omnia vero mobilia lapsorum post hæc presbyterorum, diaconorum, subdiaconorum et canonicorum traderentur episcopis, et concubinæ cum rebus suis velut adulteræ.

His diebus sermo habitus est de parochia episcopi Lincoliensis, quæ in nimium tendebatur, eoque processit ut, quoniam ratio Christianitatis id utile fore suadebat, regi et archiepiscopo cæterisque principibus regni visum fuerit, de ipsa parochia sumendum quo fieret alter episcopatus, cujus cathedræ principatus poneretur in abbatia de Heli. Sed Anselmus, quem ipsius negotii summa respiciebat, sciens præter consensum et Romani pontificis auctoritatem novum episcopatum[1] nusquam rite institui posse, scripsit ei sic.

Domino et patri reverendo, Paschali summo pontifici, Anselmus servus[2] ecclesiæ Cantuariensis, debitam obœdientiam cum fideli obsequio et orationibus.

Quoniam robur dispositionum quæ utiliter fiunt in ecclesia Dei de vestræ pendet auctoritate prudentiæ, quando fiunt ad vestram referendæ sunt notitiam et judicium, ut, cum apostolico assensu fuerint confirmatæ, nulla præsumptione a posteris quæ salubriter statutæ sunt queant violari, sed rata permaneant in perpetuum. In Anglia est quidam episcopatus, scilicet Lincoliensis, cujus diocesis tam ampla est, ut ad ea quæ nonnisi ab episcopali persona fieri queant unus episcopus plene sufficere non possit. Quod cum consideraret rex, et episcopi

---

[1] *novum episcopatum*] In smaller character in A.

[2] *servus*] Not in A.

et principes et alii rationabiles et religiosi viri regni Anglorum, ad utilitatem ecclesiæ visum consilium est [1] episcopatum præfatum in duos dividere, ita ut sedes episcopalis in quadam abbatia, quæ sita est in insula vocata Heli et est intra præfatam diocesim, constituatur, monachis ibidem permanentibus, sicut sunt multi episcopatus qui monachos in matre ecclesia habent, non canonicos. Quod libenter concedit ipse episcopus Lincoliensis, Robertus nomine, quia pro iis quæ assumuntur de sua ecclesia ad instaurandum novum episcopatum in Heli tantum ecclesiæ Lincoliensi restauratur, ut ipse sufficiens et gratum sibi esse fateatur. Cui rei mihi, cum [2] propter prædictam necessitatem, tum propter multitudinem prædictorum qui in hoc consentiunt, visum est ut, salva vestra auctoritate, assensum præberem. Precatur igitur suppliciter mea parvitas, quatinus hoc quod pro utilitate ecclesiæ sic dispositum est vestra auctoritate in perpetuum roboretur, ne a posteris ulla præsumptione quod bene statutum fuerit violetur. Oramus Deum omnipotentem, ut ecclesiæ suæ vos in diuturna prosperitate custodiat.

Soluta curia, Anselmus ad villam suam, Murtelac nomine, ivit, ibique in subsequenti jejunio quarti mensis multos ad sacros ordines promovit. Inter quos Ricardum quoque in præcedenti proxima solennitate Pentecostes electum ad pontificatum ecclesiæ Lundoniensis ad presbyteratum ordinavit.

Deinde ad festivitatem gloriosissimorum apostolorum Petri et Pauli Cantuariam veniens, die ipsius festivitatis in capitulo, præsentibus ecclesiæ fratribus et multis aliis tam monachis quam clericis necnon et laicis, dedit Radulfo abbati Sagii, viro equidem bono et religioso et ipsi ecclesiæ valde familiari, episcopatum Rofensem, accepto prius ab ipso coram omnibus hominio ac fidelitate. Quam fidelitatem se illi et cunctis legitimis successoribus ejus, ecclesiæque [3] Cantuariensi perpetuo servaturum promisit, et hoc super quatuor evangelia jurando confirmavit. In crastino autem misit eum Rovecestram, et cum eo Willelmum

---

[1] *ad utilitatem ... est*] On erasure in A.
[2] *cum*] tum, A.
[3] *ecclesiæque*] MS.

archidiaconum suum, ut illum ex sua parte ipso episcopatu investiret. Ejusdem quoque negotii causa misit et Antonium monachum illuc, qui subprioris officio in monasterio Cantuariensi fungebatur. Nam ex quo Arnulfus[1] ipsius ecclesiæ prior apud Burgum abbas factus fuerat[2] usque id temporis nullus in prioratum successerat.

Eodem tempore rex Normanniam ire parabat. Anselmus autem ad benedicendum illi portum maris ubi transire debebat ab eo invitatus advenit. Sed nocte, cum sequenti mane[3] brachiolum maris quo regis hospitium ab hospitio Anselmi dirimebatur regi locuturus transire deberet, adeo infirmatus est ut ad regem accedere nullo pacto valeret. Quod ubi nunciatum est regi, ei per Willelmum episcopum Wintoniensem et ejusdem nominis episcopum Execestrensem præcipiendo mandavit ne ad se ullatenus iret, sed plene indulgeret quieti. Per eosdem quoque semetipsum quo pergebat, et filium suum quem in regno relinquebat cum toto regno commendavit tuitioni ejus, ut quicquid statueret ratum esset, irritum quod prohiberet. Rogavit etiam illum propter amorem sui consecarare supra memoratum Ricardum Lundoniensi ecclesiæ electum pontificem apud Cicestram, quoniam prope erat, et episcopi quos adjutores ac ministros in officio ipso haberet præsto. Causa autem propter quam hoc ita festinato fieri volebat illa dicebatur esse, quia eundem Ricardum, in sæcularibus multum valentem, longe versus occidentales Angliæ fines ad sua negotia exercenda transmittere sub celeritate disponebat. At Anselmus, consideratis quibusdam rationabilibus causis, renuit, nec episcopum sacrare in Cicestra sicut petebatur adquievit. Veruntamen ne nihil pro rege, qui cuncta quæ tunc petebatur pro Anselmo faciebat, facere videretur, eundem

---

[1] *Arnulfus*] Ærnulfus, A.
[2] *factus fuerat*] fuerat factus, A.
[3] *mane*] Correction supplied from A. The MS. has *mare*.

A.D. 1108. episcopum pro amore illius in capella sua apud Pagaham consecravit vii. Kal. Augusti, ministrantibus ei in hoc officio Willelmo episcopo Wintoniensi, Rogerio Serberiensi, Radulfo Cicestrensi et Willelmo Execestrensi, accepta prius ab eo pro more de obœdientia et subjectione sua professione.

Consecration of Ralph Bishop of Rochester. [August 9th, 1108.]

Post hæc venit Anselmus Cantuariam, et ibi cum magno honore sacravit præfatum Radulfum Rofensi ecclesiæ electum episcopum quinto Idus Augusti, ministrantibus sibi in hoc Willelmo episcopo Wintoniensi, Radulfo Cicestrensi et Ricardo Lundoniensi. Qui Ricardus, antecessorum suorum morem secutus, honesto munere honoravit ipso die matrem suam ecclesiam Cantuariensem, juxta quod statutum fuerat a rege quando impetravit ab Anselmo ut eum sacraret apud Paggaham,[1] sicut diximus.

Thurgod elected Bishop of St. Andrew's.

Inter hæc electus est ab Alexandro rege Scottiæ,[2] et clero et populo, monachus quidam Dunelmensis, nomine Thurgodus, ad episcopatum Sancti Andreæ de Scottia.[3] Cujus consecratio dum ultra quam expediret demoraretur, cum[4] propterea quia Thomas Eboracensi ecclesiæ antistes electus necdum fuerat consecratus, tum propter quædam alia quæ longum est enarrare, Rannulfus Dunelmensis episcopus proposuit eundem electum in præsentia ipsius Thomæ apud Eboracum consecrare, associatis sibi episcopis Scottiæ[5] et Orcadarum insularum.

Anselm forbids the Bishop of Durham to consecrate him.

Verum quia id præter consensum et auctoritatem Cantuariensis episcopi rite fieri non posse sciebat, mandavit ei de negotio per militem quendam, et ut ejus consilio et concessione sacraretur deprecatus est. Ad quæ scripsit ei epistolam hanc.

Anselmus archiepiscopus Cantuariæ, Rannulfo episcopo Dunelmensi, salutem.

Mandastis mihi per quendam militem, Scollandum nomine,

---

[1] *Paggaham*] Pagaham, A.
[2] *Scottia*] Scotiæ, A.
[3] *Scottia*] Scotia, A.
[4] *cum*] tum, A.
[5] *Scottiæ*] Scotiæ, A.

quia volebatis ut electus episcopus ecclesiæ Sancti Andreæ de Scottia[1] sacraretur antequam electus archiepiscopus Eboracæ sacraretur, et hoc volebatis fieri meo consilio et mea concessione. Sed hoc nec debet nec potest canonice fieri ab eodem electo archiepiscopo, nec ab alio per illum, priusquam ipse fiat archiepiscopus canonica consecratione. Quapropter nec consulo nec concedo, immo interdico ne fiat ante consecrationem ejusdem electi archiepiscopi, nisi a me, si forte hoc necessitas exegerit. Valete.[2]

A.D. 1108.

Post hæc Anselmus, considerans Thomam episcopalem suam benedictionem non ita expetere sicut debebat, scriptam hanc epistolam ei direxit.

Conduct of Thomas, Archbishop elect of York.

Anselmus archiepiscopus Cantuariensis, amico suo Thomæ, electo archiepiscopo ecclesiæ Eboracensi, salutem.

Canonica auctoritas præcipit ut ecclesia episcopatus ultra tres menses non maneat sine pastore. Quoniam autem regi placuit, consilio baronum suorum et nostra concessione, ut vestra persona eligeretur ad archiepiscopatum Eboracæ, non debet per vos terminus salubriter constitutus diutius differri. Unde miror quia post electionem vestram non requisistis ut consecraremini ad quod electus estis. Mando itaque vobis ut octavo Idus Septembris sitis apud matrem vestram ecclesiam Cantuariensem, ad faciendum quod facere debetis et ad suscipiendam consecrationem vestram. Quod si non feceritis, ad me pertinet ut ego curam habeam et faciam quæ pertinent ad episcopale officium in Eboracensi archiepiscopatu.[3] Præterea audivi quia vos priusquam consecremini facere vultis ut electus episcopus Sancti Andreæ de Scottia[4] apud Eboracam consecretur. Quod nec vos facere debetis, nec ego concedo, sed omnino interdico ne fiat, aut de illo aut de aliqua persona quæ in regimen animarum debet provehi ab archiepiscopo Eboracensi, quia non pertinet ad vos dare vel concedere alicui curam[5] animarum quam nondum accepistis. Valete.

MS. p. 238.

Ad illam scripta est epistola hæc.

Dilectissimo patri et venerabili domino Anselmo, sanctæ Cantuariensis ecclesiæ archiepiscopo, Thomas Eboracæ metropoli electus, licet indignus, salutem et amicæ fidelitatis obsequium.

---

[1] *Scottia*] Scotia, A.
[2] *Valete*] Vale, A.
[3] *archiepiscopatu*] On erasure in A.
[4] *Scottia*] Scotia, A.
[5] *curam*] regimen aut curam, A.

A.D. 1108. Gratias ago vobis, reverende pater, quod me semper dilexistis et adjuvistis, et de proventu meo exultavit et lætatum est cor vestrum in Domino. Dominus Deus retribuat vobis pro me. Quod ad consecrationem meam venire distuli, causa fuit non una nec parva quæ me detinuit. Pecuniam quam pro facultate mea magnam causa veniendi ad vos contraxeram ultra spem meam et nimium diu moratus totam dispendi Wintoniæ, a qua citius discedens ad vos venire disposueram. Placuit autem domino nostro regi, ut, quoniam ille legatos Romam pro causa sua mittebat, ego cum eis meum mitterem ad requirendum ecclesiæ nostræ pallium. Festinanter igitur consilio regis ad propria reversus, ad hoc opus quæsivi et adhuc quæro pecuniam, sed parum nisi graviter mutuatam invenio, quoniam domnus Girardus archiepiscopus ecclesias nostras et homines et ipsum dominium nostrum multum pauperavit. Et certe rex promisit mihi quod vobis colloqueretur et dilationem meam apud vos excusaret. Termino a vobis constituto, Deo auxiliante, ero apud sanctam Cantuariensem ecclesiam, si opportune potero, suscepturus et facturus quæ debeo. Quod si non potero, cum mihi paternitas vestra mandavit ut quindecim diebus ante vobis renunciarem, precor benignitatis vestræ sanctitatem ut decem diebus ante vobis renunciare possim mihi concedatis. Litteras vero paternitatis vestræ requiro in testimonium personæ et electionis nostræ, quales debetis et scitis oportere. Hoc modo vestra sanctitas meæ parvitati debet, hoc vestra ecclesia nostræ denegare non debet. De electo episcopo Sancti Andreæ de Scottia [1] quod audistis, rumores sunt quibus credere non oportet. Facile est ergo [2] interdici quod ut fieret non a me excogitatum est. Vivere vos sanum lætumque diuque Deoque, nostra Deo nostro supplicat ecclesia. Sanctæ Cantuariensis ecclesiæ congregationem sanctam [3] saluto, et oro ut pro me oret. Valete.

Rescriptum Anselmi ad eundem Thomam.

Anselmus archiepiscopus Cantuariensis, amico suo Thomæ, electo archiepiscopo Eboracensi, salutem.

Mandistis mihi in litteris vestris quod termino a me vobis constituto, Deo auxiliante, Cantuariæ eritis si opportune poteritis, suscepturus et facturus quod debetis. Rogastis quoque ut, si id efficere non valetis, concederem quatinus id mihi

---

[1] *Scottia*] Scotia, A.
[2] *est ergo*] ergo est, A.
[3] *sanctam*] Not in A.

decem diebus ante renunciare possetis. Sed Willelmus clericus nuncius vester precatus est me ex vestra parte, quatinus ego ipsum terminum adventus vestri aliquantum extenderem, ut ad nos opportunius possetis venire. Quod et ego causa vestri amoris et opportunitatis libenter facio. Ne itaque opus sit vos mihi quicquam ante de vestro adventu renunciare, summoneo vos ut die Dominico qui erit quinto Kal. Octobris Cantuariæ sitis, ad faciendum quod facere debetis et ad suscipiendam consecrationem vestram. Præterea, quod dicitis in litteris vestris vos pecuniam quærere ut Romam mittatis pro pallio ecclesiæ vestræ, non concedo. Et puto quia id frustra faceretis, quoniam nullus debet habere pallium antequam sit consecratus. Litteras quas requiritis in testimonium personæ et electionis vestræ, cum mihi locutus fueritis et ostenderitis cui eas dirigere debeo, libenter faciam pro vobis sicut pro amico quod facere debebo. Valete.

Ratus ergo Anselmus non esse ab re præmunire dominum papam de negotio pallii quod sibi Thomas se mandaverat requisiturum, scripsit ei epistolam hanc.

Domino et patri vere diligendo et reverendo, Paschali summo pontifici, Anselmus servus ecclesiæ Cantuariensis, debitam obœdientiam cum fidelibus orationibus.

Quoniam fortitudo et directio ecclesiarum Dei maxime post Deum pendet ex auctoritate paternitatis vestræ, quando ratio exigit ad ejus libenter recurrimus auxilium et consilium. Archiepiscopus Eboracensis, Girardus nomine, migravit de hac vita, et alius, Thomas nomine, loco ejus electus est. De quo rumor est quia [2] quæritur ei pallium antequam sit consecratus et mihi faciat professionem secundum antiquam consuetudinem antecessorum meorum et suorum. Hæc est igitur summa precum mearum in hac re, ut antequam consecretur et mihi debitam obœdientiam, sicut dixi, profiteatur, et hoc factum esse litteris nostris cognoscatis, a vestra excellentia pallium non suscipiat. Quod non dico iccirco quod illi pallium invideam, sed quoniam quidam autumant, et etiam procurant, ut si hoc a vobis concessum fuerit, confidat se professionem debitam mihi posse denegare. Si enim hoc contingeret, scitote quia ecclesia Angliæ scinderetur et, secundum sententiam Domini

---

[1] *post Deum pendet . . . vestræ*] pendet . . . vestræ post Deum, A.

[2] *quia*] quod, A.

dicentis, "Omne regnum in seipsum divisum desolabitur," desolaretur, et vigor apostolicæ disciplinæ in ea non parum debilitaretur. Ego quoque nullatenus remanerem in Anglia. Non enim deberem aut possem pati ut, me in ea vivente, primatus ecclesiæ nostræ destrueretur. Hoc ipsum et eodem affectu suggero reverentiæ vestræ de Lundonia, si ejus episcopo pallium petitur quod nunquam habuit, ut scilicet ad hoc nullatenus assensum præbeat. Quidam namque concinnant sub hac specie boni primatus Cantuariæ dignitatem quemadmodum non oportet humiliare. Misi sanctitati vestræ in hoc anno post Pentecosten litteras per Bernardum servientem domni Petri camerarii vestri, quod rex Angliæ conqueritur, quia sustinetis regem Teutonicum dare investituras ecclesiarum sine excommunicatione, et ideo minatur sine dubio se resumpturum suas investituras, quoniam ille suas tenet in pace. Videat igitur prudentia vestra sine dilatione quid inde agere debeatis, ne quod tam bene ædificastis irrecuperabiliter destruatur. Rex enim noster diligenter inquirit quod de rege illo[1] facitis. Oramus Deum[2] ut nos lætificet de diuturna vestra prosperitate.[3]

The Pope's reply.

Rescriptum domini papæ.[4]

Paschalis episcopus, servus servorum Dei, dilecto fratri Anselmo Cantuariensi archiepiscopo, salutem et apostolicam benedictionem.

Litteras dilectionis tuæ[5] recepimus, per quas affabilitatis tuæ dulcedinem recognovimus. Bene autem et sapienter egistis, quod nos de causa et honore Cantuariensis ecclesiæ præmonitos et cautos reddidisti. Nos siquidem in te ipsius Beati Augustini Anglorum apostoli personam venerabilem intuemur, et ideo honori tuo vel ecclesiæ tuæ aliquid detrahere omnino refugimus. Unde quæ rogasti libenter suscepimus, et ad servandum tuum et ecclesiæ tuæ honorem custodiam et sollicitudinem adhibemus. Porro quod in eisdem litteris significasti scandalizari quosdam, quod regem Teutonicum dare investituras ecclesiarum toleramus, nec tolerasse nos aliquando nec toleraturos scias. Expectavimus quidem ut ferocia gentis illius edomaretur; rex vero si in paternæ nequitiæ tramite perseveraverit,

---

[1] *rege illo*] illo rege, A.
[2] *Deum*] Dominum Deum, A.
[3] *vestra prosperitate*] prosperitate vestra, A.
[4] *papæ*] papæ ad Anselmum, A.
[5] *dilectionis tuæ*] tuæ dilectionis, A.

Beati Petri gladium quem jam educere cœpimus procul dubio experietur. Datæ Beneventi quarto Idus Octobris.

Supra memoratus Thomas inter ista, mutato priori consilio, Cantuariam statuto sibi termino prohibitus a canonicis suis, sicut per litteras Anselmo mandavit, venire non potuit, et ob hoc quid sibi inde foret agendum consilium ab eo petivit. Ipsi quippe canonici, scientes Anselmum ætate simul et debilitate corporis [1] fatigari, rati sunt eum citius huic vitæ subtrahendum, et ideo, mota calumnia ecclesiam Eboracensem parem esse Cantuariensi, Anselmo scripserunt. In quo tamen electum antistitem ecclesiæ suæ Cantuariam pro benedictione sua ire debere [2] cognoverunt, sed professionem de subjectione sua pontifici Cantuariensi eum facere debere [3] negaverunt, ac ne faceret quantum in eis fuit ex parte Dei et Romanæ ecclesiæ prohibuerunt. Quod quali fama ipsos canonicos apud multorum mentes notaverit, et me tacente, conjicere possunt qui quid juris ex antiquo ecclesia Cantuariensis super Eboracensem semper habere consueverit sciunt. Anselmus autem, postponens clericorum litteris respondere, ad litteras Thomæ scripsit hæc.

Anselmus archiepiscopus Cantuariensis, amico suo Thomæ, electo archiepiscopo Eboracensi, salutem.

Mandavi vobis caritative plus quam semel, quatinus ad matrem vestram ecclesiam Cantuariensem veniretis, ad suscipiendum [4] benedictionem vestram et ad faciendum quod debetis, et non venistis. Quapropter eadem dilectione vobis adhuc mando, quatinus apud ipsam matrem vestram sexto Idus Novembris sitis ut faciatis quod debetis et suscipiatis benedictionem vestram. Præterea, quia consilium petitis, consulo vobis ut non incipiatis aliquid [5] quod non debetis contra ecclesiam Cantuariensem. Nam pro certo sciatis quia omnibus modis

---

[1] *corporis*] Not in A.
[2] *pro benedictione sua ire debere*] ire debere pro benedictione sua, A.
[3] *sua . . . debere*] Cramped and in margin in A.
[4] *suscipiendum*] suscipiendam, A.
[5] *aliquid*] aliquod, A.

A.D. 1108. quibus possum ad hoc me impendam, ut de sua dignitate ecclesia ipsa meo tempore nihil perdat. Valete.

Non venit; sed, directa epistola, hæc inter alia scripsit.

Causam qua differtur sacratio mea, quam nemo studiosius quam ego vellet accelerare, qui protulerunt non desistunt corroborare. Quam ob rem quam periculosum, quam turpe sit, contra consensum ecclesiæ cui præfici debeo regimen ipsius invadere, vestra discretio noverit. Sed et quam formidabile, quam sit evitandum, sub specie benedictionis maledictionem induere.

Anselm consults his bishops and sends two of them to Thomas.

Ex his Anselmus advertens Thomam clericorum suorum magis quam suo, quod petiverat, consilio inhærere, fecit episcopos venire ad se, et cum eis de negotio tractans, quid præcipue foret agendum disquisivit. Probant illi duos adhuc episcopos ad eum dirigi, qui illum ex parte Anselmi et omnium episcoporum Angliæ moneant cœptæ rebellioni renunciare; et, si quidem id facere nolit, suadeant ei Cantuariam pro benedictione sua, secundum quod se facere debere cognoverat, venire, ibique, si possit, probet se a subjectione quam Anselmus exigebat debere liberum esse; et hoc si queat efficere sacratus redeat in sua cum pace. Placuerunt ista patri, et hæc agere missi sunt episcopi duo, Lundoniensis videlicet qui decanus ecclesiæ Cantuariensis, et Rofensis qui ejusdem ecclesiæ proprius atque domesticus vicarius esse dinoscitur. Hi ergo iter aggressi mandaverunt Thomæ, et occurrit eis apud Suthewellam villam suam. Exponunt ei pro quibus venerint. At ipse nuncium suum quem Normanniam ad regem miserat, et plures de suis quos ad se longe inde pro re venire mandaverat, se expectare respondit. " Qui cum venerint," inquit, "audito eorum consilio, " faciam quod potissimum mihi faciendum laudaverint." Reversi in istis episcopi sunt.

Thomas sends him a letter from the King.

Post hæc brevi temporis spatio interposito, nuncius ex parte Thomæ ad Anselmum directus litteras quas ecce subscribimus, sigillo regis inclusas, ei porrexit.

Henricus Dei gratia rex Anglorum, Anselmo Cantuariensi archiepiscopo, caro patri suo, salutem et amicitiam.

Mando vobis ut respectetis aequo animo et bona voluntate benedictionem Thomae Eboracensi archiepiscopo usque ad Pascha, et quicquid inter vos inde actum est. Ego enim si infra terminum praedictum [1] in Angliam rediero, consilio episcoporum et baronum meorum vos juste et honorifice inde concordabo. Quod si tam cito non rediero, taliter inde agam quod fraterna pax et bona concordia inter vos erit.

Ad haec nuncio petenti quid Anselmus vellet dare responsi, dixit se regi qui sibi litteras misit non Thomae responsurum. Delegata igitur legatione hujus rei Odoni decano ecclesiae Cicestrensis, et Alboldo monacho coenobii Sanctae Mariae Beccensis, destinavit eos in Normanniam ad regem, narrare illi totum quod praesentis discidii tenore inter se et Eboracenses actum extiterat. Rogarent etiam illum quatinus suae auctoritatis ingenuitate et provisione satageret ne integritas Christianitatis in duo divisa scinderetur in Anglia, certus existens quod scissionem, juxta Domini dictum, desolatio sequeretur. De induciis autem quas Thomae Eboracensi archiepiscopo dari mandaverat, pro certo sciret quia prius pateretur totus membratim dissecari quam de negotio in quo illum contra antiquas sanctorum patrum sanctiones se injuste et adversus Deum erexisse sciebat illas vel ad horam [2] aliquando daret. Reversi nuncii referunt regem aequo animo ac benigno verba Anselmi suscepisse, pollicitumque se per auxilium et misericordiam Dei re ipsa ostensurum, quod integritatem Christianitatis diligeret in Anglia, non scissuram.

Inter haec languor qui corpus patris Anselmi graviter affligebat gravior sibi ipsi de die in diem fiebat. Notae tamen rebellionis non immemor, scripsit Thomae epistolam istam.[3]

---

[1] *terminum praedictum*] praedictum terminum, A.

[2] *illas vel ad horam*] vel ad horam illas, A.

[3] *istam*] hanc, A.

A.D. 1109.

Anselm writes a prohibitory letter to Thomas.

Anselmus minister ecclesiæ Cantuariensis, Thomæ electo archiepiscopo Eboracensi.

Tibi, Thoma, in conspectu omnipotentis Dei ego Anselmus archiepiscopus Cantuariensis et totius Britanniæ primas loquor, loquens ex parte ipsius Dei sacerdotale officium quod meo jussu in parochia mea per suffraganeum meum [1] suscepisti tibi interdico, atque præcipio ne te de aliqua cura pastorali ullo modo præsumas intromittere, donec a rebellione quam contra ecclesiam Cantuariensem incepisti discedas, et ei subjectionem quam antecessores tui, Thomas videlicet et Girardus archiepiscopus, ex antiqua antecessorum consuetudine professi sunt profitearis. Quod si in iis quæ cœpisti magis perseverare quam ab eis desistere delegeris, omnibus episcopis totius Britanniæ sub perpetuo anathemate interdico ne tibi ullus eorum manus ad promotionem pontificatus imponat, vel, si ab externis promotus fueris, pro episcopo vel in aliqua Christiana communione te suscipiat. Tibi quoque, Thoma, sub eodem anathemate ex parte Dei interdico, ut nunquam benedictionem episcopatus Eboracensis suscipias, nisi prius professionem quam antecessores tui Thomas et Gerardus ecclesiæ Cantuariensi fecerunt facias. Si autem episcopatum Eboracensem ex toto dimiseris, concedo ut officio sacerdotali quod jam suscepisti utaris.

He sends a copy of it to each of the bishops.

Hanc epistolam omnibus episcopis Angliæ singulam singulis cum suo sigillo direxit, unicuique mandans atque præcipiens, per sanctam obœdientiam quam ecclesiæ Cantuariensi debebant, ut secundum quod in illa scriptum erat se erga ipsum Thomam deinceps tenerent.

The death Archbishop Anselm, [April 21st, 1109.]

Past hæc xi. Kal. Maii defunctus est Cantuariæ in metropoli sede gloriosus pater Anselmus, et die sequenti, quæ fuit Cœna Domini, in majori ecclesia ad caput venerandæ memoriæ Lanfranci prædecessoris sui, honorifice sepultus, anno Incarnati Verbi millesimo centesimo nono, regni vero Henrici gloriosi regis Anglorum nono, pontificatus autem ipsius Anselmi sexto decimo, ætatis vero septuagesimo sexto.

---

[1] *suffraganeum meum*] On erasure, and cramped, in A., probably for admissione of *meum*.

Itaque, post hæc paucis diebus evolutis, venit Angliam missus a venerando Paschale summo pontifice[1] clericus quidam, Ulricus nomine, cardinalis sanctæ Romanæ ecclesiæ. Hic pallium ecclesiæ Eboracensi[2] secum ferens ubi didicit Anselmum vitam finisse, nam obitum ejus, quia tunc nuper acciderat, non longe extra Angliam famæ certitudo pertulerat, consternatus animo quid potissimum sibi foret agendum dubitabat. Pallium etenim ipsum Anselmo primitus deferendum a Romano pontifice sumpserat, et ut demum juxta consilium ac dispositionem ipsius inde ageret ab eodem præceptum acceperat.

In subsequenti festivitate Pentecostes, rex Henricus curiam suam Lundoniæ in magna mundi gloria et diviti apparatu celebravit. Qui, transactis festivioribus coronæ suæ[3] diebus, cœpit agere cum episcopis et regni principibus quid esset agendum de consecratione electi ecclesiæ Eboracensi. Ad quod recitata est coram eo epistola, quam proxime supra scripsimus, ipsi electo ab Anselmo destinatam, interdicendo videlicet illi benedictionem, si primo non faceret ecclesiæ Cantuariensi professionem. Quam Robertus comes de Mellento sibi expositam ubi intellexit, sciscitatus est quisnam episcoporum eandem epistolam suscipere ausus fuerit præter assensum et imperium domini regis. In qua interrogatione episcopi advertentes comitem velle calumniam movere qua eos regiæ majestati obnoxios faceret, remoti a multitudine habito consilio statuerunt inter[4] se suis omnibus, si regia sententia hoc forte comitis instinctu dictaret, se malle despoliari, quam iis quæ Anselmus de præsenti querela præceperat non obtemperare. Erant autem hi. Ricar-

---

[1] *Paschale summo pontifice*] summo pontifice Paschale, A.
[2] *ecclesiæ Eboracensi*] Eboracensi ecclesiæ, A.
[3] *festivioribus coronæ suæ*] coronæ suæ festivioribus, A.
[4] *inter*] apud, A.

A.D. 1109.
The bishops are unanimous and resolute.

dus Lundoniensis, Willelmus Wintoniensis, Robertus Lincoliensis, Herbertus Norwicensis, Rogerius Serberiensis, Radulfus Rofensis, Reinelmus Herefordensis, Robertus Cestrensis, Johannes Bathoniensis, Radulfus Cicestrensis, Willelmus Exoniensis. Istis ergo firmato consilio, ut diximus, inter se visum est Sansonem Wigornensem episcopum accersiendum, et quam de negotio sententiam etiam ipse ferret[1] perquirendum. Factum est, et respondit, "Licet hunc qui in pontificatum Eboracensem electus est olim ex conjuge filium susceperim, eique juxta sæculum et carnis naturam honoris ac dignitatis provectu jus æquissime debeam, multo maxime tamen id matri meæ ecclesiæ Cantuariensi debeo quæ me in eum in quo sum honorem provexit, et gratiæ quam a Domino Christo[2] meruit me per pontificale ministerium participem fecit. Quapropter notum omnibus esse volo, me et litteris patris nostri Anselmi de causa quæ nunc inter nos agitur factis modis omnibus obœditurum, nec unquam assensum præbiturum ut is qui electus est in episcopatum Eboracensem aliquatenus consecretur, donec de subjectione sua ecclesiæ Cantuariensi debitam et canonicam obœdientiam profiteatur. Ipse enim præsens fui quando frater meus, Thomas archiepiscopus Eboracensis, cum[3] antiquis consuetudinibus tum invincibilibus allegationibus actus, eandem professionem Lanfranco archiepiscopo Cantuariensi et cunctis ejus successoribus fecit." His dictis, illico simul omnes episcopi ad regem reversi sunt, constanter et litteras super quibus comes sciscitatus fuerat se suscepisse et contra eas nulla ratione quicquam acturos asserentes. Ad quæ cum idem comes caput agitaret, autumans jam in illos quasi de contemptu regis crimen injiciendum;

MS. p. 250.

---

[1] *etiam ipse ferret*] ferret etiam ipse, A.

[2] *Domino Christo*] Christo Domino, A.

[3] *cum*] tum, A.

dixit rex. "Quicquid in his[1] aliorum sententia ferat, "de me constat quia cum episcopis sentio, nec vel "ad horam excommunicationi patris[2] Anselmi subja- "cere aliquatenus volo." Quibus auditis gavisi sunt omnes. Et agentes Domino grates pariter conclamaverunt Anselmum adesse, et quam non poterat in corpore degens, jam mundo absentem, causam ecclesiæ suæ determinasse. Deinde in laudibus eximii principis demoratum est, ac ut ipse dignitatem primatus ecclesiæ Cantuariensis humiliari a nullo permitteret postulatus. "Siquidem in hoc," dicunt, "consuetu- "dines antiquæ et earum confirmationes astipulatione "totius regni sub magno rege Willelmo factæ, necne "privilegia quæ his priora existunt ab apostolica "sede ipsi ecclesiæ collata, corrumperentur, scinde- "rentur, annihilarentur." Adquievit istis rex, et jussit ipsarum quoque scripta auctoritatum quæ ecclesia Cantuariensis habebat sub celeritate afferri, allata recitari. Quod ubi factum est, intulit, "Quid amplius "quæritur? Auctoritates et privilegia apostolicæ "sedis, et quæ in præsentia patris et matris meæ "testimonio[3] et confirmatione episcoporum, abbatum "et procerum regni definita sunt, ut quasi de epi- "stola Anselmi penitus taceatur, ego in quæstionem "mitterem, ego novis ambagibus agitari permitterem? "Immo sciat Thomas se aut subjectionem et obœdi- "entiam ecclesiæ Cantuariensi ejusque primatibus, ut "antecessores sui professi sunt, professurum; aut "archiepiscopatui Eboracensi ex toto cessurum. Eli- "gat ergo quod vult." Consideratis itaque Thomas auctoritatibus quibus ecclesiam Dorobernensem niti et circumvallari videbat, spretis clericis quorum se consilio credidisse sero dolebat, se contra ipsas auctori-

---

[1] *his*] iis, A.
[2] *patris*] Not in A.
[3] *testimonio*] sub testimonio, in A., and crowded for admission of *sub.*

A.D. 1109.

tates nolle stare, sed morem antecessorum suorum sequendo et ipsis adquiescere, et ecclesiam ipsam deinceps semper diligere velle dixit et honorare. Præcepit igitur rex ut professio quam Thomas erat facturus in sua præsentia dictaretur, scriberetur, sigilloque suo, nequid in ea quovis molimine antequam eam profitendo Thomas legeret mutaretur, servaretur inclusa. Quod et factum est.

His profession of obedience is drawn up, and secured by the King's seal.

Consecration of the Archbishop of York [June 27th, 1109].

Dominica ergo die quæ fuit v. Kal. Julii convenerunt, jubente rege, Ricardus Lundoniensis, Willelmus Wintoniensis, Radulfus Rofensis, Herbertus Norwicensis, Radulfus Cicestrensis, Rannulfus Dunelmensis, et Herveus Pangornensis, episcopi, in ecclesiam Beati Pauli Lundoniæ pro consecratione Thomæ. Inter solitam ergo examinationem, suo loco professionem de subjectione et obœdientia sanctæ ecclesiæ Dorobernensi exhibenda Ricardus episcopus Lundoniensis, qui Thomam erat sacraturus, ab illo exegit. Professio igitur sicut erat sigillata sibi coram omnibus oblata est, fractoque sigillo evoluta et lecta ab eo est, ita, " Ego Thomas, Eboracensis ecclesiæ consecrandus me- " tropolitanus, profiteor subjectionem et canonicam obœ- " dientiam sanctæ Dorobernensi ecclesiæ et ejusdem " ecclesiæ primati canonice electo et consecrato, et MS. p. 253. " successoribus suis canonice inthronizatis, salva fideli- " tate domini mei Henrici regis Anglorum,[1] et salva " obœdientia ex parte mea tenenda quam Thomas " antecessor meus sanctæ Romanæ ecclesiæ ex parte " sua professus est." Intererat huic officio prior ecclesiæ Dorobernensis, Conradus nomine, et ex monachis ejusdem loci quamplures, qui pro hoc ipso, quoniam res eos quam maxime[2] respiciebat, illo convenerant. Lectam itaque professionem cum a Thoma sibi oblatam Ricardus[3] antistes Lundoniensis accepisset, eam

---

[1] *Henrici regis Anglorum*] Anglorum regis Henrici, A.

[2] *quam maxime*] maxime, A.

[3] *Ricardus*] RICARDUS, A.

nominato priori et fratribus tradidit, dicens, "Hanc, "fratres et domini mei, in testimonium auctoritatis "ecclesiæ vestræ[1] suscipite, et ipsam vobis factam in "memoriam posteritatis servate." Deinde a Radulfo Cicestrensi episcopo dictum in populo est ipsam consecrationem ex recto et antiqua consuetudine debere fieri Cantuariæ. Et adjecit, "Verum quia civitas ipsa,[2] "defuncto patre nostro Anselmo, nunc quidem pon- "tifice caret, visum regi sacratisque ordinibus regni "est atque principibus, eam hic et[3] ab hujus sedis "episcopo præ aliis potissimum celebrandam, eo in- "tuitu, ea ratione, quod episcopus Lundoniensis inter "alios episcopos est decanus ecclesiæ Cantuariensis, et "ideo speciali quadam dignitate cæteris anteponen- "dus." Ita ergo in episcopatum Eboracensem Thomas consecratus est, suscipiens a ministro quod suscipere detrectavit a magistro. Dum itaque vitæ præsenti superfuit pœnitudo hujus facti ab animo ejus non recessit, se infelicem nec tanti patris benedictione dignum fuisse pronuncians.

Quibus peractis, præfatus ecclesiæ Romanæ cardinalis, audito rege curiæque regis consilio pallium quod detulerat Eboracam detulit, ipsoque pontificem ejus investivit, sicque Romam redeundi iter repetiit.

Inter hæc Herveus episcopus Pangornensis, cujus supra meminimus, ab ecclesia sua quam olim dimiserat penitus translatus est, et novo episcopatu quem rex et principes dudum in Heli statuendum juxta mentionem inde superius factam decreverant, inthronizatus. Quod quidem ut adipisci mereretur, multa prece, multis multarum rerum promissionibus, multorum quoque officiorum exhibitionibus, vix post obitum strenuissimi patris Anselmi obtinere potis fuit.

---

[1] *ecclesiæ vestræ*] vestræ ecclesiæ, A.
[2] *civitas ipsa*] ipsa civitas, A.
[3] *et*] atque, A.

212 HISTORIA NOVORUM IN ANGLIA.

A.D. 1109.
The comet of December 1109.

Ipso anno apparuit stella quam cometam plurimi nominabant.[1] Visa est autem in mense Decembri circa lacteum circulum, crinem in australem cœli dirigens plagam.

The Christmas court of 1109.

In subsequenti Nativitate Domini Christi regnum Angliæ ad curiam regis Lundoniæ pro more convenit, et magna solennitas habita est atque sublimis. Ipsa die archiepiscopus Eboracensis se loco primatis Cantuariensis regem coronaturum, et missam sperans celebraturum, ad id omnino paratum semet exhibuit. Cui

The King is crowned by the Bishop of London.

episcopus Lundoniensis non adquiescens coronam capiti regis imposuit, eumque per dextram induxit ecclesiæ, et officium diei percelebravit. At cum ad mensam regis ventum esset et de loco sessionis inter eosdem episcopos dissentio mota fuisset, noluit eos rex audire, sed utrumque a prandio suo remotum pransuros hospitia sua præcepit adire. Et quidem quod episcopus Lundoniensis ita fecit, ut alia taceam, ea ratione usus est quod et decanus est ecclesiæ Cantuariensis, et item, juxta institutionem beati Gregorii Anglorum apostoli, tunc prior alterius extitit quia prius eo fuerat ordinatus. Cujus nimirum prioratus gratia se sub tanta festinatione, ut supra diximus, licet aliud in populo prædicaretur, in pontificatum ordinari gnarus expetiit, quemadmodum nobis testati sunt qui animi ejus absque dubio secreta noverunt et ipsemet a me percunctatus familiari affatu asseveravit. Sed de sessione prandii regalis tunc inter episcopos res ita remansit, determinanda judicio futuri pontificis Cantuariorum.

MS. p. 255.

Enforcement of the law of clerical continence.

Per id temporis acta est causa presbyterorum Angliæ,[2] et districtius quam tempore patris Anselmi a consortio mulierum coerciti sunt. Quamplurimi namque illorum ex obitu ipsius[3] patris non modicum ex-

---

[1] *nominabant*] On erasure in A.; perhaps for *nominant*.

[2] *Angliæ*] Changed from *in Anglia*, A.

[3] *ipsius*] Not in A.

hilarati promiserant sibi, eo de medio sublato, licitum fore quod ipso superstite sibi illicitum fuisse condoluere. Sed in contrarium res lapsa est. Rex enim, qui plus Deo a multis timebatur, sua lege eos constrinxit quatinus, vellent nollent, concilii Lundoniensis, quod supra notavimus, saltem in oculis hominum fierent executores. At si ipsi presbyteri deterius agere quasi in damnationem et contumeliam Anselmi pro hoc elaboraverint, ipsi viderint, onus suum quisque portabit. Scio quippe quoniam, si fornicatores et adulteros judicabit Deus,[1] consanguinearum, ne dicam sororum vel filiarum, stupratores non effugient judicium ejus. Nec quod eos Anselmus ab illicitis amplexibus prohibuit, ulla suarum iniquitatum excusatio erit, sed nimirum unusquisque recipiet prout gessit. Quod si aliquis dixerit Anselmum melius fecisse si tacendo toleraret quod prohibitum in pejus pullulaturum fortasse procederet, dicere poterit divitem illum evangelicum qui ad coenam quam praeparavit multos vocavit servum suum non debuisse ad convocandum invitatos destinare, eo quod contigit omnes simul[2] ne venirent[3] se[4] excusare. Et hanc ipsam evangelii lectionem tam in consecratione ipsius Anselmi super eum repertam, quam et in pallii ejus susceptione in populo lectam, ea forsitan praesignasse non alienum a veritate est credere, quoniam pene omnibus quae praedicando docuit, vel docendo prohibuit, excusatio objecta est, et in nullo verbis ejus efficaciter obtemperatum. Legat qui vult textum concilii Lundoniensis, et, inspectis statutis ejus atque praeceptis, perpendat quis eis obœdiat, quis eorum executor existat, quis non ea quasi inania ducat. Ecce, ut plurima taceantur, abbates quidam qui in ipso concilio pro simonia depositi fue-

---

[1] *Deus*] Dominus, A.
[2] *omnes simul*] simul, A.
[3] *ne venirent*] In margin in A.
[4] *se*] omnes, A.

214   HISTORIA NOVORUM IN ANGLIA.

A.D. 1109. runt, aut illas quas perdiderunt, aut alias abbatias dato pretio per laicos adepti sunt. Item qui presbyteri dicuntur sive canonici, jam tepescente regis edicto, apud episcopos suos et archidiaconos infami commer- MS. p. 257. cio id effecerunt, ut aut suas quas reliquerant, aut alias quæ magis placeant spretis prioribus libere meretriculas ducant. Ad hæc, criniti quos a patre Anselmo a sanctæ ecclesiæ liminibus certissime novimus excommunicatos in tantum abundant, tantumque se de crinium suorum feminea et ignominiosa longitudine jactitando magnificant, ut qui crinitus non est rustici vel presbyteri probroso vocabulo denotetur. Cætera horum indignitate non minus indigna, ne eorum amatores, cum mea nihil intersit, gratis offendam, silentio premam. Tantum dico quia quid futura dies paritura sit[1] nescio, in præsenti scio quoniam pauci, de sæcularibus dico, inveniuntur, qui via quam illustris pater Anselmus docendo monstravit ad cœnam Domini puro ac simplici corde properare contendant. Exivit Angliam semel, exivit secundo, ad modum videlicet præcepti quod evangelico servo suo dominus fecit. In quibus exitibus quod ingentem multitudinem prædicando, admonendo, castigando cœnæ Dominicæ de alienigenis introduxerit, nos qui itineris ejus et laboris comites fuimus, omni remoto ambiguo, scimus. Avertat igitur omnipotens Deus ab illis vocatis ad quos[2] adducendos primo missus est sententiam quam idem Dominus intulit, "Dico," scilicet, "vobis, quod nemo " virorum illorum qui vocati sunt, gustabit cœnam " meam."

Reflections on the career and efforts of St. Anselm.

His ita digestis, præsens opus cui quidem ut operam darem sincera dilectio quam erga beatæ memoriæ patrem Anselmum superna pietas mihi indigno con- MS. p. 258.

---

[1] *paritura sit*] sit paritura, A.
[2] *ab illis vocatis ad quos*] On erasure and crowded, in A.

cessit habere maxima inter alias causa fuit fini addicam. Prius tamen et ab iis qui modo sunt, et ab eis qui post nos filii ecclesiæ Cantuariensis, id est Dorobernensis, Deo donante, futuri sunt, paucis petitum iri precamur, ne nobis qui ista scripsimus, quasi in nihili laboraverimus, ipsi succenseant, judicantes fortassis apud se, ea quæ gloriosum et magnificum patrem Lanfrancum suo tempore constat fecisse ad tuendam conservandamque nominatæ ecclesiæ dignitatem satis sufficere et superabundare. Et nobis utique de illis quæ ipse fecit, quantum quidem ad negotia spectat quorum gratia illa fecit, nullum aliud quam illorum judicium est, vel aliquando fuit. Unde ut tantum onus scribendi assumeremus, quasi nostro opere opera ejus aliquatenus fulcire cogitaverimus, amentia esse videtur in mentem alicui cadere, præsertim cum nostra quæ illis continuantur, non nisi per illa robur unde subsistant, salva rerum quas descripsimus veritate, sortiantur. Attamen, quod pace omnium dictum quæso accipiatur, non parum ad exterminandum scandalum quod Eboracenses super ipsam ecclesiam moverunt et confirmare nisi sunt, ut de aliis sileam,[1] ipsa epistola profuit, quam piæ recordationis Paschalis papa Girardo pontifici Eboracensi de professione quam episcopo Cantuariensi facere debebat pro Anselmo direxit. Siquidem eadem epistola Cantuariæ cum sigillo papæ remansit,[2] quoniam Girardus, ut vir in ecclesiasticis disciplinis educatus, illius auctoritatis præcepto non egens, factam in episcopatu professionem Anselmo, sicut mentio inde superius habita declaravit, interposita fide sua firmaverat. Textum autem ipsius epistolæ hic, ut omnibus qui legere vel audire ista dignantur innotescat, subscribemus, et eam in laudem nominis Dei terminum hujus operis constituemus.

---

[1] *sileam*] taceam, A.
[2] *papæ remansit*] On erasure and crowded in A.; probably for admission of *papæ*.

Paschalis episcopus, servus servorum Dei, venerabili fratri Girardo Eboracensi episcopo, salutem et apostolicam benedictionem.

Quanquam prave adversus nos, immo contra matrem tuam, sanctam Romanam ecclesiam, te non ignoremus egisse, præsentibus tamen litteris tibi mandamus, ut professionem tuam venerabili fratri nostro Anselmo Cantuariensi episcopo facere non negligas. Audivimus enim Thomam quondam prædecessorem tuum ex hac eadem re contentionem movisse, et, cum in præsentia domni Alexandri secundi papæ ventilata esset, ex præcepto ejus diffinitione habita, post varias quæstiones Lanfranco prædecessori suo et successoribus suis eandem professionem fecisse. Unde et nos quod tunc temporis diffinitum est volumus, auctore Deo, firmum illibatumque servari.

[Dec. 12th, 1102.] Datæ Beneventi, pridie Idus Decembris.

Hinc igitur et in omni opere suo laudetur ipse et benedicatur, qui idem in se manens innovat omnia, transfert regna et quem vult super illa constituit, vivens et regnans ante et ultra omnia sæcula Deus. AMEN.

EXPLICIT LIBER QUARTUS HISTORIÆ NOVORUM IN ANGLIA.

INCIPIT QUINTUS DE SEQUENTIBUS;[1] ET HOC EX ABUNDANTI.

Terminus quarti libri Historiæ, cui " Novorum in Anglia " notam indidimus, plane indicat nos ibi deliberasse totius operis metam ponere, immo modis omnibus posuisse. Translato etenim eo de hac vita cujus amor ipsius historiæ describendæ causa præcipua fuit, videlicet domino et gloriosissimo patre Anselmo Anglorum summo pontifice, ratus sum, visa mora pontificis substituendi, me si ultra procederem in scribendo aut inania forte scripturum, aut in privato conversantem non multa quæ scribenda ratio expeteret pleniter agniturum; tacita incertitudine vitæ meæ, quæ nunc quidem mihi non certior est quam tunc fuit. Verum inter hæc ex iis[2] quæ scripseram certo comperiens me multorum voluntati ac dilectioni morem gessisse, placuit seriem rerum describendo illis annectere, juxta quod Deus, omnium finis, dignabitur inspirare. Eo siquidem respectu quo illa pluribus accepta esse depræhendi sperabam et ista oneri non affutura. Prius tamen quam illa aggrediar, quibusdam qui adhuc præfato pontifici vere sancto detrahere non[3] verentur, eo scilicet quod nec sæcularium nec ecclesiasticarum rerum exstructionibus ipse, ut dicunt, in sua manu omnia tenens ita studium impenderit, sicut antecessor illius venerandæ memoriæ pater Lanfrancus suo tempore fecit, paucis rationem ostendere in mentem venit, quatinus, inspecta negotii qualitate, ex ipsa veritate perpendant amodo sit eis super hoc silendum[4] annon.

---

[1] *de sequentibus*] Not in A.
[2] *iis*] his, A.
[3] *non*] Over line, in red letters, in A.
[4] *super hoc silendum*] silendum super hoc, A.

His pecuniary straits.

Utique cum idem Anselmus primo pontificatum Cantuariensem regere suscepisset, ita omnes terras ad ipsum honorem pertinentes vastatas invenit et omnes redditus a Willelmo, filio majoris Willelmi regis, direptos, ut unde subsisteret, nota loquor, non haberet. Quam ob rem fraudatus redditibus quibus a festo Sancti Michaelis, nam paulo ante hoc festum Cantuariam venerat, usque in Nativitatem Domini vivere debebat,[1] summa necessitate coactus, de iis quibus ab ipsa solennitate usque in Pascha victurus erat victum sibi ministrari faciebat. Sicque subsequentium terminorum redditus in praecedentibus terminis paulatim et discreto moderamine sumens, vix tertio sui introitus anno ad statum a praedecessoribus suis statutum in his pertingere potuit. Quid autem angustiarum praeter has a rege Willelmo et suis passus sit per illos tres et quarto qui subsecutus est anno, in primo et secundo nominatae Historiae libro, utpote qui eis affuimus, nonnullis digessimus. Ita igitur in tribulatione et atroci persecutione quatuor annis in Anglia degens, quinto pulsus ab eodem rege est, et totus archiepiscopatus invasus, ac per tres continuos annos, hoc est, donec rex idem sagitta interiit,* usque in immensum vastatus. Anselmus vero inter haec patria eliminatus, dum unde se suosque procuraret de suis ab Anglia nil habere mereretur, ab externis necessaria mutuatus est, nolens quidem gravis esse his quos inter[2] morabatur, nec gratis accipere omnia quae sibi offerebantur. Deinde revocatus a rege Henrico, qui in regnum fratri successerat, et res suas in supremam paupertatem redactas repperit, et exactores pecuniarum quas mutuo acceperat de trans mare quotidie venientes vacuos a se dimittere, considerata aequitate, honestum esse non judicabat. Si in istis angustiaba-

---

[1] *debebat*] debuit, A. | [2] *quos inter*] inter quos, A.

tur, nulli mirandum. Super hæc, pax inter eum[1] et regem diutina firmitate minime[2] duravit. Vexatus itaque gravi modo per biennium est, ac demum extra terram exire seductus. Exivit,[3] nec nisi quarto sui exitus anno pæne[4] peracto redire, sicut descripsimus, potis fuit. Tandem reversus, duobus annis supervixit, tertio transiit, debitis quibus se in[5] peregrina patria sustentaverat vix solutis. His ita se habentibus, qua, quæso, ratione poterat terrenis operibus operam dare, quem tam assiduæ oppressiones et suarum rerum destructiones non cessabant fatigare? Ea tamen quæ per seipsum non valebat, per fideles ecclesiæ suæ filios, livore carens et nihil usquam sæcularis gloriæ quærens, exercebat. Nam res monachorum posuit in dispositione eorum, constituens eis in priorem post Henricum Ernulfum, post Ernulfum Conradum, ipsius loci monachos, ad quorum nutum negotia ecclesiæ cuncta referrentur, et communi fratrum[6] consilio tractarentur, disponerentur, terminarentur. Ex libertati igitur qua in res suas monachi per bonum Anselmum potiti sunt, multum per omnem modum ecclesia aucta est, in recuperatione videlicet plurimarum terrarum quas quidam laici tenentes in hæreditatem sibi vindicabant, in diversis ornamentis, inque omni decore domus Dei, ita ut pauca et quasi[7] indecora visa fuerint ecclesiæ ornamenta comparatione multitudinis et decoris[8] illius quæ in[9] his diebus perducta sunt. Super hæc ipsum oratorium quantum a majore turri in orientem porrectum est, ipso patre Anselmo providente, dispo-

---

[1] *eum*] illum, A.
[2] *minime*] non, A.
[3] *Exivit*] After this a word, probably *secundo*, has been erased in A.
[4] *pæne*] pœne, MS.
[5] *tertio . . . se in*] On erasure, and cramped, in A.
[6] *fratrum*] In margin in A.
[7] *quasi*] Not in A.
[8] *multitudinis et decoris*] decoris et multitudinis, A.
[9] *quæ in*] Adopted from A., in lieu of *in quæ*, as in MS.

nente, inchoante, auctum est. Et hæc quidem omnia de rebus ecclesiæ facta[1] sunt, sicut et multa quæ per Lanfrancum facta fuerunt, Anselmo de suis præter illa[2] plurimam pecuniæ quantitatem in augmentum domus Dei conferente. Ex iis[3] vero quæ in dominio suo possidebat, et offerendæ majoris altaris medietatem, aliam enim medietatem pater Lanfrancus contulerat, et quasdam terras ad subsidium monachorum antiquitus pertinentes, tunc autem in alios usus distractas, et pallia valde bona quam plurima, ac nonnulla alia decori domus Dei competentia juri ecclesiæ perpetuo possidenda concessit. Ad hæc. Postquam de secundo exilio revocatus est, et quadam pace potitus, dedit in opera ecclesiæ denarios qui singulis annis de parochianis ecclesiis in Pascha matri ecclesiæ pendi solent. Æquius enim esse judicavit eos ab ecclesia cui pro signo debitæ subjectionis conferuntur possideri, quam a sæculari potestate quasi suos, obeunte episcopo, auferri, eo quod illos quique pontifices pro suo officio antehac juri proprio vindicabant. Nec, eo defuncto, aliter ac ipse disposuerat in his a rege actum est, sed in eo statu quo ecclesiam pater ipse moriens reliquit, toto temporis spatio quo pastore carebat, ejus instituta mutare consilii esse non autumans, eam conservabat. Pax igitur qua potita est cui post Deum ascribenda sit, satis elucet. Detractores itaque tanti viri et tam magnifici benefactoris ecclesiæ Christi parcant, obsecro, linguæ suæ; parcant, obsecro, animæ suæ. Nam si hos qui secrete detrahunt proximo suo persequitur Deus, timendum fateor ne illos qui publice et contra æquum pravis verbis corrodunt patrem suum destruat Deus. His hoc modo pro negotii necessitate succincte propositis, accedamus ad res gestas,

MS. p. 264.

---

[1] *facta*] acta, A.
[2] *illa*] In margin, in A.
[3] *iis*] his, A.

ab illis quæ descripsimus narrandi exordium assumentes.[1]

Igitur ubi beatus et felix præsul Anselmus ab ærumnis vitæ labentis in beatitudinem vitæ permanentis translatus est, omnia ad episcopatum quidem Cantuariensem pertinentia, morem fratris sui Willelmi regis secutus, in suum dominium rex Henricus redigi jussit,[2] rebus monachorum in ea quæ illas pater Anselmus posuerat libertate et providentia persistentibus. Unde et tunc multa in decorem domus Domini Christi facta sunt. Quapropter cum maligni quidam regi suggessissent monachos insanire, et quæ regalibus expensis magnifice possent adminiculari in superfluos usus ab eis quotidie profligari, ipse, ut vir prudenti bonitate conspicuus, "Quid?" inquit.[3] "In externas "expensas, in sæcularia aliqua, in vana vel ordini suo "contraria opera, res suas monachi ponunt? At si in "augmentum et gloriam domus Dei eas expendunt, "benedicatur Deus, qui et illis hujusmodi animum "inspiravit, et hanc mihi suo munere gratiam tribuit, "ut meis diebus mea mater ecclesia crementum potius "capiat quam detrimentum." Sic itaque et ecclesia proficiebat, et ne a quovis infestaretur regia censura prospiciebat. Agebat quoque in ea curam officii pontificalis[4] Radulfus Rofensis antistes, et ei intus et extra siqua emergebant assiduus propugnator erat atque fidelis. Ipse ecclesias in omnibus terris totius pontificatus Cantuariensis intus et extra Cantiam, ubi petebatur, inconsultis episcopis,[5] dedicabat, ipse quæ ad Christianitatem pertinent in eisdem terris prout

---

[1] *assumentes*] sumentes, A.

[2] *jussit*] præcepit, A.

[3] " *Quid?* " *inquit*] quid inquit? MS.

[4] *officii pontificalis*] pontificalis officii, A.

[5] *ubi petebatur, inconsultis episcopis*] inconsultis episcopis ubi petebatur, A. *ubi petebatur* in MS. is inserted in the margin with a catch-mark to its proper place in the text. In A. it is on an erasure.

222 HISTORIA NOVORUM IN ANGLIA.

A.D. 1109-1114.

Election of a new Primate.

res exigebat sedulus administrabat. Et hæc ita integro quinquennio, quo a transitu patris Anselmi ecclesia ipsa viduata permansit, in filiis ac rebus ejus agebantur. Quo tempore pæne peracto, rex Henricus, et monitis domini papæ, et precibus fratrum Cantuariensium aliorumque multorum, immo, quod maximum est, instinctu Dei permotus, episcopos et principes Angliæ in unum apud Windlesoram[1] fecit venire, eorum consilium in constituendo pontifice Cantuariensi volens habere. Invitati etiam sunt præfatus Radulfus Rofensis episcopus, et prior ac nonnulli fratres Cantuarienses curiam venire, ignorantes certitudinem causæ propter quam invitabantur. Ivimus ergo illuc. Quamplures vero nobis euntibus obviantes, et se a curia venire et nos absque omni contradictione abbatem Abendoniæ, Faricium nomine, archiepiscopum habituros asseverabant. Quod nos, industriam hominis probatam habentes, gaudenti animo amplectebamur, placeret solummodo Dei voluntati, in quo totam spem nostram fiduciamque[2] locaveramus. Quid multa? Ad curiam venimus, et ecce omnia plena erant de abbate quæ audieramus. Et revera regia voluntas hoc proposuerat, ac propter idipsum jussus a rege idem abbas curiæ se præsentaverat. Animus tamen episcoporum et quorundam magnatum in aliud vergebat, præoptantium videlicet aut quemlibet episcopum de ordine clericali, aut clericum aliquem de capella regis in opus illud ascisci. Verum ubi eis objectum est nullum a Beato Augustino nisi de monachico ordine unquam pontificatui Cantuariensi præsedisse, uno duntaxat excepto qui et ob hanc præsumptionem et alia quædam perverse ab eo commissa depositus per Romanum pontificem fuit, et ea re tam antiquam et authenticam consuetudinem, cum nulla ratio vel necessitas exigeret, subverti non oportere, desistere cœpto quod plurimo

Faricius, Abbot of Abingdon, proposed.

Some wish for a secular clergyman.

MS. p. 266.

---

[1] *Windlesoram*] Windeshoram, A. | [2] *fiduciamque*] Not in A.

conatu perficere laborabant compulsi sunt. Disponente igitur providentia summi Dei, in praenominatum Rofensem episcopum subito versa episcoporum sententia est, illum scilicet in primatem totius Britanniae constitui cupientium, et assensum regis in hoc sibi cooperari postulantium. Ad quod rex statim mutata mente quam in promotione abbatis habebat, libens in ea quae de episcopo suggerebantur animum transtulit, vellent tantummodo monachi natuque majores et populi Cantuarienses. Nec mora. Requiritur quale sit in istis velle eorum, et vota omnium inveniuntur esse unum, Refertur in turbam negotii summa, et in laudem Dei pro hoc laxantur [1] omnium ora. Sic electus in pontificatum Cantuariensem Radulfus Rofensis episcopus est, et inexplicabilis laetitia omni multitudini quae confluxerat exinde procreata. Mira namque affabilitas quae ad cunctos in eo vigebat et eum magnopere diligi et honori ejus aggaudere bonum quemque [2] faciebat. Audires interea, si adesses, multos una conclamare, "Vere cor regis in manu Dei, quocunque vult "inclinat illud." Acta sunt haec anno Incarnationis Dominicae millesimo centesimo quarto decimo vi. Kal. Maii, quinto die peracto quinquennio a transitu gloriosissimi patris Anselmi. Venit dehinc Cantuariam xvii. Kal. Junii, et gloriose a clero et populo susceptus est, atque ab episcopis qui ob hoc convenerant loco pontificis sublimatus. Egit autem primos introitus sui dies in magna gloria et diviti rerum apparatu, gaudentibus cunctis ac [3] Deum collaudantibus, quod jam tandem post diutinam expectationem ecclesiae suae pastorem non de externis sed de domesticis instituere dignatus sit.

Post haec, semotis a dominatu iis qui pontificatui dominari solebant, locavit suos, ut sibi quidem melius

---

[1] *pro hoc laxantur*] laxantur pro hoc, A.

[2] *bonum quemque*] quemque bonum, A.

[3] *ac*] et, A.

224   HISTORIA NOVORUM IN ANGLIA.

A.D. 1114. videbatur, et sensus plurimorum[1] necne voluntas ab eo quo fuerant super ipsum demutata sunt, ac famæ illius quæ antehac ab omnibus prædicabatur a multis vulgi more sinistrorum detrahebatur. Inter hæc rex Henricus Normanniam ire parabat, Francos suosque vicinos sibi inimicitias extruentes paci subigere qua præditus erat industria volens. Sed, nequid in Anglia se abeunte resideret indispositum, monasteria cuncta quæ jam diu cura pastorali fuerant destituta, consilio episcoporum et principum suorum, locatis personis in hoc officium, ordinavit. Quod si aliqui eorum lupi magis quam pastores effecti sunt, ipsi viderint; rex eos ut pastores non lupi essent, sicut credi fas est, collocavit. Quod tamen forte credibilius videretur, si non omnes ex alienigenis, sed aliquos saltem ex indigenis terræ, non usquequaque Anglos perosus, tali ministerio substituisset. Vitæ etenim meritum, ac regularis observatio disciplinæ, necne prudentia rerum administrandarum quæ oportebat eis qui respuebantur non minus quam iis inerat qui assumebantur. Unum eos, natio scilicet, dirimebat. Si Anglus erat, nulla virtus ut honore aliquo dignus judicaretur eum poterat adjuvare. Si alienigena, solummodo quæ alicujus boni speciem amicorum testimonio prætenderent illi ascriberentur, honori præcipuo dignus illico[3] judicabatur. Verum in istis nemo cujusvis injustitiæ Deum accuset, cum ejus dispositioni cuncta subjaceant, cum nil injuste usquam disponat, cum in terra nihil fiat sine causa. Quæ dum ita sint, nullus sibi de iis quæ Deus non approbat plaudat, quoniam unde isti coronam, inde illi novit æquo judicio pœnam prærogare. Sed de his hac interim vice satis.[4] Dies enim mali sunt.

MS. p. 269.

The King appoints to vacant monasteries, carefully excluding Englishmen.

---

[1] *plurimorum*] On erasure in A.
[2] *Anglia . . . resideret*] Anglia . . . remaneret, cramped and on erasure, A.

[3] *dignus illico*] illico dignus, A.

[4] *satis*] sufficiat, A.

Dum itaque rex ecclesiarum dispositioni, ut diximus, operam daret, postulatus a pontifice Cantuariorum est, quatinus sibi monachum ecclesiæ Cantuariensis, tunc quidem abbatem Burchorum, Ernulfum nomine, redderet, ut eum Rofensi ecclesiæ loco pontificis sibimet ipsi subrogaret. Et hoc quidem faciebat, cum[1] quia sapientiam ac religionem hominis compertam habebat, tum quia ignotam personam super ipsam ecclesiam vel inter fratres Cantuarienses immittere nolebat, tum etiam quia se ex vicinitate ipsius multum sperabat adjuvandum in dispositione rerum suarum. Quod rex perpendens libenter annuit. Abductus igitur abbas a Burcho est, et Cantuariæ in capitulo fratrum ab archiepiscopo iiii. Kal. Octobris episcopatu Rofensi ex antiquo more investitus, convenientibus ad hoc eumque eligentibus monachis, clericis et laicis ad ipsum episcopatum pertinentibus, et alia hominum multitudine copiosa. Qui electus licet ecclesiæ Dorobernensis professus monachus esset,[2] tamen, antequam episcopatu per virgam pastoralem investiretur, tactis evangeliis promisit se et fidelitatem ecclesiæ Cantuariensi et antistiti ejus per omnia servaturum, et nullo unquam molimine aut occasione se intromissurum vel assensum præbiturum, ut ecclesia Cantuariensis dignitatem aut potestatem quam super Rofensem ecclesiam eatenus habuit ullo modo perderet. Ut enim ista sponsio fieret archiepiscopus, qui Rofensis episcopus fuerat, omni modo expedire sciebat. Moratus est autem ipse electus Cantuariæ pene quindecim diebus post hæc, ac demum, vi. Idus Octobris ab archiepiscopo Rhofam[3] perductus, atque in sedem pontificalem digno cum honore a clero et populo susceptus. Eadem die fluvius Medewage[4] vocatus ita ab australi pontis parte prope castrum civitatis per nonnulla milliaria

---

[1] *cum*] tum, A.
[2] *professus monachus esset*] monachus esset professus, A.
[3] *Rhofam*] Rhopham, A.
[4] *Medewage*] Medewege, A.

in se defecit, ut in medio alveo sui etiam parvissimae naves ob penuriam aquae elabi aliquatenus[1] minime possent. Nec hunc defectum solus ille fluvius ipsa die passus est; Tamisia nihilominus eidem illa die defectui patuit. Nam inter pontem et regiam turrim, sub ponte etiam in tantum fluminis ipsius aqua diminuta est, ut non solum equi sed et innumera hominum et puerorum multitudo illud pedibus transvadarent, aqua vix genua eorum attingente. Duravit autem hic aquae defectus a medio noctis praecedentis usque in profundas tenebras noctis subsequentis, sicut ii testati sunt et hucusque testantur qui praesentes ista viderunt, et transvadantes transvadantium socii extiterunt. Similem quoque aquarum defectum ipso die apud Gernemutham et in aliis locis per Angliam certo relatu contigisse didicimus.

Dehinc Kal. Novembris Radulfus archiepiscopus sacravit Cantuariae in metropoli sede Alboldum Beccensis coenobii monachum, cujus in quarto libro praefatae Historiae meminimus, ad regimen abbatiae Sancti Eadmundi.[2]

His diebus missi sunt Romam nuncii, qui pallium archiepiscopo Cantuariensi ab apostolica sede deferrent. Fuerunt autem hi, Johannes monachus Sagii, qui paulo ante hos dies in abbatem Burchorum post praefatum Ernulfum electus fuerat et consecratus, Warnerius monachus Cantuariensis, et Johannes clericus, filius sororis archiepiscopi. Qui Romam venientes litteras regis Anglorum et archiepiscopi, conventus quoque fratrum ecclesiae Cantuariensis, et singulatim omnium pene episcoporum Angliae domino papae detulerunt. Quarum litterarum unas de omnibus hic ponere non ab re aestimavimus, volentes et aliarum sensus per illas agnosci. Sint igitur hae.

---

[1] *aliquatenus*] Not in A.   [2] *Eadmundi*] Ædmundi, A.

Domino sanctæ universalis ecclesiæ summo pastori, Paschali, conventus ecclesiæ Christi Cantuariensis, fideles orationes et totius sanctæ devotionis obsequium.

Notum esse non dubitamus gloriosæ paternitati vestræ, pie domine, quod ecclesia Cantuariensis, mater nostra, sanctæ scilicet Romanæ ecclesiæ specialis filia, jam ab obitu beatæ memoriæ patris nostri Anselmi archiepiscopi per quinquennium cura pastoralis officii, peccatis nostris exigentibus, sit destituta. Nuper autem, respectu misericordiæ Dei, adunato conventu totius Anglici regni in præsentia gloriosi regis nostri Henrici, electus a nobis et clero et populo est ad regimen ipsius ecclesiæ Radulfus Rofensis episcopus, nobis sufficientissime cognitus, et propter vitæ suæ meritum et sanctæ conversationis effectum toti regno valde acceptus. Huic electioni affuerunt episcopi, abbates et principes regni, et ingens populi multitudo, consentiente domino nostro rege, et eandem electionem laudante, suaque auctoritate corroborante. Quoniam igitur ita se res [1] habet, mittimus ad vos, modis quibus possumus supplicantes ut quem ad sublevationem et consolationem ecclesiæ suæ Deus, quantum nobis intelligi datur,[2] elegit, vestra sancta auctoritate in quo electus est confirmetis, et ei pallium quod omnes antecessores sui a sacratissima sede Beati Petri consecuti sunt transmittere dignemini, ne sanctitate vestra aures pietatis suæ [3] precibus nostris, quod Deus avertat, non inclinante, in pristinas miserias aliquo eventu ecclesia nostra, filia vestra, relabatur. Ipsemet enim tanta corporis imbecillitate gravatur, ut non sine magno periculo sui et detrimento omnium nostrum valeat hoc tempore vestigiis vestris se præsentare. Sanctum apostolatum vestrum omnipotens Deus ad honorem suæ sanctæ ecclesiæ per multa tempora incolumem conservare dignetur, dignissime pater. Amen.

Ad hæc qui missi fuerant legationis suæ officium qua præditi erant prudentia apostolicis auribus suggesserunt, sed responsum quod eis alicujus suæ causæ [4] effectus spem promitteret primo recipere non meruerunt. Locuti sunt his et illis sibi non notis, et respondebatur

---

[1] *se res*] res se, A.
[2] *intelligi datur*] datur intelligi, A.
[3] *pigtatis suæ*] On erasure and cramped in A.
[4] *suæ causæ*] causæ suæ, A.

eis sicut ignotis. Fluctuabant ergo, nec quo se tuto verterent advertebant.

Erat illis diebus Romæ Anselmus, nepos domini archiepiscopi Anselmi,[1] domino papæ familiaris, et ab eo abbas Sancti Sabæ Confessoris effectus. Qui in diebus beati avunculi sui plurimo tempore in Anglia degens, pro mansuetudine sua ab indigenis terræ quasi unus eorum diligebatur. Hic, audito præfatos nuncios advenisse, alacer ad eos Lateranis venit, et in cunctis quæ negotii sui tenor exigebat erga eos morem veri amici sequens exercuit. Quid plura? Romanum pontificem et quorum consilio nitebatur, communicata instantia, ita causæ illorum fautores effecit, ut gratis omnino voti sui compotes fierent, et ipsum Anselmum, qui pallium pro quo iverant ex parte Beati Petri et domini papæ Cantuariam deferret, tradente illum eodem summo pontifice per manum acciperent. Quibus peractis, nuncii Roma regrediuntur, Anselmo pro iis quæ sua intererant cum papa relicto. Venientes igitur in Normannia ad regem, quid egerint edisserunt, et suæ industriæ meritas laudes excipiunt. Inde directo nuncio in Angliam, qui archiepiscopo gesta referret, ipsi adventum præfati Anselmi trans mare præstolantur. Qui adveniens a rege cum honore suscipitur, ac pro sua sollicitudine dignitati regni Anglorum impensa dignæ grates persolvuntur. Traditis deinde litteris ipsi a papa directis, post aliquot dies cum eo exactos Angliam nunciis qui Roma venerant comitatus impiger tendit. Litterarum autem quas regi detulerat textus[2] hic est.

Paschalis episcopus, servus servorum Dei, dilecto filio Henrico, illustri Anglorum regi, salutem et apostolicam benedictionem.

Cum de manu Domini largius honorem, divitias, pacemque susceperis, miramur vehementius et gravamur quod in regno

---

[1] *domini archiepiscopi A.*] A. domini archiepiscopi, A.

[2] *Litterarum autem q. r. d. textus*] Litterarum textus q. r. d., A.

potestateque tua Beatus Petrus, et in Beato Petro Dominus honorem suum justitiamque perdiderit. Sedis enim apostolicæ nuncii vel litteræ præter jussum regiæ majestatis nullam in potestate tua susceptionem aut aditum promerentur. Nullus inde clamor, nullum inde judicium, ad sedem apostolicam destinatur. Quam ob rem multæ apud vos ordinationes illicitæ præsumuntur, et licenter delinquunt qui delictorum deberent licentiam cohibére. Nos tamen usque adhuc in his omnibus ampliori patientia usi sumus, sperantes per tuæ probitatis industriam omnia corrigenda. Quid enim honoris, quid opulentiæ, quid tibi dignitatis imminuitur, cum Beato Petro debita in regno tuo reverentia conservatur? Hæc nimirum tanto nobis indigniora sunt, quanto familiarius regnum vestrum veterum regum temporibus sedi apostolicæ adhæsisse cognoscimus. Legimus quippe reges ipsos apostolorum limina visitasse, et illic usque ad obitum commoratos. Legimus nonnullos ecclesiarum præpositos et magistros ultro illuc a Romanis pontificibus destinatos. Pro his igitur apud vos pertractandis et corrigendis carissimum filium Anselmum, familiarem tuum, nunc Sancti Sabæ abbatem, ad tuam excellentiam destinamus. Per quem etiam tuæ et episcoporum petitioni in causa Cantuariensis episcopi, quamvis contra auctoritatem sedis apostolicæ, satisfecimus, sperantes et vos deinceps sedi apostolicæ in suæ dignitatis justitia satisfacturos. Alioquin si suam vos Beato Petro justitiam subtraxeritis, ipse quoque in posterum suæ vobis subtrahet beneficia dignitatis. Quæ minus litteris continentur vivis legati vocibus explebuntur. Omnipotens Dominus sua te dextera protegat, et in sua dilectione perficiat. Elemosina Beati Petri, prout audivimus, ita perperam doloseque collecta est, ut neque mediam ejus partem hactenus ecclesia Romana susceperit. Quod totum tibi, sicut et alia, imputatur, quia præter voluntatem tuam nihil in regno præsumitur. Volumus ergo ut eam deinceps plenius colligi facias, et per præsentem nuncium mittas. Data Lateranis, iii. Kal. Aprilis.

Igitur Anselmus Angliam ingressus archiepiscopum adiit. A quo decenter susceptus, decenter est per plurimum temporis[1] ab eo detentus. Die ergo Dominica, quæ fuit v. Kal. Julii, convenerunt in metropoli sede Cantiæ episcopi, abbates, quique nobiles, et in-

---

[1] *temporis*] tempus, A.

A.D. 1115. numerabilis quaquaversum coacta hominum multitudo. Itaque, juxta quod fuerat præordinatum, præfatus Anselmus pallium in vase argenteo honorifice ferens Cantuariam venit, itumque est illi obviam usque ad portam civitatis ab utroque conventu duarum ecclesiarum, archiepiscopatus scilicet et vicinæ abbatiæ Sancti Augustini, cum omnibus qui pro hoc ipso illo confluxerant. Pater ipse, stipatus episcopis, et indutus, ut alii, vestibus sacris, nudis pedibus devotus occurrit. Sicque delatum super altare Salvatoris pallium est, et a pontifice inde susceptum, facta prius Romano pontifici de fidelitate et canonica obœdientia professione. Deinde pro reverentia Beati Petri ab omnibus deosculabatur,[1] et indutus eo pontifex summus ad cathedram patriarchatus Anglorum gloriose perducitur et inthronizatur. Ante quam cathedram dictis orationibus, et aliis quæ ipsius ecclesiæ sacer usus dici instituit, mox ecclesiæ Wigornensi antistes electus, Theodoaldus[2] nomine, ei consecrandus præsentatur. Qui ab eo examinatus, et more solito canonicam ei ac[3] successoribus suis obœdientiam professus, sacratus est honorifice in pontificatum ad quem fuerat prætitulatus. Huic consecrationi interfuerunt et adjutores extiterunt episcopi qui convenerant, videlicet Ricardus Lundoniensis, Rogerius Serberiensis, Herbertus Norwicensis, Radulfus Cicestrensis, Johannes Bathoniensis, Herveus Eliensis.[4] Quod episcopus Rofensis ea die, licet affuerit, sacratus non fuit, in eo remansit, ratione detento quæ in aliud tempus id differendum magis expedire persuasit animo ejus.

MS. p. 276.

Litteras quoque per id temporis dominus papa fratribus ecclesiæ Christi Cantuariensis destinavit, quas hic ponere non alienum putavi a ratione. Sunt autem hæ.

---

[1] *deosculabatur*] deosculatur, A.
[2] *Theodoaldus*] Teodoaldus, A.
[3] *ac*] et, A.
[4] *Eliensis*] Elyensis, A.

Paschalis episcopus, servus servorum Dei, Cantuariensis ecclesiæ filiis, salutem et apostolicam benedictionem.

Ecclesiæ vestræ legatos benigne suscepimus, tanquam viros religiosos atque prudentes, sed legatio quam ad nos cum vestris litteris attulerunt nobis non ingrata tantum, sed etiam gravis fuit. Significabatur enim Rofensis episcopi ad metropolim vestram facta translatio, quod præter scientiam et conniventiam nostram præsumi omnino non debuit, quia sanctorum patrum decretis inhibitum prorsus agnoscitur. Pro religione tamen et honestate personæ quæ translata dicitur, nos hanc præsumptionem vestram toleramus, sed nostrum ad vos legatum in proximo dirigemus, largiente Domino, qui super hoc negotio quæ fuerint disponenda disponat. Datæ Laterani, xii. Kal. Martii.

Post hos dies Radulfus archiepiscopus, consilio et petitione episcoporum proxime supra nominatorum, dedit, concedentibus et approbantibus monachis Cantuariensibus, archidiaconatum ipsius ecclesiæ Johanni nepoti suo, clerico videlicet honestorum morum et mansuetæ conversationis ad omnes. Quæ donatio facta est in capitulo, præsente fratrum conventu, copiosa clericorum ac laicorum multitudine pro hoc ipso in medium adducta, facto prius coram omnibus ab eodem Johanne tactis evangeliis sacramento, quo se fidelitatem ecclesiæ ipsi per omnia et in omnibus exhibiturum dum viveret repromisit.

Eodem anno Henricus rex jussit omnes episcopos et principes totius regni ad curiam suam sub uno venire. Unde rumor per totam terram dispersus est pontificem Cantuariorum generale concilium, præsente legato domini papæ, cujus supra meminimus, celebraturum, et nova quædam tantoque conventui digna pro correctione Christianæ religionis in omni ordine promulgaturum. Itaque ut rex jusserat xvi. Kal. Octobris conventus omnium apud Westmonasterium in palatio regis factus est; et quod de concilii celebratione et Christianitatis emendatione rumor disperserat nihil fuisse quæ confluxerat multitudo tandem advertit.

A.D. 1115. Venit tamen illuc sæpe nominatus Anselmus, qui pallium Cantuariam detulerat, deferens epistolam ex parte apostolici regi et episcopis Angliæ, hunc textum habentem.

Paschalis episcopus, servus servorum Dei, dilecto filio Henrico illustri regi, et episcopis Anglici regni, salutem et apostolicam benedictionem.

Qualiter ecclesia Christi[1] fundata sit, non est a nobis nunc temporis disserendum. Hoc enim plenius evangelii textus et apostolorum litteræ profitentur. Qualiter vero ecclesiæ status, præstante Domino, perseveret, et referendum nobis est et agendum. A Sancto siquidem Spiritu ecclesiæ dictum est, "Pro patribus tuis nati sunt tibi filii, constitues eos principes super omnem terram." Super qua constitutione Paulus apostolus præcipit, dicens, "Manum cito nemini imposueris, neque communicaveris peccatis alienis." Quam ejusdem apostoli sententiam, Beatus Leo doctor exponens, ait, "Quid est cito manum imponere, nisi ante ætatem maturitatis, ante tempus examinis, ante meritum laboris, ante experientiam disciplinæ sacerdotalem honorem tribuere non probatis?" Qua igitur ratione Anglici regni episcopis sacerdotalis honoris confirmationem tribuere possumus, quorum vitam, quorum scientiam nulla probatione cognoscimus? Ipse caput ecclesiæ Dominus Jesus Christus cum pastori primo apostolo Petro ecclesiam commendaret, dixit, "Pasce oves meas, pasce agnos meos." Oves quippe in ecclesia ecclesiarum præpositi sunt, qui Deo filios generare, ipso donante, consuerunt. Quomodo ergo vel agnos vel oves pascere possimus,[2] quos neque novimus nec MS. p. 279. videmus? Quos neque audimus, neque ab ipsis audimur? Quomodo super eos illud Domini præceptum implebimus, quo Petrum instruit dicens, "Confirma fratres tuos"? Universum siquidem terrarum orbem Dominus et Magister noster suis discipulis dispertivit, sed Europæ fines Petro singulariter commisit et Paulo. Nec per eorum tantum, sed per successorum discipulos ac legatos, Europæ universitas conversa est et confirmata. Unde usque ad nos, licet indignos, eorum vicarios hæc consuetudo pervenit; ut per nostræ sedis vicarios graviora ecclesiarum per provincias negotia

---

[1] *Christi*] Dei, A. | [2] *possimus*] possumus, A.

pertractentur seu retractentur. Vos autem, inconsultis nobis, etiam episcoporum negotia definitis, cum martyr Victor ecclesiae Romanae pontifex dicat, "Quanquam comprovincialibus "episcopis accusati causam pontificis scrutari liceat, non "tamen definire inconsulto Romano pontifice permissum est." Zepherinus quoque martyr et pontifex, "Judicia," inquit, "episcoporum majoresque causae a sede apostolica et non "ab alia sunt terminandae." Vos oppressis apostolicae sedis appellationem subtrahitis, cum sanctorum patrum conciliis decretisque sancitum sit ab omnibus oppressis ad Romanam ecclesiam appellandum. Vos praeter conscientiam nostram concilia synodalia celebratis, cum Athanasius Alexandrinae ecclesiae scribat, "Scimus in Nicea magna synodo trecento- "rum decem et octo episcoporum ab omnibus concorditer "esse corroboratum, non debere absque Romani pontificis "scientia concilia celebrari." Quod ipsum scriptis suis sancti pontifices firmaverunt, et aliter acta concilia irrita fieri statuerunt. Videtis igitur et vos contra sedis apostolicae auctoritatem plurimum excessisse, et dignitati plurimum subtraxisse, et nobis id pro nostri officii debito imminere, ut probatos habeamus quibus sacerdotalem conferimus dignitatem, ne, contra apostolum manum citius cuiquam imponentes, communicemus peccatis alienis, quia juxta Beati Leonis sententiam, gravi semetipsum afficit damno, qui ad suae dignitatis collegium sublimat indignum. Vos praeter auctoritatem nostram episcoporum quoque mutationes praesumitis, quod sine sacrosanctae Romanae sedis auctoritate ac licentia fieri novimus omnino prohibitum. Si ergo in his omnibus sedi apostolicae dignitatem ac reverentiam servare consentitis, nos vobis ut fratribus ac filiis caritatem debitam conservamus, et quae vobis ab apostolica ecclesia concedenda sunt, benigne ac dulciter, Domino praestante, concedimus. Si vero adhuc in vestra decernitis obstinacia permanere, nos evangelicum dictum et apostolicum exemplum pedum in vos pulverem excutiemus, et tanquam ab ecclesia catholica resilientes Divino judicio trademus, dicente Domino, "Qui non "colligit mecum dispergit, et qui non est mecum adversum "me est." Deus autem omnipotens et nobiscum vos in ipso esse, et nobiscum vos in ipso colligere ita concedat, ut ad aeternam ejus unitatem, quae idipsum permanet, pervenire concedat.

Data Lateranis Kal. Aprilis, indictione octava.

A.D. 1115.

The King is advised to send envoys to the Pope.

Rex[1] ad hæc consilio cum episcopis habito quid super his et quibusdam aliis, quæ animum suum plurimum offendebant,[2] papæ responderet, placuit in commune ut suos nuncios mitteret per quos quæ vellet securius papæ mandaret. Nam ante hos dies quidam Romanæ ecclesiæ cardinalis, functus legatione apostolicæ sedis, Cono nomine, Franciam venerat, et ibi juxta suæ legationis officium generalia concilia celebrans episcopos Normanniæ ab episcopali officio suspensos excommuncavit, eo quod conciliis suis[3] tertio vocati interesse noluerant.[4] Quæ episcoporum excommunicatio animum regis valde reddidit conturbatum,[5] * et rationis esse duxit super his papam convenire, maxime quod in hujusmodi visus sit privilegia patri et fratri suo sibique a Romana ecclesia jam olim collata, se non promerente, scidisse. Ad hæc itaque agenda directus est Willelmus antistes Exoniensis, papæ notissimus, utpote qui sæpe ad eum tempore gloriosi patris Anselmi pro negotiis quæ tunc inter reges Angliæ et eundem patrem versabantur ab ipsis fuerat regibus destinatus. Nec enim cæcitas quæ visum ei tulerat ab ipso itinere illum poterat excusare, quia præterita gesta illius[6] fiduciam regi præbebant, illum pro posse juxta morem suum suæ causæ fideliter velle insistere.†

The Bishop of Exeter is chosen as envoy.

---

[1] *Rex*] See Preface.
[2] *offendebant*] offenderant, L.; A. is doubtful.
[3] *suis*] Not in A.
[4] *interesse noluerant*] sc præsentare omiserant, L.
[5] *reddit conturbatum*] turbaverat, L.
* *et rationis esse ... insisteret*†] L. is as follows :—" et hinc prin-
" cipum suorum consilio usus nun-
" cios Romam dirigere, sicut diximus,
" maxime disponebat. Vi-
" debatur etenim illi dominum
" papam eo ipso quod de suis
" episcopis factum erat privilegia
" patri et fratri suo sibique a Romana sede collata scidisse, et ea
" re rationis vi[   ] esse ipsum
" super hoc oportere conveniri."
[6] *illius*] ejus, A.

HISTORIA NOVORUM IN ANGLIA.

Interea[1] clerici ecclesiæ Meneuwensis, quæ sub patrocinio Beati Andreæ et Sancti David in Walis[2] fundata consistit, episcopum sibi, defuncto Wilfrido episcopo suo, a rege Henrico postulavere, et electus est in hoc opus Bernardus quidam capellanus reginæ, vir probus et multorum judicio sacerdotio dignus. Electus est autem sabbato jejunii septimi mensis, et eodem die ad presbyteratum[3] a Wentano pontifice[4] Willelmo apud Suthwercham consecratus.[5] De promotione[6] vero pontificatus, quam mox in crastino fieri et rex et alii plures optabant,[7] cum ubi aptius fieri posset disquireretur, intulit Robertus comes Mellenti[8] supervacue de loco dubitari, dum constaret episcopum tali eventu electum ex consuetudine in capella regis debere consecrari,[9] et hoc se probaturum, si opus esset,[10] pronunciat. Quod non æquum hominis dictum pater Radulfus pacato animo ferre non valens, dixit eum hujusmodi allegatione leviter posse efficere, ut nec ibi nec alibi nisi Cantuariæ pro quavis causa pontifex idem sacraretur. Sciret tamen comes ipse, quia postquam de capella regis tantum dixit, nulla[11] ratione se illum inibi consecraturum. Ad quæ rex, ad comitem versus, "Nihil est," inquit, "quod intendis. Nec "enim ego aut quilibet alter potest archiepiscopum "Cantuariensem aliquo modo constringere ut episcopos "Britanniæ alibi consecret quam velit ipse. Qua"propter viderit, suum est; consecret episcopum suum "ubi voluerit." Proposuit itaque illum in ecclesia hospitii sui apud Lambetham consecrare. Verum quoniam[12] ipsi officio regina interesse volebat, postulatus

A.D. 1115.
Bernard Bishop-elect of St. David's [Sept. 18th, 1115].

MS. p. 282.

Dispute as to the place for his consecration.

He is consecrated in Westminster Abbey [Sept. 19th 1115].

---

[1] *Interea*] Inter hæc, L. See Preface.
[2] *Walis*] Gualis, L.
[3] *presbyteratum*] gradum præsbiteratus, L.
[4] *pontifice*] episcopo, A.
[5] *consecratus*] promotus, L.
[6] *promotione*] consecratione, L.
[7] *optabant*] præoptabant, L.
[8] *Mellenti*] de Mellento, A.
[9] *consecrari*] sacrari, A.
[10] *si opus esset*] firma ratione, L.
[11] *nulla*] nulla unquam, L.
[12] *quoniam*] quia, A.

A.D. 1115. ab ea sacravit ipsum in ecclesia Beati Petri Westmonasterii xiii. Kal. Octobris, accepta ab eo solita professione de subjectione et obœdientia ecclesiæ Cantuariensi et episcopis ejus exhibenda. Huic consecrationi interfuerunt et cooperatores extiterunt suffraganei ecclesiæ Cantuariensis, episcopi videlicet hi, Willelmus Wintoniensis, Robertus Lincoliensis, Rogerus Sereriensis, Johannes Bathoniensis, Urbanus Glamorgatensis, Gislebertus Lumniensis de Hibernia.

MS. p. 283.

Vacancy of see of St. Andrews.

Hoc eodem tempore Alexander rex Scottorum misit Radulfo archiepiscopo[1] epistolam hanc.

Domino et patri carissimo Radulfo, venerabili Cantuariensi archiepiscopo, Alexander, Dei misericordia rex Scottorum, salutem et devotæ fidelitatis obsequium.

Notificamus vobis, benignissime pater, quod episcopus ecclesiæ Sancti Andreæ apostoli, domnus videlicet Thurgotus,[2] ii. Kal. Septembris migravit a sæculo. Unde valde contristamur tanto solatio destituti. Requirimus ergo vestræ paternitatis[3] consilium et auxilium sicut confidimus in vobis, ut secundum Deum talem substituere valeamus, qui nos et gentem nostram per Deo placitam conversationem regere et docere utiliter sciat. Petimus etiam ut recordari dignemini quid vobis jam quadam vice suggessimus de episcopis ecclesiæ Sancti Andreæ, quod in antiquis temporibus non solebant consecrari nisi vel[4] ab ipso Romano pontifice, vel ab archiepiscopo Cantuariensi. Hocque tenuimus, et per successiones temporum ex auctoritate ratum habuimus, quousque domnus Lanfrancus archiepiscopus, nescimus quo pacto, absentibus nobis et nostris, Thomæ Eboraci archiepiscopo illud ad tempus relaxaverat. Quod omnino vestra, si placet, auctoritate suffulti, ut amplius sic remaneat non concedimus. Nunc igitur, si ad id nobis nostræque ecclesiæ reparandum vestrum adjutorium sperare debemus, quod humillimis votis desideramus et petimus, secreto nobis certitudinem dignis vestris apicibus remandare curate. Valete.

Consecration of Ernulf

Ipso anno vii. Kal. Januarii Radulfus archiepiscopus sacravit supra memoratum Ernulfum in pontificatum

---

[1] *archiepiscopo*] Not in A.
[2] *Thurgotus*] Turgodus, A.
[3] *paternitatis*] Not in A.
[4] *vel*] Not in A.

ecclesiæ Rofensis, et Goffridum ad regimen ecclesiæ Herefordensis. Sacrati sunt autem simul Cantuariæ in metropoli sede, convenientibus et cooperantibus in hoc officio suffraganeis ipsius sedis, Willelmo episcopo Wintoniensi, Herberto Norwicensi, Radulfo Cicestrensi, et Bernardo Meneuwensi.

Post hæc xiii. Kal. Aprilis factus est conventus episcoporum abbatum et principum totius regni apud Serberiam, cogente eos illuc sanctione regis Henrici. Siquidem in[1] Normanniam se proxime transfretaturum disposuerat, et, quid sibi eventurum foret ignorans, Willelmum, quem ex ingenua conjuge sua filium susceperat, hæredem regni substituere sibi volebat. Igitur, agnita regis voluntate, mox ad nutum ejus omnes principes facti sunt homines ipsius Willelmi, fide et sacramento confirmati. Radulfus autem archiepiscopus Cantuariensis et alii episcopi atque abbates regni Anglorum fide et sacramento professi sunt se et regnum et regni coronam, si, defuncto patre suo, superviverent, in eum, omissa omni calumnia et occasione, translaturos, eique, cum rex foret, hominia fideli mente facturos. De his ita. Habita quoque est his diebus causa de querela quæ inter archiepiscopum Cantuariorum et electum pontificem Eboracensem per integrum pene annum versata fuerat. Defuncto siquidem Thoma, cujus circa finem quarti libri supra memoratæ Historiæ satis habita mentio est, electus erat ad regimen prædicti pontificatus quidam de clericis regis vocabulo Thurstanus, connivente Radulfo archiepiscopo, et aliam quam rei exitus probavit de eo habente opinionem. Hic itaque electus cum ab ipso pontifice moneretur ut ecclesiæ Cantuariensi faceret quod debebat et benedictionem suam ecclesiastico more susciperet, respondit benedictionem quidem

---

[1] *in*] Not in A.

se libenter suscipere velle,[1] sed professionem quam exigebat, et antecessores suos fecisse sciebat, nulla ratione facturum. Cujus verbis quia Radulfus nec auditum præbere æquanimiter voluit, negotium ipsum eousque indeterminatum remansit. Ipse quoque Thurstanus legatos suos Romam direxerat, modis quibus apud Romanos agi oportere sciebat a papa cupiens absolutionem debitæ professionis obtinere, sed nihil effecerat. Rex autem Henricus ubi advertit Thurstanum in sua pervicacia stare, et eandem pervicaciam quasi ex tuitionis suæ fiducia fulcire ac manutenere, rupit ei ipsius fiduciæ nodos, et aperte protestatus est illum aut morem antecessorum suorum tam in professione facienda, quam et in aliis dignitati ecclesiæ Cantuariensis ex antiquo jure competentibus executurum, aut episcopatu Eboracensi cum benedictione funditus cariturum. Ad quæ ille, clericorum quasi dignitatis suæ libertati ficta reverentia acclamantium suique cordis consilio impræmeditatius[2] credens, renunciavit pontificatui, spondens regi et archiepiscopo se dum viveret illum non reclamaturum, nec aliquam calumniam inde moturum, quicunque substitutus fuisset. Sed cum post dies et consueta obsequia et pristini honores circa se defectui magno paterent, tabescebat animo, et se fecisse quod fecit vehementer indoluit. Quapropter mutato consilio regem trans mare euntem secutus est, sperans se revestituram sui pontificatus recuperaturum, et tali modo erga eum facturum, ut, eo præcipiente, benedictionem ab archiepiscopo sine professionis exactione adipisceretur. Cui negotio cum se medium nisi rem proletando rex facere nollet, sciens archiepiscopum abominabile habere tanto præcipitio se perenniter fieri obnoxium, suspensa res

---

[1] *suscipere velle*] velle suscipere, A.

[2] *impræmeditatius*] in præmeditatius, A.

est, et nec ipse nec alius quis in episcopatum Eboracensem substitutus.

Ipso anno circa mensem Augustum reversus a Roma supra memoratus Anselmus, venit Normanniam ad regem Henricum litteras apostolici deferens, quæ sibi vices apostolicas in Anglia administrare concedebant. Quod regno Angliæ brevi innotuit. Admirati ergo episcopi, abbates, et nobiles quique Lundoniæ adunati sunt, super his et quibusdam aliis, præsente regina, communi consilio[1] tractaturi. Quid multa? Placuit omnibus archiepiscopum Cantuariensem, quem res maxime[2] respiciebat, regem adire, et exposita ei antiqua regni consuetudine simul ac libertate, si consuleret Romam iret et hæc nova annihilaret. Amplectitur ille consilium, et, amore quam maximo visitandi apostolorum limina ardens, mare transiit, et regem Rotomagi repperit. A quo et ecclesia pontificatus ipsius civitatis summo gaudio et honore susceptus, per plures dies in eadem civitate ab ipso rege detentus est. Supra memoratum quoque Anselmum ibi repperimus, transitum in Angliam gratia legationis suæ exercendæ prestolantem. Sed rex Henricus antiquis Angliæ consuetudinibus præjudicium inferri non sustinens, illum ab ingressu Angliæ detinebat, et ei, utpote nuncio Beati Petri, largiter et officiose ministrari faciebat.

Radulfus igitur archiepiscopus cum rege de negotiis pro quibus venerat juxta rerum ordinem diligentius agens, ad consilium ejus Romani itineris callem ingreditur. Ubi autem in Franciam venit, gravi ulcere in facie percussus est, et, intumescente toto capite, usque ad extrema pene perductus.[3] Qua de causa in castro quod Feritas a Freno[4] vocatur per integrum

---

[1] *consilio*] Supplied from A. MS. has *concilio*.
[2] *res maxime*] maxime res hæc, A.
[3] *perductus*] perducitur, C.
[4] *a Freno*] Supplied from A. MS. has *afreni*.

mensem lecto decubuit, nobis qui cum eo eramus vix vitam illi pollicentibus. Melioratus tandem ab infirmitate, prout pati potuit, paulatim Romam eundi iter repetiit. Ibat autem cum magno et divite comitatu, et admirabilis cunctis habitus magnifice suscipiebatur ab omnibus ad quos veniebat. Lugdunum vero cum venissemus, ubi dominus et inclytus pater Anselmus olim ab Anglia pro justitia pulsus, non sicut exul aut peregrinus, sed sicut[1] incola et vere ipsius loci præsul et dominus ab omnibus habitus fuerat, Lugdunum, inquam, cum venissemus et cum honore et amore præcipuo suscepti fuissemus, mansimus ibi aliquandiu, cum[2] sincera omnium inibi conversantium dilectione illecti, tum nimia hiemis asperitate constricti, tum instanti Nativitatis Christi solennitate devincti. His diebus, pro nota mihi locorum et hominum familiaritate, ad Sanctum Hireneum quadam vice ascendens, diverti ad oratorium Beatæ Mariæ Magdalenæ, duabus ancillis Dei juxta idem oratorium pro Deo reclusis locuturus. Hæ, patri Anselmo pro sua religione quondam notæ, ejus fuerant sacratissima institutione in multis edoctæ, Inter has, instinctu maligni, gravissima quædam discordia post discessum domini Anselmi orta est, ex invidiæ, ut fit, malo producta. Dum igitur inter se lites, improperia, et plurima quæ earum proposito indecentia erant singulis pene diebus versarentur, secundum quod ab eis ipsis accepi, una noctium astitit uni illarum, quam major ipsius discidii culpa notabat, pater Anselmus, dura illam invectione corripiens, et quod, male ab eis[3] observata doctrina sua, de remotis mundi partibus se ad eas usque fatigaverit conquerens. Jussit tamen ut cœptis desisterent, et si suam, quæ Dei erat, pacem perdere nollent, sub omni celeritate, omissis ambagibus cunctis, in pacem redirent. Factum

---

[1] *sicut*] Not in A.
[2] *cum*] tum, A.
[3] *male ab eis*] ab eis male, A.

est quod suasit admirabilis præsul; et ecce habitant in domo Dei unanimes, nec dubitant eum sibi esse præsentem, quem sunt expertæ salubriter corripientem. Præterea una de istis, Athaleidis nomine, familiari affatu mihi sub testimonio veritatis innotuit, se post obitum memorandi patris Anselmi quadam vice plus solito ex dono gratiæ Dei orationibus ac lacrimis deditam, subito velut in mentis excessum supra se raptam, et tribunali gloriosissimæ Reginæ cælorum a quibusdam reverendis personis adductam. Quam cum debita veneratione salutasset, et jussa ante pedes ejus consedisset, post plurima quæ vidit et audivit admiranda patriæ cælestis præconia, quasi quadam fiducia constantior effecta, inter alia quæ a Domina rerum inquisivit, nec quæ fuerint mihi dicere voluit, de venerabili Hugone Lugdunensi pontifice sciscitata est, quomodo scilicet, aut in qua sorte judicii Dei, jam defunctus sæculo esset constitutus. At illa, "Bene," inquit, "filia, bene illi erit per misericordiam Dei." "Et de domino meo," ait, "Anselmo Cantuariensi "archiepiscopo, pia Domina, si tibi placet, precor, "insinua quid sentiemus." Respondit, "De illo certis- "sima esto, quod in magna gloria Dei est." Ad hæc illa ad se reversa, quid fecit, in quo videlicet residuum noctis expenderit, dulcedo et dignitas visionis considerantes quosque docebit. Hæc quasi per excessum diximus; ducti amore dignissimi patris Anselmi, quo vehementer, Domino miserante, imbuti de eo semper scribere aut loqui dulce habemus. Hinc narrandi ordine progrediemur.

Cum itaque Placentiam pervenissemus, episcopus Norwicensis, Herbertus nomine, qui nobiscum Romam iturus Angliam exierat, valida infirmitate correptus est, ita ut, ingravescente languore, decem continuis diebus sine cibo et voce mutus jaceret. Quam ob rem quatuor hebdomadas ibi exegimus, suspensi quid de episcopo faceret Deus. Ubi vero illum convalescere certo ad-

242　HISTORIA NOVORUM IN ANGLIA.

A.D. 1117.

vertimus, ad petitionem et consilium ejus pater noster cœpto sese itineri reddidit, ipse debilitate nimia fessus ibi remansit, archiepiscopum aut illic præstolaturus, aut convalescens, si moram faceret, redeundo præcessurus.

The Archbishop reaches Rome, whence he writes to the Pope,

Nos itaque Romam, ille Normanniam, prout Dominus posse dedit, post nonnullos dies usque pervenimus. Quoniam igitur dominus papa propter discordiam quæ illis diebus inter ipsum et imperatorem erat et Romanos Beneventi morabatur, nec Radulfus usque ad eum, partim propter corporis sui imbecillitatem, partim propter præfatam discordiam, cujus causa omnibus ad papam ire volentibus graves insidiæ ab incolis struebantur, ullatenus accedere poterat, missis nunciis cum litteris innotuit ei et adventum et adventus sui causam

who replies in the following letter:

usque Romam. Quos ille benigne suscipiens, et verba eorum moderata æquitatis lance perpendens, juxta negotii modum scripsit episcopis Angliæ et regi sic.[1]

Paschalis episcopus, servus servorum Dei, venerabilibus fratribus Angliæ episcopis,[2] et carissimo filio Henrico illustri regi, salutem et apostolicam benedictionem.

Veniente ad nos carissimo ac reverendissimo fratre nostro Radulfo Cantuariensi archiepiscopo, vestram ad nos legationem missam per venerabilem fratrem Herbertum Norguicensem[3] episcopum novimus. Et quidem gravibus infirmitatum molestiis impediti, idem fratres et coepiscopi pervenire ad nostram præsentiam minime valuerunt.[4] Sed nunciorum honestis venerabilibusque personis pervenientibus eorum scripta suscepimus, in quibus et ipsorum postulationes et vestræ legationis vota perspeximus.[5] Id enim optabatur, id poscebatur, ne ecclesia Cantuariensis temporibus nostris sua dignitate privetur, ne nos eandem dignitatem minuamus aut minui sinamus, qua videlicet dignitate potita est ex quo a Beato Gregorio per Beatum Augustinum fundata est. Præter hæc litterarum indicia, legati qui ad nos missi sunt, ut sapientes

---

[1] *et regi sic*] On erasure and in margin in A.

[2] *Angliæ episcopis*] episcopis Angliæ, A.

[3] *Norguicensem*] Norvvicensem, A.

[4] *valuerunt*] potuerunt, A.

[5] *perspeximus*] inspeximus, A.

ac strenui viri, assertiones suas prudenter, instanter, et effica- A.D. 1117.
citer executi sunt. Nos profecto et legatorum personas, et
legatorum assertiones, et vestrum omnium suggestiones, tanquam carissimorum fratrum, benigne hilariterque suscepimus,
quia vobis in Domino propter Dominum placere optamus.
Vestrae igitur dilectioni notum haberi volumus, quia Cantuariensis ecclesiae dignitatem nec imminuimus, nec imminuere deliberamus. Beatum namque Gregorium apostolicae sedis
pontificem, tanquam praecipuum Christi Domini[1] membrum,
tanquam Christiani populi pastorem et doctorem, tanquam
salutis aeternae ministrum, in omnibus veneramur, et rata
esse cupimus quae ab ejus institutionibus processerunt. Illam
ergo dignitatem quam ab eo per Beatum Augustinum Cantuariensis suscepit ecclesia, et quam frater noster sanctae
memoriae Anselmus jure ac possessione legitima tenuisse cognoscitur, nos profecto nullatenus imminuimus, sed in eodem
statu esse Cantuariensem ecclesiam volumus, ut authentica ejus
privilegia juxta canonum sanctiones nullis perturbationibus
violentur. Data Beneventi, ix. Kal. Aprilis. [March 24th, 1117.]

In his nuncii papam deserentes ad nos Romam re- The Arch-
versi sunt. Nobis autem a Roma Sutriam usque re- the Em-
gressis, post aliquot dies Radulfus archiepiscopus invita- eventually
tus ab imperatore eum, annuente papa, adiit, et per octo Rouen.
MS. p. 292. dies in exercitu suo, quem circa Romam adduxerat,
conversatus cum illo est. Inde iterum Romam reversus, denuo Sutriae moratus multis diebus est. Fama
siquidem quaque disperserat, Romanum pontificem sub
celeritate in urbem venturum, et ratus est se colloquium ejus magnopere desiderantem illic opportunius
praestolaturum. Verum ubi intellectum est rem aliter
esse, remeandi patriam iter arripuit. Venimus itaque
Rotomagum ad regem Anglorum, et ab eo multo
tempore in Normannia detenti sumus.

Quibus diebus clerici Eboracenses supra memoratum The canons
Thurstanum, electum videlicet suum, suae ecclesiae re- send to the
stitui cupientes, et ne professionem de subjectione sua Pope;
pontifici Cantuariorum faceret modis omnibus insisten-

---

[1] *Domini*] Not in A.

A.D. 1117.
who writes to the King.

tes, quos prudentiores de suis habebant ad papam dirigunt, desiderium suum ejus auctoritate et imperio nova lege per eos stabiliri gestientes. . Qui viam aggressi, et ad papam usque profecti, quam veridici causæ suæ relatores apud eum extiterint, et res gesta veraci fateor superius stilo digesta, et textus epistolæ quam ipse papa pro eodem Thurstano direxit scire volentibus declarabit. Est autem hæc.

Pascalis episcopus, servus servorum Dei, dilecto filio Henrico, illustri Anglorum regi, salutem et apostolicam benedictionem.

Nos, auctore Deo, de probitate tua non tantum bona, sed etiam meliora confidimus. Iccirco monemus excellentiam tuam ut Divinæ gratiæ semper memor existas, quæ tibi et regni pacem et justitiæ notitiam tribuit. Honorem igitur Dei et ecclesiarum ejus in regno tuo diligenter observa, et justitiam efficaciter exequere, quia per honorem Dei tuus profecto honor augebitur. Audivimus electum Eboracensis ecclesiæ, virum sapientem et strenuum, sine judicio ab Eboracensi ecclesia sequestratum; quod nimirum Divinæ justitiæ, et sanctorum patrum institutionibus adversatur. Nos quidem neque Cantuariensem ecclesiam minui, neque Eboracensem volumus præjudicium[1] pati; sed eam constitutionem quæ a Beato Gregorio Anglicæ gentis apostolo inter easdem ecclesias constituta est firmam censemus illibatamque servari. Idem ergo electus ut justitia exigit ad suam ecclesiam omnimodis revocetur. Siquid autem quæstionis inter easdem ecclesias agitur, præsentibus utrisque partibus in nostra præsentia pertractetur, ut, præstante Deo, utraque ecclesia finem suæ justitiæ consequatur.

MS. p. 293.

[April 5th, 1117.]

Data Beneventi Nonis Aprilis.

Thurstan, reinstated, returns to England [February 1118].

Restitutus igitur[2] in pontificatum Thurstanus venit Angliam circa Februarium mensem, anno scilicet secundo quo ipse in Normanniam ad regem venerat. Venerabilis autem pater Radulfus necdum se a regis consortio sejungere valens in Normannia resedit, re-

---

[1] *volumus præjudicium*] præjudicium volumus, A.

[2] *igitur*] Not in A.

ditus sui opportunum tempus opperiens. Superius quoque nominatus Anselmus eousque morabatur Rotomagi cum rege, pecuniam quæ Beato Petro de Anglia quotannis pendi solet Romam reversurus cupiens secum habere. Ut autem ipse in Angliam pro exercenda legatione sibi injuncta transiret rex, ut diximus, consentire nolebat, ratione quam prælibavimus et aliis non minus rationabilibus usus. Quatinus ergo quid in hujusmodi, si forte contigerint, sit agendum secutura posteritas animadvertat; quæ nostris diebus acta sunt brevi perstrinximus, nulli præjudicium quid malit sequi præfigentes. *Epistolam quoque quam Romanus pontifex pro eodem Anselmo personis Angliæ destinavit subscribere, ut cuncta pateant, rati sumus; licet ipse, ut diximus, nec Angliam intraverit, nec alicui eorum quibus missa est eam ex parte illius a quo missa est præsentaverit.

Paschalis episcopus, servus servorum Dei, venerabilibus fratribus, archiepiscopis, episcopis, et abbatibus per Angliam, salutem et apostolicam benedictionem.

Licet vos religiosos prudentesque noverimus, multa tamen inter vos correctione digna fieri non ignoramus. Ecclesia enim Dei non solum fructuosis palmitibus, sed etiam infructuosis exuberat. Unde agricolis necesse est ad inutilia resecanda falcem frequenter apponere. Hæc nimirum cura sacrosanctæ Romanæ ecclesiæ ab ipsis apostolis consuetudinem fecit, suos per diversas provincias apocrisiarios destinare, qui ad vineæ Dominicæ curam agricolas Domini debeant sollicitius excitare. Eapropter dilectum filium nostrum Anselmum, Sancti Sabæ abbatem, virum utique religiosum ac sapientem cum præsentibus ad vos litteris destinamus, ut cum fraternitate vestra synodales debeat celebrare conventus, et per Dei gratiam quæ sunt evellenda evellere, et quæ plantanda plantare procuret. Præcipimus ergo ut eum tanquam personæ nostræ vicarium reverenter suscipientes, communicatis studiis ad Domini vineam excolendam vivacitate ac sollicitudine debita satagatis. Super

---

* *Epistolam quoque . . . dulcedinem repræsentet†*] Not in A.

A.D. 1118. Beati Petri elemosina colligenda segnius vos hactenus egisse cognovimus. Vestram itaque fraternitatem monemus et præcipimus, ut eam deinceps studiosius et sine quorumlibet dolo Romanæ ecclesiæ transmittere debeatis.

[May 24th, 1116.] Data apud Transtiberim ix. Kal. Junii.

Direxit etiam de eadem re Radulfo pontifici Cantuariorum epistolam sic se habentem.

Paschalis episcopus, servus servorum Dei, venerando fratri Radulfo, Cantuariorum archiepiscopo, salutem et apostolicam benedictionem.

In schola religionis te nutritum novimus. Nunc ergo cum ad ecclesiæ magisterium, Domino disponente, provectus es, monemus te ita religioni operam dare, ut de subditis tuis rationem possis cum lætitia Domino exhibere. Legatum nostrum Anselmum tuæ prudentiæ commendamus, ut ei tanquam nobis adesse studeas et cooperari. De Beati Petri elemosina ita studeas ut tibi gratias debeamus. Guarnerium monachum vestrum ad nos mitti volumus, ut nobiscum ad tempus manens tuam dulcedinem repræsentet.†

Death of Paschal II. [Jan. 21st, 1118.]
Election of Gelasius II. [Jan. 24th, 1118.]

Post hæc, secundo videlicet anno quo et Radulfus archiepiscopus Romam iturus Angliam exierat, et Anselmus pro exercenda legatione Angliam, ut sperabat, intraturus de Roma Normanniam ad regem Angliæ venerat, sacræ memoriæ Paschalis papa defungitur, et loco ejus Johannes quidam Caietæ natus substituitur. Qui Johannes, in monasterio Montis Cassini ab infantia monachus nutritus et adultus, in ministerio venerabilium apostolicorum, Desiderii, Urbani et Paschalis assiduus fuerat cancellarii officio functus. Successor MS. p. 206. igitur summi pontificis institutus, mutato nomine, Ge-

The Emperor sets up the Antipope Gregory.

Letter of the Pope on the subject.

lasius est nuncupatus. Rex vero Teutonicus, qui et Romanus imperator, audito papam huic vitæ decessisse, Romam advolat, et Bracarensem episcopum, jam anno præterito ab eodem papa Beneventi excommunicatum, cedente ab urbe Gelasio, suum papam instituit, et ex Burdino Gregorium nominat. Quæ omnia

---

* *Epistolam quoque . . . dulcedinem repræsentet*†] Not in A.

ut scire volentibus clareant, epistolam super his ab ipso Gelasio in Gallias missam, quam et ecce subscribimus, legant.

Gelasius episcopus, servus servorum Dei, venerabilibus fratribus, archiepiscopis, episcopis, abbatibus, clericis, principibus, et cæteris per Galliam fidelibus, salutem et apostolicam benedictionem.

Quia vos Romanæ ecclesiæ membra estis, quæ in ea nuper acta sunt dilectioni vestræ significare curavimus. Siquidem post electionem nostram dominus imperator furtive et inopinata velocitate Romam veniens nos egredi compulit. Pacem postea minis et terroribus postulavit, dicens se facturum quæ posset nisi nos ei juramento pacis certitudinem faceremus. Ad quæ nos ista respondimus, " De controversia " quæ inter ecclesiam et regnum est, vel conventioni vel " justitiæ libenter adquiescimus, loco[1] et tempore compe- " tenti, videlicet[2] vel Mediolani vel Cremonæ in proxima " Beati Lucæ festivitate, fratrum nostrorum judicio vel " consilio, qui a Deo sunt judices in ecclesia constituti, " et sine quibus causa hæc tractari[3] non potest. Et quo- " niam dominus imperator a nobis securitatem quærit, nos " verbo et scripto ista promittimus, nisi interim ipse im- " pediat. Alias enim securitates promittere, nec honestas " ecclesiæ nec consuetudo est." Ille statim, die videlicet post electionem nostram quadragesimo quarto, Bracarensem episcopum, anno præterito a domino prædecessore nostro Paschale papa in concilio Beneventi excommunicatum, in matris ecclesiæ invasionem ingessit. Qui etiam, dum per manus nostras olim pallium accepisset, eidem domino nostro et catholicis successoribus ejus, quorum primus ego sum, fidelitatem juravit. In hoc tanto facinore nullum de Romano clero, Deo gratias, imperator socium habuit, sed Guibertini soli, Romanus de Sancto Marcello, Centius qui dicebatur Sancti[4] Grisogoni, et Enzo qui multo per Daciam tempore debacchatus est, tam infamem gloriam celebrarunt. Vestræ igitur experientiæ litterarum præsentium præcepto

---

[1] *loco*] et loco, A.
[2] *videlicet*] On erasure in A.; probably to replace *scilicet*.
[3] *tractari*] Changed from *pertractari* in A.
[4] *Sancti*] Not in A.

mandamus, ut, super his communi per Dei gratiam deliberatione tractantes, ad matris ecclesiæ ultionem communibus, præstante Deo, auxiliis sicut oportere cognoscitis accingamini.

Data Caitæ xvii. Kal. Februarii.[1]

Hæc ita Roma.

His diebus gravi damno Anglia percussa est in morte reginæ. Defuncta siquidem est apud Westmonasterium Kal. Maii, et in ipso monasterio decenter sepulta. Quo autem judicio Dei ignoramus, illico post hæc plures Normannorum quam regi juraverant fidelitatem postposuerunt, et in regem Franciæ principesque ejus, adversarios scilicet ipsius naturalis domini sui, non veriti justitiam, se transtulerunt. Unde quot et quanta mala emerserint, cogitatu, ne dicam dictu, scimus esse difficile. Inter quæ præfatus papa Gelasius per mare Burgundiam venit, et adventus ejus mox Galliæ toti innotuit. Excitati sunt quique potentes cum mediocribus ei occurrere, et certatim parabantur interesse concilio quod ipse disponebat se media quadragesima Remis celebraturum. Radulfus quoque archiepiscopus, audito papæ adventu, de Rotomago, ubi eousque morabatur, egressus impiger ei occurrere statuit. Sed ubi aliquantum itineris confecit, accepit a quibusdam ipsum papam longius discessisse, et versus Hispanias ire proposuisse. Unde ob laborem et prolixitatem difficilis viæ, consilio amicorum suorum, profectionem suam ab incœpto rediens distulit, eandem, ut putabat, profectionem non multo post resumpturus, et ei Cluniacum venienti, auctore Deo, occursurus. Ratus tamen consilii fore destinavit ad eum legatos suos, qui et itineris illius certitudinem, et animi ejus qualitatem erga se, quidque de negotiis suis apud eum confidere posset, diligentius

---

[1] See Preface.

investigarent. Quæ ubi Thurstano Eboracensi innotuerunt, relicta Anglia, papam, ut sperabat, suæ causæ gratia petiturus, mare transiit, et Rotomagum venit. Ubi a rege quod se inconsulto transfretaverit redargutus, ultra procedere inhibitus est, donec certiorem de processu papæ sententiam edisceret. Sed evoluto non multo temporis intervallo,[1] legati, quos archiepiscopus destinaverat,[2] reversi nunciant se ad papam venisse, eumque multa nostris sæculis nova et inaudita proponentem facturum, morte preventum, et Cluniaci esse sepultum.

Itaque post hæc cardinales et alii Romani, qui papam secuti Galliam venerant, sibi veluti a suis longe remoti consulentes, Guidonem Viennensem archiepiscopum, loci auctoritate et opibus fultum, quo tutiores in aliena patria[3] essent, loco defuncti papæ substituunt, et, mutato nomine, Calixtum nuncupant. Dum hæc ecclesiastica ita in Burgundia disponuntur, apostolatus Romanæ ecclesiæ præfato Gregorio sedi Beati Petri præsidente administratur. Super his ergo multis rumoribus Anglia concussa est, aliis hunc, aliis illum, aliis neutrum ecclesiæ Dei jure prælatum asserentibus. Galli tamen et rex Angliæ[4] cum pontifice Cantuariorum in Calixtum se transtulerunt, et eum, spreto Gregorio, pro apostolico susceperunt. Utrum autem aliqua vel a Calixto regi aut[5] primati Anglorum, vel ab istis illi mandata sint illis diebus, quæ authentica et memoriæ digna extiterint necne, nulla nobis huc usque certitudo illuxit. Nos enim qui his scribendis operam dedimus in Anglia, illi vero de quibus agitur extra Angliam ea tempestate morabantur. Cum enim

---

[1] *intervallo*] spatio, A.
[2] *destinaverat*] direxerat, A.
[3] *patria*] A. has *provincia*, and over it *vel patria*.
[4] *Angliæ*] Anglorum, A.
[5] *aut*] et, A.

pater Radulfus Roma reversus cum rege Henrico in Normannia[1] conversaretur, et me, qui continuus comes Beati Anselmi dum viveret esse solebam, quique in obsequio sui ipsius ex quo in pontificatum Cantuariensem assumptus fuerat eousque assiduus eram, aliquantum infirmari adverteret, paterna affectu mihi condoluit. Non igitur extra ecclesiam in qua ab infantia nutritus fueram aliquo me mortis periculo premi ullatenus sustinens, Cantuariam mihi iri suasit ac persuasit, scribens pro bonitate sua conventui fratrum ecclesiae nostrae epistolam hanc, et per suum nuncium dirigens.

Dilectissimis fratribus atque filiis, Conrado priori, caeterisque servis Dei qui sunt Cantuariae in ecclesia Christi, fidelissimus eorum frater Radulfus, ejusdem ecclesiae presbyter et minister devotus, salutem et amorem cum benedictionem Dei et sua.

Desiderio desideravi videre facies vestras, et eo amplius quod existimabam vos aliquatenus desolari super prolixitate morosae peregrinationis meae. Ad vos igitur venturus in brevi, praemitto vobis fratrem et amicum nostrum Domnum Edmerum,[2] omnium laborum et actuum nostrorum conscium et socium, qui cor nostrum vobis denudare funditus[3] potest, et enucleatius omnia quae circa me aguntur, quaeque desiderii mei sint, revelare, quam alicui scripto credere judicaverim. Precor autem obnixius, ut gratias ei referre semel et saepe reminiscamini pro servitio et honore quod mihi ex amore vero, ut vir prudens et perfectus, exhibuit ; pro labore et onere quod sine murmure pro me moestus, pro se vero nihil questus sustinuit. Mementote ergo ut illi parem gratiam referatis, ostendentes mihi amorem quem erga me habetis, servientes ei, et eum honorem et amorem impendentes quem mihi impendere cuperetis, scientes quoniam ejus absentiam aegre[4] sustineo, sed terruit me quidam quasi ramusculus illius infirmitatis qua praeterito anno vexatus est, cujus rei gratia eum praemittere coactus sum. Vos igitur

---

[1] *Normannia*] Normanniam, A.
[2] *Edmerum*] MS.
[3] *vobis denudare funditus*] funditus vobis denudare, A.
[4] *aegre*] egrae, MS.

curate ut sitis ei piissimi fratres et impigerrimi administratores omnium earum rerum quæ saluti suæ congrua et consequentia videritis. Valete nostri memores.

Hanc epistolam non pro commendatione personæ meæ, quam nullius laude dignam certissime scio, hic notavi; sed ut iis[1] qui opinantur et obloquuntur, dicentes me patrem meum quasi in alieno positum deseruisse, et ei solatium obsequii mei more prolis adulterinæ subtraxisse, rem gestam simplici stilo describendo proponam. Et quidem, cum illum moram ultra condictum in redeundo facere viderem, profecto ad eum redissem, si ex sua parte interdictum mihi[2] non fuisset. Nam adventum suum jamjam instare suis in Anglia sæpissime mandans, nolebat me suæ pietatis intuitu fatigari, sed se quantocius, ut putabat, adventurum ubi eram jussit præstolari. Hæc ita se habuisse veritas ipsa novit. Quia ergo ab ipso patre non alio sed hoc modo ad præsens separatus sum, si ea quæ interim geruntur aut gesta sunt memoranda non scribo, nulli succensendum existimo. Nihil enim dubii pro certo hactenus volui, sed nec nunc quidem scribere volo. Eum tamen aliquid aut egisse aut agere disposuisse de negotio quod eousque versabatur inter ipsum et sæpe superius memoratum Thurstanum Eboracensem dubitare non possum. Magna siquidem instantia privilegium, quod tempore venerandæ memoriæ Lanfranci archiepiscopi sub magno rege Willelmo de ipsa re promulgatum, et sigillo ipsius regis firmatum in ecclesia Christi Cantuariæ diligenti cura servatur, illis diebus sibi mitti precepit. Quod a tanto viro ab re factum non facile crediderim. *Ipsum itaque pri-

The Canterbury privilegium of 1073 sent to the Archbishop of Canterbury.

---

[1] *iis*] his, A.
[2] *interdictum mihi*] mihi interdictum, A.
* *Ipsum itaque . . . Went. con-sensi*†] Not in A. The following variants marked C.C. are taken from the documents preserved at Canterbury.

vilegium huic loco inserere mihi in animum venit, consideranti quæ et quanta dicantur a nonnullis dignitatem ecclesiæ Cantuariensis nescientibus, vel potius scire nolentibus, et quam ob rem primatum super ecclesiam Eboracensem sibi reclamet quasi stupentibus, ut habeant oculis præfixum unde amodo certi existant, quid cui harum ecclesiarum, remotis ambagibus, concedere non injuria debeant. Est igitur hoc.

Anno ab Incarnatione Domini nostri Jesu Christi millesimo septuagesimo secundo, pontificatus autem domni Alexandri papæ undecimo, regni vero Willelmi gloriosi regis Anglorum et ducis Northmannorum sexto, ex precepto ejusdem Alexandri papæ, annuente eodem rege, in præsentia ipsius et episcoporum atque abbatum ventilata est causa de primatu quem Lanfrancus Dorobernensis archiepiscopus super Eboracensem ecclesiam jure suæ ecclesiæ proclamabat, et de quorundam ordinationibus[1] episcoporum, de quibus ad quem specialiter pertinerent certum minime constabat. Et tandem aliquando diversis diversarum scripturarum auctoritatibus probatum atque ostensum est, quod Eboracensis ecclesia Cantuariensi debeat subjacere, ejusque archiepiscopi, ut primatis totius Britanniæ, dispositionibus in iis quæ ad Christianam religionem pertinent in omnibus obœdire. Subjectionem vero Dunelmensis, hoc est Lindisfarnensis, episcopi atque omnium regionum a terminis Licifeldensis episcopi et Humbræ magni fluvii usque ad extremos Scotiæ fines, et quicquid ex hac parte prædicti fluminis ad parochiam Eboracensis ecclesiæ jure competit, Cantuariensis metropolitanus Eboracensi archiopiscopo ejusque successoribus in perpetuum obtinere concessit. Ita ut si Cantuariensis archiepiscopus concilium cogere voluerit, ubicunque visum ei fuerit, Eboracensis archiepiscopus sui præsentiam cum omnibus sibi subjectis ad nutum ejus exhibeat et ejus canonicis dispositionibus obediens existat. Quod autem Eboracensis archiepiscopus professionem Cantuariensi archiepiscopo facere etiam cum sacramento debeat, Lanfrancus Dorobernensis archiepiscopus ex

---

[1] *quorundam ordinationibus*] ordinationibus quorundam, CC. [Winchester and Windsor].

antiqua antecessorum consuetudine ostendit, sed ob amorem regis Thomæ Eboracensi archiepiscopo sacramentum relaxavit, scriptamque tantum professionem recepit; non præjudicans successoribus suis, qui sacramentum cum professione a successoribus Thomæ exigere voluerint. Si archiepiscopus Cantuariensis vitam finierit, Eboracensis archiepiscopus Doroberniam veniet, et eum qui electus fuerit cum cæteris præfatæ ecclesiæ episcopis, ut primatem proprium, jure consecrabit. Quod si Eboracensis archiepiscopus obierit, is qui ei successurus eligitur, accepto a rege archiepiscopatus dono, Cantuariam vel ubi Cantuariensi archiepiscopo placuerit accedet, et ab ipso ordinationem more canonico[1] suscipiet. Huic constitutioni consenserunt prefatus rex et archiepiscopi, Lanfrancus Cantuariensis et Thomas Eboracensis, et ceteri qui interfuerunt episcopi.[2] Ventilata est autem hæc causa prius apud UUentanam civitatem in paschali solennitate, in capella regis[3] quæ sita est in castello, postea in villa regia quæ vocatur Windlesor,[4] ubi et finem accepit in præsentia regis, episcoporum, abbatum diversorum ordinum, qui congregati erant apud curiam in festivitate Pentecostes. ✠ Signum Willelmi regis. ✠ Signum Mahtildis reginæ. ✠ Ego Hubertus sanctæ Romanæ ecclesiæ lector et domni Alexandri papæ legatus subscripsi. ✠ Ego Lanfrancus Dorobernensis archiepiscopus subscripsi. ✠ Ego Thomas Eboracensis archiepiscopus subscripsi. ✠ Ego Willelmus Lundoniensis episcopus consensi. ✠ Ego Herimannus Siraburnensis episcopus subscripsi. ✠ Ego Wulstanus UUigornensis episcopus subscripsi. ✠ Ego Walterus Herefordensis episcopus consensi. ✠ Ego Giso Wellensis episcopus consensi. ✠ Ego Remigius Dorchasensis episcopus subscripsi. ✠ Ego Walkelinus UUentanus episcopus subscripsi. ✠ Ego Herfastus Helmeanensis episcopus subscripsi. ✠ Ego Stigandus Cicestrensis episcopus consensi. ✠ Ego Siwardus Hrofensis episcopus consensi. ✠ Ego Osbernus Exoniensis episcopus consensi. ✠ Ego Odo Baiocensis episcopus et comes Cantiæ consensi.

---

[1] *more canonico*] canonico more, C.C. [Winchester and Windsor].

[2] *episcopi*] The Winchester document preserved at Canterbury ends with this word, and is followed by nine signatures. See Preface.

[3] *regis*] regia, C.C. [Windsor].

[4] *Windlesor*] Windisor, C.C. [Windsor].

254   HISTORIA NOVORUM IN ANGLIA.

A.D. 1119. ✠ Ego Goffridus[1] Constantiensis episcopus et unus de primatibus Anglorum consensi. ✠ Ego Scollandus abbas coenobii Sancti Augustini consensi. ✠ Ego Elfuuinus abbas coenobii quod Ramesei[2] dicitur consensi. ✠ Ego Ælnodus[3] Glestoniensis abbas consensi. ✠ Ego Thurstanus abbas coenobii quod in insula quae dicitur Heli situm est consensi. ✠ Ego Wluuoldus[4] abbas coenobii quod Certesei[5] dicitur consensi. ✠ Ego Elfuuinus[6] abbas coenobii Heuesandi consensi. ✠ Ego Fredericus abbas coenobii Sancti Albani consensi. ✠ Ego Goiffridus[7] abbas coenobii Sancti Petri quod non longe a Lundonia situm est consensi. ✠ Ego Baldewinus[8] abbas coenobii Sancti Eadmundi consensi. ✠ Ego Toroldus abbas de Burgo consensi. ✠ Ego Adelelinus[9] abbas Abbendoniae consensi. ✠ Ego Rualodus abbas novi monasterii Wentoniae consensi.†

Hoc itaque scriptum,[10] ut diximus,[11] ad imperium suum sibi allatum pater Radulfus cum suscepisset, papae, ut nobis in Anglia dicebatur, de suis et aliis quibusdam ecclesiasticis negotiis cum eo acturus se praesentasset, nisi forte sponsione regis Henrici qua, se in regnum suum reverso, omnem justitiam ei facturum et saepe nominatum Thurstanum ad voluntatem et subjectionem suam se exhibiturum pollicebatur illo procedere detineretur. Et haec quidem sponsio nonnihil eum in transmarinis partibus detinebat, et eventum rei patienter expectare persuadebat. Rex quoque

---

[1] *Goffridus*] Gosfridus, C.C. [Windsor].
[2] *Ramesei*] Rammesei, C.C. [Windsor].
[3] *Ælnodus*] Elnodus, C.C. [Windsor].
[4] *Wluodus*] Ulwoldus, C.C. [Windsor].
[5] *Certesei*] Certisei, C.C. [Windsor].
[6] *Elfwinus*] Elwinus, C.C. [Windsor].
[7] *Goiffridus*] Goisfridus, C.C. [Windsor].
[8] *Baldewinus*] Balduinus, C.C. [Windsor].
[9] *Adelelinus*] Adelelmus, C.C. [Windsor].
* *Ipsum itaque . . . consensi*†] Not in A.
[10] *scriptum*] privilegium, A.
[11] *ut diximus*] not in A.

bellicis tumultibus undique occupatus nec se ut volebat deliberare, nec, eis omissis, in Angliam, salva honestate sua, poterat remeare.

Inter hæc ipso videlicet electionis suæ anno Calixtus papa instituit Remis generale concilium xiii. Kal. Novembris, qui fuit annus ab Incarnatione Domini millesimus centesimus nonus decimus, et ex quo Radulfus archiepiscopus Romam iturus Angliam exierat annus quartus. Ad hoc concilium factus est multiplex archiepiscoporum, episcoporum, abbatum, et principum diversarum provinciarum concursus, cum numerosa clericorum ac plebum multitudine. Quos inter directi quoque sunt ab Henrico rege Anglorum ad ipsum concilium episcopi et abbates Normanniæ, et insuper episcopi Angliæ qui tunc temporis in Normannia cum illo degebant, Willelmus videlicet Exoniensis, Rannulfus Dunelmensis, Bernardus Meneuwensis, et Urbanus Glamorgatensis. Radulfus[1] autem pontifex Cantuariorum partim corporis imbecillitate, partim aliis rationibus præpeditus, ab accessu ipsius conventus prohibitus est. Supranominatus autem Thurstanus a rege licentiam petens illuc eundi, eam obtinere nullatenus potuit, donec interposita fide[2] qua ei sicut domino suo astrictus erat illi promitteret, se apud papam nihil acturum unde ecclesia Cantuariensis ullum antiquæ dignitatis suæ dispendium incurreret, nec episcopalem benedictionem ab eo ulla ratione suadente susciperet. Itaque tali sponsione ligatus iter arripuit, et ad papam quemadmodum suo negotio expedire cognovit[3] impiger venit. Quid plura? Posthabita fidei sponsione, Romanos in causam suam, quo in quæque negotia pertrahi solent largitatis officio, transtulit, et per eos ut a papa episcopus sacraretur

---

[1] *Radulfus*] Rannulfus, A.
[2] *fide*] fide sua, A.
[3] *cognovit*] sciebat, A.

sua manu cooperante impetravit. Sane ante hæc nuncium suum rex ad papam direxerat, cautum illum faciens de querela quæ usque id temporis versabatur inter Radulfum archiepiscopum Cantuariorum et ipsum Thurstanum. Nuncius autem horum et executor fuit Siefridus,[1] cognomine Pelochinus, frater archiepiscopi, habitu monachus, ingenio gnarus, prudentia providus, et[2] regi ac papæ familiaritatis nexu copulatus. Igitur inter alia quæ huic rex papæ dicenda indixit præcipue jussit ei dici quatinus id observaret, ut nullius rei gratia[3] interveniente Thurstanum aut ipse sacraret, aut ab aliquo nisi a pontifice Cantuariorum, uti moris esse solet, sacrari juberet aut permitteret; alioquin se illum in nullum suæ dominationis locum amplius recepturum. Et si contra hanc sententiam ipse quasi apostolatus sui auctoritate forte niti vellet, certus existeret, quia nec pro amissione coronæ suæ, utpote spatio septem annorum excommunicatus, propositum suum in hac causa permutaret. Respondit, "Ne putet rex me de negotio quo de agit quavis "ratione secus acturum quam ipse velit. Nec enim "me unquam ad hoc mea voluntas tulit,[4] ut Can-"tuariensis ecclesiæ dignitatem, cui tot præclari pa-"tres, ut pene toti mundo notissimum est, præsede-"runt, quoquo modo humiliem." His apostolici verbis regius nuncius credulus effectus,[5] de suæ legationis effectu securus factus est. Quapropter cum Remis venisset, et mane Dominici diei præcedentis diem præstituti concilii, cum Cantuaritis sociis suis,[6] audiret apud Sanctum Remigium quosdam protestantes ei Thurstanum et suos alacres ad benedictionem pontificatus in sede episcopali preparari, miratus est ultra

---

[1] *Siefridus*] Sieffredus, A.
[2] *et*] Not in A.
[3] *rei gratia*] gratia rei, A.
[4] *voluntas tulit*] tulit voluntas, A.
[5] *effectus*] On erasure in A.
[6] *sociis suis*] suis sociis, A.

modum, nec iis quæ dicebantur aliquatenus poterat fidem prebere. At ubi rei veritas palam innotuit, Johannes archidiaconus Cantuariensis, quem negotii istius tenor illuc adduxerat, papæ astitit, et in præsentia plurimorum episcoporum necne aliarum excellentium personarum ipsam benedictionem viva voce a pontifice Cantuariorum fieri debere calumniatus est, nec ipsum, licet officio papæ fungeretur, jure posse ecclesiæ Cantuariensi jus suum præripere, cum constaret eam nulli quod justi debebat eousque denegasse. Ad quæ ille respondens, "Nullam," inquit, " injustitiam ecclesiæ Cantuariensi facere volumus, " sed, salva justitia et dignitate illius, quod propo-" suimus exsequemur." Quod audientium quique mirum dictu judicaverunt, videntes eum adversa fronte quæ dicebat nimis injuste facto refellere. Consecratus namque in pontificatum Eboracensem Thurstanus est, fide quam domino suo sub Deo pollicitus fuerat hoc modo fraudatus. Ex quo facto in admirationem concussa sunt corda multorum. Rati enim sunt tantam rem eum nullatenus præsumere potuisse, si regiam voluntatem sibi consentaneam in ea non advertisset. Huic consecrationi cum ad jussum papæ plures e Gallia episcopi interessent, reverendæ memoriæ Hubaldus archiepiscopus Lugdunensis nullo pacto, nec papa[1] jubente, voluit interesse,[2] perpendens non recto calle rem procedere, et horrens tantam injuriam ecclesiæ Cantuariensi, cui speciali amicitia et fraterna familiaritate jungebatur, contra æquum infligi. Episcopi vero regni Anglorum, quos ad concilium a rege Henrico directos diximus, nondum illuc venerant; et ea re, illis absentibus, hæc ita completa sunt. Quæ ut regi certo innotuerunt, mandans modis omnibus Thurstano et suis interdixit redire in Angliam et

---

[1] *papa*] ipso papa, A.
[2] *voluit interesse*] Changed in R 8387.

MS. from *interesse voluit*. A. has *interesse voluit*.

Normanniam[1] et in omnem locum dominationis suæ. Ratum ex his quique audientium habuere præter consensum regis quæ fuerunt facta fuisse. Itaque post hæc Calixtus Gisortium venit, et rex Henricus illuc ei locuturus accessit. Acta igitur sunt multa inter illos,[2] quorum gratia par erat tantas personas convenisse. Inter quæ rex a papa impetravit ut omnes consuetudines quas pater suus in Anglia habuerat et in Normannia sibi concederet, et maxime ut neminem aliquando legati officio in Anglia fungi permitteret, si non ipse, aliqua præcipua querela exigente, et quæ ab archiepiscopo Cantuariorum cæterisque episcopis regni terminari non posset, hoc fieri postularet a papa.[3] Quibus omnibus pro statu temporis definitis, papa rogat regem Thurstano amicum fieri, eumque pontificatui ad quem ipsum sacraverat pro amore suo restitui. At ille hoc se dum viveret non facturum in sua fide spopondisse confessus est. Ait, "Ego " apostolicus sum, et si feceris quod postulo ab hac " te fidei sponsione absolvam." "Tractabo de his," ait, " et quæ consilii mei tenor invenerit paternitati " tuæ notificabo." Hinc a papa recessit, et ei per internuncios suos de negotio ita respondit, "Quod di- " cit se, quoniam apostolicus est, me a fide quam " pollicitus sum absoluturum, si contra eandem fidem " Thurstanum Eboraci recepero, non videtur regiæ " honestati convenire hujuscemodi absolutioni consen- " tire. Quis enim fidem suam cuivis pollicenti am- " plius crederet, cum eam mei exemplo tam facili " absolutione annihilari posse videret? Veruntamen " quia Thurstanum in pontificatum tantopere petit ad- " mitti, quantum mea refert, ea conditione pro amore " suo concedo, ut ipse primo Cantuariam veniat, et

---

[1] *Angliam et Normanniam*] Normanniam et Angliam, A.
[2] *illos*] eos. A.

[3] *postularet a papa*] a papa postularet, A.

"debitam obœdientiam ac subjectionem quam Thomas "Girardus et alter Thomas ecclesiæ Cantuariensi ejus"que primati professi sunt, scripta ex more profes"sione, profiteatur. Quod si facere supersederit, sciat "quia nullo edicto[1] compellente, me in Anglia reg"nante, Eboracensi[2] ecclesiæ præsidebit. Hoc siqui"dem me servaturum promisi, et fidem meam vadem "posui ne aliquando fiam transgressor hujus pro"missi." His ita de legatione Angliæ et pontifice Eboracensi determinatis, pater Radulfus Angliam revertitur, et Dofris appulsus cum summo honore et gaudio in sedem suam Cantuariæ ii. Non. Januarii recipitur. Anselmus autem, qui legatione Angliæ, ut descripsimus, gloriabatur, nec Angliam intrare nec aliquo legati officio fungi dignus habitus est. Itaque omnis hujusce potestatis exsors effectus, a Normannia est in sua regressus. Thurstanus vero papam secutus est, sed non diu ab eo ne ejus præsentia[3] gravaretur detentus. Rex autem Henricus in sua sententia perstans, eum nec pontificatui Eboracensi, nec in suæ potestatis aliquem locum admitti sinebat.

*Inter hæc venit ad patrem Radulfum clericus quidam vocabulo David, electus a principe, clero et populo Waliæ in pontificatum Pangornensis ecclesiæ, glorioso Anglorum rege Henrico electioni eorum consentiente. Direxerant autem illum ipsi Walenses cum litteris ad eundem patrem, in quibus quid super eo voluerint nosse volentibus satis elucebit. Textus siquidem illarum hic est.

Radulfo Cantuariensis ecclesiæ archiepiscopo, reverendo patri, Deo hominibusque dilecto, Criphinus et universus clerus totius Gualiæ et populus, orationes, devotiones, servitium et salutem.

---

[1] *edicto*] On erasure in A.
[2] *Eboracensi*] Eboraci, A.
[3] *ejus præsentia*] præsentia ejus, A.

* *Inter hæc . . . Glamorgatensis*†] Not in A.

A.D. 1120.

Supplices et humi pedibus vestris prostrati paternitatem vestram deprecamur, ut electum nostrum consecretis citissime in episcopum, pro Dei amore et salute animæ vestræ; quia cum magna calamitate per multos annos caremus pastore, in quibus nec chrisma habuimus, nec aliquid Christianitatis vere. Vestrum est igitur succurrere nostræ ecclesiæ, quia filia est vestræ matris ecclesiæ. Et si nunc, quod absit, episcopum non habebimus ex vestra parte, quæremus aliquem de Hibernia insula, vel de alia aliqua barbara regione. In Deo crescat dignitas vestra.

Consecration of David, Bishop of Bangor [April 4th, 1120].

Hac precum instantia et rerum necessaria ratione permotus antistes, hominem benigne susceptum plurimis diebus secum decenter retinuit, et nonnullis quæ Divina sunt diligenter instituit. Deinde sacravit eum in pontificem apud Westmonasterium ii. Non. Aprilis, sumpta ab eo professione de subjectione et obœdientia sanctæ matri ecclesiæ Cantuariensi, et sibi et successoribus suis exhibenda. Huic consecrationi interfuerunt et cooperatores extiterunt suffraganei ecclesiæ Christi Cantuariensis, Ricardus videlicet episcopus Lundoniensis, Robertus Lincoliensis, Rogerius Serberiensis, et Urbanus Glamorgatensis.†

The primacy of the see of Canterbury.

His diebus excitata est sollicitudo multorum ad investigandum auctoritates et antiqua privilegia primatus quem ecclesia Cantuariensis, quæ est Dorobernensis, sibi vindicat super ecclesiam Eboracensem. Quod ea re maxime contigit, quia causa, quæ inter Radulfum pontificem Cantuariorum et Thurstanum Eboracensem eousque, ut descripsimus, versabatur, in notitiam transmarinorum episcoporum delata fuerat, ipso Thurstano propugnationem eorum sibi contra patrem Radulfum modis omnibus asciscente. Et illi quidem, utpote consuetudinum et privilegiorum ecclesiæ Christi Cantuariensis ignari, immoderatius Thurstano favebant, autumantes, ut ipse ferebat, Radulfum vi magis ex divitiarum copiis prodeunte, quam priscæ auctoritatis et Romanorum pontificum privilegiis in suis assertio-

MS. p. 310.

---

* *Inter hæc . . . Glamorgatensis*†] Not in A.

nibus niti. Sed cum ad hæc diceretur in vanum tale quid opinari, et satis sufficere ad determinationem hujus discidii quæ a tempore Willelmi regis,[1] qui armis Angliam cœperat, de ipso negotio gesta sunt, præsertim cum a diebus regni ejus pœne cuncta quæ ab Anglis antiquitus quasi sacrosancta celebrabantur, nunc vix postremæ auctoritatis quorundam judicio habeantur, "Non hinc," aiunt, "ita est; immo nova quæ " istis temporibus inferuntur antiquorum scriptorum " astipulationibus ut rata sint necesse est fulciantur." Ex his ergo ad hæc investiganda multorum sollicitudo, ut diximus,[2] evigilavit, et confisa justitiæ ecclesiæ Dei,[3] antiquorum scriniorum abdita, sacrorum evangeliorum volumina, soli decori domus Domini eatenus inservientia, diligentius perscrutata est. Ecce autem ut voluntas justi amans optato effectu non privaretur, quæ subscribimus, revelante Deo, privilegia quædam reperta sunt, firma undique et apostolica auctoritate subnixa. Sunt autem hæc.

Bonifacius papa, Æthelberto regi Anglorum.

[4]Domino excellentissimo atque præcellentissimo filio, regi Anglorum Æthelberto, Bonifacius episcopus, servus servorum Dei.[4]

Dum Christianitatis vestræ integritas ita circa Conditoris sui cultum excreverit ut longe lateque resplendeat, et in omni mundo annuntiata vestra Deo dignæ operationis augmenta referat, enormes largitori omnium bonorum Deo grates exsolvimus[5] qui * vos de excelso prospexit, et in tanto virtutum culmine erexit. Quapropter, glorioso fili, quod ab apostolica sede per coepiscopum nostrum Mellitum postulastis

---

[1] *Willelmi regis*] regis Willelmi, A.

[2] *multorum . . . diximus*] In margin, and crowded, in A.

[3] *justitiæ ecclesiæ Dei*] ecclesiæ Dei jústitiæ, A.

[4] *Domino . . . Dei*] Not in A.

[5] *exolvimus*] exolvimus et cetera, A.

* *qui vos . . . xv.†*] Not in A.

libenti animo concedimus, id est ut vestra benignitas in monasterio in Dorobernensi civitate constituto, quod sanctus doctor vester Augustinus beatæ memoriæ Gregorii discipulus Sancti Salvatoris nomini consecravit, cui ad præsens præesse dinoscitur dilectissimus frater noster Laurentius, licenter per omnia monachorum regulariter viventium habitationem statuat, apostolica auctoritate decernentes, ut ipsi vestræ salutis prædicatores monachi monachorum gregem sibi associent, et eorum vitam sanctitatum moribus exornent. Quæ nostra decreta siquis successorum vestrorum, regum sive episcoporum, clericorum sive laicorum, irrita facere temptaverit, a principe apostolorum Petro, et a cunctis successoribus suis anathematis vinculo subjaceat, quoadusque quod temerario ausu peregit Deo placita satisfactione pœniteat, et hujus inquietudinis veram emendationem faciat. In Christo valeas, domine fili. Missa per manum Melliti Lundoniensis episcopi, anno Dominicæ Incarnationis sescentesimo xv.†

Bonifacius papa Justo archiepiscopo Dorobern.

[1] Dilectissimo fratri Justo, Bonifacius episcopus, servus servorum Dei.[1]

Susceptis vestræ dilectionis apicibus, in quibus repperimus, inter alia, plurimos ex gentilitate ibidem degentium, Deo omnipotenti et Domino nostro Jesu Christo auxiliante, conversos, maxime autem in partibus Cantiæ ad vera Dei vestri[2] fidem vestris laboribus perductos; valde gratulati sumus. * Eadbaldi quoque regis animum ad veræ agnitionis viam esse correctum, Deum omnipotentem in id laudavimus, qui sui nominis sacramentum vestrique laboris fructum non deseruit, sicut ipse prædicatoribus evangelii veraciter repromisit, "Ecce ego vobiscum sum omnibus diebus usque ad "consummationem sæculi." Multa est clementia apud Deum, multa est in vobis demonstrata; cum aperiantur corda barbararum gentium ad suscipiendum prædicationis vestræ sin-

---

* *qui vos de excelso . . . xv.*†] Not in A.
[1] *Dilectissimo . . . Dei*] Not in A.

[2] *vestri*] nostri, A.
* *Eadbaldi . . . reverendissime frater*†] Not in A.

gulare mysterium. Ut enim proficerent, vestris meritis est eorum salvatio propinata, Domino dicente, "Qui persevera-"verit usque in finem, hic salvus erit." Et alibi, "Con-"summati operis vobis merces a retributore omnium bono-"rum Domino tribuetur." Cognovi siquidem in vestris syllabis, ut sanctæ recordationis prædecessor noster Gregorius constituit Augustino et omnibus successoribus suis in posterum metropolitanam et primitivam sedem in civitate Dorobernia, ubi caput totius gentis Anglorum a diebus paganorum habetur. At vero nunc per revelationem Jesu Christi, qui est origo et caput Christianitatis, eadem civitas exaltatur, et orthodoxa fides quæ est radix nobilissima ibidem collocatur, ut ex illa segete uberrimum fructum boni operis ad pabulum cælestis patriæ omnes insulani metiri queant. O quam felix illa civitas, quæ meruit in se Christum habitatorem habere, expulsis antiqui hostis insidiis; felix illa civitas; felix et tota gens cum illos superna misericordia visitare non dedignata sit, quos ante mundi creationem prædestinaverat sibi sociare. Qua ox re absit ab omni Christiano ut ex illa civitate Dorobernia aliquid minuatur; aut in aliud mutetur nunc vel futuris temporibus, quæ a prædecessore nostro domino papa Gregorio statuta sunt, quoquomodo res humanæ quassentur. Sed magis ex auctoritate Beati Petri apostolorum principis idipsum præcipientes firmamus, ut in Dorobernia civitate semper in posterum metropolitanus totius Britanniæ locus habeatur, omnesque provinciæ regni Anglorum ut præfati loci metropolitanæ ecclesiæ subjiciantur, immutilata perpetua stabilitate decernimus. Hanc autem ecclesiam, utpote specialiter consistentem sub potestate et tuitione sanctæ Romanæ ecclesiæ, siquis conatus fuerit imminuere, eique de concessæ potestatis jure quicquam abstulerit, auferat eum Deus de libro vitæ, sciatque se sub anathematis vinculis esse nodatum. Deus te incolumem custodiat, reverendissime frater.†

MS. p. 313.

Honorius papa, Honorio archiepiscopo Dorobernæ.

Dilectissimo fratri Honorio, Honorius episcopus, servus servorum Dei.

Susceptis vestræ dilectionis litteris, in eis reperimus vestri laboris sollicitudinem circa vobis commissum gregem

Letter of Honorius I. to Archbishop Honorius. [A.D. 628?]

---

* *Eadbaldi quoque regis . . . frater†*] Not in A.

multa fatigatione occupatam,[1] multo* labore et angustia, crebrescentibus malis et mundanis usibus, mentis vestræ difficultatis sæpius sustinere gravitatem. Nos vero hortamur vestram dilectionem, ut opus evangelii quod cœpistis teneatis, quia in eo tibi laborandum atque perseverandum magis quam omittendum necesse est. Memento evangelici precepti quo dicitur, "Ego pro te rogavi, Petre, ut non de-
"ficiat fides tua, et tu aliquando conversus confirma fratres
"tuos." Et item iu apostolo, "Fratres, stabiles estote et
"immobiles, abundantes in opere Domini, semper scientes
"quod labor vester non est inanis in Domino." Ideo suppliciter vestram dilectionem admonemus ut fide et opere, in timore Dei et caritate, vestra adquisitio, decessorumque vestrorum, quæ per domni Gregorii exordia pullulat, convalescendo amplius extendatur, ut ipsa promissa Dominici eloquii vos ad æternam festivitatem evocet quæ dicit, "Venite ad
"me omnes qui laboratis et onerati estis, et ego reficiam
"vos." Et iterum, "Euge, serve bone et fidelis, quia
"super pauca fuisti fidelis, supra multa te constituam;
"intra in gaudium Domini tui." Interea tuæ sedis auctoritatem nostræ auctoritatis privilegio firmari postulasti. Nos vero absque ulla dilatione gratuito animo annuentes, quia rectum est ut quæ semel statuta atque disposita a prædecessoribus nostris cognovimus, hoc ipsum et nos confirmemus. Eorum itaque vestigia assequentes juxta ritum priscæ consuetudinis, quæ a temporibus sanctæ recordationis Augustini predecessoris vestri nunc usque tua ecclesia detinuit, ex auctoritate Beati Petri apostolorum principis primatum omnium ecclesiarum Britanniæ tibi, Honorio, tuisque successoribus in perpetuum obtinere concedimus. Tui ergo juris ditioni subjici præcipimus omnes ecclesias Angliæ et regiones, et in civitate Dorobernia metropolitanus locus et honor archiepiscopatus, et caput omnium ecclesiarum Anglorum populorum semper in posterum servetur, et a nulla persona per aliquam malam suasionem in alium locum mutetur. Aliter autem siquis fecerit typho[3] superbiæ instinctus, et nostræ præceptioni inobediens, et prænominatæ ecclesiæ concessis suæ dignitatis rationibus contenderit reni-

---

[1] *occupatam*] occupatam. Et cetera, A.

* *multo . . . dilectissime frater*] Not in A.

[3] *typho*] typo, MS.

ti, sciat se separatum a participatione Corporis et Sanguinis Domini et Redemptoris nostri Jesu Christi. Deus te incolumem custodiat, dilectissime frater.†

Vitalianus papa Theodoro archiepiscopo Dorobernio.[1]

[2] Dilectissimo fratri Theodoro, Vitalianus episcopus servus servorum Dei.[2]

Inter plurima quæ nobis per vestras syllabas [3] intimari jussisti cognovimus etiam desiderium vestrum pro confirmatione diocesis [4] quæ tuæ subjacet ditioni, quia in omnibus ex nostro apostolicæ auctoritatis privilegio splendescere desideras.[5] *Nos vero petitioni vestræ annuentes qua congruit pastorali sollicitudine, circa ecclesias Dei quæ a priscis temporibus ab hac apostolica sede statuta intelligimus, irrefragabili ratione volumus ut sicut a nobis ita et a nostris successoribus perpetua stabilitate muniantur. Unde nobis visum est te exhortari, ac in præsenti commendare tuæ sagacissimæ sanctitati omnes ecclesias in insula Britanniæ positas. Omnia ergo quæ a Sancto Gregorio predecessore nostro Augustino, sincello suo, statuta sunt atque firmata, vel etiam per sacrum usum pallii concessa, nos tibi in ævum concedimus; et Doroberiam civitatem, ubi primitus per revelationem Jesu Christi Domini nostri fides catholica secundum institutionem sacrorum canonum suscepta est, habetote. Ex auctoritate autem Beati Petri, apostolorum principis, cui a Domino Deo potestas data est ligandi atque solvendi in cælo et in terra, nos, licet immeriti, ejusdem Beati Petri clavigeri, regni cælorum vicem tenentes, tibi, Theodore, tuisque successoribus sicuti ab olitanis temporibus fuerunt condonata, ita in perpetuum in ipsa tua metropolitana sede, quæ sita est in civitate Dorobernia, immutilata concedimus detinenda. Siquis vero, quod non optamus, contra hanc nostræ apostolicæ diffinitionis privilegii auctoritatem venire temptaverit, si quidem episcopus vel presbyter aut diaconus fuerit, ex hac apostolica auctoritate statuimus

---

* *multo labore . . . frater†*] Not in A.
[1] *Dorobernio*] Cant., A.
[2] *Dilectissimo . . . Dei*] Not in A.
[3] *syllabas*] sillabas, MS.
[4] *diocesis*] diocesis vestræ, A.
[5] *desideras*] desideras. Et cetera, A.
* *Nos . . . dilectissime frater* †] Not in A.

atque decernimus, ut episcopus ordine præsulatus careat, et presbyter vel diaconus se noverint a suis ordinibus dejectos. Ex numero autem laicorum, tam ex regibus quam principibus, sive magna vel parva persona fuerit, sciat se alienum a participatione Corporis Domini nostri Jesu Christi. Hanc autem privilegii paginam suffultam auctoritate Beati Petri, apostolorum principis, cujus ministerio fungimur, tibi, Theodore, tuisque successoribus in perpetuum obtinendum delegamus. Deus te incolumem custodiat, dilectissime frater.†

Sergius papa regibus Anglorum.

Letter of Sergius I. [A.D. 693?]

Sergius episcopus servus servorum Dei, Athelredo, Alfrido, et Aldulfo regibus Anglorum.

MS. p. 316.

Donum gratiæ spiritualis quod Sancti Spiritus illustratione fidelium corda succendit, ac reparando reficit, et virtutis mirifice constantia roborat, et cælestium beneficiorum instituit perenniter promereri suffragia, et labentium rerum exitia nihilominus præcavere. *Quo usi munere pietatis Dei, ut quædam astrorum cælestium splendifera luminaria mundi totius per ambitum renitentes, gloriosi post vitæ præsentis felicia spatia inter numerum electorum meruerunt ascribi. Porro vos, gens sancta, genus electum, populus adquisitionis, filii lucis, stirps regia, fidei propago ac incrementa virtutum, gaudete in Domino et exultate, quod vestri non immemor studii egregius ac primus apostolorum Petrus, fidei firmissima petra, dum mentis ac conscientiæ vestræ censu lætatur, nominum quoque vestrorum reminiscitur et agnoscit. Confidimus nempe quod et aditum regni cælestis aperiat, quibus tantum inter gentes quibus, Deo auspice, præpolletis favorem contulit dignitatis. Et vos igitur, dilectissimi ac Christianissimi filii, ejus vobis auctoritate collatum antistitem Bertwaldum, Cantiæ sedis præsulem totiusque Britanniæ regionis primum pontificem, alacri pectore, menteque devota suscipite, scientes quod mercedem prophetæ recipiet, siquis hunc ut prophetam suscipiat. Et si spernere illum forsan, quod absit, fastu quisquam prosiliat, non eum sed a quo missus est spernet. Qui juxta Dominicam vocem spernens, absque ullo adminiculo condem-

---

* *nos vero . . . frater*] Not in A.

* *Quo . . . judicii reformari* †] Not in A.

nabitur. Procul ergo a vobis longeque talis absistat infanda temeritas, ne diram hostis antiquus inobedientiæ faciem in vobis inveniat, quos sancta Dei ecclesia in gremio filiorum adoptionis sociare dignata est. Optamus autem quo solita misericordia Dominus noster Jesus Christus faciat vos ineffabiliter ministerii ac regni culminis honore, et in examine futuri judicii reformari.†

MS. p. 317.

Sergius papa[1] episcopis Angliæ.

[2] Dilectissimis fratribus universis episcopis per Britanniam constitutis, Sergius.[2]

Sicut nobis quibus curam officii pastoralis beati apostolorum principis Petri, supernæ dignatio miserationis regimenque concessit, reverendam advexit præsentiam fratris ignoti,[3] ita quoque vestri religiosissimi præsulatus collegii agnita salus geminum attulit tripudii munus.[4] Nam omnium auctori bonorum Domino Deo nostro immensas peregimus[5] gratias, reperta fratrum fidelium in sinu sanctæ matris ecclesiæ unanimitatis devota constantia, et amoris fervente inter se dilectionisque consortio. Sic enim sagaci sollertia Deum complacere noscuntur offerentes ei pura libamina, cum in ara pectoris splendore veri luminis refoventes nullis illecebris mentem illudant, nullis fratrum stimulis corda percellant, nullis nocentibus proximos mentibus annuant, sed ut Dei ministri speculum se subjectis vitæ morumque probitate exhibeant. Hinc sibi Deum prosperantem invenient in adversis, nec quicquam poterit hostis insidia eis nocendi subripere. Etenim ubi est præsto Domini adjutorium cuncta fugatur spirituum malignorum adversitas. Cumque ita sit,[6] paternis* affatibus collætantes vestræ fraternæ dilectionis unanimi religiositati insinuamus vobis quod

Letter of Sergius I. [A.D. 693 ?]

---

* *Quo usi . . . reformari*†] Not in A.

[1] *Sergius papa*] Idem papa, A.

[2] *Dilectissimis . . . Sergius*] Not in A.

[3] *fratris ignoti*] Moved from an earlier part of the sentence, where they are evidently out of place. In MS. they follow *Sicut nobis*.

[4] *tripudii munus*] munus tripudii, A.

[5] *peregimus*} peragimus, A.

[6] *sit*] sit & cetera, A.

* *paternis . . . fratres*†] Not in A.

præsens dilectissimus frater noster Bertuualdus Cantuariorum provinciæ præsul, qui in sedem reverendæ memoriæ Theodori quondam archiepiscopi subrogatus est, juxta ritum priscæ consuetudinis, quæ a tempore sanctæ ac venerandæ memoriæ domni et prædecessoris nostri Gregorii Romani pontificis nunc usque sua ecclesia detinuit, a nobis, immo a Beato Petro apostolorum principe, primatum omnium ecclesiarum Britanniæ sortitus, cum sacro pallio ac venerabili usu dalmaticæ illic demandatus est. Quod non incommode, fratres carissimi, indeptus promeruit, cum nequaquam fastu sive tumore jactantiæ, sed mente subnixa ac humili corde tantum munus dignus obtinuit. Quocirca hortamur, fratres, vestrum a Deo dicatum consortium, salubrique consilio commonemus, ut propter Dei amorem atque futuræ vicissitudinis spem eidem fratri regionis vestræ archiepiscopo, ac si nobis debitum ministerii honorem exolvere, et ut præsuli primatum gerenti efficaciter sciatis obedire, non ignari quid vas electionis insinuet, "Obæditæ præpositis vestris." Et rursum, "Qui potestati resistit, Dei ordinationi resistit." Ideoque vos, fratres, admonemus, universosque ordinum gradus, præcipientes ex hac apostolica auctoritate, ut nullus sit qui præsumat contra hæc quæ ab hac apostolica sede olim sunt constituta, præsentibus vel futuris temporibus, contraire, semper præmemoratæ ecclesiæ concessæ potestates illibatæ serventur in perpetuum. Et quia vos, annuente Divina clementia, hæc peracturos indubitata mente confidimus, quæ commonere statuimus fraternitatis vestræ religiosum propositum, ineffabilem Salvatoris nostri potentiam exoramus, ut pia vos semper religione pollentes perenni tribuat lætitia gratulari, et fraternis affectibus collætantes sanctorum meritis in æterna beatitudine sociari. Deus vos incolumes custodiat dilectissimi fratres.†

Gregorius papa episcopis Angliæ.

Letter of Gregory III. [A.D. 732?]
[1] Gregorius episcopus servus servorum Dei, episcopis Angliæ salutem.[1]

Dei omnipotentis immensæ pietatis magnitudinem collaudamus, qui suæ majestatis gloriam sic dilatare dignatus est,

---

* *paternis affatibus ... fratres*†] Not in A.

[1] *Gregorius ... salutem*] Not in A.

ut in omnem terram exierit jam sonus predicatorum suorum, et in fines orbis terræ verba eorum.¹ Cujus* ineffabili pietatis gratia, sicut noscimur procreati, ita quoque sumus adoptati, sanctæ regenerationis portantes mysterium in spem gloriæ filiorum Dei, per Jesum Christum Dominum nostrum. Reverentiæ itaque vestræ, fratres carissimi, dicato collegio, collætantes, hortamur ut in fide stabiles et in opere efficaces inveniamini, honore invicem prævenientes, et alter alterius onera portantes; quia sic adimplebitis legem Christi, caritatem continuam habentes in dilectione Dei et proximi, sine qua impossibile est Deo placere. Fratris nostri Tatwini qui beatæ memoriæ Augustini prædicatoris vestri cathedræ pontificatus subrogatus est adventus nos admodum lætificavit, quia virum religionis et magnæ probitatis sub ipso tempore quo apud nos stetit cum cognovimus. Proinde ejus auditis petitionibus, antecessorum ejus jura dignitatis perquiri in sacro scrinio fecimus, et, invenientes eum justa postulavisse, sacrum pallium cum venerabili dalmaticæ usu ei apostolica auctoritate tradidimus, annuentes quoque jura dignitatis omnia quæ prædecessores sui a tempore beatæ memoriæ Augustini cognoscuntur habuisse. Sicut ergo sancti patris nostri Gregorii, Romani pontificis, decretum præfato Augustino sincello suo, prædicatori vestro, omnes episcopos Angliæ subjecit, sic nos, Deo auctore, et Beato Petro apostolorum principe, licet indigni ejus vicem gerentes-tibi, Tatwine, Doberniæ civitatis archiepiscope, tuisque successoribus legitimis omnes ecclesias Britanniæ earumque rectores subjicimus, apostolica auctoritate præcipientes, ut omnis homo totius Angliæ regionis tuis canonicis jussionibus obœdiat, et te sciat esse speculatorem atque primatem totius insulæ, cui vices nostras per omnia in regione illa gerendas commisimus. Tuam autem ecclesiam Doberniæ constitutam ut propriam et primam sobolem regionis vestræ in Christo specialiter sub tuitione manus nostræ tenemus, quam volumus in pacis tranquillitate et religione vigere, ejusque jura et dignitatis privilegia in perpetuum immutilata servari, quia prima et mater est aliarum omnium, primitus in vestra regione constituta in honore Sancti Salvatoris Domini nostri Jesu Christi. Scriptum est enim, "Non est sanctus ut est Dominus," et "Ubi est caput vegetum, reliqua membra fortius

---

¹ *corum*] eorum & cetera, A.
* *Cujus . . . dilectissimi fratres†*] Not in A.

"vegetantur." Vos itaque, fratres, hæc apostolicæ auctoritatis mandata cum alacritate et subjectionis reverentia audite et suscipite, et cum præfato fratre nostro archiepiscopo vestro in messe Dei laborate, scientes vos inde mercedem bonam habituros. Si autem quivis hæc perturbare voluerit, et nostræ diffinitionis statuta divellere contenderit ac violare, sciat se contra ipsum mundi Salvatorem et Beati Petri auctoritatem niti, et ideo nisi resipuerit æternæ damnationis sententiam incurrere. Deus vos incolumes custodiat, dilectissimi fratres.†

Leo papa Athelardo archiepiscopo.

Leo episcopus, servus servorum Dei, Athelardo archiepiscopo Dorobernensis ecclesiæ in perpetuum.[a]

Pontificali discretioni precipue convenit præsulibus ecclesiarum secundum eorum irreprehensibilem fidem audientiam præbere, et eorum quæ per Beatum Petrum, principem apostolorum, et nos gerere desideraverint, quæ canonicis non refragantur sanctionibus effectum concedere. * Ut cum id quod desiderant obtinuerint, flagrantiores erga eorum religionis amorem existant. Exhortanda itaque nobis visa est ac precanda tua fraterna almitas pro diocesibus Angliæ sibi commissis, videlicet episcoporum seu monasteriorum tam monachorum quam clericorum et puellarum. Quæ sicut ab olitanis temporibus tua ecclesia tenuit, ut in sacro scrinio nostro requisita cognovimus, ita tibi tuisque successoribus tenenda confirmamus. Omnes Anglorum ecclesias sanctus ac egregius prædicator papa Gregorius ordinavit atque catholice confirmavit Beato Augustino archiepiscopo, sincello suo, subjectas fore in ævum per sacrum usum pallii. Et ideo ex auctoritate Beati Petri, apostolorum principis, cui a Domino Deo potestas data est dicente, quia "Tu es Petrus, et super hanc "petram edificabo ecclesiam meam, et portæ inferi non "prævalebunt adversus eam, et tibi dabo claves regni cælo- "rum, et quodcunque ligaveris super terram erit ligatum

---

* *Cujus ineffabili . . . fratres*†] Not in A.
† *Leo . . . perpetuum*] Not in A.

* *Ut cum id . . . hoc est*†] Not in A.

" et in cælis, et quodcunque solveris super terram erit so-
" lutum et in cælis"; immo et secundum institutam sacrorum canonum censuram, licet immeriti, ejusdem Beati Petri
clavigeri regni cælorum vicem gerentes, tibi, Athelarde, tuisque successoribus omnes Anglorum ecclesias, sicut a priscis
temporibus fuerunt, in perpetuum in ipsa tua metropolitana
sede per subjectionis cognitionem irrefragabili jure concedimus detinendas. Siquis vero, quod non optamus, contra
hanc nostræ diffinitionis vel apostolici privilegii auctoritatem
venire temptaverit, ex auctoritate apostolica statuimus, ut si
archiepiscopus vel episcopus fuerit ex ordine præsulatus sit
dejectus. Similiter presbyter vel diaconus vel alius quilibet
minister sacri ministerii si fuerit, ab ordine sit depositus.
Si autem ex numero laicorum fuerit, tam rex quam princeps, aut quælibet magna sive parva persona sit, sacræ
communionis participatione se noverit alienum. Hanc privilegii paginam auctoritate Beati Petri, apostolorum principis, cujus ministerio fungimur, tibi, Athelarde, tuisque
successoribus in perpetuum concedimus obtinendam. Ad
cujus firmitatem manibus nostris subscriptionem impressi-
mus, illamque nomine nostro signari mandavimus. Quam
etiam a Sergio scriniario nostro scribi præcepimus, mense
Januario.

Data xv. Kal. Februarii per manum Eustachii primicherii
sanctæ sedis apostolicæ, imperante domino Karolo piissimo,
consule augusto a Deo coronato, magno pacificoque imperatore, anno secundo post consulatum ejusdem domini,
indictione X.

MEMORABILE FACTUM.[1]

Anno Dominicæ Incarnationis nongentesimo v. Formosus[2] papa misit in terram Anglorum ad regem Edwardum,
motus cum magna iracundia et devotatione, eique mandavit
cum suis omnibus maledictionem contra benedictionem quam
beatus papa Gregorius per Sanctum Augustinum genti

---

[1] MS. Cotton. Cleopatra E. i. has an erased line, where here we read "Memorabili factum."

[2] Pope Formosus died in 896, and King Edward in 900. A probable emendation of *nongentesimo quinto* would be *quinto de nongentesimo*, i.e., 895.

Anglorum miserat, nisi cum episcopis restituisset destitutas parochias episcoporum secundum antiquam traditionem, quæ tradita est genti Anglorum a sede Beati Petri. Nam per septem annos plene destituta est regio Gewissorum ab omni episcopo. Quo audito, congregavit Eduuardus rex synodum senatorum gentis Anglorum. In qua præsidebat Pleigmundus archiepiscopus, regi recitans et disputans districta verba apostolicæ legationis, quæ misit beatus papa Formosus. Tunc sibi rex cum suis, et Pleimundus archiepiscopus, salubre consilium invenerunt, assumentes Dominicam sententiam, "Messis quidem multa; operarii autem pauci." Singulis igitur tribubus Geuuissorum singulos constituerunt episcopos, et singulis episcopia constituerunt. Et quod dudum duo habuerunt, in quinque diviserunt. Acto illo concilio, cum honorificis muneribus Pleimundus archiepiscopus Romam rediit, apostolicum Formosum cum humilitate placavit, et regis decreta et seniorum regionis enunciavit, quod apostolico maxime placuit. Rediens ad patriam, in urbe Dorobernia septem episcopos septem ecclesiis in uno die ordinavit, Frithestanum videlicet ad ecclesiam UUentoniensem, Æthelstanum ad ecclesiam Coruuiensem, Werstanum ad ecclesiam Scireburhensem, Æthelelmum ad ecclesiam Fontoniensem, Eadulfum ad ecclesiam Cridiensem. Cui etiam addiderunt tres villas in Cornubia, quarum nomina sunt hæc, Paltun, Celling, Landuuitham, ut inde singulis annis visitaret gentem Cornubiensem ad extirpandos eorum errores. Nam antea in quantum potuerunt veritati resiste- MS. p. 323. bant, et non decretis apostolicis obœdiebant. Sed et aliis provinciis constituit Pleimundus archiepiscopus duos episcopos, Australibus Saxonibus virum idoneum Bernodum ordinavit, et Mercionibus Cenulfum ad civitatem quæ dicitur Dorkeceastre. Hoc autem totum papa Formosus in synodo Sancti Petri sic conclusit, ut damnaretur in perpetuum, qui hoc salubre mutaret consilium. Misit etiam Britanniam litteras, quarum exemplar hoc est.†

---

* *Ut cum* (p. 270) . . . *hoc est*†] Not in A.

Formosus episcopis Angliæ.

Fratribus[1] et filiis in Christo omnibus episcopis Angliæ, Formosus.

Auditis nefandorum ritibus paganorum partibus in vestris[2] repullulasse, et vos tenuisse silentium ut canes non valentes latrare, gladio separationis a corpore Dei ecclesiæ vos ferire deliberavimus,[3] *sed quia, ut nobis dilectus frater noster Pleimundus intimavit, tandem evigilastis et semina verbi Dei olim venerabiliter jacta in terra Anglorum cœpistis renovare, mucronem devotationis retrahentes, Dei ómnipotentis et Beati Petri, apostolorum principis, benedictionem vobis mittimus, orantes ut in bene cœptis perseverantiam habeatis. Vos enim estis fratres, de quibus Dominus loquens inter alia inquit, "Vos estis sal terræ, et si sal evanuerit in quo " sallietur?" et iterum "Vos estis lux mundi," significari volens per verbi sapientiam condiri mentes hominum a vobis debere, et in moribus et vita vestra bonæ actionis studium quasi lumen apparere fidei, per quod gradientibus ad vitam quomodo caute ambulent videant, ut ad promissionem æternæ beatitudinis sine offensa currentes valeant pervenire. Nunc ergo accingimini et vigilate contra leonem, qui circumit quærens quem devoret, et non patiamini ulterius in regione vestra penuria pastorum Christianam religionem violari, gregem Dei vagari, dispergi, dissipari; sed cum unus obierit, alter qui idoneus fuerit canonice protinus subrogetur. Nam secundum legem plures facti sunt sacerdotes, eo quod morte prohibebantur permanere. Quod David considerans, et in spiritum Christi ecclesiam futuram fore permansuram ad finem usque sæculi prospiciens, ait, "Pro patribus " tuis nati sunt tibi filii; constitues eos principes." Nulla itaque mora sit subrogandi alium cum quilibet sacerdotum ex hac vita migraverit, sed mox ut illi qui primæ sedis principatum gerens inter vos cæteris episcopis præesse dinoscitur fratris obitus fuerit denuntiatus, facta electione canonice alter consecratus succedat. Quis autem inter vos

---

[1] *Fratribus . . . Formosus*] Not in A.

[2] *partibus in vestris*] in vestris partibus, A.

[3] *deliberavimus*] deliberavimus. Et cetera, A.

sed quia . . . separandum†] Not in A.

principatum tenere debeat, quæve sedes episcopalis cæteris præpolleat habeatque primatum, ab olitanis temporibus notissimum est. Nam ut ex scriptis Beati Gregorii ejusque successorum tenemus in Dorobernia civitate metropolim primamque sedem episcopalem constat regni Anglorum, cui venerabilis frater noster Pleimundus nunc præesse dinoscitur, cujus honorem dignitatis nos nullo pacto imminui permittimus, sed ei vices apostolicas per omnia gerere mandamus, et, sicut beatus papa Gregorius primo gentis vestræ episcopo Augustino omnes Anglorum episcopos esse subjectos constituit, sic nos prænominato fratri Doroberniæ, sive Cantorberiæ, archiepiscopo ejusque successoribus legitimis eandem dignitatem confirmamus, mandantes, et auctoritate Dei et Beati Petri, apostolorum principis, præcipientes, ut ejus canonicis dispositionibus omnes obœdiant, et nullus eorum quæ ei suisque successoribus apostolica auctoritate concessa sunt violator existat. Si autem quivis hominum contra hæc aliquando niti ac imminuere temptaverit, sciat se procul dubio multandum fore gravi anathemate et a corpore sanctæ ecclesiæ quam inquietare molitur perpetuo nisi resipuerit separandum.†

Johannes papa, Dunstano archiepiscopo.

Letter of John XII. to Archbishop Dunstan. [A.D. 961 ?]

Johannes episcopus, servus servorum Dei, confratri Dunstano Dorobernensis ecclesiæ archiepiscopo,[1] vitæ perpetuæ permanendam in Christo salutem.

Si pastores ovium solem geluque pro gregis sui custodia die ac nocte ferre contenti sunt, et oculis conspectant vigilantibus ne aliqua quidem ex ovibus aut errando pereat, aut ferinis laniata morsibus rapiatur, quanto sudore quantaque cura debemus esse pervigiles ob salutem animarum, qui dicimur pastores[2] earum? Attendamus igitur nos officium exhibere erga custodiam Dominicarum ovium, et ne, quasi lupo veniente territi, fugiamus, ne in die Divini examinis

---

sed quia . . . separandum†] Not in A.

[1] *Dorobernensis ecclesiæ archi-episcopo]* Dorobernensi episcopo, A.

[2] *dicimur pastores]* pastores dicimur, A.

pro desidia nostra ante summum Pastorem et negligentia nostra excruciemur, unde modo honoris reverentia in sublimiore arce cæteris dijudicamur. Primatum itaque tuum, in quo tibi ex more antecessorum tuorum vices apostolicæ sedis exercere convenit, ita tibi ad plenum confirmamus, sicut Beatum Augustinum ejusque successores præfatæ ecclesiæ pontifices plenius habuisse dinoscitur. Pallium vero fraternitati tuæ ex more ad missarum solennia celebranda commendamus, quod tibi non aliter ecclesiæ tuæ privilegiis in suo statu manentibus uti concedimus, quem usum antecessores nostri prodiderunt. Neque tua prudentia hoc incognitum habet, vel cujusque, quoniam indumenti honor moderatione actuum tremendus erit. Honestati morum tuorum hæc ornamenta conveniunt, quatinus, auctore Deo, possis esse conspicuus, ita ut vita tua filiis tuis sit regula, et in ipsa, siqua tortitudo illis inest, dirigatur, dum in ea quod imitentur aspiciant. In ipsa semper considerando proficiant ut tecum Deum per hoc quod bene vixerint videre mereantur. Cor ergo tuum neque prosperis quæ temporaliter blandiuntur extollatur, neque adversis dejiciatur. Quicquid illud fuerit adversi, virtute in Christo patientiæ a te devincatur. Nullum apud te locum favor indiscretus inveniat; in omnibus discretionem alii in te cognoscant. Insontem apud te culpabilem suggestio mala non faciat, nocentem gratia non excuset. Remissum te delinquentibus non ostendas, nec quod illis non profuerit hos perpetrare permittas. Sit in te et boni pastoris dulcedo, sit et judicis severa districtio; unum scilicet quod innocentes foveas, aliud quod inquietos feriendo a pravitate compescas. Sed quoniam nonnunquam præpositorum zelus, dum districtius malorum vindex est, transit in crudelitatem; correptionem in judicio refrena, et censuram disciplinæ discute, ut et culpas ferias, et a dilectione perversorum quos corripis non recedas. Misericordiam, prout virtus patitur, pauperibus exhibe; oppressis defensio tua subveniat, opprimentibus modesta ratione contradicas. Nullius faciem contra justitiam accipias, nullum quærentem justa despicias. In custodia æquitatis excellas, ut nec divitem potentia sua apud vos aliquid extra viam suam de accusatione audias, nec pauperem faciat humilitas tua desperare, quatinus, Deo miserante, talis possis existere, qualem sacra lectio præcipit, dicens, "Oportet episcopum irreprehensibilem esse." Sed his omnibus uti salubriter poteris, si magistram caritatem habueris, quam qui secutus fuerit a recto aliquando[1] tramite non recedit. Ecce, frater carissime, inter multa alia ista sunt sacerdotum. Ista sunt pallii jura; quæ si studiose servaveris, quod foris accepisse ostenderis intus habes. Sancta Trinitas fraternitatem vestram gratiæ suæ protectione circumdet, atque ita in timoris sui viam te dirigat, ut post vitæ hujus amaritudinem, ad æternam simul pervenire dulcedinem[2] mereamur.

[Oct. 1st, 961?] Et hoc scriptum est per manum Leonis scrinialis sedis apostolicæ, in mense Octobri, indictione iiii.[3] datarum die i. Kal. Octobris, anno xii^{mo} summi pontificis Johannis.[4]

Eadmer's reason for not giving other like documents. Hæc, ut prælibavimus, in archivis ecclesiæ Domini Salvatoris[5] reperta futurorum memoriæ non absurdum æstimavimus commendare. Et quidem his plura inventa sunt, sed aliquibus eorum nimia vetustate oblitteratis, aliquibus in cartis ex biblo compositis, et peregrinis characteribus inscriptis, et ipsis quoque majori ex[6] parte detritis, notitiæ nostræ usquequaque non patuerunt. Ac nos ignota pro notis scribere horrori habentes, necessario ea huic operi alienavimus. Sane quod quosdam non pudet astruere, soli scilicet personæ Beati Augustini, primi pontificis Cantuariorum, Beatum Gregorium concessisse, non solum episcopos quos ordinaret, neque hos tantummodo qui per Eboracæ episcopum essent ordinati, sed etiam omnes Britanniæ sacerdotes habere, Domino Deo nostro Jesu Christo auctore,[7] subjectos; quale sit sacra successorum ejus decreta successoribus ipsius Augustini directa, quæ paucis prænotavimus, satis ostendunt. In his quippe videre planum est, eos intellexisse non magni muneris esse si ei solummodo illa dixisset, cum, ut alia taceam, suis diebus Eboracensis provincia nec fidem Christi

---

[1] *aliquando*] Not in A.; supplied in margin in MS.

[2] *pervenire dulcedinem*] dulcedinem pervenire. A.

[3] *iiii.*] xii., A.

[4] John XII. was Pope from 955 to 963. There was therefore no twelfth year in his pontificate. But the obvious correction of xii^{mo} to vii^{mo} brings the date of the letter to October 1st, 961, which fell in the fourth indiction.

[5] *Domini Salvatoris*] Changed from *Salvatoris Domini*, MS.

[6] *majori ex*] ex majori, A.

[7] *auctore*] autore, MS.

susceperit, nec qui eam prædicaret eo directus sit. Tanta enim in Cantia et vicinioribus regionibus in prædicatione nominis Christi et ipse et socii sui[1] habuerunt ad faciendum, ut a tam longinquis partibus eis fuerit abstinendum. Beatus siquidem Paulinus qui primus Northumbrensibus evangelium prædicavit, et Eboraci primus cathedram pontificalem sortitus est, non a Beato Augustino sed a Justo, qui quartus ab ipso Augustino Cantuariorum pontifex extitit, episcopus electus, ordinatus, et illuc destinatus fuit, quemadmodum venerabilis Beda in Historia Gentis Anglorum veraci stilo digessit, et omnibus notissimum est. Quæ igitur Beatus Gregorius Augustino dixit, in Augustino suis successoribus dixit, per quos Deo implere placuit, quæ per ipsum Augustinum sua dispositione implere non voluit. Non jure itaque privilegio Augustino collato privandi sunt, qui sedi ejus præsidentes vices ipsius exsequendi officio functi sunt. Quod vero dictum Beatum Gregorium satis dicere et nosse et posse,[2] si voluisset, " tua fraternitas et suc" cessores sui," verum omnimodis esse fatemur. Et similiter non dubitamus Dominum Christum dicentem Beato Petro, "Quodcunque ligaveris super terram erit " ligatum et in cœlis, et quodcunque solveris super " terram erit solutum et in cœlis," scisse dicere, si voluisset, " et successores tui." Qui ergo privare nituntur successores Sancti Augustini potestate et dignitate quam ipsi Augustino concessit Beatus Gregorius, privent si audent successores Beati Petri potestate et dignitate quam ipsi Petro concessit sanctus et justus Dominus. Eodem enim modo quo Dominus locutus est[3] aliis in apostolo suo Petro, locutus est Gregorius successoribus ejus in discipulo suo Augustino. Juste judicate, filii hominum, et perpendite de

---

[1] *sui*] ejus, A.
[2] *nosse et posse*] posse et nosse, A.
[3] *est*] Not in A.

similibus idem esse judicium. Illud etiam istis annectendum existimavi,[1] quod præfatus Beda refert Theodorum, qui septimus a Beato Augustino in cathedram ejus successit, primum esse in archiepiscopis cui omnis Anglorum ecclesia manus dare consentiret. Et hic utique cum primo functus pontificatu Britanniam venisset, Ceaddam Eboracensi ecclesiæ prælatum[2] a pontificatu summovit, eo quod non jure sacratus injuria fuerit eidem ecclesiæ per officium sacerdotale præpositus. Moxque Wilfridum substituit, et ei integerrime pontificatum Eboracæ, fretus Romanæ sedis auctoritate,[3] delegavit. Quem deinceps et[4] ad concilia sua venire faciebat, et ejus obœdientia ac subjectione pro temporum qualitate per omnia utebatur. Hunc etiam postmodum, emergentibus querelis, quas commemorare longissimum est, in sua ecclesia Eboraci, non solum episcopatu privavit, sed et parochiam ejus in tres episcopos, libera utens potestate, distribuit. Deinde, soluto ipsius discidii nodo, juxta placitum voluntatis suæ, remotis episcopis ipsis,[5] eundem Wilfridum pristinæ dignitati restituit. Nihil novi dicitur. Vetera sunt hæc, et antiquorum gesta scientibus evidentissima. Illud quoque non minoris evidentiæ luce patescit, Birhtwaldum,[6] successorem ipsius Theodori, illum ipsum Wilfridum cujusdam inobœdientiæ culpa accusatum secundo ab episcopatu deposuisse, ac postea senectuti illius et religioni compassum sui pontificatus gradui restituisse, ab apostolica sede interpellatus. Sed quid juvat infinita contexere? Itaque de his ita, ut qui ecclesiæ Christi Cantuariensis auctoritati derogare non metuunt saltem se in lumine positos non

---

[1] *existimavi*] putavi, A.
[2] *Eboracensi ecclesiæ prælatum*] Eboracensem prælatum, A.
[3] *Romanæ sedis auctoritate*] auctoritate Romanæ sedis, A.
[4] *et*] Not in A.
[5] *episcopis ipsis*] ipsis episcopis, A.
[6] *Birhtwaldum*] Brithwaldum, A.

posse videre erubescant, et vel ora amodo¹ claudant, ne prava loquentes recta amantibus opprobrio fiant.

Ipso anno quo Radulfus archiepiscopus Cantuariorum de transmarinis partibus in Angliam reversus est, qui fuit annus ab Incarnatione Verbi Dei millesimus centesimus vicesimus, venerunt ad eum missi ab Alexandro rege Scottorum quidam honorati et strenui viri. Horum unus quidem monachus et prior ecclesiæ Dunifermelinæ, Petrus nomine, clerici duo, unus extitit miles. Negotium autem legationis eorum qui nosse curat, quam detulerunt subscriptam epistolam² legendo vel audiendo percurrat.

Alexander Dei gratia rex Scottorum, Radulfo reverendo Cantuariensi archiepiscopo, et cum reverentia diligendo, salutem.

Audita prosperi adventus vestri in Angliam jamdiu a me desiderati manifesta relatione, de incolumitate ac prosperitate vestra congaudens, summoque Protectori inde gratias³ referens, cum temporalium undique occupatio curarum iter meum, ut vestra ad præsens valeam frui presentia, impediat, tam litterarum designatione quam legatorum relatione animi mei affectum vestræ bonitati cupio manifestare. Tantæ etenim discretionis personæ fretus consilio, bonum propositum peroptime ad boni operis effectum, Deo annuente, non dubito me posse perducere. Vestram igitur latere excellentiam nolo,⁴ ecclesiam Sancti Andreæ in regno meo existentem, jamdiu pastorali cura destitutam, Dei et vestræ benignitatis providentia pastore idoneo desiderantem me velle consolari. Quocirca vestræ pietatis deposco clementiam, ut quandam personam a plerisque mihi laudatam, Edmerum scilicet monachum, si vobis idonea visa fuerit ut pontificali inthronizetur dignitate, mihi liberam concedatis. Verens enim summum Pastorem me graviter offendisse cum gregem suum, negligentia mea aliisque forsan criminibus impedientibus, pastoris penuria desolatum et a tramite veritatis in pluribus exorbitatum diu permiserim, filiali etiam timore timens in hac re eum amodo offendere,

---

¹ *ora amodo*] amodo ora, A.
² *subscriptam epistolam*] epistolam subscriptam, A.
³ *inde gratias*] gratias inde, A.
⁴ *excellentiam nolo*] nolo excellentiam, A.

A.D. 1120.

ad vestrae fontem discretionis recurro, ut, pristinae memor existens dilectionis inter nos ad invicem[1] habitae, me filium vestrum paterno affectu spiritualiter jamdiu a vobis adoptatum vestri munimine consilii in hac re tueamini. Valete.

The Archbishop of Canterbury consents,

Miratus ex his pater Radulfus, et ratus hoc verbum a Deo egressum, maxime quia omnino constabat eundem fratrem nec per se nec per quemlibet hominem unquam de ipso negotio aliquo modo apud quenquam egisse, licet ejus absentiam moleste ferret, nam, sicut in servitio beati praedecessoris sui Anselmi sic et in suo assiduus esse solebat, noluit tamen regiae petitioni assensum non praebere, ne videretur Dei ordinationi resistere. Quoniam igitur acceperat ipsos legatos pro eadem re et pro aliis regem Anglorum ex parte domini sui adituros, ipse et conventus fratrum Cantuariensium miserunt per manus illorum ipsi regi epistolam hanc.

and solicits King Henry's co-operation.

Henrico regi Anglorum, caro domino suo, ac summo cum[2] honore venerando, frater Radulfus, sanctae Cantuariensis ecclesiae indignus sacerdos, et totus conventus ejusdem ecclesiae, salutem et orationes, et fidelia obsequia.

Notum facimus sublimi bonitati[3] et honorandae celsitudini[4] vestrae, Alexandrum regem Scottorum, cum consensu cleri et populi regni sui, legatos suos ad nos misisse, et consilium curae pastoralis ad opus ecclesiae Sancti Andreae a nostra ecclesia expetisse. Considerantes ergo eorum justam petitionem, et tam divini timoris[5] reverentiam quam sanctae matris ecclesiae utilitatem attendentes, laudandis desideriis pium praebuimus assensum. Concessimus igitur juxta petitionem eorum personam ecclesiae nostrae ab eis denominatam domnum Edmerum, quem a pueritia disciplinis ecclesiasticis sublimiter institutum et sanctis moribus decenter ornatum, ad officium sacerdotale omnino scimus idoneum. Vestram igitur[6] venerabilem sublimitatem summisso corde deposcimus, ut vestrae celsitudinis pia voluntate

---

[1] *ad invicem*] Not in A.
[2] *cum*] Not in A.
[3] *sublimi bonitati*] sublimitati, A.
[4] *et honorandae celsitudini*] Not in A.
[5] *timoris*] amoris, A.
[6] *igitur*] ergo, A.

atque auctoritate, et illorum digna Deo[1] petitio et super tam necessario ecclesiæ Dei negotio nostræ humilitatis concessio roboretur. Omnipotens Deus sublimitatem vestram ad honorem suum et munimen ecclesiæ suæ per longa tempora incolumem custodire, et post temporale regnum dignitate perennis regni sublimare dignetur. Amen.

A.D. 1120.

Rescriptum regis ad hæc.

Henricus rex Anglorum, Radulfo archiepiscopo Cantuariæ, salutem.

Volo et concedo ut monachum illum, unde rex Scottiæ te requisivit, liberum ei concedas, ad consuetudinem terræ suæ, in episcopatu Sancti Andreæ, teste Everado de Calna apud Rotomagum.

Post hæc misit eundem fratrem prout oportere putabat ad regem Scottiæ,[2] scribens ipsi regi sic.

Eadmer is sent to Scotland.

Caro domino et amico intimo, Alexandro Dei gratia Scottorum regi, frater[3] Radulfus Cantuariensis ecclesiæ minister indignus, salutem et cum orationibus fidelia pro posse servitia.[4]

Gratias Deo innumerabiles referimus, qui ad cognoscendum atque petendum quæ debebatis, remotis nebulis, mentis vestræ oculos aperuit. Gratias nihilominus generalitati vestræ, qui petitionibus vestris legitimis, nos vobis ex amicis amicissimos, ex familiaribus familiarissimos atque junctissimos reddidistis. Licet enim ipsis petitionibus quasi oculum aut dexteram a corpore nostro avellere quæratis, laudare tamen habeo justum desiderium vestrum, et in quantum potero secundum Deum illi obtemperare. Volens quidem, et, si pace Dei et vestra dici potest, invitus, assentior bonæ vestræ voluntati; volens vero, quia Dei voluntati, quem in hoc facto præsentem atque propitium conspicio, resistere non audeo, nec cor vestrum in nos amaricare; invitus autem, quia quasi solus, et patris consolatione atque[5] relevatione assidua, et filii sapientis consilio et auxilio in infirmitati nostra ac ætate destituor. O sapientis consilium viri,[6] si nos eo non spoliaretis, et cum spolietis, qui

MS. p. 333.

---

[1] *digna Deo*] Deo digna, A.
[2] *Scottiæ*] Scotiæ, A.
[3] *Scottorum regi frater*] regi Scottorum, A.
[4] *Cantuariensis . . . servitia*] archiepiscopus, salutem et orationes, A.
[5] *atque*] ac, A.
[6] *consilium viri*] viri consilium, A.

A.D. 1120. tantum virum, tam famosum, tam ecclesiæ Dei utilem, vita et moribus, et litteris divinis et, si opus fuerit, sæcularibus a pueritia instructum, terræ vestræ consilio præesse in his quæ ad Deum pertinent satagatis. Si alius ex partibus longinquis quod petitis peteret, pro certo sciatis, non paterer elongari a nobis cordis nostri arcanum;[1] sed vobis nihil est, secundum Deum, quod abnuere velimus. Mittimus itaque ad vos personam quam petitis, et omnino liberam, ut a vobis certius discat si ad honorem Dei et sanctæ matris, Cantuariensis videlicet ecclesiæ, spectet petitio vestra. Caute igitur et cum consilio tractate quod agitis, quia sunt multi qui libenter sacrationem istius disturbarent, et, si valerent, disturbando cassarent. Proinde nostrum esset consilium ut quam citius ad nos remitteretur sacrandus, ne dilatione quod timemus intervenit, vel quod nollemus. Salutat vos conventus fratrum ecclesiæ nostræ vere fideles vestri, et omnino parati ad servitium vestrum.[2] In commune autem rogamus ut ita vos habeatis erga fratres nostros qui in regno vestro sunt ut Deus vobis inde gratias habeat et nos. Omnipotens Deus vos et conjugem vestram custodiat, et ab omni malo defendat. Amen.[3]

Veniens itaque frater ipse in Scottiam,[4] mox tertio die adventus sui, illo qui fuit dies festivitatis gloriosissimorum apostolorum Petri et Pauli, suscepit, eligente cum clero et populo terræ, et concedente rege, pontificatum Sancti Andreæ apostoli Chenrimuntensis. MS. p. 334.

Numerous difficulties now ensue. Quæ res ita dispensante[5] Deo acta est, ut nec virga pastorali vel anulo a rege investitus fuerit, nec hominium ei fecerit. Lætus itaque dies habitus est, atque in laude[6] Dei alacriter expensus. In crastino autem rex, cum electo de consecratione illius secretius agens, et modis omnibus eum a pontifice Eboracensi consecrari exhorrens, ubi, eo docente, accepit auctoritatem ecclesiæ Cantuariensis ex antiquo toti Britanniæ præminere, et ea re,[7] ipso disponente, se Cantuariæ episco-

---

[1] *arcanum*] archanum, MS.
[2] *parati ... vestrum*] ad servitium vestrum parati, A.
[3] *Omnipotens ... Amen*] Valete, A.
[4] *Scottiam*] Scotiam, A.
[5] *dispensante*] disponente, A.
[6] *laude*] laudem, A.
[7] *ea re*] iccirco, A.

palem benedictionem velle requirere, conturbatus animo surgens discessit ab eo. Nolebat enim ecclesiam Cantuariensem anteferri ecclesiæ Sancti Andreæ de Scottia.[1] Vocans itaque Willelmum, monachum Sancti Edmundi, qui post Thurgodum eidem episcopatui præpositus, pene illum evacuaverat, præcepit ut more solito in episcopatu se haberet, exspoliato noviter investito. Expleto autem post hæc mense integro, et his quæ supererant jam terris episcopatus funditus evacuatis, pro voto principum regni rex Alexander ipsum electum convenit, vixque ab eo obtinuit ut, quia super inimicos suos exercitum ducere disponebat, virgam pastoralem desuper altare, quasi de manu Domini, susciperet, ut ita in toto regno curæ animarum omnium pro posse deinceps intenderet. Post hæc ad ecclesiam Sancti Andreæ venit, et, occurrente ei regina, susceptus a scholasticis et plebe pontificis loco successit.

Inter hæc eousque Thurstanus Eboracensis in transmarinis partibus morabatur, et supra memorato negotio suo viriliter insudans ad hoc etiam regem Anglorum provocavit, quatinus et pontifici Cantuariorum semel, et regi Scottorum ter, scriptis mandaret, ne aut ille electum Sancti Andreæ consecraret, aut iste ulla ratione sacrari permitteret. Quæ res multorum animos vulneravit, et in diversa distraxit, et electum, ne Christianitati corrigendæ jure pontificali intenderet, non parum debilitavit. Unde ii,[2] quibus cordi erat suis voluptatibus magis quam Dei jussionibus obtemperare, roborati sunt, et quam suorum morum correctionem formidabant jam securi irridebant. Quid plura? Rex ipse ad regis Anglorum jussa pavescens, ex hoc hominem minoris apud se honoris habere, et sensim sua cœpit imminuere. Quod ipse advertens, seque modicum, eo sibi adverso, secundum Deum in regno illius proficere certissime sciens, proposuit Cantuariam ire, et inde

---

[1] *Scottia*] Scotia, A. | [2] *ii*] hii, A.

quid sibi potissimum in tali causa foret agendum consilium quærere. Quod ubi regi innotuit, dixit eum ab ecclesia Cantuariensi penitus absolutum, nec omnino aliquod in ea participium habere, seque in vita sua assensum[1] non præbiturum ut episcopus Scottiæ subderetur pontifici Cantuariorum. Quibus cum ipse referret, quod nec pro tota Scottia[2] abnegaret se esse monachum Cantuariensem, turbato spiritu, "Nihil," inquit, "fecimus a Cantuaria petentes nobis episcopum." Ex hoc igitur cordis sui rancore devinctus eundem virum in multis fatigare,[3] multis injuriis clam et palam exagitare, eum dignitate ac rerum episcopalium proventu despoliare. Non igitur eum recto oculo aspicere, non verba ejus, vel etiam de Deo prolata, poterat patienter audire. Quæ res vulgus latere non potuit. Rumores itaque multi exorti sunt, partes diversas in diversa trahentes. Quod electus advertens, et suum esse, ut prælibavimus, in talibus[4] non utile esse perpendens, per internuncios mandavit ei hæc, "Quia " video te non esse, ut mihi expediret, serenum erga " me, nec scio quare hoc sit me promeruisse, cum " certum habeatur me non multum, te offenso, in " Christianitatis correctione in regno tuo profuturum, " rogo ut tuo favore prosecutus Cantuariam ire me " sinas, quatinus et[5] consilium quid mihi sit agen- " dum inde requiram, et benedictionem pontificalem " ad honorem Dei et exaltationem regni Scottorum " inde suscipiam." Non sederunt hæc animo ejus, et petitioni illius se nequaquam assensum præbiturum asseveravit, contestans regnum Scottiæ Cantuariensi ecclesiæ nihil subjectionis debere, et ipsum ab ea penitus immunem factum sibi datum esse. Cui cum ille hoc se eatenus nescisse responderet, præsertim cum epistola pro se ab archiepiscopo illi directa inter

---

[1] *assensum*] consensum, A.
[2] *Scottia*] Scotia, A.
[3] *fatigare*] cœpit fatigare, A.
[4] *ut prælibavimus in talibus*] in talibus ut prælibavimus, A.
[5] *et*] Not in A.

alia contineret, eum ad hoc Scottiam[1] destinasse ut disceret utrum petitio quam in eligendo eum suggessit ad honorem Dei et sanctæ matris, Cantuariensis videlicet, ecclesiæ spectaret, non ut dignitate jam quingentis annis ab ea inconcusse possessa ipse per se innutritum filium suum[2] evacuaret, indignatus nimium se quotidie nova placita in isto negotio inire nescire juravit. Ad hæc ille, vocato in consilium suum Johanne episcopo Glaschonensi, et duobus monachis Cantuariensibus quos tunc temporis secum habebat, sciscitatus est quid in tali suo negotio sibi melius decernerent fore agendum. Tunc illi regem adeuntes, et statum animi ejus super viro plenius ediscentes, quasi non ab eo sed simpliciter a se consilii summa prodiret, intulerunt homini hæc, "Si, ut filius pacis, in pace vivere cupis,
" alias eam require ; hic dum iste regnaverit nulla tibi
" et paci communio erit. Novimus hominem. Ipse
" in regno suo vult esse omnia solus, nec sustinebit
" ut quævis potestas sine ejus dispositione quic-
" quam in aliquo negotio possit. Jam exacerbatus
" est contra te et nescit quare; nunquam tibi plene
" reconciliabitur, etiam si viderit quare. Quamobrem
" aut linquere te cuncta noveris oportere, aut perpetuo
" inter Scottos, eorum usus sequendo, contra animæ
" tuæ salutem in opprobrio vitam ducere. Quod si
" discedere mavis ; et anulum quem a manu illius
" suscepisti, et baculum quem desuper altare tulisti,
" illi cogeris restituere. Alioquin terram suam, nisi
" eam transvolare potueris, non egredieris." Ad hæc quanta dicta, quanta objecta sint hinc et inde, ad alia tendentem scribere piget. Post quæ omnia, electus ipse, considerato ordine quo quæque penes se acta fuerunt, videlicet qualiter anulum de manu regis acceperit, qualiter episcopatu investitus sit, qualiter baculum desuper altare tulerit, ita brevi respondit, "Anulum qui-

---

[1] *Scottiam*] Scotiam, A. | [2] *suum*] Not in A.

"dem quem de manu illius suscepi, libens reddam, ea
"re quod nihil potestatis quæ eo significatur in illo
accepi, laico scilicet dante cui tale quid nihil attinet.
"Baculum autem quem super altare, præsentibus duo-
"bus episcopis, sumpsi, ponam ubi assumpsi, et eum
"dispositioni Jesu Christi dispensandum commendabo.
"Relinquere autem totum episcopatum ea conditione
"quia vis mihi infertur adquiesco, ut eum tempore
"Alexandri regis non reclamem, nisi pontifex et con-
"ventus Cantuariorum et rex Anglorum aliud mihi
"super his consilium dederint." In his in pace divisi
sunt, et Edmerus Cantuariam veniens ab episcopo et
fratribus suis læte susceptus est. Diligebatur enim ab
omnibus; et qui de absentia illius fuerant mœstificati,
in præsentia illius facti fuerant vehementer exhilarati.
Misit autem rex in accusationem ipsius per nuncium
suum archiepiscopo epistolam unam hæc continentem.[1]

Eadmer relinquishes ring and crosier, and returns to Canterbury.

Alexander Dei gratia rex Scottorum, Radulfo archiepiscopo Cantuariensi reverendo,[2] in ipso qui vita est semper
vivere.

Immensæ bonitati vestræ petitioni meæ condescendenti, MS. p. 333.
personam in præsulatum[3] Sancti Andreæ sublimandam mihi
mittendo, animi mei affectus benivolus, et ut justum est
obnoxius, innumerabiles gratias reddit. Sed persona in
episcopatu posita consuetudinibus terræ moribusque hominum
ut res et tempus exigebat, et ut justum et necessarium
esset, condescendere noluit. Ipsa vero tandem persona, in
præsentia quorundam episcoporum et comitum proborumque
terræ meæ virorum, me requisivit ut ei licentiam rece-
dendi, et de fidelitate quam mihi fecerat libertatem, concederem; cum nullo modo remanere vellet, nisi eum in
captione detinerem. Hæc audiens, ei his verbis respondi,
quod si aliquas dictis aut factis injurias ei a me illatas, et
quod in aliquibus quæ ei facere debuissem me defecisse,
demonstraret, pro Dei amore et honore meo[4] libentissime
præsto essem emendare. Ad hæc in præsentia omnium

---

[1] *hæc continentem*] continentem hæc, A.
[2] *reverendo*] Not in A.
[3] *præsulatum*] præsulatu, A.
[4] *honore meo*] meo honore, A.

astantium dixit, quod nullas dictis aut factis ei injurias
injeceram, nec unquam in aliqua re quam ei facere debuissem defeceram. Preterea egomet, et episcopi et consules
aliique terrae meae probi homines ibi astantes, reverentiae
obœdientiam in quibuscunque justum esset magna animi
benignitate obtulimus, et pro penuria honestae exhibitionis [1]
reverentiae, non esse necesse ei praesulatum relinquere, cum
magna admonitione retulimus ; ut etiam remaneret, donec
regi Angliae et vobis nuntiassem, ut amborum consilio frui
possem, obnixe rogavimus. His auditis, mihi respondit quod
nullo modo remaneret, nisi eum in captione detinerem. Se
enim nec utilem nec idoneum in praesulatus regimine sciebat, et si remaneret detrimentum animae suae et aliorum
imminere videbat. Communi tandem consilio nolui eum vi
retinere, petitioni suae quamvis invitus adquievi, et episcopatum reddidit, et fœdus amicitiae inter me et ipsum osculo
confirmavit. Et haec est rei veritas, quam vobis litteris [2]
declarare volui, ne si aliud ad aures vestras pervenerit crederetis. Sciat denique bonitas vestra quod vobis penitus, ut
amicus fidelis, obnoxius esse cupio, et consilio vestro vestrae
etiam dilectioni subdi desidero.[3] Ut vero [4] domno Edmero
honorem exhibeatis,[5] obnixe postulo. Valete.

Utrum autem in istis tanto patri rex ipse vera, sophistica, falsave mandaverit, non effugiet notitiam
ejus qui consilia, commenta, et deceptiones singulorum
suo tempore denudabit, redditurus cuique prout gesserit. Scripsit tamen ad haec pater Radulfus epistolam
istam.[6]

Alexandro illustri regi Scottorum, frater Radulfus indignus sanctae [7] Cantuariensis ecclesiae minister, sic regnare in
regno terreno ut cum Christo regnare possit in cœlo.

Gratias quas possumus, venerabilis domine, vestrae sublimitati [8] referimus pro dilectionis et honoris munere, quod
erga parvitatem nostram, nunciis et litteris referentibus, vos
habere dinoscimus. In quo procul dubio nos pro posse

---

[1] *exhibitionis*] exibitionis, MS.
[2] *vobis litteris*] litteris vobis, A.
[3] *desidero*] from A. MS. has *desiro*.
[4] *vero*] Not in A.
[5] *exhibeatis*] exhibeas, A.
[6] *istam*] hanc, A.
[7] *indignus sanctæ*] Not in A.
[8] *vestræ sublimitati*] sublimitati vestræ, A.

288 HISTORIA NOVORUM IN ANGLIA.

A.D. 1120. semper devotos habebitis, et siquid in vita nostra, Domino largiente, fructuosum invenitur, vestrum esse secure sciatis. Gratias etiam ex bona voluntate vobis persolvimus, pro susceptione carissimi filii nostri Edmeri, videlicet electi episcopi vestri, quem secundum petitionem vestram vobis transmissum honorifice tractastis. Quem nos etiam ad partes nostras redeuntem, prout decuit tantam personam, officiose suscipientes, in adventu ipsius non mediocriter lætati sumus. Cumque secretius postea inter nos sermo versaretur, audivimus eum aliqua a sensu litterarum vestrarum quas prius audieramus diversa sentire, nec omnibus antea auditis ex toto assensum præbere. Nunc itaque, quoniam in scriptis vestris aliud legimus, et aliud ab ipso fratre percepimus, consilio nobis est ut eundem filium nostrum apud nos retineamus, quousque, Domino ducente, in Angliam veniatis, nisi forte aliquid aliud quod nobis faciendum sit antea mandaveritis. Cum autem, Deo donante, vobis præsentialiter loqui, et rerum causas hinc inde audire poterimus, si vita et doctrina hujus amici nostri vobis et patriæ vestræ utile esse videtur, injuncta sibi obœdientia ad electionis suæ locum, si eum suscipere vultis, redire poterit. Si vero in conspectu vestro aliud placitum fuerit, nos eum, ut virum in lege Domini multipliciter instructum, et omni boni operi aptum cum magno gaudio retinebimus, et sic spem bonam in misericordia Dei habentes ejus reditum fructuosum habebimus. Valeat dilectio vestra semper in Domino.[1]

MS. p. 340

Itaque de his ista.

Death of the King's son and heir William.

Sed dum talia circa monachum Cantuariensem geruntur in Scottia,[2] quiddam nostris sæculis inauditam contigit in Anglia. Willelmus enim, filius regis Henrici, cujus in superioribus operis hujus[3] nonnullis meminimus, patrem suum a Normannia in Angliam regressum sequi gestiens, navem ingreditur, copiosa nobilium, militum, puerorum ac feminarum multitudine comitatus. Qui mox portum maris evecti miraque aeris serenitate freti freto illapsi,[4] in modico

---

[1] *Valeat . . . Domino*] Valete, A.
[2] *Scottia*] Scotia, A.
[3] *operis hujus*] hujus operis, A.
[4] *illapsi*] elapsi, A.

navis qua vehebantur rupem incurrens eversa est, et omnes qui in ea residebant, excepto rustico uno et ipso, ut ferebatur, nec nomine digno, qui mira Dei gratia vivus evasit, marinis fluctibus sunt absorpti. Quæ res multorum mentes exterruit atque turbavit, et de occultis justi Dei judiciis in admirationem concussit. Eo tamen citius sedata est in plurimorum animis hujus turbationis immanitas, quia animum regis, quem maxime hoc infortunium respiciebat, videbant virili animo se agentem, et æquitati judiciorum Dei, cui nemo resistere potest, hæc summisso gestu et voce attribuentem. In his namque se consolans humili spiritu et ore dixit, quod omnibus Christianis in cunctis eventibus suis dicendum fore intellexit, " Sit," videlicet, " nomen Domini benedictum in secula." Amen.

[1] Quintus] V. M.S.

Explicit Liber Quintus.[1]

Incipit Sextus.[1]

Qua jocunditate et exultatione regnum Angliæ in reditu regis exhilaratum fuerit, qui temporis illius recordatur, et me tacente, advertere poterit. Spes etenim magna magni boni multorum mentibus est inde profecta, quæ sibi promitteret levamen et auxilium a magnis malis quorum tædio nimium ante hac videbantur infecta. Verum dum fama intonuit Willelmum, jam olim regni hæredem designatum, de medio esse sublatum, non parva bonæ spei portio periit, consideratis injustitiis quæ in omni genere hominum illis diebus emergebant. Attamen rex legalis conjugii olim nexu[2] solutus, ne quid ulterius inhonestum committeret, consilio Radulfi Cantuariorum pontificis et principum regni, quos omnes in Epiphania Domini sub uno Lundoniæ congregavit, decrevit sibi in uxorem Atheleidem filiam Godefridi ducis Lotharingiæ, puellam virginem bonis moribus et decore modesti vultus decenter insignitam. Ad hujus igitur copulæ perfectionem directi nuncii sunt, qui cum his quos dux memoratus Angliam pro hoc ipso destinaverat festinantius[3] irent, et futuram regni dominam, ut decebat, summo cum honore adducerent. Venienti ergo illi occursus episcoporum et procerum regni Dofris, ubi appulit, grandis factus est, et inde[4] ad curiam regis usque perducta.

*Hæc inter electi sunt ad regimen ecclesiarum jam dudum viduatarum clerici duo, assumpti de capella regis, Ricardus scilicet, qui regii sigilli sub cancellario custos erat, et Robertus, qui et ipse domino regi in

---

[1] Sextus] VI. MS.
[2] *olim nexu*] nexu olim, A. *Olim* supplied over line in MS.
[3] *pro . . . festinantius*] On erasure and crowded in A.
[4] *inde*] Supplied in margin, MS.
* *Hæc inter . . . exhibenda*†] Not in A.

cura panum ac potus strenue ministrare solebat. Horum prior Herefordensi, sequens Cestrensi ecclesiæ prælatus est. Herbertus quoque, abbatiæ Westmonasterii monachus, ipsius loci abbas eo tempore constitutus est. Ricardus igitur vii. Idus Januarii electus, ut mox sequenti Dominica in capella regis pontifex sacraretur, magnopere Radulfus episcopus Cantuariorum postulatus est. Cui ipse nullo adquiescere pacto volens, usque in aliam Dominicam, quæ xvii. Kal. Februarii erat, consecrationem ejus distulit, et tunc eum, assistentibus simul et cooperantibus episcopis Ricardo Lundoniensi,[1] Roberto Lincoliensi, Ernulfo Rofensi, Urbano Glammorganensi, Bernardo Sancti David, et aliis nonnullis, apud Lambetham honorifice consecravit, accepta prius ab eo professione de sua subjectione ecclesiæ Cantuariensi et pontificibus ejus exhibenda.†

Dum[2] hæc ita administrantur, et[3] conventu principum qui, ut prælibavimus,[4] factus fuerat nondum soluto, magnus sermo habitus est de discidio quod eousque versabatur inter Radulfum archiepiscopum Cantuariensem et Thurstanum Eboracensem. Siquidem ipse Thurstanus, prout supra descripsimus, a Calixto episcopus ordinatus, litteras ab ipso Calixto, more quo cuncta Romæ impetrantur, adeptus fuerat, quibus jubebatur ut ipse Thurstanus episcopatu suo potiretur, aut rex anathemate, et Radulfus suspensione pontificalis officii plecteretur. Ad quod recitatæ sunt sententiæ privilegiorum quæ superiori libro indidimus, et quam digne Deo hæc apostolica disponerentur intellectum est ab omnibus. Tamen ne præmissæ intentio pœnæ regem vel pontificem aliquatenus conturbaret, ex communi consilio permissus est idem Thurstanus Angliam redire, et Eboracum regia via venire. Quod

---

[1] *Lundoniensi*] On erasure, MS.
* *Hæc inter . . . exhibenda*†] Not in A.
[2] *Dum*] Cum, A.
[3] *et*] Not in A.
[4] *ut prælibavimus*] Not in A.

A.D. 1121.   et factum est, ea dispositione ut nullatenus extra parochiam Eboracensem Divinum officium celebraret, donec ecclesiæ Cantuariensi de injuria quam ei intulerat, abjurata cordis sui obstinatione, satisfaceret.

The Bishop of Salisbury wishes to officiate at the royal wedding.

Hæc inter de reginæ maritatione necne in regnum promotione actum est inter regni sublimiores, et in Windlesora ipsum negotium administrari dispositum est. Ubi cum episcopus Serberiensis, quia castrum ipsum in diocesi sua consistit, officium ipsius copulæ niteretur administrare, contradictum et comprobatum ab aliis est magis ad archiepiscopum Cantuariensem id pertinere, ea ratione quod rex et regina speciales ac domestici parochiani sint ipsius, nec diocesem cujusvis episcopi ei posse præripere quod sui juris dinoscitur esse; cum tota terra lege primatus Cantuariæ parochia sua sit, et omnes episcopi totius insulæ parochias quas habent nonnisi per ipsum et ab ipso[1] habeant. Sedata igitur in his controversia est. Ita-

The Archbishop of Canterbury officiates by proxy.

que quoniam Radulfus archiepiscopus corporis debilitate gravatus ministerium ipsum opportune exsequi nequibat, injunxit illud episcopo Wintoniensi, ne, si episcopus Serberiensis illud administraret, in superventuris temporibus aliquis tale quid ex suæ parochiæ auctoritate, quam ex Cantuariensis episcopi obœdientia

The Archbishop of Canterbury asserts his right to crown the King.

sibi vindicaret. In crastino autem expletionis officii hujus, dum in reginam ipsa puella benedici debuisset, et, jam dicto introitu missæ, pater Radulfus ipsum officium celebraturus sacris altaribus astitisset, advertit regem in solio suo sedere coronatum, et admiratus est, sciens regni coronam se illi non imposuisse, nec illam ab alio positam se præsente jure ferre debuisse. Divertit igitur infulatus et sui patriarchatus stola redimitus ab altari, et ad regem accedens, eo sibi suppliciter assurgente, sciscitatus est, quisnam capiti MS. p. 344. ejus coronam imposuisset. Ad quod ille, demisso

---

[1] *per ipsum et ab ipso*] ab ipso et per ipsum A.

vultu, se non magnam curam inde accepisse, et iccirco memoriæ id elapsum modesta voce respondit. "Qui- "cunque," ait, "illam posuit non id utique jure fecit, "nec quamdiu capiti tuo hoc modo insederit propo- "siti negotii exsecutor existam."[1] Cui rex, "Si non "jure, ut asseris, imposita est, fac quod juste facien- "dum fore cognoscis; me contradictorem in nullo "habebis." Pontifex igitur elevatis manibus sustulit coronam de capite regis,[2] ipso dissolvente ansulam qua sub mento innodata erat ne capiti insidens vacillaret. Quod ii qui circumstabant intuentes, omnes elata voce pontificem parcere, et regio capiti coronam remittere petiverunt. Adquievit ille, et mox, juxta regem stans coronatum,[3] "Gloria in excelsis Deo" ad inceptæ officium missæ inchoavit, choroque sequentia subsequente[4] altario repræsentatur. Regina itaque in regnum consecrata est, et dies festivus et hilaris omni populo qui confluxerat habitus est.

Post hæc archiepiscopus cum rege Abendoniam veniens, sacravit ibi supra memoratum[5] Robertum[6] ad episcopatum Cestrensis seu Coventrensis[7] ecclesiæ, accepta prius ab eo professione, qua se ex antiquo more devovit fore subjectum et obœdientem sanctæ matri ecclesiæ Cantuariensi et pontificibus ejus. Sacratus est autem iii. Idus Martii, assistentibus et cooperantibus huic sacramento Willelmo Wentano episcopo, Willelmo Exoniensi, Urbano et Bernardo episcopis Walensibus.

*Hinc nonnullis diebus elapsis, electus est quidam de regis capella, Everardus nomine, ad pontificatum Norwicensis ecclesiæ. Quod ubi factum est, rex man-

---

[1] *existam*] non existam, A.
[2] *regis*] ejus, A.
[3] *stans coronatum*] coronatum stans, A.
[4] *subsequente*] canente, A.
[5] *supra memoratum*] Not in A.
[6] *Robertum*] Robertum qui ipsi domino regi in cura panum et potus strenue ministrare solebat, A.
[7] *Coventrensis*] Conventrensis, A.
* *Hinc nonnullis . . . prosequendo†*] Not in A.

A.D. 1121. davit archiepiscopo ut electioni consentiret, et aut ipse, si opportune valeret, aut certe episcopis qui secum morabantur concederet eundem electum remota omni mora consecrare. Ad quod ille respondens, se episcopum, eo quod sua intererat, promisit libenter opportuno tempore sacraturum, si tamen edisceret electioni ipsi nihil inesse quod consecrationi impedimento existere posset. Placuerunt ista regi, et dies ex communi consensu præsignatus est, quo Cantuariam electus veniens illic benedictionem pontificalem susciperet.

MS. p. 345.

Consecration of Everard, Bishop of Norwich [June 12th, 1121].

Statuto itaque die, qui fuit ii. Idus Junii, sacratus est cum magno honore in metropoli sede Cantuariæ, convenientibus pro hoc ipso Ernulfo episcopo Rofensi, Ricardo Herefordensi, et Roberto Cestrensi, cum ingenti monachorum, clericorum ac laicorum utriusque sexus multitudine. Ipse quoque episcopus, more servi Dei et fidelis sanctæ ecclesiæ filii, matrem suam in omnibus quæ debebat filius bonus honorificavit, summisso videlicet ore et corde illi antecessorum suorum more subjectionem et obœdientiam profitendo, eamque honesto munere ac fratres in ea Christo Domino famulantes caritativo officio prosequendo.†

Defeat, capture, and custody of the antipope.

Dum hæc isto ordine in Anglia disponuntur, famæ certitudo illuc usque perlata est, papam Calixtum, viribus undecunque collectis, supra memoratum Mauricium cognomento Burdinum, quem vocatum Gregorium in sede apostolica imperator cum suis fautoribus papam constituerat, cepisse,[1] eumque, suis omnibus spoliatum, monasterio, ut monachus esset, contumeliose intrusisse. Quo facto, ipse apostolici culminis securitate potitus, libera auctoritate qua Romanum pontificem niti æquum esse probatur, quaquaversum per legatos suos utebatur. De quorum numero quidam, Petrus nomine, Romanus genere, monachus Cluniacensis professione, venit in Galliam, missus ab ipso pon-

MS. p. 346.

---

*Hinc nonnullis . . . prose-quendo†] Not in A. | [1] cepisse] cœpisse, MS.

tifice, functus, ut ferebatur, legatione Galliæ ac totius Britanniæ, Hiberniæ quoque et Orcadarum insularum. Supercreverat autem fama istius famam omnium ante cum in has partes a Romana sede destinatorum; et abbates ac nonnulli alii, viri videlicet honorati ejus adventum Angliæ præconaturi ab eo præmittebantur. Erat enim filius Petri præclarissimi ac potentissimi principis Romanorum, cujus fides et actio magni consilii et fortitudinis esse solebat iis qui in sede apostolica canonice constituti patres orbis habebantur. Attonita igitur tota[1] terra in expectatione quasi tanti adventus, direxit rex Henricus Bernardum episcopum Sancti David de Gualis,[2] et Johannem filium patrui sui clericum trans mare, ubi eousque idem Petrus morabatur, regis Anglorum de introitu suo in Angliam voluntatem jussumque opperiens, quatinus illum ad se perducerent. Quibus etiam ipse rex, prudenti usus consilio, injunxit quatinus iter ejus ita disponerent, ut post ingressum Angliæ nec ecclesias nec monasteria quælibet ad se tendens hospitandi gratia ingrederetur, nec aliunde quam de suis victus necessaria ei ministrarentur. Perductus igitur ad regem, digne ab eo susceptus est. Et, exposita sui adventus causa, rex, obtensa expeditione in qua tunc erat, nam super Walenses ea tempestate exercitum duxerat, dixit se tanto negotio operam tunc quidem dare non posse, cum legationis illius stabilem auctoritatem nonnisi per conniventiam episcoporum, abbatum, procerum, ac totius regni conventum roborari posse constaret. Super hæc sibi patrias consuetudines ab apostolica sede concessas nequaquam se æquanimiter amissurum fore testabatur, in quibus hæc et de maximis una erat, quæ regnum Angliæ liberum ab omni[3] legati ditione constituerat donec ipse vitæ præsenti superesset. His

---

[1] *tota*] Supplied over line, MS.
[2] *Gualis*] Walis, A.
[3] *omni*] omnis, A.

A.D. 1121. horumque similibus regali facundia editis, præfatus Petrus assensum præbere utile judicavit, et annuit. Quapropter larga regis munificentia magnifice honoratus, negavit omnimodo se illi quicquam antiquæ dignitatis derogaturum, immo ut dignitatis ipsius gloria undecunque augmentaretur spopondit plena fide elaboraturum. Pax itaque firma inter eos firmata est, et qui legati officio fungi in tota Britannia venerat, immunis ab omni officio tali cum ingenti pompa via qua venerat extra Angliam a rege missus est. Dofris itaque transfretaturus, Cantuariæ hortatu regis et archiepiscopi magnifice a fratribus susceptus est, et inter eos triduo cum jocunditate conversatus. In quo temporis spatio, querimonia apud eum deposita est pro gravi injuria qua papa Calixtus ecclesiam Cantuariensem in causa Thurstani Eboracensis humiliare non veritus est, et suis litteris eandem humiliationem, omissa omni justitiæ consideratione, roborare. Quæ ipse leni vultu ac miti mente suscipiens, privilegia ab antiquis patribus olim a Romana sede possessa ostendi sibi postulavit, et, si rata esse probarentur, quæ noviter instituta erant se promisit elaboraturum ut in nihili redigerentur. Prudentum igitur ratione virorum probatum est, bullatas antiquitus cartas incendio quod totam ecclesiam necdum transitis quinquaginta annis omnino consumpsit esse consumptas, paucis illarum in antiquis scedulis vel[1] veteribus libris quoquomodo raptim transcriptis atque retentis, quarum veritas et Romani stilo eloquii, et auctoritate jam per quadringentos et eo amplius annos ab ecclesia ipsa inconcusse possessa, declaratur. Quibus ille perspectis atque perpensis, testatus etiam ipse[2] est ecclesiam Cantuariensem grave nimis et immoderatum præjudicium esse perpessam, et quatinus hoc velocius cor-

---

[1] *vel*] seu, A.
[2] *etiam ipse*] Supplied in margin, in penmanship of earlier part of work, MS.

rigeretur se modis omnibus opem adhibiturum pollicitus est. Post hæc Angliam egreditur, prospero cursu procellosum mare evectus.

*Aliquanto dehinc tempore evoluto, venit Cantuariam clericus quidam, Gregorius nomine, electus a rege et clero et populo Hiberniæ ad pontificatum Dublinæ civitatis. Samuel quippe, quem a beatæ memoriæ patre Anselmo longe superius eidem civitati descripsimus episcopum ordinatum, jam huic vitæ modum fecerat; et iste loco defuncti a pontifice Cantuariorum antistes consecrandus ab eisdem Angliam cum litteris et testibus idoneis destinatus advenit. Prævenerat sane hunc clericus quidam comitatus laico uno, qui suis verbis nitebatur consecrationem illius evacuare, asserens eum ab eis ad quos electionis ipsius firmitas maxime pertinebat electum nullatenus esse. Quæ frivola et nullius ponderis esse tam litteræ sigillo ecclesiæ Dublinensis inclusæ, quam proborum virorum litteris concordantium assertiones persuaserunt. Quarum litterarum textus hic est.

Domino reverendissimo ac religiosissimo Radulfo, archiepiscopo Cantuariensi, omnes burgenses Dublinæ civitatis cunctusque clericorum conventus æternam optant salutem.

Cum te, sancte pater, pro merito summæ pietatis plurimi venerentur, et omnibus fidelibus causa magnæ fidei et sanæ doctrinæ honorabilis atque amabilis existas, congruum esse judicamus, ut Gregorium nostrum electum Dei gratia ad vos mittamus. Antecessorum enim vestrorum magisterio semper nostros libenter subdimus, a quo recordamur nostros accepisse dignitatem ecclesiasticam. Sciatis vos revera quod episcopi Hiberniæ maximum zelum erga nos habent, et maxime ille episcopus qui habitat Archmachæ, quia nos nolumus obœdire eorum ordinationi, sed semper sub vestro dominio esse volumus. Iccirco vestra suffragia supplices petimus, quatinus Gregorium ad sacrum ordinem episcopatus promoveatis, si amplius illam parochiam quam multo tempore vobis servavimus retinere volueritis. Vale.

---

*Aliquanto . . . vitæ superfuit†] Not in A.

298 HISTORIA NOVORUM IN ANGLIA.

A.D. 1121.
Consecration of Gregory, Bishop of Dublin [Oct. 2nd, 1121].

Itaque Gregorius iste cum adhuc in gradu esset subdiaconatus, jubente archiepiscopo, sacratus est a Rogerio episcopo Serberiensi ad diaconatum et presbyteratum in jejunio septimi mensis. Deinde vi. Non. Octobris promovit illum in summum sacerdotii gradum Radulfus archiepiscopus apud Lambetham, accepta prius ab eo scripta professione de subjectione sua et obœdientia sanctæ matri ecclesiæ Cantuariensi et ejus pontificibus exhibenda. Huic consecrationi interfuerunt et cooperatores extiterunt Robertus episcopus Lincoliensis, Rogerius Serberiensis, et David episcopus Pangornensis. Quarto die post hæc venit ipse episcopus Cantuariam, et scriptam professionem quam in conventu episcoporum et numerosæ multitudinis populi, qui ad ejus consecrationem convenerant, publice fecerat, super altare Domini Christi lectam posuit, seque fidelem et obœdientem ipsi ecclesiæ ac pontificibus suis dum viveret fore promisit. Post hæc ipse

Gregory returning to Ireland finds his see occupied by another, and returns to Canterbury.

episcopus Hiberniam regressus pontificem Armachiæ, Cælestinum nomine, in loco suo substitutum invenit, cui et nobilitas generis, et major abundantia terrenæ facultatis, et in hos atque illos profusior manus, homines patriæ ipsius in sui favorem, pulso Gregorio, conglutinavit. Qui Gregorius inde discedens ad archiepiscopum qui eum sacraverat reversus est. Quem benigne susceptum secum cum honore detinuit, donec ipse archiepiscopus præsenti vitæ superfuit.† MS. p. 850.

Eadmer resides at Canterbury as heretofore.

His ita variantibus, supra designatus episcopus Scotiæ Cantuariæ continue degebat, sicut olim priusquam in pontificatum electus esset facere solebat, conventum monachorum non facile deserens, sed more aliorum sese in omnibus agens.[1] Transiit in istis annus integer et semis. Venientes interea Cantuariam diversi episcopi, abbates, et quique nobiles, qui hominem ex cohabita-

---

**Aliquando dehinc . . . superfuit†*] Not in A. | [1] *agens*] habens, A.

tione patris Anselmi quondam notum habebant, de negotio illius percunctabantur. Et ordinem rei edocti, eum ecclesiam quam canonice electus regendam susceperat nulla ratione juxta scita canonum indemnatum dimittere posse, concordi sententia asseruerunt, licet consecratus non fuerit, electionem videlicet quodammodo consecrationi praestare contestantes. Usus igitur illorum et quorundam aliorum consilio, necne beati patris sui Anselmi, cujus beata conversatio eum in multis olim informaverat, exemplo provocatus, qui olim ab Anglia aeque ut ipse a Scottia[1] pro simili causa pari ordine pulsus fuerat, sicut longe superius habita mentio est, regi Scottorum epistolam, quam ecce subscribimus, scriptam direxit.

Alexandro illustri regi Scottorum, Edmerus quondam electus episcopus Scotiae aeternam in Christo salutem, et fidele servitium.[2]

Pro benigna voluntate quam se erga me vestra excellentia olim habuisse monstrare dignata est, gratias quas possum, dignissime domine,[3] vobis exsolvo. Et quidem benignitatis vestrae non meritorum meorum fuisse non nescio, quod, praetermissis innumeris quos et vitae probitas et sapientiae atque prudentiae illustrabat auctoritas, me in episcopatum elegistis, et regno vestro in iis quae Dei sunt praeesse voluistis. Reddat vobis omnipotens Deus pro tam bona voluntate, illud praemium quod bona voluntas meretur apud eum. Et hoc utique orat quotidie et desiderat anima mea. Quod autem res alium quam propositi communis tenor extiterit eventum sortita est, Dei dispositioni, quam penetrare vel subterfugere nemo potest, ascribendum fore non dubito. Quid tamen ex discessu meo a pontificatu didicerim, si facultas mihi daretur secretius vobis loquendi, sanctae fidei vestrae notificarem. Licet enim corpore a vobis discesserim, noveritis tamen pro certo quia fidem quam vobis debeo, Dei juvante, non violabo. Unde vestrum et regni vestri honorem in quibuscunque potero, si non spreveritis, fideliter

---

[1] *Scottia*] Scotia, A.
[2] *aeternam ... servitium*] salutem et servitium, A.
[3] *dignissime domine*] Not in A.

A.D. 1122. quæram, ipso teste qui conscientiæ meæ solus et verus inspector est. Nec hæc dico, quod multum desiderem in regno vestro episcopari, sed tamen mallem dignitatem terræ vestræ augeri quam minorari. Preterea noverit beatitudo vestra quia omnes qui audiunt qualiter electus, susceptus, et pontificatu saisitus, et loco pontificis substitutus fui, una sententia asserunt nec me justo[1] potuisse episcopatum dimittere, nec alium, me vivente, juxta legem Domini substitui posse. Nec enim vir uxorem suam, aut uxor virum, ut alii nubat dimittere legaliter potest. Sed fortasse dicitis, "Tu dimisisti." Dimisi quidem; sed, quod cum pace vestra dicatur, illata vi cui contraire nequivi. Cum enim perpes discordia et interminabiles inimicitiæ mihi ex vestra parte per eos quos vobis familiares esse sciebam intenderentur, nisi episcopatui funditus cederem, et his vester habitus circa me, et dissaisitio qua me his rebus ad pontificatum pertinentibus sine lege et judicio spoliastis attestarentur, necessario dimisi quod ablatum retinere non potui. Sed de istis epistolari brevitate disquiri commode non valet. Quamobrem omissis istis, breviter suggero, quia si in pace vestra permittitis, et opem, ut vestram regalem sublimitatem decet, ferre volueritis, ut ad vos honorifice redeam ad explendum apud vos servitium Dei et vestrum, secundum voluntatem Dei, conabor iter aggredi, et in omnibus voluntati vestræ parere, nisi, quod absit, videatur voluntati Dei resistere. Quod si amplecti minime vultis ultra non possum, Deo causam ecclesiæ suæ committo, ipse videat, ipse dispenset, ipse quod quisque meretur in hoc suo negotio cuique reddat; ego liberavi ut æstimo animam meam, ego ubi debui coram eo exposui causam meam, paratus in omnibus sequi voluntatem suam. Ne putetis tamen[2] me in aliquo velle quicquam derogare libertati vel dignitati regni Scottorum, securum vos esse volo quia quod a me petistis, et ego tunc quidem adquiescere nolui; æstimans aliud quam, secundum quod postmodum didici, æstimare debebam de rege scilicet Anglorum, de pontifice Cantuariorum, et de benedictione sacerdotali; si hucusque persistitis in sententia vestra me amplius contradictorem non habebitis; nec illa me

---

[1] *juste*] On erasure in MS., probably to replace *legitime* or *legaliter*.

[2] *putetis tamen*] tamen putetis, A.

a servitio [Dei] et amore vestro, quin quod volueritis faciam, ullo modo divellent; tantummodo alia quae pontificis Sancti Andreae juri competunt mihi lice[at] cum vestra bona voluntate et pio favore[1] administrare. Haec [olim] vobis insinuassem; sed, quia rumor quaque discurrebat vos in Angliam, postposita omni ambiguitate, tunc vel tunc aut certe tunc venturum, scribere distuli quod magis optabam secreto vobis affatu declarare. Sive igitur ista suscipiatis, sive altiori consilio postponatis, ego, quod mea refert, pura et simplici conscientia feci, ipso cuncta inspiciente et examinante qui novit quid cuique redditurus aequo moderamine sit. Quoniam ergo in manu ejus sunt etiam corda omnium regum, intimo corde rogo ut ipse cor vestrum et actus vestros ad se sua gratia dirigat, quatinus et ecclesia sua quae in regno vestro peregrinatur vestra ope in sancta conversatione de die in diem proficiat, et animae vestrae post hanc vitam beatitudinis aeternae merces exinde proveniat, gloriose domine et sanctae Dei ecclesiae dignissime fili.[2] Amen. Quid de istis sanctitati[3] vestrae placeat, benigne quaeso mihi, fideli vestro, litteris suis notificare dignetur. Vale bone et sancte domine.[4]

Misit etiam ipsis diebus Radulfus archiepiscopus et fratres ecclesiae Cantuariensis epistolam ipsi regi, haec inter alia continentem.

Glorioso regi Scottorum, Alexandro, frater Radulfus indignus sanctae[5] Cantuariensis ecclesiae minister, et fratrum conventus Domino Christo in ea deserviens; per illum in terra regnare, cui famulatur omnis militia coelestis.

Novit prudentia vestra, charissime domine, quanto tempore sedes episcopalis quae in patria vestra praecipua habetur suo caruerit pa[sto]re, quae proculdubio quanto fuerit suo destituto vi[gore], tanto deterius subditorum ruina inde proveniet. Un[d]e hortamur celsam[6] strenuitatem vestram quam Divina propitiatio inter alios reges ita absque notabili repraehensione hucusque honoravit, ut ab omnibus laudabilis habeatur, quatinus tanto religionis detrimento finem dantes, pastorem quem

---

[1] *et pio favore*] Not in A.
[2] *gloriose . . . fili*] Not in A.
[3] *sanctitati*] excellentiae, A.
[4] *bone et sancte domine*] Not in A.
[5] *Glorioso . . . sanctae*] Alexandro illustri regi Scottorum, Radulfus, A.
[6] *celsam*] Not in A.

A.D. 1122. vos canonice elegistis et nos legaliter ad vos misimus ad sedem suam ex bona voluntate vestra revocetis. Et cum nec in vobis nec in ipso culpa pateat quare hoc digne fieri non debeat, ex patrum auctoritate non intelligimus qualiter, isto vivente, alium memorata ecclesia vestra possit sortiri episcopum, quia sponsa Dei, suo superstite, ne fiat adultera, nisi legalem, omnem contemnit maritum. Quapropter quomodocunque hactenus hoc dilatum fuerit, virum, sicut speramus, vobis utilem, et in lege Dei a pueritia nobiliter instructum, in primum dilectionis vestrae gradum et in officium sibi injunctum pro vestra gloria revocate. Deus pacis et dilectionis a quo omne bonum consilium procedit sit semper vobiscum. Quid vobis videatur de iis quae vobis mandamus, nobis precamur rescribi facite. Valeat dilectio vestra cum domina regina uxore vestra, et cum omnibus qui ea quae justa sunt MS. p. 354. volunt et vos diligunt, gloriose domine et honorande sanctae matris ecclesiae fili. Amen.

Death of Ralph, Archbishop of Canterbury [Oct. 20th, 1122].

Eodem anno, qui fuit annus ab Incarnatione Domini millesimus centesimus vicesimus secundus, et ex quo ab episcopatu Rofensi in patriarchatum Cantuariensem translatus est annus nonus, defunctus est Cantuariae in metropoli sede Radulfus archiepiscopus, xiii. Kal. Novembris, praesentibus filiis suis, glorioso scilicet agmine monachorum ejusdem loci; et tertio abhinc die[1] in medio aulae majoris ecclesiae decenter sepultus.[2]

---

[1] *abhinc die*] die abhinc, A. | [2] A. has no *Explicit*. Nor has MS

VITA SANCTI ANSELMI ARCHIEPISCOPI, ET QUÆDAM MIRACULA EJUS.

AUCTORE EADMERO.

MS. C.C.C. 371. p. 1.

DE VITA ET CONVERSATIONE ANSELMI ARCHIEPISCOPI CANTUARIENSIS,

AUCTORE EADMERO.

INCIPIUNT CAPITULA IN VITAM ANSELMI ARCHIEPISCOPI.[1]

De vita et moribus parentum Anselmi Cantuariensis archiepiscopi.

ii. Qualiter ipse Anselmus adhuc puerulus per visum viderit se jussu Dei nitidissimo pane refici.

iii. Qualiter ut monachus fieret, a Deo petierit ut infirmaretur, et exauditus sit.[2]

iiii. Quod quia pater suus ei nimis infestus fuit patriam exierit.

v. Quod Lanfrancum virum prudentissimum adierit, et ejus discipulatui subditus, quomodo ubi monachus fieret deliberaverit.

vi. Quod consilio Lanfranci et Maurilii Rotomagensis archiepiscopi monachus factus sit.

vii. Qualiter prior factus una nocte divinis intentus per medios parietes corporali intuitu viderit quæ ultra fiebant.

viii. Quali modo de moribus hominum, virtutibus ac vitiis disseruerit, et quibus exercitiis vitam suam instituerit.

ix. Quod quorundam odium contra se in sinceram dilectionem converterit.

---

[1] K. has SANCTI ANSELMI ARCHIEPISCOPI.

[2] The loose leaf at C.C.C. exhibits the following variants:—

N.B.—There is no title to the capitula.

iii. Qualiter ut monachus fieret quo infirmaretur a Deo petierit et exauditus sit.

iiii. Quod pater suus minis ei fuerit infestus, et obhoc patriam exierit.

[v. Quo]d Lanfrancum magnificum et sapientissimum virorum adierit, et [ejus] discipulatui, &c.

x. Qualiter Osbernum quendam nomine adolescentem u . . . quid in obitu viderit ei post obitum intimaverit.

x. Qualiter quendam adolescentem Osbernum nomine a pravitate vitæ correxerit, et quid moriens viderit ei mortuus intimaverit.

xi. Ratio quare juvenibus ut proficerent plus cæteris intenderit.

xii. Quomodo pontifex Rotomagensis ei et in prioratu persistere, et majorem prælationem si injungeretur non abjiceret imperaverit.[1]

xiii. Quam affectuosam sollicitudinem sanis ac infirmis impenderit.

xiiii. Qualiter languidus juvenis solo intuitu ejus curatus sit.

xv. Quomodo monachus in extremis positus a duobus lupis per eum erutus sit.

xvi. Qualiter Riculfus monachus Anselmum orantem globo igneo viderit circumseptum.

xvii. Quod piscis quem tructam vocant insolitæ magnitudinis sicut prædixerat ad victum ejus captus sit.

xviii. Quod viro qui eum hospitio receperat juxta verbum ejus sturio unus improvise allatus sit.

xix. De libris quos fecit, et quid de illo quem Proslogion titulavit primo contigerit.

xx. Epistola quam scripsit Lanzoni qui postmodum fuit prior Sancti Pancratii apud Lewes.

xxi. De visionibus quæ illi ostensæ fuerunt cum a languore convaluisset.[2]

xxii. De discretione quam docuit quendam abbatem exercere erga pueros in scola nutritos.

---

[1] The loose leaf at C.C.C. exhibits the following variants:—

xii. Quomodo ... et si major prælatio aliquando ei injungeretur eam recipere non recusaret imperaverit.

xiii. Quam affectuosa sollicitudine sanis et infirmis curam impenderit.

xv. Qualiter unus e fratribus in extremis positus a duobus lupis, &c.

xvi. Q. R. m. eum globo igneo circumcinctum orantem viderit.

xvii. Quod piscis qui tructa vocatur insolitæ, &c.

xx. Epistola quam scripsit Lanzoni.

xxv. Q. m. Cadulus nomine, &c.

[2] *convaluisset*] convalesceret, K.

xxiii. Quantum horruerit habere aliquid proprii.
xxiv. Qualiter aureum anulum in lecto suo repperit.
xxv. Qualiter miles nomine Cadulus audivit demonem Anselmo detrahere.
xxvi. Qualiter in abbatem electus et consecratus sit.[1]
xxvii. Quemadmodum in saecularibus negotiis placitare consueverit.
xxviii. Quam humanus fuerit in cura hospitum, et quam providus in superventuris necessitatibus fratrum.
xxix. Quod in Angliam veniens a monachis Cantuariensibus honorifice sit susceptus, et, accepta fraternitate inter eos, unus ex eis factus.
xxx. Quid inter illum et Lanfrancum archiepiscopum de beato martyre Ælfego dictum actumve sit.
xxxi. Quod per diversa loca vadens, omnes ad quos veniebat qualiter in suo ordine vivere deberent instruxerit.
xxxii. Quod Beccum reversus virum a lepra per lavaturam manuum suarum mundaverit, et quod fratrem de congregatione aqua a se sanctificata aspersum ab infirmitate sanaverit.
xxxiii. Quod ratione actus a rigore sui propositi propter alios temperaverit.
xxxiiii. Qualiter quidam Boso nomine monachus factus sit, et a temptatione diabolica liberatus.
xxxv. Quod multa quae de eo veraciter scribi possent praetermittantur.

EXPLICIUNT CAPITULA LIBRI PRIMI.

---

[1] The loose leaf at C.C.C. exhibits the following variants:—

xxvi. Qualiter defuncto Herluino abbate in abbatem electus sit [et con]secratus.

xxvii. Qualiter . . . placitare solitus fu[erit].

xxix. Q. in A. venerit, et a m. C. h. susceptus, unus ex eis accepta fraterni[tate inter] eos factus sit.

xxxi. Q. . . . ad q. v. quemadmodum, &c.

xxxiiii. Q. Boso quidam nomine m. f. fuerit, &c.

The leaf ends with E. C. L. P.

Incipiunt capitula libri secundi.

i. Qualiter Anselmus in Angliam veniens a juniore Willelmo rege susceptus sit.

ii. Quod idem rex infirmatus Anselmum eligat in archiepiscopum, et quod ipse ad consentiendum nec vi compulsus adquiescat.

iii. Qualiter ad signum sanctæ crucis ignis Wintoniæ extinctus sit.

iiii. Quomodo Cantuariæ sit archiepiscopus consecratus.

v. Quod et quamobrem contra eum animus regis conturbatus sit.

vi. Qualiter in dedicatione ecclesiæ de Herges chrismatorium ejus furto sublatum fuerit et restitutum.

vii. Qualiter pro correctione Christianitatis regem interpellaverit.

viii. Quo dolore affligebatur quia priorem suæ mentis tranquillitatem perdiderat.

ix. Qualiter omnibus eum requirentibus et spirituali et corporali subsidio subvenire studuerit.

x. Quod cœlestibus studiis deditus epistolam quoque de Incarnatione Verbi domino papæ Urbano scripserit.

xi. Quibus modulis linguæ plectrum inter epulas commodaverit.

xii. Quod pro indiscreta ut quidam putabant virtutum custodia a nonnullis repræhensus sit.

xiii. Quod sæcularia negotia nullo poterat pacto cum sui corporis sospitate sustinere.

xiiii. Quod, inter alia diversarum causarum incommoda, sui quoque homines ei facti sint infideles.

xv. Quanto studio peccati horrorem devitaverit.

xvi. De divulgato placito apud Rochingeham.

xvii. Quomodo renovato discidio inter se et regem licentiam petiverit eundi Romam.

xviii. De liberatione leporis.
xix. De relaxatione avis.
xx. Quemadmodum tertio denegatam sibi licentiam eundi Romam ipsemet super se acceperit.
xxi. Qualiter Romam profecturus monachos Cantuarienses allocutus sit, et quomodo accepta pera et baculo peregrinantium more Dofras ierit.
xxii. Quomodo Willelmus nuncius regis sua omnia in litore maris perscrutatus sit.
xxiii. Quomodo ad vocem ejus in mari ventus mutatus sit.
xxiiii. Quod in navi qua per undas evectus est magnum foramen sit inventum, nec tamen aqua per illud transierit.
xxv. Qualiter apud Sanctum Bertinum susceptus, et consecrato altari apud Sanctum Audomarum, quo dolore afflictus sit quia puellae confirmationis donum petenti ut negaret adquievit.
xxvi. Qualiter ab omnibus excipiebatur.[1]
xxvii. Quod Lugduni consistens nuncios suos Romam direxerit.
xxviii. Qualiter Secusiam venientes ab abbate loci ipsius simus suscepti, et de ipso Anselmo inquisiti.
xxix. Quo honore vulgique favore prosecutus Romam pervenerit, et qualiter a pontifice urbis Urbano susceptus sit, ac profectus inde in Apuliam.
xxx. Quod instar solitudinis in monte constitutus, librum Cur Deus Homo perfecerit.
xxxi. Qualiter puteus aquae in montis vertice per eum factus sit.
xxxii. Quod in profundam cisternam corruens nil mali pertulerit.
xxxiii. Quantae reverentiae etiam a paganis habitus fuerit.

---

[1] *excipiebatur*] suscipiebatur, K.

xxxiiii. Quod in concilio apud Barum collecto Grecos in processione Spiritus Sancti errantes confutaverit.

xxxv. Qualiter Willelmus nuncius regis Anglorum ad hoc Romanum pontificem perduxerit ut de causa ejus inducias regi daret, et quemadmodum ipse Anselmus Romæ habitus sit.

xxxvi. Quod Angli Romam venientes ad jussum papæ sua oblatione pedes ejus sicut pedes papæ honoraverint.

xxxvii. Qualiter multi Romanorum eum capere volentes, subito mutata voluntate, projectis armis, ab eo se benedici petiverint.

xxxviii. Quod papa in concilio Romæ habito laicos investituras ecclesiarum dantes et ab eis accipientes excommunicaverit.

xxxix. Quod a Roma Lugdunum reversus præcipuo honore habitus sit.

xl. Qualiter duo milites a quartanis febribus per reliquias mensæ illius Viennæ sint liberati.

xli. Quomodo unus e principibus terræ illius eo quod missæ ipsius interfuit ab intestinorum et febrium cruciatibus sit sanatus.

xlii. Qualiter mulierem mente captam signo sanctæ crucis super eam edito integræ sanitati restituerit.

xliii. Qualiter ad preces ejus pluvia copiosa descenderit.

xliiii. Quod libellum De Conceptu Virginali et alia quædam tunc temporis scripserit.

xlv. De obitu papæ Urbani et de signis mortem regis Anglorum præsignantibus.

xlvi. Quod sententia damnationis in regem fuerit ante Deum promulgata.

xlvii. Qualiter clerico ejus revelatum fuerit discidium quod inter illum et regem erat sopitum fuisse, et alii eundem regem obisse.

xlviii. Qualiter ignem cœlitus lapsum a domibus quas vorabat extinxerit.

xlix. Quod gemens fleverit audito regis interitu, et quod a novo rege Anglorum Angliam remeare diligenter rogatus sit.

l. Quod rex Henricus Romana decreta postponens Anselmum in multis afflixerit, et tandem pro mutandis ipsis decretis ut ipse Romam rediret poposcerit.

li. Qualiter a Roma Florentiam venit, et qualiter a lecto in quo quieverat hospes ejus eo discedente cohibitus sit.

lii. Qualiter reditus in Angliam ei interdictus sit.

liii. De cœco illuminato.

liiii. Quod rex Angliæ Anselmum suis omnibus spoliaverit.

lv. De reliquiis Sanctæ Priscæ martyris.

lvi. Qualiter rex et Anselmus sint reconciliati.

lvii. Quomodo Anselmus ab infirmitate convaluerit.

lviii. Quod qui ei detrahebat equo dejectus cum dedecore sit.

lix. Quod eum suæ compotem voluntatis rex in omnibus fecerit.

lx. Qualiter freneticum sano sensui restituerit.

lxi. Quod in Anglia pane a se benedicto virum quendam ab infirmitate qua gravabatur curaverit.

lxii. Quod rex Normanniam sibi subactam illi gratiosus mandaverit.

lxiii. Quod ab abbatiam Sancti Edmundi iverit, et ibi quædam officia pontificalia celebraverit.

lxiiii. Quod crebrius solito infirmabatur, et propterea ad diversa loca tendens lectica[1] vehebatur.

lxv. Quanto studio consecrationi Dominici Corporis etiam corpore deficiens interesse voluerit.

---

[1] *lectica*] Not in K.

lxvi. Quomodo et qua hora de hac vita migraverit.
lxvii. De abundantia balsami.
lxviii. De augmento sarcophagi.   MS. p. 298.
lxix. Qualiter Arnulfus comes cum suis propter merita ejus liberatus sit a periculo maris.
lxx. Quomodo Robertus monachus res suas de Tamisia illæsas receperit.
lxxi. Quibus auctoribus hæc scripta sint.
lxxii. Qualiter servata sint aliter quam præceperit ipse pater Anselmus de quo scripta sunt.[1]

---

[1] MS. has no Explicit.

MS. p. 290.   INCIPIT PRÆFATIO SEQUENTIS OPERIS.[1]

QUONIAM MULTAS et antecessorum nostrorum temporibus insolitas rerum mutationes nostris diebus in Anglia accidisse et coaluisse conspeximus; ne mutationes ipsæ posterorum scientiam penitus laterent, quædam ex illis succincte excepta[2] litterarum memoriæ tradidimus. Sed quoniam ipsum opus in hoc maxime versatur, ut ea quæ inter reges Anglorum et Anselmum archiepiscopum Cantuariorum facta fuerunt[3] inconcussa veritate designet, quæque omnibus puram illorum historiam scire volentibus tunc temporis innotescere potuerunt licet inculto plano tamen sermone describat, nec adeo quicquam in se contineat quod ad privatam conversationem, vel ad morum ipsius Anselmi qualitatem, aut ad miraculorum exhibitionem pertinere videatur; placuit quibusdam familiaribus meis me sua prece ad hoc perducere, ut sicut descriptione notarum rerum posteris, ita designatione ignotarum satagerem tam futuris quam et præsentibus aliquod officii[4] mei munus impendere. Quos eo quod offendere summopere cavebam, dedi operam voluntati eorum pro posse morem gerere. Opus igitur ipsum De Vita et Conversatione Anselmi Archiepiscopi Cantuariensis titulatum taliter, Deo adjuvante, curavi disponere, ut, quamvis aliud opus quod præsignavimus ex majori parte de ejusdem viri conversatione subsistat, ita tamen in sua materia integræ narrationis formam prætendat, ut nec illud istius, nec istud illius pro mutua sui cognitione multum videatur indigere. Plene[5] tamen actus ejus scire volentibus, nec illud sine isto, nec istud sine illo sufficere posse pronuncio.

EXPLICIT PRÆFATIO.

---

[1] *sequentis operis*] On erasure. C. agrees with MS.
[2] *excepta*] excerpta, E.
[3] *fuerunt*] sunt, A.,C.,E.,F.,I.,K.
[4] *aliquod officii*] aliquid obsequii, E.
[5] *Plene*] Plane, A.

INCIPIT LIBER PRIMUS DE VITA ET CONVERSATIONE
ANSELMI CANTUARIENSIS ARCHIEPISCOPI.[1]

i. INSTITUTA VITÆ et conversationis Anselmi Cantuariensis archiepiscopi litterarum memoriæ traditurus, primo omnium vocata in auxilium meum summa Dei clementia et majestate, quædam brevi dicam de ortu et moribus parentum ejus, ut hinc lector advertat de qua radice prodierit quod in studiis nasciturae prolis postmodum fulsit. Pater igitur ejus Gundulfus, mater Ermenberga vocabatur. Utrique juxta sæculi dignitatem nobiliter nati,[2] nobiliter sunt in Augusta civitate conversati. Quæ civitas confinis[3] Burgundiæ et Longobardiæ Ermenbergam in se edidit, Gundulfum in Longobardia natum civem sui ex advena fecit. Conjuncti sunt lege conjugali ambo divitiis non ignobiles, sed moribus ex quadam parte dissimiles. Gundulfus enim sæculari deditus vitæ non adeo curam suis rebus impendere, sed habita frequenter ab re distribuere, in tantum ut non modo largus atque beneficus, verum etiam prodigus atque vastator a nonnullis æstimaretur. Ermenberga vero bonis studiis serviens, domus curam bene gerens, sua cum discretione dispensans atque conservans, bonæ matris familias officio fungebatur. Mores erant probi et irrepræhensibiles ac juxta rectam considerationem ratione subnixi. Hæc fuit vita ejus, in hac dum vixit permansit, in hac finem vitæ sortiri promeruit. Gundulfus autem circa diem obitus sui, spreto sæculo monachus factus, monachus defunctus est.[4]

ii. At Anselmus filius horum cum puer parvulus esset maternis, prout ætas sua patiebatur, colloquiis

---

[1] C. agrees with MS. E. has *Vita Sancti Anselmi Archiepiscopi.* H., *Incipet v. S. A. Cantuariensis a.*

[2] *nobiliter nati*] Not in E.

[3] *confinis*] concivis, C.

[4] Here E. introduces the following rubric: *Quomodo per visionem montem ascendit et Dominum viderit.*

libenter animum intendebat. Et audito unum Deum sursum in coelo esse omnia regentem, omnia continentem; suspicatus est, utpote puer inter montes nutritus, coelum montibus incumbere, in quo et aulam Dei esse, eamque per montes adiri posse. Cumque hoc saepius animo volveret, contigit ut quadam nocte per visum videret se debere montis cacumen ascendere et ad aulam magni regis Dei properare. Verum priusquam montem coepisset ascendere, vidit in planitie qua pergebat ad pedem montis mulieres quae regis erant ancillae segetes metere, sed hoc nimis negligenter faciebant et desidiose. Quarum puer desidiam dolens atque redarguens, proposuit animo se apud Dominum Regem ipsas accusaturum. Dehinc monte transcenso, regiam aulam subiit, Deum cum solo suo dapifero invenit. Nam familiam suam, ut sibi videbatur, quoniam autumnus erat, ad colligendas messes miserat. Ingrediens itaque puer a Domino vocatur. Accedit, atque ad pedes ejus sedet. Interrogatur jocunda affabilitate quis sit vel unde, quidque velit. Respondet ille[1] ad interrogata, juxta quod rem esse sciebat. Tunc ad imperium Dei panis ei nitidissimus per dapiferum affertur, eoque coram ipso reficitur. Mane igitur cum quid viderit ante oculos mentis reduceret, sicut puer simplex et innocens se veraciter in coelo et ex pane Dei refectum fuisse credebat, hocque coram aliis ita esse publice asserebat. Crevit ergo puer, et ab omnibus diligebatur. Mores etenim probi in eo[2] erant, qui magnopere illum diligi faciebant. Traditur litteris, discit, et in brevi plurimum proficit.

iii. Necdum attigerat aetatis quintum decimum annum; et jam qualiter secundum Deum vitam melius instituere posset mente tractabat, idque concepit apud se, nihil in hominum conversatione monacho-

---

[1] *ille*] Not in E. | [2] *eo*] illo, E.

rum vita præstantius esse. Quam assequi cupiens, venit ad quendam sibi notum abbatem rogans illum ut se monachum faceret. Sed abbas, voluntate ipsius agnita, quod petebat inscio patre illius ne offenderet animum ejus facere recusavit. At ille in suo proposito perstans oravit Deum quatinus infirmari mereretur, ut vel sic ad monachicum quem desiderabat ordinem susciperetur. Mira res. Ut enim Deus declararet quantum etiam in aliis de suæ pietatis auditu confidere posset, preces illius exaudivit, ac illi protinus validam corporis debilitatem immisit. Acriter igitur infirmatus ad abbatem mittit, mortem se timere pronunciat, orat ut monachus fiat, præfato timore obstante non fit quod postulat. Et hoc quidem quantum ad humanum spectabat examen. Cæterum Deus, quem futura non fallunt, servum suum ipsius loci conversatione noluit implicari, propterea quod alios quosdam in sinu misericordiæ suæ reconditos habebat, quos ut postmodum claruit magis per illum ad suam voluntatem in posterum disponebat informari. Post hæc sanitas juveni redit, quodque tunc nequibat in futuro se per gratiam Dei facturum mente proponit.

iiii. Exinde cum corporis sanitas, juvenilis ætas, sæculi prosperitas ei arrideret, cœpit paulatim fervor animi ejus a religioso proposito tepescere, in tantum ut sæculi vias magis ingredi quam, relictis eis, monachus fieri cuperet. Studium quoque litterarum, in quo se magnopere solebat exercere, sensim postponere, ac juvenilibus ludis cœpit operam dare. Veruntamen pia dilectio et diligens pietas quas in matrem suam habebat nonnihil eum ab istis restringebant.[1] Defuncta vero illa, illico navis cordis ejus quasi perdita anchora in fluctus sæculi pene tota dilapsa est. Sed omnipotens Deus prævidens quid de illo facturus

---

[1] *restringebant*] restringebat, A.

erat, ne animam suam pace transitoria potitus perderet, infestum ei et intestinum bellum generavit; hoc est, animum patris ejus acerbo contra illum odio inflammavit, in tantum ut æque aut certe magis ea quæ bene sicut quæ perperam faciebat insequeretur. Nec aliqua poterat patrem humilitate lenire; sed quanto illi se exhibebat humiliorem tanto illum sibi sentiebat asperiorem. Quod nimis intolerabile cernens, et ne deterius quid inde contingeret timens, elegit potius paternis rebus et patriæ abrenunciare quam patri suo vel sibi quamlibet infamiam ex sua cohabitatione procreare. Paratis itaque iis[1] quæ necessaria erant in viam ituris, patriam egreditur, uno qui sibi ministraret clerico comitatus. Cumque dehinc in transcensu montis Senisii fatigaretur, et laboris impatiens corpore deficeret, vires suas nivem mandendo reparare temptabat. Nec enim aliud quo vesceretur præsto fuit. Quod minister illius advertens doluit, et ne forte quid edendum haberetur in sacculo qui asino illorum vehebatur diligenter investigare cœpit, et mox contra spem panem in eo nitidissimum repperit. Quo ille refectus recreatus est, et viæ incolumis redonatus.

v. Exactis dehinc partim in Burgundia partim in Francia ferme tribus annis, Normanniam vadit, quendam nomine Lanfrancum, virum videlicet valde bonum, præstanti religione ac sapientia vere nobilem, videre, alloqui et cohabitare volens. Excellens siquidem fama illius quaque percrebruerat,[2] et nobilissimos quosque clericorum ad eum de cunctis mundi partibus agebat. Anselmus igitur viro adito, eumque singulari quadam sapientia pollere agnito, ejus se magisterio subdit, eique post modicum familaris præ cæteris discipulis fit. Occupatur die noctuque in litterarum studio, non solum quæ volebat a Lanfranco legendo,

---

[1] *iis*] his, A., E. | [2] *percrebruerat*] percrebuit, C.

sed et alios quæ rogabatur studiose [1] docendo. Propter quæ studia cum corpus vigiliis frigore et inedia fatigaret, venit ei in mentem quia si aliquo monachus, ut olim proposuerat, esset, acriora quam patiebatur eum pati non oporteret, nec tunc sui laboris meritum perderet quod nunc utrum sibi maneret non perspiciebat. Hoc ergo mente concepto, totam intentionem suam ad placendum Deo dirigere cœpit, et spernendo mundum cum oblectaminibus suis revera cupit fieri monachus. Quid plura? Cogitat ubi melius perficere queat quod facere desiderat, et ita secum tractat, "Ecce," inquit, "monachus fiam. Sed ubi? "Si Cluniaci vel Becci, totum tempus quod in dis- "cendis litteris posui perdidi. Nam et Cluniaci dis- "trictio ordinis, et Becci supereminens prudentia "Lanfranci qui illic monachus est, me aut nulli pro- "desse, aut nihili valere comprobabit. Itaque in tali "loco perficiam quod dispono, in quo et scire meum "possim ostendere et multis prodesse." Hæc ut ludens ipsemet referre solebat secum meditabatur. Addebatque, "Necdum eram edomitus, necdum in me "vigebat mundi contemptus. Unde quod ego, ut "putabam, fretus aliorum caritate dicebam, quam "damnosum esset non advertebam." Postmodum autem in se reversus, "Quid?" inquit, "Essene mona- "chus hoc est, velle scilicet aliis præponi, præ aliis "honorari, ante alios magnificari? Non. Illic igitur, "deposita contumacia, monachus deveni, ubi, sicut "æquum est, cunctis propter Deum postponaris, cunc- "tis abjectior habearis, præ cunctis parvipendaris. Et "ubi hoc esse poterit? Equidem Becci. Ibi siquidem "nullius ponderis ero, quandoquidem ille ibi est qui, "præminentis sapientiæ luce conspicuus, cunctis suffi- "ciens, cunctis est honorabilis et acceptus. Illic ergo "requies mea, illic solus Deus intentio mea, illic solus

MS. p. 303.

---

[1] *studiose*] Not in E.

"amor ejus erit contemplatio mea, illic beata et assidua "memoria ejus felix solamen et satietas mea." Hæc cogitabat, hæc desiderabat, hæc sibi provenire sperabat.

vi. Raptabatur quoque mens ejus per id temporis in alias sectandæ semitas vitæ, sed vis desiderii ejus in hanc quammaxime declinaverat. Sciens itaque scriptum esse, "Omnia fac cum consilio et post fac-"tum non pœnitebis," nolebat se alicui uni vitæ earum quas mente volvebat inconsulte credere, ne in aliquo videretur scripturæ præceptis non obœdire. Amicos insuper[1] multos habens, sed cui se totum in istis committeret consiliarium unum de mille, videlicet præfatum Lanfrancum, eligens, venit ad eum, indicans voluntatem suam ad tria pendere, sed per ejus consilium ad unum quod potissimum judicaret, duobus relictis, se velle tenere. Quæ tria sic exposuit ei. "Aut "enim," inquit, "monachus fieri volo, aut heremi cul-"tor esse desidero, aut, ex proprio patrimonio vivens, "quibuslibet indigentibus propter Deum pro meo "posse exinde ministrare, si consulitis, cupio." Jam enim pater illius obierat, et tota hæreditas illum respiciebat. "In his, inquam, tribus voluntatem meam, "domine Lanfrance, fluctuare sciatis, sed precor ut "me in horum potissimo stabiliatis." Differt Lanfrancus sententiam ferre, suadetque negotium ad venerabilis Maurilii Rotomagensis episcopi audientiam magis referre. Acquiescit Anselmus consilio, et comitatus Lanfranco pontificem petit. Tanta autem vis devotionis pectus Anselmi tunc possidebat, tantumque veri consilii Lanfranco inesse credebat, ut cum Rotomagum petentes per magnam quæ super Beccum est silvam pergerent, si Lanfrancus ei dicerit, "In hac "silva mane, et ne dum vixeris hinc exeas cave," proculdubio, ut fatebatur, imperata servaret. Pervenientes ergo ad episcopum, adventus sui causas ei

---

[1] *insuper*] itaque, E.

exponunt, quid inde sentiat quærunt. Nec mora. Monachicus ordo præ cæteris laudatur, ejusque propositum omnibus aliis antefertur. Anselmus hæc audiens et approbans, omissis aliis, sæculo relicto Becci

A.D. 1060. factus est monachus, anno ætatis suæ vicesimo septimo.

vii. Regebat eo tempore cœnobium ipsum domnus abbas Herluinus nomine, vir grandævus, et magna probitate conspicuus. Qui primus ipsius loci abbas monasterium ipsum a fundamentis de suo patrimonio fecerat. Sæpedictus autem Lanfrancus gradum prioris obtinebat. Anselmus vero, novus monachus factus, studiose vitam aliorum religiosius viventium æmulabatur; immo ipse sic religioni per omnia serviebat, ut quisquis religiose in tota ipsa congregatione vivere volebat in ejus vita satis inveniret quod imitaretur. Et ita per triennium de die in diem semper in melius proficiens, magnus et honorandus habebatur. Venerabili autem Lanfranco in Cadomensis cœnobii regimen assumpto, ipse prioris officio functus est. Sicque Deo serviendi ampliore libertate potitus, totum se, totum tempus suum in illius obsequio expendere, sæculum et cuncta negotia ejus ab intentione sua funditus cœpit amovere. Factumque est ut soli Deo cœlestibusque disciplinis jugiter occupatus in tantum divinæ speculationis culmen ascenderit, ut obscurissimas et ante suum tempus insolutas de Divinitate Dei et nostra fide quæstiones, Deo reserante, perspiceret ac perspectas enodaret, apertisque rationibus quæ dicebat rata et catholica esse probaret. Divinis namque scripturis tantam fidem habebat, ut indissolubili firmitate cordis crederet nihil in eis esse quod solidæ veritatis tramitem ullo modo exiret. Quapropter summo studio animum ad hoc intenderat, quatinus juxta fidem suam mentis ratione mereretur percipere quæ in ipsis sensit multa caligine tecta latere. Contigit ergo quadam nocte ut ipse in hujus-

MS. p. 305. modi mente detentus ante nocturnas vigilias vigilans in lecto jaceret, et meditando secum rimari conaretur quonam modo prophetæ præterita simul et futura quasi præsentia olim agnoverint, et indubitanter ea dicto vel scripto protulerint. Et, ecce, cum in his totus esset, et ea intelligere magnopere desideraret, defixis oculorum suorum radiis vidit per medias maceries oratorii ac dormitorii monachos quorum hoc officium erat pro apparatu matutinarum altare et alia loca ecclesiæ circumeuntes, luminaria accendentes, et ad ultimum unum corum sumpta in manibus corda pro excitandis fratribus schillam pulsantem. Ad cujus sonitum conventu fratrum de lectis surgente, miratus est de re quæ acciderat. Concepit ergo apud se Deo levissimum esse prophetis in spiritu ventura monstrare, cum sibi concesserit quæ fiebant per tot obstacula corporeis oculis posse videre.

viii. Hinc perspicaciori interius sapientiæ luce perfusus, mores omnis sexus et ætatis ita, discretionis ratione monstrante, penetravit, ut eum palam inde tractantem adverteres cuique sui cordis arcana revelare. Origines insuper et ipsa, ut ita dicam, semina atque radices necne processus omnium virtutum ac vitiorum detegebat, et quemadmodum vel hæ adipisci vel hæc devitari aut devinci possent luce clarius edocebat. Tantam autem omnis boni consilii vim in eo elucere cerneres, ut pectori ejus spiritum consilii præsidere non ambigeres. Quam promptus vero atque assiduus in sanctis exhortationibus fuerit, supervacuum est dicere, cum illum semper in ipsis infatigabilem omnes ferme audientes constet fatigasse, quodque dicitur de Sancto Martino, "ejus ori nunquam Christus " defuit, sive justitia, vel quicquid ad veram vitam per " tinet," incunctanter confirmemus sine mendacio posse dici de illo. In his leve est lectorem advertere, eum de mensa Domini non sine quodam præsagio per visum jam olim nitido refectum pane fuisse. De corporalibus ejus exercitiis, jejuniis dico orationibus atque vigiliis, melius æstimo silere quam loqui. Quid namque de illius jejunio dicerem, cum ab initio prioratus sui tanta corpus suum inedia maceraverit, ut non solum omnis illecebra gulæ penitus in eo postmodum extincta sit, sed nec famem sive delectationem comedendi pro quavis abstinentia, utpote dicere consueverat, aliquando pateretur? Comedebat tamen ut alii homines, sed omnino parce, sciens corpus suum sine cibo non posse subsistere. In orationibus autem quas ipse juxta desiderium et petitionem amicorum suorum scriptas edidit, qua sollicitudine, quo timore, qua spe, quo amore Deum et sanctos ejus interpellaverit, necne interpellandos docuerit, satis est, et me tacente, videre. Sit modo qui eis pie[1] intendat, et spero quia cordis ejus affectum suumque profectum in illis et per illas gaudens percipiet. Quid de vigiliis? Totus dies in dandis consiliis sæpissime non sufficiebat, addebatur ad hoc pars maxima noctis. Præterea libros, qui ante id temporis nimis corrupti ubique terrarum erant, nocte corrigebat; sanctis meditationibus insistebat; ex contemplatione summæ beatitudinis et desiderio vitæ perennis immensos lacrimarum imbres effundebat; hujus vitæ miserias, suaque, si qua erant, et aliorum peccata amarissime flebat, et vix parum ante nocturnas vigilias sæpeque nihil somni capiebat. Talibus studiis vita ejus ornabatur. Qualiter autem erga subditos se habebat, det Deus ad æmulationem prælatorum posse quid vel modicum dici.

ix. Cum primum igitur[2] prior factus fuisset, quidam fratres ipsius cœnobii facti sunt æmuli ejus, videntes et videndo invidentes illum præponi quem juxta conversionis ordinem judicabant sibi debere postponi. Itaque turbati aliosque turbantes scandala movent, dissentiones pariunt, sectas nutriunt, odia fovent.

---

[1] *pie*] Not in E.   [2] *igitur*] Not in E.

At ipse cum iis qui oderunt pacem erat pacificus, et detractionibus eorum reddebat officia fraternæ caritatis, malens vincere malitiam in bono quam a malitia eorum vinci in malo. Quod, miserante Deo, factum est. Siquidem illi animadvertentes eum omnimodis pure ac simpliciter in cunctis actionibus suis incedere, neque quod jure blasphemari posset in illo residere, mala voluntate in bonam mutata, dicta ejus et facta in bono æmulari cœpere. Verum ut clareat quo pacto id provenerit, unum ex ipsis exempli gratia ponam, quatinus, agnito quo dolo Anselmi a sua pravitate sit mutatus, qualiter et alii per eum correcti sint perpendatur.

x. Osbernus quidam nomine, ætate adolescentulus, ipsius erat monasterii monachus. Ingenio quidem sagax, et artificiosis ad diversa opera manibus pollens, bonam in se bonæ spei materiam præferebat. Sed mores qui in eo valde perversi erant ista multum decolorabant, et insuper odium quod omnino more canino contra Anselmum exercebat. Quod odium quantum ad se Anselmus non magnipendens, sed tamen mores illius concinere sagacitati ingenii ejus magnopere cupiens, cœpit quadam sancta calliditate puerum piis blandimentis delinire, puerilia facta ejus benigne tolerare, multa illi quæ sine ordinis detrimento tolerari poterant concedere, in quibus et ætas ejus delectaretur, et effrenis animus in mansuetudinem curvaretur. Gaudet puer in talibus; et sensim a sua feritate ipsius dimittitur[1] animus. Incipit Anselmum diligere, ejus monita suscipere, mores suos componere. Quod ille intuens, præ cæteris eum familiariter amplectitur, nutrit, fovet, et ut semper in melius proficiat omnibus modis hortatur et instruit. Dehinc paulatim ei quæ concesserat puerilia subtrahit, eumque ad honestam morum maturitatem provehere satagit. Non frustratur

---

[1] *dimittitur*] demittitur, C., F., G., H., K.

pia sollicitudo ejus, proficiunt in juvene ac roborantur sacra monita ejus. Ergo ubi de firmitate boni studii adolescentis se posse confidere animadvertit, mox omnes pueriles actus in eo resecat, et siquid repræhensionis eum admittere comperit, non modo verbis sed et verberibus in eo acrius vindicat. Quid ille? Æquanimiter cuncta sustinet, confirmatur in proposito omnis religionis, fervet in exercitio discendæ omnis sanctæ actionis, suffert patienter aliorum contumelias, opprobria,[1] detractiones, servans erga omnes affectum sinceræ dilectionis. Lætatur pater in his ultra quam dici possit, et diligit filium sancto caritatis igne plusquam credi possit. Sed cum ipse, ut flens referebat, eum ad magnum ecclesiæ fructum proficere speraret, ecce gravi corporis infirmitate præripitur, lectoque recipitur. Videres tunc bonum patrem, felicis juvenis amicum, lecto jacentis die noctuque assidere, cibum et potum ministrare, omnium ministrorum super se ministeria suscipere, veri amici morem in omnibus gerere. Ipse corpus, ipse animam ejus studiosissime refovebat. Appropinquanti autem ad exitum familiari præcepit alloquio, quatinus post obitum suum,[2] si possibile foret, sibi suum esse revelaret. Spopondit et transiit. Corpus defuncti ex more lotum, vestitum, in feretro compositum, in ecclesiam delatum est. Circumsederunt fratres psalmos pro ejus anima decantantes. Anselmus vero, quo liberius pro eo preces funderet, in secretiorem ecclesiæ locum secessit. Qui cum inter ipsas lacrimas ex gravi cordis mœstitudine corpore deficeret, et paululum oculos in somnum deprimeret, vidit in spiritu mentis suæ quasdam reverendi vultus personas candidissimis vestibus ornatas domum in qua idem Osbernus vitam finierat introisse, et ad judicandum circumsedisse. Verum cum judicii sententiam ignoraret, eamque sollicitus nosse desideraret,

---

[1] *opprobria*] Not in E. | [2] *suum*] ejus, E.

ecce Osbernus adest, similis homini ad se cum aut ex languore aut ex nimia sanguinis minutione fuerit exanimatus redeunti. Ad quem pater, "Quid est, fili? "Quomodo es?" Cui ille hæc verba respondit, "Ille "antiquus serpens ter insurrexit in me, et ter cecidit "in semetipsum, et ursarius Domini Dei liberavit me." Quo dicto, Anselmus oculos a somno levavit, et Osbernus non comparuit. En obœdientiam mortuus vivo exhibebat, quam vivens viventi exhibere solitus erat. Quod si quispiam' audire voluerit, qualiter hæc obœdientis verba defuncti ipse Anselmus fuerit interpretatus, brevi accommodet aures. "Ter," inquit, "antiquus "serpens insurrexit in eum;[1] quia de peccatis quæ "post baptismum priusquam a parentibus ad servitium "Dei in monasterium offerretur commiserat illum dia"bolus accusavit; de peccatis etiam quæ post obla"tionem parentum ante suam professionem fecerat "illum accusavit; de peccatis nihilominus quæ post "professionem ante obitum suum egerat illum accu"savit. Sed ter cecidit in semetipsum; quia peccata "quæ in sæculo constitutus admiserat per fidem pa"rentum quando eum Deo obtulerunt deleta invenit, "et peccata quæ postmodum in monasterio degens "ante suam professionem fecerat in ipsa professione "deleta invenit; peccata etiam quæ post professionem "ante obitum suum egerat per veram confessionem et "pœnitentiam deleta atque dimissa in ipso ejus obitu "confusus invenit, sicque malignas versutias suas qui"bus eum ad peccandum illexerat justo Dei judicio "in se ad cumulum suæ damnationis retorqueri inge"muit. Et ursarius Domini Dei liberavit eum. Ur"sarii Dei, boni angeli sunt. Sicut enim ursarii "ursos, ita angeli malignos demones a sævitia sua "coercent[2] et opprimunt, ne nobis noceant quantum

---

[1] *insurrexit in eum*] in eum insurrexit, A.

[2] *coercent*] cohibent, E.

" volunt." Post hæc Anselmus, ut sanctæ dilectionis munus quod vivo impenderat mortuo non negaret, per integrum annum omni die missam pro anima ejus celebravit. Quod si aliquando a celebratione ipsius sacramenti impediebatur, eos qui missas familiares debebant suam pro anima fratris missam dicere faciebat, et ipse missas eorum dum opportunum erat ante missam sui defuncti alia missa persolvebat. Itaque per singulos dies totius anni, aut ipse pro illo missam celebravit, aut ab alio celebratam alia missa mutuatus est. Super hæc missis circumquaque epistolis pro anima sui Osberni orationes fieri petiit, et obtinuit. Hæc fratres videntes, et socordiam sui cordis redarguentes, se miseros et infelices, Osbernum beatum prædicant ac felicem, qui talem amorem, talem meruit invenisse subventionem. Ex hoc ergo singuli quique corpore et animo se subdunt Anselmo, cupientes in amicitiam ejus hæreditario jure succedere Osberno. At ille in conversione ipsorum[1] Deo gratias agens omnibus omnia factus est,[2] ut omnes faceret salvos.

xi. Veruntamen adolescentibus atque juvenibus præcipua cura intendebat, et inquirentibus de hoc rationem sub exemplo reddebat. Comparabat ceræ juvenis ætatem, quæ ad informandum sigillum apte est temperata. "Nam si cera," inquit, "nimis dura
" vel mollis fuerit, sigillo impressa ejus figuram in se
" nequaquam ad plenum recipit. Si vero ex utris-
" que, duritia scilicet atque mollitie, discrete habens
" sigillo inprimitur; tunc forma sigilli omniho perspi-
" cua et integra redditur. Sic est in ætatibus homi-
" num. Videas hominem in vanitate hujus sæculi ab
" infantia usque ad profundam senectutem conversa-
" tum, sola terrena sapientem, et in his penitus ob-
" duratum. Cum hoc age de spiritualibus, huic de
" subtilitate contemplationis divinæ loquere, hunc se-

---

[1] *ipsorum*] eorum, A. | [2] *est*] Not in E.

"creta cœlestia doce rimari, et perspicies eum nec
"quid velis quidem posse videre. Nec mirum. In-
"durata cera est, in istis ætatem non trivit, aliena
"ab istis sequi didicit. Econtrario consideres pue-
"rum ætate et scientia tenerum, nec bonum nec
"malum discernere valentem, nec te quidem intelli-
"gere de hujusmodi disserentem. Nimirum mollis
"cera est et quasi liquens, nec imaginem sigilli quo-
"quo modo recipiens. Medius horum adolescens et
"juvenis est, ex teneritudine atque duritia congrue
"temperatus. Si hunc instruxeris, ad quæ voles in-
"formare valebis. Quod ipse animadvertens juveni-
"bus majori sollicitudine invigilo, procurans cuncta
"in eis vitiorum germina extirpare, ut in sanctarum
"exercitiis virtutum postea competenter edocti, spiri-
"tualis in se transforment imaginem viri."

xii. Sed cum inter hæc eum diversa diversorum negotia fatigarent, et nonnunquam illius mentem a sua quiete turbarent, consilium super his a supradicto venerandæ memoriæ archiepiscopo Rotomagensi Maurilio postulaturus, Rotomagum venit. Cumque sui adventus causam pontifici exponeret, ac inter verba pro amissa status sui tranquillitate vehementissime fleret, ab onere prælationis, quod sibi fatebatur importabile, ut relevari mereretur magnopere cœpit rogare. At ille, sicut vir magnæ sanctitatis, "Noli," inquit, "mi[1] fili carissime, noli quod quæris
"quærere, nec te a subvectione aliorum tui solius
"curam gerens velis retrahere. Vere etenim dico
"tibi me de multis audisse multosque vidisse, qui,
"quoniam causa suæ quietis proximorum utilitati per
"pastoralem curam invigilare noluerunt, per desidiam
"ambulantes semper de malo in pejus profecerunt.
"Quapropter ne tibi, quod absit, hoc idem contingat,
"per sanctam obœdientiam præcipio quatinus prælati-

---

[1] mi] Not in E.

" onem quam nunc habes retineas, nec eam nisi tuo
" jubente abbate quomodolibet deseras, et si quando
" fueris ad majorem vocatus, eam suscipere nullatenus
" abnuas. Scio enim quod in hac quam tenes non
" diu manebis, verum ad altiorem prælationis gradum
" non post multum proveheris." Quibus auditis, "Væ,"
inquit, "misero mihi. In eo quod porto deficio, et si
" gravius imponitur onus rejicere non audeo?" Repetit præsul edictum, et ut primo jubet ne transgrediatur.

xiii. Dehinc Anselmus ad monasterium reversus, talem se cunctis exhibuit, ut ab omnibus loco carissimi patris diligeretur. Ipse enim mores omnium et infirmitates æquanimiter sufferebat, et unicuique, sicut expedire sciebat, necessaria suggerebat. O quot in sua jam[1] infirmitate desperati per piam sollicitudinem ejus sunt ad pristinam sanitatem revocati. Quod tu, Herewalde, decrepite senex, in teipso percepisti, quando gravatus non solum ætate sed et valida infirmitate, ita ut nihil tui corporis præter linguam haberes in potestate, per manus illius pastus, et vino de racemis per unam in aliam ejus manum expresso, de ipsa ejus manu bibens es refocillatus ac pristinæ sanitati redonatus. Nec enim alium aut aliunde potum sumere poteras qui tibi cordi esset, ut referebas. Ipse quippe Anselmus in usu habebat infirmorum domum frequentare, singulorum fratrum infirmitates diligenter investigare, et quod infirmitas cujusque expetebat singulis absque mora seu tædio subministrare. Sicque sanis pater et infirmis erat mater, immo sanis et infirmis pater et mater in commune. Unde quicquid secreti apud se quivis illorum habebat, non secus quam dulcissimæ matri illi revelare satagebat. Veruntamen sollers diligentia juvenum hoc præcipue exercebat.

---

[1] *jam*] Not in E.

xiiii. De quorum numero quidam in ipso conventu hoc apud se proposuerat, quatinus nulla occasione unquam suam manum suis genitalibus membris[1] admoveret. Cui proposito invidens diabolus, tantum in eisdem membris dolorem et angustiam eum fecit sentire, ut se juvenis nullo modo ferre valeret. Sentiebatur etenim caro ipsa tanti ponderis esse, ac si quædam plumbi gravissima moles eum ad ima trahens in illa sui corporis parte penderet. Cumque in habitu suo anxietatis magnitudinem dissimulare non posset, requisitus ab Anselmo quid haberet, rem celare non potuit. Admonitus itaque ut modum ægritudinis admota manu probaret, verecundatus recusavit, timens ne propositum violaret. Tunc Anselmus, assumpto secum quodam grandævo fratre et religioso, juvenem languidum in secretiorem locum ducit, utpote modum infirmitatis illius agniturus, et auxilium pro possibilitate laturus. Quid amplius? Caro sanissima reperitur, et admodum mirati sunt. Evestigio quippe omnis illa diabolica vexatio cadit, nec in hujusmodi fatigat ulterius juvenem, quem Anselmi perpendentis omnia esse munda mundis ex paterna pietate prodiens simplex aspectus a tanta clade fecit immunem.[2]

xv. Præterea quidam ex antiquioribus ipsius cœnobii fratribus, qui veteri odio plurimum erat infestus Anselmo, nec ullatenus poterat super eum respicere simplici oculo, infirmitate pressus ad extrema perductus est. Cum itaque fratres meridiana hora in lectis ex more quiescerent, ipse in domo infirmorum in qua jacebat cœpit miserandas voces edere, et, quasi quorundam horrendos aspectus subterfugere gestiret, pal-

---

[1] *suis genitalibus membris*] genitalibus suis, E.

[2] MS. has *Anselmi perpendentis omnia* on erasure. After this last word is a catch mark referring the reader to the upper margin, where he finds *esse munda mundis ex paterna pietate prodiens simplex aspectus*. A., C., E., F., H., have *simplex Anselmi aspectus*.

lens et anxie tremens vultum suum delitescendo hinc inde commutare. Territi fratres qui aderant, quid haberet percunctantur. At ille, "Geminos immanes "lupos me inter brachia sua compressum tenere, et "guttur meum impressis dentibus jam jam suffocare "videtis, et quid mihi sit quæritis?" Quo audito, unus ex monachis, Riculfus nomine, ad Anselmum, qui tunc in claustro emendandis libris intendebat, concitus perrexit, et ei extra claustrum educto quid circa infirmum fratrem ageretur patefecit. Jussus ergo Riculfus ad ægrum rediit, et Anselmus in secretiorem locum solus[1] secessit. Post modicum domum in qua frater se male habebat ingrediens, levata manu signum sanctæ crucis edidit, dicens, "In nomine Pa-"tris et Filii et Spiritus Sancti." Ad quod factum statim[2] æger conquievit et exhilarato[3] vultu intimo cordis affectu Deo gratias agere cœpit. Dicebat enim quod, Anselmo ostium[4] ingrediente et extensa manu signum sanctæ crucis edente, viderit ex ore illius flammam ignis in modum lanceæ procedentem, quæ in lupos jaculata eos deterruit, et celeri fuga dilapsos procul abegit. Tunc Anselmus ad fratrem accedens, atque cum eo de salute animæ suæ secretius loquens, ad pœnitudinem et confessionem omnium in quibus se Deum offendisse recordari valebat[*] cor ejus inclinavit. Paterna dehinc auctoritate a cunctis absolutum, dixit eum hora qua fratres ad nonam surgerent præsenti vitæ decessurum. Quod et factum est. Nam monachis a lecto surgentibus, ipse ad terram depositus est, et, illis circa ipsum sub uno collectis, defunctus est.

xvi. Præfatus Riculfus secretarii officio in ipso cœnobio fungebatur. Hic quadam nocte dum tempus et

---

[1] *solus*] Not in E.
[2] *factum statim*] factum, E.
[3] *et exhilarato*] statimque hilari, E.
[4] *ostium*] Not in G.
[*] *cor ejus*] Here B. begins (six leaves wanting from "Quoniam multos").

horam qua fratres ad vigilias excitaret per claustrum iens observaret, forte ante ostium capituli pertransivit. Introspiciens vero vidit[1] Anselmum in oratione stantem, ingenti splendentis flammæ globo circumcinctum. Miratur, et quod videbat quid novi prætenderet ignorabat. Æstimabat enim Anselmum ea hora sopori potius quam orationi occupatum. Ocior itaque dormitorium ascendit, ad lectum Anselmi vadit, sed eum ibi nequaquam invenit. Regressus igitur hominem in capitulo repperit, sed globum ignis quem reliquerat non invenit.

xvii. Alio quodam tempore eidem Anselmo mandatum ab uno de principibus Normanniæ est, quatinus ad se in Angliam transire volentem, cum pro aliis negotiis, tum ut sua prece iter illius per marina pericula tueretur veniret. Ascendit, abiit. Jam dies mutui colloquii in vesperam declinabat, et principem de hospitando Anselmo nulla cura tenebat.[2] Quod ubi Anselmo innotuit, nihil super re[3] cuiquam locutus, accepta licentia, loco decessit. Eunti autem et quo diverteret incertum habenti, Beccus enim longe aberat, occurrit unus de monachis Becci, volens illuc ire quo eum sciebat principis colloquio detineri. Interrogat igitur illum Anselmus quo tendat, ac deinde quid consilii de suo hospitio ferat. Respondit, "Et " quidem, pater, hospitium qualecunque non longe " habemus, sed quod vobis et fratribus præter panem " et caseum apponatur nihil habemus." At ille subridens, "Bone vir," ait, "ne timeas. Immo citus " præcede, et, misso reti in vicinum amnem, statim " invenies piscem qui sufficiet omnibus nobis." Ille accepto mandato prævolat,[4] accitoque piscatori quid Anselmus jusserit intimat, ac velocius rete in fluvium jactet, jubet, hortatur, et obsecrat. Admiratus ille

---

[1] *vidit*] videt, E.
[2] *tenebat*] detinebat, A., B.
[3] *re*] hac re, E.
[4] *prævolat*] pervolat, E.

parere petenti[1] moratur, ridendum potius quam attemptandum quod dicebat fore pronuncians. Tandem tamen a fratre coactus contra spem rete jecit, et illico tructam insolitæ magnitudinis cum alio quodam pisciculo cepit.[2] Territus piscator ad factum et obstupefactus, asseruit se jam per viginti annos recessus aquæ illius rimasse, et nunquam hujusmodi tructam in ea reperire potuisse. Parata igitur et viro apposita, juxta verbum ejus sibi et suis copiose suffecit et superabundavit.

xviii. Alia vice vir quidam, nomine Walterius,[3] cognomine Tirellus, eundem hominem per terram suam transeuntem detinuit, nolens eum a se impransum dimittere. Verum cum ipse de penuria piscium conquereretur, et quod tanto viro ac monachis ejus, nisi vilia quædam, non haberet quæ apponerentur, alludens dixit[4] Anselmus, "Sturio unus en tibi de-"fertur, et animus tuus de deliciarum inopia que-"ritur?" Ridet ille, fidem iis quæ audiebat præbere nullatenus valens. Evestigio autem verborum Anselmi duo ex hominibus viri attulerunt sturionem unum prægrandem, quem in fluminis Altyæ[5] ripa dixerunt a pastoribus suis inventum, sibique transmissum. Si spiritum prophetiæ in his viro affuisse quis dubitat, gestæ rei veritas quid sit tenendum declarat.

xix. His temporibus scripsit tractatus tres, scilicet, De Veritate, De Libertate Arbitrii, et De Casu Diaboli. In quibus satis patet ubi animum fixerit, quamvis ab eis quæ aliorum cura expe*tebat, talium rerum consideratione nullo se modo subtraxerit. Scripsit et quartum quem titulavit De Grammatico. In quo cum discipulo quem secum disputantem introducit disputans, cum multas quæstiones dialecticas

---

[1] *petenti*] jubenti, E.
[2] *cepit*] cœpit, MS.
[3] *Walterius*] Wauterus, A.
[4] *dixit*] dixit ei, A.
[5] *Altyæ*] Althiæ, E.; Altyræ, H.
*expe * tebat . . . edoctus†*] Wanting in K. (Six leaves.)

proponit et solvit, tum qualitates et qualia quomodo sint discrete accipienda exponit et instruit. Fecit quoque libellum unum quem Monologion appellavit. Solus enim in eo et secum loquitur, ac, tacita omni auctoritate Divinæ scripturæ, quid Deus sit sola ratione quærit et invenit, et quod vera fides de Deo sentit invincibili ratione sic nec aliter esse posse probat et astruit. Post hæc incidit sibi in mentem investigare utrum uno solo et brevi argumento probari posset id quod de Deo creditur et prædicatur, videlicet quod sit æternus, incommutabilis, omnipotens, ubique totus, incompræhensibilis, justus, pius, misericors, verax, veritas, bonitas, justitia, et nonnulla alia, et quomodo hæc omnia in ipso unum sint. Quæ res, sicut ipse referebat, magnam sibi peperit difficultatem. Nam hæc cogitatio partim illi cibum, potum et somnum tollebat, partim, et,[1] quod magis eum gravabat, intentionem ejus qua matutinis et alii servitio Dei intendere debebat perturbabat. Quod ipse animadvertens, nec adhuc quod quærebat ad plenum capere valens, ratus est hujusmodi cogitationem diaboli esse temptationem, nisusque est[2] eam procul repellere a sua intentione. Verum quanto plus in hoc desudabat, tanto illum ipsa cogitatio magis ac magis infestabat. Et ecce quadam nocte inter nocturnas vigilias Dei gratia illuxit in corde ejus, et res patuit intellectui[3] ejus, immensoque gaudio et jubilatione replevit omnia intima ejus. Reputans ergo apud se hoc ipsum et aliis si sciretur posse placere, livore carens rem illico scripsit in tabulis, easque sollicitius[4] custodiendas uni ex monasterii fratribus tradidit. Post dies aliquot tabulas repetit a custode. Quæruntur in loco ubi repositæ fuerant, nec inveniuntur. Requiruntur a fratribus ne forte aliquis eas acceperit, sed nequiquam. Nec enim hucusque inventus est, qui

---

[1] *et*] Not in E.
[2] *est*] Not in A., E.
[3] *intellectui*] in conspectu, I.
[4] *sollicitius*] sollicite, F.

recognoverit se quicquam inde scivisse. Reparat Anselmus aliud de eadem materia dictamen in aliis tabulis, et illas eidem sub cautiori custodia tradidit custodi. Ille in secretiori parte lectuli sui tabulas reponit, et sequenti die, nil sinistri suspicatus, easdem in pavimento sparsas ante lectum repperit, cera quæ in ipsis erat hac illac frustatim dispersa. Levantur tabulæ, cera colligitur, et pariter Anselmo reportantur. Adunat ipse ceram, et, licet vix, scripturam recuperat. Verens autem nequa incuria penitus perditum eat, eam in nomine Domini pergamenæ jubet tradi. Composuit ergo inde volumen parvulum, sed sententiarum ac subtilissimæ contemplationis pondere magnum, quod Proslogion nominavit.[1] Alloquitur etenim in eo opere aut seipsum aut Deum. Quod opus cum in manus cujusdam venisset, et is in quadam ipsius operis argumentatione non parum offendisset, ratus est eandem argumentationem ratam non esse. Quam refellere gestiens quoddam contra illam scriptum composuit, et illud fini ejusdem operis scriptum apposuit.[2] Quod cum sibi ab uno amicorum suorum [3] transmissum Anselmus considerasset, gavisus est, et repræhensori suo gratias agens, suam ad hoc responsionem edidit, eamque libello sibi directo subscriptam, sub uno ei qui miserat amico remisit, hoc ab eo et ab aliis qui libellum illum habere dignantur petitum iri desiderans, quatinus in fine ipsius suæ argumentationis repræhensio et repræhensioni sua responsio[4] subscribatur.

xx. Inter hæc scripsit etiam quamplures epistolas, per eas nonnullis ea quæ secundum diversitatem causarum sua intererant procurare mandans, et nonnullis consilium de negotio suo quærentibus pro ratione

---

[1] *nominavit*] nominatur, I.

[2] *et illud fini ejusdem operis scriptum apposuit*] Not in E., F.

[3] *ab uno amicorum suorum*] a quodam amico suo, A., B.

[4] *et repræhensioni sua responsio*] Not in E.

respondens. Et quidem de iis quæ diversæ causæ scribi cogebant mentionem facere supersedemus. Quid autem consilii cuidam Lanzoni noviter apud Cluniacum facto monacho per unam mandaverit, huic operi inserere curavi, quatinus in hac una cognoscatur quid de aliis perpendatur. Scribit[1] itaque inter alia sic.

Ingressus es, carissime, professusque Christi[2] militiam, in qua non solum aperte obsistentis hostis violentia est propellenda, sed et quasi consulentis astutia cavenda. Sæpe namque dum tironem Christi vulnere malæ voluntatis aperte malivolus non valet perimere, sitientem eum poculo venenosæ rationis malivole callidus temptat extinguere. Nam cum monachum nequit obruere vitæ quam professus est odio, nititur eum conversationis in qua est subruere fastidio. Et licet illi monachicum propositum tenendum quasi concedat, tamen quia hoc sub talibus, aut inter tales, aut in eo loco incepit, illum stultum nimis imprudentemque multimodis versutiis arguere non cessat. Ut, dum illi persuadet incœpto Dei beneficio ingratum existere, justo judicio nec ad meliora proficiat, nec quod accepit teneat, aut in eo inutiliter persistat. Quippe dum incessanter laboriosis cogitationibus de mutando, aut, si mutari non valet, saltem de improbando initio meditatur, nunquam ad finem perfectionis tendere conatur. Nam quoniam illi fundamentum quod posuit displicet, nullatenus illi structuram bonæ vitæ superædificare libet. Unde fit ut, quemadmodum arbuscula si sæpe transplantetur, aut nuper plantata in eodem loco crebra convulsione inquietetur, nequaquam radicare valens ariditatem cito attrahit, nec ad aliquam fructus fertilitatem provenit,[3] sic infelix monachus, si sæpius[4] de loco ad locum proprio appetito mutatur, aut in uno permanens frequenter ejus odio concutitur, nusquam amoris stabilitus radicibus ad omne utile exercitium languescit, et nulla bonorum operum ubertate ditescit. Cumque se nequaquam ad bonum sed in malum proficere, si forte hoc recogitat, perpendit, omnem suæ miseriæ causam non suis sed aliorum moribus injustus intendit, atque inde se magis ad odium eorum inter quos conversatur infeliciter accendit. Quapropter quicunque cœnobitarum forte propositum aggreditur, ex-

---

[1] *Scribit*] Scripsit, E.
[2] *Christi*] Not in E.
[3] *provenit*] pervenit, E.
[4] *sæpius*] Not in E.

pedit ei ut in quocunque monasterio professus fuerit, nisi tale fuerit ut ibi malum invitus facere cogatur, tota mentis intentione amoris radicibus ibi radicare studeat, atque aliorum mores aut loci consuetudines, si contra Divina præcepta non sunt, etiam si inutiles videantur dijudicare refugiat. Gaudeat se jam tandem invenisse ubi se non invitum sed voluntarium tota vita mansurum omni transmigrandi sollicitudine propulsa deliberet, ut quietus ad sola piæ vitæ exercitia exquirenda sedulo vacet. Quod si sibi videtur majora quædam ac utiliora spirituali fervore appetere, quam illi præsentis monasterii institutionibus liceat, æstimet aut se falli sive præferendo paria paribus, vel minora majoribus, sive præsumendo se posse quod non possit; aut certe[1] credat se non meruisse quod desiderat. Quod si fallitur, agat gratias Divinæ misericordiæ qua ab errore suo defenditur. Ne sine emolumento aut etiam cum jactura locum vel vitæ ordinem mutando inconstantiæ levitatisque frustra crimen subeat, aut majora suis viribus experiendo, fatigatus deterius in priora aut etiam in pejora prioribus deficiat. Si autem vere meliora illis quæ in promptu sunt nondum meritus optat, patienter toleret Divinum judicium quod ulli aliquid injuste non denegat. Ne per impatientiam Judicem justum exasperans, mereatur quod non habet non accipere, et quod accepit amittere, aut quia non amat inutiliter tenere. Seu vero misericordiam seu judicium erga se in illis quæ non habet et optat persentiat, lætus ex iis quæ accepit largitati supernæ gratias dignas persolvat. Et quia ad qualemcunque portum de procellosis mundi turbinibus potuit pertingere, caveat in portus tranquillitatem ventum levitatis et impatientiæ turbinem inducere. Quatinus mens, constantia et mansuetudine tutantibus, quieta, Divini timoris sollicitudini et amoris delectationi sit vacua. Nam timor per sollicitudinem custodit, amor vero per delectationem perficit. Scio quia hæc majorem aut scribendi aut colloquendi exigunt amplitudinem, ut plenius intelligatur quibus scilicet dolis antiquus serpens ignarum monachum in hoc genere temptationis illaqueet, et econtra quibus rationibus prudens monachus ejus callidas persuasiones dissolvat et annihilet. Sed quoniam jam brevitatem quam exigit epistola excessi, et totum quod hinc dixi aut dicendum fuit ad custodiendam mentis quietem pertinet, hujus brevis exhortatio epistolam

---

[1] *certe*] Not in E.

nostram terminet. Nec putes, carissime, hæc me dicere iccirco quod suspicer te aliqua mentis inquietudine laborare. Sed quoniam domnus Ursio cogit me aliquam admonitionem tibi scribere, nescio quid potius moneam quam cavere hoc sub specie rectæ voluntatis, quod scio novitiis quibusdam solere surripere. Quapropter, amice mi et[1] frater dilectissime, consulit, monet, precatur te tuus dilectus dilector totis cordis visceribus ut totis viribus quieti mentis studeas, sine qua nulli licet callidi hostis insidias circumspicere, vel semitas virtutum angustissimas prospicere. Ad hanc vero monachus qui in monasterio conversatur pertingere nullatenus valet sine constantia et mansuetudine, quæ mansuetudo indissolubilis comes est patientiæ; et nisi monasterii sui instituta quæ Divinis non prohibentur mandatis, etiam si rationem eorum non perviderit, ut religiosa studuerit observare.[2] Vale, et omnipotens Dominus perficiat gressus tuos in semitis suis, ut non moveantur vestigia tua, ut in justitia apparens conspectui Dei,[3] et satieris cum apparuerit gloria ejus.

xxi. Inter hæc cum jam ut dictis et scriptis suis mores sui in nullo discordarent totam[4] suæ mentis intentionem in contemptum mundi composuisset, et iis solis quæ Dei erant totum studium suum infixisset, contigit ut infirmitate correptus graviter affligeretur. Sed ipse in Deo semper idem existens, languore paulisper sedato, extra se per mentis excessum raptus vidit fluvium unum[5] rapidum atque præcipitem, in quem confluebant omnium fluxuum[6] purgaturæ et quarumque rerum terræ[7] lavaturæ. Videbatur itaque aqua ipsa nimis turbida et immunda, et omni spurciciarum sorde horrida. Rapiebat igitur in se[8] quicquid attingere poterat, et devolvebat tam viros quam mulieres, divites et inopes simul. Quod cum Anselmus vidisset, et tam obscenam revolutionem illorum,[9] miseratus unde viverent, aut unde sitim suam refo-

---

[1] *et*] Not in A.
[2] *observare*] servare, E.
[3] *conspectui Dei*] in conspectu Domini, F.
[4] *totam*] et totum, B.
[5] *unum*] Not in E.
[6] *fluxuum*] fluminum, E.
[7] *terræ*] Not in E.
[8] *in se*] Not in E.
[9] *illorum*] eorum, E.

cillarent qui sic ferebantur inquireret, accepissetque responsum eos ea qua trahebantur aqua vivere delectarique; indignantis voce, "Fi," inquit, "quomodo? "Taline aliquis cœno potus vel pro ipso hominum "pudore se ferret?" Ad hæc ille qui eum comitabatur, "Ne mireris," ait. "Torrens mundi est quod "vides, quo rapiuntur et involvuntur homines mundi." Et adjecit, "Visne videre quid sit verus monacha- "tus?" Respondit, "Volo." Duxit ergo illum quasi in conseptum cujusdam magni et ampli claustri, et dixit ei,[1] "Circumspice." Aspexit, et ecce parietes claustri illius obducti erant argento purissimo et candidissimo. Herba quoque mediæ planitiei virens erat, et ipsa argentea, mollis quidem et ultra humanam opinionem delectabilis. Hæc more alterius herbæ sub iis qui in ea pausabant leniter flectebatur, et surgentibus ipsis et ipsa eri*gebatur. Itaque locus ille totus erat amœnus, et præcipua jocunditate repletus. Hunc ergo ad inhabitandum sibi elegit Anselmus. Tunc ductor ejus dixit ei, "Eia, vis videre quid sit "patientia vera?" Ad quod cum ille magno cordis affectu gestiret, et se id quam maxime velle responderet, ad se subito reversus, et visionem et visionis demonstratorem dolens ac gemebundus pariter amisit. Duas autem quas viderat visiones intelligens secumque revolvens,[2] eo magis unius horrorem fugere quo alterius amœnitate studuit delectari. Totum ergo deinceps sese dedit in hoc ut vere monachus esset, et ut vitam monachicam firma ratione compræhenderet, aliisque proponeret. Nec est privatus desiderio suo. Quod quidem, ut æstimo, aliquantulum percipi poterit, ex verbis ejus quæ per vices huic opusculo indere rati sumus, juxta quod series gestæ rei quam suscepimus

---

[1] *ei*] ad eum], E., H.
eri*gebatur] Here D. begins

(eight leaves wanting from "Quo- "niam multos").
[2] *secumque revolvens*] Not in E.

enarrare postulabit. Nec enim videtur mihi pleniter posse pertingi ad notitiam institutionis vitæ illius, si descriptis actibus ejus, quis vel qualis fuerit in sermone taceatur.

xxii. Quodam igitur tempore cum quidam abbas qui admodum religiosus habebatur secum de iis quæ monasticæ religionis erant loqueretur, ac inter alia de pueris in claustro nutritis verba consereret, adjecit, " Quid, obsecro, fiet[1] de istis? Perversi sunt et in" corrigibiles. Die et nocte non cessamus eos verbe" rantes, et semper fiunt sibi ipsis deteriores." Ad quæ miratus Anselmus, "Non cessatis," inquit, "eos " verberare? Et cum adulti sunt quales sunt?" "He" betes," inquit, "et bestiales." At ille, " Quam bono " omine nutrimentum vestrum expendistis; de homi" nibus bestias nutrivistis." " Et nos," ait, "quid " possumus inde? Modis omnibus constringimus eos " ut proficiant, et nihil proficimus." " Constringitis?[2] " Dic quæso mihi, domine abba, si plantam arboris " in horto tuo plantares, et mox illam omni ex parte " ita concluderes, ut ramos suos nullatenus extendere " posset; cum eam post annos excluderes, qualis arbor " inde prodiret?" " Profecto inutilis, incurvis ramis " et perplexis." "Et hoc ex cujus culpa procederet " nisi tua, qui eam immoderate conclusisti? Certe " hoc facitis de pueris vestris. Plantati sunt per " oblationem in horto ecclesiæ, ut crescant et fructi" ficent Deo. Vos autem in tantum terroribus, minis " et verberibus undique illos coarctatis, ut nulla peni" tus sibi liceat libertate potiri. Itaque indiscrete " oppressi pravas et spinarum more perplexas infra " se cogitationes congerunt, fovent, nutriunt; tanta" que eas vi[3] nutriendo suffulciunt,[4] ut omnia quæ

---

[1] fiet] Not in A.
[2] " Constringitis? "] Cui ille, " Constringitis? " F.
[3] ni] in, A., B., C.
[4] suffulciunt] sufficiunt, A.

"illarum correctioni possent adminiculari obstinata
"mente subterfugiant. Unde fit ut, quia nihil amo-
"ris, nihil pietatis, nihil benevolentiæ sive dulcedinis
"circa se in vobis sentiunt, nec illi alicujus in vobis
"boni[1] postea fidem habeant, sed omnia vestra ex
"odio et invidia contra se procedere credant. Con-
"tingitque modo miserabili, ut, sicut deinceps corpore
"crescunt, sic in eis odium, et suspicio omnis mali
"crescat, semper proni et incurvi ad vitia. Cumque
"ad nullum[2] in vera fuerint caritate nutriti, nullum
"nisi depressis superciliis, oculove obliquo valent in-
"tueri. Sed propter Deum vellem mihi diceretis
"quid causæ sit quod eis tantum infesti estis. Nonne
"homines, nonne ejusdem sunt naturæ cujus vos es-
"tis? Velletisne vobis fieri quod illis facitis,[3] siqui-
"dem quod sunt vos essetis? Sed esto. Solis eos
"percussionibus et flagellis ad bonos mores vultis in-
"formare.[4] Vidistis unquam aurificem ex lamina auri
"vel argenti solis percussionibus imaginem speciosam
"formasse? Non puto. Quid tunc? Quatinus aptam
"formam ex lamina formet, nunc eam suo instru-
"mento leniter premit et percutit, nunc discreto leva-
"mine lenius levat et format. Sic et vos, si pueros
"vestros cupitis ornatis moribus esse, necesse est ut
"cum depressionibus verberum impendatis eis[5] pa-
"ternæ pietatis et mansuetudinis levamen atque sub-
"sidium." Ad hæc abbas, "Quod levamen? quod
"subsidium? Ad graves et maturos mores illos con-
"stringere laboramus." Cui ille, "Bene quidem. Et
"panis et quisque solidus cibus utilis et bonus est
"eo uti valenti. Verum, subtracto lacte, ciba inde
"lactantem infantem, et videbis eum ex hoc magis

---

[1] *in vobis boni*] de [*vel in*, over *de*] vobis, A.
[2] *ad nullum*] ad profectum nullum, F.
[3] *facitis*] infertis, A.
[4] *informare*] minare? A.
[5] *eis*] Not in E.

"strangulari quam recreari. Cur hoc dicere nolo,[1]
"quoniam claret. Attamen hoc tenete, quia sicut
"fragile et forte corpus pro sua qualitate habet cibum
"suum, ita fragilis et fortis anima habet pro sui
"mensura victum suum. Fortis anima delectatur et
"pascitur solido cibo, patientia scilicet in tribulatio-
"nibus, non concupiscere aliena, percutienti unam
"maxillam præbere alteram, orare pro inimicis, odi-
"entes diligere, et multa in hunc modum. Fragilis
"autem et adhuc in Dei servitio tenera lacte indi-
"get, mansuetudine videlicet aliorum, benignitate,
"misericordia, hilari advocatione, caritativa supporta-
"tione,[2] et pluribus hujusmodi. Si taliter vestris et
"fortibus et infirmis vos coaptatis, per Dei gratiam
"omnes, quantum vestra refert, Deo adquiretis." His
abbas auditis ingemuit, dicens, "Vere erravimus a
"veritate, et lux discretionis non luxit nobis." Et
cadens in terram ante pedes ejus, se peccasse, se reum
esse confessus est; veniamque de præteritis petiit, et
emendationem de futuris repromisit. Hæc iccirco dicimus, quatinus per hæc quam piæ discretionis et discretæ pietatis in omnes fuerit agnoscamus. Talibus
studiis intendebat, in istis Deo serviebat, per hæc
bonis omnibus valde placebat. Unde bona fama ejus
non modo Normannia tota est respersa, verum etiam
Francia tota, Flandria tota,[3] contiguæque his terræ
omnes. Quin et mare transiit, Angliamque replevit.
Exciti sunt quaque gentium multi nobiles, prudentes
clerici, strenui milites, atque ad eum confluxere, seque
et sua in ipsum monasterium Dei servitio tradidere.
Crescit coenobium illud intus et extra. Intus in sancta
religione, extra in multimoda[4] possessione.

xxiii. Cum vero abbas Herluinus cujus supra meminimus jam decrepitus monasterii causis intendere et

---

[1] *Cur hoc dicere nolo*] Cur hoc? Dicere nolo, A., E., F.
[2] *caritativa supportatione*] Not in E.
[3] *Flandria tota*] Not in E., H.
[4] *multimoda*] multa, E.

opem ferre non valeret, quicquid agi oportebat sub Anselmi utpote prioris dispositione fiebat. Exigentibus igitur multiplicibus causis, eum extra[1] monasterium ire sæpe necesse fuit. Cui dum nonnunquam equi et alia quæ sunt equitaturis necessaria deessent, præcepit abbas ei omnia quæ opus erant parari, et illi soli, sicut propria, ministrari. At ipse ad nomen proprietatis inhorruit, et reversus de itinere, quæ[2] sibi specialiter fuerant præparata in viam ituris communiter exponi jussit, nec propter secuturam quam forsan erat passurus penuriam unquam se retraxit quin ex sua copia cæterorum suppleret inopiam. Nec mirandum cum jam mundo illuserat eum se fratribus suis talem exhibuisse, cum, sicut ipsemet referre solitus erat, etiam quando adhuc in sæculari vita degebat, eo circa alios amore fervebat, ut quemcunque sui ordinis minus se habentem videret, ejus inopiam de abundantia sua libens pro posse suppleret. Jam tunc enim ratio illum docebat, omnes divitias mundi pro communi hominum utilitate ab uno omnium Patre creatas, et secundum naturalem legem nihil rerum magis ad hunc quam ad istum pertinere. Taceo quod sæpe illi plura auri et argenti pondera sunt a nonnullis oblata, quatinus ea in suos suorumque usus susciperet, servaret, dispenderet;[3] quæ ipse nulla patiebatur ratione suscipere, nisi forte communi fratrum utilitati profutura abbati præsentarentur. Sed cum is qui sua offerebat econtra diceret se nullam tunc voluntatem habere ut abbati vel monachis aliquid daret nisi ei soli, referebat ille se talium opus non habere, nec aliter a quoquam velle quicquam accipere.

xxiiii. Illud autem breviter dico quod inter hujuscemodi studia, die quadam dum ad lectum suum in

---

[1] *extra*] foras, A., B., E.

[2] *quæ*] quæque, A., B., C.; but corrected in MS. from *quæque* to *quæ*.

[3] *dispenderet*] dispensaret, E.

dormitorio[1] diverteret, anulum aureum in eo insperatus invenit, et admodum miratus est. Reputans ergo apud se ne forte aliquis eorum qui res monasterii procurabant quovis eventu eundem anulum ibi reliquerit, levavit eum et singulis ostendit. Mirantur illi, et se rei conscios omnino negant. Ostenditur aliis atque aliis, sed hucusque nullus fuit qui recognoverit unde vel a quo illuc delatus sit. Et tunc quidem anulus idem in opere[2] ecclesiæ expensus est, et res ita remansit. Postmodum vero cum ipse Anselmus ad pontificatum sumptus est, fuerunt qui hoc ipsum per anulum illum jam tunc quodam præsagio præsignatum fuisse assererent. Nos autem quæ gesta sunt simplici tantum stilo digerimus.

xxv. Invitabatur præterea a diversis abbatiis, quatinus ibi et publice in capitulo fratribus, et secum loqui privatim volentibus, verba vitæ ministraret. Namque solenne extiterat omnibus, ut quicquid ab ore illius foret auditum, sic haberetur quasi plane Divinum responsum. Unde requirendi consilii gratia ex diversis ad eum locis festinabatur. Quæ res invidia gravi diabolum vulnerabat. Nonnullos ergo quos ab ea intentione secreta fraude non poterat manifesta increpatione avertere machinabatur. Exempli causa. Miles quidam erat, Cadulus nomine. Hic quadam vice vigiliis et orationibus Deo intentus, audivit diabolum sub voce scutarii sui extra ecclesiam in qua erat vociferantem, et turbato murmure equos et omnia sua, fracto hospitio, a latronibus jam tunc direpta esse et abducta conquerentem, nec aliquid eorum ulterius recuperandum, ni citus accurreret. Ad quæ cum ille nequaquam moveretur, majus videlicet damnum deputans orationi cedere quam sua perdere, dolens diabolus se despectum, in speciem ursi demutatus est, et ecclesiæ per tectum illapsus ante illum præceps corruit, ut

---

[1] *dormitorio*] dormitorium, E. | [2] *opere*] opus, E.

horrore saltem et fragore sui casus virum cœpto proturbaret.[1] Sed miles immobilis permanet, et monstrum securus irridet. Post quæ statum vitæ suæ proposito sanctiori fundare desiderans, Anselmum adiit, consilium ejus super hoc addiscere cupiens. Verum dum ad ipsum vadens iter acceleraret, ecce malignus hostis, humanam vocem ex adverso edens, in hæc verba prorupit, "Cadule, Cadule, quo tendis?" Igitur cum ille ad vocem subsisteret, scire volens quis esset qui talia diceret, repetivit demon et ait. "Quo tendis, Cadule? "Quid te tantopere priorem illum hypocritam cogit "adire? Opinio siquidem ejus omnino alia[2] est a con-"versatione vitæ illius. Quapropter suadeo, consulo, "ut celerius redeas, ne, seductus ab eo, stultitia qua "modo traheris illaqueeris. Hypocrisis namque sua "jam multos decepit, et spe vana delibutos suis "vacuos et immunes effecit." Hæc ille audiens et demonem esse qui loquebatur recognoscens, signo se crucis munivit, et, spreto hoste, quo proposuerat ire perrexit. Quid plura? Audito Anselmo, abnegato seipso et sæculo, religiosæ vitæ se tradidit, et apud Majus Monasterium monachus factus est. Hunc etenim usum Anselmus habebat, ut nunquam alicujus commodi causa suaderet alicui sæculo renunciare volenti quatinus in suo monasterio potius quam in alieno id faceret. Quod nimirum eo intuitu, ea consideratione faciebat, ne ullus postmodum loco quem ex propria deliberatione non intraverat, aliqua, ut fit, pulsatus molestia, detraheret, et scandali sui ac impatientiæ murmur persuasioni ipsius imputaret, itaque se aliis et alios sibi ad multa divisus graves efficeret.

A.D. 1078   xxvi. Defuncto sæpe superius nominato[3] abbate Herluino, uno[4] omnium fratrum Beccensium consensu

---

[1] *cœpto proturbaret*] a cœpto perturbaret, E.
[2] *alia*] aliena, E.
[3] *nominato*] memorato, E.
[4] *uno*] Not in E.

in abbatem eligitur. Quod ipse omni studio subterfugere gestiens, multas et diversas rationes ne id fieret obtendebat. Sed illis nec auditum quidem rationibus ejus patienter accommodare volentibus, anxiatus est in eo spiritus ejus, et quid ageret ignorabat. Transierunt in istis dies quidam. Verum ubi Anselmus vidit se monachorum unanimem constantiam non posse verbis mutare, temptavit si quo modo eam valeret vel precibus inclinare. Eis itaque pro re sub uno constitutis, ac ei ut omissis objectionibus solitis abbas fieri adquiesceret insistentibus, ille flens et miserandos singultus edens prosternitur in faciem coram omnibus, orans et obtestans eos per nomen Dei omnipotentis, per siqua in eis erant viscera pietatis, quatinus respectu misericordiæ[1] Dei super eum intendant, et ab incepto desistentes se a tanto onere quietum manere permittant. At illi omnes econtra in terram prostrati, orant ut ipse potius loci illius et eorum misereatur, ne, postposita utilitate communi, se solum præ cæteris singulariter amare convincatur. Acta sunt de his utrinque plurima in hunc modum, sed jam nunc eis istum ponimus dicendi modum. Vicit tandem diligens importunitas et importuna diligentia fratrum jugum Domini sub ejus regimine ferre volentium; vicit quoque et multo maxime vicit præceptum quod, ut supra retulimus, ei fuerat ab archiepiscopo Maurilio per obœdientiam injunctum, videlicet ut si major prælatio quam illius prioratus extiterat ipsi aliquando injungeretur, nullatenus eam suscipere recusaret. Nam, sicut ipse testabatur, nunquam se abbatem fieri consensisset, nisi eum hoc quod dicimus[2] imperium ad hoc[3] constrinxisset. Tali ergo violentia est abbas effectus, ac Becci debito cum honore sacratus.[4] Qualem vero se deinceps in cunctis sanctarum virtutum exercitiis exhibuerit, inde colligi potest, quod nunquam de retro-

A.D. 1079.

---

[1] *misericordiæ*] pietatis, A.
[2] *dicimus*] diximus, E.
[3] *ad hoc*] Not in A.
[4] *Tali . . . . sacratus*] Not in F.

acta sanctitatis suæ conversatione causa abbatiæ quicquam minuit, sed semper de virtute in virtutem ut Deum deorum in Syon mereretur videre conscendere studuit.

xxvii. Delegatis itaque monasterii causis curæ ac sollicitudini fratrum de quorum vita et strenuitate certus erat, ipse Dei contemplationi, monachorum eruditioni, admonitioni, correctioni jugiter insistebat. Quando autem aliquid magni in negotiis ecclesiæ erat agendum quod in ejus absentia non æstimabatur oportere definiri, tunc pro tempore et ratione negotium quod imminebat, mediante justitia, disponebat. Abominabile quippe judicabat, si quidvis lucri assequeretur, ex eo quod alius contra moderamina juris quavis astutia perdere posset. Unde neminem in placitis patiebatur a suis aliqua fraude circumveniri, observans ne cui faceret quod sibi fieri nollet. Hinc procedebat quod inter placitantes residens, cum adversarii ejus per sua consilia disquirerent quo ingenio, quave calliditate suæ causæ adminiculari et illius valerent fraudulenter insidiari, ipse talia nullatenus curans, eis qui sibi volebant intendere, aut de evangelio, aut de aliqua alia divina scriptura, aut certe aliquid de informatione morum bonorum disserebat. Sæpe etiam cum hujusce[1] auditores deerant, suaviter in sui cordis puritate quiescens, corpore dormiebat. Eveniebatque nonnunquam ut fraudes subtili machinatione compositæ, mox ubi sunt in audientiam illius delatæ, non quasi a dormiente, qui tunc erat, sicut a perspicaciter vigilante et intendente sint detectæ atque dissectæ. Caritas enim quæ non æmulatur, quæ non agit perperam, quæ non quærit quæ sua sunt, in eo vigebat, per quam quæ videnda erant, veritate monstrante, extemplo perspiciebat.

---

[1] *hujusce*] hujuscemodi, A.; G., H.

· xxviii. Quam vigil autem atque sollicitus fuerit circa hospitum susceptionem, eorumque in omni humanitatis officio relevationem, ex eo probatur, quod illum pio studio in hoc et se et sua novimus expendisse. Se in omni hilaritate, sua in omni largitati. Quod si aliquando ad refectionem corporum victus pro voto suo non omnino sufficiebat, hoc quod deerat ejus bona voluntas et vultus alacritas[1] apud hospites gratiose supplebat. Præterea nonnunquam cibus fratrum suo jussu de refectorio sublatus et hospitibus est allatus atque appositus. Neque enim tunc in promptu aliud erat, quod eis apte posset apponi. Victus autem monachorum ita, Deo providente, dispensabatur, ut nihil eorum quæ necessitas expetebat illis deesset, licet sæpissime in hoc essent ut timeretur ne in crastinum eis cuncta deessent. Sicque nonnunquam inter aliquid et quasi nihil ferebantur, ut aliquid eis non superflueret, et quod erat quasi nihil eos nequaquam per inopiam fatigaret. Quod penitus illis contingebat secundum verba sui patris, qui ea prædicebat,[2] dum ministri ecclesiæ apud eum querebantur de formidine imminentis necessitatis. Frequenter namque a celerariis, a camerariis, a secretariis aditus est, et quid consilii contra penuriam quæ cujusque obœdientiam pessundabat daret, inquisitus. Quibus cum responderet,[3] "Sperate in Domino, et spero quia ipse vobis "necessaria quæque ministrabit," mirabili modo non secus eveniebat in re quam ipse dicebat se habere in spe. Videres enim post hæc verba statim ipsa die, vel certe sequenti mane, sive, quod falli non poterat, priusquam penuria aliqua[4] ullum affligeret, aut naves de Anglia oneratas omni copia in usum illorum juxta appelli, aut quemlibet de divitibus terræ fraternitatem

---

[1] *et vultus alacritas*] et virtus et alacritas, B.
[2] *prædicebat*] prædicabat, E.
[3] *cum responderet*] cum ille responderet, E.
[4] *aliqua*] Not in E.

ecclesiæ quærentem cum magna pecunia adventare, aut aliquem relinquere mundum volentem se et sua in monasterium offerre, aut denique aliunde aliquid apportari unde per plurimos dies necessaria quæque poterant ministrari.

xxix. Habebat præterea ipsum cœnobium plures in Anglia possessiones, quas pro communi fratrum utilitate necesse erat per abbatis præsentiam nonnunquam visitari. Ipso itaque suæ ordinationis anno Anselmus in Angliam profectus est. Ad quod, licet hæc quam dixi satis firma causa existeret, alia tamen erat[1] non infirmior ista, videlicet ut reverendum Lanfrancum, cujus supra meminimus, videret, et cum eo de iis[2] quæ corde gerebat familiari affatu[3] ageret. Ipse siquidem[4] venerabilis vir jam de abbate Cadomensi factus fuerat archiepiscopus Cantuariensis, omnibus valde honorabilis et sublimi probitate conspicuus. Cum igitur Anselmus, transito mari, Cantuariam veniret, pro sua reverentia et omnibus nota sanctitate honorifice a conventu ecclesiæ Christi in ipsa civitate sitæ susceptus est. Pro quo honore nolens ingratus existere, postmodum ipsi monachorum conventui a gratiarum actione inchoans, procedente in hoc verborum serie, de caritate locutus est, rationabiliter ostendens eum qui caritatem erga alterum habet majus aliquid habere quam illum ad quem caritas ipsa habetur. "Ipse enim," inter alia inquit, "qui caritatem habet, hoc unde Deus "ei scit gratias habet; ille vero ad quem tantummodo "habetur, minime. Quas etenim gratias mihi debet "Deus, si tu me vel quilibet alius diligit? Quod si "majus est habere hoc unde Deus scit homini grates "quam hoc unde nullas; cum pro habita caritate gra"tias sciat, pro suscepta non adeo; colligitur eum qui "caritatem erga alium habet majus quid habere quam

---

[1] *erat*] Not in E.
[2] *iis*] his, A., E.
[3] *affatu*] affectu, E.
[4] *siquidem*] quidem, E.

"ipsum cui impenditur. Amplius. Is cui dilectio
"alterius servit solius commodi munus perfunctorie
"suscipit, verbi gratia, beneficium unum, honorem
"unum, prandium unum, vel quodlibet officii genus
"in hunc modum. Alius vero caritatem quæ com-
"modi munus exhibuit sibi retinuit. Quod in me et
"in vobis,[1] sanctissimi fratres, licet in præsenti con-
"siderare. Ecce mihi unum caritatis officium impen-
"distis. Impendistis inquam mihi caritatis officium
"unum, et a me jam ipsum officium transiit; caritas
"vero ipsa quæ Deo est grata vobis remansit. Nonne
"melius judicatis bonum permanens bono transeunti?
"Ad hæc, si ex ipso officio circa vos aliquid carita-
"tis in me crevit, et hoc ipsum vobis ad cumulum
"retributionis erit, qui fecistis unde mihi tantum bo-
"num provenit. Si non, vobis tamen caritas vestra
"remansit, a me officium quod exhibuistis penitus
"transiit. Hæc igitur si recta consideratione attendi-
"mus, profecto perspiciemus magis nobis esse gauden-
"dum si alios diligimus quam si diligimur ab aliis.
"Quod quia non omnes faciunt, multi potius ab aliis[2]
"amari quam amare alios cupiunt." Hæc et hujusmodi multa locutus est, et, accepta fraternitate monachorum, factus est inter eos unus ex eis, degens per
dies aliquot inter eos, et quotidie, aut in capitulo aut
in claustro, mira quædam, et illis adhuc temporibus
insolita, de vita et moribus monachorum coram eis
rationabili facundia disserens. Privatim quoque aliis
horis agebat cum iis[3] qui profundioris ingenii erant,
profundas eis de divinis necne sæcularibus libris quæstiones proponens, propositasque exponens. Quo tempore et ego ad sanctitatis ejus notitiam pervenire
merui, ac pro modulo parvitatis meæ beata illius familiaritate utpote adolescens, qui tunc eram, non parum
potiri.

---

[1] *in me et in vobis*] in vobis et in me, A., B., E.
[2] *ab aliis*] Not in F.
[3] *iis*] his, A., E., H.

XXX. Inter reverendum autem pontificem **Lanfran-cum** et hunc abbatem Anselmum quid in illis diebus actum dictumve sit, planum est intelligere iis[1] qui vitam et mores noverunt utrorumque. Qui vero non noverunt, ex eo intelligant quod, in quantum nostra et multorum fert opinio, non erat eo tempore ullus qui aut Lanfranco in auctoritate vel multiplici[2] rerum scientia, aut Anselmo praestaret in sanctitate vel Dei sapientia. Erat praeterea Lanfrancus adhuc quasi rudis Anglus; necdumque[3] sederant animo ejus quaedam institutiones quas reppererat in Anglia. Quapropter cum plures de illis magna fretus ratione, tum quasdam mutavit sola auctoritatis suae deliberatione. Itaque dum illarum mutationi[4] intenderet, et Anselmum unanimem scilicet amicum et fratrem secum haberet, quadam die familiarius cum eo loquens, dixit ei. "Angli isti inter quos degimus instituerunt
" sibi quosdam quos colerent sanctos. De quibus cum
" aliquando qui fuerint secundum quod ipsimet re-
" ferunt mente revolvo, de sanctitatis eorum merito
" animum a dubietate flectere nequeo. Et ecce unus
" illorum est in sancta cui nunc, Deo auctore, praesi-
" demus sede quiescens, Ælfegus nomine, vir bonus
" quidem, et suo tempore gradui archiepiscopatus
" praesidens ibidem. Hunc non modum inter sanc-
" tos verum et inter martyres numerant, licet eum
" non pro confessione nominis Christi, sed quia pecu-
" nia se redimere noluit occisum non negent. Nam
" cum illum, ut verbis utar Anglorum, aemuli ejus et
" inimici Dei pagani cepissent, et tamen pro reveren-
" tia illius ei potestatem se redimendi concessissent,
" immensam pro hoc ab eo pecuniam expetiverunt.
" Quam quia nullo poterat pacto habere, nisi homines
" suos eorum pecunia spoliaret, et nonnullos forsitan

---

[1] *iis*] his, A., E.
[2] *multiplici*] triplici, A.
[3] *necdumque*] necdum, A., B.
[4] *mutationi*] inquisitioni, D., E.

" invisæ mendicitati subjugaret, elegit vitam perdere
" quam eam tali modo custodire. Quid hinc igitur
" tua fraternitas sentiat audire desidero." Et quidem
ille, sicuti novus Angliæ civis, hæc summatim per-
stringens Anselmo proposuit. Attamen causam necis Beati Ælfegi historialiter
intuentes videmus non illam solam, sed aliam fuisse
ista antiquiorem. Denique non ideo tantum quia se
pecunia redimere noluit, sed etiam quia paganis per-
secutoribus suis civitatem Cantuariam et ecclesiam
Christi in ea sitam concremantibus, civesque innocuos
atroci morte necantibus, Christiana libertate obsistere,
eosque a sua infidelitate convertere nisus est, ab eis
captus, et crudeli est examinatione occisus. Sed Anselmus, ut vir prudens viro prudenti, juxta interro-
gationem sibi propositam simpliciter ita respondit,
dicens, " Palam est quod is qui ne leve quidem con-
" tra Deum peccatum admittat mori non dubitat,
" multo maxime mori non dubitaret priusquam ali-
" quo gravi peccato Deum exacerbaret. Et revera
" gravius peccatum videtur esse Christum negare
" quam quemlibet terrenum dominum pro redemp-
" tione vitæ suæ homines suos per ablationem pecu-
" niæ illorum ad modicum gravare. Sed hoc quod
" minus est[1] Ælfegus[2] noluit facere. Multo igitur
" minus Christum negaret, si vesana manus eum ad
" hoc mortem intentando constringeret. Unde datur
" intelligi mira vi pectus ejus justitiam possedisse,
" quando vitam suam maluit dare quam, spreta ca-
" ritate, proximos suos scandalizare. Quamobrem
" longe fuit ab eo illud Væ quod Dominus minatur
" ei per quem scandalum venit. Nec immerito, ut
" reor, inter martyres computatur, qui pro tanta jus-
" titia mortem sponte sustinuisse veraciter prædica-
" tur. Nam et Beatus Johannes Baptista, qui præ-

---

[1] *est*] Not in E. | [2] *Ælfegus*] Elfegus, A.

"cipnus martyr creditur et veneratur a tota Dei
"ecclesia, non quia Christum negare, sed quia veri-
"tatem tacere noluit occisus est. Et quid distat
"inter mori pro justitia, et mori pro veritate? Am-
"plius. Cum, testante sacro eloquio, ut vestra pater-
"nitas optime novit, Christus veritas et justitia sit,
"qui pro veritate et justitia moritur pro Christo
"moritur. Qui autem pro Christo moritur, ecclesia
"teste, martyr habetur. Beatus vero Ælfegus æque
"pro justitia, ut Beatus Johannes passus est pro ve-
"ritate. Cur ergo magis de unius quam de alterius
"vero sanctoque martyrio quisquam ambigat, cum
"par causa in mortis perpessione[1] utrumque deti-
"neat? Hæc me quidem, reverende pater, in quan-
"tum perspicere possum, rata esse ipsa ratio docet.
"Attamen vestræ prudentiæ est,[2] et me si aliter
"sentit ab hoc corrigendo revocare, et quid potissi-
"mum in tanta re sentiendum sit, ecclesiæ Dei do-
"cendo monstrare." Ad quod Lanfrancus, "Fateor,"
inquit, "subtilem perspicaciam et perspicacem subti-
"litatem ingenii tui vehementer approbo et veneror,
"firmaque ratione tua edoctus † Beatum Ælfegum ut
"vere magnum et gloriosum martyrem Christi dein-
"ceps me colere ac venerari ex corde, gratia Dei
"juvante,[3] confido." Quod ipse postmodum devote
exsecutus est, quin et historiam vitæ ac passionis ejus
diligenti[4] studio fieri præcepit. Quam quidem historiam non solum plano dictamine ad legendum verum
etiam musico modulamine ad canendum a jocundæ
memoriæ Osberno Cantuariensis ecclesiæ monacho ad
præceptum illius nobiliter editam, ipse sua prudentia
pro amore martyris celsius insignivit, insignitam auc-
torizavit, auctorizatam in ecclesia Dei legi cantarique

---

[1] *perpessione*] passione, H.
[2] *est*] Not in E.
expe*tebat . . . edoctus †]
Wanting in K. (Six leaves.)

[3] *juvante*] adjuvante, E.
[4] *diligenti*] Not in K.

instituit, nomenque martyris hac in parte non parum glorificavit.

xxxi. Post hæc Anselmus ad agenda propter quæ venerat terras ecclesiæ Beccensis per Angliam adiit, utilitati monachorum suorum per omnia studiose secundum Deum inserviens. Vadens autem et[1] ad diversa monasteria monachorum, canonicorum, sanctimonialium; necnon ad curias quorumque nobilium, prout eum ratio ducebat; perveniens, lætissime suscipiebatur, et suscepto quæque caritatis obsequia gratissime ministrabantur. Quid ille? Solito more cunctis se jocundum et affabilem exhibebat, moresque singulorum in quantum sine peccato poterat in se suscipiebat. Nam, juxta apostolum, iis qui sine lege erant tanquam sine lege esset, cum sine lege Dei non esset sed in lege Christi esset, se coaptabat, ut lucrifaceret eos qui non modo sine lege, ut putabatur, Beati Benedicti, sed et eos qui sæculari vitæ dediti in multis vivebant sine lege Christi. Unde corda omnium miro modo in amorem ejus vertebantur, et ad eum audiendum famelica aviditate rapiebantur. Dicta enim sua sic unicuique ordini hominum conformabat, ut auditores sui nihil moribus suis[2] concordius dici posse faterentur. Ille monachis, ille clericis, ille laicis, ad cujusque propositum sua verba dispensabat. Monachos ut ne quidem minima sui ordinis contemnerent admonebat, contestans quia per contemptum minimorum ruerent in destructionem et despectum omnium bonorum. Quod dictum sub exemplo vivarii proponebat, dicens clausuram illius districtioni ordinis monastici assimilari. "Quoniam quidem," inquit, " sicut pisces decurrente[3] aqua vivarii moriuntur, si " clausuræ ipsius minutatim ac sæpe crepant nec reficiuntur, ita omnis religio monastici ordinis funditus

---

[1] *et*] Not in I.
[2] *suis*] Not in E.
[3] *decurrente*] discurrente, E., I.

" perit si custodia ejus per modicarum contemptum
" culparum paulatim a fervore sui tepescit, attestante
" scriptura quae dicit, 'Qui modica despicit, paulatim
" 'decidit.'" Clericos quoque qualiter se in sorte Dei
custodire deberent instruebat, eisque magnopere esse
cavendum, ne, si a sorte Dei caderent, in sortem diaboli per neglectum conversationis et ordinis sui deciderent. Conjugatos etiam qua fide, qua dilectione, qua familiaritate tam secundum Deum quam secundum sæculum sibi invicem copulari deberent edocebat; virum quidem ut suam uxorem sicut seipsum diligeret, nec[1] præter illam aliam nosset, ejusque[2] sicut sui corporis absque omni sinistra suspicione curam haberet; mulierem vero quatinus viro suo cum omni subjectione et amore obtemperaret, eumque ad bene agendum sedula incitaret, necne animum ejus, si forte contra æquum in quemquam tumeret, qua affabilitate mitigaret. Hæc autem quæ eum vel admonuisse vel instruxisse vel edocuisse dicimus, non eo ut aliis mos est docendi modo exercebat, sed longe aliter, singula quæque sub vulgaribus et notis exemplis proponens solidæque rationis testimonio fulciens, ac, remota omni ambiguitate, in mentibus auditorum deponens.[3]

Lætabatur ergo quisquis illius colloquio uti poterat, quoniam in eo quodcunque petebatur divinum consilium in promptu erat. Hinc eum omnis sexus et ætas mirabatur et mirando amplectebatur, quoque potentior[4] aliisque præstantior eo magis quisque erat ad ministrandum ei devotior atque proclivior. Non fuit comes in Anglia seu comitissa, vel ulla persona potens, quæ non judicaret se sua coram Deo merita perdidisse, si contigeret se Anselmo abbati Beccensi gratiam cujusvis officii tunc temporis non exhibuisse.

---

[1] *nec*] non, E.
[2] *ejusque*] ejus, E.
[3] *deponens*] ponens, E.

[4] *quoque potentior*] et in quanto quis erat aliis potentior, F.

Rex ipse Willelmus qui armis Angliam ceperat, et ea tempestate regnabat, quamvis ob magnitudinem sui cunctis fere videretur rigidus ac formidabilis, Anselmo tamen ita erat inclinus et affabilis, ut ipso præsente omnino quam esse solebat, stupentibus aliis, fieret alius. Pro sua igitur excellenti fama Anselmus totius Angliæ partibus notus ac pro reverenda sanctitate carus cunctis effectus, iter repetendi Normanniam ingreditur, ditatus multiplici dono quod honori ac utilitati ecclesiæ suæ usque hodie servire dinoscitur. Familiaris ergo ei dehinc Anglia facta est, et prout diversitas causarum ferebat ab eo frequentata.

xxxii. Ut autem omnipotens Deus demonstraret se gratiæ ipsius quam invenerat apud homines esse auctorem, et illum apud se quam apud homines gratiam invenisse potiorem, quosdam viros per visum dignatus est visitare et qualiter per eum ab infirmitate qua nimis graviter vexabantur convalescerent edocere. Horum quæ dico duos qui inter suos non ignobilis famæ erant exempli causa proponam, qui, sicut a veridicis ipsius monasterii cujus abbas diu extiterat monachis accepi, in eodem ipso monasterio, illis præsentibus, per eum curati sunt. Quidam igitur vir nobilis et strenuus in confinio Pontivi ac Flandriæ præpotens habebatur. Hic in corpore lepra percussus eo majori mœrore afflictus est quo se et a suis contra dignitatem natalium suorum pro obscenitate tanti mali despici deserique videbat. Conversus itaque ad Deum est, et crebris orationibus cum elemosinarum largitionibus opem ab eo precabatur. Una igitur noctium ei per visum quidam apparuit, monens ut,[1] si pristinæ sanitati restitui vellet, Beccum iret et apud abbatem Anselmum efficeret quatinus aquam unde manus inter missam suam lavaret in potum illi conferret. Qui visioni credulus quo monitus erat[2] impiger tendit,

---

[1] *monens ut*] monens eum ut, C. | [2] *monitus erat*] monebatur, A., B.

atque Anselmo cur advenerit secrete innotuit. Stupet ille ad verba, et hominem ut talibus desistat multis modis adjurat. At ipse in precibus perstat, et multo magis ut sibi misereatur exorat, nec patiatur ut ea medicina fraudetur, unde sibi celerem salutem affuturam pro Divino promisso credebat. Quid plura? Vicit pietas pectus humilitatis, et pro homine Deum postulaturus matutino tempore missam secretius celebrat. Admittitur æger, et quam petebat aquam de manu viri accepit. Quæ in potum illico sumpta et hominem morbidum integerrimæ sanitati restituit, et in laudem Dei multorum ora dissolvit.[1] Clam itaque virum qui venerat a se Anselmus emisit, denuncians ei in nomine Domini ne unquam hoc factum sibi ascriberet, sed sola Divina miseratione perfectum esse certissime sciret, et hoc ita esse, tacita funditus mentione suæ personæ, sciscitantibus responderet. Quo etiam tempore quidam frater de congregatione, valida corporis infirmitate percussus, ad extrema deductus est. Huic in somno quidam astitit, et quod vitam atque salutem recuperaret si aqua ab Anselmo sanctificata aspergeretur ipsi promisit. Æger ergo Anselmum se visitantem silita visione de aqua precatus est, et voluntatis compos effectus evestigio sanitati restitutus est. Hæc pro ostendenda gratia viri paucis interim dicta sint.

xxxiii. Attamen de gratia quam meruerat apud homines, non multum iis qui mores illius novere mirandum video, propterea quod quædam appetibilis suavitas ubicunque erat ex conversatione ejus emergebat, quæ in amicitiam ipsius ac familiaritatem cunctos agebat. Ipsius etenim studii semper erga omnes extiterat, ut ea potissimum agerat quæ aliis magis commoda esse posse intelligebat. Unde cum interrogaretur quid emolumenti adquirerent, qui, servata

---

[1] *dissolvit*] A marginal note in C. suggests *resolvit*.

æquitate, aliorum voluntati in quibuscunque possent concordare satagerent, quidve detrimenti incurrerent qui suam potius quam cæterorum voluntatem implere studerent, hoc modo respondebat. " Qui aliorum vo-
" luntati concordare per omnia in bono nititur, hoc
" apud justum judicem Deum meretur, ut quemad-
" modum ipse aliorum voluntati in hac vita, ita Deus
" et omnia secum suæ voluntati concordent in alia
" vita. Qui vero aliorum voluntate contempta suam
" implere contendit, id ejusdem Judicis sententia
" damni subibit, ut quoniam ipse in vita præsenti
" voluntati nullius, nullus quoque in futura velit aut
" debeat concors esse voluntati illius. Eadem quippe
" mensura qua quisque aliis mensus fuerit, remetietur
" ei." Hujus igitur rationis Anselmus consideratione subnixus, nulli gravis, nulli volebat onerosus existere, etiam si a monachicæ institutionis austeritate hac de causa deberet aliquantulum temperare. Et quidem, ut eum discretionis ordo docebat, nonnunquam ab ipsa severitate aliis condescendendo temperabat. In quo quid ii sensuri sunt qui post nos ista fortassis lecturi vel audituri sunt præscire non possumus. Nos tamen qui vitæ illius modum scire meruimus magis in eo laudandum æstimamus quod a rigore sui propositi aliquando pro ratione descendebat, quam si continue in ipso rigidus indiscrete persisteret. Ratione siquidem[1] agi virtutis est, vitii vero contra.

xxxiiii. Inter hæc quidam clericus, ætate juvenis, Boso nomine, Beccum venit, abbatis colloquium expetens.[2] Erat enim idem ingenio acer, et quibusdam perplexis quæstionibus involverat animum nec reperire quemquam poterat qui eas sibi ad votum evolveret. Loquens igitur cum Anselmo, ac nodos ei sui cordis depromens, omnia quæ desiderabat ab eo sine scrupulo disceptationis accepit. Miratus igitur hominem est,

---

[1] *siquidem*] quidem, E.   [2] *expetens*] expectans, E.

et nimio illius amore devinctus. Dehinc ergo cum ejus allocutione familiariter potiretur, illectus ad contemptum sæculi, emenso brevi spatio, Becci monachus factus est. Cujus conversioni simul et conversationi diabolus graviter invidens in tantam illum temptationis procellam demersit, ut, succedentibus sibi variis cogitationum tumultibus, vix mentis suæ compos existeret. Transierunt in hoc dies quidam, et seipsa semper immanior fiebat temptatio eadem. Turbatus ergo et mente confusus Anselmum adiit, animique sui fluctus illi exposuit. At ipse cum singula intellexisset, hoc solum pio affectu, scilicet, "Consulat tibi "Deus" ei respondit, illicoque fratrem a se dimisit. Evestigio autem tanta tranquillitas mentis illum[1] secuta est, ut, sicut ipsemet mihi referebat, ultra quam dictu credibile sit subito alius fieret ab eo qui fuit. Itaque omnis illa temptatio penitus evanuit, nec quicquam hujusmodi in se ulterius sensit.

xxxv. Fiebant præterea ab Anselmo plurima in hunc modum, quæ nos brevitati studentes ex industria præterimus. Silentio quoque præterire placuit innumeros homines tam per lavaturam manuum ejus, quam per reliquias ciborum ejus de ante illum clam eo subtractas, a diversis languoribus sed maxime febribus curatos, dispensante Deo sua dona juxta meritum fidei uniuscujusque. Nam si cuncta quæ inde a veracissimis viris accepimus describere vellemus, loquacitati potius quam rerum gestarum simplici narrationi nos operam dare, ut reor, judicari possemus. Quapropter ne nimis longum faciamus hujuscemodi immorando, istis omissis, tendamus ad alia. Verum ne inculta oratio prolixa sui[2] continuatione legentes seu audientes fastidio gravet, hic primum cœpto operi terminum ponamus, quatinus illis quæ magis delectant recreati, aliud exordium sequentia nosse volentes expediti reperiant.

EXPLICIT LIBER PRIMUS.

---

[1] *illum*] eum, F. | [2] *sui*] Not in B.

Incipit Secundus.[1]

i. Defuncto memorato rege Anglorum Willelmo, Willelmus filius ejus regnum obtinuit. Hic, sublato de hac vita venerabili pater Lanfranco, ecclesias ac monasteria totius Angliæ gravi nimium oppressione afflixit. Cujus oppressionis anno quarto Anselmus invitatus, immo districta interpellatione adjuratus, ab Hugone Cestrensi comite multisque aliis Anglorum regni principibus, qui eum animarum suarum medicum et advocatum elegerant, et insuper ecclesiæsu æ prece atque præcepto pro communi utilitate coactus, Angliam ingressus est. Pridie igitur Nativitatis Beatæ Dei Genitricis et Perpetuæ Virginis[2] Mariæ Cantuariam venit. Ubi cum quasi ex præsagio futurorum multi et monachi et laici conclamarent illum archiepiscopum fore, summo mane a loco discessit, nec ullo pacto adquiescere petentibus ut ibi festum celebraret voluit. Venienti autem ei ad curiam regis optimates quique alacres occurrunt,[3] magnoque ipsum cum honore suscipiunt. Rex ipse solio exsilit, et ad ostium domus viro gaudens occurrit. Ac[4] in oscula ruens per dexteram eum ad sedem suam perducit. Consident, et læta interim quædam inter se verba permiscent. Deinde Anselmus secretius cum rege acturus cæteros secedere monet. Omissis igitur monasterii sui causis, pro quibus maxime illuc venisse putabatur, regem de iis[5] quæ fama de eo ferebat arguere cœpit,[6] nec quicquam eorum quæ illi dicenda esse sciebat silentio pressit. Pæne etenim totius regni homines omnes talia quotidie nunc clam nunc palam de eo dicebant, qualia

A.D. 1087.
A.D. 1089.
A.D. 1092.

---

[1] I. has *Incipit Liber Secundus de hoc Patre Anselmo Abbate.*
[2] *Dei Genitricis et Perpetuæ Virginis*] Not in E.
[3] *occurrunt*] occurrerunt, E.
[4] *Ac*] et, E.
[5] *iis*] his, E.
[6] *arguere cœpit*] Anselmus arguere cœpit, A., B.

regiam dignitatem nequaquam decebant. Finito colloquio divisi ab invicem sunt, et de ecclesiæ suæ negotiis ea vice ab Anselmo nihil actum.[1] Deinde Cestram ad comitem abiit, ac in partibus illis degere per plures dies ex necessitate compulsus est.

ii. Interea rex Willelmus gravi languore corripitur, et pæne ad extrema perducitur. Suadetur ei inter alia a principibus, ut de matre totius regni, ecclesia videlicet Cantuariensi, cogitet, et eam a pristina viduitate et calamitate per institutionem pontificis relevet. Adquiescit ille consilio, et Anselmum in hoc opus dignissimum fore[2] pronunciat. Acclamatur ab universis, et dictum regis laudat clerus et populus omnis, nec resonat ibi ulla contradictio cujuslibet hominis. Audit hæc ille, et fere usque ad exanimationem sui contradicit, reluctatur et obstat. Prævalet tamen ecclesiæ Dei conventus. Rapitur ergo, et violenter in vicinam ecclesiam cum hymnis et laudibus portatur magis quam ducitur. Acta sunt hæc anno Dominicæ Incarnationis millesimo nonagesimo tertio, pridie Nonas Martii, prima Dominica quadragesimæ.

iii. In subsequenti autem festo Paschæ Wintoniam Anselmus advenit,[3] et in suburbio civitatis hospitatus est. Una igitur nocte in tecta suburbii per incuriam ignis dilabitur.[4] Quo crescente, ædificia quæque[5] passim consumebantur. Et jam ignis idem hospitium Anselmi consumpturus, duabus tantum domibus interpositis, aderat. Quibusdam igitur ea quæ in domo erant asportantibus, interdixit domina domus, affirmans se nullo modo sibi vel suis aliquid damni timere, quæ tantum hospitem, hoc est Anselmum archiepiscopum, meruisset secum habere. Pro quibus verbis Balduinus, vir strenuus et monachus, mulieri compassus,

---

[1] *actum*] actum est, F., K.
[2] *fore*] esse, E.
[3] *advenit*] devenit, E.
[4] *dilabitur*] delabitur, E.
[5] *quæque*] Not in E.

suasit Anselmo ut hospiti suæ subveniret. At ille, "Ego in qua re?." "Egredere," inquit, "et signum crucis igni oppone; arcebit illum forte Deus." Respondit, "Pro me? Nihil est quod dicis." Egressus tamen domum est, timore incendii ductus, et, visis flammantibus globis, a venerabili Gundulfo episcopo et ab eodem Balduino contra ignem signum crucis, erecta in altum dextera, edere coactus est. Mirabile dictu. Non prius manum extenderat, quam in se incendium retorqueri, flammas deficere cerneres, et ita ut domum etiam quam vorare cœperant semiustam relinquerent.

iv. Igitur Anselmus propter multas rationes quæ intervenerant nondum consenserat electioni quæ de se facta fuerat ut pontifex fieret; sed tamen, detinente illum rege, morabatur in Anglia, conversante cum eo ex jussu regis præfato Gundulfo Rofensi episcopo, et ei quæque opus erant ministrante. Ablatis autem de medio rationibus illis, tandem post longum temporis spatium, obœdientia simul ac necessitate constrictus, consensit, et pridie Nonas Decembris debito cum honore ab omnibus episcopis Angliæ Cantuariæ consecratus est. In qua consecratione evangelica illa sententia super eum reperta est, "vocavit multos. Et misit "servum suum hora cœnæ dicere invitatis ut venirent, "quia jam parata sunt omnia. Et cœperunt simul "omnes excusare."

v. Dehinc cum se regali curiæ in Nativitate Domini Jesu præsentasset, et honorifice a rege susceptus primos tres dies festivitatis circa regem lætus transegisset, post, instinctu diaboli hominumque malorum, mutatus est animus regis contra eum, eo quod ipse, spoliatis hominibus suis, mille libras denariorum ei pro agendis munificentiæ suæ gratiis dare noluit; et ita, principe turbato, a curia discessit.

vi. Veniens autem in villam suam que Herga vocatur, dedicavit ibi ecclesiam ad parochiam pertinentem, quam quidem antecessor ejus Lanfrancus construxerat, sed obitu præventus dedicare nequiverat. Ad quam dedicationem quidam clericus inter alios de Lundonia veniens, seque inter clericos viri quasi ad comministrandum mittens, chrismatorium pontificis clam surripuit, et in turbam mersus fugam arripuit. Dum igitur iter quod Lundoniam ducit ingressus cum furto fuisset, reflexit gressum autumans se ad locum quem[1] fugiebat festinare. Sed cum rediens adunatæ plebis multitudinem repperisset, animadvertit se cupitum iter permutasse et qua venerat viam repetit. Aliquantum processerat, et interum visum sibi est eo tendere quo fugiebat. Factum est hoc frequentius, et nunc hac nunc illac nesciens quo iret erroneus ferebatur. Populus autem qui eum sic se habentem intuebatur quidnam haberet mirabatur. At ubi ministri pontificis vas chrismatis perditum esse cognoverunt, confusi et tumultuantes discurrunt, quod perditum erat hinc inde quærunt, ignorantes a quo vel ubi id certo quærere debeant. Rumor damni fertur in populum, et opinio multorum cadit in erroneum clericum. Capitur, et sub cappa illius vas abreptum invenitur. Refertur antistiti quod actum erat. At ipse modesto vultu, mente tranquilla, statim jussit culpam ignosci, et clericum ad sua liberum dimitti. Tunc ille iter quod furto gravatus nullatenus tenere sciebat liber illico et nihil hæsitans ingressus agebat.

vii. Post hæc, paucis diebus interpositis, mandatur ad curiam ire Anselmus, regem mare transiturum sua benedictione prosecuturus. Qui transitus dum vento obstante differtur, Anselmus opportunum tempus se nactum existimans, regem pro ecclesiarum quæ de die in diem destruebantur relevatione, pro Christianæ legis quæ in multis violabatur renovatione, pro diversorum morum qui in omni ordine hominum quotidie nimis corrumpebantur correctione cœpit interpellare. Quæ

---

[1] *quem*] quo, A.

omnia ipse magna cum indignatione suscipiens, nec se A.D. 1094.
causa illius quicquam de omnibus acturum fore protestans, hominem discedere, nec se transfretaturum diutius ibi expectare iratus [1] præcepit.

viii. Considerans Anselmus post hæc quid quietis perdiderit, quid laboris invenerit, anxiatus est spiritu et vehementi dolore attritus. Ducebat enim ante oculos mentis suæ qualem in prioratu et abbatia positus vitam agere solebat, quam scilicet jocunde in Dei et proximi caritate quiescebat ac delectabatur, quam devote verba vitæ loquens ab omnibus audiebatur, quam devotius ad suæ ut sperabat cumulum retributionis quæ dicebat opere exercebantur, et nunc e converso, cum in melius per episcopatum proficere debuerit, ecce die ac nocte in sæcularibus laborans videbat se nec Deo nec proximo secundum Deum juxta pristinum morem intendere posse, nec adeo quemquam ex ore suo verbum vitæ quod facto impleret ad suæ, ut reputabat, detrimentum mercedis audire velle. Accesserant istis in augmentum mali sui crudeles suorum hominum oppressiones quotidie auribus ejus insonantes, et minæ malignantium deteriora in posterum pollicentium circumquaque detonantes. Sciebatur nempe regiam mentem contra eum in furorem concitatam esse, et ob hoc quisque malus beatum se fore credebat si quod illum exasperaret ullo ingenio facere posset. Multis itaque ac diversis injuriarum procellis fatigabatur, et nulla terreni honoris vel commodi suavitate unde consolationem haberet fovebatur. Verum salva in omnibus et ad omnes innocentia conscientiæ suæ,[2] modicum respirabat ab his, et magnopere consolabatur siquando se monachorum claustro inferre, et quæ institutio vitæ ipsorum expetebat coram eis effari valebat. Quod ipse quadam vice capitulo eorum præsidens, et ex more de

---

[1] *iratus*] Not in E.
[2] *innocentia conscientiæ suæ*] innocentiæ suæ puritate, A.

E. [...] Liberius agens libri II fine completo, jocunda hilaritate alludens jocosa comparatione innotuit dicens, "Sicut bubo dum in caverna cum pullis suis "est laetatur et suo sibi modo bene est; dum vero "inter corvos aut cornículas seu alias aves est, in- "cursatur ac dilaniatur, omninoque sibi male est, ita "et mihi. Quando enim vobiscum sum, bene mihi "est, et grata ac singularis vitæ meæ consolatio. "Quando vero remotus a vobis inter seculares con- "versor, hinc inde variarum me causarum incursus "dilacerant, et quæ non amo sæcularia negotia vex- "ant. Male igitur mihi est quando sic sum, ac tre- "mens pertimesco ne meum hujuscemodi esse pro- "creet immane dispendium animæ meæ." Ad quod verbum licet alludens, ut dixi, cœperit, amarissime flens subinferens ait, "Sed, quæso, miseremini mei, "miseremini mei, saltem vos amici mei, quia manus "Domini tetigit me." Quia igitur[1] in tali conver- satione magnopere respirabat,[2] ea sibi deficiente gra- viter suspirabat. Deum testor me sæpe illum sub veritatis testimonio audisse protestantem, quod liben- tius vellet in congregatione monachorum loco pueri inter pueros sub virga magistri pavere quam per pastoralem curam toti Britanniæ[3] prælatus in con- ventu populorum cathedræ pontificali præsidere. Forte dicet aliquis, Si tam bonum, tam jocundum erat illi habitare cum monachis, cur non continue habitabat Cantuariæ cum suis? Ad quod ego, Si hoc solum sibi possibile esset, magno se consolatum reputaret. Sed et hoc partim remotio villarum suarum, partim usus et institutio antecessorum suorum,[4] partim nume- rositas hominum sine quibus eum esse pro more terræ pontificalis honor non sinebat, illi adimebat, eumque

---

[1] *igitur*] ergo, A., E., F.
[2] *respirabat*] spirabat, E.
[3] *Britanniæ*] Angliæ, E., F.

[4] *partim usus et institutio ante- cessorum suorum*] Not in A.

per villas suas ire ac inibi degere compellebat. Præterea, si Cantuariam assidue incoleret, homines sui ex advectione victualium oppido gravarentur, et insuper a præpositis, ut sæpe contingebat, multis ex causis oppressi, si quem interpellarent nunquam præsentem haberent, magis ac magis oppressi in destructionem funditus irent.

ix. Nullo tamen loco vel tempore sine suis monachis et clericis erat, iis[1] duntaxat exceptis qui ad eum ex diversis locis confluentes raro deerant. Omnes etenim ad se venientes dulci alacritate suscipiebat, et cuique pro sui negotii qualitate efficaciter respondebat. Videres siquidem istos scripturarum sententiis ac quæstionibus involutos mox ratione proposita ab eo evolvi; istos in morum discretione nutantes non segnius informari; illos necessariarum rerum tenuitate laborantes, datis quibus opus habebant, ab inopia relevari. Nec ista largitas solummodo monachorum seu clericorum penuriam sublevabat, sed et in quosque laicos ea indigentes, ea sibi subveniri petentes, pro posse et nonnunquam ultra posse pii patris redundabat.[2]

x. Quotiens autem opportunitas sese præbebat, in remotiorem cameræ suæ locum secedere solusque cœlestibus studiis consueverat inhærere. Unde fidei Christianæ zelo commotus egregium et pro illius temporis statu pernecessarium opus De Incarnatione Verbi composuit. Quod opus epistolari stilo conscriptum venerabili sanctæ Romanæ ecclesiæ summo pontifici Urbano dicavit, destinavit. Quod ille gratiose suscipiens, ac invincibili veritatis ratione subnixum intelligens, in tanta auctoritate habuit ut postmodum contra Grecos in concilio Barensi, cujus loco suo mentio fiet, disputans inde robur suæ disputationis assu-

---

[1] *iis*] his, A., E.
[2] *redundabat*] redundabat pietas eximia, F.

meret, et quam damnabilis fuerit error eorum[1] in hoc quod Spiritum Sanctum a Filio procedere negabant astrueret. Sed nos, ista prætermittentes[2] et cœptæ narrationi operam dantes, dicamus quod ipse Anselmus ad refectionem corporis sedens, modo de sacra quæ coram eo legebatur lectione materia loquendi sumpta convescentes ædificabat; modo ex sua parte sacra verba edisserens loco sacræ lectionis præsentium mentes instruebat; modo de aliqua re utili vel necessaria requisitus requirentem pariter et coaudientes mira suavitate reficiebat. Hujus rei cognoscendæ gratia quod levius occurrit exempli causa[3] unum subjiciam; non quo ulla doctrinæ illius efficacia per hoc designetur, sed ut in quibus lingua ejus inter carnales epulas versari solita fuerit paulisper intimetur.

xi. Venit ad eum quadam vice quidam ex sæculari vita monachus factus, consilium de vita sua flagitans. Hic, cum alias familiarius ei locutus fuisset, inter prandendum opportunitate potitus, dixit quia cum se in vita sæculari teneret intellexit non rectum fuisse iter suum pergendi ad vitam. "Quamobrem," inquit, " relicto sæculo, veni ad ordinem monachorum, sperans " me ibi posse penitus intendere vitæ perenni et Deo. " Ecce autem ex præcepto abbatis mei sæcularibus " negotiis intendo, et, dum res ecclesiæ contra sæcu- " lares defendere tuerique desidero, placito, litigo, nec " mihi forsan magnæ curæ est si alii perdunt in meo " lucro. Quapropter fere cogor desperare, dum ea quæ " reliqui cum tot peccatis videor administrare." Ad hæc Anselmus tali sub exemplo respondit, "Tota vita " hominum comparari potest molendino super præci- " pitem fluvium constituto. Sit igitur in hoc molen- " dino ad manum hominis molens mola, qua qui mo-

---

[1] *eorum*] Not in E.
[2] *ista prætermittentes*] prætereuntes, E.
[3] *causa*] Not in E.

" lunt, alii sic suam farinam negligunt ut tota in
" fluvium labatur ac defluat; alii, parte retenta, par-
" tem in præceps ire sinant; alii totam colligant at-
" que in sua custodia condant. Horum scilicet qui
" nihil sibi de farina servavit, quid in vespere come-
" dat non habebit. Qui parum retinuit pro portione
" sua parum inveniet. Qui totam collegit large se
" pascere poterit. Itaque molendino assimiletur, ut
" dixi, vita hominum. Molæ, actus illorum. Nam
" sicut mola dum aliquid molit in circuitu ducitur et
" circumducta simili cursu sæpe reducitur, sic et ac-
" tus humani quibusque temporibus in se revertuntur.
" Verbi gratia. Arant homines, seminant, metunt,
" molunt, panificant, comedunt. En circuitum suum
" mola peregit. Ultrane quiescit? Nequaquam. Re-
" petitur enim ad ipsum. Aratur, seminatur, metitur,
" molitur, fit panis, et comeditur. Hæc fiunt omni
" anno et more molæ recurrunt in idipsum. Videas
" igitur hominem cuncta opera sua pro terreno com-
" modo facientem, nihil in eis nisi transitorium quid
" desiderantem.[1] Iste quidem molit quia operatur,
" sed tota farina sua, qui fructus est operis, a fluvio,
" id est a fluxu sæcularis desiderii, rapitur ac præci-
" pitatur. Hic cum in fine vitæ suæ molendinum
" egressus atque in domum suam reversus operum
" suorum fructus manducare voluerit, nihil inveniet,
" eo quod fluvius torrens totum absorbuit. Jejunabit
" ergo, væ misero, in æternum.[2] Est alius qui suam
" non omnimodis farinam perdit, quoniam nunc ali-
" quam pro Deo elemosinam facit, nunc ad ecclesiam
" pro Dei servitio vadit, nunc infirmum visitat, nunc
" mortuum sepelit, et aliis in hunc modum bonis in-
" tendit. Verum cum is[3] ipse voluptatibus carnis
" inservit, pro illata injuria per odium sævit, humanis

---

[1] *desiderantem*] quærentem, E.
[2] *Jejunabit .. æternum*] Not in I.
[3] *is*] Not in I.

"laudibus pascitur, crapula et ebrietate sopitur, ho-
"rumque similibus enervatur, ne farinæ pars maxima
"pereat nequaquam cautus invigilat. Quid de isto
"erit in futuro, nisi quia recipiet prout gessit? Jam
"tertium genus in ordine monachorum attende. Est
"igitur monachus sub abbatis sui imperio positus,
"obœdientiam in omnibus quæ sibi secundum Deum
"injunguntur professus, sua, quantum in se est, vo-
"luntate nunquam claustra[1] monasterii pro quovis
"sæculari negotio egredi volens. Huic forte præcipi-
"tur ut extra claustrum ad custodiendam aliquam
"ecclesiæ villam eat. Excusat se, et ne fiat obsecrat.
"Perstat abbas in sententia sua, et per obœdientiam   MS. p. 340.
"jubet peragi imperata. Non audens ille recusare,
"paret. Ecce venit ad molam, necessario illum mo-
"lere oportet. Insurgunt hinc inde querelæ, placita,
"lites. Custodiat ergo sapiens monachus farinam
"suam, eamque in vas suum diligenter recipiat ne in
"fluvium defluat. Quo, inquis, pacto? Nihil per in-
"anem jactantiam agat, nihil quod Deus prohibet
"cujuslibet lucri gratia faciat. Obœdientiæ quæ sibi
"injuncta est ita studeat, ut et res ecclesiæ contra
"omnes viriliter justeque tueatur et protegat, et de
"alieno per injustitiam sub dominium ecclesiæ nil
"redigere satagat. Si in hujusmodi conversatur et
"vivit; quamvis aliquando pro talibus missas perdat,
"nonnunquam loquatur cum fratres in claustro tacent,
"et quædam similia horum faciat vel dimittat quæ
"ipsi nec faciunt nec dimittunt; obœdientiæ virtus
"quam exercet hæc cuncta consumit, et, vas suum
"integrum servans, farinam de sua mola fluentem
"quæ illum æternaliter pascat totam ac puram colli-
"git atque recondit. Non enim secundum carnem
"sed secundum obœdientiam incedit, ac per hoc, ut
"apostolus ait, 'nihil damnationis illi erit.'" "Et

---

[1] *claustra*] claustrum, E.

" quid de illo sentiendum est," inquit, "qui se ultro
" ad dispositionem villarum offert, atque, ut id quod
" cupit ad effectum perveniat, clam sibi adjutores ad-
" vocat, munera pollicetur, gratiam spondet?" Refert.[1]
" Nihil hoc ad propositum monachi pertinet." Ait,[2]
" Quare? Nonne hic talis, licet hoc quod dixi cupiat,
" tamen sine licentia prælati sui nil facere temptat?"
Respondit, " Licentia multos decipit. Obœdientia enim
" et inobœdientia contraria sunt. Harum media licen-
" tia est. Is igitur quem obœdientia non constringit
" claustra monasterii egredi, vult tamen exire, regulæ
" districtionem licenter declinare, quamvis nolit sine
" licentia id præsumere, et iccirco actum suum licen-
" tia qua nititur possit defendere, peccatum tamen
" habet ex illicita voluntate. Nec enim postquam
" mortuus mundo claustrum subiit ad mundi negotia
" vel voluntate ullatenus redire debuit. Quia tamen
" ipsum velle suum nonnisi permissus facto implere
" voluit, obœdientia quam in hoc amplexus est ipsum
" factum excusabit; sed velle quod contra obœdien-
" tiam habuit periculosum, nisi pœnituerit, illi erit.
" Quod nonnulli minus attendentes licentia, quam
" pro implenda voluntate sua expetunt, sæpe fallun-
" tur." Hæc, ut dixi, non pro ostendenda doctrinæ
suæ qualitate proposui, sed quibus inter epulas occupari solitus erat levi exemplo monstravi. Nam si de
humilitate, de patientia, de mansuetudine, et de hac
quam nunc paululum tetigi obœdientia, necne de aliis
innumeris ac profundis sententiis eum ut singulis fere
diebus audiebamus disserentem introducerem, aliud
opus cudendum, et quod in manu habemus esset intermittendum.[3] Quando ergo, ait aliquis, manducabat?
Manducabat plane inter loquendum, parce quidem, et
ut aliquando mirareris unde viveret. Veruntamen fate-

---

[1] *Refert*] Refert Anselmus, F.
[2] *Ait*] At ille, F.
[3] *intermittendum*] terminandum, F.

batur, et verum esse cognovimus, quia dum alicui longæ disputationi occupatus erat magis solito nescienter edebat, nobis qui propinquiores sedebamus clanculo panem ei nonnunquam subministrantibus. Cum vero, absentibus hospitibus, privatim cum suis ederet, et nulla quæstio spiritualis cujusvis ex parte prodiret, prælibato potius quam sumpto cibo, mox cessabat, lectionique intendens manducantes expectabat. Quod si aliquem cerneret aut pro sui expectatione celerius comedentem, aut forte cibum relinquentem, utrumque redarguebat, et quo suo commodo nihil hæsitantes operam darent affectuose admonebat. Ubi autem aliquos libenter edentes advertebat, affabili vultus jocunditate super eos respiciebat;[1] et aggaudens, levata modicum dextra, benedicebat eis[2] dicens, "Bene vobis faciat."

xii. Exposito igitur quibus modulis Anselmus inter suas epulas delectari consueverit, ut paucis quoque exponatur quibus etiam aliis horis intenderit, repetam quod de eo me superius dixisse recordor, videlicet ejus ori nunquam Christus defuit, sive justitia, vel quicquid ad veram vitam pertinet. Omneque tempus perditum iri asserebat quod bonis studiis aut necessariæ utilitati non serviebat. Opinari autem illum secus vixisse quam docebat profiteor nefas esse. Nam cum illum ex quo religionis habitum sumpsit usque ad susceptam pontificatus dignitatem omnium virtutum ornamentis ratum sit studuisse, ipsasque virtutes in quorumcunque mentibus poterat verbo et exemplo inseruisse, ita nihilominus ratum esse confirmamus eum totius Britanniæ[3] primatem factum omnimodis hac in parte claruisse. Unde etiam pro ipsarum indiscreta, ceu nonnullis et mihi quoque aliquando visum est, virtutum custodia sæpe reprehensus, et quod monachus claustralis quam primas tantæ gentis esse debe-

---

[1] *respiciebat*] aspiciebat, A., B., E., F.
[2] *eis*] eos, I., K.
[3] *Britanniæ*] Angliæ, F.

ret præjudicatus est. Hoc pro excellenti humilitate ejus, hoc pro immensa patientia ejus, hoc pro nimia abstinentia ejus dicebatur, dictum accusabatur, accusatum damnabatur. Præcipue tamen in servando mansuetudinem indiscretionis arguebatur, quoniam, sicut a pluribus putatum est, multi quos ecclesiastica disciplina corripere debuerat, intellecta lenitate ejus, in suis pravitatibus quasi licite quiescebant. Verum audita super iis[1] excusatione sua, nam neminem spernebat, nemini rationem ad inquisita reddere contemnebat, mox liquido cognoscebatur ipsum aliter quam faciebat minime in talibus facere debere vel posse, dum se in regula veræ discretionis vellet absque errore tenere.

xiii. Sæcularia vero negotia æquanimiter ferre nequibat, sed pro posse suo modis omnibus suam eis præsentiam subtrahebat. Si quando autem talis causa emergebat, ut ei necessario interesse oporteret, soli veritati studere, nulli fraudem, nulli quodlibet præjudicium, quantum sua intererat, patiebatur inferri. Si vani clamores, si contentiones, si jurgia, ut fit, oriebatur; aut ea sedare, aut citius sese absentare curabat. Nisi enim ita faceret, tædio affectus statim animo deficiebat, et insuper gravem corporis ægritudinem incurrebat.[2] Quam consuetudinem ejus edocti sæpe illum, re ipsa cogente, de medio multitudinis eduximus, proponentesque ei aliquam ex divina pagina quæstionem illico corpus et animam ejus quasi salubri antidoto medicatum in consuetum statum reduximus. Requisitus autem quam ob rem sic imbecillis ad sæculares causas ac pusillanimis existeret, respondebat, " Qui " omnem sæcularium rerum amorem et concupiscen- " tiam ab animo meo jamdudum pepuli, qualiter in " causis earum fortis ac diligens existam? Immo " veritatem dico non mentior, quia quando ipsæ mihi

---

[1] *iis*] his, A., B., D., E., G.
[2] *Nisi enim . . . incurrebat*] Not in E.

"sese importune et ex necessitate ingerunt, ita mens
"mea illarum horrore concutitur sicut infans cum ali-
"qua terribilis imago vultui ejus ingeritur. Nec in [1]
"earum dispositione magis delector quam puer in ube-
"ribus matris delectatur, dum illis acerba amaritudine
"superlitis ablactatur." His necessitudinibus actus,
totam domus suæ curam et dispositionem Balduino
monacho, cujus supra meminimus, imposuit, quatinus
ad nutum illius cuncta penderent, et statuta contra
ordinationem [2] ejus irrita fierent. Ita igitur securitate
potitus, spiritualibus disciplinis et contemplationi operam dabat.

xiv. Veruntamen diversæ tribulationes et anxietates, quas tum propter terras ecclesiæ quas quidam
maligni injuria,[3] rege non prohibente, invadebant, tum
pro pecuniarum exactionibus quæ totum regnum, sed
maxime suos homines, in immensum devastabant, tum
pro monasteriorum oppressionibus quas sedare non poterat et quotidie ad eum referebantur, tum pro multis aliis quæ [4] in hunc modum sæpe patiebatur, hanc
ejus quietem interrumpebant, et aliena quædam meditari
compellebant. Præterea ii [5] qui ante episcopatum viro
summissi eum diligebant, diligendo favebant, favendo [6]
quæque electa de suis alacres conferebant, nunc terras
ecclesiæ petere, nunc equos rogare, nunc pecuniam,
nunc hoc [7] vel illud, ad quod scilicet sua quemque
voluntas trahebat, ab eo precari. Adverteres [8] itaque
petita obtinentes in præsentia ejus ficta pace aggaudere, retributiones et obsequia polliceri, alios in contraria lapsos honori ejus detrahere, homines ejus pro
posse impugnare, in immensum minari. Ille autem in

---

[1] *in*] enim, F.
[2] *ordinationem*] ordinem, A.
[3] *injuria*] Not in F.
[4] *quæ*] Not in MS. and C. Supplied from A.
[5] *ii*] hi, E.
[6] *favebant, favendo*] fovebant, fovendo, A.
[7] *hoc*] Not in E.
[8] *Adverteres*] Animadverteres, A.

patientia sua sciens possidere animam suam, cum iis qui oderunt pacem erat pacificus, verba mansuetudinis et pacis semper reddens impugnatoribus suis, cupiens malum illorum in bono vincere. Attamen ea quæ in sequenti tempore poterant ecclesiæ suæ damno esse nequaquam æquo animo tolerare aut sub negligentiam cadere patiebatur. Sed quid dicam? Tanta cupiditas ea tempestate dominabatur in mentibus quorundam, ut nec patientia ipsius deliniti monitis ejus adquiescerent, nec terroribus pulsati cæcitatem sui cordis exirent.[1] Verum de extraneis non multum forte mirandum. Ipsi sui proprii ac domestici[2] homines mentiti sunt ei et infideles facti. Animadvertentes quippe mansuetum, lene, simplexque cor ejus, in pluribus causis fraudulenta calliditate compositisque sermonibus eum multotiens circumvenere, et quæ illius juris esse debebant diminuentes, ac exinde sua non jure augentes, qua ei fuerant alligati fidem perdidere. Qua de re cum a Balduino aliisque fidelibus suis nimiæ simplicitatis minorisque prudentiæ familiariter repræhenderetur, simplici admiratione respondebat dicens, "Quid "est hoc? Nonne Christiani sunt? Et si Christiani, "num alicujus commodi causa vellent contra fidem "suam[3] scienter mentiri? Nihil est. Tanto nempe "studio mihi loquentes sua verba componunt, et ea "fide sua interposita vera esse jurant, ut increduli"tati putetur posse ascribi nolle credere eos ipsa "veritatis firmitudine niti." Dicebat hæc ille, æstimans ipsos sibi nolle quod sciebat se nemini facere velle. Cumque responderetur sui moris illos non esse, aiebat, "Fateor, malo decipi bona de illis credendo, "etiam si me nesciente mali sunt, quam decipere me"ipsum credendo mala de ipsis quos nondum vere "probavi quod boni non sint." Hæc tamen in principio pontificatus sui dicta meminerim. Postmodum

---

[1] *exirent*] exuerent, E., F., K.
[2] *sin . . . domestici*] Not in K.
[3] *suam*] Not in K.

enim rei veritas viro innotuit, et quæ sibi a vere suis[1] dicta fuerant nimis vera fuisse[2] cognovit. Quamvis igitur solitam fidem non ex toto verbis eorum præbuerit,[3] tamen suis rebus in posterum non parum obfuit, quod ipsis in principio tam credulus fuit. Siquidem illi, certo scientes eum pro malis sibi illatis ad mala reddenda cor non habere, a timore suspensi sibique ipsis deteriores effecti, in pejus profecere. Quod pater tractans apud se, magis illorum quam subsequi prævidebat perditioni, quam suæ indoluit transitoriæ deceptioni. Pro qua tamen deceptione et fidei non servatæ corruptione sæpe Anselmus dicere solitus erat eos quandoque aut in se aut in liberis suis de rebus ecclesiæ quibus tunc in sublime raptabantur exhæredandos, et antiquæ paupertati in qua nati fuerant et nutriti subjugandos, aut certe aliqua gravi et contumeliosa vindicta ante mortem vel in morte, quod deterius esset, puniendos. Quod dictum ejus jam in quibusdam completum videmus, et ex hoc quid aliis etiam timendum sit conjectamus. Ideo autem eos corrigere nequibat, quoniam ipsi, more densarum spinarum perplexi, argutis verborum assertionibus se tales non esse qui hujusmodi correctione opus haberent affirmabant. At ille, contentioni servire devitans, dimittebat eos, sibi timens ne mensuram discretionis excederet si in rimandis actibus illorum nimis studiosus existeret.

xv. Nil enim in mundo quantum peccare timebat. Conscientia mea teste, non mentior, quia sæpe illum sub veritatis testimonio profitentem audivimus, quoniam, si hinc peccati horrorem hinc inferni dolorem corporaliter cerneret, et necessario uni eorum immergi deberet, prius infernum quam peccatum appeteret. Aliud quoque non minus forsan aliquibus mirum dicere solebat, videlicet malle se purum a peccato et

---

[1] *vere suis*] suis vere, A.
[2] *fuisse*] esse, E.
[3] *præbuerit*] deinceps præbuerit, A.

innocentem gehennam habere quam peccati sorde pollutum coelorum regna tenere. Quod dictum cum aliquibus extraneum videretur, reddita ratione temperabat, dicens, "Cum constet solos malos in inferno "torqueri et solos bonos in coelesti regno foveri, patet "nec bonos[1] in inferno, si illuc intrarent, posse te- "neri debita poena malorum, nec malos in coelo, si "forte accederent, frui valere felicitate bonorum."
Hæc propter magno semper studio nitebatur peccatorum contagia devitare, et quicquid eis aliquam[2] nascendi occasionem poterat ministrare ab intentione sua omni sollicitudine propulsare. Nec in his momentaneus erat. In his denique versabatur quotidiana institutio morum ejus, in his stabat assidua conversatio vitæ ejus, in his vigebat indeficiens exsecutio propositi ejus. In istis Deo serviebat, pro his quibusque bonis acceptus erat, per hæc vitam æternam adipisci satagebat.

xvi. Regem autem de trans mare regressum Anselmus adiit, et ut sibi Romam ad papam Urbanum pro stola sui archiepiscopatus eundi licentiam daret humiliter petiit.[3] At ille ad nomen Urbani turbatus, dixit se illum pro papa non tenere, nec suæ consuetudinis esse ut absque sua electione alicui liceret in regno suo papam nominare. Hinc igitur orta quædam gravis[4] dissentio est, sed in aliud tempus discutienda est dilata. Jubetur ergo ut totius Angliæ episcopi, abbates et principes ad discussionem discidii hujus apud castrum quod Rochingeham[5] dicitur una veniant. Factum est, et tertia septimana quadragesimæ juxta edictum convenerunt. Causa in medium ducitur, et Anselmus diversis querelis hinc inde concutitur. Siquidem multi, sed maxime episcopi, regiæ voluntati favere volentes,

---

[1] nec bonos] Not in A.
[2] aliquam] Not in F.
[3] petiit] expetiit, E., F.
[4] quædam gravis] Not in E.
[5] Rochingeham] Rokyngham, F.; Rochingham, I.; Rogingeham, K.

spreto æquitatis judicio, id probare nitebantur, quod Anselmus, salva fide quam regi debebat, nullatenus posset in regno ipsius Urbanum sedis apostolicæ præsulem pro papa tenere. Quibus cum plura quæ ratio tulerat objecta fuissent, et Anselmus eos ex verbis Domini, "Reddite quæ sunt Cæsaris Cæsari, et quæ " sunt Dei Deo," aliisque nonnullis quæ ratio nulla refellere poterat, penitus infrenasset, illi econtra quid dicerent non habentes, eum in regem blasphemare uno strepitu clamavere, quandoquidem ausus erat in regno ejus, nisi eo concedente, quicquam vel Deo ascribere. Igitur ad unam regiæ indignationis vocem quidam ex episcopis archiepiscopo suo atque primati omnem subjectionem professamque obœdientiam uno impetu abnegant, eique unitatem fraternæ societatis pari voto miserandi abjurant; quidam vero in eis tantum quæ ex parte Urbani papæ præciperet illi se negant obœdituros. Episcopi itaque omnes qui affuerant, Rofensi solo excepto, aut uno aut alio modo debitam illi subjectionem et obœdientiam abnegant. Rex etiam ipse cunctam ei confidentiam et securitatem in suis omnibus adimit, nec se illum pro archiepiscopo vel patre amplius[1] habiturum jurat, nisi ipse vicario Beati Petri se ulterius obœditurum statim deneget. Tres dies in isto negotio clamoribus in Anselmum et contumeliis gravidi expensi sunt, et tandem in hoc quem dixi fine[2] conclusi sunt. Tunc Anselmus in suo proposito constans per internuncios conductum a rege postulat, quo tutus regno decedat.[3] Quod principes multis damnosum fore dinoscentes pro restituenda pace inducias utrinque usque ad Pentecosten dari precantur et obtinent, ac sic eum ne regno decedat[4] impediunt. Spondet igitur rex se rebus ejus usque ad præfixum

---

[1] *amplius*] Not in E.
[2] *fine*] finem, E.
[3] *decedat*] discedat, F.

[4] *decedat*] discedat, E., H. (altered from something else).

tempus induciarum plenam pacem et tranquillitatem indulturum, et tunc voluntati illius pro sua religione multum in negotio quod emerserat condescensurum. Verum omnino in contraria lapsus est, et Anselmus, domno Balduino extra regnum depulso, hominibusque suis captis et spoliatis, terrisque vastatis, in immensum afflictus. Attamen post hæc et Urbanum per Walterum Albanensem episcopum, qui pallium Anselmo a Roma Cantuariam detulit,[1] pro papa suscepit, et principum regni[2] consilio actus in amicitiam suam virum vel specie tenus[3] recepit.

xvii. Verum post aliquantum tempus idem rex a Gualis[4] victor regressus, renovata ira propter milites quos, sicut falso a malignis dicebatur, male instructos in expeditionem Anselmus direxerat, contra ipsum turbatus[5] est. Tunc Anselmus considerans apud se omni tempore talia pro nihilo posse oriri, et se eis occupatum semper ab officio pontificali posse impediri, tractavit secum sibi Romam eundum et consilium a sede Beati Petri super his petendum. Cum igitur in solennitate Pentecostes ad curiam apud Windleshoram[6] venisset, per familiares suos regi mandavit sibi pernecessarium esse[7] Romam ire, et hoc si ei placeret se per licentiam ejus facere velle. At ille "Nequa-
"quam" inquit. "Nec enim eum aut in iis[8] quæ
" agenda sunt cujusvis consilii inscium, aut alicui
" gravi peccato obnoxium esse scimus, unde vel pa-
" pam consulere, vel illius absolutionem illi[9] necesse

---

[1] *detulit*] detulerat, F.; attulit, K.
[2] *regni*] suorum, A., B.
[3] *vel specie tenus*] Not in A., B.
[4] *Gualis*] Gallis, A.; F. adds, i.e., *a Gallia*.
[5] *turbatus*] conturbatus, A., D., K.
[6] *apud Windleshoram*] Not in A. E. has *Windelesoram*; F. has *Gindeleshoram*.
[7] *esse*] Not in F.
[8] *iis*] his, A., E.
[9] *illi*] Not in E.

"sit implorare." Et res igitur ita[1] tunc quidem remansit.

xviii. Discedente autem Anselmo a curia, et ad villam suam nomine Heisam properante, pueri quos nutriebat leporem sibi occursantem in via canibus insecuti sunt, et fugientem infra pedes equi quem pater ipse sedebat subsidentem consecuti sunt. Ille sciens miseram bestiam[2] sibi sub se refugio consuluisse, retentis habenis equum loco fixit, nec cupitum bestiæ voluit præsidium denegare. Quam canes circumdantes, et haud grato obsequio hinc inde lingentes, nec de sub equo poterant ejicere, nec in aliquo lædere. Quod videntes admirati sumus. At Anselmus ubi quosdam ex equitibus aspexit ridere, et quasi pro capta bestia lætitiæ frena laxare, solutus in lacrimas ait, "Ridetis? Et utique infelici huic[3] nullus "risus, lætitia nulla est. Hostes ejus circa eam sunt, "et ipsa de vita sollicita confugit ad nos præsidium "flagitans. Hoc plane est et animæ hominis. Nam "cum de corpore exit, mox inimici sui maligni, sci- "licet[4] spiritus qui eam in corpore degentem per "anfractus vitiorum multis modis persecuti sunt, cru- "deliter assunt, parati eam rapere et in mortem æter- "nam præcipitare. At ipsa nimis anxia[5] huc illucque "circumspicit, et quæ tueatur defensionis et auxilii "manum sibi porrigi ineffabili desiderio concupiscit. "Demones autem e contrario rident, et magno gaudio "gaudent si illam nullo fultam adminiculo inveniunt." Quibus dictis, laxato freno in iter rediit, bestiam ultra persequi clara voce canibus interdicens. Tunc illa ab omni læsione immunis exsultans[6] præpeti cursu campos silvasque revisit. Nos vero, depositis jocis, sed non

---

[1] *ita*] Not in E.
[2] *bestiam*] bestiolam, E.
[3] *huic*] huic bestiæ, E.
[4] *scilicet*] videlicet, E.
[5] *anxia*] anxiata, E.
[6] *exultans*] exultans et hylaris, A.

modice alacres effecti de tam pia liberatione pavidi animalis, cœpto itinere patrem secuti sumus.[1]

xix. Alia vice conspexit puerum cum avicula in via ludentem. Quæ avis pedem filo innexum habens, interdum,[2] cum laxius ire permittebatur, fuga sibi consulere cupiens avolare nitebatur. At puer filum manu tenens retractam ad se usque dejiciebat, et hoc ingens illi gaudium erat. Factumque[3] est id frequentius. Quod pater aspiciens miseræ avi condoluit, ac ut rupto filo libertati redderetur optavit. Et ecce filum rumpitur, avis avolat, puer plorat, pater exsultat. Et vocatis nobis, "Considerastis" inquit, "jocum " pueri?" Et confessis considerasse, ait, "Simili con-
" sideratione jocatur diabolus cum multis hominibus,
" quos suis laqueis irretitos pro sua voluntate in di-
" versa vitia pertrahit. Sunt enim quidam, ut verbi
" gratia dicam, avaritiæ seu luxuriæ et similium
" flammis succensi, et ex mala consuetudine illis ad-
" dicti. Hi[4] contingit aliquando ut sua facta con-
" siderent, defleant, seque amodo a talibus cessaturos
" sibi promittant. En more avis liberos volare se
" autumant. Sed, quia pravo usu irretiti[5] ab hoste
" tenentur, volantes in eadem vitia dejiciuntur. Fit-
" que hoc sæpius. Nec omnimodis liberantur, nisi
" magno conatu, per respectum gratiæ Dei, funis
" pravæ consuetudinis dirumpatur."

xx. Hinc iterum Anselmus curiam veniens jam petitam licentiam Romam eundi a rege petivit, sed eam non obtinuit. Post quæ in mense Octobri invitatus a rege Wintoniam vadit, et quod jam bis rogaverat, attentius per internuncios tertio rogat. Turbatur ille, et nimium se vexari ab eo anxie queritur. Ad quod

---

[1] *patrem secuti sumus*] viam detrivimus, A.
[2] *interdum*] sæpe, A., B.
[3] *Factumque*] Factum, A., B.
[4] *Hi*] His, A., E., F., H., K.
[5] *irretiti*] illecti, A.

A.D. 1097. Anselmus, "Et quidem¹ quod Romam ire dispono, "causa sanctæ Christianitatis quam in hac terra re-"gere suscepi, causaque salutis animæ meæ, causa "etiam sui honoris et utilitatis, si credere velit, id "ago. Si ergo mihi bono animo licentiam dederit "eundi, gratiosus accipiam. Si non, ego utique quod "Deus præcipit postponere non debeo, quia scriptum "est, 'Obœdire oportet Deo magis quam hominibus.'" Quod ille audiens turbato animo jubet ut aut cœpto desistat, et insuper se nunquam Beatum Petrum vel sedem ejus pro quolibet negotio appellaturum jure-jurando promittat, aut sine mora, omni spe remeandi sublata, suo regno decedat. Et subdens ait, "Si vero, "territus istis, cœpto desistere et remanere quam ire "delegerit, tunc volo mihi² prout judicabit curia mea "emendet, quoniam illud sibi concedi a me tertio "petiit, in quo se perseveraturum certus non fuit." Respondit, "Dominus est; quod vult dicit. Ego ta-"men, sciens ad quid assumptus sim et quid in "Anglia gerendum susceperim, non mihi honestum "esse pronuncio cujusvis transitorii commodi causa "illud omittere quod in ope misericordiæ Dei spero "futuris temporibus ecclesiæ ejus utile fore." Acta sunt hinc his multo plura, quæ, quoniam alias scripsimus, hic paucis perstringimus. Rege igitur et curialibus contra virum in iram permotis, ipse ad eum placido vultu ingreditur, et ad dextram ejus ex more assidens ait, "Ego, domine, ut disposui vado; sed "vobis primo meam benedictionem, si eam non ab-"jicitis, dabo." Quam cum ille³ se nolle abjicere responderet, conquiniscentem ad hoc regem levata

---

¹ *quidem*] quid est, E.
² *volo mihi*] MS. has an erased space of about half an inch between these words. A. has *volo quatinus* prout mihi. B. has *volo quatinus mihi prout*. E. has *volo ut mihi prout*.
³ *ille*] Not in E.

dextera benedixit, sicque relicta curia Cantuariam venit.[1]

xxi. Postera die adunatos monachos[2] in ipsa sede Domino Christo famulantes his verbis allocutus est, "Fratres et filii mei dilectissimi, sicut audistis et "scitis, ego regno huic proxime sum decessurus.[3] "Causa quippe quæ inter dominum nostrum regem et "me jam diu de Christianæ religionis correctione "versata est ad hoc est tandem perducta, ut aut ea "quæ contra Deum et honestatem meam sunt me "oporteat agere, aut huic regno sine mora decedere. "Et ego quidem libens vado, sperans in respectum "misericordiæ[4] Dei iter meum libertati ecclesiæ fu- "turis temporibus nonnihili profuturum. Super vos "tamen quos ad præsens relinquo non modica pietate "moveor, utpote quos tribulationes et angustias op- "pressiones et contumelias acerbius solito, me absente, "passuros intueor. Licet enim constet illas nec me "præsente ex toto fuisse remotas, tamen quando "emergebant, contra eas vobis quoddam[5] quasi um- "braculum extiti, et ne in immensum vos ferirent "scuto me vestræ protectionis medium objeci. Et "quidem majori pace ac securitate vos usos existimo "postquam inter vos veni, quam a decessu venerandæ "memoriæ Lanfranci patris nostri usi fueritis usque "ad introitum mei. Unde etiam videor mihi videre "eo magis ipsos qui vos infestare solebant adversum "vos, me abeunte, sævituros, quo a dominatu quo vos "opprimebant vident se in præsentia mei dejectos. "Sed vos non estis rudes aut hebetes in schola Domini, "ut qualiter in hujusmodi, si ingruerint, debeatis vos "habere opus habeatis doceri.[6] Paucis tamen suggero, "ut, quia Deo militaturi in conseptum monasterii hujus

---

[1] *venit*] vadit, E.
[2] *monachos*] Not in E.
[3] *decessurus*] Altered to *discessurus* in H.
[4] *misericordiæ*] misericordis, A., B.
[5] *quoddam*] Not in F.
[6] *doceri*] edoceri, F.

"convenistis, præ oculis semper habeatis quemadmodum
"militetis. Non enim [1] omnes uno modo militant.
"Quod etiam in terrenorum curiis principum videre
"planum est. Est etenim princeps diversi ordinis in
"sua curia milites habens. Habet nempe qui pro
"terris quas de se tenent servitio suo invigilant.
"Habet qui pro stipendiis in militaribus armis sibi
"desudant. Habet etiam qui pro recuperanda hære-
"ditate quam in culpa parentum suorum se perdidisse
"deplorant invicta mentis virtute voluntati suæ parere
"laborant. Ii [2] ergo qui pro terris quas possident
"serviunt jam radicati sunt et fundati; nec evelli
"formidant, dum se in domini sui voluntate conser-
"vant. At ii [3] qui pro stipendiis in militiam sese
"dederunt nonnunquam fatigati laboribus a militia
"quam aggressi sunt segniter cadunt, dum forte magni-
"tudini exercitii atque laboris magnitudo, sicut ipsi
"æstimant, non æquatur impendii ac retributionis.
"Qui vero recuperandæ causa hæreditatis serviendi
"conditionem arripuere, quamvis nunc istis vel illis
"laborum generibus opprimantur, nunc his vel illis
"contumeliis afficiantur, æquanimiter omnia sustinent,
"si firmum recuperandæ hæreditatis suæ amorem
"certæ spei gratia tenent. Hæc inter homines fieri
"liquet, et hinc quid in curia Principis omnium fiat,
"re ipsa monstrante, advertere libet. Deus enim,
"cujus sunt omnia quæ sunt, in his tribus generibus
"distinctam ad sui obsequium curiam habet. Habet
"quippe angelos, qui æterna beatitudine stabiliti sibi
"ministrant. Habet etiam homines sibi pro terrenis
"commodis quasi milites stipendiarii servientes. Habet
"quoque nonnullos, qui die noctuque suæ voluntati
"inhærentes ad regnum cælorum quod in patris sui [4]
"Adæ culpa perdiderunt hæreditario jure pervenire

---

[1] *enim*] Not in E.
[2] *Ii*] Hi, E.
[3] *ii*] hi, A., E.
[4] *sui*] Not in E.

"contendunt. Sed nobis ad beatorum spirituum socie-
"tatem magis est suspirandum, quam de eorum pro-
"cinctu quo Deo perenniter astant in præsenti dispu-
"tandum. Ad solidarios Dei milites verba vertamus.
"Videatis quamplurimos in sæculari vita degentes
"Deum in iis[1] quæ possident specie tenus diligentes,
"et ejus per quædam bona opera quæ faciunt famu-
"latui insistentes. Supervenit his Dei judicio temp-
"tatio aliqua, perdunt sua. Quid dicam? Mutata
"protinus mente volant ab amore Dei, deserunt bona
"quæ faciebant, murmurant, injustitiæ Deum accusant.
"Quid de istis dicendum? Solidarii sunt, et impletur
"in illis quod dicit psalmus, 'Confitebitur tibi cum
"'bene feceris ei.' Hoc de sæcularibus dictum. Sed nos
"monachi utinam tales essemus ut horum similes non
"essemus. Nam qui in propositi sui norma quam
"professi sunt stare recusant, nisi cuncta quæ sibi ad
"votum sunt[2] copiosius habeant, nec hinc propter
"Deum cujuslibet rei penuriam, et[3] hinc regulæ dis-
"ciplinam pati volunt,[4] quibus obsecro rationibus
"juvabuntur ne horum similes habeantur? In omni
"quippe opere suo prius mercedem exigunt quam cui
"merces debetur ministerii munus exsolvant. Et hi
"tales regni cœlestis hæredes erunt? Fidenter[5] dico
"nequaquam, si non pœnituerint se tales fuisse. Qui
"vero ad recuperandum vitæ regnum obsequii sui
"dirigit intentionem, Deo per omnia inhærere et
"totam fiduciam suam inflexibili statu mentis in eum
"defigere nititur. Nulla hunc adversitas Dei servitio
"detrahit, nulla transeuntis vitæ voluptas ab ejus
"amore compescit. Per dura et aspera viam mandato-
"rum illius incedit, et ex spe retributionis futuræ cor
"suum indeficienti caritatis ardore succendit, ac sic in

---

[1] *iis*] his, E.
[2] *stare . . . sunt*] ut, A.
[3] *et*] nec, A.
[4] *volunt*] nolunt, F., K.
[5] *Fidenter*] Fideliter, E.

"cunctis vera patientia fretus cum psalmista lætus [1]
"canit, 'Magna est gloria Domini.' Quam gloriam sic
"in hac peregrinatione positus gustat, gustando rumi-
"nat, ruminando desiderat, desiderando a longe salutat,
"ut ad illam spe perveniendi subnixus, ea se inter
"mundana pericula consoletur et alacriter cantet,[2]
"'Magna est gloria Domini.' Et sciatis quod hic ipsa
"gloria Domini nullo modo defraudabitur, quoniam
"totum quod in eo viget voluntati Domini famulatur,
"atque ad hanc obtinendam dirigitur. Sed o jam ab
"istis inter vos mihi cessandum video. Fratres mei,
"obsecro, obsecro[3] vos, si hic dolentes nunc ab invi-
"cem separamur, tendite ut in futuro ante Deum læti
"ad invicem conjungamur. Estote illi, qui veraciter
"velitis effici hæredes Dei." His dictis, erumpentes
ab ejus oculis lacrimæ eum plura loqui prohibuere.
Gemitum fratrum qui subsecutus est, quis enarrabit?
Ita fletus implevit omnia, ut vox nulli superesset ad
verba. Tandem pater medios rumpens singultus ait,
"Carissimi mei, scitis quid vos esse, et quo vos ten-
"dere cupiam.[4] Sed hora hæc plura loqui vetat. Deo
"omnipotenti et beatissimo apostolorum principi Petro
"vos commendo, ut et ipse Deus inter suas oves vos
"agnoscat, et Beatus Petrus[5] in sui tuitionem sicut
"oves Dei sibi commendatas vos suscipiat. Ego vestra
"licentia et benedictione vado, ac ut Deus pacis et
"dilectionis vobiscum maneat oro." Post hæc surrexit,
et, dato pacis osculo cunctis, in oratorium ivit, populo
sanctum ejus alloquium præstolanti pro instantis qualitate negotii verbum consolationis et exhortationis mi-
nistraturus. Quod ubi excellenter peregit, astante
monachorum, clericorum, ac numerosa populorum multitudine, peram et baculum peregrinantium more

---

[1] *lætus*] Not in A.
[2] *cantet*] cantat, F.
[3] *obsecro, obsecro*] obsecro, I.
[4] *cupiam*] cupiam ? A.
[5] *Petrus*] Not in A.

coram altari suscepit, commendatisque omnibus Christo, A.D. 1097
ingenti fletu et ejulatu prosecutus egressus est. Ipso[1]
die ad portum Dofras ivimus, ibique clericum quendam,
Willelmum nomine, a rege ad Anselmum directum invenimus.[2] Detenti autem ibi sumus quindecim diebus,
vento nobis transitum prohibente. In qua mora idem
Willelmus, cum patre intrans et exiens et in mensa
illius quotidie comedens, nulli propter quam missus
fuerat rem denudare volebat.

xxii. Die vero quinto decimo cum nos nautæ urgerent naves petere, et nos transire[3] avide ad hoc
fatigaremur, ecce videres rem miserandam. Patrem
patriæ, primatem totius Britanniæ, Willelmus ille quasi
fugitivum et alicujus criminis reum in litore detinet,
ac ne mare transeat ex parte sui domini[4] jubet donec omnia quæ secum ferebat singulatim sibi revelet.
Allatæ igitur ante illum bulgiæ et manticæ reseratæ
sunt, et tota supellex illius spe pecuniæ reperiendæ
subversa et exquisita est, ingenti plebis multitudine
circumstante ac nefarium opus pro sui novitate admirando spectante et spectando exsecrante. Rebus ergo
eversis, sed nihil eorum quorum causa eversæ sunt in
eis reperto, delusa sollicitudo perscrutantis est, et Anselmus cum suis abire permissus.

xxiii. Itaque navem ingreditur, ventis vela panduntur, et aliquanto maris spatio promovemur. Cum subito nautæ primo inter se summurmurantes, ac deinde
manifesta voce murmur ipsum depromentes, affirmant
nullo penitus conatu, nullo numerosorum remorum impulsu, eo quo ferebamur vento Witsandis pertingendum, immo si marinis fluctibus pariter involvi nollemus sine mora remeandum. Ingemuit Anselmus ad
ista, et ait, "Si omnipotentis Dei judicio placet me

---

[1] *prosecutus egressus est. Ipso*]
prosecutus est. Egressus ipso, A.
[2] *invenimus*] repperimus, A., B.
[3] *transire*] Not in E.
[4] *sui domini*] domini sui, C., E.

A.D. 1097. "magis in pristinas redire miserias, quam liberatum "ab illis tendere ad id quod ipse novit me animo "proposuisse, ipse videat, ipse dispenset; ego volun- "tati ejus obsequi paratus sum. Nec enim meus sed "ipsius sum." Dixit. Et suffusis in lacrimas oculis ejus, concussisque in gemitum cordibus nostris qui hæc audiebamus ac videbamus, illico ventus ex alio latere surgens in velum percussit, et nautas jam velo reflexo terram petentes ad priorem cursum reverti coegit. Nos igitur non modicum exhilarati, et in brevi prosperrime marinos fluctus evecti, Witsandis[1] pro voto appulimus.

xxiv. Egredientibus autem nobis de navi, ii[2] quorum navis erat retinentes domnum Balduinum, quem provisorem et ordinatorem rerum Anselmi supra diximus, ostenderunt ei mirabile quiddam quod acciderat. In fundo etenim navis quæ virum per undas transvexerat fractura unius tabulæ foramen unum ferme duorum spatio pedum magnitudinis habens effecerat, quod fluitanti elemento latum demonstrabat sed nullum omnino quamdiu Anselmus in ea fuerat reserabat introitum. Quæ res si admirationem sese intuentibus intulit non puto mirandum. Tunc Balduinus summo studio cunctis rem celare præcepit, et ea re[3] per id temporis non multis innotuit. Ego tamen cum inde quædam persensissem, ac post longum tempus dum istis quæ in manu habemus scribendis animum applicuissem, nihilque unde mihi vel levis dubitatio inesse poterat describere voluissem, interrogavi eundem virum de negotio, et veritatem magnopere sciscitatus sum. Qui, interposita veritatis assertione qua servus Dei ac verus monachus inniti debet, confessus est rem ex toto sicut eam retuli factam, nec quicquam in ea

---

[1] *Witsandis*] *Withsandis*, K.
[2] *ii*] hi, A., E.
[3] *ea re*] eam rem, E. A. has *ea res* corrected by the scribe himself apparently from *ea re*.

confictum. Anselmus itaque extra Angliam positus, in A.D. 1097. eo magnifice lætatus est et multiplices Deo gratias egit quod se quasi immanem Babilonis fornacem evasisse, et culmen quodam modo placidæ quietis contigisse videbat. Willelmus autem rex, audito Anselmum transfretasse, confestim præcepit cuncta quæ illius juris[1] fuerant in suum transcribi dominium et irrita fieri omnia quæ per ipsum statuta fuisse probari poterant ex quo venerat in archiepiscopatum. Quas itaque tribulationes ecclesia Christi passa sit intus et extra, cogitatu, nedum dictu, percipere difficile esse pronuncio.

xxv. Igitur Anselmus a Witsandis[2] mane discedens et post dies ad Sanctum Bertinum veniens, magna plebis, clericorum ac monachorum alacritate[3] susceptus est, et per quinque dies ibi detentus. Interea rogatu canonicorum altare unum apud Sanctum Audomarum consecravit. Quo facto, venerunt ad eum honorati quidam de indigenis viri flexis genibus obsecrantes quatinus filios eorum per impositionem manus suæ sacri[4] chrismatis unctione signaret. Ad quod mox ita respondit, "Et hos pro quibus petitis libens in hac " causa suscipiam, et alios hoc sacramento egentes, si " præsto fuerint, non abjiciam." Qua illi facilitate responsi benignitatem viri admirantes, magnifice lætati sunt et gratias egerunt; confirmatisque pueris suis, illico totam urbem iis[5] quæ ab ejus ore acceperant impleverunt. Videres ergo viros ac mulieres, magnos ac parvos, e domibus ruere certatimque currendo ad nostrum hospitium prædicti gratia sacramenti properare. Plures siquidem anni apud eos transierant in quibus nullus episcoporum illic fuerat tali officio passus occupari. Sexto demum die, cum jam innumeram

---

[1] *juris*] Not in F.
[2] *Witsandis*] Withsandis, K.
[3] *alacritate*] alacriter, E.
[4] *sacri*] Not in E.
[5] *iis*] his, A., C., E.

BB 2

A.D. 1097. multitudinem confirmasset, et nos a loco discessuros longum iter ipsius diei quod instabat festinare compelleret, ecce puella quædam domum de qua equos ascensuri egrediebamur introiit flebili pietatis affectu se confirmari deposcens. Quod quidam ex sociis nostris audientes, nimis moleste tulerunt,[1] et verba illius, utpote qui jam talium erant tædio affecti, contradicendo depresserunt. Quid plura? Virum precibus puellæ assensum præbere volentem ipsi, objecta longitudine diurnæ viæ, objectis periculis quæ nocturnos viatores in peregrina quammaxime patria comprehendere solent, objecto quoque quamplures ob id ipsum pro foribus attentos stare paratosque irrumpere si ei soli adquiesceret, detinuerunt, et ne voci ipsius auditum *præberet obtinuerunt. Sed ubi aliquantum processimus, venit patri in mentem quibus adquieverit, quid egerit. Illico nimiæ impietatis seipsum arguens tantum exinde concepit in corde dolorem, ut quamdiu vitæ præsenti superfuit pœnitudo ipsius facti, ut sæpe fatebatur, ab animo ejus non recesserit.

xxvi. Nobis dehinc cœptum iter de die in diem accelerantibus, fama viri multo celerius præcurrebat et multiplici populos voce replebat. Unde turbarum concursus, clericorum cœtus, monachorum exercitus, ei quocunque veniebat occurrunt, isti gaudio et exsultatione concrepantes, illi vexillis et sonoris concentibus Deo pro illius adventu conjubilantes.

xxvii. Cum autem Lugdunum venisset, et ab archiepiscopo civitatis ipsius gloriose susceptus fuisset, post dies paucos missis litteris consilium a domino papa de negotio suo quæsivit, et quia partim imbecillitate sui corporis, partim aliis pluribus causis præpeditus ultra Lugdunum progredi nequaquam posset ei suggessit.

---

[1] *tulerunt*] ferebant, E.
* *præberet . . . incommoditates*†] The leaf of H. which contains this portion of the text has been misplaced.

Ita ergo Lugduni resedit, reditum nunciorum suorum A.D. 1098.
ibi expectans. Post tempus Roma nuncii redeunt, et
quoniam, omni excusatione sublata, eum ad se papa
properare præceperit referunt. Ille nescius moræ pontificalibus jussis obaudit, viæ se periculis mortem pro
Deo non veritus tradit.

xxviii. Hinc Secusiam venimus et nos abbati loci
illius præsentavimus. Eramus quippe monachi tres,
dominus videlicet et pater Anselmus, domnus Balduinus, et ego qui hæc scribo, frater[1] Eadmerus. Qui ita
ibamus quasi pares essemus, nullo indicio quis cui
præstaret coram aliis ostendentes. Ab abbate igitur qui
vel unde essemus interrogati, paucis respondimus. Et
audito quosdam ex nobis Beccensis cœnobii monachos
esse, sciscitatus est, "Fratres, obsecro vos, vivit adhuc
" ille, ille[2] Dei et omnium bonorum amicus, Anselmus,
" scilicet ipsius cœnobii abbas, vir in omni religione
" probatus et acceptus?" Balduinus ad hæc, "Ille," ait,
" ad archiepiscopatum in aliud regnum raptus est."
At ille, "Audivi. Sed nunc, quæso, qualiter est?
" Valet?" "Equidem," ait, "ex eo tempore quo functus
" est pontificatu non vidi eum Becci. Dicitur tamen
" bene valere ubi est." Tunc abbas, "Et valeat oro."
Hæc de se Anselmus dici audiens, confestim tecto cucullæ suæ capitio capite, demisso vultu sedebat. Nolebamus enim agnosci, ne forte, præcurrente fama de
adventu tanti viri, cuivis periculo nostra incuria fiere-
mus obnoxii.

xxviiii. Celebratis dehinc in cœnobio Sancti Michaelis
Archangeli, quod in monte situm Clusa[3] vocatur,
Passionis ac Resurrectionis Dominicæ solenniis, in
iter reversi Romam festinavimus. Mirum dictu. Pauci
atque[4] ignoti per loca peregrina ibamus, neminem

---

[1] *qui hæc scribo frater*] frater qui hæc scribo, A.
[2] *ille, ille*] ille, A., C.
[3] *Clusa*] Clausa, E., G.
[4] *atque*] autem, A.

agnoscentes,[1] nemini qui vel[2] unde essemus innotescentes; et ecce solus Anselmi aspectus in admirationem sui populos excitabat eumque esse virum vitæ designabat. Unde cum jam hospitati etiam inter eos quorum insidias metuebamus fuissemus, nonnunquam viri cum mulieribus hospitium intrare, et ut hominem videre ejusque mererentur benedictione potiri obnixe precari. Tali ergo[3] vulgi favore Romam usque prosecutus, Lateranis, ubi tunc temporis summus pontifex morabatur, advenit. Nunciatur pontifici patris adventus, et ovans jubet illum in parte ipsius sui palatii hospitari et die illo indulgere quieti. Mane confluit ad papam Romana nobilitas, et de novi hospitis adventu sermo conseritur. Adducitur cum reverentia vir in medium, et in qua coram papa decenter sedeat sella profertur. Ingressus humiliat se pro more[4] ad pedes summi pontificis, sed statim ab ipso erigitur ad osculum ejus. Sedet, ac pro adventu illius[5] lætari se apostolicus cum Romana curia dicit. Acclamat curia dicto. Postea, silentio facto, multa in laudem hominis papa locutus est, virum virtutis ac totius religionis illum esse contestans. "Et quidem," inquit, "ita est. Cumque illum
"utpote hominem cunctis liberalium artium discipli-
"nis innutritum pro magistro teneamus, et quasi com-
"parem, velut alterius orbis apostolicum et patriar-
"cham, jure venerandum censeamus, ita tamen[6]
"excellens menti ejus humilitatis constantia præsidet,
"ut nec marinis periculis nec longissimis peregrinæ
"terræ spatiis terreri potuerit, quin vestigiis Beati
"Petri pro nostræ parvitatis ministerio se præsentare,
"nosque magis illius quam illum nostro egentem
"consilio super causis suis consulendos adire studuerit.
"Quapropter considerate quo amore, quo honore, sus-

---

[1] *neminem agnoscentes*] Not in E.
[2] *vel*] Not in E.
[3] *ergo*] igitur, A.
[4] *pro more*] Not in E.
[5] *illius*] ejus, A.
[6] *tamen*] Not in A.

"cipiendus sit et amplectendus." Hæc cum Anselmus de se et multo his plura pro sui laude dici audiret, sicut ipsemet sæpe fateri solebat, non parum erubuit, quoniam se talem apud se qualis a tanto viro prædicabatur minime cognovit. Veruntamen erat inter verba tacens, decentius fore perpendens ad hujusmodi silere quam loqui. Post hæc de sui adventus causa percunctatus a papa, eo sibi modo eam enarravit quo veritatis ac discretionis ratio poposcit.[1] Ille ad audita miratur et subventionem plenam pollicetur. Præcepit itaque ut ipsius subventionis effectum circa se Anselmus præstolaretur. Verum quia calor æstatis in partibus illis[2] cuncta urebat, et habitatio urbis nimium insalubris sed præcipue peregrinis hominibus erat, Johannes quidam nomine olim monachus Becci, tunc autem abbas cœnobii Sancti Salvatoris Telesini, annuente papa, suscepit eum ut proprium patrem in sua, et duxit in villam suam, Sclaviam[3] nomine, quæ in montis vertice sita sano jugiter aere atque tepenti conversantibus illic habilis[4] extat.

xxx. Igitur habitatio nostra in montis erat summitate locata a[5] turbarum tumultu instar solitudinis vacua. Quod Anselmus advertens, ex spe futuræ quietis exhilaratus ait, "Hæc requies mea, hic habi-"tabo." Ad primum igitur conversationis ordinem quem antequam abbas esset habebat, quemque se in pontificatu positum maxime perdidisse deflebat, vitam instituit, sanctis operibus, divinæ contemplationi, mysticarum rerum enodationi, die noctuque mentem intendens. Unde Christianæ fidei amore permotus, insigne volumen edidit, quod, Cur Deus Homo intitulavit.[6] Quod opus, sicut in prologo ejus ipse

---

[1] *poposcit*] deposcebat, F.
[2] *in partibus illis*] Not in E.
[3] *Sclaviam*] Scaviam, E.
[4] *illic habilis*] habitabilis, E.

[5] *a*] et, E.
[6] *intitulavit*] titulavit, A., E. Changed from *titulavit* in MS.

testatur, in Anglia cœpit, sed hic, in Capuana videlicet provincia, constitutus absolvit.

xxxi. Inter hæc omnibus omnia sese fecit, cunctis pro posse subveniens, cunctos qui se audire volebant, non considerata alicujus persona, ad suum colloquium admittens, et singulis pro qualitate motæ quæstionis benigna affabilitate atque affabili benignitate satisfaciens. Quapropter fama illius in brevi circumcirca percrebruit, et in dilectionem ac venerationem ejus cunctorum corda convertit. Quicunque igitur eum videre ejusque potuit benedictionem habere, beatum se proprii censura judicii æstimavit. Monachus etiam qui villæ ipsius pro abbatis imperio custos erat, quique nobis more boni hospitis in nonnullis ministrabat, considerans vitam et actus patris, concepit apud se spem magni boni et gratiam Dei in eo vigere, crediditque quod Deus multa libens faceret ob merita ejus. Homines autem villæ multas incommoditates † quotidie patiebantur pro penuria aquæ. In devexo tamen latere montis puteus unus nimiæ profunditatis habebatur, sed ita singulis diebus exhauriebatur ut ab hora diei nona nulla quæ extrahi posset in illo aqua usque mane reperiretur. Quo incommodo frater ille subventum iri desiderans, rem Anselmo conquerentis more innotuit, et suæ voluntati inesse subjunxit puteum ipso quo habitabamus loco facere, si forte Deus sua pietate dignaretur hoc incommodum propulsare. Laudat Anselmus piam fratris voluntatem, et rem temptare suadet. Lætatur ille ad hæc, et rogat quatinus ipse locum inspiciat ac, præmissa prece cum benedictione sua, primus terram aperiat. Adquiescit ille precanti, nolens offendere voluntatem hospitis sui. Quid dicam? Cernebatur miræ celsitudinis rupes, et quasi dementia videbatur in tali loco velle fontem aquæ investigare. Vadit tamen Anselmus

---

* *præberet . . . incommoditates*†] Misplaced in H.

nobis comitatus ad locum, et, supplici prece præmissa, hoc est ut abundantiam jugis atque salubris aquæ Deus inibi largiretur, tertio terram feriens aperuit et reliquo operi dare operam jussit. Perpauci dies cœpti operis transierant, et ecce fons vivus e duritia rupis erumpens ingenti cunctos stupore percussit. Nec mirum. Aqua enim quam se magister operis nec in plurimis diebus reperturum putabat, non mirum si stuporem incussit brevi reperta. Perfectus itaque puteus est, modicæ quidem profunditatis exstans, sed limpidissimæ atque salubris aquæ jugi fonte redundans. Quæ res illico divulgata non parvæ admirationi fuit, et eam viri meritis omnis qui audivit ascripsit. Itaque puteus ille puteus archiepiscopi Cantuariensis usque hodie ab incolis ipsius terræ vocatur. Ferunt autem ii[1] qui ad nos inde sæpe venerunt quia multi diversis languoribus ac[2] febribus tenti, sumpta in potum eadem aqua, pristinæ sanitati mox restituuntur.

xxxii. His diebus Rogerus dux Apuliæ civitatem Capuam obsidebat. Qui fama viri permotus, mittens rogavit eum venire ad se. Ascendimus, ivimus, et plures in obsidione[3] dies exegimus, remoti in tentoriis a frequentia et tumultu perstrepentis exercitus. Erat autem ubi eramus quædam ecclesiola penitus[4] deserta, et juxta ostium cisterna desuper diruta magnæ profunditatis hiatum sua diruptione prætendens. In qua ecclesia velut in camera pro velle conversabamur, tam quieti quam operi in ea indulgentes et ducem ipsum cum suis nobiscum singulis diebus ad quæ volebamus in promptu habentes. Quadam vero nocte cum in ea dormiremus, contigit Anselmum sui corporis necessitate silentio surgere, et ne inquietaremur suo more lento pede ad ostium tendere. Quod

---

[1] *ii*] hii, A.; hi, E.
[2] *ac*] et, E.
[3] *obsidione*] obsessione, E.
[4] *penitus*] Not in E.

cum exisset, et immemor foveæ per tenebras in partem divertisset, in profundum cecidit, clamosa voce cadendo dicens, "Sancta Maria." Ad quem sonitum nos ac socii nostri qui in tentoriis quiescebant expergefacti lectis prosiluimus, accurrentes hominem in profundo vidimus, et præ timore[1] simul et angustia cordis exanimati fere[2] sumus. Quod ipse percipiens, mox levato capite, comi vultu, jocundo intuitu nobis innuit nil læsionis sese perpessum. Descendentes igitur quidam ex nostris ex altera parte ipsius[3] præcipitii qua via erat descendendi, eduxerunt eum a loco sanum omnino atque incolumem.

xxxiii. Cum post hæc sedis apostolicæ pontifex Urbanus illo adventaret, et ei ab Anselmo et principibus totius exercitus obviam itum esset, ingenti sæcularis[4] gloriæ pompa prosecutus ductus est in tentorium quod juxta nos sibi erat cæteris excellentius constitutum. Sicque donec civitas in deditionem transiit, obsidio illius dominum papam et Anselmum vicinos habuit, ita ut familia utrorumque magis videretur una quam duæ, nec facile quivis declinaret ad papam, qui non diverteret ad Anselmum. Papa namque colebatur a cunctis quemadmodum pater et pastor communis; Anselmus vero diligebatur ad omnibus sicut homo mansuetus et mitis, et cui suo judicio nihil debebatur a quovis. In papa denique supereminens vigebat cum dignitatis auctoritate potestas, in Anselmo mira et quæ cunctos demulcebat pura cum simplicitate humilitas. Multi ergo quos timor prohibebat ad papam accedere festinabant ad Anselmum venire, amore ducti qui nescit timere. Majestas etenim papæ solos admittebat divites, humanitas Anselmi sine personarum

---

[1] *timore*] tremore, E.
[2] *fere*] pœne, K.
[3] *ipsius*] Not in E.
[4] *sæcularis*] mundialis, A., B., E., F.; mundalis, C., D., H., I. The word *sæcularis* is on an erasure in MS. A subsequent correction.

acceptione suscipiebat omnes. Et quos omnes? Paganos etiam, ut de Christianis taceam. Siquidem nonnulli talium; nam eorum multa millia in ipsam expeditionem secum adduxerat homo ducis Rogerus,[1] comes de Sicilia; nonnulli, inquam, talium fama bonitatis ejus inter suos exciti,[2] mansionem nostram frequentabant, et sumptis ab Anselmo corporalibus cibis gratiosi revertebantur, admirandam viri benignitatem suis prædicantes quam experiebantur. Unde in tanta deinceps veneratione etiam apud eos habitus est, ut cum per castra illorum quæ in unum locata erant transiremus, ingens multitudo eorum elevatis ad cœlum manibus ei prospera imprecarentur, et osculatis pro ritu suo manibus propriis, necne coram eo genibus flexis, pro sua eum benigna largitate[3] grates agendo venerarentur. Quorum etiam plurimi, velut comperimus, se libenter ejus doctrinæ instruendos summisissent, ac Christianæ fidei jugo sua per eum colla injecissent, si crudelitatem comitis sui pro hoc in se sævituram non formidassent. Nam revera nullum eorum pati volebat Christianum impune fieri. Quod qua industria, ut ita dicam, faciebat, nihil mea interest; viderit Deus et ipse.

xxxiiii. Dehinc, soluta obsidione, Anselmus multa prece papam ad hoc flectere conatus est, quatinus ab onere pontificali eum absolveret, et quieti liberum vacare concederet. Verum cum, in quantum quidem ad effectum spectabat, in nihilum laborasset, fretus benedictione ejus Sclaviam reversus est, opperiens ibi tempus concilii quod idem papa apud Barum Kal. Octobris erat celebraturus. Cui concilio dum Anselmus se præsentasset, et persuasus a papa Grecos in processione Spiritus Sancti, utpote quem a Patre non a Filio procedere astruebant, errantes rationabili atque

---

[1] *Rogerus*] Rogeris, F.
[2] *exciti*] excitati, F.
[3] *benigna largitate*] benignitate, C.

A.D. 1098. Catholica disputatione confutasset, magni apud omnes[1] habitus est, et veneratione dignissimus comprobatus. Finito concilio, Romam cum apostolico profecti sumus.

xxxv. Transactis autem aliquantis[2] diebus, venit Romam Willelmus ille cujus in exitu Angliæ mentionem fecimus. Is inter alia hoc effecit apud apostolicum, ut inducias regi Angliæ daret de causa Anselmi usque ad festum Sancti Michaelis Archangeli. Quod Anselmus agnoscens, illico Lugdunum redire volebat, sed prohibitus a papa est propter concilium quod se tertia hebdomada Paschæ Romæ habiturum statuerat. Morati itaque Romæ sumus ferme per dimidium annum, continue circa papam degentes et quasi in commune viventes. Unde et ipse papa nonnunquam ad Anselmum veniebat, læte cum eo sese agendo et curiam ei faciendo. Dedit quoque illi[3] hospitium in quo conversabamur, eo jure ut si aliquando Romam rediret,[4] contra omnes homines illud sibi vindicaret. Ipse in conventu nobilium, in processionibus,[5] in stationibus semper et ubique a papa[6] secundus erat, præ cunctis honoratus, cunctis acceptus, et ipse omnibus simplici humilitate summissus.

xxxvi. Præterea Angli illis temporibus Romam venientes pedes ejus instar pedum Romani pontificis sua oblatione honorare desiderabant. Quibus ille nequaquam adquiescens, in secretiorem domus partem fugiebat et eos pro tali re nullo patiebatur ad se pacto accedere. Quod ubi papæ relatum est, admiratus[6] in homine humilitatem mundique contemptum, jussit sese tenere in se,[7] et nullum bene facere ultro[8] volentem prohibere, sed omnes pro tali causa adventantes pati-

---

[1] *omnes*] homines, C.
[2] *aliquantis*] Not in A.
[3] *illi*] ei, E.
[4] *rediret * contra*] Here is the misplaced leaf of H.
[5] *processionibus*] processione, K.
[6] *a papa*] Not in E.
[7] *admiratus*] admirans, F.
[8] *tenere in se*] in eo tenere, A.
[9] *ultro*] ultro se, A.

enter admittere. At ille modesta quadam verecundia ictus jussa profecto postponeret, si non inobœdientiæ nævo corrumpi timeret.

xxxvii. Quid referam nonnullos cives urbis, quorum ingens multitudo propter fidelitatem imperatoris ipsi papæ erat infesta, nonnunquam in unum conglobatos Anselmum a Lateranis ad Sanctum Petrum cum suis euntem, propter odium papæ capere volentes, sed mox viso vultu ejus territos, projectis armis, terræ procumbere, et se illius benedictione deposcere insigniri? Hi honores, et[1] horum similes vulgi favores illum ubique[2] comitabantur, quia mores sui in cunctis Deo famulabantur. Hinc etiam erat quod non facile a quoquam Romæ simpliciter "homo" vel "archiepi-"scopus," sed, quasi proprio nomine, "sanctus homo" vocabatur. Quicunque igitur ei serviebamus amori et honori cunctis eramus.

xxxviii. Cum vero ad præfatum concilium ventum esset, et jam quæ recidenda recisa, et quæ statuenda videbantur statuta fuissent, excommunicationis sententiam tam in laicos qui investituras ecclesiarum dant, quam in eos qui de manibus eorum illas suscipiunt, cum toto concilio papa intorsit. Eadem quoque sententia damnavit et eos, qui in officium sic adepti honoris aliquem sacrant.

xxxix. Soluto conventu, accepta licentia Roma digredimur. Via vero redeundi multis erat periculis obnoxia, sed, protegente nos Domino, pericula cuncta evasimus ac Lugdunum illæsi pervenimus. Ubi summo cum honore gaudioque suscepti, et a pontifice civitatis, venerabili scilicet Hugone[3] detenti, mansionem nostram illic firmavimus, amissa omni fiducia, vivente rege Willelmo, Angliam remeandi. Habitus est ergo

---

[1] et] Not in E.
[2] ubique] Not in E.
[3] venerabili scilicet Hugone] Not in A. C. lacks scilicet.

A.D. 1099. ibi Anselmus non sicut hospes aut peregrinus, sed vere[1] sicut indigena et loci dominus. Unde nusquam ipse ipsius urbis antistes, eo præsente, suo volebat loco præsidere, sed, præsidente ubique Anselmo, ille mira humilitate et honestate præditus inferioris et quasi suffraganei loco simul et officio fungebatur. Super hæc ut episcopale officium per totam parochiam suam pro velle exerceret in voluntate ejus ac deliberatione constituit. Quod ubi per loca vicina innotuit, illico frequens populorum concursus factus est, unctionem sacri chrismatis per impositionem manus ejus[2] poscentium sibi conferri. At ille omnes ad gratiam ipsius sacramenti admittebat, ita ut sæpissime in hoc totus dies expenderetur, et nos qui ei ministrabamus gravi tædio afficeremur, ipso semper jocundo et[3] hilari vultu existente. Crevit autem ex hoc in eum mira quædam et incredibilis dilectio omnium, et bonitas ejus divulgabatur per circuitum.

xl. Igitur qui illis diebus saltem reliquias de mensa illius poterat habere contra[4] omnia pericula et infirmitates se salutifera[5] credebat medicina ditatum. Nec ista fides eos fallebat. Nam revera nonnullos febribus tentos, et quibusdam aliis infirmitatibus pressos, mox sumptis ciborum ejus reliquiis, novimus integræ sanitati restitutos. Exempli gratia. Festivitas Beati Mauricii celebris habebatur Viennæ. Rogatus itaque[6] Anselmus a Guidone ipsius urbis archiepiscopo, in ipsa festivitate venit eo. Et celebrato solenni missæ et prædicationis officio, cum ad refectionem corporis sedisset, venerunt ante illum milites duo, voce et vultu ægrotationis molestiam qua premebantur præferentes, rogantes quatinus de micis sui panis eis dare

---

[1] *non sicut . . . vere*] Not in E.
[2] *ejus*] illius, E., F.
[3] *et*] ac, E.
[4] *illis . . . . contra*] Not in C.
[5] *salutifera*] salutari, E.
[6] *itaque*] ergo, E.

dignaretur. At ille "Nequaquam" inquit. "Nec enim
" pane integro, nedum micis vos indigere conspicio.
" Sed si comedere vobis placet locus amplus est,
" sedete, et cum benedictione Dei quæ vobis apponen-
" tur comedite." Responderunt se pro hoc non venisse. "Nec ego,"[1] ait, "vobis aliud faciam." Intellexerat enim quo intenderent. Unus ergo ex iis qui in ejus dextra sedebant intelligens illos salutis propriæ curam habere, et virum in hoc nihil quod miraculo posset ascribi velle facere, quasi eorum importunitate pertæsus, arrepta desuper mensa fragmenta præbuit eis, et ne hominem fatigarent secedere monuit. Qui statim ut exinde modicum gustaverunt, cum benedictione viri egressi sunt. Post mensam in secretiorem locum me tulerunt, magnopere postulantes quatinus adjuti mea ope ad missam patris mererentur de manu ejus Dominicum Corpus et Sanguinem sumere. Quos cum libenter audissem, et quando quove id fieret edocuissem, gratiosa voce responderunt, " Et
" nos quidem, sicut dicis, omni excusatione semota
" veniemus, si hac medicina quam nunc de ipsius
" mensa suscepimus a quartanis et mortiferis febribus
" ac intestinorum tortionibus quibus intolerabili cru-
" ciatu concutimur liberati non fuerimus. Et hoc erit
" signi inter nos et te, quoniam si convaluimus[2] non
" veniemus, veniemus si non convaluimus."[2] Adquievi dicto, et divisi ab invicem sumus. Non venerunt, quia, sicut accepi ab eis qui utrumque noverunt, eo quod de mensa susceperant ad plenum, Dei gratia cooperante, convaluerunt. Quod quidem si ita non fuisset, quemadmodum illos infirmitate gravatos sanitati voluisse restitui credibile est, ita eos ab requisitione istius posterioris medicinæ supersedere noluisse dubium non est. Certo nempe tenebant ista se quin

---

[1] *Nec ego*] Et ille, Nec ego, K.;
Et ille being inserted in margin.

[2] *convaluimus*] convaluerimus, A.

convalescerent falli non posse, scientes quendam non ignoti nominis virum eo solo quod spe sanitatis recuperandæ missæ illius interfuit a pari tunc noviter invaletudine convaluisse.

xli. Siquidem unus e principibus terræ illius diu eadem qua ipsi languoris molestia vexatus fuerat. Hic, agnito Anselmum in ecclesia Beati Stephani missam ex more celebraturum, festinavit illo, arbitrans sibi ad recuperandam sanitatem utile fore, si missa tanti viri ac benedictione meruisset potiri. Fateor vidimus hominem suorum manibus innixum ecclesiam introeuntem, mortuo quam viventi similiorem. Sedit, et finita missa egressus est. Nobis vero nec quis vel unde, aut cur advenerit scientibus aut curantibus, idem vir, evolutis paucis diebus, ad patrem venit, flexis genibus ei pro adepta sanitate gratias agens. Ad quod cum ille obstupesceret, indicavit ei ordinem gestæ rei, asserens[1] quod ab ea hora qua se missæ illius præsentavit, omni doloris vexatione depulsa, sanitati restitutus sit. At ille nihil hoc ad se pertinere, sed ipsius fidei ac meritis beati martyris ad quem divertit ascribendum asserens, iis[2] quæ saluti animæ illius competerent eum instruxit, et familiarem sibi effectum correctiori vitæ, ut post multorum testimonio comperimus, reddidit.

xlii. His fere temporibus Cluniacum euntibus nobis occurrit quidam sacri ordinis homo, lacrimosis precibus virum deprecans quatinus et se oculo misericordiæ, et sororem suam nuper amentem effectam dextera suæ benedictionis dignaretur respicere. Et subdens, " Ecce," ait, " in via qua transituri estis inter multos " tenetur, sperantes quia si tu, domine, manum ei " imposueris, continuo, favente gratia Dei, suæ menti " restituetur." Ad hæc ille muta voce, et quasi surda pertransiit aure. Presbyterum autem eo magis instan-

---

[1] *asserens*] On erasure in MS. | [2] *iis*] hiis, C.; his, E.

tem ac preces multiplicantem reppulit a se, omnimodis affirmans[1] tam extraneum factum nulla sibi ratione temptandum. Hæc inter procedimus, et illam in medio adunatæ multitudinis comminus teneri conspicimus, furibundos motus, et inhumanos nutus vultu, ore, oculis, et totius corporis gestu edentem. Populus itaque virum advenientem circumdat, retentis habenis preces ingeminat, ut miseræ mulieri manum imponat orat, obsecrat. Obsistit ille, dicens quod postulant nequaquam sapientiæ esse. Objiciunt illi vulgi more quæ occurrebant, saltem improbitate vincere gestientes. Tunc vir aliter se non posse evadere sentiens, hoc solo eis morem gessit, videlicet, quod nulli negare solebat, signo eam sanctæ crucis levata dextra signavit. Quo facto, laxatis habenis ocior abit. Impositoque cucullo capiti suo,[2] remotis sociis, singularis vadit, infelicis feminæ ærumnas pietatis affectu tenerrime[3] deflens. Hac nos contritione afflicti Cluniacum, illa vulgi manibus aeta domum tetendit. Necdum pes ejus limen suæ domus attrivit, et integerrimæ sanitati donata in laudem viri linguas omnium solvit. Quam rem sic factam dum certa relatione Cluniaci accepissemus, gavisi sumus et pro sua misericordia gratiam Deo et gloriam dedimus.

xliii. Actis deinde propter quæ Cluniacum advenimus, reversuri Lugdunum iter per civitatem Matisconensem arripuimus. Ubi Anselmus rogatu episcopi et canonicorum missam publice apud Sanctum Vincentium celebravit, et inter sermonem quem ad populum habuit, ut omnes Dominum pro siccitate qua in immensum terra[4] aruerat communiter precarentur admonuit. Dicunt se id jam sæpius fecisse sed nil effe-

---

[1] *affirmans*] asserens, A., B., E., F.

[2] *cucullo capiti suo*] cucullæ suæ capitio capiti, A., B. In MS. *o capiti suo* are on erasure and spaced out.

[3] *tenerrime*] perfusus lachrymis tenerrime, B. E. omits *tenerrime*.

[4] *immensum terra*] immensum jam terra, E.

cisse, et ea re ut ipse prece sua preces eorum coram Deo[1] efficaces efficiat magnopere orant et obsecrant. Quid dicam? Nondum[2] pransi eramus, et ecce subito, stupentibus cunctis, serenitas coeli in nubilum vertitur, ipsaque die priusquam civitatem egrederemur pluvia dulcis et copiosa terris illabitur. Plebs igitur, viso hoc facto, benedicit Dominum, et ejus post Deum auctorem magnis laudibus prædicant Anselmum. Itaque in habitaculum nostrum Lugdunum reversi quietam vitam ab omni tumultu negotii sæcularis agebamus. Anselmus vero vitam veri servi Dei in sanctis meditationibus, in omnis sexus ætatis et ordinis hominum ad se venientium ædificationibus, ac in cæterarum virtutum exhibitionibus exercebat.

xliiii. Per id etiam temporis scripsit librum unum De Conceptu Virginali et de Peccato Originali, et aliud quoddam opusculum multis gratum et delectabile, cui titulum indidit,[3] Meditatio Redemptionis Humanæ.

xlv. Inter hæc Urbanus sedis apostolicæ pontifex huic vitæ decedit, et ad inducias quas de causa Anselmi regi dederat non pervenit. Quo tempore multa etiam de regis interitu a multis[4] prædicebantur,[5] et tam ex signis quæ nova et inusitata per Angliam monstrabantur, quam et ex visionibus quæ pluribus[6] religiosis personis revelabantur, quia ultio Divina in proximo eum pro persecutione[7] Anselmi oppressura esset ferebatur. Sed Anselmus in nihil eorum animum ponens, quotidie pro conversione et salute ejus Deum deprecabatur.

A.D. 1100.

xlvi. Hinc exilii nostri anno tertio, qui eo quo a Roma Lugdunum venimus erat secundus, ivit Ansel-

---

[1] *sed nil . . . coram Deo*] sed ut, B.
[2] *Nondum*] Necdum, A.
[3] *indidit*] indidit. Vocatur, I.
[4] *a multis*] Not in E.
[5] *prædicebantur*] prædicabantur, E., I.

[6] *pluribus*] Not in C. MS. has *quæ plu* in outer margin, and *ribus* on an erasure in the next line. No doubt *pluribus* had been inadvertently omitted.
[7] *persecutione*] persecutionibus, E.

mus Marciniacum loqui domino abbati Cluniacensi Hugoni et sanctimonialibus. Ubi cum ante ipsum abbatem consedissemus, et de iis [1] quæ inter Anselmum et regem eousque versabantur verba, ut fit, nonnulla hinc inde proferrentur, intulit idem venerabilis abbas sub testimonio veritatis proxime præterita nocte eundem regem ante thronum Dei accusatum, judicatum, sententiamque damnationis in eum promulgatam. Ex quibus verbis admirati non modice sumus, sed, perpendentes eminentiam sanctitatis ac reverentiæ ejus,[2] fidem iis[3] quæ [*]dicebat nullatenus habere nequivimus, et ideo, sola verborum ipsius fide contenti, qualiter hoc sciret percunctari omisimus.[4]

xlvii. Postera die cum inde digressi Lugdunum venissemus, et in instanti festo Beati Petri quod colitur Kal. Augusti, dictis matutinis, nos qui circa Anselmum assidue eramus quieti indulgere cuperemus, ecce quidam juvenis ornatu ac vultu non vilis clerico socio nostro, qui prope ostium cameræ [5] jacebat et, necdum dormiens, oculos tamen ad somnum clausos tenebat, astitit, vocans eum nomine suo. "Adam," inquit, "dormis?" Cui cum ille responderet, "Non," dixit illi, "Vis audire nova." "Et libens," inquit. At ille, "Pro certo," ait, "noveris quia totum discidium " quod est inter archiepiscopum Anselmum [6] et regem " Willelmum determinatum est atque sedatum." Ad quod ille alacrior factus, illico caput levavit, et apertis oculis circumspectans neminem vidit. Sequenti autem nocte inter matutinas unus nostrum clausis oculis stabat et psallebat. Et ecce quidam illi chartulam admodum parvam legendam exhibuit. Aspexit,

---

[1] *iis*] his, A., E.; hiis, C.
[2] *ejus*] Not in E.
[3] *iis*] his, A., E.
[4] *et ideo . . . omisimus*] Not in A.

[5] *cameræ*] Not in G.
[*] *dicebat . . . . Itaque cum†*] Wanting in B. (one leaf).
[6] *Anselmum*] Not in E., F.

et in ea "Obiit rex Willelmus" scriptum invenit. Confestim aperuit oculos, et nullum vidit [1] præter socios.

xlviii. Post triduum abhinc ad abbatiam quæ vocatur Casa Dei multis precibus invitatus Anselmus perrexit. Ubi cum honorifice susceptus et hospitatus fuisset, una dierum, fratribus loci ipsius post mensam in lectis suis pausantibus, subito fragore cœlum intonuit, et vibrantibus coruscis crebra per montem fulgura volitant. Crescit tempestas illa, et multiplicata non modicum fulminis super domum qua fœnum monasterii servabatur præcipitat. Unde protinus horridus ignis accensus teterrimum atque fœtentem ex se fumum per aera sparsit. Quicunque igitur cum Anselmo in hospitio erant timore concussi dissiliunt. Remansi itaque solus cum solo. At ille lecto decumbere volens, interrogavit me utrumnam ignis qui eruperat sopitus esset. Cui cum responderem, auctum esse potius quam sopitum, crexit se et vultu placido atque modesto dixit, "Melius est ut nobis providea-
" mus, quia, juxta poetam,[2] 'tunc tua res agitur paries
" 'cum proximus ardet.'" Quo dicto, ad ignem concitus venit, eoque viso illi mox sanctæ crucis signum levata dextra objecit. Videres evestigio flammam ita se demittentem ac si pro suscipienda benedictione illius conquinisceret. Ignis ergo statim in semet rediens totus elanguit, nec aliquid absumpturus usquam processit. Quodque fortassis non minus stupeas, voratis quibusdam ædibus quæ circa erant, nil læsionis intulit fœno monachorum qui Anselmum hospitem habebant, quo scilicet fœno domus ferme plena erat super quam fulmen ipsum primo corruerat.

xlix. Exin [3] duo sui monachi ad Anselmum venerunt, nunciantes ei decessum præfati regis.[4] Siquidem

---

[1] *vidit*] invenit, E.
[2] *juxta poetam*] Not in A.; supplied in margin in MS.
[3] *Exin*] Exhinc, E.
[4] *regis*] regis Willelmi, I.

secunda die mensis Augusti, qui post primam visionem A.D. 1100. quam Lugduni factam noviter retuli secundus et post secundam primus illuxit, idem rex mane in silvam venatum ivit, ibique illum sagitta in corde percussit, et nulla interveniente mora exstinxit. Quo Anselmus vehementi stupore percussus, mox est in acerbissimum fletum concussus. Quod videntes admirati admodum sumus. At ille, singultu verba ejus interrumpente, asseruit quia, si hoc efficere posset, multo magis eligeret seipsum corpore, quam illum sicut erat mortuum esse.

Nobis post hæc[1] Lugdunum reversis ecce nuncii unus post unum Anselmo occurrunt,[2] litteras ei cum precibus ex parte matris ecclesiæ Anglorum, ex parte novi regis Henrici qui fratri successerat, necne ex parte principum regni deferunt, summopere postulantes eum festinato gressu redire, et asserentes totam terram in adventum illius attonitam, omniaque negotia regni ad nutum ejus pendere dilata.

1. Verum ubi Serberiam[3] ad regem venit, et ei quid de ecclesiarum investituris in Romano concilio acceperit plano sermone innotuit, turbatus est rex ac vehementer indoluit, nec nutum ejus in aliquo, sicut nuncii dixerant, expectare voluit. Quæ igitur inter eos per duos semis annos pro isto negotio acta sint, et quot quantasve minas ac tribulationes Anselmus passus sit, vel quomodo nuncii semel et iterum Romam pro mutatione ipsorum decretorum missi sint, quidque effecerint, qui nosse voluerit, opus illud cujus in prologo hujus opusculi mentionem fecimus legat, et ibi singula plane, ut puto, digesta reperiet. Post A.D. 1103. quæ omnia, rogavit Anselmum rex quatinus ipsemet Romam iret, et cum nuncio quem eo directurus erat

---

[1] *post hæc*] postea, F.
[2] *occurrunt*] occurrit, A.
[3] *Serberiam*] Sarisberiam, I.

causæ quæ emerserat pro suo honore opem ferret. In quo cum omnes totius Angliæ episcopi, abbates et principes adquiescerent et eum pro tanta re quin iret nullatenus supersedere debere conclamarent, se quidem iturum respondit, sed nil quod vel ecclesiarum libertati, vel suæ deberet obviare honestati suo vel rogatu vel consilio unquam papam acturum viva voce spopondit.[1]

li. Itaque cum † Romam venisset, a domino papa Paschale, qui Urbano successerat, totaque urbis nobilitate honorifice susceptus est. Die dehinc constituto, Willelmus ille, cujus supra meminimus, a rege directus causam regis in medium tulit, ac inter alia quod rex ipse nec pro regni amissione investituras ecclesiarum pateretur amittere minacibus verbis asseruit. Ad quæ papa, "Si, quemadmodum dicis, rex tuus nec pro regni " amissione patietur ecclesiarum donationes amittere, " scias, ecce coram Deo dico, quia nec pro sui capitis " redemptione eas illi aliquando Paschalis papa impune " permittet habere." In his negotium regis[2] finem ita tunc temporis sumpsit,[3] et Anselmus, aliis atque aliis cum papa de ecclesiasticarum rerum institutionibus actis, in iter reversus civitatem Florentiam usque pervenit, et nocte una in ea[4] quievit. Lecto igitur in quo sopori antistes indulserat dominus domus eo discedente pro more decubuit. Cui obdormienti astitit quidam ignoti vultus homo, monens ut lecto ocior decederet. "Nec enim," inquit, "decet te tua præsentia " loco[5] præripere quod ex præsentia tanti viri meruit " obtinere." Qui mane consurgens et visum mente revolvens, phantasmati deputat, ac nocte sequenti in eodem se lecto nil hæsitans collocat. Dormit, et ecce

---

[1] *spopondit*] respondit, I.
* *dicebat . . . . Itaque cum* †] Wanting in B. (one leaf).
[2] *regis*] regis Angliæ, I.
[3] *sumpsit*] assumpsit, D.
[4] *in ea*] Not in C.
[5] *te tua præsentia loco*] tua præsentia, E.

qui venerat, secundo jam vultu paulum[1] minaci assistit, repetens dicta quæ primo protulerat. At ille expergefactus, ac visione ut primo posthabita, nocte tertia in loco solito somno se tradit.[2] Et sopore depresso[3] idem qui secundo apparuerat tertio apparuit, irati mentem vultu ac voce prætendens. "Quare," ait, "facis quod jam tibi semel et iterum dixi ne "faceres?[4] Nunc igitur vel tertio admonitus surge, "et te a lecto pontificis amodo cohibe. Nam dico "tibi quia, si ultra in eo repertus fueris experieris "nihil phantasmatis esse in istis[5] quæ audis." Tunc ille vehementer exterritus lecto desilit, episcopum civitatis super negotio consulturus matutinus[6] adit, eique ordinem rei in præsentia multorum exponit. Episcopus autem, jamdudum viri sanctitatem fama discurrente edoctus, ac nuperrime ex collocutione ipsius eam nonnihil expertus, hominis audaciam durius increpavit, et quia stulte ac insipientium more egerit, quod lecto ubi vir tantus quieverat cubare præsumpsit, asseveravit. Eundem itaque lectum reverenter deinceps servatum iri præcepit, et ne aliquis in eo ulterius jacere præsumeret jussit. Quod usque hodie, uti ab eodem viro qui ad nos in Angliam postmodo venit[7] accepimus, servatum est.

lii. Anselmus autem cum, emenso itinere, Lugduno appropinquasset, præfatus Willelmus comitatum illius deserere volens, interdixit ei ex parte domini sui regis redire in Angliam, nisi ipse omnes patris ac fratris ipsius consuetudines, postposita sedis apostolicæ

---

[1] *paulum*] paululum, E., F., and in H. corrected from *paulum*.
[2] *tradit*] tradidit, E.
[3] *Et sopore depresso*] Cui obdormienti, A., B., E., F.
[4] *dixi ne faceres?*] On erasure in MS. A., B., C., E. have *ne faceres dixi?*
[5] *istis*] his, E.
[6] *matutinus*] celerius, A., B.
[7] *ab eodem . . . venit*] Not in A. B.

subjectione et obœdientia, se ei servaturum certo[1] promitteret. Quod ille audiens admiratus est, sciens se alia conditione Angliam exisse. Perveniens vero Lugdunum resedit ibi, ex more antiquo in pace et quiete propriam præfati reverendi Hugonis ejusdem urbis archiepiscopi domum inhabitans, et ne ad horam quidem ab iis[2] quæ Dei sunt verbo se vel actu elongans.

liii. *Accidit autem una dierum, dum ipse pater,[3] celebrato solenni missæ officio, solus, uti sæpe solebat,[4] in oratorio per fletum Deo sese mactaret, ut quidam homo pedes suos baculo regente adveniret oratorium ipsum irrumpere gestiens. Quem frater et socius noster Alexander, monachus scilicet ecclesiæ Cantuariensis, qui pro foribus egressum patris præstolabatur,[5] intuens ecclesiam subire volentem, detinuit, sciscitans quidnam vellet. At ille clamosa voce se oculorum lumen amisisse respondit, ac velle ut servus Dei manum sibi imponeret, sciens quod sancta merita ejus sibi subvenirent. Pater igitur clamorem audiens sed verba minime discernens, innuit nominato[6] fratri venire ad se et causam ipsius clamoris intimare. Tunc ille, "Domine pater," ait, "pauper unus[7] venit, con-"querens se in oculis gravi dolore vexari,[8] precatur-"que per vos eis[9] signum sanctæ crucis imponi." At ipse pio vultu, "Veniat," dixit. Itaque tertio super oculos ejus quod petebat signum crucis cum pollice pingens, oravit sic, "Virtus crucis Christi illuminet "oculos istos, et ab eis omnem infirmitatem depellat, "integræque sanitati restituat." Et aspergens eos

---

[1] *certo*] Not in K.
[2] *iis*] his, A., B., C., E.
Accidit . . . intendebam †] This chapter is not in A.
[3] *pater*] pater Anselmus, B.
[4] *uti sæpe solebat*] prout ei consuetudinis erat, B.
[5] *præstolabatur*] forte præstolabatur, B.
[6] *nominato*] præfato, B.
[7] *unus*] quidam, B.
[8] *gravi dolore vexari*] graviter affligi, B.
[9] *eis*] Not in E.

aqua sanctificata,[1] hominem præcepit abire. Alexander vero mox illum reducens, monuit ut si factum viri non usquequaque illi hac prima vice profuisset[2] mane rediret, pollicens se[3] hoc ipsum illi repetita vice fieri impetraturum.[4] Ad quæ ille, "Ego equidem, "bone domine, hac de causa non redibo, quia, gratia "Dei et fidelis famuli ejus, omni cæcitate fugata, "clarissime video." Hæc ita scripsi sicut ab ore ipsius Alexandri, qui præsentem se fuisse testatur, accepi. Ego enim aliis, ut fit, occupatus intendebam.†

liv. Rex autem Henricus ut comperit papam in sua sententia stare, mox archiepiscopatum in dominium suum redegit et Anselmum suis omnibus spoliavit. Acta sunt hinc inter eos multa, et anno uno ac semis indignatio regis non est sopita.

lv. Inter hæc venit ad nos Walo episcopus Parisiacensis, vir bene religiosus et ecclesiasticarum consuetudinum institutionibus ab ineunte ætate imbutus. Hic Romæ notus, et apostolicæ legationis ministerio functus, familiaritate patris Anselmi potiebatur. Iste igitur a Roma ad nos veniens quorundam sanctorum reliquias secum ferebat, quas, ut certo comperimus, sibi Romæ datas habebat. Itaque cum Anselmo, me præsente, loquens innotuit ei quid reliquiarum a Roma secum detulerit. Ad quod cum ille Deo gratias ageret, episcopus os unum quod de capite beatæ martyris Dei Priscæ esse asserebat protulit,[6] et id qualiter adeptus fuerit illico subinferens ait, "Romæ eram, et orato- " rium nominatæ martyris, in quo beatissimus aposto-

---

[1] *sanctificata*] benedicta, F.
[2] *profuisset*] profuit, B.
[3] *se*] quod, B. On erasure in MS.
[4] *impetraturum*] The word ends on an erasure in MS. B. has *impetraret*.

[5] *Ego . . . intendebam*] Not in B.
Accidit . . . intendebam †] This chapter is not in A. For further particulars concerning this chapter, see Preface.
[6] *protulit*] e pixide protulit, A., B., E.

"lorum princeps[1] Petrus altare sacravit, vetustate
"consumptum dirutum est, et corpus martyris[2] in
"nova recondendum ecclesia, me astante, levatum.
"Igitur cum loci ipsius[3] cardinalis reliquias sanctæ
"in suo jure haberet, et ipse idem mihi familiaris
"existeret, os istud quod videtis de sacro corpore
"sumptum mihi pro signo mutui amoris dedit." Finierat præsul in istis. Ast ego earundem reliquiarum habendi amore illectus, ut ex ipso osse mihi partem daret deprecari episcopum cœpi. Et ille, "Accipe," inquit, "et quantum inde primo conatu frangere pote-
"ris tuum sit." Accepi, et en extra quam sperabam in principio mei conatus una mihi particula in dextera manu remansit. Cumque de parvitate ipsius mœrorem animi dissimulare nequirem, et ut semel adhuc inde frangere mihi liceret magnopere gestirem, rupit desiderium meum Anselmus, et ait. "Noli, noli; quod
"habes sufficiat tibi. In veritate quippe dico tibi,
"quia pro toto auro quod Constantinopolim et ultra
"citrave habetur, non omitteret domina ipsa cujus
"est quin illud sibi vindicaret in die resurrecti-
"onis cunctorum. Quam ob rem si debitam illi rever-
"entiam exhibueris, æque suscipiet ac si toti corpori
"ejus exhiberes." Quod ego audiens, adquievi, et quam decentius potui ipsum os[4] hucusque servavi. De quo osse post plures dies Petrus quidam monachus Cluniacensis, vir suo tempore magnæ auctoritatis, qui camerarius erat domini papæ Urbani atque Paschalis, ad nos veniens, a me percunctatus est quid sentiret. At ille ubi me referente accepit qualiter id adeptus fuerim, vera omnino esse confessus est quæ episcopus inde dixerat, seque præsentem fuisse asseruit quando idem os a corpore martyris sublatum a cardinali susceperat.

A.D. 1105.

lvi. Post hæc, cum pro exercendo ecclesiasticæ dis-

---

[1] *princeps*] Not in E.
[2] *martyris*] martyris Priscæ, I.
[3] *ipsius*] illius, F.
[4] *os*] ex hoc, A., B.

ciplinæ rigore, tum pro ecclesiarum in Anglia constitutarum relevatione, relicta Burgundia, Anselmus Franciam ivit. Quod ubi regi Anglorum Henrico innotuit, rogatus ad eum in Normanniam venit; ibique rex, timore simul et amore Dei correptus, revestivit illum de suis et in amicitiam ejus receptus est.

lvii. Conversante dehinc Anselmo in Normannia, reversisque Balduino et Willelmo, qui ex jussu regis atque pontificis Romam pro expletione negotii quod de investituris ecclesiarum inter eos eousque versabatur directi fuerant, Willelmus Angliam ad regem vadit, ac in brevi Beccum ad Anselmum regressus rogat eum ex parte ipsius regis, ut, jam sopitis retroactis querelis, ocior Angliam visitet. Cui cum ille promptus adquiesceret, et iter aggressus Gemmeticum venisset,[1] infirmitate ne iter expleret inibi detentus est. Qua sopita, Beccum revertitur regem Angliæ transfretaturum illic præstolaturus. Ubi cum pro reditu ejus omnes exsultatio mira teneret, ecce infirmitas Anselmi renovata et ipsum [2] lecto, et, subversa exsultatione, gravi cunctos mœrore prostravit. Igitur ipse nec manducare, nec aliquid unde salutem ejus sperare possemus facere poterat, et de morte tantum illius formido nos immensa tenebat. Hæc inter ut in cibum [3] aliquid sumeret diligenti cura petebatur, sed ille nihil sibi animo esse quomodo poterat anhelo spiritu fatebatur. Nobis tamen preces multiplicantibus, tandem adquiescens,[4] ne penitus negando nos magis magisque gravaret, "Forte," ait " de perdice comederem si haberem." Quid plura? Per campos et silvas dispersi sunt quiqué suorum, et dies unus in requirenda perdice casso labore consumptus. Contigit autem ut unus ex monasterii servientibus

---

[1] *venisset*] veniret, A.
[2] *et ipsum*] ipsum, E.
[3] *in cibum*] cibi, A.

[4] *adquiescens*] Not in A., B., C. A subsequent insertion in margin of MS.

A.D. 1106. ipsa die per vicinam silvam iter forte carperet,[1] negotio quo alii occupabantur nihil intendens, et ecce in via qua gradiebatur bestiola quam martiram vocant perdicem in ore ferebat. Quae bestiola, viso homine, suam ei praedam reliquit sibique fuga consuluit. At ille perdicem assumens ad nos detulit. Ex qua aeger noster refectus statim meliorari ab aegritudine coepit, ac demum in dies melius meliusque habendo pristinam est sanitatem adeptus.

lviii. Post haec, episcopis et abbatibus qui exequiarum illius causa convenerant in sua remeantibus, remeavit etiam Radulfus abbas coenobii Sagiensis, qui unus erat ex eis. Unus igitur ex hominibus ejus per viam coepit Anselmo detrahere, et quod merito nullus infirmitati ejus compati deberet, "praesertim," inquiens, "cum ipse cibo et potu saluti suae, si remota jactantia "vellet, facile succurrere posset," maledica voce astruere. Quod abbas audiens, hominem monuit ut sileret nec de tanto viro quid sinistri ultra proferret. Quae cum ille subsannando despiceret, et in iis[2] quae coeperat furore quodam exagitatus persisteret, intulit abbas se de justitia Dei ita certum existere, ut injuriam servi sui non pateretur impunitam transire. Ille ridet ad[3] haec coepto itinere pergens. Offendit interim properans frondosam quercum, ex qua sicut erat, equo sedens, ramusculum tollere nisus est, sive muscas fugaturus, seu inde umbraculum sibi facturus. Verum dum frangendo ramo haereret, subito equus exsiliens hominem tergo dejecit eumque uno pede per strivile[4] pendentem rapido cursu per terram longius traxit. Sociis autem Beatam Mariam, ut quasi spiritum jam exhalaturo succurreret, elata voce inclamitantibus,[5] tandem a viri

MS. p. 370.

---

[1] *carperet*] caperet, C., F.
[2] *iis*] his] A., E.; hiis, C.
[3] *ad*] Supplied from E, for *et* of MS. and C.
[4] *strivile*] strigilem, F.
[5] *inclamitantibus*] inclamantibus, E., H., I.

blasphemia linguam ulterius[1] compescere edoctus, a A.D. 1106. periculo libertatus est.[2]

lix. Dehinc in Assumptione Beatæ Dei Genitricis et perpetuæ Virginis Mariæ rex Henricus Beccum adveniens omnia quæ inter se et Anselmum de sæpefato negotio resederant, moderante sedis apostolicæ sanctione, delevit, atque de singulis ad quæ tendebat suæ illum voluntatis compotem fecit.

lx. Dum[3] igitur Angliam repetendi iter Anselmi certis ex causis aliquantisper demoraretur, rogatus ab abbate Beccensi dedicavit capellam unam infra curtem ipsius cœnobii sitam. In qua dedicatione quidam clericus frenesis valitudine tunc noviter captus a suis est ante pontificem ductus, illicoque ad benedictionem ejus a suæ mentis alienatione sanatus.

lxi. Cum post hæc prospero cursu Angliam venisset, magno sanctæ ecclesiæ gaudio et honore susceptus est. Inde evolutis nonnullis diebus, Anglus quidam vir nobilis quidem et dives valida corporis infirmitate gravatus ab Anselmo sibi panem a se[4] benedictum transmitti per nuncium petiit et accepit. Unde pau-

---

[1] *ulterius*] Not in E.

[2] *Quæ cum ille . . . liberatus est.*] A. and B. have "Quæ ille "subsannando despiciens et in iis "quæ cœperat furore quodam "exagitatus persistens equo cal- "caribus institit, ut ab abbate "elongatus liberius ederet quod "suæ mentis amaritudo sibi pro- "poneret. Verum cum ipse præ- "peti cursu ferri gestiret, ac re- "missis habenis ocior ire inciperet "quem sedebat quadrupes corruit "eumque magno cum dedecore "tergo suo excussit, ac per de- "vexum montem longo rotatu "præcipitatum a viri blasphemia "linguam compescere docuit."

On the other hand, C. agrees with MS. as far as "traxit," where it continues thus, "traxit, et quo "Beata Maria jam quasi spiritum "exhalaturo succurreret elato cla- "more voces omnium solvit, ita- "que liberatum a viri blasphemia "linguam ulterius compescere do- "cuit."

For particulars concerning the successive alterations of the text in MS., see Preface.

[3] *Dum*] Cum, A., B., C., D., E., F., H., I.

[4] *a se*] Not in E.; F. Inserted over line in B.

lulum gustans, juxta fidem suam statim convalescere coepit, integraeque post modicum[1] sanitati donatus Deo et Dei viro ex corde gratias egit.

lxii. Haec inter rex in Normannia positus valde laetabatur, sicut ferebant ii[2] qui ad nos inde veniebant, quod fuerat Anselmi pace potitus. Unde etiam firma sibi spe applaudebat suo se dominio totam Normanniam subjugaturum. Quod et factum est. Nam conserto gravi proelio, fratrem suum Robertum Normanniae comitem et alios principes qui contra illum in bellum venerunt cepit. Tali ergo victoria usus, totam terram gratulabundus obtinuit,[3] idque per epistolam[4] Anselmo gaudenter et gratiosus mox intimavit. Omnes vero qui haec gesta tunc temporis audiere ea meritis concordiae quam rex cum Anselmo fecerat ascripsere.

lxiii. Ipso anno Anselmus, celebrata paschali solennitate in curia regis apud Lundoniam, abiit ad abbatiam Sancti Eadmundi,[5] electum inibi abbatem sua auctoritate roboraturus et alia quaedam officia pontificalia pro suo jure celebraturus. Quae ubi solenniter cuncta peregit, gravissima febre correptus per plures dies poene usque ad emissionem ultimi flatus vexatus est. Pro quo illic octavas Pentecostes[6] usque detentus est, et consilium quod se viduatis ecclesiis rex proposuerat collaturum propter ejus absentiam in Kal. Augusti dilatum est. Eo igitur[7] tempore, adunatis in palatio regis Lundoniae cunctis primoribus Angliae, victoriam de libertate ecclesiae pro qua diu laboraverat Anselmus quodam modo[8] adeptus est. Rex enim, antecessorum suorum usu relicto, nec personas quae in regimen

---

[1] *post modicum*] Not in A., B.
[2] *ii*] hi, A., E.
[3] *Tali . . . obtinuit*] innumerisque peremptis totam terram victor obtinuit, A., B., C., E., F. For further particulars on this passage, see Preface.
[4] *epistolam*] literas, A., B.
[5] *Eadmundi*] Edmundi, A., B., E., F.
[6] *Pentecostes*] Penthecostes, A.
[7] *igitur*] Not in A.
[8] *quodam modo*] Not in A., B.

ecclesiarum sumebantur per se elegit, nec eas per A.D. 1107.
dationem virgæ pastoralis ecclesiis quibus præficiebantur investivit.

lxiiii. Scripsit inter hæc Anselmus libellum unum de concordia præscientiæ et prædestinationis et gratiæ Dei cum libero arbitrio. In quo opere contra morem moram in scribendo passus est, quoniam ex quo apud Sanctum Eadmundum[1] fuerat infirmatus donec præsenti vitæ superfuit, solito imbecellior corpore fuit. Quapropter de loco ad locum migrans, lectica[2] decubans[3] non equo sedens deinceps vehebatur.[4] Vexabatur præterea frequentibus et acerbis infirmitatibus, ita ut vix illi vitam promittere auderemus. Ipse tamen nunquam pristinæ conversationis obliviscebatur, sed semper aut meditationibus bonis, aut exhortationibus sanctis, aut aliis piis operibus occupabatur.

lxv. Tertio igitur anno postquam a secundo exilio A.D. 1108. per regem Henricum revocatus est omnes cibi quibus humana natura vegetatur et alitur in fastidium ei versi sunt. Manducabat tamen naturæ suæ vim faciendo, sciens se vivere non posse sine cibo. Qua vi per dimidium circiter[5] annum vitam quoquomodo transigens, sensim corpore deficiebat, animi virtute semper idem qui esse solebat existens. Spiritu itaque fortis sed carne nimium fragilis pedes oratorium adire nequibat. Attamen consecrationi Dominici Corporis, quod speciali quodam devotionis affectu venerabatur, interesse desiderans, singulis diebus illuc se in sella faciebat deferri. A quo dum nos qui ei serviebamus A.D. 1109. eum, quia multum exinde fatigabatur, declinare niteremur, vix quinto ante sui exitus diem evincere potuimus. Exin[6] ergo assidue lecto[7] decumbens, an-

---

[1] *Eadmundum*] Edmundum, A., B., E., F., H.
[2] *lectica*] in lectica, F., F., K.
[3] *decubans*] Not in A., B.
[4] *vehebatur*] ferebatur, F.
[5] *circiter*] Not in E.
[6] *Exin*] Exinde, F.
[7] *lecto*] lectulo, A., B., E.

hela voce omnes qui ad eum accedere merebantur in suo quemque ordine Deo vivere hortabatur.

lxvi. Illuxerat Dominica dies Palmarum, et nos pro more circa illum sedebamus. Dixit itaque ei[1] unus nostrum, "Domine pater, ut nobis intelligi da"tur, ad paschalem Domini tui curiam, relicto sæ"culo, vadis." Respondit, "Et quidem si voluntas
" ejus in hoc est, voluntati ejus libens parebo. Ve"rum si mallet me adhuc inter vos saltem tam diu
" manere, donec quæstionem quam de origine animæ[2]
" mente revolvo absolvere possem, gratanter[3] accipe"rem, eo quod nescio utrum aliquis eam me defuncto
" sit soluturus.[4] Ego quippe[5] si comedere possem,
" spero convalescerem. Nam nihil doloris in aliqua
" corporis parte sentio, nisi quod lassescente stomacho
" ob cibum quem capere nequit totus deficio." Vesperascente dehinc tertia feria, cum ipse verba quæ intelligi possent edere jam nulla valeret, rogatus a Radulfo Rofensi episcopo ut nobis qui aderamus et aliis filiis suis, regi quoque ac reginæ cum liberis eorum, ac populo terræ qui in ejus obœdientia se sub Deo tenuerat, suam absolutionem et benedictionem largiretur, dexteram quasi nil mali pateretur erexit, et, signo sanctæ crucis edito, demisso capite sedit. Jam fratrum conventus in majori ecclesia matutinas laudes decantabat, et unus nostrum qui aderamus,[6] sumpto textu evangeliorum, legit Passionem coram eo, quæ ipsa die ad missam legi debebat. Ubi autem venit ad verba Domini,[7] "Vos estis qui permansistis
" mecum in temptationibus meis, et ego dispono vo-

---

[1] *ei*] Not in H.

[2] *de origine animæ*] de animæ origine, A., B., E.

[3] *gratanter*] gratiosus, A.

[4] *soluturus*] absoluturus, A., B.

[5] *quippe*] quidem, E.

[6] *unus . . . aderamus*] unus eorum qui circa patrem excubabant, A., B.

[7] I. has "Ubi autem venit ad " verba Domini, recipiens sacrum " Corpus Domini nostri Jesu " Christi cum sacra unctione in " hæc verba legentis Passionem " Domini, 'Vos,'" &c.

"bis sicut disposuit mihi pater meus regnum, ut A.D. 1109. "edatis et bibatis super mensam meam in regno "meo," lentius solito spiritum[1] trahere cœpit. Sensimus igitur eum jam jam obiturum, et de lecto super cilicium et cinerem positus est. Adunatoque circa illum universo filiorum suorum agmine, ultimum spiritum in manus Creatoris emittens, dormivit in pace. Transiit autem illucescente aurora quartæ feriæ præcedentis Cœnam Domini, qui erat xi. Kal. Maii, anno videlicet Dominicæ Incarnationis millesimo centesimo nono, qui fuit annus pontificatus illius[2] sextus decimus, vitæ vero septuagesimus sextus.

lxvii. Loto igitur ex more corpore ejus, petiit supra sæpe[3] memoratus rerum Anselmi provisor ac dispensator Balduinus quatinus facies patris[4] defuncti balsamo, quod admodum parum in parvulo vase sibi majori ejus parte amissa remanserat, inungueretur, sperans atque peroptans eo modo illam vel modice amplius servatum iri ne corrumperetur. Adquievimus, viri industriam amplectentes. Vas ergo ipsius liquoris in manum episcopus sumpsit, et uncturus vultum defuncti[5] digitum fundo vasis immersit.[6] Quem illico extrahens sed vix summitatem ejus madefactam reperiens, ratus est balsamum ipsum unguendæ faciei haudquaquam posse sufficere. Quapropter rogat balsamum quod conficiendo chrismati in majori ecclesia[7] servabatur afferri, cupiens una cum capite dexteram ejus, per quæ multa bona atque divina dixerat et scripserat, tali unctura honorari. In his cum episcopo eram, et eum in ministerio ipso juvabam. Impressi post eum in vas balsami digitum meum, et æque aut certe minus digito ejus[8] maden-

---

[1] *spiritum*] spiritum suum, I.
[2] *illius*] ejus, A. Not in E.
[3] *sæpe*] Not in E.
[4] *patris*] patris Anselmi, I.
[5] *defuncti*] defuncti archiepiscopi, I.
[6] *immersit*] immisit, E.
[7] *ecclesia*] ecclesia Salvatoris, I.
[8] *ejus*] Not in E.

tem extraxi. Itaque rogatus episcopus mihi vas in palmam versare, si forte inde aliqua gutta deflueret, adquievit; et illico, stupentibus cunctis, liquor desiliens copia sui manum meam complevit et supereffluxit. Hoc ipsum secundo et tertio, ac sæpius factum est. Et quid dicam? Tantam abundantiam balsami vas ferme vacuum ministravit, ut, intacto vase ecclesiæ, non solum caput et manus, sed brachia et pectus, pedes quoque et totum corpus ejus non una sed sæpius repetita vice omni ex parte inungueremus. Dehinc more summi pontificis vestibus est sacris indutus, et in oratorium debita cum veneratione delatus.

lxviii. In crastino autem cum sepulturæ traderetur, sarcofagum quod illi fuerat pluribus retroactis diebus præparatum longitudine quidem et latitudine aptum sed profunditate magna ex parte minus habens inventum est. Quod considerantes animo deficiebamus, nulla scilicet ratione pati valentes ut superiori lapide pressus sua integritate aliquatenus læsus privaretur. Cum itaque in hoc plurimi fluctuarent, et alii sic, alii vero sic rem posse componi dictitarent, quidam ex conferta[1] multitudine fratrum acceptum baculum episcopi Rofensis, qui funeris officium præsens agebat, per transversum sarcofagi super corpus patris ducere cœpit, et jam illud omni ex parte corpori jacentis præminere, magna nobis exinde admiratione permotis, invenit. Ita ergo venerabile corpus patris Anselmi Dorobernensis archiepiscopi ac primatis totius Britanniæ sepulchro inclusum,[2] quid conditio sortis humanæ habeat in se, omnes qui pertranseunt sui exemplo monet attendere. Sane in obitu et post obitum ejus multa a multis visa narrantur, quæ gloriæ ejus quam

---

[1] *conferta*] conserta (altered apparently from *conferta*), H.

[2] After *inclusum* I. has "et in " ecclesia Salvatoris Cantuariæ " sepultum cum magno honore;" whilst a note in its inner margin has "in navi æcclesiæ in medio " prope Lanfrancum."

pro meritis suis eum a Deo recepisse non dubitamus attestantur. Quibus tamen scribendis laborem subire[1] noluimus, magis videlicet eligentes silentio nostro omnes qui dormiendo ea viderunt pares facere, quam, ista scribendo illa non scribendo, unum alii quasi potiora viderit anteferre. Ut enim cuncta scribantur, infiniti negotii est. Aperta denique facta quæ Deus per eum facere dignatus est, et nos talium nudi pro posse digessimus, puto sufficere ad notitiam retributionis vitæ et conversationis ejus.[2] Quædam autem quæ non per somnum accidisse, elapso post obitum ejus non longo temporis spatio, sed in gravi discrimine constitutis per memoriam pii nominis ejus provenisse feruntur, vis amoris quo erga eum quidam meorum adhuc[3] ardent paucis me notare compellit.

lxix. Arnulfus quidam nomine, filius comitis Rogerii de Monte Gummeri et ipse comes, de Normannia Angliam rediens marini itineris medium prospero cursu peregerat. Et ecce contra spem omnium in navi consistentium subito nebula nimiæ densitatis exsurgit, supercrescit, quin et ventus omnis quo vehebantur cadit, evanescit, deperit. Navis in medio pelagi nullum quo in ulteriora raperetur ventum habens, nec quæ in ea consistebat hominum multitudo præ densitate nebulæ quam teneret viam dinoscere valens, huc et illuc inter undarum cumulos navis nullum iter explicans fluctuabat, et consistens in ea tædio vehementi afflicta virorum turba animo deficiebat. Mare siquidem eos per dies duos tali modo sibi haud grato obsequio vindicabat, et in diversa vota mentes illorum quo a suo retinaculo solverentur et ora concitabat. Tandem memoratus comes, memorandæ memoriæ patris Anselmi recordatus, vota omnium rupit et ut

---

[1] *subire*] intrare, A., B.
[2] E. omits *ejus*. A., B., C. continue and end as follows:—" Sit " itaque Deo omnipotenti et Filio " et Sancto Spiritui laus et gra-" tiarum actio nunc et per omnia " sæculorum sæcula. Amen."
[3] *adhuc*] Not in F.

sibi paucis intenderent brevi alloquio cunctos admonuit. "Omissis," ait, "omnibus aliis in causa præ-
"senti, convertamus cor et linguam nostram ad pa-
"trem et pontificem nostrum sanctum Anselmum
"quem sæpe vidimus, cui adhæsimus, cujus sacra doc-
"trina imbuti, et beata sumus benedictione sæpius[1]
"perfuncti, implorantes notam nobis pietatem pecto-
"ris ejus quatinus sanctis meritis suis impetret a
"Creatore nostro et omnium Domino Jesu Christo
"nobis et peccatorum remissionem et hujus gravis-
"simæ incommoditatis quam pro eis juste patimur
"celerem absolutionem." Assenserunt omnes admonitioni ejus. Magna Dei pietas, magna potentia. Necdum eam quam statim ad verbum comitis cœperant Dominicam orationem perdixerant, cum subito evanescente nebula cœli serenitas tota redit, et litus ad quod primo festinarant non longe abesse læti conspiciunt. Gratias igitur Deo et fideli famulo ejus agentes, animæquiores effecti, oppanso velo prosperrime in portum sunt desideratum evecti. Inde petentes curiam Henrici regis Anglorum, cuncta quæ illis acciderant ordine supra digesto ipsi regi præsentibus episcopis regnique primoribus exposuerunt. Quod auditum multis multum placuit, non dubitantibus vitam ejus in mundo talem extitisse, quæ et hoc et multo majora debuerit a Deo mundo sublatus merito obtinuisse.

lxx. Item monachus erat Robertus nomine, assiduus in servitio Radulfi Rofensis episcopi cujus in superioribus habita memoria est. Hic per pontem Lundoniæ eo fere tempore pergens, infortunio quodam subito percussus est ex casu equi qui manticam suam ferebat. Idem etenim equus minus caute per pontem hinc inde diruptum a famulo tractus in fluvium cecidit, ubi major vis undarum et aquæ profunditas extitit. Licet igitur nominatus frater cujus hæc omnia erant

---

[1] *sæpius*] sæpe, E.

damno animalis et rerum quæ in mantica servabantur contristatam aliquatenus mentem haberet, tamen, quasi eorum omnium immemor, pro uno de libris beatæ memoriæ patris Anselmi qui inter alia inibi habebatur inclusus valde erat sollicitus. Pergebat igitur per pontem quomodo poterat pro libri custodia et restitutione ob merita illius qui eum fecerat Dominum orans, et equus in profunditate tumidi fluctus tendebat ad ripam forti conamine natans. Quid dicam? Utrique, emenso itinere, iste pontis, ille fluminis, altrinsecus sese consecuti sunt. Mox deposita mantica et reserata, ut qua plena timebatur aqua excuteretur, reperiuntur omnia quæ intus erant præter unam solam lineam vestem ita ab humore vacua, quasi eadem mantica nunquam tincta fuisset in aqua. Reversus ad episcopum rem gestam, me præsente, retulit, et in laudem Dei audientium ora resolvit.

lxxi. Hinc fini præsens opusculum subdam, dum omnes id legere[1] vel audire dignantes prius brevi commoneam quatinus nulla incredulitate ex iis quæ descripta sunt mentem vulnerent. Talibus enim in eis scribendis auctoribus usus sum, in quorum relatione[2] omnem falsitatis suspicionem procul abesse dubius non sum. Siquidem plurima quæ primi libri series continet ex verbis ejusdem patris[3] collegi. Solebat enim nonnunquam, ut homo jocunditate præstantissimus, inter alia dicta sua quasi ludens quid puer, quid juvenis, quid ante susceptum monachi habitum, quid in ipso habitu positus, quid prior, quid abbas egerit, simplici sermone referre; autumans audientes eadem qua ferebantur[4] intentione et perfunctorie illa suscipere. Ea vero quæ inter miracula in ipso libello computantur, quædam a Balduino, quædam a Bosone, quædam a Riculfo, monachis Beccensibus,

---

[1] *legere*] diligentes legere, E.
[2] *relatione*] revelatione, A.
[3] *patris*] patris Anselmi, I.
[4] *ferebantur*] referebantur, E.
[5] *inclusus*] intrusus, K.
[6] *vulnerent*] volverent, L.

quorum me[1] inibi meminisse recordor, accepi; quibus, sicut ipsi narrabant, aut interfuere, aut in se ipsis ᴍꜱ.ᴘ.ɴ. ea[2] experti fuere, aut ab illis qui testati sunt se dum fierent præsentes fuisse accepere. Quæ autem libro secundo notantur, pene omnia aut propriis oculis intuitus sum, aut auditu aurium sensi, aut aliquo alio modo, utpote qui ejus præsentia jugiter ex quo pontificatu functus est potitus sum, per memetipsum[3] addiscere merui. Falsa vero scienter aliquem in sacris[4] historiis scribere nefas esse pronuncio. Nam quotiens ea vel leguntur vel audiuntur anima scriptoris occiditur, eo quod omnibus per ea quæ falso scripsit infando ore mentitur.

lxxii. Præterea cum operi manum primo imposuissem, et quæ in cera dictaveram pergamenæ magna ex parte tradidissem, quadam die ipse pater Anselmus secretius me convenit, sciscitans quid dictitarem,[5] quid scriptitarem.[6] Cui cum rem magis silentio tegere quam detegere[7] maluissem, præcepit quatinus aut cœpto desistens aliis intenderem, aut quæ scribebam sibi ostenderem. Ego autem, qui jam in nonnullis quæ scripseram ejus ope fretus et emendatione fueram roboratus, libens parui, sperans eum insita sibi benevolentia quæ corrigenda correcturum, quæ aliter se habebant singula loco sibi competenti ordinaturum. Nec hac spe opinio mea fefellit me. Siquidem in ipso opusculo nonnulla correxit, nonnulla subvertit, quædam mutavit, probavit quædam. Unde cum nonnihil

---

[1] *me*] me Edmerum monachum ecclesiæ Salvatoris Cantuariæ, I.
[2] *ea*] ipsa, F.
[3] *memetipsum*] memetipsum Edmerum, L.
[4] *sacris*] Supplied in margin in MS.
[5] *dictitarem*] dictarem, K.
[6] Here I. has the following note in the outer margin :—" Edmerus " qui hunc librum secundum com- " posuit hic finem ponit, qui vidit " testimonium perhibuit : ex præ- " cepto Radulphi pontificis per- " fecit."
[7] *quam detegere*] Apparently a subsequent insertion in MS. A subsequent insertion in H.

corde[1] lætarer, et quod edideram tanta ac tali auctoritate suffultum forte plus æquo penes memetipsum[2] gloríarer, post paucos correcti operis dies, vocato mihi ad se pontifex ipse præcepit, quatinus quaterniones in quibus ipsum opus congesseram penitus destruerem, indignum profecto sese judicans cujus laudem secutura posteritas ex litterarum monimentis pretii cujusvis haberet. Quod nimirum ægre tuli. Non audens tamen ipsi præcepto funditus inobediens esse, nec opus quod multo labore compegeram volens omnino perditum ire, notatis verbis ejus, quaterniones ipsos destruxi, iis[3] quibus scripti erant aliis quaternionibus primo inscriptis. Quod factum meum[4] inobedientiæ[5] peccato forte non caret.[6] Aliter enim implevi præceptum ejus ac illum intellexisse sciebam. Quapropter ab omnibus in quorum manus forte ista ceciderint, si quidem istic quicquam quod non omnino quantum ad fatuitatem narrationis displiceat reppererint, petitum iri summopere postulo, quatinus pro hoc et pro aliis peccatis meis dignentur intercedere,[7] ne moles eorum me tantum[8] deprimat, ut ad illum cujus vitam et actus qualicunque stilo digessi pertingere posse non sinat. Nec enim animo elabi potest, qualiter mihi responderit cum quadam vice illum rogarem, ut sicut in imis me consortem laboris habuerat, ita et in superis participem suæ retributionis efficeret. Ait nempe id se quidem libenter ac læte facturum, providerem solummodo ne in hoc me nimii ponderis facerem. In quo si peccatorum meorum pondus justi Judicis æquitas pietate remota[9] appenderit,

---

[1] *corde*] Not in E.
[2] *memetipsum*] memetipsum Edmerum, I.
[3] *iis*] his, E.
[4] *meum*] Not in K.
[5] *inobedientiæ*] On erasure in MS.
[6] *forte non caret*] On erasure in MS.
[7] *intercedere*] intendere, E.
[8] *me tantum*] tantum me, E.
[9] *remota*] Here D. breaks short.

profecto anima mea non sursum sed in profundum abyssi præceps ibit. Unde quemadmodum [1] cœpi adhuc quibus possum precibus insto [2] quatinus quam sibi impendi desiderant, mihi secum a Deo levamen et veniam delictorum obtineant, ne nimis me peccatis oneratum quo pollicitus est pius pater sullevare non valeat. Quod sua clementia procul avertat, qui super omnia Deus vivit, dominatur et regnat. Amen.

EXPLICIT VITA ANSELMI CANTUARIENSIS ARCHIEPISCOPI

---

[1] *quemadmodum*] I. adds *ego Edmerus*.

[2] *insto*] iusisto, K.

[3] ARCHIEPISCOPI] G. adds, "edita per Edmerum olim monachum Cantuariensem." I. has "Explicit vita gloriosi patris Anselmi Cantuariensis Archiepiscopi. Edita at Edmero ejus discipulo, et hujus sanctæ ecclesiæ Christi monacho, et postea priore ecclesiæ Christi Cantuariæ tempore Radulphi Archiepiscopi." See Preface.

INCIPIT PROLOGUS IN DESCRIPTIONEM QUORUNDAM MIRACULORUM GLORIOSI PATRIS ANSELMI ARCHIEPISCOPI.

Cum vitam venerandi patris Anselmi scribendi officio jam terminarem, et me in ea quæ circa obitum ejus quibusdam visa sunt inibi scripturum negarem, eo quod omnia quæ admiratione digna de eo revelata fuerunt scribere infiniti negotii judicaverim,[1] nec hæc scribere et illa non scribere[2] quasi huic quam illi magis crederem, tanquam digniori revelatione glorificato, adquiescere voluerim; æquus Arbiter hanc in me, ut verum eloquar, stultitiam mentis examinans, quædam non per somnium visa sed re ipsa pro eodem patre in obitu et post obitum ejus operari dignatus est, quæ et evidentem scribendi materiam subministrarent, et quæ dormientibus quasi per somnium visa sunt, non phantasiis somniorum, sed indiciis certæ rei potius esse ascribenda præmonstrarent. Unde quæ tunc prætermisi pauca ex multis scribere coactus sum, quæ non solum mihi sed et pluribus in tantum innotuerunt ut ea in populis prædicent, et me quod ea non scripserim nimiæ simpliciatis accusent. Quædam igitur quæ visa fuerunt quædam vero quæ facta probantur sub uno statui scribere, omissis pluribus quæ popularis rumor jactitat vera quidem esse, sed mihi non omni ex parte comperta. Et quidem quod de comite Ærnulfo[3] ejusque comitibus in mari factum miraculum retuli, quodque de fratre bonæ videlicet vitæ Roberto monacho in fine ipsius operis scripsi, ea re contigit, quia mox post transitum ipsius facta fuerunt et mihi evestigio innotuerunt. Nunc autem quæ, juvante gratia Dei, scripturum me fore confido, licet aut prius aut ferme per idem tempus gesta extiterint, ideo tamen illis non continuavi, quia nonnisi

---

[1] *judicaverim*] judicarim, H.
[2] *et illa non scribere*] Not in K.
[3] *Ærnulfo*] Ernulfo, H.; Arnulfo, I., K.

Reasons for composing a separate work.

post evolutum longi temporis spatium in notitiam nostram perlatæ sunt. Quoniam ergo liber vitæ illius[1] jam a multis transcriptus, et per diversas ecclesias est dispertitus,[2] nec facile est omnia volumina me habere, et eis demere quid vel augere, iis quæ scribemus aliud exordium constituemus. Magno siquidem opere desideramus, ut qui qualem vitam vir Deo amabilis Anselmus duxerit ex scriptis vera, fateor, relatione compositis agnoverunt, quam pretiosa quoque in conspectu Domini sit mors ipsius non minus vera rerum descriptione cognoscant.

EXPLICIT PROLOGUS.

---

[1] *illius*] ipsius, I. | [2] *et per . . . dispertitus*] Not in K.

MS. p. 380. INCIPIT QUÆDAM PARVA DESCRIPTIO MIRACULORUM GLORIOSI PATRIS ANSELMI CANTUARIENSIS.

Helias quidam nomine monachus fuit ecclesiæ Cantuariensis, bonis quidem moribus et simplicitate decoratus vitæ innocentis.[1] Huic pene tribus mensibus ante obitum patris Anselmi quadam nocte visum fuit se in oratorio solum stare et prout Deus dabat orationi intendere. Inter quæ aspexit, et ecce pater Anselmus ante sepulchrum Beati Dunstani precibus incumbebat. Vidit igitur, eo orante, qua claudebatur sepulchrum superiorem partem moveri, et quasi loco paulatim cedere. Ad quem motum cum Anselmus ab oratione concitus[2] surgeret, vidit Beatum Dunstanum in sepulchro sese quasi ad sedendum sensim erigere, sed præpediebatur operimento sepulchri quod necdum suo recessu locum ei sedendi effecerat. Anselmus autem toto conamine nitebatur molem evellere, sed nequiquam.[3] Innuit igitur nominato fratri eminus stanti propius accedere, et quod ipse nequibat solus communicato labore secum perficere. Accessit, et quod unus non poterat ambo pariter effecerunt.[4] Amoto itaque obstaculo, erexit se sanctissimus pater, et sedens, verso vultu ad Anselmum, dixit illi,[5] "Amice "carissime, scias me preces tuas exaudisse." Et extensa dextera sua obtulit ei anulum aureum dicens, "Hoc habeas signum memet tibi vera locutum." Cumque Anselmus ut anulum susciperet manum extenderet, retraxit manum Beatus Dunstanus et dixit ei, "Hac quidem vice istum anulum non habebis; sed, "me servante, quarta feria ante Pascha de manu

The vision of Helias, a Christ Church monk.

---

[1] *decoratus vitæ innocentis*] v., i., d., H., K.
[2] *concitus*] conscius, H.; consitus, K.
[3] *nequiquam*] nequaquam potuit, H. (*potuit*, a subsequent insertion).
[4] *effecerunt*] perfecerunt, H.
[5] *illi*] Not in I.

"Domini illum recipies." Hanc visionem idem frater mihi familiari affatu sequenti die enarravit, sed ego, vitam quam mortem patris et domini mei plus desiderans, eam non eo quo evenit modo tunc quidem interpretari conatus sum. Verum cum ad diem illum ventum fuisset, re ipsa patuit quid visionis ipsius figura prætenderit.[1] Aurora siquidem illius diei illucescente, huic vitæ pater ipse sublatus, et, sicut quam subscribimus alia visio declarabit, supernæ remunerationis gloria donatus est.

The vision of a monk of SS. Peter and Paul and St. Augustine.

Eadem quippe hora qua de hac erat vita [2] exiturus, quidam monachus in vicina Beatorum Apostolorum Petri et Pauli et Sancti Augustini abbatia de transitu patris sollicitus, subito, ut fit, præ eadem sollicitudine sopore gravatus, obdormivit. Visum ergo illi est se cameræ in qua ipse Anselmus jacebat jam moriturus comminus astare, et quendam pulcherrimam albatarum personarum cuneum eandem cameram hinc inde miro decore circumvallare, et quasi alicujus ad se cito transituri adventum præstolari. Quidam vero prægrandis excellentiæ pontifex pontificalibus ornamentis insignitus hujus cunei magisterio ac dispositione fungebatur, et nutum ejus omnes pariter expectabant. Hic videbatur ingredi et egredi, et eos [3] qui foris erant ne tædio suæ expectationis afficerentur,[4] exhortari. Et jam Anselmo obeunte festinus exivit, et ait, "Ecce "adest quem expectatis, suscipite illum, et quo Do- "minus jussit efferte in voce laudis et exsultationis." Quod dum fieret, frater qui hæc videbat expergefactus a somno est; et patrem Anselmum intellexit præsentem vitam vita mutasse perenni. Quis autem pontifex ipse qui præsidebat aliis fuerit, ex figura et habitu ejus Beatum Dunstanum fuisse apertissime patuit, qui promissum anulum sicut prædiximus ei cum honore et gloria reddidit.

MS. p. 381.

---

[1] *prætenderit*] prætenderet, H.
[2] *erat vita*] vita erat, H., K.
[3] *et eos*] omnes, K.
[4] *afficerentur*] afficerent, K.

Alius quidam frater patrem Anselmum affectu valde sereno[1] diligens, et ideo magnopere nosse desiderans in quam partem vocationis Dei translatus de hac vita[2] sumptus fuisset, oravit Deum quatinus rei hujus certitudinem sibi revelare dignaretur. Ecce autem fratri eidem corpore dormienti, non· spiritu, ipse vir Domini astitit, pronuncians se velle illum omnibus modis certum esse, quia statim ut corporis onere fuit exutus gloriose susceptus, et stola fuerit jocunditatis indutus. Hæc interim de visis dicta sint. Ad ea quæ manifeste facta sunt hinc veniemus, nihil unde animum nostrum vel levis dubitatio mordeat ulla ratione scripturi.

Another monk is assured by vision of Anselm's immediate beatification.

Erat igitur vir quidam divitiis mundi non adeo locuples, sed spiritu serviendi Christo non mediocriter pro suo captu abundans, qui, obeunte patre Anselmo, gravi corporis infirmitate pressus Cantuariæ moriebatur. Et ecce dum jam putaretur a corpore solvi, in hora qua gloriosus Domini servus huic vitæ decedebat, juvenis quidam ei speciosus apparuit, quid haberet inquisivit. At ille, "En morior, ut perspicis," inquit, "et quæris quid habeam?" Respondit, "Pater " civitatis istius et totius patriæ hujus jam nunc ad " Deum, relicto sæculo, in æternum victurus properat, " et tu morereris?[3] Nequaquam. Immo surge sanus, " et glorifica Deum Patrem hæc in te operantem, et " jam prædictum patrem vestrum pro meritis suis " perenniter glorificantem." Stupentibus itaque cunctis qui ad funus ejus[4] convenerant, homo convaluit, et quonam modo[5] tam subito sanitati restitutus sit percunctantur. At ille quid viderit, quid audierit, quid de patris Anselmi glorificatione didicerit clara[6] voce cunctos edocuit. Igitur eo relicto concite currunt ad ecclesiam Domini Salvatoris, et inveniunt sicut audie-

A sick man on the point of death recovers at the moment of Anselm's dissolution.

---

[1] *sereno*] sincero, H., K.
[2] *de hac vita*] necessaria, K.
[3] *morereris?*] *moreris?* K. In MS. *morereris? Nequaquam* are on erasure.
[4] *ejus*] Not in H.
[5] *quonam modo*] quo, K.
[6] *clara*] clam, I.

rant jam de hac vita translatum fuisse praedictum Domini vas electionis.

An infirm priest takes the habit, and by Anselm's intercession is restored to health.

Quidam est ex monachis Cantuariensibus, in Dei servitio strenuus. Hic in sæculari habitu adhuc[1] positus, et gradu presbyterii functus, gravi corporis infirmitate correptus est, ut mortis metum quam vitæ spem magis haberet. Unicum igitur animæ suæ præsidium si monachus fieret esse confidens, rogavit se in ecclesia[2] Christi Cantuariæ monachum fieri, utpote cita inter fratres morte vitam finiturus. Adquieverunt illi precibus ejus, et religiosa veste indutum in domum infirmorum susceperunt. Non ergo juxta quod putabatur cita morte præsenti vita subtractus est, sed qua gravabatur corporali molestia diutina vexatione detentus est. Per vices tamen nonnuquam melius habebat, sed in eo non diu consistebat. Igitur inter vitam et mortem medius ignorabat quid certius sperare deberet. Oneri ergo non solum aliis, sed et sibimet ipsi[3] erat. Concepit tandem apud se sibi forte non inutile consilium fore, auxilium super hac sua magna necessitate a reverendo patre Anselmo requirere. Ductus itaque a suo quodam familiari amico est ad tumbam illius. Ubi stratus humi, infortunii sui querimoniam lacrimabili voce deprompsit, ac ut suam ecclesiam ad quam moriturus magis quam victurus venerat de se liberaret, hoc est vitam sibi vel conferendo vel funditus auferendo, supplici prece poposcit. Mira Dei bonitas, mira potestas.[4] Non longis et importunis precibus ægrum fatigari passus est, quod sincera fide petivit celeri effectu secus quam putabat illi largitus est. In brevi namque convaluit, et ex eo usque huc in conventu fratrum sanus et alacer vivit.

A knight, Humphrey by name,

Vir quidam nobilis, miles fortis, multis Angliæ partibus notus, Humfredus[5] nomine, gravissimo morbo

---

[1] *habitu adhuc*] adhuc habitu, H.
[2] *ecclesia*] ecclesiam, H.
[3] *sibimet ipsi*] ipsimet, H.
[4] *potestas*] potentia, H., K.
[5] *Humfredus*] Hunfredus, H., L., K.

percussus, eo scilicet quem quidam hydropim nominant, a medicis desperatus morti, ut æstimabatur, propinquus jacebat. Hic[1] olim Anselmo notus, sanctitatis ejus insignia multa cognoverat. Prædicta igitur molestia pressus, semper ipsum in ore habebat, ipsius meritis et precibus Deum sibi propitium fore plena fide postulabat. Erat huic quidam ex antiqua amicitia notus,[2] Haimo dictus, ecclesiæ Christi Cantuariensis monachus. Hunc ergo missis nunciis ad priorem ecclesiæ[3] rogans fecit venire ad se, quoddam corporis et animæ suæ remedium autumans esse, si, eo et[4] fratre qui secum venturus erat[5] assistente, in extremis suis solatiaretur. Veniens ergo illuc frater idem cingulum domini et patris Anselmi secum detulit. Nepos etenim meus ex sorore natus erat,[5] et ipsum cingulum a me sibi commendatum custodiebat. Qui videns hominem nimio languore toto corpore intumuisse, et in tantum ut jam rumpi ab omnibus qui eum videbant putaretur tradidit illi cingulum, indicans ei cujus fuerit et a quo illud sibi commendatum acceperit. Ingemuit ille, et, sanctitate beati patris[6] ad mentem reducta, ac ut sui[7] pius Deus ad merita ejus misereretur devota prece præmissa, acceptum cingulum deosculatus sibi circumposuit. Summitatibus autem ejus ob immoderatam viri distentionem sese vix contingentibus, paululum ita sustinuit. Et ecce mirum in modum corpus sensim cœpit detumescere, et parvissimo intervallo plene longitudine virilis pedis quod appositum erat cingulum sibi connexum est. Quod ipse sentiens illico cingulum illud per turgentia membra hinc inde deduxit, et omnis tumor inordinatus qui ea invaserat ad tactum illius statim evanuit. Nec abundantia pravi liquoris unde tumebat aliquo

---

[1] *Hic*] Hic vir, I.
[2] *huic q. ex. a. a. n.*] q. h. n. ex. a. a., H.
[3] *ecclesiæ*] ecclesiæ Christi, I.
[4] *et*] Erased in H.
[5] *erat*] Not in I.
[6] *patris*] patris Anselmi, I.
[7] *sui*] sibi, H.

meatu effluxit,[1] sed, quod magis forte stupeas, in nihilum redacta deperiit. Convaluit igitur homo, et post dies Cantuariam veniens, et patris tumbæ gratiosus sese præsentans, in conventu fratrum hæc omnia retulit, ac ut pro se Deo et beato servo ejus gratias agerent rogavit et obtinuit. Ego autem his auditis fateor gaudio gavisus sum vehementi. Et conversus ad hominem, "Cingulum," dixi, "nostrum " est; volo[2] restituas ut vos decet." At ille, "Scio, " scio ita sicut asseris esse. Verum sine dubio no- " veris, quoniam illud non tam cito recuperabis, si " domum meam pro eo ipse non iveris.[3]" Adquievi dicto. Post dies paucos aliis nihilominus quibusdam necessariis actus illo veni, et cingulum a viro recepi. Ad preces vero ejus dedi illi ex eo corrigiam unam admodum strictam sed ad mensuram ipsius cinguli longam, et divisi ab invicem sumus. Cum igitur de sanitate[4] illius nos securitas quædam certa teneret, emenso non modici temporis intervallo, relatum nobis Cantuariæ est eundem virum pristina invalitudine correptum acri dolore vexari. Pro re[5] itaque perrexi ad eum, sed quæ ferebatur molestia non inveni oppressum. Miratus igitur, et[6] cur venerim, et[7] utrumnam infirmatus fuerit juxta quod audieramus, sciscitatus sum. At ipse vere quidem se infirmatum testatus est, et percunctanti mihi quali modo convaluerit confessus est. Dicebat ergo quod languore nimio pressus, quid dudum perpessus, qualiterve fuerit curatus ad mentem reducto, in spem sibi venerit quoniam, tametsi integrum cingulum per quod convaluit non haberet, partem tamen illius quam habebat illum cujus erat sicut toto si vellet sibi posse mederi. " Qua spe," inquit, "fretus, quam dedisti mihi corri-

---

[1] *effluxit*] affluxit, H.
[2] *volo*] volo ut, H., K.
[3] *iveris*] veneris, H.
[4] *sanitate*] civitate, K.
[5] *Pro re*] Propere, H.
[6] *et*] Not in H.
[7] *et*] et ego, H.

"giam circumposui, et illico, prout ecce vides, sanitati sum restitutus." Hæc ita de his.

Cum is[1] qui patri Anselmo in pontificatum successerat, Radulphus scilicet archiepiscopus, Romam pergens Lugdunum venisset, ubi ipse pater Anselmus olim ab Anglia pro justitia pulsus, non sicut exul aut peregrinus, sed sicut incola et ipsius loci præsul et dominus ab omnibus fuerat habitus, mansit ibi per aliquot dies, ratione qua ita fieri erat necesse detentus. Una igitur horum dierum pro nota mihi locorum et hominum familiaritate ad Sanctum Hireneum ascendens, diverti ad oratorium Beatæ Mariæ Magdalenæ, duabus ancillis Dei juxta idem templum pro Deo reclusis locuturus. Quarum una, Athaleidis nomine, familiari affatu mihi innotuit, se post obitum præfati patris Anselmi quadam vice orationibus ac lacrimis intentam, subito velut in mentis excessum[2] supra se raptam et tribunali gloriosissimæ Reginæ coelorum a quibusdam reverendis personis adductam. Quam cum debita veneratione salutasset, et jussa ante pedes ejus consedisset, post plurima quæ vidit et audivit[3] admiranda patriæ coelestis præconia, quasi quadam fiducia constantior effecta, inter alia quæ a Domina rerum inquisivit, nec mihi quæ illa fuerint patefacere, ut fatebatur, potuit, de Hugone Lugdunensi pontifice sciscitata est, quomodo scilicet aut in qua sorte judicii Dei esset constitutus. At illa, "Bene," inquit, "filia, bene illi per "Dei gratiam erit." "Et de domino meo," ait, "Anselmo Cantuariorum archiepiscopo, pia Domina, quid "sentiemus?" Respondit, "De illo certissima esto, "quod sine dubio in magna gloria Dei est." Hæc illa mihi tanta lacrimarum inundatione perfusa narravit, ut fidem verbis ejus nolle adhibere perfidiæ videatur posse ascribi. Quid hic dicemus? Quis de æterna

---

[1] *Cum is*] Dum his, H., Cum his K.
[2] *excessum*] excessu, K.
[3] *vidit et audivit*] audivit et vidit, H., K.

beatitudine illius, quæso, amplius dubitabit, quam suo testimonio illa ipsius beatitudinis Mater sub tanta certitudine denunciavit? Illud quoque quod cuidam qui ei viventi familiariter adhærere consueverat, ut sibi quidem visum fuit, idem pater per id ferme temporis dormienti dixit his subjungere placuit. Videbatur itaque illi se patrem ipsum, alba candidissima indutum et pontificali infula decoratum, per dexteram sicut viventem solebat quasi missam celebraturum ad ecclesiam ducere, et in eundo ipsum de præsenti vita assumptum, ut sæpe contingit, advertere. Nihil igitur hæsitans, allocutus eum, " Care," inquit, " pater, scio te mundo exemptum " vitam præsentem vita mutasse perenni. Quapropter " oro te, indica mihi ubinam degas, quomodo vivas, " quidve agas." Ait, " Ibi vivo, ubi video, lætor, per-" fungor." Ad quod ipse mox expergefactus quæ audierat, ne memoria elaberentur,[1] secum volvere cœpit. Et ecce dum in hoc totus esset, unum e quatuor quæ sibi dicta recordabatur animo suo elapsum ægre ferebat. Sollicitius[2] ergo meditans, nec quid fuerit certo[3] apprehendere valens, repente somno pressus parumper oculos clausit, et illico vocem sibi dicentem audivit, "Lætor." Hoc enim de quatuor quæ patrem sibi dixisse tenebat, videlicet, *vivo, video, lætor, perfungor*, unum erat, quodque memoriam suam fugisse dolebat. Verum ubi id modo quo dixi recuperavit, eo magis gavisus est quo se per hoc certiora vidisse cognovit.

Post hæc dum, petente[4] Alexandro rege Scotorum, ad pontificatum Sancti Andreæ in Scotiam essem translatus, et ibi aliquantum temporis degens incolis regionis illius notus fuissem et acceptus, contigit quandam matronam de nobili Anglorum prosapia ortam et in Christiana religione circumquaque probatam, Eastrildem[5] nomine, gravi corporis languore vexari, et in

---

[1] *elaberentur*] laberentur, H.
[2] *Sollicitius*] Sollicitus, I.
[3] *certo*] certe, H.
[4] *petente*] repente, H., K.
[5] *Eastrildem*] Estrildam, H.; Æstrildem, K.

tantum ut nihil ei præter mortem superesse quicunque accederet testaretur. Hæc olim fama sanctitatis Anselmi patris audita, sed tunc per me, nam bonis aliorum magnifice delectabatur, plenius inde edocta, cingulum ipsius patris, quo de[1] supra nonnulla retulimus, sibi, quamvis dissolvi et esse cum Christo magis optaret, circumponi permisit. Quo facto, mox meliorari incipiens post paucos dies integerrimæ sanitati, stupentibus cunctis, restituta est. His affui, hæc[2] vidi, pro his tali ratione administratis non solus ego sed et multi mecum plurimum exhilarati laudes Deo et gratias egimus.

Dehinc cum me zelus timoris Dei et amor salutis animæ meæ cogerent Scotiam ad horam linquere,[3] et ad totius Britanniæ[4] matrem, ecclesiam dico Cantuariensem, quæ ab infantia me nutrierat quærendi de iis[5] quæ me valde gravabant consilii causa revolare, illo veni, sed eorum quæ me illuc egerant nihil inveni. Radulfus siquidem archiepiscopus infirmabatur, nec ulla eum sanitas secuta est donec præsenti vitæ superfuit. His diebus quidam de fratribus acuta febre correptus plurimorum corda magni doloris mucrone suo incommodo consternebat. Juvenis enim erat, et bonorum in se morum indicia præferens fructuosum se ecclesiæ Dei futurum bonæ spei fiducia præsignabat. Is ergo, crescente languore, a semetipso pene et ab aliis desperatus, ad Deum modis omnibus conversus est, ac ut animæ suæ de corpore migranti nil adversi obsisteret quanta potuit sollicitudine operam dabat. Aderamus illi, vota ipsius pio studio prosequentes. Interea occurrunt animo quæ vel quanta Beatus Anselmus suis[6] alumnis beneficia prærogare consueverit. Inde ad verba prodimus et quæ etiam per cingulum suum mundo exemptus mira sit operatus

---

[1] *quo de*] de quo, H.
[2] *hæc*] et, H.
[3] *linquere*] relinquere, H.
[4] *Britanniæ*] Angliæ, H.
[5] *iis*] his, H.
[6] *suis*] Not in H., K.

retractamus. Nec mora, rogatus ab infirmo et assistentibus cingulum attuli; et collo languentis appensum est. Eadem hora febris conquievit, nec ulterius eum invasit. Convaluit ergo frater ille, et Salvatori omnium Deo grates per fidelem famulum suum persolvimus inde.

The girdle enjoys a great renown.

Quid faciam? Si ea solum quæ per memoratum cingulum mira facta sunt singulatim [1] scribere voluero, procul dubio cunctis his intendere volentibus oneri ero. Solenne etenim jam hominibus quaquaversum ægrotantibus extat, et maxime mulieribus in partu periclitantibus, ipsum cingulum devota mentis intentione expetere, firma spe sibi pollicentibus indubiam sospitatem se consecuturos, illius solummodo usu ad tempus potiri mereantur. Nec aliquis sua spe in hac fraudatus hucusque nobis nunciatus est; ab iis [2] scilicet quorum diligentiæ ipsum cingulum pro remedio illud plena fide expetentium credere non dubitavimus.

Eadmer records another cure by the girdle,

Illud tamen prætermittere nulla ratione possum persuadere animo meo, quod nuperrime quidam ex fratribus ecclesiæ Cantuariensis magno quodam tumore, in modum amplæ et teretis speræ [3] sub umbilico ejus crescente, graviter [4] afflictus, mox ad tactum cinguli ipsius, et dolore sedato qui jam ad cor usque pertinxerat, et post modicum tumore penitus detumescente, pristinæ sanitati redditus omnino convaluit.

and inserts a miracle omitted in the Vita, but subsequently recalled to his memory by abbot Helias of la Trinité du Mont.

Nec alicui incredibile videri debere pronuncio tantum virum vultui Dei assistentem talia facere posse, cum opus huic simile, eo adhuc inter undas vitæ labentis gemente, Divina Majestas pro designanda gratia ejus facere dignata sit, sicut ego per id temporis quo hæc longe post obitum illius scripsi indubia penitus relatione accepi, immo jam cognitum sed a memoria oblivione deletum in mentem lætus recipere merui. Venerabilis siquidem abbas Montis Sanctæ Trinitatis

---

[1] *singulatim*] singillatim, K.
[2] *iis*] his, H.
[3] *speræ*] persæ, K.
[4] *graviter*] pariter, K.

Rotomagi,[1] Helias nomine, his diebus Cantuariam veniens, cum me referente miraculum quod nuperrime retuli audisset, sciscitatus est utrumnam memoriæ meæ inesset mirabile factum in se, tempore quo pater Anselmus Rotomagi morabatur, ob merita ipsius patris perpetratum. Cui cum respondissem me nec quid animo volveret aut quid dicere vellet quovis pacto animadvertere, "Mirabilis homo," ait, "recordarisne " saltem ipsum beatum patrem, cujus obsequio sedulus " insistere solebas, sacros ordines Rotomagi[1] aliquan- " do administrasse?" "Magis," inquam, "hoc firmis- " sime scio quam recorder." "Qualiter," ait, "tunc " elapsum a memoria tua est quod mihi ad sacrum " ordinem suscipiendum inter alios præ aliis gratia " tua obsecutus fuisti, utpote quem gravissimo dolore " et ultra quam credi possit genu turgente afflictum " vidisti nonnisi a duobus fratribus sustentatum posse " in ordinis susceptione subsistere? Et utique tunc " tibi innotuit quemadmodum mox ubi me manibus " præsentis antistitis sacrandus humiliavi, ac Domi- " num Christum, ut ordini suscipiendo aptus existere, " corporisque sanitatem propter merita et intercessi- " ones ipsius patris mererer adipisci, pro posse de- " votus oravi, illico sedato tumore ac fugato omni " dolore, totus convalui.' Quæ ubi audivi confestim agnovi. Et intelligens cuncta verissima esse, fateor erubui, meque ipsum valde repræhendi, eo quod tam evidens et grande miraculum in ordine vitæ beati viri locum suum, desidia mea prævalente, perdiderit. Hic itaque licet sero dictum et creditum sit.

Inter hæc tanti viri insignia facta, diebus ac noctibus frequens ad sepulchrum[2] ejus fratrum accessus erat, singulis dulce habentibus notæ[3] pietati sui carissimi patris suas siquæ emergebant necessitates animarum vel corporum quasi vivo depromere, et inde

---

[1] *Rotomagi*] Rothomagi, H., and once in K.
[2] *sepulchrum*] tumulum, H.
[3] *notæ*] nocte, H.

pro modo causarum ab eo consilium et auxilium implorare. Quæ unus[1] ex iis[2] qui post obitum ipsius ad conversionem venerant fieri cernens, et vitam viri non omni ex parte notissimam habens, cogitare cœpit intra se quidnam certi de sanctitate defuncti fratres acceperint, quorum devotionem circa tumulum ejus cernebant ita assiduam esse. Cupiens itaque eorum ad quos, relicto sæculo, venerat actus imitari, tumbæ patris more aliorum se prosternere gestiebat, sed utrum pro eo, an ut ipse pro se Deo preces offerret, precaretur, hæsitabat. Nullum igitur habens qui eum ab hac sua hæsitatione ad plenum evolveret, ad sinum gratiæ Dei se convertit, obsecrans ut ipse cui omnes hominum viæ patent, et qui secum gradientes sanctificat sicut ipse sanctus est, aliquo certo indicio sibi revelare dignetur quid de Anselmo verius amodo sentiat, sanctusne videlicet sit qui pro aliis ad Deum intercedere digne possit, an adhuc talis pro quo potius intercedendum ab aliis sit. Orat semel, orat secundo. O mira bonitas Dei, mira benignitas, et vere clementia Domini[3] mira. Non passa est hominem diutius in hæsitatione sua languere, sed quam pie petebat rei veritatem, ne longiore, ut fit, mora fatigatus cœpto desisteret, dignata est certa revelatione mox iterata prece docere. Nam ubi precibus secundo incubuit, subito, ut sæpe contingere solet, lenis oculos ejus somnus oppressit. Et ecce ante illum volumen apertum, in quo deducto lumine vidit decentissime scriptum SANCTUS ANSELMUS. Illico expergefactus oculos a somnio levavit, et vere nomen patris Anselmi in libro vitæ scriptum, apposito quod nosse quærebat sanctitatis prænomine, intellexit.

Alia post hæc die cum idem frater illic missam celebraturus ante sepulchrum ipsius sancti patris pertransiret, tantam miri odoris et inæstimabilis suavitatis

---

[1] *unus*] cujus, K.
[2] *iis*] his, H.

[3] *Domini*] Dei, H.

fragrantiam sensit ex ipso manare,[1] ut nullus eam mundanarum specierum odoribus aut suavitatibus comparari posse putares. Qua in re plane advertit, primæ visioni sine omni dubitatione fidem habere, quam subsequens divinus odor testatus est verissimam esse.

A quodam fratre mihi in fraterna dilectione dudum familiariter juncto non multis evolutis diebus accepi quod narro. Villa Sancti Eadmundi [2] nuper ex insperato igne succensa, sæviente incendio quaquaversum in destructionem vertebatur. Turbatum vulgus in ea consistens turbatis discursibus suis rebus consulere laborabat, sed non multum proficiebat. Ventus enim vehemens erat, et, hinc inde longius ignem propellens, priusquam percipi posset ædificia ab ardentibus domibus plurimum distantia flamma volans occupabat. Juvit hoc infortunium claritas solis, qui discurrentem flammam ne videretur suis radiis obtenebrabat. Erat autem inter alios ibi juvenis quidam, quem sua paupertas, quam ex obitu patris Anselmi pontificis Cantuariorum se incurrisse gemebat, illuc a Cantia egerat. Solebat namque in familia ipsius venerandi antistitis pro suo officio ministrare, et sibi quæque necessaria propagare. Quo defuncto, abbatem Sancti Eadmundi adiit, sperans suo commodo conversationem illius magis profuturam quam quorumlibet aliorum. Erat enim abbas idem nepos Beati Anselmi ex sorore natus, et ipse Anselmus nominatus. Juvenis igitur ille tunc cum incendium eruperat noviter sibi domum satis accommodam fabricaverat, eamque tunc primo consummaverat. Ecce autem vis incendii vento impulsa domui incumbit,[3] et in tantum ut postem portæ consumptura flamma teneret. Aderat frater ille a quo ista accepimus, qui hominis dolori compatiens monuit eum [4] et diligenter hortatus est quatinus in

In a conflagration at St. Edmund's,

where the saint's nephew was abbot,

---

[1] *ex ipso manare*] MS. has, after *ipso*, an erased space of the value of *loco*. I. has *ex ipso sepulcro manare*.

[2] *Eadmundi*] Ædmundi, H., Edmundi, K.

[3] *incumbit*] incubuit, H.

[4] *eum*] illum, H., K.

mentem revocaret dominum suum Anselmum qui eum nutriverat, et Dominicam orationem in memoriam nominis ejus decantaret, eique domum suam a præsenti periculo defendendam commendaret.[1] Adquievit ille, et flexis genibus fecit quod monuit. O clementia Dei, o insigne meritum famuli Dei. Necdum precem ad plenum absolvit, et ecce totum incendium a domus læsione ventus ab alia parte surgens evolvit. Mirabile itaque factum ostendit ibi [2] omnipotens Deus, cum ad invocationem fidelis famuli sui Anselmi domus sibi commendata in medio ignis stabat illæsa, et, cæteris omnibus eam circumcirca vallantibus in favillam cineremque redactis, manebat intacta.

Hæc pro designanda qualitate vitæ tuæ, reverende pater Anselme, qualicunque stilo digessi, ex industria multa præteriens quæ magnitudini gratiæ Dei qui tecum operabatur sublimi preconio possent ascribi. Peperci enim incredulitati quorundam qui usque hodie tibi non sincero animo detrahunt, et quæ scripsi nimia esse contendunt. Jam cani capitis digitique trementes me a scribendo compescunt, et ut meritorum tuorum aliquam partem in vita perenni merear adipisci continua prece insistam suadent atque compellunt. Quod utinam miseratio Dei mihi concedat efficaciter exsequi.[3] Amen. Vale igitur, mi pater et advocate dulcissime,[4] et esto pro me, Edmero videlicet alumno tuo et donec pontificatui Cantuariensi præsedisti assiduo et indefesso ministro tuo. Si ad hæc quivis, me defuncto, aliqua quæ fortasse per te facturus est Deus scribendo adjecerit, illi, non mihi, ascribatur qui hoc fecerit. Ego hic finem imposui.

---

[1] a. pr. p. d. c.] c. a. pr. p. d., K.
[2] *ibi*] ei, H.
[3] *exequi*] consequi, K.
[4] *dulcissime*] pater Anselme, I.
[5] *Ego hic finem imposui*] I has "Ego Edmerus monachus ecclesiæ

"Christi Cantuariæ hic finem im-
"posui istuis operis ad laudem et
"honorem Dei et Sancti Anselmi
"Cantuariensis Archiepiscopi qui
"in Trinitate divit et regnat per
"omnia secula sæculorum. Amen."

INDEX.

INDEX.

A.

ABINGDON, 293.
ADELA, Countess of Blois and Chartres, 164.
ADELAIDE (Atheleis) of Louvain, second queen of Henry I., 290; her espousals, 290; her marriage, 292.
ALBAN'S, ST., Abbey, rebuilt and enriched by Lanfranc, 15; made a Canterbury *alodium* by the Red King, 37.
ALBOLD, monk of Le Bec, successively Prior of St. Nicaise, Meulan, and Abbot of St. Edmund's, 205, 226.
ALDULF, King, 266.
ALEXANDER II., Pope, sends Lanfranc to England, 10; his reception of Lanfranc, 11; refers two cases to his adjudication, 11; a letter from, to Lanfranc, 19; further mention of, 132.
ALEXANDER I., King of Scotland, 198; writes an important letter to Archbishop Ralph, 236; writes to him for Eadmer, 278; his treatment of Eadmer, 282-286; gets rid of him and writes to Archbishop Ralph, 286; his spiritual relation to Archbishop Ralph, 280; letters of, 279, 286.
ALEXANDER, monk of Christ Church, Canterbury, goes to Rome in Anselm's behalf, 132.
ALFRID, King, 266.
ALTYA (Alteia, Autie), river, 332.
ANSELM, ST., biographical notices of. His parentage, 314; a dream in childhood, 315; his youth, 316; his early relations with Lanfranc, 317, 319; his early studies at Le Bec, 318; his philosophical speculations, 320; his hermeneutical labours, 322; appointed Prior of Le Bec, 322; tries, but in vain, to be released, 327; his fame in Normandy and France, 23, 341; elected Abbot of Le Bec, 344; his friendship with Lanfranc, 23, 348; his influence with the Conqueror, 23, 355 : his first visit to England, 348-354; visits England in 1092, 28, 359; is not allowed to leave the country, 29; consulted by the bishops as to a "modus orationis agendæ" 30; summoned to Gloucester, March 1093, 31; hears the King's confession, 31; gives him spiritual counsel, 31; is named Archbishop of Canterbury, 32; refuses to be invested with

ANSELM, ST.—*cont.*

the crosier, 32; is carried by main force into the church, 35, 360; goes to Winchester at Easter (1093), 360; his interview with the King at Rochester, 39; becomes the King's man pro usu terræ, 41; is enthroned, 41; is consecrated, 42, 361; Primate of Britain, 42; his prognosticon, 43, 73, 213, 361; offers the King 500 marks, which are accepted and then rejected, 43; consecrates Harrow church, 45; has an interview with William at Hastings, 48, 362; at Gillingham, 52, 375; the council at Rockingham, 54–66, 375–377; asks in vain for a safe conduct to the coast, 65; accepts the offer of a truce, 66; his refusals to buy the royal favour, 51, 70; is reconciled to the King, 71; refuses to receive the pallium from him, 72; assumes the pallium at Canterbury, 72; gives the King an aid, 75; receives an offensive letter from the King, 78; a vexatious suit is trumped up against him, 79; he asks leave to go to Rome, 70; his request is refused, but the suit is dropped, 80; he asks leave a second and a third time, 80; claims the right to go, 80; the King threatens, 80; charges him with breach of faith, 83; and offers him two alternatives, 83, 380; he rebuts the charge, 84; declares his resolution of going, 86; receives a message from the King, 86; gives him his blessing, 87, 380; returns to Canterbury, 87; takes leave of his monks, 381–384; is detained at Dover, 88, 385; embarks, and lands at Wissant, 88, 385; reaching Lyons, writes a statement of his case to the Pope, 91, 388; quits Lyons and reaches Rome, 95, 390; retires to Schiavi, 97, 391; visits Roger of Apulia under the walls of Capua, 97, 393; accompanies the Pope to Aversa, 98; desires to be relieved of the archbishopric, 99; tells his wish to the Pope, 103; complains of his suffragans, 104; the Pope's reply, 104; he returns to Schiavi, 104, 395; his "De Incarnatione Verbi," 105; takes a prominent part in the Council of Bari, 105; averts the excommunication of the King, 107; accompanies the Pope to Rome, 110; is detained there by him during the winter, 112, 396; takes part in the Council of the Vatican in 1099, 112, 397; leaves Rome, and reaches Lyons, 114, 397; visits La Chaise-Dieu, 118, 404; recalled by Henry I., 118, 405; returns to Lyons, 118, 405; returns to England, 119; goes to see the new King, 119, 405; who requires him to do homage and receive investiture of the archbishopric at his hand, 120; his concern in the King's first marriage, 121–126; other political services to Henry I., 127, 128; refuses to become the King's man and consecrate royal *investiti*, 131; refuses to leave the country, 131; is summoned to court again,

ANSELM, ST.—cont.
132; when a joint embassy is sent to Rome, 132; his conduct on the return of the embassy, 137-141; refuses fresh demands, 147; but consents to go to Rome for the King, 148, 406; reaches Le Bec, 149; reaches Chartres, 151; returns to Le Bec, 151; goes by way of Chartres to Rome, 151, 406; leaves Rome, 157, 406; forbidden to enter England, he remains at Lyons, 157, 407; leaves Lyons, 163; reaches Blois, 164; and Chartres, 165; meets the King at Laigle, 165; where his temporalities are restored, 166, 411; goes to Le Bec, 167; to Rheims, 168; threatens the Count of Meulan, 171; goes to Rouen, 177, 436; falls ill at Le Bec, 181; starts for England, but falls ill at Jumièges, 182, 411; returns to Le Bec, 182; falls ill there, 182, 411; has an interview with the King, August 15, 1106, 182, 413; consecrates a chapel at Le Bec, 413; returns to England, 183, 413; falls ill at St. Edmund's, 185, 414; settlement of the dispute on investiture and homage, 186, 414; receives profession of obedience from Gerard Archbishop of York, 187; his trouble with Thomas Archbisop of York, 198-206; his last illness, 415; his death and sepulture, 206, 416-418; respect shown to his memory, 207, 209; further notices of him, 213, 217, 240; his pecuniary straits, 220.

ANSELM, ST., hagiographical notices of. His early choice of the religious life, 316; his choice of the monastic estate, 319: his knowledge of character, 321; his austerities, 322; his invincible gentleness, 323; his aversion from preferment, 327; his care of the sick, 328; his love of the religious life, 337, 363; his tenderness to children, 339; his horror of *proprietas*, 342; his love of justice, 346; his hospitality, 347; his trust in Providence, 347; his affability, 353, 365, 371; his unselfishness, 356; his leniency, 357; his love of retirement, 365; his table-talk, 366-370; his dislike of secular business, 371; his charitable estimate of others, 371-374; his horror of sin, 374; his kindness for animals, 378, 379; his humility, 397; fascination of his presence, 90, 397; miraculous or quasi miraculous incidents, 328-332, 355, 360, 386, 392, 400, 401, 404, 406, 411, 413, 417-420, 425-440.

ANSELM, ST., literary notices of. The "De Veritate," "De Libertate Arbitrii," and "De Casu Diaboli," 332; the "De Grammatico," 332; the "Monologion," 333; the "Proslogion," 334; his letters, 334; the "De Incarnatione Verbi," 105, 365; the "De Processione Spiritus Sancti," 106; the " Cur Deus Homo," 391; the " De Conceptu Virginali et de Peccato Originali," 402: the "Meditatio Redemptionis Humanæ," 402; the " De Concordia," 415.

ANSELM'S, ST., letters, 91, 157, 169, 170, 174, 175, 191, 194, 195, 198, 199, 200, 201, 203, 205.
ANSELM, nephew of St. Anselm, Abbot of St. Saba, subsequently Abbot of St. Edmund's, brings the pallium to Archbishop Ralph, 228; arrives in Normandy with legatine powers, and is detained by Henry, 239; not allowed to enter England, 245; leaves Normandy, 259; further mention of him, 439.
ANTONY, subprior of Christ Church, 197.
AOSTA, 314.
ARCHDEACONS, legislation concerning, 142.
ARNULF (Ernulf), Prior of Christ Church, subsequently Abbot of Peterborough, 197; and Bishop of Rochester, 225, 236; other notices of him, 291, 294.
ARNULF (Ærnulf) of Montgommeri, 419, 425.
ASPERA, 95.
ATHELEIS, a nun at Lyons, 241, 433.
ATHELRED, King, 266,
AUGUSTINE, ST., of Canterbury, 276, 277.
AVERSA, 98.

B.

BALDWIN, *advocatus* of Tournay, subsequently monk of Le Bec, 34; banished from England by William Rufus, 67, 377; recalled to England, 73; his journeys to Rome in Anselm's behalf, 132, 171, 411; further notices of him, 95, 138, 360, 377, 417, 421.
BARI, Council of (A.D. 1098), 105–107, 365; shrine of St. Nicholas at, 104, 155, 395.
BARTHOLOMEW, ST., a relic of at Christ Church, Canterbury, 108–110.
BEC, LE, 37, 149, 151, 180, 182, 318, 355, 357, 358, 411, 413.
BENEVENTO, Archbishops of; (Roffridus), 107, (Alphanus II.), 108.
BENEVENTO, 139, 151, 178, 203, 243, 244.
BERNARD, Bishop of St. David's, his consecration, 235; other notices of him, 237, 255, 291, 293, 295,
BIRHTWALD, Archbishop of Canterbury, 278.
BISHOPS, legislation concerning, 142.
BLACHEMAN, monk of Christ Church, Canterbury, 107.
BLOIS, 164.
BOEMUND, 179, 180.
BONIFACE IV., Pope, letters of, 261, 262.
BOSO, monk of Le Bec, subsequently Abbot, 357, 421.
BOULOGNE, 149.

INDEX.   447

BRUNO, Cardinal, 179.
BURGUM (Peterborough), 142.
BURGUNDY, 89, 165, 314, 317, 411.
BURGUNDY, Dukes of, 89, 133.

C.

CADULUS, 343.
CALIXTUS II., Pope (see Guido, Archbishop of Vienne), 249; holds a council at Rheims, 255; consecrates Thurstan Archbishop of York, 257; his interview with Henry I. at Gisors, 258.
CÆLESTINUS, Bishop of Armagh, seizes the see of Dublin, 298.
CANONS, legislation concerning, 142, 194.
CANTERBURY, see of, its ancient *privilegia* destroyed by fire, 16, 296; its ill estate on Lanfranc's death, 26; copies of the *privilegia* found, 261-276; other notices of, 274.
CANTERBURY, city of, ravaged by fire, 4; made the *alodium* of Christ Church, 37.
CANTERBURY, Christ Church (metropolitan church), 13, 75, 219, 296.
CANTERBURY, Christ Church (monastery), ravaged by fire, 4; attempt to oust the monks, 19; other notices of, 359, 363, 365.
CANUTE (Cnud), 108, 109.
CAPUA, siege of in 1098, 97, 393, 394.
CENIS, Mont, 317.
CENTIUS, 247.
CERNEL, 142.
CHAD, St., 278.
CHAISE-DIEU, LA, monastery of, 118.
CHARITÉ, La, monastery of, 164.
CHARTRES, St. Anselm at, 151, 165.
CHENRIMUNT (Kylregmont, Kilrule, St. Andrew's), 282.
CLEMENT III. (Guibert), antipope, 52.
CLERICAL incontinence, legislation on, 193, 212.
CHIUSA (Clusa, Clausa), monastery of St. Michael's, 389.
CLERICS, legislation concerning, 142.
CLUNY, St. Anselm at, 90, 164, 400; other references to, 248, 249, 318.
COIN, and false coin, 193.
COMETS, 212.
CONRAD, Prior of Christ Church, Canterbury, 210.
CONSANGUINITY, 143.
CONSECRATION of churches on archiepiscopal estates, 45.
Consuetudo and *Consuetudines*, 53, 58, 83, 84, 137.
COPES and other sacred ornaments, 13, 107, 110, 219.
COUNCIL of London (Westminster) in 1102, 141-144, 213.

COUNCILS, general: Bari (A.D. 1098), 104–107; Vatican (A.D. 1099), 112–114; decrees of the latter assembly, 114.
COUNCILS, national, for the reformation of manners, 48.
Criniti, 48, 143, 168, 214.
CRISTINA, maternal aunt of Matilda, queen of Henry I., 122.
CROWN, the, how fastened, 293.

D.

DAVID, Bishop of Bangor, his election and consecration, 259, 260; other notices of him, 298.
DEACONS, legislation concerning, 142, 194.
DEANS (rural ?), legislation concerning, 195.
DEVOTIONS, unauthorized, 143.
DEWI, the vulgar name for St. David's, 72.
DOFNALD, an Irish bishop, 76, 77.
DONATUS, Bishop of Dublin, 73.
DOVER, St. Anselm embarks at, in 1097, 88; lands at, in 1100, 119; lands at, in 1106, 183; Adelaide of Louvain lands at, 290.
DUBLIN, city of, 297.
DUNSTAN, St., his character and career, 3; his prophecy to Ethelred the Unready, 3; troubles on his death, 4; appears in a vision to Archbishop Lanfranc, 22, and to St. Anselm, 427, 428.

E.

EADMER, notices of, by himself, 249, 280, 282, 298, 302, 386, 389, 417, 422, 435; letter to Alexander, king of Scots, 299.
EALDRED, Archbishop of York, anoints William the Conqueror king, 9.
EALDWIN, Abbot of Ramsey, deposed, 142; reinstated, 188.
EASTRILDIS, 434.
EDGAR, king, his character and career, 3.
EDMUND's Abbey, St., 132, 185, 414, 439.
EDWARD, king and martyr, 3.
EDWARD the Confessor, king, 5; his relations with Godwin and Harold, 5, 6, 8.
EDWY, a Christ Church monk, 107.
ELPHEGE, St., Archbishop of Canterbury, his death, 4; the story of his canonization, 350–352.

ELY, diocese of, erected, 195.
EMMA (Imma, Ymma, King Canute's queen) 5; buys a relic of St. Bartholomew, 107.
ERMENBERG, St. Anselm's mother, 314.
ERNULF, see Arnulf.
ETHELRED the Unready, king, 3.
ETHELBERT (Æthelbert), king, 261.
ETHELNOTH (Ægelnoth), Archbishop of Canterbury, 109.
EUZO, 247.
EVERARD, a Christ Church monk, 159.
EVERARD, Bishop of Norwich, his consecration, 293.
EVERARD of Calne, 281.

F.

FAITH and fealty, 55, 57, 61, 63, 64, 83, 85.
FARICIUS, Abbot of Abingdon, proposed for Primate, 222.
FARMAN, monk of Christ Church, Canterbury, 107.
FERITAS a Freno (Feritas afreni, La Ferté-Fresnel?), 239.
FLANDERS, count of, 146.
FLANDERS, 341, 355.
FLORENCE, St. Anselm at, 406.
FOREST laws, 102.
FORMOSUS, Pope, letter of, 273; his relations with England, 271.
FRANCE, 89, 95, 165, 166, 341, 411.

G.

GAETA, 246, 247.
GELASIUS II., Pope, his antecedents and election, 246; his journey into Burgundy, 246; his death, 247.
GEOFFRY, Bishop of Coutances, 17.
GEOFFRY, Bishop of Hereford, 237.
GERARD (or Girard), a clerk of the royal household, successively Bishop of Hereford and Archbishop of York: his mission to Rome in 1094, 68; conducts Cardinal Walter to England, 68; Bishop elect of Hereford, 74; is ordained priest, 74, and consecrated bishop, 74; his journey to Rome in 1101 in the King's behalf, 132; and for his pallium, 132; makes his profession to St. Anselm, 187; his death, 193; other notices of him, 137, 141, 173, 187, 215.

GILBERT, Bishop of Limerick, 236.
GILBERT, Crispin, Abbot of Westminster, 189.
GILLINGHAM, 52, 58.
GISORS, Calixtus II. and Henry I. at, 258.
GODEFRIDUS dux Lotharingiæ (Geoffry of Louvain), 290.
GODFATHERS and godmothers, 143.
GODWIN, Earl of Kent, 5.
GREGORY III., Pope, letter of, 268.
GREGORY VIII., antipope, 246, 247; his defeat, capture, and internment, 294.
GREGORY, Bishop of Dublin, his election, 297, and consecration, 298; returns to Ireland, 298, seeks an asylum at Canterbury, 298.
GUARNER, a Christ Church monk, 246.
GUIBERT, antipope (see 'Clement III.').
GUIDO, Archbishop of Vienne, 398; his bootless embassy to England, 126; raised to the popedom (see 'Calixtus II.').
GUNDULF, father of St. Anselm, 316, 319.
GUNDULF, monk of Le Bec, subsequently Bishop of Rochester, 37, 75, 141, 192, 361.
GUY, Abbot of Pershore, deposed for simony, 142.

H.

HACUN, 6.
HAIMO, a Christ Church monk, Eadmer's nephew, 431.
HAROLD, son of Godwin, 6; his journey to Normandy, 6-8; Earl of Kent, 8; his succession to the crown, 8; his alleged message to Duke William, 8.
HARROW, the manor of, 45; the parish church of, 45, 308, 361.
HASTINGS, the battle of, 8; St. Mary's in the Castle at, 47.
HAYES, archiepiscopal manor of, 378.
HELIAS, Abbot (Rouen), 437.
HELIAS, a Christ Church monk, 427.
HENRY I., King of England, and subsequently Duke of Normandy; his promises on day of consecration, 119; his demands of Anselm on homage and investiture, 120; a truce concluded till Easter, 1101, 120; his first marriage, 121; the truce extended, 126; repeats his demand on homage, 131; requires Anselm to consecrate royal *investiti*, 131; summons him to court, 132; when a joint embassy is sent to Rome, 132; summons Anselm to court, 137; his conduct on that occasion, 137-141; invests by grant of the crosier Roger the chancellor with the bishopric of Salisbury, and Roger the larderer with that of Hereford, 141; appoints Reinelm to

INDEX. 451

HENRY I.—cont.
see of Hereford, 144; his anger against the bishops-elect of Winchester and Hereford, 145, 146; makes fresh demands and menaces, 146; begs Anselm to go to Rome for him, 147; forbids him to return to England, 157, 159, 407; seizes the archbishopric, 159, 409; meets Anselm at Laigle, 165; restores his temporalities, 166; results of this act, 166; he returns to England, 167; sends an embassy to Rome, 171; his measures for raising money, 171, 183, sends a message to Anselm, 182; has an interview with him, August 15th, 1106, 182, 413; results of the interview, 183; his victory at Tinchebrai, 184, 414; certain evil practices corrected by him, 192; settlement of the dispute on investiture and homage, 186, 414; crosses to Normandy, 197; has the Archbishop of York's profession drawn up, 210; is crowned by the Bishop of London, 212; appropriates the archiepiscopal revenues on Anselm's death, 221; spares the Christ Church revenues, 221; crosses to Normandy, 224; his prejudice against Englishmen, 224; summons bishops and barons to Westminster, 231; when a papal letter is discussed, 234; summons them to Salisbury, 237; does not allow the legate Anselm to enter England, 245; has an interview with Pope Calixtus II. at Gisors, 258; keeps Archbishop Thurstan in exile, 259; his behaviour on his son William's death, 289; hopes raised by his return to England in 1120, 290; his second marriage, 290; has the legate Peter brought to England, 295, asserts his privilege and sends him back, 296; letters of, 176, 177, 184, 205, 281.
HENRY V., Emperor, 243, 246.
HERBERT (Losinga), Bishop of Thetford, Bishop of Norwich, 74; goes to Rome in the King's behalf, 132; further notices of him, 137, 141, 174, 187, 208, 230, 237, 241.
HERBERT, a Westminster monk, Abbot of Westminster, 291.
HEREWALD, a monk of Le Bec, 328.
HERLWIN, first Abbot of Le Bec, 320, 341, 344.
HERVÉ, Bishop of Bangor, translated to Ely, 211; further notice of him, 230.
HOMAGES of prelates to the King, 1, 186.
HONORIUS I., Pope, letter of, 263.
HONORIUS, Archbishop of Canterbury, 263.
HUBALD, Archbishop of Lyons, 257.
HUGH, a monk of Le Bec, Abbot of St. Augustine's, 188–191.
HUGH, Earl of Chester, his three messages to Anselm, 27–29, 359.
HUGH, Abbot of Cluny, 403.
HUGH, Archbishop of Lyons, 90, 114, 157, 159, 397, 408, 433.
HUMBALD, Archdeacon of Sarum, 123.
HUMFREY, a knight, 430.

I.

IDUNAN, an Irish bishop, 77.
ILGYRUS, 179.
INVESTITURES of churches by grant of the crosier, 2, 114–186. (See letters of Pope Paschal II. 128–185.)
IRENÆUS, St. (Lyons), 240, 433.

J.

JEWS converted to Christianity, 99–101.
JOHN XII., Pope, letter of, 274.
JOHN (of Tours), Bishop of Bath, 82, 141, 187, 208, 230, 236.
JOHN, Bishop of Glasgow, 285.
JOHN, a clerk, nephew of Archbishop Ralph, 226; Archdeacon of Canterbury, 231, 257.
JOHN, a clerk, conducts the legate Peter to England, 295.
JOHN, Abbot of San Salvatore, Telese, his early life, 96; a friend of St. Anselm's, 96, 391.
JOHN, monk of Séez, Abbot of Peterborough, 226.
JUMIÈGES, 182, 411.
JUSTUS, Archbishop of Canterbury, 262.

L.

LAIGLE, 165.
LAMBETH, 74, 122, 190, 291, 298.
LANFRANC of Pavia, successively Prior of Le Bec, Abbot of St. Stephen's, Caen, and Archbishop of Canterbury, his character, 10, 25, 317; his early relations with St. Anselm, 318, 319; his removal to Caen, 320; his arrival in England, and consecration, 10; his journey to Rome for the pallium, 10; restores ring and crosier to Archbishop Thomas and Bishop Remigius, 11; returns to England, 12: his influence with the Conqueror, 12; his labours at Canterbury, 12; his memoir of his own time, 13; his benefactions to Christ Church, 13; he rebuilds the cathedral, 13; his kindness and generosity, 13; his work at St. Alban's, Rochester, and Canterbury, 15, 16; his eleemosynary foundations, 15; his manor houses, 16; his zeal in the monastic interest, 18; a letter to Stigand, Bishop of Chichester, 21; further mention of, 133, 348. 350.
LANZO, a Cluny monk, subsequently Prior of St. Pancras, Lewis, a letter from Anselm to, 306, 335.

INDEX. 453

LATERAN, the, 96, 155, 157, 163, 229, 231, 233, 396.
LAWRENCE, ST., convent of, at Aversa, 98.
LEO III., Pope, letter of, 270.
LEPROSY, 355.
LINCOLN, diocese of, 195.
LOMBARDY, 314.
LONDON, Bishop of, his function at the consecration of a metropolitan, 42.
LONDON bridge, 420.
LUCCA; the 'Sanctus Vultus de Luca,' 30, 101, 110.
LUCCA, Reinger, Bishop of, 112.
LYONS, St. Anselm at, 90, 158, 159, 163, 164, 397, 403, 407.

M.

MACON, 91, 401.
MAIA (Samara), the Somme, 6.
MALCHUS, Bishop elect of Waterford, 76; consecrated by St. Anselm, 77.
MALCOLM III., King of Scots, 121.
MARCIGNY, 403.
MARGARET, Queen of Malcolm III., King of Scots, 121.
MARLBOROUGH, 177.
MARMOUTIER, 344.
MARY Magdalene, St. (Lyons), 240, 433.
MATILDA, Queen of Henry I.; the story of her espousals and marriage, 121-126; her regard for St. Anselm, 183; her death, 248; further notice of, 173.
MAURICE, ST., church of, at Vienne, 398.
MAURICE, Bishop of London, claims to consecrate Harrow Church, 45; further mention of him, 42, 74, 141.
MAURILLE, Archbishop of Rouen, recommends the monastic life to Anselm, 305, 319; obliges him to retain the priorate, 306, 327.
MEDWAY, river, 225.
MICHELNEY, 142.
MIDDLETON, 142.
MONKS, legislation concerning, 143.
MONTGOMMERI (Mons Gummeri), see "Arnulf."
MORTLAKE, the archiepiscopal manor of, 70, 145, 196.
MURCHERTACH, an Irish king, 73, 76, 77.

N.

NICHOLAS, ST., Church of, at Bari, 104, 155.

O.

ODO, Bishop of Bayeux and Earl of Kent, his designs on Canterbury, 17.
ODO, dean of Chichester, sent with a message from Anselm to Henry, 205.
ORDEAL, fiery, 102.
OSBERN, monk of Le Bec, the story of, 323-326.
OSMUND, Bishop of Salisbury, does penance for his misconduct at Rockingham, and is absolved, 72; further notice of him, 82.

P.

PASCHAL II., Pope, sends a legate to England, 126; refuses to yield to the demands of Henry I., 134, 153, 406; threatens to excommunicate him, 163; writes a conciliatory letter, 178; sends the pallium to Thomas II., Archbishop of York, 207; sends the younger Anselm with the pallium to Ralph, Archbishop of Canterbury, 228; writes a letter of complaint to the Christ Church monks, 230; writes one to the King and bishops, 232; reinstates Thurstan Archbishop elect of York, 244; his death, 246; further notice of, 410
PASCHAL, II., Pope, letters of, 128, 134, 135, 136, 139, 149, 154, 155, 177, 178, 185, 202, 216, 228, 231, 232, 242, 244, 245, 246.
PECKHAM (Petteham), archiepiscopal manor of, 75.
PIACENZA, 95.
PETER, a monk of Cluny, papal legate, 295; his reception by Henry, 295; visits Canterbury and examines copies of the *privilegia*, 296;
PETER, father of the foregoing, 295.
PETER, Prior of Dumfermlin, 279.
PRIESTS, legislation concerning, 142, 194.
PONTHIEU, 355.
PRISCA, ST., relics of, 162.
PAGHAM, archiepiscopal manor of, 198.
PAUL, Abbot of St. Alban's, 15.
PECHKAM, archiepiscopal manor of, 74; conceded for a time to the Christ Church monks, 75,
PETER, ST., ad Vincula, 403.
PETER, a monk of Cluny, papal chamberlain, 410.
POPES, dress of, when presiding over councils, 107.
PRISCA, ST., 162, 409; church of, at Rome, 409.

INDEX. 455

R.

RALPH (of Escures), successively Abbot of Sées, 410, Bishop of Rochester, 196, and Archbishop of Canterbury, 196, 198; elected Archbishop and enthroned, 223; messengers are sent to Rome for his pallium, 226; assumes the pallium, 230; seeks the king in Normandy, and starts for Rome on the York business, 239; reaches Rome and writes to the Pope, 242; pays a visit to the Emperor, 243; returns to Rouen, 243; sends Eadmer back to Canterbury, 250; sends for the *privilegium* of 1072, 251; returns to Canterbury, 259; writes to Henry in Eadmer's behalf, 280; sends Eadmer to Scotland, 281; officiates by proxy at the King's second marriage, 292; asserts his right to crown the King, 292; writes on Eadmer's business to the King of Scotland, 301; his death and sepulture, 302; further notices of him, 208, 221, 235, 298; 416, 418, 420, 435; letters of, 280, 281, 287, 301.

RALPH, Bishop of Chichester, 141, 187, 198, 208, 211, 230, 237.

REINELM, invested with the bishopric of Hereford, refuses consecration, 144; is consecrated by St. Anselm, 187; further notice of him, 208.

REINGERUS, Bishop of Lucca, his protest, 113.

RELICS, 162, 180.

REMIGIUS, Bishop of Lincoln, accompanies Lanfranc to Rome, 10, where his case is decided, 11.

RENOUF, (Flambard), 41; Bishop of Durham, 187, 198.

RHEIMS, 164, 168; council of (A.D. 1119), 255.

RICHARD, Bishop of Hereford, 290; his consecration, 291; further notice of him, 294.

RICHARD (of Beaumais), Bishop of London, 196; his consecration, 197, 198; other notices of him, 207, 210, 230, 291.

RICHARD (son of Richard Fitzgilbert), Abbot of Ely, 142, 185.

RICHARD of Reviers, 191.

RICULFUS, a monk of Le Bec, and sacristan, 330, 421.

ROBERT (of Limesey), Bishop of Chester, goes to Rome in King Henry's behalf, 132; other notices of him, 137, 141, 173, 187, 208.

ROBERT (Peche), Bishop of Chester, his consecration, 293; further notice of him, 294.

ROBERT, Bishop of Hereford, his penance and absolution, 72.

ROBERT (Bloet or Blouet), Bishop of Lincoln, his consecration, 47; further notices of him, 82, 141, 187, 207, 208, 236, 291, 298.

ROBERT, Count of Meulan, 40, 62, 163, 170, 191, 207, 235.

ROBERT, Duke of Normandy, his expedition to the Holy Land, 74; his *vivum vadium* of the duchy, 75; his return from the Holy Land, 120; his invasion of England (A.D. 1101), 126-128; his defeat at Tinchebrai, 184; his captivity, 184.

ROBERT (son of Hugh, Earl of Chester), intrusive Abbot of St. Edmund's, 142.

ROBERT of Stuteville, 184.

ROBERT, a Westminster monk, Abbot of St. Edmund's, 188, 414.

ROBERT, a monk in Bishop Ralph's service, 420, 425.

ROCHESTER cathedral, rebuilt by Lanfranc, 15; monks established there, 15.

ROCHESTER, see of, its relations to Canterbury, 2, 196.

ROCKINGHAM, national council at (A.D. 1095), 53-67.

ROGER, Duke of Apulia, his relations with St. Anselm, 97, 393.

ROGER, Count of Sicily, 395.

ROGER, the King's chancellor, invested with the bishopric of Salisbury, 141; his consecration, 187; desires to officiate at the King's second marriage, 292; further notices of him, 189, 208, 230, 236, 298.

ROGER, the King's larderer, invested with the bishopric of Hereford, 141; his death, 144.

ROMANUS de Sancto Marcello, 247.

ROME, climate of, in summer, 96.

ROUEN, 281, 319, 326, 437.

S.

SAINT-BERTIN, 89, 387.

SAINT-OMER, 89, 387.

SAINTE-TRINITÉ du Mont, La, Abbey of, at Rouen, 436.

SAINTS, English devotion to the, 109.

SALISBURY, 119.

SAMSON, Bishop of Worcester, his election, 74; ordained and consecrated, 74; other notices of him, 141, 174, 208.

SAMUEL O'HAINGLY, a monk of St. Albans, subsequently Bishop of Dublin, 73, his consecration, 74; further notice of him, 77.

SCLAVIA (Schiavi, *hodie* Villa dei Liberi in Formicola), 97, 391, 395.

SERGIUS I., Pope, letters of, 266, 267.

SHAFTESBURY, 52.

SIEFRIED, a monk, brother of Archbishop Ralph, 256.

SIWARD, Bishop of Rochester, 15.

SLAVERY, and traffic in slaves, 143.

SODOMITICUM flagitium, 143.
STEPHEN, ST., the protomartyr, 100 ; church of, at Lyons, 400.
STIGAND, Archbishop of Canterbury, 9.
STIGAND, Bishop of Chichester, his relations with Abp. Lanfranc, 21.
SUBDEACONS, legislation concerning, 142, 194.
SUSA, 389.
SUTRIUM, 243.

T.

TAVISTOCK, 142.
TELESE, 96, 391.
THAMES, river, 226.
THEODOALD, Bishop of Worcester, 230.
THEODORE, Archbishop of Canterbury, 265, 278.
THOMAS, Archbishop of York, accompanies Lanfranc to Rome, 11, where his case is adjudged, 11 ; his attempts on the dignity of Canterbury, 16; further mention of him, 74.
THOMAS II., Archbishop of York, 193, 198; his resistance to Anselm's authority, 198–206 ; his case is discussed at court, 207–209 ; his profession of obedience and consecration, 210 ; receives the pallium, 211; his dispute about precedence with Richard, Bishop of London, 212 ; letters by, 199, 204.
THURGOD, a Durham monk, Bishop of St. Andrew's, 198.
THURSTAN, Archbishop of York, refuses profession of obedience to Abp. Ralph, 237; the King insists, and he resigns, but changing his mind, seeks the King, 238, 239 ; is reinstated by Paschal II., 244; seeks Gelasius II., but is detained by Henry, 248; goes to the Council of Rheims, 256 ; is consecrated by Calixtus II., 257 ; remains in banishment, 259; interposes in the St. Andrew's business, 283 ; returns to England and takes possession of his see, 291.
TIDE, low, 225.
TINCHEBRAI, battle of, 184, 414.
TITHES, legislation concerning, 143.
TRASTEVERE, the, 246.
TROYES, Council of (A.D. 1107), 185.

U.

ULRIC, Cardinal, a papal envoy, 207.
URBAN, Bishop of Glamorgan, his consecration, 187 ; other notices of him, 236, 255, 291, 293.

URBAN II., Pope, acknowledged by St. Anselm, 40, 52; by Italy and Gaul, 52; by William Rufus, 69; writes to William Rufus in the spring of 1098, 96; at Capua in the summer, 97; and at Aversa, 98; at Bari in the autumn, 104; defends the 'Filioque,' 104; craves Anselm's assistance in expounding the 'De Incarnatione Verbi,' 105; his efforts for the moral correction of William Rufus, 106; prevented from excommunicating him by Anselm, 107; gives him a respite, 111; his death, 115, 402; further notice of, 410.

V.

VAUQUELIN, Bishop of Winchester, his anti-monastic designs thwarted by Lanfranc, 18; his part at the consecration of St. Anselm, 40; makes a suggestive speech to him, 81; further notices of, 75, 82.
VIENNE, 398.
VINCENT, ST., church of, at Macon, 401.
VITALIAN, Pope, letter of, 265.
'Vox populi vox Dei,' 61.
VULTUS, Sanctus, de Luca (Santo Volto di Lucca), 39, 101, 110.

W.

WALO, Bishop of Paris, 162, 409.
WALCHELINUS (see 'Vauquelin').
WALTER, Cardinal, Bishop of Albano, his mission to England in 1095, 68; brings the Archbishop's pallium, 68, 377.
WALTER TIREL, 332.
WARNER, a Canterbury monk, 226.
WILFRID, ST., 278.
WILFRID, Bishop of St. David's, 72.
WILLIAM the Conqueror; Edward the Confessor's estimate of him, 6; his compact with Harold, 7; his message to Harold on the Confessor's death, 8; anointed King, 9; his bestowal of civil and ecclesiastical patronage, 9; important innovations of, 10; his respect for St. Anselm, 23; in his last illness sends for him, 24; and treats him with singular kindness, 24; his death and sepulture, 24.
WILLIAM Rufus, his accession, 25; his pre-coronation promise to Lanfranc, 25; his misconduct on Lanfranc's death, 26, 359; his reception of Anselm in 1092, 359; refuses to have a new Primate, 29; his usual oath, 30; his alarming illness in 1093,

WILLIAM Rufus—*cont.*
30, 360; his compunction, his promises of amendment and his charter, 31 ; names St. Anselm Archbishop of Canterbury, 32, 360; tries, but in vain, to force the crosier on him, 35 ; his impious speech to Bishop Gundulf, 39; his interview at Dover with the Count of Flanders, 39 ; his customary oath, 39, 101, 110 ; his promise to Anselm, 40 ; asks for some church lands, but in vain, 40; accepts and then rejects 500 marks from the Primate, 43 ; hopes, but in vain, for 1000 marks, 361; his unbecoming speeches to Anselm, 44, 48, 49, 50, 84, 363; his vow of hatred, 52, ; his rapacity, 50, 65, 100 ; his conduct at the Council of Rockingham, 58–65 ; refuses Anselm a safe conduct, 65; grants a truce, 66; breaks his promise, 67; acknowledges Pope Urban II., 69, 377 ; asks the legate to depose Anselm, 69; raises money for the acquisition of Normandy, 74 : takes possession of the Duchy, 74, 76 ; returns to England and marches on the Welsh, 77 ; sends an offensive letter to the Primate, 78 ; drops a proposed prosecution against him, 79; refuses to give him leave to seek the Pope, 80, 377, offers him two alternatives, 83, 380; receives his blessing, 87 ; takes the archbishopric into his lordship, 88; pursues the Primate with injurious letters, 98 ; detailed notices of his impiety, 98–102; his death, 116, 403.

WILLIAM, son of Henry I.; the barons become his men, and the bishops and abbots promise to do him their homages, 237; his death, 238.

WILLIAM, Archdeacon of Canterbury, 123.

WILLIAM Crispin, 184.

WILLIAM, a monk of St. Edmund's, and the see of St. Andrew's, 283.

WILLIAM of Ferrers, 184.

WILLIAM Giffard, Bishop-elect of Winchester, 144; refuses con secration, 145; consecrated by St. Anselm, 187; officiates as proxy for the Primate at Henry's second marriage, 292; other notices of him, 141, 174, 189, 197, 198, 208, 236, 237, 293.

WILLIAM, Archbishop of Rouen, requires Anselm to accept the primacy, 36; his suspension and restoration, 177.

WILLIAM of Saint-Calais, Bishop of Durham, 40; his character, 59 ; his behaviour at the Rockingham council, 59–62.

WILLIAM of Veraval, a royal chaplain, subsequently Bishop of Exeter, his mission to Rome in 1094, 68; in 1098,110, 396; in 1103, 152, 155, 159, 407; in 1105, 171, 177–181; his un- seemly behaviour at Dover, 88; his embassy to Troyes in 1107, 185; consecrated Bishop of Exeter, 187; further notices of him, 185, 189, 191, 197, 208, 255, 293.

WILTON, 123.
WIMOND, Abbot of Tavistock, deposed for simony, 142.
WINCHESTER, 41, 80, 360, 379.
WISSANT, St. Anselm lands at, in 1097, 88, 89 ; in 1103, 149.
WULNOTH, 6.
WULSTAN, Bishop of Worcester, 42 ; his letter to Anselm on consecration of churches, 46.

Y.

YARMOUTH (Gernemutha), 226.

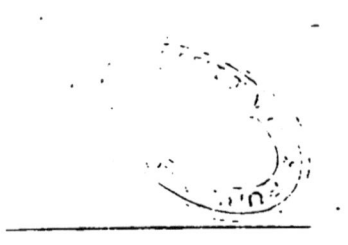

LONDON : Printed by EYRE and SPOTTISWOODE,
Printers to the Queen's most Excellent Majesty.
For Her Majesty's Stationery Office.
[7912.—750.—3/84.]